中国人造板发展史

张齐生　吴盛富　主编

丁炳寅　主审

中国林业出版社

·北京·

图书在版编目(CIP)数据

中国人造板发展史 / 张齐生, 吴盛富主编. —北京: 中国林业出版社, 2019.10
ISBN 978-7-5038-9738-2

Ⅰ. ①中⋯　Ⅱ. ①张⋯ ②吴⋯　Ⅲ. ①人造板生产-发展史-中国　Ⅳ. ①F426.88

中国版本图书馆CIP数据核字(2018)第213254号

中国林业出版社·建筑分社

责任编辑：纪　亮　陈　惠

出　版	中国林业出版社（100009 北京西城刘海胡同7号）
网　站	http://www.forestry.gov.cn/lycb.html
电　话	(010) 83143614
发　行	中国林业出版社
印　刷	北京中科印刷有限公司
版　次	2019年10月第1版
印　次	2019年10月第1次
开　本	787mm×1092mm　1/16
字　数	650千字
印　张	30.75
定　价	280.00元

《中国人造板发展史》编委会

主　　任：张齐生

副 主 任：陆仁书　张贵麟　王天佑　华毓坤　张勤丽　王金林
　　　　　陈士英　叶克林　周捍东

执行主任：吴盛富

主　　审：丁炳寅

顾　　问：王　恺　柯士铎　李康球　罗一国　吕时铎　丁美蓉
　　　　　陈平安　陈绪和　吕乐一　马　心　黄毓彦　李光沛
　　　　　刘正添　郑睿贤　李庆章　许秀雯　王维新　王凤翔
　　　　　宗子刚　夏元洲　韩景信

编写成员：（按姓氏笔画排列）

丁炳寅　于文吉　于志明　王天佑　王　戈　王传贵
王伯智　王金林　王思群　王海明　王清文　王喜明
方崇荣　邓玉和　龙　玲　卢克阳　叶　喜　吕　斌
朱典想　华毓坤　刘传清　刘志坤　刘　嘉　花　军
杜官本　李远宁　吴义强　吴树栋　吴盛富　时君友
邱增处　余松宝　张忠涛　张贵麟　张　恭　张勤丽
张熙忠　陆熙贤　陈士英　陈志林　范钕仔　林　海
金菊婉　周　宇　周定国　周捍东　周清华　郑林义
赵　励　段新芳　费本华　秦特夫　袁纳新　徐咏兰
翁甫金　唐召群　黄永南　梅长彤　龚　蒙　彭立民
蒋身学　韩桐恩　傅　峰　詹先旭　蔡志勇　戴春平

中国工程院院士　张齐生
（1939—2017年）

张齐生，男，浙江淳安人，中国共产党党员。世界著名木材加工与人造板工艺学专家、中国和世界竹材加工利用领域的开拓者、南京林业大学教授，出生于1939年1月，于2017年9月25日上午9时43分在南京因病逝世，享年78岁。1961年毕业于南京林学院林工系并留校任教，先后任南京林学院科研处副处长、处长，南京林业大学竹材工程技术研究开发中心主任。1997年当选中国工程院院士。曾被聘为浙江林学院院长，曾任中国竹产业协会副会长、中国工程院农业学部副主任、中国工程院科学道德委员会委员。

张齐生院士长期从事木材加工与人造板工艺以及生物质能源多联产技术的研究工作，在国内外学术界享有盛誉。他治学严谨，敏于思考，勤于实践，善于创新，始终围绕学术前沿和国家重大需求开展研究，发表学术论文370余篇，出版专著、译著9本。研究成果"竹质工程材料制造关键技术研究与示范""竹材胶合板的研究与推广""南方型杨树（意杨）木材加工技术研究与推广""竹炭生产关键技术、作用机理及系列产品研制与应用""竹木复合结构理论的创新与应用"等荣获国家科技进步一等奖1项、二等奖4项，国家技术发明二等奖1项，国家发明三等奖1项，中国发明专利创造金奖1项，中国优秀专利奖3项，何梁何利基金科学与技术进步奖1项，林业部科技进步一等奖1项，天津市优秀成果一等奖1项。张齐生院士的研究成果与生产实践紧密结合，在众多领域得到推广应用，带动并建成了一大批竹材加工企业，推动和促进了我国竹材加工产业的形成和发展。张齐生院士为竹材加工利用事业作出了创造性的贡献。

张齐生院士从事木材加工与人造板工艺的教学研究近60载，是杰出的林业教育家。他热爱教育事业，为人师表，诲人不倦，培养了一大批高级专门人才。张齐生院士桃李满天下。他的一生如竹子一般，谦虚谨慎，坚韧不拔，无私奉献，高风亮节。他的一生不负党和人民重托，以严谨的科学精神和忘我的工作态度，孜孜以求，探索创新，为我国林业科教事业和经济社会的发展作出了卓越贡献。他先后获得"国家级有突出贡献的优秀中青年科技专家""全国杰出专业技术人才""全国优秀科技工作者""江苏省师德标兵""江苏省先进工作者""江苏省优秀共产党员""江苏省高等学校优秀共产党员标兵"等荣誉称号。

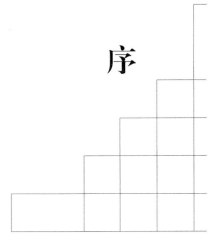

序

　　《中国人造板发展史》编纂的重大意义在于对我国乃至国际人造板行业前辈濒临失散印记的挖掘，是对前人业绩的传承，是对人造板行业发展的梳理，是人造板行业历史研究的重大成果。本书的编纂是对前辈在我国人造板行业贡献的补充记载，给我国人造板行业的管理人员、技术工作者、研究工作者、教育工作者和企业家以启示和借鉴。承前旨在启后、继往更为开来，历史不需要重复，前人的步履是后人接力的起点，前人的教训是后人征程中的财富，前人的敬业精神是当代青年科技工作者学习的榜样。只有吸收前人的经验和教训、遵循自然规律、坚持创新理念，才能防止在今后道路上不走或少走弯路。

　　本书汇集了全国数十位专家、教授、学者、企业家等的智慧和成果，体现了他们对人造板事业兢兢业业、精益求精、坚忍不拔、辛勤耕耘的科学精神，刻画出他们在人造板行业发展上的卓越贡献和丰功伟绩，折射出在不同条件和背景下具有的丰富、多元、深厚的科学内涵。给读者在感受人造板技术发展带来的无限魅力的同时，更能领悟前人严谨的科学态度所带来的精神享受。

　　人造板是以木材为原料的林产工业中重要的组成部分，是国家建设和人民生活不可缺少的物质。中华人民共和国建立之初，我国人造板行业只有胶合板产品，产品单一，产量也较低，纤维板、刨花板、定向刨花板以及二次加工贴面等均属空白，人造板装备更是落后。中华人民共和国成立以来，尤其是改革开放以来，在我国人造板行业从业者改革创新、艰苦奋斗下，人造板行业从无到有、从小到大，正步履铿锵奔向从大到强的新征程，实现人造板产品在促进木材资源高效利用和满足生态环境保护需要的同时，也为国家经济建设和人民生活改善提供了重要支撑。此外，我们也要清醒的认识到，随着我国经济建设的快速发展、人民生活水平的不断提高以及人们对家居环境的更高需求，必将对我国人造板产品的发展提出新的要求,这将为人造板行业进一步发展提供巨大的动力支撑和广阔的市场空间,人造板是一个大有发展潜力,大有作为的行业。

不忘初心,我国人造板行业工作者要把人民对美好生活的向往和家居环境的改善作为奋斗目标,以永不懈怠和一往直前的奋斗姿态,弘扬我国前辈科技工作者的敬业奉献精神,朝着做大、做强、做精我国人造板行业的目标奋进。在中国人造板行业从业者的共同努力下,弘扬精益求精的敬业风气,相信我国人造板行业的明天会更加美好。

《中国人造板发展史》全面系统地记述本行业的历史与现状,是一部鉴往知来、承前启后的行业史;《中国人造板发展史》不仅是我国第一部关于人造板工业发展历程的资料汇总,而且是我国人造板工业发展建设的科学总结,是留给后人的文化财富,因此《中国人造板发展史》编纂出版是功在当代,惠及千秋的一件好事,可喜可贺,特为之序。

原国家林业局党组书记、局长 王志宝

丁酉年十月廿五日

前 言

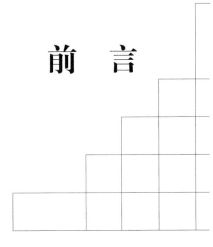

人造板工业是高效利用木材资源的重要产业，是实现林业可持续发展的重要手段。在当前世界可采森林资源日趋短缺的情况下，充分利用速生丰产林加工及采伐"剩余物"等资源，发展人造板生产以替代大径级木材产品，实现森林资源的高效综合利用，对保护生态环境、满足经济建设和社会发展对林产品的不同需求有着不可替代的作用。尤其是进入20世纪90年代以来，我国人造板工业取得了长足发展，中国现已成为世界最大的人造板生产和消费大国。

随着我国经济建设和住房改革的快速发展，西部大开发及国家大型项目的实施，我国对人造板的需求将不断增加。特别是进入21世纪以后，我国对人造板的消费需求每年以两位数递增。建筑业与家具业的快速发展和巨大的市场需求，为今后相当长的一个时期内，人造板行业的不断发展打下了坚实基础。

人造板工业是木材工业中技术最密集、投资强度最大、发展速度最快、科技进步最迅速、应用最广泛的产业。特别是速生丰产林资源成为人造板主要原材料以后，我国人造板品种结构、工厂规模、加工技术、加工设备、企业性质等均发生了巨大的变化。淘汰了一批又一批规模小、技术落后的加工设备，引进了一批具有较大规模、现代先进技术的新成套生产线，同时开发了众多适合中国国情的大中小型加工设备，基本满足我国人造板行业发展的需要。

随着民营资本大量投入人造板行业，我国人造板企业的性质发生了根本性的变化。企业数量急剧扩大，这些新加入的企业对人造板技术和生产发展的沿革不甚了解，有必要对我国人造板行业工程技术人员和管理人员普及我国人造板的发展历史、工艺技术、技术装备的进步和发展等方面的基本知识。

我国老一辈科技工作者秉承开创奉献的精神，兢兢业业，在艰苦的条件下为我国人造板工业发展做出了巨大贡献，前辈的智慧结晶给后辈留下了珍贵财富。

本书详细记录了中国人造板工业发展的沿革，留给后辈作为史料，供科研、教学、行业管理、工程技术人员参考、借鉴。

中国工程院院士
南京林业大学教授　张齐生

丁亥年正月廿七日

目 录

序
前言

第一篇　单板类人造板

第一章　胶合板 ··· 003
第一节　外国胶合板工业的发展历史 ··· 003
第二节　中国胶合板工业的发展历史 ··· 006
第三节　胶合板的生产工艺与产品研发 ·· 023
第四节　胶合板国外设备的引进 ··· 038
第五节　胶合板国产设备的研发 ··· 042

第二章　细木工板 ··· 064
第一节　细木工板生产的发展历史 ·· 064
第二节　细木工板的生产工艺 ·· 067
第三节　细木工板国产设备的研发 ·· 068
第四节　细木工板的产品及其发展方向 ·· 071

第三章　重组装饰材 ··· 077
第一节　外国重组装饰材生产的发展历史 ··· 077
第二节　中国重组装饰材生产的发展历史 ··· 078
第三节　重组装饰材的生产工艺 ··· 080

第四节　重组装饰材的科技成果 ·· 084
　　第五节　重组装饰材产品和标准 ·· 087
　　第六节　重组装饰材市场和应用 ·· 089
　　第七节　重组装饰材生产存在的问题、发展方向和建议 ············· 090

第四章　单板层积材 ··· 096
　　第一节　外国单板层积材生产的发展历史 ·································· 096
　　第二节　中国单板层积材生产的发展历史 ·································· 099
　　第三节　单板层积材的生产工艺 ·· 100
　　第四节　单板层积材设备的技术进步 ·· 111
　　第五节　单板层积材的性能及其应用 ·· 113

第二篇　纤维类人造板

第五章　纤维板工业的发展历史 ·· 121
　　第一节　外国纤维板工业的发展历史 ·· 121
　　第二节　中国纤维板工业的发展历史 ·· 122
　　第三节　中国几种纤维板的生产技术发展 ·································· 129

第六章　中国的湿法纤维板工业 ·· 135
　　第一节　湿法硬质纤维板工业的发展历史 ·································· 135
　　第二节　湿法硬质纤维板的生产技术 ·· 140
　　第三节　湿法纤维板的新产品研发 ·· 145

第七章　中国的中密度纤维板工业 ·· 148
　　第一节　中密度纤维板工业的发展历史 ······································ 148
　　第二节　中密度纤维板的生产技术 ·· 152

第八章　纤维板产品及其发展方向 ·· 159
　　第一节　纤维板的共性 ·· 159
　　第二节　纤维板种类及用途 ·· 160
　　第三节　纤维板产品标准 ·· 160
　　第四节　纤维板工业的发展方向 ·· 161

第九章　人造板行业的热能中心和环境保护 ····································· 164
　　第一节　人造板行业的热能中心 ·· 164

第二节　人造板行业的环境保护 ·· 168

第三篇　刨花类人造板

第十章　刨花板 ·· 175
　　第一节　外国刨花板工业的发展历史 ·· 175
　　第二节　中国刨花板工业的发展历史 ·· 180
　　第三节　刨花板国产设备的研发 ·· 192
　　第四节　刨花板产品标准 ·· 202

第十一章　定向刨花板 ·· 205
　　第一节　外国定向刨花板工业的发展历史 ·· 205
　　第二节　中国定向刨花板工业的发展历史 ·· 211
　　第三节　定向刨花板生产工艺 ·· 213
　　第四节　定向刨花板的生产设备 ·· 218
　　第五节　定向刨花板产品及其发展方向 ·· 227

第四篇　无机类人造板

第十二章　石膏刨花/纤维板 ·· 235
　　第一节　石膏刨花板 ·· 235
　　第二节　石膏纤维板 ·· 240
　　第三节　石膏刨花/纤维板产品的用途 ·· 241
　　第四节　石膏刨花/纤维板的发展方向 ·· 242

第十三章　水泥刨花/纤维板 ·· 244
　　第一节　水泥刨花板 ·· 244
　　第二节　水泥纤维板 ·· 256

第五篇　竹材类人造板

第十四章　竹材人造板概述 ·· 261

第十五章　竹胶合板 ·· 265
　　第一节　竹编胶合板 ·· 265
　　第二节　竹材胶合板 ·· 266
　　第三节　竹篾积成材 ·· 269
　　第四节　混凝土模板用竹胶合板 ·· 271
　　第五节　竹木复合人造板 ·· 273

第十六章　竹材刨花板 276
第一节　竹材刨花板生产的发展历史 276
第二节　竹材刨花板生产技术的创新 278
第三节　竹材刨花板的生产设备 280
第四节　竹材刨花板产品的发展 282

第十七章　竹地板 284
第一节　竹地板生产的发展历史 284
第二节　竹地板的分类 285
第三节　竹地板的生产工艺 287
第四节　竹地板的生产设备 290
第五节　竹集成材 291

第十八章　竹篾定向材和重组竹 293
第一节　竹篾定向材和重组竹生产的发展历史 293
第二节　竹篾定向材和重组竹的生产工艺 294
第三节　竹篾定向材和重组竹用途开发 297

第六篇　装饰人造板

第十九章　装饰人造板概述 301

第二十章　热固性树脂浸渍纸高压装饰层积板 303
第一节　热固性树脂浸渍纸高压装饰层积板生产的发展历史 303
第二节　热固性树脂浸渍纸高压装饰层积板的科技创新 305

第二十一章　三聚氰胺树脂浸渍纸饰面人造板 307
第一节　三聚氰胺树脂浸渍纸饰面人造板生产的发展历史 307
第二节　三聚氰胺树脂浸绩纸饰面人造板的原材料演变 310
第三节　三聚氰胺树脂浸渍纸饰面人造板的生产设备 311
第四节　三聚氰胺树脂浸渍纸饰面人造板的科技创新 312
第五节　三聚氰胺树脂浸渍纸饰面人造板的产品标准 312

第二十二章　装饰单板饰面人造板 313
第一节　装饰单板饰面人造板生产的发展历史 313
第二节　装饰单板饰面人造板的生产设备 317
第三节　装饰单板饰面人造板的科技创新 318

第四节　装饰单板饰面人造板的产品标准 ································· 318

第二十三章　装饰纸饰面人造板 ································· 319
第一节　装饰纸饰面人造板生产的发展历史 ································· 319
第二节　装饰纸饰面人造板的产品标准 ································· 321

第二十四章　其他饰面人造板 ································· 322
第一节　聚氯乙烯薄膜饰面人造板 ································· 322
第二节　软木装饰单板饰面人造板 ································· 323
第三节　金属饰面人造板 ································· 324
第四节　直接印刷人造板 ································· 325

第七篇　其他人造板

第二十五章　功能人造板 ································· 331
第一节　阻燃人造板 ································· 331
第二节　电磁屏蔽人造板 ································· 336
第三节　吸声人造板 ································· 343

第二十六章　无胶人造板 ································· 351
第一节　无胶蔗渣碎料板的工业性试验 ································· 351
第二节　建设无胶蔗渣碎料板车间 ································· 352
第三节　无胶纤维板工业化试验 ································· 354
第四节　改造小型湿法纤维板生产线生产无胶纤维板 ································· 355

第二十七章　秸秆人造板 ································· 357
第一节　外国秸秆人造板生产的发展历史 ································· 357
第二节　中国秸秆人造板生产的发展历史 ································· 359
第三节　秸秆人造板的生产工艺与设备 ································· 369
第四节　秸秆人造板产业化发展中的问题 ································· 370

第二十八章　沙生灌木人造板 ································· 373
第一节　沙柳人造板的研发 ································· 373
第二节　沙柳人造板生产工艺 ································· 378
第三节　沙柳人造板的生产设备 ································· 381
第四节　沙柳人造板的发展方向 ································· 383
第五节　开发沙柳人造板的意义 ································· 384

第二十九章 软木板/卷材 ... 387
- 第一节 软木板/卷材生产的发展历史 ... 389
- 第二节 软木板/卷材的生产工艺 ... 390
- 第三节 软木板/卷材的生产设备 ... 392
- 第四节 中国软木产品的发展历程 ... 399
- 第五节 软木艺术品及画材 ... 408
- 第六节 软木产品专利及标准 ... 410
- 第七节 软木生产的技术交流与发展建议 ... 412

第三十章 木塑复合材料 ... 423
- 第一节 木塑复合材料产业的发展历史 ... 423
- 第二节 木塑复合材料的生产工艺 ... 428
- 第三节 木塑复合材料的应用 ... 431
- 第四节 中国木塑复合材料产业现状和发展方向 ... 432

第八篇 人 物

- 一、陈桂陞 ... 439
- 二、王 恺 ... 440
- 三、李继书 ... 443
- 四、孟宪树 ... 445
- 五、王凤翔 ... 447
- 六、刘茂泰 ... 448
- 七、陆仁书 ... 451
- 八、王培元 ... 453
- 九、郑睿贤 ... 456
- 十、华毓坤 ... 460
- 十一、张齐生 ... 461

附 录 国家级林业获奖项目 ... 462

后 记 ... 473

第一篇

单板类人造板

1

第一章 胶合板

李远宁　王金林

第一节　外国胶合板工业的发展历史

胶合板是木质人造板中出现最早的一个板种。胶合板构成单元的单板出现可以追溯至公元前3000年左右的古埃及，当时的工匠利用手工锯切将珍贵树种的木材锯成小单板片，用于制造国王和王族使用的高级家具。单板表面经磨光后与金属薄片或象牙之类的材料粘合在一起，制作从床架到棺木等制品。从Pliny(公元前24~79年)发表的著作中获知，当时的罗马技师们已经熟悉单板制造技术和一些胶合板的制造原理。

近代胶合板工业生产始于19世纪初。欧洲第一个单板锯机专利是法国工匠在1812年获得的，以后在德国汉堡得到改进并制造成可实用的机器。1860年在单板工厂中安装了直径350mm的圆锯机生产锯切单板，单板圆锯机在欧美一些国家一直沿用到20世纪初。在此期间，利用锯制方法生产单板的设备还有单板带锯机和1880年左右出现的单板框锯机。第一台单板刨切机是法国人Charles Picot研制的，于1834年获得专利，大约在30年后才用于工业生产。

单板旋切机的发明和应用促进了胶合板工业的发展，关于第一台旋切机发明有3种说法，有人认为第一台旋切机发明于1818年，此旋切机工作时用带螺纹卡轴从两端夹紧木段并带动其旋转，用刀具从旋转的木段上旋切下连续的单板带；有人认为1819年俄国人菲赛尔教授发明了旋切机，当时称薄木刨；也有人认为旋切机是英国工程师飞维利尔(Fevilear)发明的。1840年John Dresser获得美国旋切机的专利NO.1758；1844年Carand在法国获得另一项旋切机的专利，其旋切木段长度可达2m，旋切速度约为4~5m/min，旋刀高度可上下调整，且使用了压尺。19世纪中叶，德国建立了首家单板工厂，当时所用的旋切机大多是法国和美国制造的。1870年后，德国柏林A. Roller公司曾生产过比较简单的旋切机。在第一次世界大战前,由于旋切机技术的不断进步,促使胶合板工业的迅速发展。

单板切削、干燥和胶合是胶合板制造的 3 大主要工序,除了单板切削以外,1896 年诞生了利用热压机生产胶合板的专利,1907 年之前带式干燥机在胶合板生产中得到应用。在此期间,还确立了相邻单板纹理相互垂直的组坯原则,从而大大提高了胶合板的尺寸稳定性,减少了翘曲变形和开裂。

世界上批量生产胶合板始于德国,其他欧洲国家和美国则主要生产一些小规格的胶合板。直到 19 世纪 90 年代,胶合板的质量得到了较大提高以后,产品逐渐打开了市场,胶合板生产才得到较快的发展。第一次世界大战时胶合板在美国才成为一种正式商品名称。1907 年,日本名古屋的浅野次郎氏发明了旋转旋切机,并且着手开始生产胶合板。

胶合板生产初期所使用的胶黏剂未见到准确的记载,但推断可能是可用于冷压胶合的酪素胶之类的蛋白胶。酪素胶在古代中国、希腊、罗马和埃及都曾使用过。在 11 世纪或 12 世纪,修道士 Theaphilus 就曾介绍过如何生产耐水的酪素胶。直到 20 世纪 30 年代合成树脂在胶合板生产中使用之前,酪素胶一直是唯一可用于高应力状态下(如飞行器构件等)的胶合板胶黏剂。血胶在俄国(前苏联)、波罗的海诸国和中国等胶合板生产中应用也有很

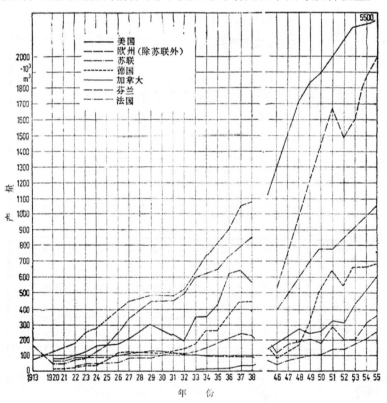

图 1　1955 年以前世界部分国家及地区的胶合板产量

(注:本图摘引自德国 F F P 科尔曼等著的《木材学与木材工艺学原理　人造板》)

长的历史。1923年前后，美国首先制成了胶合性能优良且具有一定耐水性能的豆胶，在相当长时间内一直是胶合板生产的主要胶种之一，直到1942年美国85%的胶合板还是用豆胶生产的。

合成树脂胶的应用使得胶合板的性能有了质的飞跃，大大拓宽了它的应用范围，促使胶合板生产进一步发展。

1909年，Backeland提出了酚醛树脂在工业上的应用，并在他的专利中提及其用于木材胶合的可行性。1910年美国正式工业化生产酚醛树脂，1912年美国的L. H. 贝克兰首先将酚醛树脂作为胶黏剂用于木材的粘结。1919年Meclain申请了酚醛树脂胶膜用于木材胶合方面的专利。酚醛树脂大约在1930年首次应用于胶合板生产。1935年前后，水溶性酚醛树脂开始用作单板浸渍、胶合板和层压木的胶黏剂。在第二次世界大战期间液体酚醛树脂得到了进一步的发展。

脲醛树脂的出现晚于酚醛树脂。1920年美国的John获得了脲醛树脂的专利。1929年，德国染料工业有限公司（I. G. Forbenindustrie AG）获得脲醛树脂胶用于木材和胶合板胶合的专利。1931年液态脲醛树脂胶开始供应市场，但直到其生产成本大幅下降，德国巴登苯胺烧碱公司（BASF）开发的粉状脲醛树脂贮存期提高到1年以上之后，它才在胶合板生产中得到广泛应用，时至21世纪初液态脲醛树脂胶仍然是胶合板生产中最主要的胶黏剂。

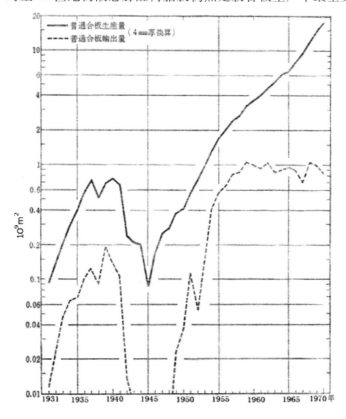

图2　1931～1969年日本胶合板产量

（注：本图摘引自渡边治夫著的《胶合板制造》，日本森北出版株式会社1974年出版）

随着胶合板生产技术的不断进步，新产品的不断开发，其应用范围也越来越广。从最初的供应家具生产逐步扩大到建筑、车船制造等多个领域，由于其具有其他板材无法替代的优良特性，尽管已诞生了一百多年，至今其生产和使用仍长盛不衰。

根据联合国粮农组织世界林产品统计资料，1955 年至 2005 年世界及部分主要生产国的胶合板产量见本章附表 1 和附表 2。1955 年以前世界部分国家及地区的胶合板产量见图 1，1931 年至 1969 年日本胶合板产量见图 2。

第二节　中国胶合板工业的发展历史

中国的胶合板工业起始于 20 世纪 20 年代。

一、1949 年前：旧中国时期

从 20 世纪 20 年代起，外商先后在中国的天津、哈尔滨、上海、长春等地开办了小型胶合板厂。1920 年首先在天津开始生产胶合板，俄国人伊凡诺夫和在天津开铁工厂的法国人布诺利合伙在天津开办了"天津粘镶木片事业"所属的胶合板厂，使用德国设备，并从德国进口血粉调制胶黏剂生产椴木胶合板，年产量不足 3000m³。1930 年该厂改由法国人德斯玛经营，改名为"天津粘镶木板公司"简称"天津粘板公司"。1937 年中国人刘寿臣、王树堂集资在天津成立"天津合板公司"生产包装箱用胶合板，中华人民共和国成立后这两家公司合并成为天津陈塘庄木材厂的一部分，以后又从中分离出来成为"天津胶合板厂"。

1924 年，波兰人格瓦拉斯基在哈尔滨香坊区创建了"实业木材公司"，又称"格瓦拉斯基胶合板厂"。建厂时，总投资为 60 万元，厂房建筑面积为 1708 m²，购置各种设备 30 台，电机 32 台，主要来自德、英、美等国。工厂建成后，格瓦拉斯基委托俄国人尤林卡为经理，罕必鲁为技术总监督，招收工人 178 人，其中，中国工人 142 人。以东北椴木为主要原料，血胶为胶黏剂，年产胶合板约 4000 m³。1935 年为英商黎德尔兼并，改名为"平和洋行哈尔滨胶合板厂"；1939 年被迫与日本人合办，并改称"平和洋行株式会社"。1942 年伪满洲国政府下令接管后，成为日本人的一个军工厂，生产胶合板用于飞机制造，直到 1945 年日本投降。1952 年人民政府将其收归国有，改称"松江省哈尔滨胶合板厂"，以后又改为"国营松江胶合板厂"。

1926 年，英商祥泰木行(创办于 1884 年，原主要创办者是德商斯奈司来治，为了逃避当时德国政府重税，在香港登记注册)创建了上海第一家胶合板厂，原名祥泰木行夹板部，聘俄籍技师，生产三夹板、五夹板、七夹板，运销海内外，用于生产洋烛和茶叶包装箱。1932 年才添置设备扩大生产，开始生产 3′×6′[①]胶合板供应市场，当时生产能力约为 3000m³，为上海最大的胶合板厂。主要生产设备有单板旋切机 4 台，包括美国 Meritt 公司的 102″×60″[②](8′)旋切机一台，美国 Coe 公司的 88″×64″(7′)旋切机一台，日本的"大海"牌 8′旋切机一台；12 层开闭式干燥机一台，双室烘间一所；62″×86″×6 层热压机一台，

[①][②] 1′(英尺) = 12″(英寸) = 30.48cm(厘米)，下同。

50″×50″×8 层热压机一台，300t 冷压机一台；砂带打磨机 2 台，刮光机一台等。生产方式以冷压为主，豆粉做胶黏剂；少量采用热压，此时用动物胶为胶黏剂；木材原料以柳安为主，少量用马尾松。该厂为后来的"祥泰胶合板厂"，1972 年更名为"建设人造板厂"。

1932 年 2 月，俄商乞德来尼发起，与白俄人拉维、英国人都益、犹太人西地等合伙在上海开办了"精艺木行"，其中也有华股约占 10%。1934 年在香港注册，作为英商精艺木行有限公司下属的精艺锯木厂，主要产品为锯木、胶合板、胶合门。开创时设备很简陋，基本上由乞德来尼设计，分散在许多翻砂厂、机械制造厂加工制造。生产 3′×6′ 胶合板，年产量曾达 21 万张。抗日战争胜利后生产曾一度有所发展，胶合板产品以出口为主。1947 年 12 月，中华人民共和国成立前夕，主要生产设备被运往台湾。中华人民共和国成立后该厂与一些小厂组建成上海木材一厂。

1939 年，日商山野在上海闸北开办"扬子江木材株式会社"，1940 年建成胶合板车间，管理人员为宫本。所用原木主要为柳安，少量用马尾松。生产工艺以冷压为主，也有部分热压。冷压用豆粉胶，热压用血胶，1948 年起从美国进口脲醛树脂（粉状）及酚醛树脂。产品主要用于包装、建筑、家具制造等。日本投降后，1945 年 11 月，国民政府经济部派人接收并转售给中国资本家。1946 年 3 月复工，年生产能力接近 3000m³。1946 年更名为"扬子木材厂"。1948 年秋，该厂大批设备和原木运往台湾，使其资产大为缩减。1947 年的上海生产胶合板的工厂共有 8 家，分别是祥泰夹板厂、英商精艺木行、凤凰木厂、扬子木材厂、上海胶板厂、启明木业公司、义成夹板厂和泰昌胶合板厂，当年共生产胶合板 6353m³。原料主要是进口材柳安，胶黏剂以豆胶和干酪素胶为主。产品多为 3′×6′ 三合胶合板，1949 年共生产胶合板 6847m³。

1935 年 3 月 22 日，伪满州国政府成立大陆科学院，1939 年，大陆科学院下设了年生产能力 8 万张的胶合板试验工厂，主要为日军服务，曾利用东北桦木和从日本进口胶黏剂试制航空胶合板，但未正式生产。1949 年，该厂由长春市政府接管，更名为"长春胶合板厂"。

伪满州国政府曾制订过"胶合板工业整备计划"，计划新建胶合板厂 6 处，加上已有的 3 厂，预计年总生产能力达 1 亿平方英尺。长春、蛟河、汪清 3 厂在东北光复前已建成，哈尔滨、牡丹江、沈阳 3 厂尚在建设中就因日本投降而停建，已建成的也遭到了破坏。除此之外，日伪时期在沈阳还建有"京锦化成工业会社"，其主要生产飞机用的胶合板，年生产能力 540 万平方英尺，在日本投降前已正式生产。在长春还拟建设"松荣木材株式会社"，准备年生产胶合板"木筒"15 万个。大连还建有"满洲合板工业株式会社"，年产胶合板 40 万张。

1942 年，国民政府航空委员会在成都的中国航空研究所建设了"层板制造厂"，生产航空胶合板，产量虽然很小，但在技术上有所创新，曾首次试制成世界上罕见的竹木复合胶合板航空教练机。1947 年以后，开始生产普通胶合板。该厂为成都木材综合加工厂的前身。

1949 年，全国胶合板总产量约为 16900m³。

二、1949~1958年：国民经济恢复时期

中华人民共和国成立后，人民政府为了适应国民经济恢复和发展的需要，通过没收官僚资本为国营企业，对私营企业实施公私合营，裁并改组，先后将小型胶合板厂合并重组，同时新建了一批综合型木材加工企业。

1950年7月，由东北农林部副部长刘成栋（刘达）提议，东北森工总局在1953年建成哈尔滨香坊木材综合加工厂（原称72厂），其中胶合板车间生产能力为9000m^3，是当时全国生产能力最大的胶合板车间，有冷、热压生产线各一条。热压生产线设备主要是日伪时期遗留下来的旧设备，冷压生产线的设备则是1952年12月由沈阳东北重工业部胶合板厂调来的，其中有3台冷压机，同时还调来部分技术工人。1953年6月27日试制成第一张干酪素胶冷压椴木胶合板，同年7月1日正式投产。

1950年4月，以北京广渠门外禹王坟甲1号中共中央办公厅修建处所属的供给木材厂为基础，合并北京一些小型木材加工厂组建了光华木材厂。1951年秋，从青岛四方机车辆厂调入几台20世纪40年代的胶合板设备，又向捷克斯洛伐克订购了8′旋切机、辊筒式干燥机等设备，向瑞士订购了卧式刨切机、7层4′×7′热压机等设备，1953年建成了一条年生产能力为3000m^3的胶合板生产线，1954年正式投产。

1951年，由多家小厂合并组建了北京市木材厂（1952年4月改变隶属关系，称地方国营北京市木材厂）。1957年，该厂从捷克斯洛伐克引进旋切机、单板刨边机、补节机，从民主德国和联邦德国引进了8′五节网带式干燥机、7层4′×8′热压机、涂胶机、三辊式砂光机等胶合板生产主机，配以国产刮光机、齐边机、无纸拼缝机及其他配套设备，建成年生产能力为5000m^3胶合板车间，1958年4月正式投产。

上海解放后，随着国家经济建设的恢复和发展，小规格胶合板一度畅销，部分锯木厂转产小胶合板，一些私人资本也开设一批专门制造小规格胶合板的小型工厂。1952年，上海市共有胶合板厂13家，1953年15家，1954年20家，1955年增至22家，但规模大多很小，其中从业人员超过16人的仅10家，超过100人的仅有祥泰夹板厂一家（职工224人）。1951~1955年，扬子木材厂、祥泰夹板厂等20家胶合板厂先后实行公私合营。为了适应木材行业社会主义改造的需要，便于专业局的领导管理和有利于产、供、销的计划安排，从产品使用的原料、生产过程及产品用途等因素考虑，凡性质相同或相似的企业予以合并或调整。1956年5月，上海市木材工业公司提请上海木材业同业公会组织行业委员对胶合板企业合并改组进行讨论，并起草改组规划草案，后经胶合板厂私方36人讨论，提出修改意见，获得绝大多数拥护，草案为上海市木材工业公司采纳，并逐步付诸实施。至1959年包括1958年新建的上海木材综合加工厂（1967年更名为上海人造板厂），胶合板厂合并调整为6家。

1952年，人民政府将"平和洋行哈尔滨胶合板厂"收归国有，更名为"松江省哈尔滨胶合板厂"，以后又更名为"国营松江胶合板厂"。当年有职工346人，其中半数以上是外籍人员，年生产胶合板4658m^3。从1953年起，人民政府陆续派中国技术人员和财务等管理人员进驻该厂，并扩大中国员工比重，1953年产量达7015m^3。1956年辞退外籍职工100

人,到20世纪60年代初,外籍人员全部离厂。

1957年,由原林业部投资的青岛木材综合加工厂(1965年更名为青岛人造板厂),由民主德国引进旋切机、热压机等建设了一个年生产能力为3000m³胶合板车间,1958年4月正式投产。

1958年,广州鱼珠木材厂新建了胶合板车间;黑龙江绥化木材综合加工厂开始建设年生产能力10000m³胶合板车间,1959年投产,1960年产量为761m³。

三、1958~1977年:"大跃进"和"文化大革命"时期

1958年5月,中国共产党的八大二次会议正式通过了社会主义建设总路线,全国各条战线迅速掀起了"大跃进"的高潮。1958年,林业部在全国胶合板行业厂际竞赛评比大会上提出了"大力发展胶合板工业和对现有工厂进行技术改造"的要求,在全国林业厅局长会议上又提出"要大搞人造板工业"的发展方向,促进了中国胶合板工业的发展。

上海木材一厂经过技术改造,胶合板产量从1954年的1988m³提高到1959年的10097m³。扬子木材厂1958年的胶合板产量也提高到5719m³,并建设了层压木(木材层积塑料)车间、胶合板管车间,其生产能力分别为胶合板200万张/年,层压木450t/年,胶合板管2万m/年,1959年实际生产胶合板达到10821m³。祥泰胶合板厂1959年胶合板产量也达到11400m³。

国营松江胶合板厂和国营香坊木材综合加工厂分别新建了年生产能力约5000m³的胶合板车间。吉林省三岔子胶合板厂和辽源胶合板厂、沈阳木材综合加工厂及武汉综合制材厂等木材厂的胶合板车间也陆续建成投产。

在此期间,中国胶合板工业的布局也发生了变化,随着江西赣州胶合板厂、云南昆明木器厂胶合板车间的建成投产,以及1960年上海援建的福建邵武木材综合加工厂(其中胶合板车间年生产能力为4000m³),1966年11月上海泰昌胶合板厂整体搬迁到福建三明市成立三明胶合板厂,于1967年5月建成投产等,中国胶合板生产厂的布局已从大部分集中在北方及上海开始向南发展。但是直到1963年,黑龙江、吉林、北京、天津、上海、青岛和成都等地胶合板厂的总产量占当年全国胶合板总产量的92.2%,达到96000m³。

"文化大革命"时期,中国胶合板工业受到了很大影响。1965年12月,林业部在南京召开的全国木材工业科技会议上,决定在上海筹建5个木材工业"样板车间",其中包括在上海木材一厂建设年产20000m³的胶合板车间,且在1966年初落实了资金,当年也引进了热压机、单板干燥机和砂光机3大主机,但是直到1974年才建成。松江胶合板厂的二车间1971年因火灾损毁,1973年开始复建,但直到1978年产量才恢复到火灾前的5000m³。"文化大革命"后的1976年,全国胶合板产量为184418m³,仅比"文化大革命"开始的1966年产量150425m³增加22.6%,是中华人民共和国成立后增长最缓慢的时期。

四、1978~1989年:改革开放初期

1978年12月,召开的中国共产党十一届三中全会揭开了中国共产党和中国历史的新篇章,从此中国胶合板生产进入了一个快速发展时期,这段时期的主要特点是:

1）原有胶合板厂纷纷进行技术改造和扩建，生产能力明显提高。20世纪80年代中后期和90年代初，辽源、三明、赣州、天津、青岛等胶合板厂的年生产能力达到1万 m^3；绥化木材综合加工厂年产量达到1.8万 m^3；上海人造板厂（原上海木材综合加工厂）、上海建设人造板厂（原祥泰夹板厂）、扬子木材厂和三岔子胶合板厂等年产量达到2万 m^3；北京市木材厂、北京市光华木材厂和松江胶合板厂等年产量均提高到2.5万 m^3；国营香坊木材综合加工厂、上海木材一厂、吉林省长春胶合板厂等年产量则达到3万 m^3。

2）全国各地投资建设一批新胶合板厂。仅黑龙江省林业系统1979~1985年就新建了胶合板厂39家。根据统计，1983年中国大陆共有胶合板厂189家（包括在建企业3家，但未包括"三资"企业），这些胶合板厂分布在除山西、新疆、宁夏、西藏外的25个省、市、自治区。它们主要集中于木材生产较多的省份，最多的是黑龙江54家，其后分别是江西23家，广西17家，吉林15家。不过生产规格大多较小，除当时正在筹建的湖南人造板厂胶合板车间设计年生产能力为5万 m^3 外，年生产能力1万~3万 m^3 的中型厂只有15个；在年生产能力不足1万 m^3 的173家中，年生产能力不足2000 m^3 的占了121家。

3）"三资"胶合板企业开始陆续建立。中国第一家胶合板合资企业——中国江海木业有限公司，于1983年9月23日正式投产。1980年3月30日，中外双方正式签订了在无锡市合资经营胶合板厂的协议书，按签订的协议规定，菲律宾维德集团香港维德行为外方，投资比例为40%，中方占比60%，其中，江苏省轻工业品进出口公司、无锡家具一厂及无锡县轻工业品公司各占20%。投资总额298万美元，当时折合人民币495万元，中方占股60%，其金额297万元人民币，用于建造厂房、办公用房、生活用房、锅炉房、水厂、制胶车间、变电间、贮木港池、原木起吊、裁锯设备等。工厂土建完成后，外方从日本和台湾购进32台套胶合板生产设备。1982年9月20日，中国海关总署向口岸海关下达了（82）署税字第713号文件《关于江海木业有限公司进口设备予以免税的通知》，文件明确规定："对江海木业进口的32套台湾（日本）产设备，经会商财政部、税务总局，同意作为特案处理，予以免征关税和工商统一税"。由于江海木业有限公司是新中国第一家胶合板合资企业，其进口设备免征关税，产品在国内自由销售，自主进口原木等方面在当时都起到了示范推动作用。江海木业有限公司设计年产胶合板200万张（折合近2万 m^3）。1988年增资扩产，年产胶合板8万 m^3。随着市场环境的变化，江海木业逐渐淡出市场，2002年歇业。

1984年9月，中芬合资经营的青岛华林胶合板有限公司的合营协议在北京签字，芬兰外贸部部长拉依内和中国经贸部副部长贾石出席了签字仪式。由青岛市家具公司、中国银行青岛信托咨询公司、芬兰工业发展合作基金会、芬兰劳特（Raute）公司共同出资在青岛组建青岛华林胶合板有限公司。总投资为1800万美元（文献34第72页为1888万美元），注册资本为616万美元，中方投资比例占75.6%，芬方占24.4%，年设计生产能力3.1万 m^3。主要产品为集装箱底板用胶合板、混凝土模板用覆膜胶合板，1987年正式投产。

1987年12月，上海台板一厂与香港南洋兄弟烟草公司合资成立上海南洋胶合板公司，总投资1500万元，主要生产并经营胶合板。该公司1993年改由港方独资经营。

光大木材工业（深圳）有限公司是由中国光大集团有限公司（香港）、深圳莱英达轻工集团公司合资兴办的大型综合木材加工企业,1988年1月成立,1989年3月正式投产。总投资约合2亿元人民币,下设胶合板、刨花板、细木工板、制材、家具等车间,从美国、联邦德国等引进设备,设计年产7万m^3胶合板,7万m^3刨花板,1.5万m^3细木工板。后经增资扩产,总资产达12亿元人民币,主要产品有胶合板、装饰板、混凝土模板、细木工板、中密度纤维板、刨花板、贴面刨花板、宝丽板、环保装饰木、集装箱地板、汽车底板、木地板以及其他木材深加工产品,产品系列采用"森帝"、"光大"牌注册商标,各类产品总产能40万m^3。

1990年嘉善县政府招商引资,将印度尼西亚华侨江彦辉(Mr. Kang Wibisono)企业引到嘉善落户。时年印度尼西亚胶合板发展迟缓,而中国胶合板发展进入飞速发展期。江彦辉将其印度尼西亚一胶合板工厂搬到嘉善干窑镇,新建工厂名为金泉木业有限公司,购买干窑发电厂的蒸汽给胶合板工厂供汽。工厂总经理由江家亲属兼任,工厂厂长、技术副厂长聘请台湾技师担任,产品在供应内销的同时还销往欧美日市场,金泉木业有限公司赶上了中国胶合板发展的黄金时期。

南通合板工业有限公司1990年9月成立,总投资为2915.1万美元,注册资本1200万美元,由香港金洋股份有限公司、台湾台元机械股份公司、南通市经济技术开发总公司和南通市木材总公司4方出资组建,其出资比例分别为55%、35%、7.5%、7.5%。公司占地面积15万m^2,主厂房面积52m×400m。拥有4条自动化胶合板生产线,设计年产量12万m^3,产品以3~18mm厚度的4′×8′、3′×7′胶合板为主,1992年5月正式投产。主要设备有日本太平制作所的8′旋切机3台,5′旋切机1台,意大利5′小径木全自动高速旋切机1台;台元机械股份公司的3层网带式单板干燥机2台,4层辊筒式单板干燥机2台(均含自动卷板和剪切设备);台元机械股份公司自动拼板机14台,其中表板拼板机2台,其他为中板拼板机;台元机械股份公司的8′涂胶机6台;日本山本制作所热压机4台套,其中40层2台套,35层2台套;意大利意玛斯(IMEAS)砂光机2台;工厂其他配套设备均由台元机械股份公司制造提供。由于管理不善,机械化生产成本过高,在与农村包围城市的小型胶合板工厂的竞争中倒下,2002年停产。后通过台商黄明仁先生牵线,由马来西亚三林集团接管而继续生产,三林集团在整体收购南通合板工业公司破产资产基础上投资兴建了外商独资企业三林合板(南通)有限公司。

同期,穗台合资的南洋合板工业公司在广州成立,总投资1509万元,穗方占投资60%,年产胶合板6万m^3,产品70%外销。

到1988年全国胶合板产量已达826900m^3,是1976年的4.48倍。

五、1990年后:高速发展时期

20世纪90年代,随着中国经济体制由计划经济体制向社会主义市场经济的过渡和转型,由于多方面复杂因素的综合作用,原有的重点国有胶合板企业纷纷陷入经济效益下滑甚至亏损的局面,产量逐渐减少。

到20世纪90年代中后期,国内原来的胶合板生产基地——上海、东北、北京、天津、成都、青岛的老国有胶合板厂几乎全部停产、转产甚至不复存在。

与此同时，外资企业大量进入中国，民营企业异军突起，中国胶合板生产进入了高速发展时期。

20世纪90年代初，在河北邢台、文安，山东临沂地区及江苏北部，大量民营胶合板企业出现，外商也在江苏、浙江、福建、广东等地投资新建了多家规模较大的胶合板厂。

据1995年全国第三次工业普查统计，当时全国共有胶合板企业2069家（其中包括竹胶合板156个）。胶合板生产量中占前3位的省份分别是山东（158.89万m^3），河北（79.44万m^3），江苏（76.85万m^3）。3省的胶合板产量占全国的41.5%。

进入21世纪，中国胶合板企业的数量更是猛增到6000~7000家，但大多是规模较小的工厂甚至是家庭作坊。据介绍，1988年中国年生产能力1万m^3以上的企业113家，大于10万m^3的7家。但到2005年末，全国有一定规模的胶合板企业中仍有90%的年生产能力在1万m^3以下。在此期间，中国胶合板生产的另一特点是，由于国家进一步加强天然林保护工程，老国有林区森林采伐量大幅度下降，胶合板企业的分布进一步向速生丰产林产地和沿海进出口方便的城市集中。据2003统计，中国胶合板产量排序前5位的分别是河北557.87万m^3，山东445.54万m^3，江苏367.85万m^3，浙江286.57万m^3，广东89.41万m^3。"十一五"以来，随着桉木用于胶合板生产，广西的胶合板生产也有了较大的发展。据《木材工业》杂志2009年第2期报道，仅广西贵港市就有1200多家旋切单板厂，年加工桉木、松木约80万m^3，从业人员达3.2万人。

中国胶合板产量1991年突破100万m^3，达到105.10万m^3，2000年增至992.54m^3，2002年突破1000万m^3，达到1135.2万m^3。2002~2007年更是急剧增长，2007年的产量达到了3561.56万m^3，5年期间增长了2倍多。且从2003年开始，中国胶合板产量已超过美国，成为世界上最大的胶合板生产国。

六、典型胶合板企业介绍

（一）天津福津木业有限公司

20世纪80年代晚期到20世纪90年代，中国胶合板行业的风云人物当属台湾商人杨美琪女士。1988年，杨美琪在上海浦东与中方合资创办了上海福海木业有限公司，生产装饰纸饰面板，杨美琪的香港大福木业有限公司占股40%，福海木业经营颇为成功。1990年，杨美琪的大福木业有限公司与天津市物资局下属的天津胶合板厂合资创办天津福津木业有限公司，于1990年7月17日在天津市工商局注册成立，设计年产量10万m^3。津方以厂房设备作股投资，占60%股份，台方以240万美元投入，占40%股份。开创时公司董事长是天津市物资局局长田兆祯，后来投资比例变化，台方为大股东，改任杨美琪为董事长。由于市场的巨大需求和经营有方，到当年年底就扭亏持平，到开业1周年时，福津木业已净盈利1200万元。公司成立第四年其产品出口就超过500万美元，杨美琪在中国胶合板行业获利颇丰，同时也给中国胶合板行业的发展带来新的机遇，给中国胶合板行业和企业带来信息、技术和原材料。杨美琪事业发展鼎盛时期，福字头有26家左右下属企业（或合资企业），主要有天津福津木业有限公司、天津福家家具有限公司、天津福亚实业有限公司、天津福达木业有限公司、天津福林木业开发有限公司、廊坊福洋木业有限公司、湖北福汉木业有限公司、湖北福渔木业有限公司、湖北福江木业有限公司、上海福海木业有限公司、保定福河木业有限公司、吉林福春木业有限公司、吉林福长木业有限公司、沈阳福阳人造板有限公司、吉林福敦木业有限公司、内蒙古福峰木业有限公司、辽源福源木业有限公司、汪清福汪木业有限公司、白河福柏木业有限公司、巴西福巴木业有限公司等。

福字头木业公司曾经在天津乃至中国人造板行业创造了多项第一：第一个引进宝丽板生产线；第一个引进细木工板生产线，福津细木工板当时行销全国；第一个引进弯曲防火板生产线。福字头企业胶合板产销量全国第一，特别是在1993~1994年胶合板产业发展最佳期，也是胶合板产品利润最高期间，约3张1220mm×2440mm×3mm的薄型胶合板的利润相当于工厂工人月工资。

由于国际、国内胶合板市场行情的变化和中国民营胶合板企业的兴起，以及中国速生丰产林的快速发展，杨美琪于的2003年退出天津福津木业有限公司。福津也于2005年退出中国胶合板市场。

(二) 光大木材工业 (深圳) 有限公司

20世纪80年代，中国改革开放不久，大规模经济建设所需胶合板、刨花板等人造板严重依赖进口，耗用了大量外汇，而当年国家外汇储备不多，为加快人造板工业建设，国务院直属企业光大集团首任董事长王光英发起中国光大集团有限公司(香港)和深圳莱英达轻工集团合资(各出资50%)，于1988年1月25日在深圳经济特区投资兴建大型综合性木材加工企业光大木材工业(深圳)有限公司(国家轻纺出口产品投资公司于1992年参股，2000年左右退出)，图3是成立合资光大木材工业(深圳)有限公司的深圳市政府批复文件，图4为股东情况变更文件和副董事长、董事委派书。

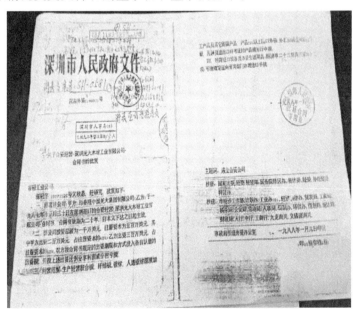

图3 成立合资光大木材工业(深圳)有限公司的深圳市政府批复文件

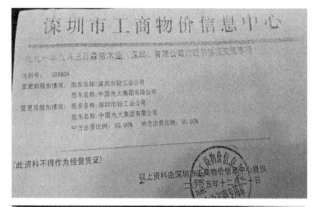

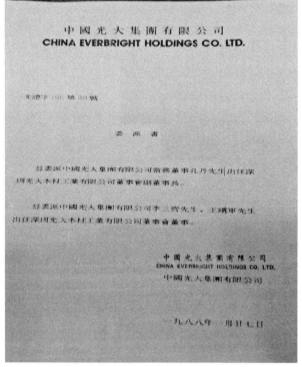

图 4　股东情况变更文件，副董事长、董事委派书

公司总部坐落于深圳市南山区月亮湾大道 99 号（图 5），地处平南铁路起点，毗邻妈湾、蛇口、赤湾 3 大良水港，距深圳机场 20 分钟车程。公司注册资金 4552.58 万美元。深圳总部占地面积约 11 万 m^2，厂房建筑面积约 9 万 m^2。先后建成胶合板分厂（含储木场）、刨花板分厂（后改中纤板分厂）、机修分厂、制胶分厂、动力分厂（供汽、供电）、南山分厂（生产科技木）及辅料分厂。为适应快速发展的市场、降低成本等的需要，还分别在安徽合肥、江苏淮阴、深圳松岗、广东韶关、广西柳州等地投资或合资建了分厂，分别生产刨花板、薄木装饰胶合板、胶合板用单板（速生林桉木单板）、胶合板等。1998 年，人造板最高年产量曾达 25 万 m^3。截止 1997 年公司总资产 9 亿元人民币、销售额达 13.58 亿元人民币，在全国各地设有 30 多个经销点。主要产品有胶合板系列（含集装箱底板用胶合板系列、混凝土模板用胶合

图5　光大木材工业(深圳)有限公司全景鸟瞰

板系列)、刨花板系列、中密度纤维板系列、薄木装饰胶合板系列、细木工板、保丽板、科技木方及科技木皮系列等。产品采用"森帝"、"光大"品牌注册商标。

公司胶合板、刨花板生产线主要从美国、联邦德国引进；装饰胶合板生产主要设备为牡丹江木工机械厂产刨切机；科技木生产设备有一台意大利克里蒙娜(Cremona)9′刨切机，其余6台为牡丹江木工机械厂产，高频压机为国产外购石家庄纪元电器有限公司，漂、染设备为自主研发制作。

光大木材公司重视研发，设置了专业研发机构，拥有20多名木材加工工艺、精细化工、设备设计制造等相关专业理论知识扎实、工作经验丰富的科技研发人员。建有专门的研发试验楼，有力学检测室，原辅材料检测分析室，小试室，配有先进的万能力学试验机、试验压机、反应釜及相关检测设备等，进行各类人造板、醛类胶黏剂产品及其设备的研发，保证了产品持续研发能力。

光大木材公司在建设及生产经营过程中利用集团的资金优势、深圳经济特区的区位人材吸引优势，在上级及公司领导班子的正确领导下，全体上下以垦荒牛的开拓创新精神，用短短的几年时间在一片滩涂的海边建成了当时全国最大、设备最精良、技术最先进、品类最齐全的一流的综合性木材加工企业。拥有发明专利10项以上，公司质量通过ISO9001国际质量体系认证。各类产品畅销全国各地，部分产品销往香港、韩国、日本、澳门等地。对国内人造板行业发展产生很大的影响，为特区及全国的木材工业建设做出了贡献。光大木材工业(深圳)有限公司荣获各类证书见表1，产品目录见表2。

表1　光大木材工业(深圳)有限公司荣获的各类证书

编号	名称	发证单位	发证时间	备注
SETI JS WI 5-01 A-1998	中华人民共和国企业法人业执照(副本)	中华人民共和国国家工商行政管理局	1998	有效1998-1999.1.25
SETI JS WI 5-02 A-1998	全国工业生产许可证(胶合板)	林业部工业生产许可证办公室	1991.1.1	
SETI JS WI 5-03 A-1998	全国工业产品生产许可证(刨花板)	林业部工业生产许可证办公室	1991.7.1	
SETI JS WI 5-04 A-1998	商标注册书523094(森帝)	中华人民共和国国家工商行政管理局	1990	胶合板、刨花板
SETI JS WI 5-05 A-1998	商标注册证1106072(光大)	中华人民共和国国家工商行政管理局	1997.9~2007.9	纤维板

(续)

编号	名称	发证单位	发证时间	备注
SETI JS WI 5-06 A-1998	深圳市企业产品执行标准登记证书	深圳市技术监督局	1997.3.18	穿孔胶纸带
SETI JS WI 5-07 A-1998	深圳市企业产品执行标准登记证书	深圳市技术监督局	1998.10.2	公司各种产品
SETI JS WI 5-08 A-1998	产品监检质量好企业荣誉证书	深圳市技术监督局	1998.2	
SETI JS WI 5-09 A-1998	产品监检质量好企业荣誉证书	深圳市技术监督局	1997.2	
SETI JS WI 5-10 A-1998	95产品监检质量好企业	深圳市技术监督局	1996.1	
SETI JS WI 5-11 A-1998	94产品监检质量好企业 胶合板、刨花板	深圳市技术监督局	1995.1	
SETI JS WI 5-12 A-1998	中国中轻产品质量保障中心质量监督产品认可书	轻工总会中国中轻产品质量保障中心	1997.12.25	
SETI JS WI 5-13 A-1998	质量监制证书(森帝胶合板)	轻工总会中国中轻产品质量保障中心	1996.2	
SETI JS WI 5-14 A-1998	证书(森帝牌胶合板)确认为中国中轻产品质量保障中心监制产品	中国中轻产品质量保障中心	1995.3	
SETI JS WI 5-15 A-1998	荣誉证书(连续三年监制产品信得过企业)	轻工总会中国中轻产品质量保障中心	1995.3.15	
SETI JS WI 5-16 A-1998	中国中轻产品质量保障中心确证产品认可书	中国中轻产品质量保障中心	1994.3.7	
SETI JS WI 5-17 A-1998	证书(森帝牌胶合板)确认为中国中轻产品质量保障中心确证产品	中国中轻产品质量保障中心	1993.1	
SETI JS WI 5-18 A-1998	中华之最(入选证书)	国务院发展研究中心(148号)	1995	
SETI JS WI 5 19 A-1998	证书(500家最大外商投资工业企业第83位	国家统计局	1995	
SETI JS WI 5-20 A-1998	证书(全国人造板标准化技术委员会)	全国人造板标准化技术委员会	1994~1996	
SETI JS WI 5-21 A-1998	中国林学会木材工业学会团体会员证书	中国林学会木材工业分会	1995.12.18	
SETI JS WI 5-22 A-1998	光荣册	深圳市技术监督局	1997.2	
SETI JS WI 5-23 A-1998	光荣册	深圳市技术监督局	1996.3	
SETI JS WI 5-24 A-1998	资信等级证书AAA资信等级	深圳市资信评估公司	1994.7.18	
SETI JS WI 5-25 A-1998	刨花板生产许可证申请书	光大木材	1991.5	
SETI JS WI 5-26 A-1998	检验报告(森帝牌刨花板)	国家人造板检测中心	1991.6	
SETI JS WI 5-27 A-1998	(胶合板外观品质物理性能)技术服务结果单	中华人民共和国深圳进出口商品检验局	1994.1.11	
SETI JS WI 5-28 A-1998	深圳光大木材工业有限公司简介			
SETI JS WI 5-29 A-1998	1996年全国人造板企事业联络网成员卡	国家人造板质量监督检验中心	1996.4	
SETI JS WI 5-30 A-1998	深圳光大木材工业有限公司胶合板生产定型鉴定意见	鉴定委员会	1990.8.22	

表2　光大木材工业(深圳)有限公司产品目录

部门	产品	系列	主要品种规格	用途	销售电话/传真
南山分厂	环保装饰木（人造薄木）	山纹系列 直纹系列 树根系列 其他系列	2500mm × 630mm × 厚 0.20±0.03mm（可依客户要求加工0.2－0.7mm）	用于装饰板、室内装饰、家具表面贴面等	0755－6060520
松岗分厂	装饰板	环保装饰木贴面系列 天然刨切薄木贴面系列	4'×8'×3mm 4'×8'×3mm	用于室内装修、家具、车辆、船舶等表面装饰	0755－7717936 0755－7711895 0755－7710214
	天然刨切薄木	欧洲榉木系列 天然树根系列 其他天然系列	长2500mm 厚0.20±0.03mm （可依客户要求加工0.2~0.7mm），天然刨切薄木为自然宽	用于装饰板、室内装饰、家具表面贴面等	
	实木地板	素地板 指接长地板 UV油漆地板	900mm×90mm×18mm及其他规格 4500mm×90mm×18mm及其他规格 900mm×90mm×18mm及其他规格	用于建筑室内地板施工	
	木线	普通木线系列 艺术木线系列	长2500mm，花色品种众多 长2500mm，花色品种众多	用于建筑、家居等室内装修施工	
胶合板分厂	普通胶合板	薄板系列 厚板系列	4'×8'×3mm、5mm 4'×8'×9mm、12mm、15mm、18mm	用于建筑、家具制作、车辆船舶的装修材料，也可用于包装等其他用途	0755－6060519 0755－6675137 0755－6523032
	水泥模板	素模板 浸渍纸贴面模板（清水模板）	3'×6'×12mm、18mm 4'×8'×12mm、18mm	用于建筑、铁路桥梁、高架公路、电站、地铁、立交桥等模板施工	
	集装箱地板	素地板 油漆地板	根据客户图纸要求生产，规格分20'及40'两种标准集装箱地板	用于集装箱制造	
	汽车地板	浸渍纸贴面平面汽车地板 防滑耐磨汽车地板	标准幅面4'×8'×25mm、18mm或根据客户图纸要求生产	用于货车、客车、船舶、火车客车内部地面安装施工	
	防静电地板	刨花板系列 中纤板系列	600mm×600mm×25mm、30mm、40mm 600mm×600mm×25mm、30mm、40mm	用于各种需要防止静电的计算机房、机场控制室、电视广播演播控制室、大型项目仪表控制室、银行证券的电算中心等	
	防静电装饰板	薄板系列 厚板系列	4'×8'×3.5mm 4'×8'×9mm、12mm	用于各种需要防止静电的室内侧面、顶面装修施工	
	细木工板	素板 宝丽板饰面	4'×8'×15mm 4'×8'×18mm	用于建筑、室内装修、家具制作	
	单板	柬埔寨进口面板、背板 柬埔寨进口芯板	2540mm×1270mm×0.6mm分深R浅W，2540mm×1270mm×1.60mm	用于胶合板生产	

(续)

部门	产品	系列	主要品种规格	用途	销售电话
中纤板分厂	中密度纤维板	素板 薄木贴面	4'×8'×(8~20)mm	用于家具制造、建筑、音箱、电视机外壳、船舶、车辆等	0755-6060523
合肥光大木材公司	刨花板	素板 三聚氰胺树脂浸渍纸贴面 薄木贴面	4'×8'×(9~30)mm 分单色、木纹、石色等 4'×8'×(9~30)mm	用于建筑、家具、包装、车辆和船舶内部装修、电视机外壳等	0551-5522090 0551-5521649
林帝公司	保丽板	白保(单色) 木纹保丽板	4'×8'×3mm 4'×8'×3mm	用于建筑装修、家具制作	0755-6406620
	胶纸带	穿孔胶纸带 封边胶纸带	宽25mm、30mm 长600m 宽18mm、长1000m	用于胶合板单板修补及封边	
	木用腻子	浅色腻子 深色腻子	20公斤/桶 20公斤/桶	用于胶合板表面修补	0755-6060521
	酚醛浸渍纸	清水模板用加厚纸 其他产品用浸渍纸	幅面4'×8'和3'×6' 220g/m²(纸80g+胶140g)	用于水泥模板及其他人造板表面贴面	
	热熔胶	中拼机用热熔胶 胶线用热熔胶	热熔温度80~120℃ 热熔温度80~120℃	用于胶合板生产中单板拼接	
	胶黏剂	胶合板用脲醛胶 装饰板用脲醛胶 中纤板用脲醛胶 刨花板用脲醛胶 集装箱板用酚醛胶 水泥模板用酚醛胶 浸渍纸用酚醛胶 白乳胶	929(热固型低毒胶) 958(快速热固化型胶) 965(可用于木粉板、棕垫等) 高固含刨花板专用胶 978(高固含快速固化型耐水胶) 978(高固含快速固化型耐水胶) 988(亦可直接用于模板表面) 可用于木制品榫接、指接,纤维上浆,无纺布粘合、印刷等	用于胶合板、中密度纤维板、刨花板、装饰板贴面、人造木、集装箱地板、水泥模板、建筑、印刷、家具、室内装饰等行业的生产	0755-6060535
南方光大	进口原木	东南亚产胶合板原木(克隆)(杂木) 非洲产胶合板原木 欧洲山毛榉榉木	径级40cm、长6m以上 径级30cm、长6m以上 (分树种) 径级50cm、长6m以上 (分树种) 径级40cm、长3m以上 (刨切级)	用于集装箱地板 用于胶合板、家具建筑、地板等 用于胶合板、家具建筑、地板等 用于装饰板刨切贴面及室内装饰	0755-6060519 0755-6675137 0755-6523032
森帝公司	木材加工设备及加工服务	胶合板生产线设备 装饰板生产线设备 人造木生产线设备 其他设备、厂房及加工服务	造材、旋切、干燥、整理、涂胶、热压、锯砂等工序主机及配套设备 造材、蒸煮、刨切、涂胶、湿贴、热压、锯砂等工序主机及配套设备 漂白染色、干燥、涂胶、冷热压、封头、刨切等工序主机及配套设备 提供机电及非标设备的设计、加工、制造、安装服务以及其他配套设施、厂房的设计制造、安装、服务	0755-6060529 0755-6060529

(a)胶合板原木码头　(b)胶合板车间热压工段　(c)胶合板车间刨切机工段　(d)胶合板车间旋切机工段

图6　胶合板车间

胶合板车间(图6)是光大木材公司最大的车间之一。建筑面积约5万 m^2。1988年建设,1989年3月29日投产,1996年2月被国务院发展研究中心评为"中国最大的胶合板企业"。初期设备是从美国铁工所进口的一整套厚板生产线,可生产家装用厚胶合板及混凝土模板,年产能约7万 m^3。因市场对薄胶合板需求大,不久进行了技改,建成薄板(2.6mm胶合板)生产线,年生产能力达18万 m^3,满足了当时国家经济建设市场需求。后又开发了集装箱底板,1996年3月建成集装箱底板生产线,年产量可达5万 m^3(约合13.5万标准箱),还开发了清水模板及酚醛胶覆面混凝土模板,以适应市场需要。

胶合板车间主要设备8′旋切机4台,分别是1台日本太平(TAIHEI)制作所的、1台日本乌洛克(UROKO)制作所的、1台美国铁工所的、1台联邦德国的;多层自动进板热压机3台,一台是美国铁工所的,其他2台是日本山本(TAKAYAMA)制作所的型号HE2-500-35W35层热压机;另还有2台是上海人造板机器厂的15层手工进板的热压机。砂光机是日本菊川(KIKUGAWA)铁工所的。辊筒干燥机1台为美国铁工所产,3台网带干燥机是苏福马公司的;中板拼板机10台为韩国、台湾产。清水模板所用浸渍胶膜纸、胶纸带等生产设备自制。胶合板主要产品为各类厚度规格家装用胶合板、混凝土模板、混凝土模板用浸渍胶膜纸饰面胶合板(清水模板)、酚胶饰面模板、集装箱底板等。

胶合板主要原料原木从东南亚、非洲进口,少量国产材,分别有南洋材柳安、奥古曼,马来西亚杂木,非洲材阿考、阿幼丝、奥古曼等,主要用于生产薄胶合板面底板。集装箱底板原料为南洋材克隆,混凝土模板主要原料有马尾松、桉木等。胶黏剂主要是脲醛树脂胶与酚醛树脂胶,全为自产。

2003年中国光大集团按照国经贸企改[2002]859号文"关于国有大中型企业主辅分离

辅业改制分流安置富余人员的实施办法"的精神,只保留金融、证券、房地产、高科技等主业,其余辅业改制。2004年3月光大木材公司卖给一家香港上市公司,3年后光大木材工业(深圳)有限公司所在地被重新规划,深圳成本优势也降低,不再具备人造板生产优势,另外民营企业大量进入人造板行业使光大木材公司人才流失严重,基于各方面评估,该公司终止了木业板块的经营。

光大木材工业(深圳)有限公司大事记。

1988年1月25日光大木材工业(深圳)有限公司成立;

1989年3月29日胶合板车间投产,年产7万m^3厚板,后技改生产薄胶合板,年产能18万m^3;

1990年11月28日刨花板车间投产,后升级改造成中密度纤维板,年产能达3万m^3;

1991年9月18日深圳光大木材松岗分厂成立,生产天然、人造薄木装饰胶合板,年产能9.48万m^3;

1993年4月30日合肥光大木材有限公司成立,技改当地合作单位刨花板生产线,刨花板年产能达5万m^3;

1995年被评为"中国轻工200强企业";

1995年被评为"深圳市100家最大工业企业";

1996年国家统计局评出"中国最大500家外资投资企业";

1996年荣获国家环保总局颁发的"中国环保产品认证书";

1996年2月被国务院发展研究中心评入中华之最"中国最大的胶合板企业";

1996年3月建成集装箱底板生产线,年产能5万m^3(约合13.5万标准箱);

1996年8月成立林帝公司(辅料分厂),主要生产胶纸带、清水模板浸渍纸及醛类胶黏剂;

1997年4月深圳光大木材南山分厂成立,科技木年产能达2万m^3。

七、胶合板进出口贸易概况

进口胶合板曾经是中国的淘金业务,特别是1993年,由于国内市场需求急剧增加和炒作,胶合板价格不断攀升。但是随着国内胶合板产量快速增加和质量提高,胶合板进口量呈逐年下降的趋势,而出口量逐年增加。2001年中国胶合板进口量为65.09万m^3,出口量为96.54万m^3,自此胶合板出口量超过进口量。到2011年进口胶合板量为18.84万m^3,而出口量为957.25万m^3,是进口量的50.8倍。

中国的胶合板工业从诞生起,产品在供应国内市场的同时就开始出口。松江胶合板厂建厂初期的胶合板产量中,仅有20%左右供应东北的哈尔滨、长春、齐齐哈尔等地,其余的外销到英国、澳大利亚等国家;上海祥泰夹板厂1932年起生产3′×6′胶合板板,部分产品出口到锡兰(今斯里兰卡);上海木材一厂的前身精艺锯木厂在抗战胜利后,产品一度以出口为主;扬子木材厂1948年将首批近20m^3 4′×8′×4mm的柳安胶合板出口到美国,同时还有部分销往香港。

中华人民共和国成立不久,便恢复了胶合板出口。据资料记载,1955年中国胶合板共出口约2800m³，其中国营香坊木材综合加工厂737m³，国营松江胶合板厂900m³。上海的胶合板出口由祥泰夹板厂、上海木材一厂和扬子木材厂承担，开始时祥泰夹板厂提供了上海出口总量的60%左右。出口胶合板的树种以椴木为主，在国外市场上很受欢迎，松江胶合板厂出口的椴木胶合板在国际上被称为"象牙板"。从1961年起水曲柳胶合板也开始出口，另有少量桦木胶合板出口。

2001年，中国胶合板出口96.54万m³，而进口65.09万m³，首次出口量超过进口量。此后，出口数量持续增长，2002年179.24万m³，2003年204.05万m³，2004年430.55万m³，2005年558.40万m³，2006年830.37万m³，2007年871.59万m³，2008年718.42万m³。2007年出口量和2006年基本持平，增长率出现大幅度下降，主要原因是中国森林资源匮乏，胶合板生产所需木材主要依赖进口，而俄罗斯、东盟等推出限制木材出口政策，木材价格快速上涨。另外与欧美等贸易摩擦频繁发生及国际环保标准日趋严格，使胶合板行业发展两头受挤。还有，国家不断加大对胶合板出口政策的调整力度，继2006年9月15日起，将胶合板出口退税率由原来的13%下调为11%后，又于2007年7月1日起进一步下调至5%，致使中国胶合板出口增速明显放缓。在相当长一段时期，中国胶合板的出口量大体占总产量的10%~15%。

在20世纪90年代以前，中国出口胶合板的主要销售地区集中在香港、东南亚和日本，也有少量销往英国、古巴和非洲地区。此后，胶合板出口市场转向以美国和欧洲国家为主，占到整个出口量的70%以上。具体的贸易国家包括美国、英国、比利时、荷兰、阿联酋、巴拿马、以色列、沙特阿拉伯、希腊、加拿大、越南、泰国、新西兰、韩国、日本、新加坡、多米尼加等国家和我国台湾省。

进入21世纪，中国胶合板主要出口市场为美国，2003年出口至美国的胶合板为39.45万m³，2004年为132.30万m³，2005年为170.01万m³，2006年为218.01万m³，2007年降至199.7万m³，同比2006年，首次出现了负增长，这与美国经济衰退及房地产不景气有关。

2008年，在美国、日本和欧盟等国家需求量下降的形势下，中国胶合板出口企业想方设法把胶合板销往阿拉伯联合酋长国和沙特阿拉伯等国，如阿拉伯联合酋长国的进口量较上年同期增长64.81%，沙特阿拉伯也增长16.51%，这两个国家共进口胶合板数量达到55.73万m³，占中国胶合板出口量的12.2%。

中华人民共和国成立以后，中国早年胶合板产量及部分年份进出口数量见本章附表3。

八、行业劳动竞赛和产品创优活动

20世纪50年代中期，在国内工业战线上开展了多种形式、多种内容的社会主义劳动竞赛。1956年1月，成都木材综合加工厂向林业部和中国林业工会提出了在全国范围内开展胶合板厂际竞赛的倡议，并得到了长春胶合板厂、国营香坊木材综合加工厂和国营松江胶合板厂的响应。1956年7月，上述4厂的厂际竞赛评比会在成都召开，国营松江胶合板厂获得了1956年第2季度评比第一名。下半年，北京市光华木材厂、上海木材一厂、扬子木材厂、上海祥泰胶合板厂也参加了这项厂际竞赛，其厂际竞赛各项指标完成情况见本章附表 4。

此后，参加厂际竞赛的工厂越来越多。20 世纪 60 年代中期，当时国内绝大多数胶合板厂都参加了这一活动。对提高当时胶合板企业的管理水平，加强信息交流都起到了一定的作用。到 20 世纪 80 年代后期，因中国胶合板生产和管理模式发生变化，厂际竞赛才逐渐停止。1963 年和 1985 年全国胶合板厂际竞赛的各项指标完成情况见附录 5 和附录 6。

1976 年"文化大革命"结束后，国家"拨乱反正"，把工作重点转到经济建设上来，大力开展技术创新和提高产品质量，并在全国和各部委、省（市）开展了争创和评定优质产品的活动。据资料的不完全记载，胶合板产品荣获国家级奖项的有：

1）1978 年扬子木材厂的航空胶合板获全国科技大会奖；
2）1980 年长春胶合板厂的"绿金"牌胶合板获国家质量奖金奖；
3）1981 年国营松江胶合板厂的"双象"牌水曲柳胶合板获国家质量奖银奖；
4）1984 年北京市光华木材厂的刨切车厢板获国家质量奖银奖；
5）1984 年国营香坊木材综合加工厂的"江帆"牌桦木酚醛胶胶合板获国家质量奖银奖；
6）1985 年国营松江胶合板厂的"双象"牌椴木脲醛胶胶合板获国家质量奖金奖；
7）1990 年扬子木材厂的"枫叶"牌混凝土模板用胶合板获国家质量奖银奖。

九、行业援外和国际合作

中华人民共和国成立以后，在发展中国胶合板生产的同时，还开展了多个与胶合板有关的援外和国际合作项目。

1957～1960 年，中国援助蒙古国建设了苏赫巴托木结构房屋预制厂（又称木材综合加工厂），其中包括年生产能力约 1 万 m³ 的胶合板车间。参加的建设单位有国营香坊木材综合加工厂、国营松江胶合板厂和北京市光华木材厂等，均派出了技术骨干赴现场参加该车间建设；1957 年 10 月至 1958 年 12 月，国营香坊木材综合加工厂在哈尔滨先后为其培训了胶合板生产工人和技术人员两批共 16 人。

1959 年，中国援建了柬埔寨金边胶合板厂（又称周恩来 - 西哈努克胶合板厂），林业部从上海、北京的有关工厂抽调技术人员组成专家组赴柬参加建设，其中以上海扬子木材厂为主，祥泰胶合板厂、上海木材综合加工厂、上海木材一厂等厂也派员参加。该厂建成投产后，国营香坊木材综合加工厂和国营松江胶合板厂曾应邀派遣技术人员参加管理和进行技术指导。

1961 年 12 月 13 日，中国和缅甸两国政府在北京签订的经济合作协定，包括中国援建缅甸斯瓦胶合板厂项目。林业部决定国营香坊木材综合加工厂为筹建单位并负责其设备的安装和技术指导。1967 年 1 月 16 日正式开始设备安装，至 6 月末国营香坊木材综合加工厂和国营松江胶合板厂先后派出安装人员 40 人次。但由于当时的缅甸政府掀起了反华运动，同年 6 月下旬安装工作被迫停止。在这个项目中，从 1966 年 6 月至 1967 年 5 月中国共向该厂发送 4 批 900 吨物资，其中包括主要机器 141 台件，安装机具和安装材料 28403 台件。在主要设备中，胶合板专用设备 22 台（套），机修设备 9 台，锅炉及辅助设备 6 台，化验室应用设备 3 台（套），供水设备 4 台，原木堆场设备 1 套。到安装被迫中止时，安装完成或部分安装完成设备共 45 台套，各种管道、电缆的工作量完成 60%；在此期间还培训了缅方工人、技术人员 110 人。在 20 世纪末曾有报道说，中缅两国政府协商复建该项目。

除了一些援建项目外，在 20 世纪 80 年代，国家林业部设立了巴西华西木材工商股份有限公司，在巴西玛瑙斯市收购了一家胶合板厂，1984 年扬子木材厂派出了厂长及有关人员，赴巴西参加了该厂的生产经营管理，直至 1985 年 7 月。

第三节　胶合板的生产工艺与产品研发

一、胶合板的生产工艺

（一）胶合板生产方法

20 世纪 50 年代，中国胶合板生产均采用湿热法和冷压法，所用胶黏剂绝大部分都是血胶、干酪素胶和豆胶这 3 种蛋白胶。湿热法和冷压法生产的胶合板大多采用单板干燥室（少数工厂使用单板干燥机，其中松江胶合板厂配备了较先进的呼吸式单板干燥机）进行单板干燥。到 20 世纪 60 年代，由于合成树脂胶逐渐取代了蛋白胶，干热法生产也逐渐成为板坯胶合的主要方式。

（二）单板厚度和旋切工艺

中国的胶合板制造长期采取等厚结构，即各层组坯单板厚度相同，虽然生产管理组织简便，但不利于优质材的合理使用和产品功能配置。随着全球珍贵树种木材资源锐减，为了有效利用优质珍贵树材，从 20 世纪 80 年代初起，中国的科研院所、高等院校、胶合板企业陆续开展了胶合板表板改薄的研究。国营松江胶合板厂从 1981 年起就将表板厚度从 1.3mm 改成 0.9~1.0mm；长春胶合板厂将表板厚度降至 0.85mm；上海各胶合板厂从 1990 年起也陆续将表板厚度从 1.05mm 降至 0.70~0.85mm。芯板厚度则由 1.05mm 增加到 1.5mm。与此相适应，为了保证薄表板的旋切质量，一般采用两次旋切工艺，即先粗旋，将木段旋圆后换刀（或换机）再进行精旋。随着木段水热处理工艺的改善，旋切设备的数控系统、动力防弯装置等技术的应用，提高了单板的旋切精度，从而保证了薄单板的旋切质量，同时增加了表板薄单板的数量。由于采取了薄单板湿贴胶纸条封边处理，合板快速热压工艺等措施，推动了胶合板表板改薄的顺利实施。"十一五"期间一些胶合板生产企业已将表板厚度减少至 0.5mm 左右。

（三）单板剪切与干燥

中华人民共和国成立之前，除了松江胶合板厂前身、上海祥泰胶合板厂前身等少数工厂配备有单板干燥机外，多数工厂依赖天然干燥。20 世纪 50 年代中后期，自上海木材一厂和上海扬子木材厂从国外引进单板干燥机后，中国主要胶合板厂的单板干燥逐渐转变为以人工干燥为主，从而使合板胶合质量有了保证。

在 20 世纪 60 年代中期以前，胶合板生产中均采用湿单板剪切，剪切后干燥的生产方式。自 60 年代中期上海从国外引进横向喷气网带式单板干燥机以后，许多胶合板厂的单板特别是表板纷纷改为先干后剪工艺,从而提高了单板质量和木材利用率。

(四)单板整理与加工

20世纪70年代中期,中国的主要胶合板生产厂相继引进了日本名南(MEINAN)制作所的单板横拼机,单板拼接方式也由纵拼改为大部分横拼;但由于日本产横拼机是针对东南亚木材较平整的单板研制的,对于干燥后翘曲度较大的国产材单板易出现拼缝不严不牢的缺陷。所以,20世纪80年代后这种表板横拼机多用于国产材的长中板和背板的拼接。

(五)合板预压和热压

20世纪70年代中期,中国一些胶合板厂相继从日本等国引进了一批多层自动装卸板热压机组,与此相配套增加了预压工序。然而,由于大量应用杨木速生木材作为胶合板原料,单板干缩湿涨变形严重,造成板坯预压后出现叠层离缝等缺陷。为此一些工厂对第一次组坯预压后的板坯进行修理(也称荒修)。20世纪90年代中期以后,为解决三合板等薄板比例增大、使用无卡轴旋切机带来的单板厚度偏差较大的问题,形成了两次预压、两次预修的新工艺。据上海人造板厂统计,实行预压、预修后,胶合板的芯板叠离缺陷从30%~40%大幅度减少到10%,大大提高了胶合板的质量,减少了胶合板的返修率。

二、胶合板的原料树种

长期以来,中国胶合板生产原料树种,北方以东北产椴木和水曲柳为主;上海几个胶合板厂则以进口东南亚柳安材为主要原料,同时还少量使用桦木;南方的胶合板厂大多生产马尾松胶合板,由于工厂规模较小,且因马尾松木材含有大量树脂成为困扰马尾松胶合板生产的一个重大难题。直到20世纪80年代中期,湖南人造板厂胶合板车间引进的单板干燥机采用了高温干燥,促使单板中的树脂挥发,同时引进日本名南制作所研制的湿式砂光机,减少了树脂对砂带的粘堵,才从不同的角度开始探索解决针叶材胶合板生产问题。

1958~1959年期间,许多胶合板厂开展了扩大树种的生产试验,所用的树种包括红松、白松、榆木、黄菠萝、楸木等。但由于这些珍贵树种蓄积量和产量都很少,加之未对其加工工艺条件进行系统深入地试验研究,因此在不久之后就又恢复到了以椴木为主要原料树种的局面。

落叶松是中国北方,特别是黑龙江和内蒙古北部高寒林区的主要树种,资源蕴藏量相对丰富。1974年,国营松江胶合板厂对落叶松和樟子松生产胶合板进行了试验研究。1975年,东北林学院(1985年更名为东北林业大学)、黑龙江省林产工业研究所联合国营松江胶合板厂,对落叶松蒸煮和旋切进行了胶合板生产工艺的中试,此次试验的重点是木段蒸煮、旋切工艺及蒸煮脱脂的研究。1981年底,国营松江胶合板厂又对用落叶松、樟子松生产胶合板进行了生产性试验,此后大兴安岭地区陆续新建了多家以落叶松为主要原料的胶合板厂。

上海地区从1956年起就开始了白杨生产胶合板的工艺及性能研究;从1974年起,东北林学院、黑龙江省林产工业研究所与国营松江胶合板厂合作,在松江胶合板厂开展了杨木生产胶合板的试验。1984年松江胶合板厂与东方红林业局合作,主要针对山杨的材性和蒸煮、旋切、胶合工艺进行了杨木生产胶合板的试验。试验表明,用东北天然林中的杨木特别是山杨生产胶合板在技术和经济上是可行的。

20世纪60年代,中国开始大量营造人工林,尤其是杨树速生丰产林。20世纪70年代,中国林科院、南京林学院(1985年更名为南京林业大学)从意大利等欧洲国家引进优良无性系杨树新品种,全国许多科研院所、高等院校及生产企业纷纷开展杨树新品种的培育和大面积栽培示范推广。"八五"期间,在国家科技攻关计划课题的支持下,中国林科院木材工业研究所、北京林业大学等科研院所和高等院校,对多种无性系杨树木材的材性和胶合板制造工艺开展了系统地试验研究,基本解决了旋切起毛、单板干燥翘曲变形、杨木pH值呈碱性影响胶合等技术难点,为大量生产速生杨木胶合板提供了技术支持。在国家多项政策措施推动下,杨树人工林取得了巨大发展。2010年中国杨树总面积已达1010多万hm^2,蓄积量达5.49亿m^3,其中杨树人工林面积为757.23万hm^2,居世界第一。

改革开放后,特别是自20世纪90年代初开始,由于大量民营胶合板厂的崛起,胶合板生产的重心向河北、山东、江苏、浙江等地转移,其中一个主要原因是长江以北更适宜杨树速生丰产林的栽培,分布广泛,资源十分丰富。到1992年杨木占胶合板原木比例已达到36.46%。以2006年胶合板产量计算,杨木胶合板产量约为1900万m^3,耗用杨木量约为5000万m^3,杨木占胶合板原料比例增加到70%左右,杨树成为中国胶合板生产最主要的原料树种。

泡桐是中国在黄河中下游被广泛种植的一种速生树种,但因其管孔巨大、材质松软,在很长一段时间内未能得到充分利用。1983~1984年中国林科院木材工业研究所孟宪树领导的课题组,对利用泡桐生产胶合板的工艺技术进行了全面系统地研究。此后河南商丘桐木加工厂引进芬兰劳特(Raute)公司设备建立年产1万m^3的胶合板车间,于1992年正式投产,生产$4'×6'$胶合板。

桉树在国外早就被列为胶合板生产适用树种,但在中国以前主要做造纸原料。从20世纪90年代末开始,中国南方桉树主产区,陆续将桉木用于胶合板生产,并形成了以广西南宁、贵港为中心的桉木胶合板生产聚集区。2008年前后,在中国胶合板原料中,桉木约占8%,是仅次于杨木的重要树种。

此外,20世纪70年代以后,各地的胶合板厂还陆续研究利用当地天然林和人工林的一些速生和未充分利用的树种来生产胶合板,如南方的荷木、檫木、锥木、橡胶木、枫香,北方的榆木、色木等。

在使用进口材方面,除传统的产自东南亚的柳安材以外,1959年上海木材一厂成功地利用东南亚的阿必东(龙脑香属木材的一种)木材生产了胶合板;1964年上海轻工业研究所木材研究室(上海木材工业研究所前身)与南京林学院合作对进口龙脑香属木材进行了蒸煮、旋切工艺的研究,提出了蒸煮、旋切的工艺条件,制定了旋切精度测定方法,旋切机的刀具、压尺安装调整规程等,使进口硬杂木生产胶合板的技术得到推广。

20世纪80年代中始,中国胶合板用原木进口的树种也由原来只限于东南亚的柳安、龙脑香属木材(阿必东等)等少数树种,进一步扩大使用进口硬杂木,相继使用了克隆、山樟、槟榔果等多种东南亚进口原木,而且进口地区范围也从东南亚扩大到非洲、南美洲及大洋洲等,如非洲的奥古曼(奥克榄属)更成了数量较大的胶合板面板原料树种;新西兰产的辐射松也被进口来生产胶合板。

三、胶合板用胶黏剂

中国胶合板生产在相当长的时间内使用的胶黏剂主要是血胶、豆胶和干酪素胶。其中血胶主要用于湿热法生产,豆胶和干酪素胶主要用于冷压生产。

1947年,上海扬子木材厂与设在该厂内的国民政府中央工业试验所木材工程实验室合作研究改进了豆胶调制技术,提高了胶合板的胶合强度和抗潮性能,使扬子木材厂的"大树"牌胶合板在市场上有了很好的信誉。

1954年,北京市木材厂试制成功并投产热固性蛋白胶。

1956年,上海扬子木材厂与上海市木材工业公司实验室(上海市木材工业研究所前身)合作进行了干酪素胶的研究和生产。

中国合成树脂行业发展起步于20世纪50年代,在经历了"文化大革命"的缓慢发展时期以后,20世纪80年代国产合成树脂工业取得快速发展,除了食品、茶叶包装用胶合板仍用豆胶外,中国胶合板生产用胶黏剂完全被合成树脂胶取代。在20世纪40年代,东北和上海的部分工厂也进口过少量合成树脂胶生产胶合板,如伪满州国大陆科学院附设的胶合板试验厂曾用来自日本的酚醛树脂胶试制桦木航空胶合板;扬子木材厂1948年起从美国进口酚醛树脂胶和粉状脲醛树脂胶生产胶合板,粉状脲醛树脂胶牌号为501$^\#$、505$^\#$、Cat$^\#$。

20世纪50年代中后期,中国胶合板行业所用的胶黏剂从以蛋白胶为主转向合成树脂胶。1955年,北京市木材厂完成了合成树脂胶试验。1956年3月,国营香坊木材综合加工厂首先试制成用于胶合板生产的水溶性酚醛树脂胶,并用于胶合板生产。同年,国营松江胶合板厂也试制成水溶性酚醛树脂胶,并将其用于航空、船舶胶合板的生产。

1956年,国家林业部提出在胶合板生产中推行合成树脂胶的要求,中国林科院木材工业研究所在北京举办了合成树脂胶生产研讨会,研讨脲醛和酚醛树脂胶的制备和应用技术。此后全国许多胶合板厂先后开始了胶合板用合成树脂胶的研制,在仿制苏联牌号树脂胶的基础上,逐渐开发出适合自己的多种型号的脲醛树脂胶,形成了胶合板厂自产自用,每个胶合板工厂备有制胶反应釜的格局。

1957~1962年,北京市光华木材厂、国营香坊木材综合加工厂、扬子木材厂、上海木材一厂、北京市木材厂、国营松江胶合板厂等先后仿制成功合成树脂胶,并用于胶合板生产。

1957年,北京市光华木材厂专门建成了一个制胶车间,生产胶合板生产用合成树脂胶。

1958年,国营香坊木材综合加工厂仿制成功醇溶性酚醛树脂胶。

1959年,扬子木材厂根据苏联资料生产了牌号 M-4 不脱水脲醛树脂作为胶合板用胶,是上海木材加工业自行生产合成树脂的开始。

1959年6月,北京市木材厂试制了仿苏 C-1、CSC-1 号醇溶性酚醛树脂胶。

1960年,扬子木材厂根据苏联资料生产了牌号 C-35 水溶性酚醛树脂胶用于胶合板生产，后改为 YFQ-1 酚醛树脂；同时，上海木材一厂生产了 M-2122 水溶性酚醛树脂，以后该厂根据需要又先后生产了 M-2123、M-51 酚醛树脂，用于胶合板、梭坯板生产。

1962 年，扬子木材厂试制成 YFQ-2 醇溶性酚醛树脂胶，上海木材一厂生产了 M-2124 醇溶性酚醛树脂胶。

与此同时，国营松江胶合板厂、国营香坊木材综合加工厂等厂也进行了脲醛树脂胶的研制，并且在 1958 年生产出胶合板用的脲醛树脂胶；1959 年又试验成功泡沫脲醛树脂胶，它可减少胶合板的用胶量 10%~20%，这种胶在东北地区一些主要胶合板厂中一直使用到 20 世纪 90 年代中期。

从 20 世纪 60 年代开始，中国对脲醛树脂和酚醛树脂的性能不断进行改进，以适应于不同工艺方法、不同用途的胶合板生产，以提高胶合板的胶合性能和降低胶合板生产成本。与此同时，还开展了对新型胶合板胶黏剂的研究，试制成功一些新型的胶黏剂。

1963~1964 年，中国林科院木材工业研究所、上海轻工业所木材室和扬子木材厂合作先后研制成功冷压用 NQ-63 和热压用 NQ-64 号脲醛树脂，均为浓缩型树脂。这两种牌号的树脂胶很快推广到其他一些胶合板厂，且沿用了多年。

1964 年，扬子木材厂试制成功 YFQ-3 水溶性酚醛树脂胶，涂胶单板可直接热压，从而降低了生产成本和缩短了生产周期。1975 年，四川省林业科学研究所与扬子木材厂合作研制成功乳液型酚醛胶树脂，这种胶具有成膜性好、固化快，可缩短热压时间三分之一以上。

从 20 世纪 70 年代中期开始，随着多层胶合板热压机的引进，为了适应板坯预压工艺的需要，各主要胶合板厂相继开发了聚乙烯醇改性脲醛树脂胶。20 世纪 80 年代后期以来，随着杨木等原料大量用于胶合板生产，一些树种的单板，特别是杨木湿心材高含水率、pH 值呈碱性或缓冲容量大，易造成脲醛树脂胶合不良。针对此类问题，科研、教学和企业从树脂性能和添加剂等方面对脲醛树脂改性开展了研究，并取得了一定的成果。

中国从大量使用合成树脂胶开始，就一直在进行胶黏剂用添加剂特别是填充剂的试验研究。除了大量使用的小麦粉（包括面粉厂的"落地粉"）外，树皮粉、橡籽粉、砂光木粉、膨润土等也都得到广泛使用，不仅可以降低生产成本，而且对胶合和胶合板产品性能有一定的改善。

20 世纪 90 年代后期开始，随着人们环保意识的增强和对健康的关注，国外发达国家纷纷对胶合板游离甲醛释放量提出了越来越严格的要求和限制，中国也于 2000 年开始对各类人造板的甲醛释放量加以规定。为适应这一转变，对于胶合板用合成树脂胶，特别是对降低脲醛树脂胶中游离甲醛含量和使用过程中游离甲醛释放量进行了大量试验研究，从降低原料配方中尿素和甲醛的摩尔比，加入三聚氰胺或其他添加剂，以及改进树脂合成工艺等方面着手研究，取得了一定成果。

为解决胶合板的甲醛释放问题，中国林科院木材工业研究所研制成功了以热塑性树脂膜替代传统胶黏剂，制造不含甲醛胶黏剂的环保型胶合板制造技术。2000 年 12 月 3 日申请国家发明专利"环保型胶合板生产工艺"，2003 年 3 月获得专利授权（专利号：ZL 00134681.4，发明人：王正，郭文静）。该环保型胶合板的胶合强度指标可以达到国家标准规定的Ⅱ类胶合板的要求，其生产胶合板用于实木复合地板的基材，而甲醛释放量几乎为零。该专利技术已经在江苏、河南、福建、北京等地建设生产线，产品用于实木复合地板、家具制造等领域。2013年，该发明专利获中国专利优秀奖。以该发明为核心技术的成果获北京市科技进步奖三等奖、梁希科技奖二等奖等。

另外，在对大豆蛋白进行改性制备具有较高胶合性能胶黏剂的研究方面，中国林科院木材工业研究所在"十一五"期间进行了系统的科研开发工作。以豆粕为主要原材料，采用大豆蛋白改性技术和甲醛苯酚稳定交联技术的集成创新，开发出低醛改性豆基蛋白胶黏剂，并完成了环保型胶合板和纤维板的试验室试验和工厂生产性试验，产品性能完全可以达到国家相关标准要求，纤维板的甲醛释放量为0.5mg/100g，胶合板的甲醛释放量0.1mg/L，胶合性能可达到Ⅰ类胶合板的要求，解决了制约传统大豆蛋白胶黏剂在木材工业应用中固体含量低、黏度高、贮存期短，特别是耐水性差的缺陷，其使用成本和改性脲醛树脂相当。该技术于2011年12月通过了国家林业局组织的科技成果鉴定，并负责起草了行业标准《豆基蛋白胶粘剂》。

中国科学院宁波材料技术与工程研究所和宁波中科八益新材料股份有限公司共同研发的"大豆基无醛胶合板胶黏剂"科学技术成果，以豆粕为原料，以水为分散介质，生产不含甲醛的大豆基无醛胶黏剂，已建成1条年产2万t的胶黏剂生产线。该产品已在数家胶合板和实木复合地板生产企业应用，生产过程无污染，在现有生产工艺条件下所生产的胶合板和实木复合地板性能符合国家相关标准要求。2011年7月30日，该胶黏剂在宁波通过专家鉴定。截至该产品鉴定时间，中科八益是全球第二家生产生物基无醛胶黏剂的企业，该胶黏剂是国内第一个真正实现产业化的生物基无醛胶黏剂产品。

单宁是多元酚的混合物，凝缩类单宁提取物在19世纪末已用于制革工业。由于凝缩类单宁作为原料在树脂和胶黏剂的生产方面具有重要的经济开发价值，20世纪60~70年代，国外成功地开发了基于单宁提取物制备室外级胶合板用胶黏剂的多种配制方法，用其配制的胶黏剂制作的胶合板具有良好的耐72h煮沸性能。由此，使用单宁胶黏剂制备胶合板在南非、新西兰、澳大利亚等国投入了工业化生产。中国栲胶用树种原料资源十分丰富，如黑荆树皮、落叶树树皮等。从20世纪70年代开始，中国就开始利用栲胶制造木材胶黏剂的研究。最初，中国林科院林产化学工业研究所科研人员用落叶松栲胶与低缩合酚醛树脂进行交联，压制胶合板；后来与工厂合作，用杨梅栲胶作酚醛树脂的固化剂；1981年又在上海木材一厂用单宁胶压制了混凝土模板用胶合板。中国林科院木材工业研究所也曾研制了冷固性落叶松单宁胶。吉林林学院也进行过用落叶松树皮粉直接制备胶黏剂的试验。

1989~1991年，中国林科院林产化学工业研究所还与澳大利亚林业和林产品研究所合作，利用黑荆树单宁栲胶，以酚醛树脂和苯酚脲素甲醛树脂为交联剂制备胶合板用单宁胶的研究，其胶合性能可以达到Ⅰ类胶合板的要求。

20世纪90年代，仅有中国最大的栲胶生产基地——牙克石木材加工栲胶联合厂投入商品化生产，将落叶松树皮粉栲胶制造粉状胶黏剂并用于胶合板生产。"十一五"期间，中国已成功地解决了单宁与甲醛反应中的多个难点，并可以制得苯酚取代率为70%的落叶松单宁胶，用其压制的胶合板具有低毒、环保的优点，但是投入工业化生产的单宁胶黏剂厂家还不多。

四、胶合板的产品研发

中华人民共和国成立前，中国的胶合板产品基本是普通胶合板，多用于家具制造和包装，但也研制过一些新产品。

抗日战争时期，国民政府航空委员会中国航空研究所的成都"层板制造厂"，曾首次试制成世界上罕见的竹木复合胶合板航空教练机，该机主体为云杉实木，机翼和机尾为桦木胶合板，表面覆上数层竹片的竹木复合胶合板。所用胶黏剂为国产新疆家畜乳汁自制的酪素胶。

伪满州国大陆科学院下设的胶合板试验厂曾利用桦木和日本的胶黏剂试制了航空用酚醛树脂胶合板，但后来日本战败投降未正式投入生产。

1947年，国民政府中央工业试验所与上海扬子木材厂合作，组建成立了木材工程试验室，至1949年约近3年时间。王恺先生曾带领科研人员，使用从美国进口合成树脂胶研制成胶合层积材，并生产了纺织用的打梭棒、麻纺用滚筒（roller）等纺机配件及军工用层积木枪托等，同时设计并生产了空心与实心胶合板门扇，除广为上海建筑部门采用外，还首次销往香港。

中华人民共和国成立以后，随着胶合板工业的发展，新产品研发速度不断加快，胶合板的应用范围也发生很大变化，先后有多种胶合板产品投入过批量生产。

20世纪80年代，中国胶合板主要用于家具制造，家具用板约占70%，建筑业的门窗及内装修等占15%~20%，车船制造占2%~3%，其他（含包装等）占7%~13%。1995年，建筑用胶合板提高到29.5%，家具用减到49.9%，包装用占10%，运输用占4%，其他用途占6.6%。进入21世纪，中国胶合板的应用发生了很大变化，2005年，建筑用胶合板提高到55%，家具用减到11%，包装用占13%，运输用占8%，其他用途占13%。

（一）船舶用胶合板

1954年，国营松江胶合板厂用桦木、柞木和水曲柳为原料试制成功船舶用胶合板，批量生产供应大连中苏造船公司（大连造船厂前身），并形成了长期的合作关系；1957年，国营香坊木材综合加工厂按国家工程兵器材部芜湖造船厂的要求，试制了船舶用胶合板，1959年投入批量生产，生产达10年之久。此时还与国营松江胶合板厂生产的船舶板一起出口到古巴等国；北京市木材厂等也于1960年前后开始生产船舶用胶合板。

（二）航空用胶合板

1955年，中国林科院木材工业研究所开展了航空用胶合板的实验室研究。1957年，国营香坊木材综合加工厂按照沈阳滑翔机厂提出的指标和苏联ГОСТ标准试制成功航空用胶合板，从1958年开始投入批量生产，共生产了9年。1958年，扬子木材厂受当时一机部四局的委托，1959年开始试制航空用胶合板，经国营122厂鉴定符合要求；从1962年起投入批量生产，年订货量超过30m^3，1963年该厂正式成立了航空用胶合板生产车间。与此同时，青岛木材综合加工厂、上海木材一厂、国营松江胶合板厂等也都试制成功了航空用胶合板,但均未投入大批量生产。直到"十一五"期间,上海沪森层压木有限公司、上海桦航层压木有限公司等厂仍在生产航空用胶合板。

(三)木材层积塑料(层压木)

1959年9月,国营香坊木材综合加工厂试产木材层积塑料成功,并用于小丰满水电站、三门峡水电站的维修。1959年,扬子木材厂建成了年生产能力为450t的木材层积塑料车间,产品可制作轴套、轴瓦等,先后用于云南以礼河水库、浙江新安江水库做闸门启闭材料,并在上海新沪钢铁厂、鞍山钢铁公司的轧钢机及国产万吨轮船上使用;同期,上海木材一厂、松江胶合板厂等也都试生产了木材层积塑料。上海木材一厂还试制成功用于飞机螺旋桨的特种(精制)层压板,1962年林业部和上海工业生产委员会联合对该厂下达了生产精制层压板的军工任务,1962~1967年共生产了201.8t。

(四)混凝土模板用胶合板

1962年,广交会展出了广州西村木材厂生产的胶合板模板,可重复使用7~8次。同年,上海木材一厂、扬子木材厂、上海人造板厂和建设人造板厂相继试制生产了混凝土模板用阿必东胶合板并出口国外,使用次数可达13次以上。1980~1982年,上海扬子木材厂和上海木材一厂为香港来料加工混凝土模板用胶合板5831m^3;20世纪80年代中后期,上海扬子木材厂先后研制成功树脂膜覆面混凝土模板和高耐磨清水模板用胶合板,反复使用次数可达50次以上,并于1987年和1990年分别获得上海市优秀新产品奖。1987年,青岛华林胶合板有限公司投产后,使用进口酚醛胶膜纸和覆面专用压机生产了混凝土模板用覆膜胶合板,该厂停产前最高月产量达1000m^3。1998年全国木胶合板模板产量为70多万m^3;2004年初,中国已有15家胶合板厂专业生产混凝土模板用树脂膜覆面胶合板,并大量出口到中东和欧洲等许多国家,仅2002年出口量就达到了400万m^3;2006年木胶合板模板产量增至880多万m^3。

20世纪80年代初,中国还成功研制出混凝土模板用竹胶合板,当时由张齐生教授带领南京林产工业学院(南京林业大学前身)的学生于1983年在苏州林机厂用酚醛胶压制成功首张竹材胶合板,由于中国竹资源丰富,许多竹加工厂投入生产,并迅速得到推广应用到混凝土模板。1998年全国竹胶合板模板的产量为72万m^3,到2007年上升为270万m^3。

"十一五"期间,2009年,木胶合板模板市场规模为3亿m^2,其年产量为7730万m^2;竹胶合板模板的市场规模为1.22亿m^2,其年产量为3140万m^2,木、竹胶合板模板合计年产量超过1亿m^2。2010年,中国建筑模板需求量世界第一,占全球建筑模板需求量的30%。2011~2012年,中国建筑模板行业年均生产规模增速将在15%左右;到2012年底,中国建筑模板行业产量达2.2亿m^2左右。

(五)集装箱底板用胶合板

中国现在是世界上最大的集装箱生产国,对集装箱底板用胶合板的需求也就很大。20世纪80年代后期,青岛华林胶合板有限公司、上海扬子木材厂、宜兴华茂竹木业有限公司、嘉善中辉木业有限公司等公司都试产过集装箱底板用胶合板。其中,扬子木材厂集装箱底板用胶合板于1989年获上海优秀新产品奖;青岛华林胶合板有限公司生产的集装箱底板用胶合板于1990年7月28日通过了林业部和中国船舶工业总公司联合组织的鉴定,先后生产了 2000 多 m³，供国内天津、蛇口、广州等集装箱厂使用。由于种种原因，以前国内集装箱底板用胶合板基本上依靠进口，直到 20 世纪末，国内集装箱厂才开始大量使用国产装箱底板用胶合板。1996 年初，光大木材工业（深圳）有限公司投产了年生产能力为 5 万 m³ 的集装箱底板和 6 万 m³ 的混凝土模板用胶合板。几乎与此同时，福建篁城科技竹业有限公司、浙江德仁竹木科技股份有限公司、新会中集集装箱木地板有限公司、嘉善胜阳木业有限公司、维德木业（苏州）有限公司等也先后开始生产或试产装箱底板用胶合板。到"十一五"末期，中国年需求集装箱底板为 100 多万 m³，中国有集装箱底板生产企业 10 余家，年产量约 30 万 m³，其余仍依赖进口。此外，内蒙古森工集团在十一五发展战略中提出要加快与中国国际海运集装箱（集团）股份有限公司（简称中集集团）的合作，促进了二期年产 60 万 m³ 集装箱底板项目的建设。

（六）纺织配件用胶合板（梭坯板）

纺织配件用胶合板是供纺织机械用梭子、打梭棒等配件制作用的一种胶合板，早在 1948 年王恺先生领导的木材工程试验室就成功试制了这种胶合板，但由于胶黏剂等原因，一直未能正式投入生产。

1959 年，上海木材一厂、扬子木材厂用桦木单板制成纺织配件专用胶合板，并供纺织机械行业使用。1960 年，北京市木材厂也将此种产品投入生产。到 20 世纪 80 年代，内蒙古大兴安岭也有此类胶合板生产。1989 年，上海将原木材一厂、扬子木材厂生产的梭坯板、木材层压塑料、航空用胶合板等转由沪西木材厂生产，使其成为特种桦木胶合板产品的专业生产厂。

（七）火车车厢用胶合板

从 20 世纪 50 年代开始，中国几个主要胶合板厂就为青岛四方机车车辆厂、长春客车厂、南京浦镇车辆厂等配套生产火车客车车厢用胶合板，特别是北京市光华木材厂在 50 年代末投产的以刨切单板为面板的车厢用胶合板，在相当长时间内一直是国内独家生产。

1984 年南京林产工业学院（南京林业大学前身）和南京浦镇车辆厂合作，首次将竹胶板用于火车车辆底板，接着又和第二汽车制造厂合作用于汽车车辆地板。

（八）难燃胶合板（滞燃胶合板、防火胶合板、阻燃胶合板）

1959 年，国营香坊木材综合加工厂试制成功防火胶合板。1960 年，上海木材一厂也试制成功防火胶合板，并被广泛用于车船装修。1985 年，上海建设人造板厂也试制成功滞燃型胶合板，并于当年获上海市优秀新产品奖，1988 年通过了有关部门的鉴定，并正式投入生产，其阻燃性能符合青岛四方机车车辆厂对国际列车隔墙板和中国民航 TY-2500-0009 机务通告关于飞机上非金属材料阻燃性能的要求。

（九）电工层压板

内蒙古阿里河林业局与郴州纺织器材厂、纺织工业部零配件公司联合兴建了年产 600t 的层压板厂，层压板厂于 1989 年 8 月进行试生产成功，年底生产 230t 层压板，质量达到了部颁标准。1998 年层压板厂经技术改造后，层压板产量提高到 2000 余 t。2007 年 8 月，内蒙古大兴安岭林管局阿里河层压板厂改扩建工程完工。11 月投产后，该厂的电工层压板年生产能力由 2793t 提高到 5000t，成为当时亚洲最大的电工层压板生产企业。该厂电工层压板产品当时占据了国内 60% 的市场份额，该厂已经与德国西门子公司、日本东芝公司等多家国际变压器厂建立了稳定的供求关系,而且是世界上最大变压器制造企业——瑞典"ABB"公司的供货商。2008年11月,改制为内蒙古阿里河华洋电工层压木有限责任公司。

黑龙江省苇河林业局人造板厂与沈阳变压器厂合作研制成功电工层压板,1991年建成年生产能力1800t的专业厂,次年正式投产,该产品被评为1991年国家级新产品。昆明市木器厂和云南变压器厂于1991年完成了电工层压板的生产性试验并投入生产。

(十)饰面用单板(薄木)及装饰单板饰面胶合板

20世纪50年代末,中国就生产以装饰单板(水曲柳刨切单板)为面板的胶合板,但所用的装饰单板厚度都比较大。为节约珍贵树种木材,1975年,国家农林部与上海市商定建设微薄木生产项目,1976年,上海木材一厂从联邦德国引进了一套年产200万m^2的微薄木生产设备,其中主要设备是高精度旋切机,生产微薄木厚度为0.12~0.35mm,同时在旋切薄木的背面衬以增强用的特种纸制成卷材或片状微薄木。

从1978年开始,北京市光华木材厂也开始了用刨切方法生产贴面用薄木的试验,开始是用脲醛树脂胶干贴生产饰面人造板,以后采用了中国林科院林产化学工业研究所研制的醋酸乙烯-N-羟甲基丙烯酰胺共聚乳液(VAC-NMA)为胶黏剂进行薄木湿贴试验。所用薄木厚度为0.25~0.5mm。该厂于1985年建成了微薄木车间,年生产能力130万~150万m^2。与此同时,从1983年开始,在广东番禺、山东烟台、青岛等地陆续建立了多家专门生产刨切薄木及其薄木贴面胶合板的工厂(车间),薄木厚度多在0.20~0.25mm,均采用湿贴法生产薄木贴面胶合板。

进入20世纪90年代,随着室内装饰装修及家具制造业对薄型装饰单板贴面胶合板需求量持续增长,全国出现了大批薄木贴面胶合板生产企业。由于技术的提高和隐蔽剂的使用,饰面薄木的厚度在一些厂已降到0.15mm或更小;同时还开始对薄木进行漂白或染色处理,以提高贴面材料表观质量。20世纪末期,生产装饰单板饰面胶合板的企业集中在广东、江浙沪地区、东北地区、京津地区及山东、湖北、四川等地,全国年总产量约为22500万张,折合6.8亿m^2;"十五"后期,装饰单板饰面胶合板需求量持续增长,年产量高达12亿m^2;但随着装饰行业的变革,新材料的推出及居室环境质量要求的提高,装饰单板饰面胶合板用量减少,2010年生产量为2.95亿m^2。

(十一)重组装饰单板

重组装饰单板(又称人造薄木,市场俗称科技木)是以普通树种木材包括人工林木材的旋切(或刨切)单板为主要原材料,采用单板调色、涂胶组坯、模压成型工艺制造而成的具有天然珍贵树种木材质感、花纹和颜色等特性或其他艺术图案的木质装饰材料。重组装饰单板用作胶合板及其他人造板贴面材料,可节约珍贵树种的木材,实现普通树种和人工林木材的高附加值利用。

重组装饰单板的基础专利是1937年由德国人申请的"赋予人工的木材花纹的单板制造方法"。从1965年意大利的阿尔比公司(ALPI PIEFRO),英国的阿隆公司(Aaron Co. Ltd)等重组装饰单板产品输入日本,开始用于家具表面装饰材料。日本的松下电工(株)、段谷产业公司从1972年开始研发并商品化。

从20世纪80年代开始,中国的高等院校、科研院所及一些相关企业开始致力于重组装饰材的开发。上海市家具厂于1980年初提出了"人造薄木试验研究"课题,与上海市家具研究所合作，成功制作了人造柚木、人造红木、精美薄木等人造薄木。南京林学院（1985 年更名为南京林业大学）与南京木器厂合作开展了人造薄木制造工艺研究，研制了仿红木色及柚木木色等多品种的弦向纹理及径向纹理的人造薄木，研究成果获 1984 年林业部科技进步三等奖。1983 年起中国林科院木材工业研究所开展人造薄木制造工艺研究，九五和十五期间，在国家与省部级多项科研课题支持下取得了多项科技成果，包括"新型薄木装饰材料系列产品制造技术"（国家林业局重点科学技术计划项目验收证书、林科验字［2003］02 号）；国家高技术发展计划（863 计划）课题"木基复合装饰材料制造技术"（编号 2002AA245101），2005 年 10 月 16 日通过国家科技部组织的专家会议验收，取得了"材色仿真装饰单板制造技术""木质重组装饰材制造技术"等与重组装饰单板相关的 4 项科技成果；"木材薄板匀染与计算机配色技术"（国家林业局重点科学技术计划项目验收证书、林科验字［2007］54 号），并实现了重组装饰单板（人造薄木）工业化生产。此外，黑龙江省林产工业研究所、北京林业大学和中南林业科技大学承担的"九五"国家科技攻关课题（编号 96-011-03-08-03），开展了重组装饰材（人造薄木）的研究与开发。

香港维德集团于 20 世纪 80 年代初开始进行科技木研究与开发，将研发的第一代重组美化木引入该集团在江苏的合资企业中国江海木业有限公司，生产了"美柚 11"重组装饰单板。20 世纪 90 年代由维德木业（苏州）有限公司专业生产的科技木在国内最早实现了科技木产业化生产。科技木 2000 年通过了江苏省级科技成果鉴定，2002 年被列为国家级火炬计划项目，2003 年被列为国家重点新产品。

20 世纪 90 年代起，光大木材工业（深圳）有限公司、山东临沂双月园木业有限公司、山东鲁丽集团木业有限公司、浙江德华装饰材料有限公司（浙江德华兔宝宝装饰新材股份有限公司）、浙江升华云峰新材股份有限公司、浙江茂友木材股份有限公司、深圳市松博宇实业有限公司、江苏无锡盛牌木业有限公司、嘉汉林业（中国）投资有限公司枫源科技木公司、山东凯源木业有限公司、上海黎众木业有限公司等多家企业陆续研发、生产重组装饰单板，产品在室内装饰装修、家具生产等方面得到广泛应用，成为一类重要的饰面装饰材料。

到"十一五"期间，维德木业（苏州）有限公司、浙江德华兔宝宝装饰新材股份有限公司、浙江升华云峰新材股份有限公司等企业的重组装饰单板的制造技术、产品品种和生产规模都已达到国际先进水平，产品畅销国内外市场。

（十二）低甲醛释放环保型胶合板

由于胶合板生产中大量使用的含醛类胶黏剂，主要是脲醛树脂胶黏剂，在生产和使用过程中释放出一定量的游离甲醛，对环境的污染和人们的健康都有一定影响。因此，国内外都在努力降低胶合板产品的甲醛释放量，研制环保型胶黏剂。从 21 世纪初开始，中国对此问题也给予了极大重视，包括对脲醛树脂改性制备低甲醛释放胶黏剂，如采用低摩尔比的脲醛树脂，利用三聚氰胺改性；应用大豆蛋白质改性胶黏剂、热塑性树脂 PE 类型胶黏剂、水性高分子-异氰酸酯 PU 类型胶黏剂等，生产低甲醛释放环保型胶合板。

（十三）曲面胶合板（成型胶合板）

1963 年，上海扬子木材厂试制成功农村用的扬谷板（又称扬掀板、木掀头），这是一种前薄后厚的弧形胶合板，以酚醛树脂为胶黏剂。同年，上海木材一厂、扬子木材厂、上海木材综合加工厂就将这种产品正式投入生产，当年产量为305m³，1979年产量最高达到4000多m³。1967年，北京市木材厂支农用扬谷板投产，于1984年停产。继上海之后，青岛人造板厂、国营松江胶合板厂等也相继大量生产扬谷板，青岛人造板厂并为此建立了一个专门车间，一直生产到1986年，产品全部由农业生产资料采购供应站包销。

在生产扬谷板的同时，很多厂也开始大量生产模压胶合板椅背、椅座等产品。另外，上海建设人造板厂生产的波纹胶合板也属曲面胶合板，该产品曾获1986年上海市优秀新产品奖。

(十四) 乒乓球拍和球台用胶合板

随着中国从20世纪60年代初兴起的乒乓球热，对乒乓球拍和乒乓球台用胶合板的需求量大增。这种胶合板对材质缺陷控制很严，树种及合板密度及加工质量也有很高的要求。国营松江胶合板厂在乒乓球热期间就生产了球拍板及球台用板，上海也从1972年开始生产球台用胶合板，它们供应上海、青岛等地"红双喜"、"流星"等名牌产品使用，此类胶合板还在相当长时期出口香港等地，在世界乒乓球用胶合板市场中占有重要地位。

(十五) 特种蓄电池隔板

从1962年开始，北京市木材厂生产特种蓄电池用胶合板隔板，在1962~1964年3年期间共生产了197m³。

(十六) 医用X光机胶合板床(台)板

1985年，国营松江胶合板厂研制成功医用X光机胶合板床(台)板，当年通过有关部门鉴定后投入小批量生产，供应北京医疗器械厂等安装在医用X光机上。

(十七) 胶合板管

1958年，扬子木材厂新建了胶合板管生产车间，生产直径100~300mm，长度1500mm的胶合板管，于1959年正式投产。

(十八) 建筑结构用胶合板

21世纪，世界上很多国家，尤其是欧洲、北美、日本的主要胶合板厂都大量使用针叶材生产建筑结构用胶合板，主要用于木结构建筑，特别是轻型木结构建筑的屋面板、地板和墙板。在这方面中国起步较晚，最早生产建筑结构用胶合板是由台商杨美琪女士，于1995年购买芬兰劳特公司二手胶合板4′生产设备，在内蒙古赤峰人造板厂利用东北落叶松生产的。正式投入工业化生产的是1996年马来西亚在吉林安图投资建设的安利国际(延边)木材有限公司。它是利用当地丰富的落叶松资源生产厚度为6~28mm的木结构房屋建筑用的结构用胶合板。设计年产量10万m³，产品主要向日本出口，实际年产量最高达7万~8万m³，产品幅面为3′×6′为主，后因种种原因未能继续生产。

(十九) 实木复合地板用胶合板

中国胶合板生产长期以来以薄型胶合板为主，主要用于室内装饰装修和家具生产，但随着家居装饰行业新材料的推出及居室环境质量要求的提高，装饰单板贴面胶合板用量减少，家具生产用薄型胶合板逐渐被薄型中密度纤维板所代替。同时，由于国产胶合板主要原料供应的变化，杨树和桉树人工林木材难以满足薄板生产的面板要求，因此薄胶合板比例逐年下降。随着市场需求的变化、产品用途的扩大及生产技术的进步，包装和多层实木复合地板用厚胶合板，混凝土模板及集装箱底板用厚胶合板需求量正逐年上升。

多层实木复合地板起源于 20 世纪六七十年代的日本及欧美发达国家,并长期占据世界铺地材料市场主流地位,自 1995 年进入中国市场。首先是杨美琪女士于 1995 年底经由天津福亚实业有限公司从日本引进全套多层实木复合地板生产线开始生产多层实木复合地板;1997 年北京不二家装饰材料有限公司董事长王恺进口了日本 3 套多层实木复合地板生产线(北京不二家装饰材料有限公司,企业法人:小川重幸,企业类型:外资企业,成立时间:1997 年 11 月 17 日,所在地:北京通州)。

多层实木复合地板以胶合板为基材,一定程度上克服了实木地板湿胀干缩的缺点,干缩湿胀率小,具有较好的尺寸稳定性。实木复合地板表层为优质珍贵木材,不但保留了实木地板木纹优美、自然的特性,而且大大节约了优质珍贵木材的资源。实木复合地板兼具强化木地板的稳定性与实木地板的美观性,而且具有环保优势。中国的多层实木复合地板起初以贴牌生产(OEM)为主,缺乏自主品牌。2003 年后,由于中国北方用户逐渐接受多层实木地板,同时随着国际先进制造技术装备和涂料的引进,生产技术日趋成熟,多层实木复合地板以年均 5% 以上的速度快速增长,在市场上逐步形成了一批自己的品牌,成为中国木地板的主导产品之一,并大量出口欧美市场。

"十一五"后期,中国生产实木复合地板的企业有 600 多家,2009 年产量约为 8300 万 m^2,到 2017 年多层实木复合地板销售达到 11490 万 m^2。同时,实木复合地板新品种的开发和用途的扩大,包括地采暖用实木复合地板的应用,为胶合板产业提供了对厚胶合板的需求和较大的市场空间。实木复合地板用胶合板的要求比普通胶合板高,主要体现在稳定性好、变形小。为此,地板基材胶合板生产企业采取各种工艺措施减小板内应力,力求减小胶合板的变形及表面开裂。在利用桉木单板生产实木复合地板用胶合板的企业,多生产 $4'×4'$ 胶合板用作实木复合地板基材。

(二十)竹胶合板

中国是世界上竹子资源最丰富的国家之一,早在 20 世纪 40 年代末期,成都就已生产竹木复合胶合板用于飞机制造。20 世纪 70 年代中期,南方竹产区生产竹编胶合板,嗣后,有关大专院校、科研单位和生产企业致力于利用竹材生产胶合板类产品,如竹蓆胶合板、竹帘胶合板、纤维化竹单板层积材、竹木复合胶合板等。这些产品主要用于建筑、汽车厢板等方面。

五、胶合板行业的标准

中华人民共和国成立之初,胶合板生产的质量管理基础非常薄弱。从 1953 年开始,在学习苏联的基础上,各胶合板厂都陆续建立包括质量管理在内的一系列规章制度。1960 年前后,国家有关部门开始组织编制胶合板的全国统一标准。1961 年,国营香坊木材综合加工厂受林业部委托起草了《航空胶合板》、《船舶胶合板》质量标准,并经林业部审定作为部颁标准贯彻执行。

中国第一个普通胶合板标准,是林业部于 1961 年 12 月 26 日批准,并从 1962 年 2 月 1 日实施的部颁标准。

1965年12月14日，林业部批准了由中国林科院木材工业研究所和林业部技术司提出的部颁标准 LY 129 – 1965《松木普通胶合板》，于1966年4月1日起试行。

中国胶合板行业最初的国家标准是由林业部提出，国家科委批准的 GB 738 – 1965《阔叶树材普通胶合板》和 GB 739 – 1965《阔叶树材胶合板　检验方法》，它们分别是在1965年12月30日和1965年11月30日批准。

1975年，对上述两个国家标准进行修订，其标准编号分别为 GB 738 – 1975 和 GB 739 – 1975，批准日期是1975年10月31日，从1975年12月1日起实施。

在部颁标准 LY 129 – 1965《松木普通胶合板》的基础上加以修订，1978年由农林部提出，国家标准计量局发布了 GB 1349 – 1978 的《针叶树材胶合板》国家标准，并从1978年7月1日起实施。

1988年，林业部组织成立了由中国林科院木材工业研究所负责，有上海轻工局木材行业管理处、长春胶合板厂、国营松江胶合板厂、北京市光华木材厂、赣州木材厂、三明胶合板厂、黑龙江林产工业研究所参加的起草小组，对 GB 738 – 1975 和 GB 739 – 1975 进行修订，除将原阔叶树材和针叶树材胶合板的两个标准合二为一外，并将与之配套的检验方法标准分别列入，修订后的 GB/T 9846 – 1988《胶合板》，共分为12个部分 GB/T 9846.1～GB/T 9846.12 – 1988。此标准由国家标准化管理委员会在1988年10月19日批准，1990年10月1日起实施。

2004年，由中国林科院木材工业研究所负责组织部分有关单位对 GB/T 9846 – 1988 进行修订，将原标准的12个部分修改成8个部分，并将原国家标准 GB/T 13009 – 1991《热带阔叶树材普通胶合板》的内容纳入其中，修订为 GB/T 9846.1～GB/T 9846.8 – 2004《胶合板》，由中华人民共和国国家质量监督检验检疫总局，国家标准化管理委员会2004年6月22日发布，2004年9月15日实施。

此外，一些主要胶合板厂和省林业厅局在无全国统一标准的情况下，针对生产和销售需要制定了许多相应的胶合板标准，如国营松江胶合板厂和国营香坊木材综合加工厂，从20世纪50年代起就陆续制订了《出口胶合板内控标准》、《X光机床板用胶合板标准》；上海木材一厂在1961～1964年先后制订了《出口胶合板主要技术条件》、《茶叶箱胶合板标准》；福建林业厅制订了闽 Q/LY 1056 – 1983《茶箱胶合板》、FDB/LY 1887 – 1987《工业缝纫机台板用胶合板》。

自1992年全国人造板标准化技术委员会成立之后，针对和结合中国胶合板工业的发展和新型专门用途胶合板的不断出现，又陆续制、修订了大量胶合板国家标准和行业标准；这些标准大多在理化性能指标上与相应的国际标准或先进国家的标准接近或一致，在其他方面则充分考虑了中国的具体情况，具有足够的先进性和可操作性，因此得到了国内外用户的认可，有力地促进了中国胶合板工业的发展和胶合板产品在国内外的销售。

中国现行的胶合板类产品标准见表3。

表3　中国现行的胶合板类产品标准目录

编号	体系类别	级别	标准名称	标准类别	标准编号
1	基础通用与综合类	国家标准	室内装饰装修材料 人造板及其制品中甲醛释放限量	基础标准	GB 18580-2001
2			人造板及饰面人造板理化性能试验方法	方法标准	GB/T 17657-1999
3			人造板及其表面装饰术语	基础标准	GB/T 18259-2009
4			人造板的尺寸测定	方法标准	GB/T 19367-2009
5			人造板及其制品中甲醛释放量测定-气体分析法	方法标准	GB/T 23825-2009
6		行业标准	甲醛释放量检测用1m³气候箱	产品标准	LY/T 1612-2004
7	胶合板类	国家标准	难燃胶合板	产品标准	GB 18101-2000
8			混凝土模板用胶合板	产品标准	GB/T 17656-2008
9			集装箱底板用胶合板	产品标准	GB/T 19536-2004
10			木结构覆板用胶合板	产品标准	GB/T 22349-2008
11			成型胶合板	产品标准	GB/T 22350-2008
12			组合式包装箱用胶合板	产品标准	GB/T 24311-2009
13			细木工板（含修改单-2009）	产品标准	GB/T 5849-2006
14			胶合板	产品标准	GB/T 9846.1~9846.8-2004
15		行业标准	乒乓球拍用胶合板	产品标准	LY/T 1115-1993
16			茶叶包装用胶合板	产品标准	LY/T 1170-1995
17			单板用湿粘性胶纸带	产品标准	LY/T 1171-2006
18			铁路客车用胶合板	产品标准	LY/T 1364-2006
19			航空用桦木胶合板	产品标准	LY/T 1417-2001
20			旋切单板	产品标准	LY/T 1599-2002
21			实木复合地板用胶合板	产品标准	LY/T 1738-2008
22			非甲醛类热塑性树脂胶合板	产品标准	LY/T 1860-2009
23	木质层积材类	国家标准	单板层积材	产品标准	GB/T 20241-2006
24			指接材 非结构用	产品标准	GB/T 21140-2007
25		行业标准	电工层压木板	产品标准	LY/T 1278-1998
26			木质层积塑料	产品标准	LY/T 1401~1415-1999
27			纺织用木质层压板	产品标准	LY/T 1416-1999
28			重组装饰材	产品标准	LY/T 1655-2006
29			集成材 非结构用	产品标准	LY/T 1787-2008
30			集成材物理力学性能试验方法	方法标准	LY/T 1927-2010
31	饰面材料及饰面胶合板	国家标准	刨切单板	产品标准	GB/T 13010-2006
32			装饰单板贴面人造板	产品标准	GB/T 15104-2006
33			竹单板饰面人造板	产品标准	GB/T 21129-2007
34		行业标准	重组装饰单板	产品标准	LY/T 1654-2006

第四节　胶合板国外设备的引进

中华人民共和国成立前，中国胶合板装备制造几乎空白。胶合板企业的生产设备绝大部分都是从国外引进的，主要来自于美国、日本和德国等。如上海祥泰夹板厂（上海建设人造板厂前身）在20世纪30年代配置的美国COE公司7′旋切机、梅里特（Meritt）公司8′旋切机、Proctor公司单板干燥机，德国辛北尔康普（Simperkemp）公司6层62″×86″热压机和12层的呼吸式合板干燥机，以及刮光机、砂光机等胶合板专用设备。平和洋行哈尔滨胶合板厂（松江胶合板厂前身）也安装有美国COE公司生产的7′和5′旋切机、89″×63″热压机和呼吸式合板干燥机，19.4m×3.8m美国产辊筒干燥机等。

中华人民共和国成立后，胶合板工业发展得到了国家的重视，从20世纪50年代中期开始，陆续引进一批具有较先进甚至先进水平的胶合板设备。

根据当时林业部对全国千余家国营木材加工企业调查的不完全统计，从1950年起至1987年11月止，全国进口胶合板设备263台套，见表4、表5。

表4　1950~1989年全国引进胶合板设备

国家	胶合板设备数量/台（套）
日本	109
意大利	3
联邦德国	35
民主德国	40
英国	2
美国	5
芬兰	12
荷兰	5
瑞士	2
波兰	1
捷克斯洛伐克	46
苏联	3
合计	263

表5　引进胶合板设备在各主管部门的分布情况及投资额

部门	胶合板		
	成套/套	单机/台	投资/万美元
林业	(15)7	111	2803.119
轻工	(5)	44	259.576
物资	(13)	70	496.794
建材	(2)	21	21.032
建筑		9	
其他	(3)2	8	855.5496
合计	(38)9	254	4436.0679

注：表中( )内的数字为引进关键设备配套形成的生产线数。

具体引进设备如下：

1956年，从民主德国引进了多台SK1800型(6′)旋切机，分别安装在东北、上海、青岛等胶合板厂；从捷克斯斯洛伐克、日本、联邦德国引进了多台旋切机、单板干燥机和热压机；1957年，上海木材一厂和扬子木材厂分别从联邦德国引进了辊筒式和网带式单板干燥机，结束了上海主要胶合板企业单板天然干燥的历史。

1966年，上海木材一厂从联邦德国引进的横向喷气式单板干燥机，促进了中国胶合板企业单板干燥—剪切加工由原来的"先剪后干"向"先干后剪"转变。

1970年，天津胶合板厂引进了日本太平(TAIHE)制作所的V25-A13W型液压操纵旋切机。

1972年，长春胶合板厂引进日本名南(MEINAN)制作所1968年研制定型的AVEC型单板横拼机。AVEC-4型横拼机供拼接3′~4′中板；AVEC-6型和AVEC-8型供拼接6′~8′背板；拼接单板厚度，AVEC-4/1.3~5.5mm，AVEC-6/AVEC-8/0.6~4.0mm。

20世纪70年代末至80年代中期，国家计划委员会、林业部物资供应公司先后从日本、联邦德国、芬兰等国家引进了多种胶合板机械设备，以应胶合板企业技术改造之需要。

1979年，北京市木材厂、青岛人造板厂引进日本名南(MEINAN)制作所的FC-AVEC-8型表板横拼机，单板拼接长度2560/1270mm，拼接单板厚度0.5~1.2mm。

1981年，国家计划委员会、林业部物资供应公司引进芬兰劳特(Raute)公司共12台8′液压双卡轴旋切机分别划拨给北京市木材厂、长春胶合板厂、辽源胶合板厂等企业使用。北京市木材厂改制后将该设备卖给了河北文安王赶良的胶合板厂继续使用。

1982年，湖南人造板厂胶合板车间是中国首次引进的规模较大的成套生产线，年产量为5万m^3。由联邦德国海尔本公司总承包。设备具有20世纪80年代的先进技术水平。该车间1987年9月正式投产。设备的先进性表现在主机的技术性能可靠，效率高。旋切机生产能力平均每台班达90m^3；干燥机生产能力平均每班产达110多m^3(1.2mm的单板干燥时间为1.9~2.1min，1.6mm的单板干燥时间约3min，3.7mm的单板干燥时间为7~

8min）；热压机的效率和压后合板的平整度均符合国际标准。此成套设备的特点有以下几点：

1）择优配套。根据招标文件的技术要求，采用择优配套供货。原木剥皮，连续蒸煮用美国 Nieelson 公司的工艺和设备；旋切生产线选用意大利 Cremona 公司的用伺服油缸代替丝杆传动刀架的旋切机及双滚动轴剪板机；选用联邦德国 Babcock – BSH 公司的干燥机；联邦德国库贝尔（Kuper）公司的拼缝机；日本山本制作所的热压机。因此，该成套设备集中了世界各国的先进设备于一体，具有较高的水平。

2）生产工艺实现了分段连续化和单板整张化。从原木材积测量、金属探测、剥皮截断、木段蒸煮、旋切、单板堆垛均实现连续生产；从涂胶组坯、预压、热压到合板锯边、砂光（刮光）、缺陷探测及合板分等均实现了连续化。表、背、中、芯板全部整张化。

3）部分采用电子计算机或数控装置控制。原木材积测量、数目统计、金属探测、剥皮、截断、木段自动进池和出池，全部过程均通过电子计算机控制生产；旋切、湿板剪切、堆垛亦通过电子计算机控制；单板干燥机、预压机、热压机等均配置了数控装置。

设置原木材积和数量检测装置，有利于企业经营及班组对原材料消耗的核算。木段采用连续蒸煮代替传统的间歇式蒸煮，从而降低了工人的劳动强度；采用先剪后干的单板制造工艺及高温（190～200℃）辊筒式单板干燥机干燥工艺，不仅使干燥单板平整，而且使树脂大量蒸发，有利于合板的砂光处理；在胶黏剂方面采用低毒性脲醛树脂胶，改善或减少对环境的污染。该成套设备的总投资额为 2407.5 万马克，投资回收年限为 8.6 年。参加验收的工程技术人员一致认为，此成套设备是先进的，主机的技术性能良好，效率是第一流的。但由于管理跟不上，影响到经济效益的提高。

1984 年，芬兰劳特（Raute）公司以设备投资名义在青岛合资建设青岛华林胶合板有限公司，全套设备采用芬兰劳特公司当时较先进的胶合板生产设备。

该公司为与芬兰合资经营的企业，总投资 1888 万美元，注册资本 616 万美元，设计年生产能力 31000m³ 胶合板，主要产品为集装箱底板用胶合板和混凝土模板用覆膜胶合板。是当时我国较大的胶合板生产厂家之一，合营年限为 12 年。

该公司的成套设备和生产工艺技术都是从芬兰劳特公司引进。整条流水线由 20 台 RIC85 可编程序控制器进行控制，人均生产率可提高 2～3 倍，两台有双层网带横向干燥和双层辊筒干燥联合组成的干燥机，在当时世界上也是少见的。生产线所用热压机为 40 层，是当时国内层数最多的热压机。该厂于 1987 年投产后，生产的优质胶合板，受到国内外用户的欢迎。

1983 年，北京市光华木材厂引进了日本丸仲（MARUNAKA）铁工所的 SC – 250V 型单板刨切机，最大刨切宽度（刨刀倾斜 75°时）250mm，最大刨切高度 240mm。

1983 年，长春胶合板厂引进了日本竹内铁工所的 TS – CC2700 型单板刨切机，刨切木方最大长度 2700mm，刨切木方最大高度 450mm。

1983 年，北京市木材厂引进了日本竹内（TAKEUCHI）铁工所的 TS – CC3300 型单板刨切机，刨切木方最大长度 3300mm，刨切木方最大高度 500mm。

1983 年，长春胶合板厂引进了日本杉井（SUGII）铁工所的 ST PFS – 2600 型自动单板铡边机，剪切单板最大长度2600mm，剪切单板厚度0.1~1.5mm，最大剪切高度150mm。

1983年，北京市光华木材厂引进了日本荒川（ARAKAWA）铁工所的ASG-10型液压单板铡边机，剪切单板最大长度3200mm，剪切单板宽度25~1000mm，剪切层积最大高度80mm。

1983年，长春胶合板厂和北京市光华木材厂引进了联邦德国库贝尔（Kuper）公司的FW-1200型之字形单板拼缝机，拼接单板厚度0.3~3.0mm，进料速度10~50 m/min。

1983年，牡丹江木工机械厂引进了日本桥本（HASHIMOTO）电机工业株式会社的VW-50-B型单板横拼机，单板拼接宽度900~1350mm，拼接单板厚度1.8~4.2mm；此机后由安徽芜湖木材厂使用。

1984年3月，湖北白沙洲贮木场引进了日本山本（YAMAMOTO）制作所的HE2-500-20W型胶合板热压机组，机组包括热压机、装板机、卸板机、液压升降台、预压机、电控箱等，配有五十铃（Mitsbishi）电器公司生产的微型计算机程序控制；热压机20层，纵向进料，热压板尺寸2700mm×1370mm×40mm，热压板开档60mm，闭合速度250mm/s，总压力500t。

1984年3~4月间，吉林辽源胶合板厂、上海木材一厂分别引进了日本山本（YAMAMOTO）制作所的HE2-500-25W型、HE2-500-30W型胶合板热压机组，分别为25层、30层。

1984年10月、1985年4月，湖北白沙洲贮木场、云南下关木材厂和天津胶合板厂引进了日本乌洛克（UROKO）制作所的REC-9型旋切机，最大旋切长度2760mm，最大旋切直径1300mm。

1984年，北京市木材厂引进了日本长谷川（HASEGAWA）铁工株式会社的HGM-35型自动涂胶机和HGM-45型自动涂胶机，用于单板单面或双面涂胶；涂胶辊长度，HGM-35型/1060mm，HGM-45型/1360mm；涂胶单板厚度2~5mm；进料速度25m/min。

1985年，北京市木材厂、云南下关木材厂引进了日本山本（YAMAMOTO）制作所的HE2-500-30W型胶合板热压机组，热压机30层。

1985年，山东木材厂引进了日本丸仲（MARUNAKA）铁工所的SC—350V型单板刨切机，最大刨切宽度（刨刀倾斜75°时）350mm，最大刨切高度300mm。

1985年，吉林辽源胶合板厂引进了联邦德国公司库贝尔（Kuper）的FW-1150型之字形单板拼缝机和FW/Q-2800-SD型单板横拼机，FW-1150型拼缝机拼接单板厚度0.3~3.0mm，进料速度10~30 m/min；FW/Q-2800-SD型横拼机，单板顺纹方向拼接宽度550~2800mm，单板横纹方向拼接宽度65mm以上，拼接单板厚度0.5~2.5mm，胶丝进给速度（两级）40/60 m/min。

1985年，长春胶合板厂引进了日本山本（YAMAMOTO）制作所的HE2-500-25W型胶合板热压机组，热压机25层。

1986年，青岛人造板厂从日本引进主机，国内配套的装饰胶合板生产线，全部投资77万美元，年设计能力为5000m^3，产值1100万元。预计3年内可全部还清贷款和利息，该生产线为引进关键性设备的配套改建项目，与成套设备引进的情况相比，其实际效益并不差。生产情况表明，引进设备性能先进，能生产装饰和实用性能的优质高档胶合板。产品畅销国内外，其中75%销往美国、加拿大、日本和香港等地。

20世纪80年代，从日本等国家引进的多套多层胶合板热压机组，不仅大大提高了胶合板生产能力，而且促进了胶合板胶压生产由手工装卸向预压后自动装卸转变，从而提高了合板的胶合质量。长春胶合板厂从日本太平制作所引进的S61－BA型喷气网带式单板干燥机，对提高中国胶合板生产水平和单板干燥机的制造水平起到了很大的推动作用。

同年也吸引台商黄明仁落户嘉善，黄明仁带动了嘉善胶合板聚集区的发展，同时也带动了一批本地胶合板企业家，带动了嘉善木业的发展和壮大。

1995年，内蒙古赤峰人造板厂（台商合资）购买芬兰劳特（Raute）公司二手4′双卡轴旋切生产线，该生产线附带激光定心机、旋切伺服控制系统和自动高速剪切堆垛系统。

中国对先进设备的引进，保证了胶合板企业的生产，提高了企业的生产能力，同时对中国胶合板工业和胶合板装备制造业的技术进步都起到了重要的推动作用。

第五节　胶合板国产设备的研发

中国的胶合板工业的设备研发始于中华人民共和国成立，当时大部分胶合板设备是单机引进、不成套、技术水平不高。20世纪50~60年代中国在仿制进口设备的基础上，制造出了机械传动单卡轴旋切机和热压机等产品。20世纪70年代根据从日本太平制作所进口的V25—A13W型旋切机，研究试制出了中国第一台液压双卡轴旋切机。使旋切机的制造水平有了进一步提高。

20世纪80年代后，开始成套引进胶合板生产线。湖南人造板厂的胶合板车间是我国首次引进的大型胶合板成套设备，年产胶合板5万 m^3，由联邦德国海尔鹏公司总承包。设备由联邦德国、日本等国名牌胶合板机械配套组成，主机技术性能良好，效率高，热压机的效率和压后合板的平整度都符合国际水平，应作为胶合板设备成套引进消化吸收的对象。

中国引进胶合板设备的测绘、仿制情况见表6。

表6　引进胶合板设备的测绘、仿制情况

引进单位	设备名称	型号规格	数量/(台/套)	国别地区	测绘单位	测绘年度	仿制单位
北京市木材厂	四辊涂胶机	HGM－45W	1		北京木工机械厂	1984	
光华木材厂	单板干燥机	滚筒式（四层）	1	捷克			牡丹江木工机械厂
中国林科院木材研究所	单板干燥机	RO－6	1	日本	林科院木材所	1987	
天津胶合板厂	合板砂光机	WS－F	1	日本	牡丹江木工机械厂	1982	牡丹江木工机械厂

(续)

引进单位	设备名称	型号规格	数量/(台/套)	国别地区	测绘单位	测绘年度	仿制单位
赤峰市木材公司胶合板厂	单板旋切机	1300×7600	1	捷克			
	磨刀机	BA4500	1	捷克			
牡丹江木工机械厂	之字拼缝机	EW1200	1	联邦德国	牡丹江木工机械厂	1983	牡丹江木工机械厂
上海木材一厂	滚筒干燥机		1	联邦德国	上海木材一厂	1962	上海木材一厂
上海人造板机器厂	胶合板热压机	4'×8'×25层	1	联邦德国	引进软件（图纸）		
邵武贮木场	旋切机	8'	1	民主德国	邵武贮木场		邵武贮木场
青岛人造板厂	芯板横拼机	NU－AVEC－4	1	日本	牡丹江木工机械厂	1979	牡丹江木工机械厂（1981）
长春胶合板厂	表板改薄工艺	表板生产线	1	日本	苏州林机厂（部分测绘）	1986	苏州林机厂（1987，1988）

中国有专业机械厂批量生产胶合板生产设备是从20世纪50年代后期开始。

青岛木材综合加工厂原厂长徐呈龙、全国劳动模范，在1958年设计制作了单板旋切机、单板对缝机、自动烘干机、电动磨光机、木工万能钻。1959年4月，徐呈龙参加了团中央组织的青年先进经验观光团，当徐呈龙同志从观摩团回厂的时候，党的八届八中全会召开，这给徐呈龙同志极大的鼓舞。为了向1959年国庆十周年献礼，徐呈龙同志又进行了10次革新，其中改进的自动烘烤机和自动流水式胶合板烘炉，每年可节约劳动力7650个。

1958年，由国家林业部出资、协调国内一些机械厂开始生产胶合板设备。其中有山东机器厂生产的单板旋切机、磨刀机和热压机；洛阳矿山机器厂生产的网带式干燥机；大连机械厂生产的重型铡刀机、纵横锯边机组；沈阳重型机器厂生产的涂胶机、热压机；上海彭浦机器厂生产的单板旋切机、有纸带和无纸带单板拼缝机；湖南新生机床厂生产的单板自动去节补孔机；上海人造板机器厂生产的胶合板热压机、三辊筒砂光机和刮光机。这些设备虽然大多是参照进口设备进行仿制的，但为自行生产比较适合中国当时国情的胶合板生产设备奠定了基础，也为国内胶合板厂的技术改造及配套作出很大贡献。

与此同时，中国也新建了一批专门生产人造板装备的机械制造厂，主要有上海人造板机器厂、苏州林业机械厂、信阳木工机械厂、江西第三机床厂、牡丹江木工机械厂、镇江林业机械厂、哈尔滨林业机械厂、西北人造板器厂、昆明人造板机器厂等。

（一）上海人造板机器厂

上海人造板机器厂的前身是始建于1952年的大安机械厂，1955年合私合营更名为大安机器厂，主要产品有木工机械等；1960年林业部投资1054万元在上海安亭建新厂，1961年由徐汇区虹桥路迁至安亭，更名为上海人造板机器厂；1962年直属林业部，1974年由上海市机电一局和林业部机械局双重领导，以地方为主；2002年3月整体改制为上海人造板机器厂有限公司,是中国生产多种规格热压机最具竞争能力的人造板机械制造企业之一。

1962年,上海人造板机器厂设计制造了BY 513×7/5(J371)箱式热压机,公称压力450t,热压板尺寸2400mm×1150mm×42mm,热压板间距70mm,层数25层;BY 523×7/6箱式热压机,公称压力600t,热压板尺寸2400mm×1150mm×42mm,热压板间距70mm,层数10层;BY 514×6/4(J461)箱式热压机,公称压力400t,热压板尺寸2100mm×1370mm×42mm,热压板间距70mm,层数15层;BY 524×6/4(J461)箱式热压机,公称压力400t,热压板尺寸2100mm×1370mm×42mm,热压板间距70mm,层数10层。

1979年,上海人造板机器厂消化吸收国外技术,研制成功年产1.2万m^3胶合板生产线设备。

1981年,上海人造板机器厂研制了胶合板热压机组,按幅面分有4′×4′、4′×6′、3′×7′、4′×8′四种。

依据林业部林发(计)字(1984)318号文、国家经委、经贸部经引重字(1984)406号文件《关于松江胶合板厂引进浸渍纸生产线等四个项目建议书的批复》,其中第二项"同意哈尔滨林机厂引进胶合板热压机组设计制造与质量控制技术",经林业机械公司林机计字(1984)第92号文批准,转由上海人造板机器厂承担此项引进任务。根据国家经委、财政部经技(1984)第894号文,林业部林发(计)(1984)670号文,国家拨款70万元,自筹资金20万元,外汇额度30万美元,实施《胶合板热压机组设计制造与质量控制技术》项目,引进联邦德国迪芬巴赫(Diefenbacher)公司SVO510A 4′×8′、25层胶合板热压机设备技术。1989年11月,上海人造板机器厂根据引进联邦德国迪芬巴赫(Diefenbacher)公司技术,结合中国实际情况,消化吸收,改进设计制造的1220mm×2440mm胶合板涂胶——热压生产线通过鉴定,用于生产幅面1220mm×2440mm、厚度3~20mm的胶合板。该生产线达到80年代联邦德国同类产品水平,机电一体化,采用PC控制。该生产线包括升降台、运输机、涂胶机、装卸板机、热压机等16种23台设备,采用无垫板装卸。

1994年4月12日,上海人造板机器厂制造的BY214×8/6型系列胶合板热压机(J660、J661、J662),在南京林业大学通过上海市机电工业管理局组织的鉴定。J660胶合板热压机,国家标准型号BY214×8/6,公称总压力6000kN,层数10层,热压板幅面(长×宽)2700mm×1370mm,进板方向横向,人工装卸。J661胶合板热压机,国家标准型号BY214×8/6,总压力6000kN,层数12层,热压板幅面(长×宽)2700mm×1370mm,人工装卸。J662胶合板热压机,国家标准型号BY214×8/6,总压力6000kN,层数15层,热压板幅面(长×宽)2700mm×1370mm,人工装卸。

1988年初,浙江省龙游压板厂要求,上海人造板机器厂配合研制小幅面竹胶板热压机组;1988年,上海人造板机器厂为浙江省龙游压板厂研制的小幅面3′×7′竹胶板热压机组投产,经龙游压板厂试用证明,性能良好,符合工艺要求。

1990年,上海人造板机器厂推出4′×8′幅面25层竹编饰木胶合板成套设备。竹编饰木胶合板就是在竹编胶合板上贴木质单板,饰木可与竹编胶合板压制同时进行,也可在竹编胶合板制好后进行贴压单板。主要设备包括BG183网带干燥机;BS3428(J602)8′涂胶机；BY134×8/20（X109）热压机，总压力19500kN，层数25层，层间距90mm，热压板尺寸2650mm×1370mm；BZX134×8/25（X110）装卸板机；BZY4414/21A（X58A）垫板回送机；BC1112（Q131）纵向锯边机；BC2127（Q133）横向锯边机；B117宽带双面砂光机，砂光宽度1250mm，进板速度6~36m/min，精度±0.1mm。

1991年6月，浙江龙游压板厂与上海人造板机器厂签订技术协议书，委托上海人造板机器厂开发制造幅面4′×12′、总压力26000kN竹胶板热压机组；1991年下半年，幅面4′×12′、总压力26000kN竹胶板热压机组投产。BY134×12/26（Q135）热压机公称总压力26000kN，热压板尺寸1200mm×3600mm，压板厚70mm，层间距160mm，层数10层；Q136 4′×12′装卸机型钢结构，液压升降，装卸板最大尺寸3750mm×1200mm，层数10层，吊笼最大载重量5000kg。浙江龙游压板厂的"车用竹胶板"列入"八五"期间国家星火计划项目。龙游压板厂采用上海人造板机器厂设备生产的竹车厢底板，在1991年泰国举办的国际科技成果展会上，获得"曼谷杯"金奖。截止1991年7月已有10万辆东风牌汽车使用了该厂生产的车厢板。

（二）苏州林业机械厂

1960年11月，国家计委批准苏州林业机械厂的前身苏州矿山机器厂在原址扩建，达到年生产1万t木工（人造板）设备的能力。1961年4月，苏州矿山机器厂和苏州宇宙电机厂合并成立国营苏州林业机械厂，改由林业部管理；1961年5月投产，以生产森工机械为主，1979年转产人造板设备；1998年12月，以苏州林业机械厂为主成立了苏福马股份有限公司；2007年7月，更名为苏州苏福马机械有限公司。

1980年，苏州林业机械厂设计制造了BJ1327（2006）气动剪板机。该机有效工作宽度2700mm，有效频率300次/min，刀架最大工作行程45mm。

1980年9月，苏州林业机械厂设计试制了BG181多层喷气网带式单板干燥机。该机有效工作宽度1400mm、1500mm，干燥层数2层，网带速度5~17m/min，蒸汽压力1~1.3MPa，蒸汽用量3t/h，年产量6000m³。

1980年9月，苏州林业机械厂设计制造了BG183（MZ2128型）多层喷气网带式单板干燥机。该机有效工作宽度2800mm，蒸汽用量4t/h（蒸汽消耗1.78t/m³单板），电机功率137.44kW。

1981年，苏州林业机械厂设计制造了BS3415四辊涂胶机。该机涂胶辊长度1530mm，涂胶辊直径300mm，挤胶辊直径155mm，电机总功率1.5kW。

1983年，苏州林业机械厂设计制造成了BG182多层喷气网带式单板干燥机。该机有效工作宽度2150mm，蒸汽用量3.5t/h，电机功率137.44kW，年产量1万m³。

20世纪80年代初期，苏州林业机械厂就开始研制开发竹材胶合板设备；1983年3月，南京林业大学、苏州林业机械厂联合设计的，苏州林业机械厂制造的竹材胶合板成套设备通过国家级鉴定，用于安徽黟县年产2000m³竹胶合板生产线。此后为江西、安徽、浙江、福建和湖南等省10余家竹材胶合板厂提供了成套设备。这套设备包括ZQ16竹材去青机、ZH13竹材去黄机、ZRC竹材软化槽、BY921（ZZ2）竹材展开机、MB103（ZB）竹材压刨机、MX901竹材铣边机、ZG01定型干燥机。

1986年初，苏州林业机械厂完成对长春胶合板厂引进日本太平制作所的S61-BA型喷气网带式单板干燥机测绘。1988年，苏州林业机械厂设计制造成功BG183A型喷气网带式单板干燥机，并于1988年底投入使用，于1990年12月21日通过检测鉴定。该机单产能耗、单产耗电等指标属国内先进水平，接近日本同类产品80年代初的水平。平均年产量1.4万m^3，与旧干燥机相比，每干燥1m^3单板可节约1t饱和蒸汽，1年可节约1.4万t蒸汽；按每m^3单板节电约25kWh计算，全年可节电35万kW·h。

1986年，林业部以(1986)347号文"关于《引进单板干燥机制造技术及技术改造可行性研究报告》的批复"，批准苏州林业机械厂引进联邦德国凯勒(C. Keller)公司辊筒式单板干燥机制造技术，据此与凯勒(C. Keller)公司签署了技术引进协议。1988年8月，德方三层辊筒式干燥机图纸到厂，1988年底项目组赴德学习，1989至1990年完成消化设计，1991年完成样机试制，当年第1台BG134喷气辊筒式单板干燥机售给上海扬子木材厂。BG134喷气辊筒式单板干燥机生产能力4.2m^3/h。1992年11月9日，通过了由中国林业机械公司组织的技术鉴定。1996年，BG134辊筒式单板干燥机获林业部科技进步三等奖。

20世纪90年代初，苏州林业机械厂的网带式和辊筒式两种型式的单板干燥机生产水平都达到了同期同类设备的世界先进水平。先后出口到尼日利亚、苏里南、巴西、肯尼亚、乌干达等国家。

(三) 信阳木工机械厂

1970年5月，由林业部投资，从牡丹江木工机械厂抽调部分员工在河南信阳筹建信阳木工机械厂(信阳木工机械有限责任公司前身)，1970年9月动工，1978年7月验收投产，生产木工机床、制材成套设备，20世纪70年代后期开始生产胶合板设备。

1977年8月，信阳木工机械厂制造出了中国第1台型号为MZ1127/13型液压双卡轴恒线速单板旋切机。该机旋切木段直径110～1300mm，旋切木段长度1950～2750mm，单板厚度0.8～6.48mm；主轴采用可控硅—直流电动机拖动，实现无级调速，在一定范围内实现恒线速调速，便于与卷板机配合，可以大幅度提高劳动生产率和设备使用率。到1984年信阳木工机械厂已生产各种型号旋切机161台。

1980年，信阳木工机械厂设计制造了BQ1120/8型单卡轴旋切机。该机旋切木段直径100～800mm，旋切木段长度1500～2300mm，旋切单板厚度0.5～3.8mm。

1980年，信阳木工机械厂设计制造了BJ1413(MZ3813)双刀气动剪板机。该机有效工作宽度(两组)1310mm×2，有效工作厚度4mm，单板最大宽度2560mm。

1981年，信阳木工机械厂设计制造的BQ1620/10型液压双卡轴旋切机通过鉴定。该机旋切木段直径110～1000mm，旋切木段长度1310～2000mm，旋切单板厚度0.5～5.88mm。

1983年，信阳木工机械厂制造了BS3413四辊涂胶机。该机最大涂胶宽度1320mm，涂胶辊直径195mm。

1985年，信阳木工机械厂开发出BQ1626/16液压双卡轴旋切机。该机主要由机座、驱动电机、左右卡轴箱、刀床、变速箱、进给传动、防弯装置、液压系统及气动系统等组成。旋切木段的最大直径1600mm，旋切木段的长度范围1900～2650mm，旋切单板厚度0.4～5.5mm(54种)。是一台技术先进、生产效率高的旋切设备。

1987年，信阳木工机械厂制造的BQ1226/10型液压单卡轴旋切机通过鉴定。该机旋切木段直径1000mm，旋切木段长度2600mm。

1990年，信阳木工机械厂根据引进意大利克里蒙那（Cremona）公司旋切机专有技术制造成功具有20世纪80年代水平的BQ1720/10型数控液压伺服双卡轴旋切机，第1台用户为吉林省辽源胶合板厂。该旋切机专有技术制造是依据1986年11月8日在北京签署的《旋切机技术转让合同》，合同甲方中国林业国际合作公司，乙方意大利科伦坡·克里蒙那有限公司，合同价格84000万意大利里拉，乙方同意向甲方转让旋切机设计、制造、应用、试验、检测、保养和维修的专有技术；合同产品的型号名称是SFT2700/1000液压双卡轴旋切机。技术内容包括液压双卡轴双缸式结构（同时提供三缸式结构图纸）；木段防弯装置；液压伺服油缸进给刀床；液压伺服压尺调整机构；液压夹紧刀片；预选四个板厚、单板厚度快换装置（在操纵台上改变板厚）；卡轴加长支座；压力油润滑系统；电气控制系统。

1993年10月，信阳木工机械厂研制成功BQ1213/8型液压单卡轴三刀旋切机。不仅可减小木芯直径，而且能进行原木和木芯的连续旋切，属国内外先进水平。该机由机座、左右床头箱、刀架、刀架进给、变速箱、防弯装置、液压系统、主传动系统、电控系统等组成。该机的旋刀是3把组合式旋刀，进行原木和木芯的旋切，中间为一固定长旋刀，两端各有一活动小旋刀，旋刀的伸缩靠液压驱动，木芯直径可减小到65mm以下。该机旋切木段最大直径800mm，旋切木段长度1370mm，旋切单板厚度1.26~4mm。1993年11月18日，通过河南省计划经济委员会组织的鉴定；1993年获国家专利（专利号：ZL 93244371.0）；1994年获河南省林业厅林业科技进步二等奖；获河南省信阳地区1994年度优秀新产品特等奖；1995年被国家科委列为1995年国家火炬计划项目。

1993年，黑龙江省林产工业研究所和信阳木工机械厂联合研制成功中国第1台BJ1020型正弦波薄木剪切机。该机由主机和压紧装置两部分组成，剪刀对剪切物的剪切是按正弦波曲线运动的。最小剪切厚度0.3mm，最大剪切长度2000mm，最大开档90mm，剪切次数36次/min，该机适用薄木、单板、纸张、皮革、薄铁皮等剪切。

信阳木工机械厂是中国能够生产全套胶合板设备的工厂之一，其生产热带大径材的旋切设备，性能达到了当时的国际水平。2006年根据市场需要又生产了最大直径为2000mm，最大旋切长度为3500mm的旋切机。旋切机先后出口到韩国，东南亚，非洲等国家和地区。

（四）江西第三机床厂

江西第三机床厂始建于1958年，为江西工学院的校办工厂，后为南昌大学生产、教学、科研基地。现名为江西昌大三机科技有限公司。

1979年，江西第三机床厂设计制造了用于刃磨8′旋切机旋刀的3m磨刀机。

1980年，江西第三机床厂设计制造了BQ1115/10型单卡轴旋切机，旋切木段直径105~1000mm，旋切木段长度610~1450mm，旋切单板厚度0.8~3.0mm；同年，江西第三机床厂又设计制造了BQ1121/10型单卡轴旋切机，旋切木段直径105~1000mm，旋切木段长度1000~2100mm，旋切单板厚度0.8~3.0mm。

1981年，江西第三机床厂设计制造了BS3415四辊涂胶机。该机涂胶辊长度1530mm，涂胶辊直径300mm，挤胶辊直径155mm，电机总功率1.5kW。

1981年，江西第三机床厂设计制造了BPF1110有纸带拼缝机，该机拼缝单板最大宽度1000mm，单板允许厚度0.8～3.0mm，拼板速度（无级）7～35m/min；同年，江西第三机床厂又设计制造了BK12120/6单板六轴挖孔机和BPF12120/3单板三轴挖孔机，前者挖孔直径40、60、80、100、120mm，加工最大厚度4mm，电机功率0.8kW；后者挖孔直径40、60、80、100、120mm，加工最大厚度4mm。

1982年，江西第三机床厂相继设计制造了3种单板剪板机，其中BJ1114电动剪板机有效工作宽度1400mm，剪切单板厚度0.8～3.0mm，电机功率2.2kW；BJ1121电动剪板机有效工作宽度2100mm，剪切单板厚度0.8～3.0mm，电机功率2.2kW；BJ1127电动剪板机有效工作宽度2700mm，剪切单板厚度0.8～3.0mm，电机功率2.2kW。同年，江西第三机床厂还设计制造了BS3427四辊涂胶机和BS3213双辊涂胶机，前者涂胶辊长度2700mm，涂胶辊直径300mm，电机功率1.5/2.2kW；后者涂胶辊长度1300mm，涂胶辊直径300mm，电机功率1/1.5kW。

1982年，江西第三机床厂设计制造了BY214×6/6横向进板热压机和BY213×6/6横向进板热压机。前者公称压力600t，热压板尺寸2100mm×1400mm×50mm，热压板间距75mm，层数10层；后者公称压力600t，热压板尺寸2100mm×1150mm×50mm，热压板间距75mm，层数10层。

1983年，江西第三机床厂设计制造了BS3208双辊涂胶机。该机涂胶辊长度800mm，涂胶辊直径150mm，电机功率1.5kW。

1984年，上海木材工业研究所设计的BJ1113（SRJ120）自动剪板机由江西第三机床厂试制完成。该机有效工作宽度1310mm，剪切单板最大厚度4mm，进板速度20m/min，剪切频率400次/min。

1984年，江西第三机床厂设计制造了BS3413A四辊涂胶机和BS3208A双辊涂胶机，前者涂胶辊长度1300mm，涂胶辊直径300mm；后者涂胶辊长度800mm，涂胶辊直径300mm。

1987年12月，由林业部北京林业机械研究所研究设计、江西第三机床厂制造的BQ1813（4′）无卡轴旋切机通过林业部科技司主持的技术鉴定。BQ1813无卡轴旋切机的两台样机，在广东保亭县南茂胶合板厂和山东成武鲁艺家具公司的附属厂进行了生产性试验。该机不使用卡轴，采用外摩擦辊外圆驱动木段旋转完成旋切作业，旋切剩余木芯直径在50mm以下，可提高胶合板单板出材率6%至10%；振动旋刀系统获得了国家专利局授予的实用新型专利（专利号：CN.85205618U）。该机最大旋切木段长度1320mm，最大旋切木段直径240mm，剩余木芯直径45mm，旋切单板厚度（无级）0.4～2.5mm，旋切速度（恒速）13m/min，功率7.2kW。1988年底，江西第三机床厂生产BQ1813无卡轴旋切机12台；1990年3月，BQ1813无卡轴旋切机获林业部科技进步二等奖；1990年12月，获国家科技进步二等奖。这是中国乃至世界胶合板生产设备的重大突破，自此之后，以该机切削原理为基础而衍生的无卡轴旋切机遍布全国。

1988年10月,由林业部北京林业机械研究所研究设计、江西第三机床厂制造的BQ1820(6′)无卡轴旋切机在海南省南茂胶合板厂投入生产。1988年12月,由江西省教委组织通过新产品技术鉴定。

1995年,江西第三机床厂研制成功BQ1215/12型液压单卡旋切机,综合了日本、德国、芬兰等国旋切机之长。该机旋切最大木段直径1200mm,旋切木段长度1400mm,单板厚度0.8~4.0mm,卡轴转速0~240r/mim。

1997年,江西第三机床厂设计出BQ1228/12型液压单卡旋切机。其外形与日本、德国旋切机的楼台式结构相似,在BQ11系列的基础上各部件采用比较合理的新设计。该机旋切木段最大直径1200mm,旋切木段长度2800mm,单板厚度1.2~4.4mm共18档;卡轴转速0~240r/min,无级调速;剩余木芯直径最小65mm;主传动电机为98kW直流电机,电气系统设计采用日本光洋(KOYO)的SR-21型模块化PLC作核心逻辑控制中心,它比继电器控制更灵活,控制线路比继电器线路简单。

2000年,江西第三机床厂研制生产了小径木恒后角机械/液压单卡轴旋切机。该机由床身底座、机头、机尾、刀架、挤压板架、防弯压辊装置、液压系统和电气系统等组成。旋切木段长度1450mm,最大旋切木段直径500mm,旋切剩余木芯直径≥65mm;旋切单板厚度0.4~3mm(共10种);主轴最高转速132r/min,刀架快速移动速度25mm/s。

2001年,江西第三机床厂推出了BXQ1615/6型小径木液压双卡轴旋切机。该机主要由主电机与床身底座、进刀机构、刀架和挤压板架、液压防弯装置、机头及进给箱、顶轴机构、液压系统、电气系统组成。旋切木段长度1320~1450mm,最大旋切木段直径600mm,剩余木芯直径≥65mm,单板厚度0.6~4.0mm;主轴转速0~240r/min。

自2000年起无卡旋切机产品提档升级后,旋切长度可为4′至12′,木芯最小直径可达28mm;单板的厚度精度根据不同的单板厚度可达到±0.03mm和±0.05mm。高端机型的传动和控制分别采用矢量变频电机和交流伺服电机和伺服控制器等先进技术,其性能和加工精度达到国际同类产品的先进水平。

到2009年3月末该公司已向非洲出口成套胶合板生产线6条,有卡旋切机出口652台,无卡轴旋切机427台,成为中国胶合板设备出口最多的厂家之一。出口目的国除了东南亚及非洲的发展中国家外,还有韩国、日本、德国、新加坡、澳大利亚、俄罗斯、乌克兰等国家。

(五)牡丹江木工机械厂

牡丹江木工机械厂始建于1946年7月,名为国营胜利铁工厂,1964年更名为牡丹江木工机械厂,原隶属国家林业部,2004年由黑龙江大湾集团收购组建为牡丹江木工机械(厂)有限责任公司。

1979年,牡丹江木工机械厂设计制造了BPF2313(MZ3412)单板横向拼缝机。该机是参考日本名南制作所的胶点横拼机设计的,拼接单板最大宽度1270mm,拼接单板最大长度2600mm,拼接用单板条最小宽度50mm,拼接单板厚度范围0.8~1.2mm,砧辊进料速度20m/min,中间皮带运输机速度34m/min,拼缝时间小于2s,每条缝压胶点数为10点。

1980年,牡丹江木工机械厂设计制造了BPF1312无纸带纵向拼缝机,该机工作台面积 2540mm×1940mm，拼接单板最大宽度 1270mm，拼接单板最小厚度 0.8mm，进料速度 6~26m/min；同年，牡丹江木工机械厂又设计制造了 BPF2413 长芯板横向拼缝机，该机拼接单板最大宽度 1270mm，拼接单板最大长度 2600mm，拼接用单板条最小宽度 50mm，拼接单板厚度范围 1.3~4.2mm，进料速度 25m/min，拼缝时间 0.7s。

1980 年，牡丹江木工机械厂设计制造了 BS3427A（MZ4427）四辊涂胶机。该机涂胶辊长度 2700mm，涂胶辊直径 300mm，挤胶辊直径 155mm。

1981 年，牡丹江木工机械厂设计制造了 BG183（MZ2128）多层喷气网带式单板干燥机。该机有效工作宽度 2800mm，干燥室温度 145~160℃，电机功率 58.7~136.7kW，年产量 3000~10000m³。

1982 年，牡丹江木工机械厂研制成 BSG2316、BSG2612、BSG2112、BSG2312 等型号的宽带砂光机。其中 BSG2312 型三砂架宽带砂光机 1983 年获国家优秀新产品奖。BSG2312 型三砂架宽带砂光机是在解剖了国外进口的同类机床的基础上，参考了日本菊川铁工所、美国 Timesavers 公司和意大利 DMC 公司等宽带砂光机的有关技术资料自行设计的。该机床砂光板材最大宽度 1270mm，最小长度 750mm；砂带周长×幅宽 2615mm×1310mm；板材进给速度，用于胶合板砂光为 16~70m/s；电动机功率，1 号砂辊 $Y200-L_2-2$、37kW，2 号砂辊 $Y200-4$、30kW，压磨器 $Y180L-4$、22kW。

（六）镇江林业机械厂

镇江林业机械厂（镇江中福马机械有限公司前身）是始建于 1958 年的镇江市第一机械修理制造厂，1960 年归属国家林业部，更名为林业部镇江林业机械厂。20 世纪 80 年代生产了部分胶合板设备，1992~2000 年共生产和销售 16 种（包括改进型）无卡轴旋切机 466 台；1995~2000 年还生产销售了 5 种型号 47 台胶合板预压机；9 种型号 21 台（套）胶合板热压机组，其间还试制过有卡—无卡联合旋切机组。

1980 年，镇江林业机械厂设计试制成 BG132（DG801）喷气辊筒式单板干燥机。该机有效工作宽度 2000mm，电机功率 109kW，平均产量 9.2m³/班。

1980 年，由北京市木材厂设计，镇江林业机械厂试制成 BG134（J7656）喷气辊筒式单板干燥机。该机有效工作宽度 4000mm，电机功率 133kW（按 30 间计），平均产量 18.4m³/班，机床质量 100t。

1991 年，镇江林业机械厂推出 BQ1813A 无卡轴旋切机。1992 年 10 月，BQ1813A 无卡轴旋切机被评为国家级新产品。

1993 年，镇江林业机械厂推出 BQ1827 无卡轴旋切机。1994 年 8 月 10~12 日，BQ1827 型无卡轴旋切机通过国家木工机械质量监督检验中心的鉴定。1994 年 10 月，BQ1827 无卡轴旋切机获全国林业名特优新产品博览会银奖；1999 年 11 月，BQ1827 无卡轴旋切机被评为国家重点新产品。BQ1827 型无卡轴旋切机是在 BQ1813 和 BQ1820 型无卡轴旋切机基础上采用新技术改进的产品，旋刀压紧装置改为液压系统，节省辅助工作时间约 1.5 小时；摩擦辊进给油缸的压力实现 3 级调节，以适应硬中软木材旋切；刀门间隙采用数字直接显示，间隙调整改为机动，明显提高了工作效率。该机最大旋切木段长度 2600mm，最大旋切木段直径 280mm，旋切单板厚度 0.5~3.0mm，旋切速度 18m/min、

28m/min 两种，剩余木芯直径≤50mm，总功率 35 kW。

（七）哈尔滨林业机械厂

哈尔滨林业机械厂原系林业部直属企业，始建于 1947 年。改革开放以后下放地方管理。该厂曾生产过胶合板热压机、单板剪板机等设备。

1982 年，哈尔滨林业机械厂设计制造了 BY213×4/3（Y05）横向进板热压机，该机公称压力 300t，加工幅面尺寸 915mm×1220mm，热压板尺寸 1070mm×1370mm×42mm，层数 10 层，热压板间距 70mm；同年，又设计制造了 BY134×8/6（Y03）胶合板热压机，该机总压力 630t，公称幅面尺寸 1220mm×2440mm，层数 20 层，热压板间距 60mm，板坯压强 1.9MPa。

1983 年，哈尔滨林业机械厂设计制造了 BY134×8/6（Y04）胶合板热压机。该机总压力 630t，公称幅面尺寸 1220mm×2440mm，层数 30 层，热压板间距 60mm，板坯压强 1.9MPa。

1983 年，哈尔滨林业机械厂完成了与林业部林产工业设计院联合设计的 BJ1129（M2007）电动剪板机制造。该机有效工作宽度 2900mm，上下刃最小距离 60mm，上下刃起降最大距离 100mm，剪板频率 75 次/min，一次剪板时间 0.8s。

1984 年，哈尔滨林业机械厂完成了与林业部林产工业设计院联合设计的 BJ1114（GZ14）电动剪板机制造。该机有效工作宽度 1400mm，刀架往返行程距离 80mm，剪切频率 200 或 250 次/min，电动机功率 2.2kW，机床质量 900kg。

（八）西北人造板机器厂

西北人造板机器厂是林业部 1966 年投建的人造板设备专业化定点生产厂家，1998 年企业顺应市场经济潮流，改制为有限责任公司。

1980 年，西北人造板机器厂设计制造了 BY214×8/8（JYB）胶合板热压机。该机总压力 8MN，热压板尺寸 2600mm×1370mm×52mm，热压板间距 88mm，层数 10 层，单位压力 1.5MPa，电机功率 18.5kW。同年，设计制造了 BY214×6/8（JYA）横向进板热压机。该机公称压力 800t，热压板尺寸 2100mm×1370mm×52mm，热压板间距 88mm，层数 10 层，电机功率 17kW，机床质量 40t。

1985 年，西北人造板机器厂设计制造了 BY115×5/4（29Y）热压机。该机总压力 4.4MN，热压板尺寸 1400mm×1400mm×42mm，热压板间距 70mm，层数 11 层，单位压力 2.2MPa，电机功率 18.5kW。

1986 年，西北人造板机器厂设计制造了 BY215×4/4（43Y）胶合板热压机。该机总压力 4MN，热压板尺寸 1400mm×1700mm×52mm，热压板间距 120mm，层数 10 层。

（九）昆明人造板机器厂

昆明人造板机器厂 1970 年建厂，原为国家林业部所属企业，现为昆明市市属企业，是国家定点生产人造板机械的专业工厂。

1984 年，昆明人造板机器厂设计制造了 BG114 辊筒式单板干燥机。该机主要技术参数：有效工作宽度 4000mm，干燥单板厚度 0.5~5mm，工作层数 4 层，机床质量 10t，年产量 4000~5000m^3（两班）。

此外，中国许多相关机械厂也制造过胶合板生产设备，例如：江苏东台木工机械厂设计制造过多种型号单板旋切机，青岛木工机械厂制造过单板刨切机，上海家具机械厂制造过液压卡头单板旋切机，辽宁普兰店机床厂制造过卡轴旋切机，绥化市机床厂设计制造过单卡头旋切机和电动剪板机；牡丹江第二轻工机械厂制造过多层喷气网带式单板干燥机、无纸带纵向拼缝机和电动剪板机，四川省岷江林业机械厂制造过四辊涂胶机，盐城轻通机械有限公司制造过旋转式剪板机，北京木工机修厂试制过芯板横拼机等。

1989年，南京林业大学和江苏东台木工机械厂采用铣削方式研制成功单板纵向接长机组，并在吉林、江西投入生产运行。单板纵向接长机组由斜铣锯机、贮存辊台、斜接压机、剪切机和堆板装置组成。斜铣锯机将单板两端加工出有一定斜度的斜面，并在一端的斜面上涂胶黏剂；贮存辊台用于存放一端加工出斜面涂胶的单板，并使涂胶单板陈化；斜接压机使前后单板依次胶接形成连续的单板带；剪切机将接长的单板带裁成所需长度规格的单板；堆板装置用于承接接长的单板带，并在单板裁剪后使之堆垛。该机组于1993年12月15日在江苏东台通过林业部组织的专家会议鉴定，填补了我国单板纵向接长机组的空白。

1996年，长沙湘华兴电器有限公司研制成功XDM型单板斜面磨削纵向接长机组，包括XDM型单板斜接磨削机和XDJ型窄板热压机。采用砂带磨削技术加工单板斜接面，用窄板热压机实现胶压接长。该研制成果于1998年12月19日在北京通过国家林业局组织的专家会议鉴定。单板磨削机，磨削单板宽度500~1400mm，磨削单板厚度1~4mm，磨削斜面宽度调节范围10~30mm，磨削斜面角度调节范围0~10°，进料速度5~20m/min，砂带运行线速度31m/s；窄板热压机，热压板(长×宽)1500mm×70mm，热压板工作行程30~40mm，气缸工作压力0.15~0.8MPa。

自20世纪90年代以后，中国胶合板设备的制造从原来国有大中型专业厂为主开始向国有大型专业厂、民营中小型企业共存的格局转变。民营企业的发展给胶合板设备的制造增添了活力，如山东百圣源集团有限公司(其前身为山东省威海市木工机械厂)，2003年成立以来在胶合板设备制造方面试制开发了多种新设备：BBK1142(A)型数控单板刨切机、BQK1813数控无卡轴旋切机、BQK1626/8数控液压双卡轴旋切机、BJG1326数控滚切单板剪切机、BQ1235/15数控液压单卡轴旋切机(偏心旋切机)、BYG48-40-12单板干燥热压机、BQK1913/4数控有卡无卡一体旋切机及单板旋切生产线。青岛金方圆机械有限公司研制生产的半圆旋切机等

另外，中国胶合板设备制造还有一个与其他人造板设备制造不同之处就是大多数大、中型胶合板厂都有自己制造胶合板主机的记录，也为国内胶合板厂的技术改造及配套作出很大贡献。

据不完全统计，1959~1961年期间，上海木材一厂机械车间曾制造各种型号的热压机24台、单板干燥机9台。其中，1967年，林产工业设计院在上海木材一厂胶合板车间技术改造中，设计了1套光环定心机；1969年，制造安装了中国第1台40层无垫板自动装卸胶合板用热压机，该机热压板幅面1400mm×2600mm，总压力750t，总功率94kW，闭合时间20至25s，采用蓄压器油路达到快速闭合；1970年7月，研制成功中国第一台可控

硅恒线速单板旋切机，使单板旋切速度提高到150m/min；1975年，制造成功芯板自动横拼机，以拼接3′×6′芯板为例，每张芯板以5条拼缝计算，每小时产量达200~220张；按年产2万m³计，若全部使用芯板自动横拼机，芯板工段可节省人数59%。

国营松江胶合板厂和上海建设人造板厂分别于1961年和1971年制成了原木剥皮机。20世纪70年代中期，国营松江胶合板厂设计制造了S型喷气式网带单板干燥机，于1978年正式投入生产。20世纪90年代初，松江胶合板厂参照德国凯勒（C. Keller）公司和苏州林业机械厂的喷气式辊筒干燥机制造了一台喷气式辊筒干燥机。

1966年，上海木材综合加工厂（上海人造板厂前身）先后制造了双层网带式单板横向干燥机和喷气式单板横向干燥机各1台，将两台干燥机连接起来使用，实现了整卷单板连续干燥和"旋—干—剪"的新工艺。

青岛人造板厂于1967年仿制联邦德国引进的横向喷气式干燥机并投入了生产。20世纪60年代中期，北京市光华木材厂和青岛人造板厂利用上海彭浦机器厂的图纸，自行组织加工制造了PS5540改型8′机械单卡单板旋切机。1968年，北京市光华木材厂胶合板车间制造的网带式横向干燥机，正式投产使用。该干燥机机长20m（加热区9间18m，冷却段1间2m），机宽4m，机高2.65m，层数2层，进板调速范围0.95~5m/min。

20世纪70年代初，北京市木材厂自制了36m横向单板烘干机。

1975年，北京市光华木材厂设计制造了原木光环定心机，并形成了定心上木—旋切—干燥连续生产线。

1976年，北京市光华木材厂研制成了8′单板旋切机、双层S型自动回转网带式单板干燥机和G200型单板快速剪板机各1台。8′单板旋切机旋切木段直径135~1300mm，旋切木段长度1200~2700mm，旋切单板厚度0.25~4.5mm，单板厚度公差为0.06mm；双层S型自动回转网带式单板干燥机工作层数6层，外形尺寸（长×宽×高）26m×4.2m×4.15m，加热共9间，长度19.8m，网带速度0.5~16m/min，饱和蒸汽压力0.5~0.7MPa，干燥单板由输送带送入单板剪板机，通过机械联锁自动控制，按设定的规格尺寸进行剪切；G200型单板快速剪板机是为适应双层S型自动回转网带式单板干燥机横向快速连续出单板的需要而研制的，剪切方式为铡切式，铡切速度200次/min，铡切单板厚度1~5mm（水曲柳干单板），最大铡切长度3000mm。

1976年，上海建设人造板厂研制成功6′喷气式多层回转干燥机。进入传送带的单板连续回转前进，连续往复运行100m后，再由底层出口运输带传送至单板剪板机进行规格剪切。干燥机加热区共分10间，每间长2m，加热区全长20m；网带速度0.45~17m/min，喷嘴风速13~14.5m/s；蒸汽耗量2.7t/h；产量为12~17m³/班。

中国胶合板装备制造业从设备引进、仿制到研制、创新，经过多年艰苦努力，胶合板装备的生产能力和性能不仅满足了国内胶合板生产需求，而且批量出口到国际市场。

参考文献：
[1] F F P 科尔曼，E W 库恩齐，A J 施塔姆. 木材学与木材工艺学原理：人造板[M]. 杨秉国译. 北京：中国林业出版社，1984.

[2] 南京林业大学. 木工机械[M]. 北京：中国林业出版社, 1987.

[3] 渡边治夫. 胶合板制造[M]. 日本：森北出版株式会社, 1974.

[4] 上海联合木材工业公司办公室. 上海木材工业行业志1875-1993年资料汇编[G]. 1995.

[5] 林业部林产工业公司办公室. 三板生产建设咨询资料汇编[G]. 1985.

[6] 齐英杰, 康建营. 精密裁板锯动态特性的理论分析与实验研究[M]. 哈尔滨：东北林业大学出版社, 2006.

[7] 王恺, 夏志远. 木材工业实用大全·胶黏剂卷[M]. 北京：中国林业出版社, 1996.

[8] 国营松江胶合板厂厂志办公室. 松江胶合板厂厂志(初稿)[Z]. 1988.

[9] 国营香坊木材综合加工厂厂志(1950-1985)[Z].

[10]《上海轻工业志》编纂委员会. 上海轻工业志[M]. 上海：上海社会科学院, 1996.

[11]《当代北京工业丛书》编辑部. 当代北京建筑材料工业[M]. 北京：北京日报出版社, 1988.

[12] 北京市木材厂. 北京市木材厂四十年发展史(1952-1992)[Z].

[13] 黑龙江省地方志编撰委员会. 黑龙江省志第12卷·林业志[M]. 哈尔滨：黑龙江人民出版社, 2000.

[14] 黑龙江省森林工业总局. 黑龙江省森林工业总局志(1986-2000年)[Z]. 2001.

[15] 上海人造板机器厂有限公司. 上海人造板机器厂有限公司沿革发展史[Z]. 2008, 19(2).

[16] 丁炳寅. 胶合板工业发展简史[J]. 中国人造板, 2013(11)：21-27.

[17] 吴盛富. 我国杨木资源与胶合板工业的发展[J]. 中国人造板, 2008(3)：24-28.

[18] 钱小瑜. 我国林产工业现状及木材工业发展趋势[J]. 木材工业, 2009, 23(4)：1-4, 8.

[19] 刘邦庆. 我国人造板工业发展中的问题与建议[J]. 林产工业, 1998(1)：1-3.

[20] 言智钢. 集装箱底板用胶合板刍议[J]. 中国人造板, 2009(7)：19-22.

[21] 中国农业百科全书总编辑委员会森林工业卷编辑委员会, 中国农业百科全书编辑部. 中国农业百科全书·森林工业卷[M]. 北京：中国农业出版社, 1993.

[22] 林板. 我国胶合板出口势猛 困难重重[J]. 人造板通讯, 2005(4)：33.

[23] 郭伟, 费本华, 陈恩灵, 等. 我国木结构建筑行业发展现状分析[J]. 木材工业, 2009, 23(2)：19-22.

[24] 叶克林, 熊满珍. 我国胶合板生产和贸易的现状和展望[J]. 木材工业, 2006, 20(2)：26-29.

[25] 吴盛富. 我国人造板工业发展问题的思考[J]. 木材工业, 2004, 18(2)：8-11.

[26] 糜嘉平. 我国木胶合板模板的发展前景[J]. 人造板通讯, 2004(2)：19-21.

[27] 王恺. 中国近代木材工业的回顾[J]. 木材工业, 2005(2)：1-3.

[28] A 皮齐. 木材胶黏剂化学与工艺学[M]. 史广兴, 孙振鸢, 等译. 北京：中国林业出版社, 1992：195-266.

[29] 蒋源. 上海人造板胶粘剂发展概况[A]//木材胶粘剂及人造板表面加工学术讨论会论文集[C]. 重庆, 1992.

[30] 上海市家具厂. 人造薄木研制成功[J]. 家具, 1984(1)：4-5.

[31] 罗清琬, 乌竹香, 张勤丽, 等. 人造薄木制造工艺的研究[J]. 南京林业大学学报(自然科学版), 1984(4)：126-131.

[32] 孟宪树, 姜征. 人造薄木制造新工艺的研究[J]. 木材工业, 1995, 9(3)：1-5.

[33] 杨鹤筹. 修订针叶树材胶合板标准, 不断提高胶合板质量水平[J]. 林产工业, 1978(2)：15-17.

[34] 林业部森林工业司, 中国林业机械协会. 历年引进国外营林·采运·木材加工·人造板·林产化工

机械设备调查汇编(下册)[G]. 1988.

[35] 长春胶合板厂. AVEC 型单板横拼机[J]. 林产工业, 1975(2): 16-19.

[36] 林业部物资供应公司. 国外机电仪产品简介(木材加工机械, 第一、二分册)[Z]. 1985.

[37] 须小宇. 新型单板干燥机 BG183A 的设计研究[J]. 林产工业, 1991(4): 21-24.

[38] 朱奎. BG183A 高效节能单板干燥机[J]. 木材加工机械, 1992(1): 17-19.

[39] 黄清文, 杨汉兴. MZ1127/13 型双卡头恒线速单板旋切机试制成功[J]. 林产工业, 1978(1): 4.

[40] 方思明, 光宣标, 等. BQ1626/16 液压双卡轴旋切机[J]. 林业机械与木工设备. 2002(2): 12-13.

[41] 路建. 无卡轴旋切机的研制[J]. 木材加工机械, 1989(2): 1-5.

[42] 沈学文. 液压单卡轴三刀旋切机[J]. 林产工业, 1996(4): 40-42.

[43] 信阳木工机械厂. 新型液压单卡轴旋切机列入国家火炬计划[J]. 人造板通讯, 1995(12): 11.

[44] 郑华山. 旋切机传动机构的设计[J]. 林业机械与木工设备. 1997(5): 16-18.

[45] 郑华山, 谢子祥, 王全棣, 等. 新一代旋切机的设计[J]. 林业机械与木工设备. 1997(11): 18-19.

[46] 朱圣华、王泉根、郑华山, 等. 小径木恒后角机械/液压单卡轴旋切机的研制[J]. 林业机械与木工设备. 2002(1): 21-22.

[47] 王厚立, 蒋华堂, 卢镇江, 等. 单板接长的工艺研究和设备研制[J]. 木材加工机械, 1991(3): 1-6.

[48] 刘红娅, 史可政. 正弦波薄木剪切机的研制[J]. 木工机床, 1993(1): 43-44.

[49] 鲍逸培, 戴若夫. 单板磨削斜接接长工艺及其接长机组的试制[J]. 林业机械与木工设备, 1999(1): 23-25.

[50] 上海木材综合加工厂. 喷气式单板横向干燥机[J]. 森林工业快报, 1966(5): 8-9.

附表 1　世界及部分主要生产国家和地区胶合板年产量（1955～1970 年）

单位：万 m³

年份	1955	1956	1957	1958	1959	1960	1961	1962	1963	1964	1965	1966	1967	1968	1969	1970
世界	1072.0	1128.0	1178.0	1301.0	1488.0	1534.6	1651.0	1841.2	2019.6	2230.2	2429.5	2534.8	2643.5	2967.2	3066.0	3260.0
北美洲	625.0	671.0	675.0	772.0	882.0	891.0	968.4	1057.3	1188.8	1314.1	1451.1	1484.0	1492.7	1646.9	1563.9	1596.9
欧洲	320.0	303.0	326.0	336.0	365.0	402.0	415.8	439.2	476.0	494.4	507.5	511.8	525.1	542.7	587.6	607.6
亚洲	86.0	108.0	126.0	139.0	184.0	186.0	207.6	251.0	286.6	350.9	393.8	465.0	550.2	699.2	823.1	955.9
中南美洲	20.0	22.0	24.0	27.0	25.0	28.3	32.6	36.8	36.6	37.5	38.9	39.8	40.4	41.5	53.0	57.1
非洲	11.0	14.0	15.0	16.0	19.0	11.5	12.5	16.2	18.7	19.4	24.1	20.4	22.4	22.9	24.9	27.0
大洋洲	12.0	12.0	13.0	13.0	14.0	15.7	14.1	13.7	13.0	14.0	14.2	13.7	12.8	14.1	13.5	15.4
美国	556.0	591.0	598.0	683.0	795.0	791.0	858.0	932.9	1052.8	1162.8	1280.9	1303.7	1305.9	1451.0	1363.5	1411.9
加拿大	68.0	80.0	76.0	88.6	87.0	100.0	110.4	124.4	136.0	151.3	170.2	180.3	186.8	195.9	200.4	185.0
日本	68.0	85.0	98.0	167.0	129.0	128.6	149.9	183.3	207.3	245.3	262.7	310.1	377.8	474.4	578.4	700.8
苏联	105.0	112.0	116.0	123.0	130.0	135.4	142.8	148.6	154.4	165.9	171.1	177.2	181.9	183.2	205.0	215.8
芬兰	36.0	37.0	31.0	29.0	35.0	41.4	40.6	42.6	46.8	51.1	54.5	55.0	57.3	61.6	68.6	70.6
巴西	10.0	10.0	9.0	10.0	9.0	12.4	14.1	18.5	18.1	14.7	13.0	11.8	7.7	4.3	16.9	—
中国台湾	2.0	2.0	4.0	2.2	2.8	3.3	6.0	8.4	10.0	21.3	25.1	31.5	33.6	42.3	49.9	53.7

注：1. 资料来源：联合国粮农组织世界林产品统计，转摘自（德）F.F.P. 科尔曼等著《木材学与木材工艺学原理 人造板》。
2. 欧洲胶合板产量中包括前苏联产量；
3. 北美洲只含美国、加拿大；
4. 由于统计中四舍五入的缘故，各国产量总和与世界总产量间有的年份可能略有差异。

附表2　世界及部分主要生产国家和地区胶合板年产量(1971~2005年)

单位：万 m³

年份	1971	1972	1973	1974	1975	1976	1977	1978	1979	1980	1981	1982
世界	3658.9	4023.6	4217.9	3610.6	3429.2	3879.5	4128.3	4178.8	4227.9	3920.2	3957.3	3690.0
非洲	35.4	40.0	40.4	42.0	38.0	39.4	40.4	39.6	43.1	43.7	37.9	39.6
北美和中美	1840.5	2012.0	2069.2	1743.3	1681.3	1938.2	2089.7	2011.8	1991.7	1752.0	1817.9	1536.6
南美洲	68.8	88.5	95.1	92.7	93.9	101.4	96.5	98.1	105.9	114.8	122.1	119.4
亚洲	1077.7	1211.6	1328.5	1112.1	1028.6	1193.6	1308.2	1448.5	1506.0	1433.5	1411.8	1452.5
欧洲	409.4	443.1	451.2	385.9	353.8	377.9	362.9	353.7	367.6	358.5	348.1	330.6
大洋洲	18.8	17.3	19.4	18.6	14.1	11.6	12.8	14.9	14.7	15.5	16.2	16.1
美国	1618.4	1774.6	1805.4	1517.2	1457.9	1672.6	1798.1	1705.6	1712.8	1485.7	1630.0	1330.0
加拿大	206.6	220.2	245.1	208.5	205.1	244.2	266.0	280.7	251.0	233.8	151.0	168.2
日本	719.7	774.8	859.6	744.3	616.8	713.6	747.6	801.6	853.2	800.0	709.6	674.0
印度尼西亚	14.4	13.0	12.6	14.3	12.7	14.1	14.9	17.6	18.0	18.0	18.0	18.0
马来西亚	23.1	33.0	37.5	31.1	40.4	52.5	56.5	46.5	49.0	60.1	60.1	78.7
巴西	43.1	60.6	65.9	65.5	66.0	69.5	69.8	72.2	76.2	82.6	90.2	90.2
芬兰	67.2	70.2	73.0	56.8	41.5	49.1	46.4	54.9	63.9	63.9	60.1	59.6
苏联	208.3	211.0	214.2	216.0	219.6	217.4	217.8	212.2	198.8	202.2	203.5	195.2
韩国	102.8	119.5	148.1	121.7	143.6	167.1	228.9	256.0	233.8	157.5	159.9	142.3
年份	1983	1984	1985	1986	1987	1988	1989	1990	1991	1992	1993	1994
世界	4412.2	4417.4	4487.3	4754.0	5061.0	5188.9	5083.7	4825.8	4639.4	4812.7	4908.2	5052.2
非洲	59.3	61.6	69.5	68.8	67.2	64.2	53.8	49.0	49.7	53.9	42.8	41.6
北美和中美	2078.2	2081.5	2106.9	2251.0	2363.9	2326.8	2209.0	2094.9	1844.8	1916.8	1912.9	1942.2
南美洲	117.7	122.2	115.9	119.7	150.0	160.0	156.9	156.1	131.1	137.9	192.9	234.6
亚洲	1625.8	1608.4	1650.2	1743.2	1915.3	2060.6	2070.2	2001.3	2163.1	2265.9	2307.1	2379.7
欧洲	307.0	316.3	310.2	322.0	316.2	324.8	343.4	328.8	283.6	267.6	429.1	425.0
大洋洲	13.9	14.3	15.8	17.2	18.0	18.6	20.7	21.2	17.4	20.7	23.5	29.1
美国	1816.9	1842.5	1856.2	2031.1	2108.9	2083.5	1970.0	1877.1	1650.8	1710.9	1709.3	1738.0
加拿大	227.0	205.0	219.0	187.7	222.1	216.2	216.5	197.1	170.5	183.8	182.4	183.4
日本	729.1	708.3	703.3	682.4	734.0	729.1	670.0	641.5	617.4	595.4	526.3	486.5
印度尼西亚	313.8	360.0	461.5	575.0	640.0	773.3	878.4	825.0	960.0	1010.0	1005.0	983.6
马来西亚	93.8	78.3	71.1	71.1	85.7	99.2	109.0	136.3	167.0	210.0	282.1	361.3
巴西	90.2	90.2	90.2	90.2	120.0	130.0	130.0	130.0	96.0	96.0	157.5	187.0
芬兰	58.0	59.2	55.6	59.7	60.6	61.0	65.7	64.3	47.7	46.2	62.1	70.0
苏联	210.3	213.2	218.7	232.0	230.4	234.0	229.8	174.4	149.7	150.0	104.2	89.0
韩国	149.1	132.6	122.7	111.0	117.7	126.7	118.0	112.4	113.4	94.8	89.8	88.6

（续）

年份	1995	1996	1997	1998	1999	2000	2001	2002	2003	2004	2005
世界	5532.8	5237.0	5596.8	5015.7	5417.4	5816.6	5455.5	5927.1	6878.8	6863.5	6890.2
非洲	44.6	42.9	47.6	71.0	69.6	64.4	68.0	71.4	67.9	63.5	63.3
北美和中美	1905.5	1887.3	1943.2	1958.8	1985.1	1957.8	1750.2	1770.0	1733.2	1748.5	1706.9
南美洲	249.4	218.3	208.8	230.2	279.8	312.0	333.5	351.6	409.3	480.2	490.6
亚洲	2846.7	2598.9	2894.4	2199.4	2485.1	2858.6	2659.0	3052.9	3968.9	3822.6	3853.2
欧洲	454.2	457.9	466.7	519.0	555.7	578.1	601.4	630.8	642.0	692.6	719.5
大洋洲	32.5	31.8	36.1	37.3	42.1	45.8	43.4	50.5	57.6	56.1	56.9
美国	1714.0	1697.5	1751.7	1746.8	1755.1	1727.1	1541.7	1530.7	1487.0	1483.3	1453.7
加拿大	183.1	181.4	183.0	204.9	222.8	224.4	202.6	217.6	220.6	234.4	232.3
日本	442.1	431.1	425.7	326.7	326.1	321.8	277.1	273.5	302.4	314.9	321.2
印度尼西亚	950.0	957.5	960.0	780.0	750.0	820.0	730.0	755.0	611.1	451.4	451.4
马来西亚	399.6	410.0	444.7	390.4	412.3	443.4	431.8	434.1	477.1	473.4	500.6
巴西	190.0	160.0	160.0	170.0	220.0	247.0	250.0	270.0	323.0	381.0	373.5
芬兰	77.8	86.9	98.7	99.2	107.6	109.6	114.0	124.0	130.0	135.0	130.5
俄罗斯	93.9	97.2	94.3	110.2	132.4	148.4	159.0	182.1	197.8	224.6	255.1
韩国	97.4	89.6	101.4	64.1	77.4	81.7	80.1	88.6	88.8	75.8	68.0

注：1. 资料来源：联合国粮农组织世界林产品统计；
　　2. 苏联一栏中，至1992年是苏联的胶合板产量，自1993年起为俄罗斯的产量。

附表3 中国历年胶合板产量及部分年度进出口量

单位:万 m³

年份	1949	1950	1951	1952	1953	1954	1955	1956	1957	1958	1959	1960	1961	1962	1963
胶合板产量	(约)1.69	(约)1.69	1.6923	2.7616	3.5353	4.6542	5.1752	5.6435	6.9835	12.5715	15.3068	14.7575	7.4337	7.4211	10.4316
胶合板出口量	—	—	—	—	—	—	0.2790*	0.5574*	0.5531*	1.3547*	—	—	—	—	—
胶合板进口量	—	—	—	—	—	—	—	—	—	—	—	—	—	—	—

年份	1964	1965	1966	1967	1968	1969	1970	1971	1972	1973	1974	1975	1976	1977	1978
胶合板产量	11.9542	13.8975	15.0425	12.2333	10.5850	14.6663	17.0684	17.2129	18.2441	18.8409	17.6166	19.2142	18.4416	20.8491	25.2194
胶合板出口量	—	—	—	1.6236*	2.3626*	2.1587*	2.0905*	2.3774*	—	—	—	—	—	—	—
胶合板进口量	—	—	—	—	—	—	—	—	—	—	—	—	—	—	—

年份	1979	1980	1981	1982	1983	1984	1985	1986	1987	1988	1989	1990	1991	1992	1993
胶合板产量	29.2304	32.9900	35.3100	39.4600	45.4863	48.9700	53.8700	61.0800	77.63	82.69	72.78	75.87	105.40	156.47	212.45
胶合板出口量	—	—	—	—	—	—	—	—	—	—	—	—	—	—	8.6000
胶合板进口量	—	—	—	—	—	57.2300	82.3100	62.0000	140.8810	163.1672	108.3500	137.5800	146.1800	240.0000	224.8600

年份	1994	1995	1996	1997	1998	1999	2000	2001	2002	2003	2004	2005	2006	2007	2008
胶合板产量	260.62	759.26	490.32	758.45	446.52	727.64	992.54	904.50	1135.20	2102.35	2098.60	2514.97	2729.00	3561.56	3504.86
胶合板出口量	8.3400	12.3000	16.5200	41.7600	17.6876	42.2542	68.6991	96.5361	179.2423	204.0470	430.5484	558.3972	830.3695	871.5903	718.42
胶合板进口量	210.8900	208.3000	177.7000	148.8500	169.0636	104.2430	100.1808	65.0859	63.6130	79.7810	79.9298	58.9120	41.3429	30.4098	29.39

注: 1. 全国胶合板产量中,1949~1983年产量转引自林业部林产工业公司编《三板生产建设咨询资料汇编》;1984~1999年产量转引自《木材工业》《中国人造板》《中国人造板通讯》杂志中有关消息和文章。
2. 胶合板产量在1994~1995年突变是因统计区域变化所致。1994年及其以前统计到乡镇以上生产企业,1995年全国工业普查范围扩大到村镇企业和销售收入在100万元以上的私营企业(资料来源:吴盛富. 浅谈我国人造板工业发展. 人造板通讯,2001)。
3. 在胶合板进出口数量栏中"—"栏是因缺乏准确可靠资料故未录入,1971年前中国胶合板出口量(带*号的)是根据国营香坊木材综合加工厂当年出口胶合板数量占全国出口量的比例推断出来的。

附表4 1956年下半年全国胶合板厂厂际竞赛指标完成情况对比

名次	厂名	全厂总产值/千元		胶合板产量/m³		劳动生产率/(m³/人)		成本/(元/m³)		原木利用率/%		原木截头率/%	利润(千元)				人身机械事故/人次
													全厂	胶合板			
		实际	为计划的%	实际	为计划的%	实际	为计划的%	实际	比计划的%	实际	为计划的%			实际	为计划的%	
1	松江胶合板厂	2660	133.20	3456	123.92	16.22	125.10	255	-8.93	54.29	104.99	—	746	528	397.29	22
2	成都木材综合加工厂	786.6	119.21	1020.24	121.31	12.75	121.23	200	-18.84	58.06	106.45	—	214	120	153.44	14
3	光华木材厂	5870.9	117.88	1777.88	127.70	12.75	115.10	394.4	-18.31	48.4	—	13.51	132.1	598	259.15	9
4	扬子木材厂	1146	117.84	1379	108.07	12.49	104.55	345.86	-16.44	47.23	94.46	6.81	334	182	281.37	13
5	香坊木材综合加工厂	8497.2	122.97	5395.68	119.32	8.22	110.76	282.02	-6.92	46.71	100.66	14.79	442	270	279.90	16
6	上海木材一厂	2290.4	110.56	1371.40	112.62	15.64	119.81	290.43	-4.58	53.03	103.37	4.37	617	254	146.98	15
7	长春胶合板厂	3889	103.31	6613	102.86	12.18	103.62	242.1	-1.97	56.81	—	21.32	274	274	104.56	11
8	祥泰胶合板厂	1644.89	99.11	3133.14	99.14	12.01	94.02	473.83	+5.13	44.81	95.03	3.53	90	68	—	28

注：资料来源《国营香坊木材综合加工厂厂志（1950—1985）》。

附表 5 1963 年全国胶合板厂厂际竞赛主要指标完成情况（摘录）

厂名	产量/m³	实际劳动生产率/m³		1~2等品率/%	质量 胶合强度（kg/cm²）			成本/（元/m³）			利润/万元	原木利用率/%
		工人	全员		豆胶	血胶	脲胶	胶种	实际	扣除运杂费后成本		
上海泰昌胶合板厂	3833.79	29.56	28.775	91.02	12.4				267.00	197.93	14.23	57.70
上海木材一厂	8839	32.45	30.85	79.91	12.9		14.3	豆胶	350.00	244.89	187.91	46.36
上海扬子木材厂	8533	26.33		80.66	14.01		14.06	豆胶	343.37	260.17	129.67	46.86
松江胶合板厂	13786	26.08	20.16	83.10		14.4	18.9	血胶	320.29	273.80	207.3	44.40
上海祥泰胶合板厂	7048	26.40	25.226	73.58	12.96		13.16	豆胶	363.81	267.91	58.57	45.74
光华木材厂	4831.7	16.776	14.424	77.10	16.75		17.29	豆胶	409.05	274.07	110	42.56
长春胶合板厂	1176.1	19.72	19.20	74.04	10.99		14.75	豆胶	320.47	294.71	85.6	47.712
上海木材综合加工厂	2830	25.24		73.89	12.08		9.51	豆胶	347.04	261.88	22.44	46.35
北京市木材厂	4515	15.972	15.264	72.64	14.6		17.39	豆胶	398.90	273.64	92.94	40.60
香坊木材加工厂	14411	27.475	26.18	63.49	11.3				360.70	323.15	71.93	41.51
三岔子胶合板厂	3578	13.65	9.90	74.80	10.8			豆胶	344.04	326.60	13.8	43.00
辽源木材厂	2320	10.93	10.50	65.99	10.6			豆胶	334.00	318.25	8.14	47.50
青岛木材综合加工厂	301174	16.05	14.008	49.40	11.6		16.02	豆胶	307.70	231.93	7.16	42.23
成都木材综合加工厂	3000	13.49	12.87	47.56		15.4	19.1	豆胶	388.93	231.02	-7.24	43.74
武汉综合制材厂	525.46	8.91	8.47	10.22	14.7	8		血胶	585.18	479.40	4.4	38.23
陈塘庄木材厂	2431.061	11.576	10.902	50.61		13.6		豆胶	421.25	366.75	0.28	45.87
沈阳木材厂	1000	9.72	7.70	22.50			10.2	血胶	496.20	438.58	-13	38.50
安东木材厂	550	5.058	5.058	49.88				脲胶	703.64	703.64	-2.48	35.60
绥化木材加工厂	2400	7.72	7.72	49.50	10.5		14.4	豆胶	476.95	449.10	-15.4	38.50
漳州胶合板厂	653.39	7.30	7.30		12		16		341.05	312.02	4.81	46.27
昆明木器厂	90	0.83	0.83	91.28	14.09				537.99	537.99		36.21

注：1. 本表是摘引自《国营松江胶合板厂 厂志》；
2. 在"成本"一项中列出了"扣除运杂费后成本"是因大部分厂是以东北林区的胶合板材为原料，运距不同，运杂费差异也比较大，为便于比较各厂成本就增加了此项。

附表6 1985年全国胶合板厂厂际竞赛主要指标完成情况(大厂组)

厂 名	年产量/m³		薄板率/%	质量/%			原木利用率/%	劳动生产率/(张/人日)		单位成本/(元/m³)		单位利润/(元/m³)	
	计划	实际		合格率	一等品率	二等品率		计划	实际	计划	实际	计划	实际
光华木材厂	13600	13755	19.30	97.2	35.6	50.5	40.0	21.0	21.8	560.0	561.1		0.95
北京木材厂	6600	6614	26.40	93.9	19.1	38.5	40.6	24.5	20.5	627.7	677.8	48.0	58.38
松江木材厂	19000	19211	14.30	97.2	80.0	16.6	44.3	20.3	21.6	841.6	838.2	80.0	88.74
香坊木材厂	23000	23245	11.00	98.9	50.0	24.4	41.2	19.2	19.3	863.2	868.9	44.3	57.48
绥化木材厂	18000	16990	8.60	97.6	83.4	10.8	42.6	15.9	15.0	746.0	910.9	135.0	21.92
上海木材一厂	27000	27001	10.81	97.7	63.7	28.3	42.1	40.6	37.0	532.2	571.5	314.3	329.09
扬子木材厂	20400	20402	28.40	97.7	47.7	45.2	44.6	38.4	35.2	532.2	595.8	301.1	326.57
上海人造板厂	15600	15770	40.10	97.8	58.3	39.4	46.3	30.0	37.9	532.3	580.8	327.0	368.85
建设人造板厂	19000	19209	27.17	98.1	64.4	30.9	45.8	38.6	39.2	509.2	553.6	313.3	378.65
辽源胶合板厂	8000	9889	8.81	99.4	58.9	25.6	43.4	20.0	20.4	689.4	712.1	136.2	114.80
三岔子胶合板厂	16000	18155	11.28	96.6	40.0	48.2	41.8	21.3	22.7	595.0	592.5	185.4	206.41
长春胶合板厂	24000	23004	13.90	98.5	74.9	12.6	39.8	25.7	27.2	655.0	709.9	232.0	185.11
三明胶合板厂	10000	10481	30.72	96.9	25.1	69.4	51.3		29.2		686.3		164.68

注：1. 本表引自《国营松江胶合板厂 厂志》；
2. 1985年时各厂的原料已有较大的变化，其中有的厂进口材比例很大，有的是以针叶材为主要原料，因此生产胶合板的幅面规格、成本、售价差异都很大，故各项数据仅供了解当时情况参考。

第一章作者简介：

王金林，男，籍贯江苏扬州。1964 年毕业于南京林学院（现南京林业大学）木材机械加工专业，同年分配到中国林料院木材工业研究所，1986～1988 年日本名古屋大学留学。中国林科院木材工业研究所二级研究员、博士生导师。《林业科学》副主编，《木材工业》、《中国人造板》杂志编委会顾问。曾任木材工业研究所人造板室主任、中国林科院学位委员会委员、北京市学位委员会评议组成员及中国林学会杨树专业委员会副主任。

长期从事木质重组复合材料工艺理论、制造技术的研究与开发。先后主持了"八五"国家科技攻关项目专题，国家计委重点科技项目，"十五"国家科技攻关子课题，国家林业局"948"项目。作为课题副组长承担了国家"863"计划课题。在第一次全国污染源普查项目中，主持《木材加工及竹藤棕草制品业行业产排污系数核算》课题。此外，主持或作为主要成员参与多项国家和行业标准及国际标准的制、修订工作。

经鉴定或验收认定的主要科技成果有"短周期工业材胶合制造技术"、"人造板装饰薄木制造技术"、"新型薄木装饰材料系列产品制造技术"、"天然刨切薄木调色技术"、"单板染色计算机测配色技术"和"染色废水循环利用技术"。其中两项成果实现了产业化，建成调色单板和人造装饰薄木生产线 3 条。

在《林业科学》、《木材工业》和《北京林业大学学报》等期刊发表论文 60 余篇，参编专著 3 部。获国家发明和实用新型专利授权 3 项。制修订国家和行业标准 6 项，参与制定了国际标准《ISO13608：2014 胶合板—装饰单板贴面胶合板》等 2 项。主持制定的国家标准《装饰单板贴面人造板》国家标准制定获得 1996 年林业部科技进步三等奖和 2009 年国家质量监督检验检疫总局中国标准创新贡献三等奖；主持"调色单板和人造装饰薄木制造技术"研究获 2004 年茅以升科学技术奖木材科研一等奖；参加《中国主要人工林树种木材性质》编著，获 1999 年全国优秀科技图书奖暨科技进步一等奖和第四届国家图书奖。指导培养硕士、博士研究生和博士后共 16 人。

李远宁（1943 年—），男，籍贯四川江津（现重庆市江津区），研究员级高级工程师。1965 年毕业于东北林学院（现东北林业大学）木材利用系木材机械加工专业。研究员级高级工程师。1965～1982 年先后任青岛人造板厂技术员、工程师，技术科副科长。1982 年 8 月调入黑龙江省国营松江胶合板厂，自 1984 年起任总工程师直至 2003 年退休。自 1980 年起先后多次任中国林学会木工分会理事、全国人造板标准化委员会委员和全国人造板机械标准化委员会委员。

从大学毕业后一直在工厂从事人造板和其他木材加工项目的工艺、机械设备等的技术和技术管理工作。

在松江胶合板厂工作期间，自 1983 年起，先后主持"利用杨木、柞木生产胶合板生产性试验研究"和"利用大兴安岭落叶松制造胶合板"的生产性试验课题，对利用东北林区生产胶合板企业的扩大树种和生产技术起到重要作用。在推动国内工厂率先使用国产无卡轴旋切机和新型高效喷气式单板干燥机等方面开展了大量试验指导和推广工作，并对设备的改进和升级提出了许多建议。1984 年主持了国内首批引进浸渍纸生产线的技术工作，包括设备调试和生产试验，浸渍纸生产线成功引进为国内浸渍纸生产提供了范例。

作为主要起草人制定了 GB/T 18262-2000《人造板机械通用技术条件》和 GB/T 15785-1995《旋切机刀片通用技术条件》两项国家标准。参与了我国多项人造板和人造板机械标准的制定和审定工作。

论文"从生产实践看湿法硬质纤维板的结合机理"，获 1982 年山东省优秀科技论文三等奖。"黑龙江省城市大中型木材加工厂经济危困原因与解危途径的初探"，获 1993 年中国林学会木工分会优秀论文一等奖。

第二章 细木工板

朱典想

第一节 细木工板生产的发展历史

  细木工板是从胶合板生产延伸出来的一种特殊的胶合板产品。
  木材具有一定弹性且易于加工、质轻、细实、纹理美观的特点，细木工板保留了木材的这些良好性能，有些性能还有改善，如细木工板的表面纹理就可以拼得比木材更好看，这是细木工板胜于刨花板、纤维板等人造板之处。干缩湿涨易于变形，通常是木材使用时的显著缺点，这个缺点在细木工板中已基本克服，这又是细木工板优于实木拼板之处。可以说，细木工板是木材本色保持得最好的优质板材之一。因此，细木工板从诞生之日起，都是作为高级板材使用的。20世纪50年代，小幅面特种细木工板被上海飞跃缝纫机厂、上海协昌缝纫机厂（上海协昌缝纫机有限公司前身，1966年，协昌缝纫机厂厂部及"文化大革命"小组联合决定将"公私合营上海协昌缝纫机厂"的厂名及企业性质更改为国营上海东方红缝纫机厂，缝纫机产品使用商标由"无敌牌"更名为"蝴蝶牌"，商标图案不变）用作缝纫机台板；创建于1895年的上海钢琴有限公司以及1949年成立的北京钢琴厂（北京星海钢琴集团公司前身）也先后在20世纪60年代将细木工板作为钢琴外壳部件使用，当时开发这种细木工板的厂家有上海缝纫机台板厂、上海缝纫机台板四厂、上海缝纫机台板五厂、上海木材综合加工厂（1967年更名上海人造板厂）、北京市光华木材厂、长春胶合板厂等。
  缝纫机台板俗称"大盘"，"大盘"是一种特殊的有边框细木工板，图1为二斗缝纫机台板及"大盘"的结构图。
  台板的芯板材料统称为胎料。当年，胎料最好采用软材，如红松、椴木、楸木等，四边框要采用同一树种，放料摆芯时，胎料要按软硬材分开。紧靠胎料，上下各有一层中

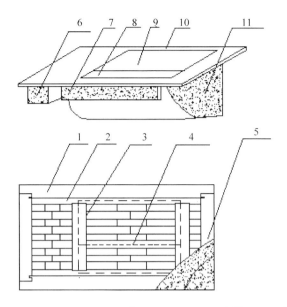

1. 外顺边　2. 内顺边　3. 内横边　4. 中顺边　5. 外横边　6. 抽斗
7. 翻斗　8. 小活板　9. 大活板　10. 大盘　11. 卧斗

图1　缝纫机台板

板，中板纤维方向和芯条垂直，最好用椴木单板，厚1.75mm。表板采用纸质装饰板（塑料贴面板），其中面板为有木纹的三聚氰胺装饰板，背板为无木纹的酚醛装饰板。

钢琴外壳更是高级木制品，其造型要美观，表面要平整。制作钢琴外壳时，首先将干燥板材按规格截断后在压刨上刨两面，刨成17mm厚的板材，然后用多片锯机将板材剖开，制成尺寸17mm×17mm的木芯条；随后按钢琴部件尺寸要求用白乳胶将木芯条粘成径面板，用卡子卡紧，胶固化后卸卡，送入保温库干燥定性；随后在压刨上将其刨成14mm厚的芯板；接着在芯板两面热压胶合中板，再经保温库干燥定性、砂光，然后热压胶合表板，送入保温库干燥定性，最后裁边、表面砂光、封边，制得钢琴外壳部件。

以上两种特种细木工板制作工艺要求较高，用材要求较为苛刻，发展受到限制。20世纪80年代以来，为满足建筑与装饰行业对高等级板材的大量需求，为适应我国林情的变化，解决中小径速生材的加工利用问题，因此，原料来源广泛，适应较大规模工业化生产的大幅面细木工板得到了迅速发展。细木工板既以品质优良而闻名，又以利用边材小料而著称。对于同一种人造板来说，这两方面的优点往往是难以同时兼备的。比如，胶合板确是一种很好的板材，但它必须使用较好原料；刨花板和纤维板虽然能充分利用小材碎料，但板材质量在某些方面不够理想。

20世纪80年代以前，生产细木工板的工厂主要分布在中国华北和东北的几个省，产量约10多万m^3。当时主要以生产空心细木工板为主，即在轻质芯板的两面胶合覆面材料，芯板有纸质蜂窝芯板、卡格芯板等几种。北京市木材厂、北京市光华木材厂、国营松江胶合板厂、哈尔滨香坊木材综合加工厂等生产的空心细木工板被广泛用来制作家具、空心门及活动板房的屋面板和墙板。20 世纪 80 年代以后，广东、江苏、浙江等较为发达的省份开始有部分企业利用速生材，在回转式拼板机上，采用白乳胶进行冷压胶合，完成较大幅面的实芯细木工板芯板的胶拼。其代表性的生产厂家有林业部泗阳胶合板厂、江苏胜阳木业有限公司、徐州恒阳木业有限公司、浙江德华木业有限公司、广东南海胶合板厂等。但由于冷压胶合时间过长，产量都不大，质量难以保证。进入 20 世纪 90 年代，一批台资企业涉足细木工板生产，上海福海木业有限公司、南通复盛木业有限公司、湖北福汉木业有限公司等企业使用了当时由台湾生产的较为先进的加热拼板机，并以中小径级速生材为原料，使细木工板的生产周期大为缩短，产量逐年提升。

20 世纪 90 年代上半期，细木工板主要用于生产板式家具。20 世纪 90 年代后期，大量进入建筑装饰装修行业，从初始的制作门框门套，拓展到壁柜、隔墙、地板、橱柜等。装修一套 120m² 房间，需用细木工板 30~60 张，由此可见细木工板的巨大需求。不同档次的细木工板均可得到合理利用，低档次细木工板可用做地板衬层；中档次细木工板做壁柜、橱柜侧板和隔板；高档次细木工板则用于门和桌面板、板式家具和大型公共场所的装修。

进入 21 世纪，细木工板的生产与应用在南方甚至全国得到了迅速发展和扩张。产值超过 500 万元以上的企业有 300 多家，其中以速生杨木作为芯板原料的主要生产厂家有江苏胜阳木业有限公司、徐州秀华木业有限公司、邳州永昌木业有限公司、山东临沂宏福木业有限公司、山东新港木业有限公司、山东海龙木业有限公司、河北文安福田木业有限公司等；以杉木作为芯板原料的主要厂家有浙江德华集团、浙江升华云峰新材股份有限公司、湖南福湘木业有限公司、浙江华海木业有限公司、江西雪岭木业有限公司等；以桉木作为芯板材料的主要厂家有广东雷州翠宏木业有限公司、广西南宁侨盛木业有限公司、广西贵港恒源木业有限公司等；以进口马六甲（南洋楹）作为芯板材料的主要厂家有美亚环球木业有限公司、济南黄猫木业有限公司、浙江嘉善绿洲木业有限公司等。2000 年以来，中国细木工板产量呈逐年增长趋势，详见表 1 及图 2。

表 1　2000 年至 2010 年中国历年细木工板生产量

年度	2000	2001	2002	2003	2004	2005	2006	2007	2008	2009	2010
产量/万 m³	153.7	203.2	521.80	617.2	880.9	982.0	1153.3	1324.13	1304.53	1478.71	1652.28

从图 2 可见，21 世纪前 10 年细木工板产量的年均增幅接近 27%，虽然 2008 年受金融危机的影响，其产量较 2007 年略有下降，但仍维持在较高水平。

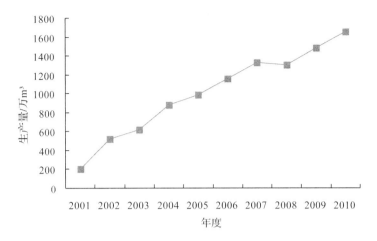

图 2　2001~2010 年中国细木工板生产量

第二节　细木工板的生产工艺

一、试制阶段

早期细木工板试制工艺流程如图 3 所示。

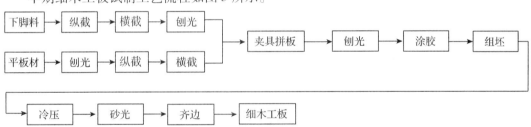

图 3　早期细木工板试制工艺流程

该工艺流程主要特点是芯板拼板采用手工夹具，生产 4′×8′ 幅面的细木工板，需要 3 张长×宽约 2540mm×420mm 的手工拼板，因此其大芯板并不是整张化的。另外，拼板和组坯均用冷压胶。该工艺生产细木工板周期长，产品平整度较差。

二、一般生产阶段

一般生产阶段工艺流程如图 4 所示。

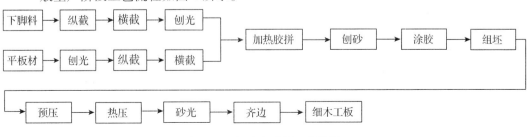

图 4　一般生产阶段工艺流程

该工艺流程主要特点是芯板拼板采用具有加热装置的拼板机，细木工板中间层的大芯板是整张化的。另外，拼板和组坯均用热固性树脂胶，通过热压机对5层结构的细木工板进行热压胶合。该工艺生产的细木工板整体力学性能良好，生产周期短，产量高，缺点是板面平整度一般。

三、成熟生产阶段

成熟阶段生产工艺如图5所示。

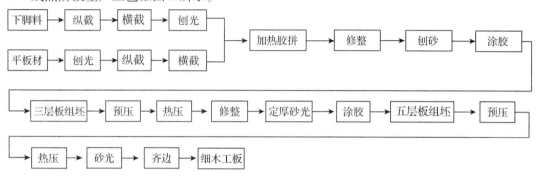

图5 成熟阶段生产工艺流程

该工艺流程特点是采用"两压三砂"的生产工艺。该生产工艺工序环节较多，因此设备投入相对较大，但其最大的优点是可生产高档细木工板，且细木工板厚度误差小、表面平整度非常好。21世纪初以来，中国较有影响的大型细木工板制造厂，绝大多数采用该生产工艺生产优质细木工板。

以上介绍的3种生产工艺是比较典型的生产工艺流程。在全国数百家细木工板厂实际生产当中，因产品质量要求、设备配置、原料供应、生产习惯不同，其工序局部有增有减，顺序亦有一定变化，工艺多种多样。

第三节 细木工板国产设备的研发

一、芯板拼板机

1995年，林业部镇江林业机械厂（镇江中福马机械有限公司前身）研制了一种可实现连续自动进料的加热拼板机，该设备1996年首次在河北金秋木业有限公司投入使用，其原理见结构简图6。

任意长度的木芯条2由进给机构1纵向输入。进给机构由下面的链条和上面的辊筒组成。在进给机构的侧面有喷枪3对木条的一侧喷胶。木条进给到长度符合要求时碰到行程开关8，木条停止进给，喷枪停止喷胶，圆锯4抬起将木条截断。然后由液压进给泵5将这一列木条向加热箱6方向横向推进，直至与先前已经拼好的木芯板7拼在一起。拼好的木芯板就在一列列木条被推进的同时徐徐通过加热箱。加热箱具有加热系统和加压装置，

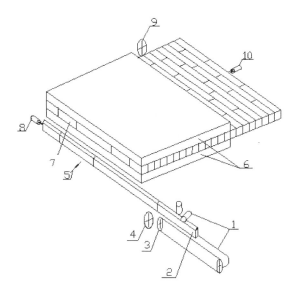

1. 进给机构 2. 木芯条 3. 喷枪 4. 圆锯 5. 液压进给泵
6. 加热箱 7. 木芯板 8、10. 行程开关 9. 往复锯

图6　连续自动进料的加热拼板机

它直接压在木条上，这样不但可以提高加热和胶拼效率，而且也能减小由于木条翘曲而产生的木芯板板面不平。当连续木芯板碰到行程开关10时，往复锯9动作将芯板锯开成规格宽度。使连续芯板成规格宽度的另一种方法，是利用横向推进木条计数器来控制喷枪，它命令喷枪在某一列木条上停止喷胶，这样就能将后面待拼的芯板与前面已拼好的具有一定宽度的芯板分开。这种拼板机虽然生产效率较高，但对木条材质要求较严，若木条局部有结疤和腐朽进料时易折断。

木芯板胶拼也可以采用高频加热使胶层固化，该类型的高频加热拼板机是由石家庄纪元电气有限公司于2000年开发的新产品，原理见图7。

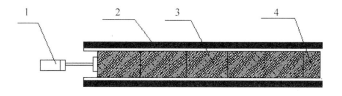

1. 气缸 2. 高频加热板 3. 芯条 4. 挡块

图7　高频加热胶拼结构简图

在芯板组坯台上芯条经手工组坯后，送入高频胶合装置的上下两个极板之间，加上压力。其中侧向压力0.7~0.8MPa，使木条挤紧；上下压力是0.1~0.2MPa，使木芯板平整。木芯板在压力下经高频加热3~8min就可以完成胶合。芯条越窄，一块芯板的胶缝就越多，需要加热的时间越长。这种高频加热拼板机适合规格品种变化的不同幅面的特种细木工板的拼接。

1995年到1998年，牡丹江木工机械厂、江苏建湖轻工机械厂、溧阳平陵林机厂等企业在引进、消化、吸收的基础上，根据细木工板生产用材的情况，先后开发出了半自动拼板机，见图8。上海新高潮集团是最早使用该类型设备的生产厂家之一。

图8　PB2500半自动拼板机

这种拼板机的特点是采用手工操作将规格木条按要求拼在拼板盒中，然后使用涂胶辊对其进行涂胶，接着将拼板盒扣在拼板机的进料部分，利用气缸夹紧侧面已涂胶的木条。在油缸冲头的作用下，将最下层的木条送进拼板机，如此往复动作，就可拼出连续的板带。拼接的板带通过加热装置（该装置同时可调整拼板时的正压力），使得胶液迅速固化。木条在加热条件下，冲头作用使其侧边紧密接触，连续拼成带状的胶合芯板。由于拼板机一边为其基准面，另一侧边过长的板条通过圆锯锯成所要求的尺寸，即制得所需的芯板。这种拼接方式对板条材质的要求可适当放宽，长、短木条均可拼在拼盒内，因此原料利用率较高，是中国当时细木工板生产中的主力机型。

二、刨锯机

2002年，广东富豪木工机械制造有限公司开发出了一种刨锯机，见图9。该设备先后在东莞俊东木业有限公司、东莞恒冠木制品有限公司等企业投入使用。

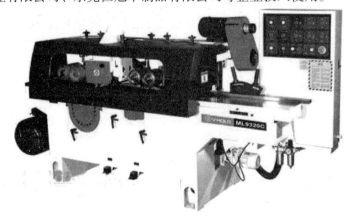

图9　ML9320c刨锯机

刨锯机实际上是一种组合机床，它的功能是将压刨床与多片锯机的功能聚合在一起，即先刨后锯。采用这种组合机床，减少了细木工板的生产工序，节省了劳动力，所以利用板材生产高档细木工板的工厂已逐步在应用这种新型机床。若利用窄木条来生产细木工板，则通常采用简易的四面刨床来对木条进行"等宽等厚"处理。

三、双立轴木工多片锯机

为了提高小径木的加工效率与出材率，福建邵武市振华机电制造有限公司于2008年开发了一种双立轴木工多片锯机（专利号：ZL200910310853.4），见图10。60~120mm的小径原木可直接送入本机床采取多片锯同时锯切。锯切表面光洁度好，平整度提高，克服了带锯机锯切等厚误差大、效率低等缺陷。锯切出的木板厚度误差小，有利于减少二次加工所需余量。相对于带锯制材，既省材省工，又节省了较多的人力。

(a)

(b) (c)

(a)整体外形 (b)工作状态 (c)锯切状态

图10 双立轴多片圆锯机

第四节 细木工板的产品及其发展方向

一、细木工板产品的用途

细木工板已成为中国主要人造板品种之一，其用途广泛，主要应用在：①建筑、室内装修、板式家具制造。②船舱、车厢装修。③壁柜、橱柜制造、搁板、隔墙、门板、桌面板等。④缝纫机台板、绘图板、钢琴外壳部件等特殊使用场合。

二、细木工板产品的标准

为引导细木工板生产健康发展,1999 年颁布了细木工板标准 GB/T 5849-1999《细木工板》。随着细木工板生产的超常发展,原有的标准有一定的局限性。因此,2006 年 5 月 18 日国家又颁布了新的细木工板标准 GB/T 5849-2006《细木工板》,内容及各项指标与旧标准相比均有较大变化。

1) 分类细化。新标准增加了按用途分类,将细木工板分为普通用细木工板和建筑用细木工板两类。产品分类细化是产业发展的具体体现,表明该产品结构及用途等方面都有了新的发展。

2) 对标准的使用范围有了明确的限制。新标准只适用于实心细木工板,不适用于空心细木工板。

3) 对外观质量材质缺陷等规定有所放宽。取消了原标准中优等品面板为整张单板或两张单板拼接而成的规定,但同时要求优等品背板外观质量不低于合格品面板要求的规定,既保证了高档产品的优质用材,又为原材料的合理利用提供了空间。

4) 在技术要求中对芯条的宽厚比做了调整。原标准要求芯条宽厚比不超过 2.5,新标准规定芯条宽厚比不超过 3.5,这有利于木材的合理利用和提高木材利用率。

5) 物理化学及力学性能变化较大。增加了室内用板的甲醛释放量要求,3 个级别分别为 E_0、E_1、E_2,E_0 级 ≤0.5mg/L;0.5 mg/L< E_1 级 ≤1.5 mg/L;E_2 级 ≤5.0 mg/L,原标准没有甲醛释放量限制指标。新标准鼓励企业生产甲醛释放量更低的产品,以满足社会日益增强的对产品健康安全性的要求。

新标准要求细木工板横向静曲强度平均值 ≥15MPa,且最小值 ≥12MPa。新标准同时限制平均值和最小值,可以保证产品的整体强度,比原标准仅限制平均值更加合理,可以促进企业提高生产技术和管理水平。

新标准增加了浸渍剥离性能和表面胶合强度,弥补了原标准的不足。用胶合强度,表面胶合强度及浸渍剥离性能 3 个指标,对表板厚度不同的产品的胶合性能进行评价,这样的指标设定更合理,使标准易于执行。

新标准的适时颁布适应了行业发展需要和市场经济的规律,对促进细木工板的健康发展,规范和指导企业的生产经营活动,鼓励合理节约利用木材资源都起到了较好的推动作用。

三、细木工板新产品的开发

细木工板新产品开发涉及到产品结构变化、新材料的替代以及加工工艺的改变等,与此有关的授权和申请专利有数十个,现择其中一部分予以简介。

1) 三聚氰胺细木工板及生产工艺(专利申请号:01138746.7)。该专利由哈尔滨宏林木业有限公司于 2001 年申请,2003 获得专利权,专利权人王国振。

一种三聚氰胺细木工板,它包括一个芯板,芯板的两侧面分别压合有三聚氰胺贴面板。其生产工艺首先将小径木和速生材制成拼板,然后将拼板按常规步骤加工成芯板;将高/中密度薄板表面按常规压制三聚氰胺贴面，将压好的三聚氰胺贴面板的背面与成型的木芯板双面分别涂乳白胶，将两块三聚氰胺的背面分别粘在木芯板的两侧，置压机冷却成型养生8～10h即成为产品。

2）一种细木工板加工工艺（专利申请号：200410065907.2）。该专利由黄山市闾林木业有限责任公司于2004年申请，2006年获得专利权，发明人周绍平、王厚立、张建宏。

一种细木工板加工工艺涉及细木工板加工技术领域，它的生产包括原料锯制木方、干燥、定厚双面加工、多片锯制条、配板、涂胶、拼板机拼板、强制冷却、一次砂光、贴横向中板、预压、热压、强制冷却、二次砂光、贴表板、二次预压、二次热压、裁边、三次砂光、成品分检入库的"二压三砂"工艺流程方法。

3）一种细木工板芯板的制备方法（专利申请号：01113049.0）。该专利由浙江林学院于2001年申请，2004年获得专利权，发明人张齐生、刘志坤、沈哲红、杜春贵。

一种细木工板芯板的制备方法，是以小径材、间伐材、枝丫材为原料，经过预处理、疏解、干燥、施胶、铺装组坯、热压、调质处理和后期加工，制成细木工板芯板。其工艺合理，生产效率高，能耗低，木材利用率高，生产成本低，质量好。

4）以稻草板为芯板的仿细木工板的制造方法（专利申请号：200310106244.X）。该专利由南京林业大学木材工业学院于2003年申请，2004年获得专利权，发明人周定国、梅长彤、张洋等。

本发明公开了一种以稻草板为芯板的仿细木工板制造方法。该方法的步骤有：稻草板表面砂光；次表层单板双面涂胶；按以上5层结构进行组坯，稻草板为芯层材料，替代细木工板生产中以实木胶拼（或不胶拼）的大芯板，合理利用了农业废弃的稻草资源，可节约木材，保护环境，降低生产成本。

5）细木工板及制作方法（专利申请号：03106576.7）。该专利是由华宣灵于2003年3月申请，2003年9月公开。

一种细木工板及制作方法，它包括至少一层木芯板，在制作完成木芯板后，在木芯板单面上胶后贴上一层橡木单板，再次上胶后贴上一面层单板，经高温热固后压制而成。木芯板的另一面为一光滑的平整板面，且木芯板为多块杂木板在相邻面上相互齿接并胶合而成。它具有结构简单，制作成本低，能直观地观察到芯板的质量，使消费者能买到放心的细木工板。

为适应市场变化，厂家针对用户的要求开发了许多不同类型细木工板，譬如，用于建筑和出口的高档细木工板，芯板采用全部指接，其力学性能显著提高。

四、细木工板的发展方向

"十三五"期间，中国细木工板生产厂家和使用厂家都在千方百计地挖掘潜力，对技术和设备方面进行改造、引进、创新，并且对室内装饰装修用的细木工板及细木工板家具基材，家具产品的造型及外观涂饰实行多样化，以博得海内外消费者的喜爱。因此，目前中国细木工板产品的发展方向和趋势体现在以下几个方面。

（一）细木工板产品日趋高级化

21世纪以来，细木工板的这种发展趋势表现得越来越明显，这是由于中国人民物质生活水平普遍提高，要求私宅居室内部环境布置得优美典雅；另一原因是现代化的办公设备正在普及，改善办公室和工作间的内部环境的要求日益强烈，人们往往都选用较高档次的细木工板作为装修材料和细木工板制品作为装饰摆设；特别是一些大宾馆、大饭店和大商厦等旅游购物中心，为了吸引顾客，招揽生意，都在极力将客房、餐厅、舞厅或台球室等文化娱乐场合装修得十分豪华气派，导致高档细木工板的需求量与日俱增，促使作为室内装饰装修优良材料和家具制作基材的细木工板朝着更高档次方向发展。高档家具具有突出的室内环境装饰性，异型的家具款式和美妙的表面涂饰能给人带来美的感觉。然而，以细木工板为基材制作高档家具，工艺比较复杂，自动化大规模生产受到一定限制，大多数工序仍靠手工操作，这在人力劳务费用昂贵的西方国家不具有竞争优势，但对于中国的家具生产厂家却占有较大的优势。

（二）细木工板产品日趋艺术化

随着中国人民文化素质的不断提高，人们对艺术美的追求也越来越迫切，要求家庭居室、办公楼或工作间内部环境的装饰装修应具有艺术性。用细木工板制成的家具产品和屏风及隔墙等，不仅实用性强，而且还充满了鲜明的时代艺术气息，具有强烈的艺术装饰作用。追求室内环境装饰的多样化，使得品种款式多样化的细木工板及其制品更有用武之地。从多年来香港国际市场家具大奖赛中可以看出，典雅美观而又具有高度艺术装饰的细木工板家具产品始终占据主导地位。所以南方沿海地区的一些家具制造厂家都在尽力制作出各式各样的富有艺术装饰的细木工板制品和细木工板高档家具产品投放国际市场，为国家换取大量外汇。

（三）细木工板日趋个性化

木材加工企业的工程师和家具制造企业的设计师们都懂得"物以稀为贵"的道理，因此他们在室内装修用的细木工板和细木工板家具造型及色彩设计方面十分注重特色。"多品种少批量"生产方式往往是生财之道。在日本和欧美一些发达国家中，一般每年都举办两次木制品和家具产品展销会。有时上半年流行的款式到了下半年就过时了，又有更新的花样品种出现，木制家具的时髦周期不断人为地缩短。对于西方国家轻工业高度机械化和自动化条件下，大批量生产时要冒极大的风险。有些木制品企业由于跟不上时代潮流的发展，往往造成大批产品积压而被迫倒闭。为了适应消费者的心理，采取"小批量多品种"生产方式，虽然给生产经营管理工作带来了很多麻烦，但是这种生产方式有利于产品的个性化发展，对于中国细木工板生产企业和家具制造企业在机械自动化程度不高的情况下恰恰十分有利。

（四）细木工板的未来深加工是其持续发展的强大动力

利用机械设备对细木工板进行二次贴面加工。例如在细木工板表面粘贴金属箔、微薄木、PVC、三聚氰胺树脂浸渍纸等。使用这些贴面材料使得细木工板具有光滑细腻、质硬结实的手感，有的能呈现出来柔和浑厚的感觉。在室内环境装饰装修和家具制作时，设计师能灵活地运用细木工板的这些特性，巧妙地对制品造型进行烘托。

采用适当的点缀手段,如对板面粘贴木雕、角花、印花塑料膜、彩色玻璃、金属图案标牌等,以便衬托出细木工板及其制品的优美典雅。利用板面或边线固有的凸凹进行技法处理,使它产生亮光和阴影效果,以这种细木工板为基材制作出来的家具产品外表层次分明,呈现出较强的立体感。

2017年,中国细木工板产量已达1700万 m^3,但产品质量总体不高,质量水平波动很大,部分企业产品的甲醛释放量超标。横向静曲强度和胶合强度达不到国家标准要求是细木工板质量最为突出的问题。作为一种结构材料,细木工板要求有较高的强度和尺寸稳定性,而其中重要的物理力学性能指标即为横向静曲强度和胶合强度,反映细木工板产品承载受力和抵抗受力变形的能力,而甲醛释放量则是反映细木工板产品环保性能的指标。在我国优质木材严重短缺的情况下,大力发展细木工板生产,坚持小材大用,劣材优用,将是细木工板可持续发展的必由之路。

参考文献:

[1] 国家质检总局产品质量监督司. 细木工板产品质量国家抽查结果[J]. 人造板通讯, 2005(3): 35.
[2] 向仕龙, 申明倩. 我国细木工板生产工艺现状及改革[J]. 木材工业, 2003, 17(1): 14 – 16.
[3] 朱典想. 浅析实木细木工板芯板制造中存在的问题及解决措施[J]. 建筑人造板, 1997(4): 21 – 25.
[4] 张帝树, 卢运贵. 细木工板[M]. 北京: 中国林业出版社, 1984.
[5] 窦延光, 张亚祖. 细木工板新国标的变化及特点[J]. 中国人造板, 2007(2): 30 – 31.
[6] 邹林林, 吕斌, 等. 我国细木工板发展现状和质量问题分析[J]. 林业机械与木工设备, 2006(5): 4 – 6.
[7] 吴智慧, 刘忠传. 用水杉和池杉材作芯板生产细木工板的研究[J]. 林产工业, 1994, 21(1): 7 – 9.
[8] 朱典想, 俞敏. 胶合板生产技术[M]. 北京: 中国林业出版社, 1999.
[9] 向仕龙, 郭运勇. 南方10种树种木材作芯条的细木工板性能的研究[J]. 木材工业, 1997, 11(1): 7 – 9.
[10] 余季泉. 论细木工板发展趋势对室内装修及家具产品的影响[J]. 内蒙古林学院学报, 1996, 18(1): 77 – 80.
[11] 沈哲红, 方群, 钱俊. 以杉木作芯板的细木工板制作工艺[J]. 浙江林学院学报, 2002, 19(2): 208 – 210.
[12] 濮安杉, 陆仁书, 等. 细木工板生产线的工艺设计特点[J]. 木材工业, 1997, 11(3): 28 – 30.
[13] 谭守侠, 周定国. 木材工业手册[M]. 北京: 中国林业出版社, 2007.
[14] 陆仁书. 胶合板制造学[M]. 北京: 中国林业出版社, 1993.
[15] 中国人造板编辑部. 最新细木工板发明专利[J]. 中国人造板, 2008(1): 31 – 32.
[16] 国家林业局, 细木工板: GB/T 5849 – 2006[S]. 北京: 中国标准出版社, 2006.

第二章作者简介：

朱典想(1951年—)，男，1977年毕业于南京林业大学人造板专业(本科)，1978年1月~1980年12月在东南大学机械设计与制造专业本科班和研究生班进修深造。曾兼任南京林业大学校办木工厂厂长2年；兼任某企业总经理、总工程师3年；派驻江苏灌南县任科技副县长2年；曾在南京金肯职业技术学院担任机械工程系系主任3年。现任南京理工大学泰州科技学院智能制造学院副院长；兼任湖南福湘木业有限公司、江西雪岭木业有限公司、河北丰宁宏森木业有限公司技术顾问。

从事机械设计及理论、木材科学与技术方向的教学、科研工作四十余年，曾任南京林业大学材料科学与工程学院教授、博士生导师、国家林业局设备状态监测与故障诊断技术中心副主任、中国胶合板专业委员会副秘书长、江苏省杨树产业技术协会副秘书长、全国木工机械与刀具标准化技术委员会委员、国家自然科学基金和国家博士后科学基金评审委员、江苏省科技咨询专家、上海投资咨询公司专家顾问。主持"Φ32系列强韧钎具研制"、"意杨高效利用技术研究"、"功能性杨木人造板生产工艺及设备关键技术研究及推广"、"生物质固体成型燃料生产工艺及关键设备研究"、"杨树加工发展战略研究与精深加工技术推广应用"、"杨树种植及特种板材加工技术集成与示范"等国家、部省级项目和中外国际合作项目16项，主持横向课题10余项，主持木材工业工程设计项目12项，并全部建成投产。

获国家科技进步二等奖1项、林业部科技进步三等奖1项、江苏省科技进步三等奖1项、江苏省软科学成果三等奖1项、市(厅)级科技进步奖5项、获学校教学成果二等奖2项。获授权发明专利8项、实用新型专利5项。正式出版的主编著作《胶合板生产技术》、《林业机械与木工设备状态监测与故障诊断技术及应用》各1部，参编著作5部，发表论文100余篇。2001年被中国林业机械协会授予"跨世纪优秀人才"称号；2002年被授予"江苏省苏北星火产业带建设先进工作者"称号；2006年被评为江苏省三十佳"科技富民标兵"；2010年被评为江苏省"优秀科技特派员"；2017年被授予首届中国林业产业突出贡献奖(林产工业类)个人奖。

第三章 重组装饰材

王金林　周　宇　詹先旭

重组装饰材(又称人造木方、人造薄木,市场俗称科技木)是以普通树种木材为原材料,经旋切(或刨切)加工成单板,采用单板调色、涂胶组坯、模压成型等工艺过程,制成的具有天然珍贵树种木材颜色、花纹和质感等特性或其他艺术图案的木质装饰材料。产品分为重组装饰板材(Multilaminar Decorative Lumber)和重组装饰单板(Multilaminar Decorative Veneer)两大类。

第一节　外国重组装饰材生产的发展历史

重组装饰材起源于20世纪30年代的欧洲,重组装饰单板的基础专利是1937年由德国人申请的"赋予人工木材花纹的单板制造方法"。20世纪60年代中期,意大利的阿尔比(ALPI PIEFRO)公司、英国的阿隆(Aaron)公司开发了将普通树种单板漂白、脱色、再染色,然后层积胶合成木方,再刨制出仿珍贵树种木材色泽、纹理的人造薄木的生产工艺,并在意大利最先实现了工业化生产,这种新材料最初在市场上被称为"Leriex"板。

此后,意大利阿尔比、英国阿隆等公司的重组装饰单板产品输入到日本,开始用做家具表面装饰材料。日本的松下电工(株)、段谷产业(株)从1972年开始研发重组装饰材并实现了商品化,其产品称为人工化妆单板。其中,在作为重组装饰材制备关键技术之一的木材染色技术研究方面,日本学者堀池清、基太村洋子、峯村伸哉、饭田生穗、平林靖彦、樱川智史等分别做了大量的研究工作。就木材的化学组分、构造组织的染色性、染料溶液的渗透性等研究了木材的染色机理;就染料选择、配色和浸染工艺等研究了木材的均匀染色技术;就木材和染色木材的变褪色,特别是光变色行为研究了变褪色机理及其防治技术等,为确立高质量染色木材制造技术提供了依据,从而为重组装饰材产品生产提供了重要的技术支撑。

20世纪80年代是日本发展人造装饰单板(重组装饰单板)的鼎盛时期,松下电工(株)和段谷产业(株)大力开发人工化妆单板制造技术,申报并获得一大批授权专利,部分主要专利如下:

(1) 人造珍贵材单板的制造方法,三轮照雄,松下电工(株),日本特许2161,1980;

(2) 装饰单板的制造方法,樋田义博,段谷产业(株),日本特许51083,1981;

(3) 装饰单板的制造方法,内馆隆,等,日本特许12483,1981;

(4) 层积木方的生产,松下电工(株),日本公开特许188313,1982;

(5) 木质装饰单板及其制造方法,藤田清臣,等,松下电工(株),日本特许15544,1982;

(6) 人造装饰单板的制造方法,横山精光,松下电工(株),日本特许21441,1982;

(7) 人工装饰单板的制造方法,大缰克彦,等,松下电工(株),日本特许21444,1982;

(8) 人造装饰单板,松下电工(株),日本公开特许77512,1982;

(9) 单板的染色方法,柴田伸吉,段谷产业(株),日本特许20124,1982;

(10) 在密闭罐中进行木质单板染色,段谷产业(株),日本公开特许80004,1982;

(11) 用静电感应的单板染色,松下电工(株),日本公开特许128284,1982;

(12) 人造刨切单板的制造方法,井东达雄,松下电工(株),日本特许5780,1983;

(13) 单板染色,段谷产业(株),日公开特许81380,1985。

第二节 中国重组装饰材生产的发展历史

中国从20世纪80年代开始人造装饰薄木的研究,但是一直未能真正形成生产技术和产品生产。20世纪90年代初,广东粤龙木业发展公司等曾与意大利阿尔比(ALPI)公司联系技术转让或合资生产,但均遭拒绝。

从20世纪80年代开始,中国的高等院校、科研院所及相关企业开始致力于重组装饰材(人造薄木)的研究与开发。上海市家具厂于1980年初提出了"人造薄木试验研究"的课题,与上海市家具研究所合作,成功制成了人造柚木、人造红木、精美薄木等人造薄木。20世纪80年代初,南京林学院(南京林业大学前身)与南京木器厂合作开展了人造薄木制造工艺研究,研制成仿红木色及柚木色等多品种的弦向纹理及径向纹理的人造薄木,研究成果获1984年林业部科技进步三等奖。

香港维德集团于20世纪80年代初开始科技木的研究与开发,在国内最早实现了科技木产业化生产。将研发的第一代重组美化木引入该集团在江苏无锡的合资企业中国江海木业有限公司,生产了"美柚11"重组装饰单板。20世纪90年代中后期,维德木业(苏州)有限公司的子公司开始科技木的大规模工业化生产。

1983年开始,中国林科院木材工业研究所开展人造薄木制造工艺研究,国家"九五"和"十五"期间,中国林科院木材工业研究所、南京林业大学、黑龙江省林产工业研究所、北京林业大学、中南林学院(中南林业科技大学前身)及相关企业在国家与省部级多项科研课题支持下，分别开展了重组装饰材（人造薄木）的研究与技术开发，特别是在木材、单板染色及光变色方面的研究，段新芳、王金林、李春生、于志明、陈玉和以及他们的科研团队发表和出版了一大批科技论文及著作，取得了多项科技成果。

20世纪90年代开始，中国陆续形成了一批重组装饰材规模化生产企业，如光大木材工业（深圳）有限公司、山东临沂双月园科技木业有限公司、山东鲁丽集团木业有限公司、浙江德华装饰材料有限公司（浙江德华兔宝宝装饰新材股份有限公司）、浙江升华云峰新材股份有限公司、浙江茂友木材股份有限公司、深圳市松博宇实业有限公司、江苏无锡盛牌木业有限公司、嘉汉林业（中国）投资有限公司枫源科技木公司、山东凯源木业有限公司、上海黎众木业有限公司、山东江河木业有限公司、江苏前程木业科技有限公司等，这些企业先后研发、生产重组装饰单板，其产品在室内装饰装修、家具生产等方面得到广泛应用，使之成为一类重要的饰面装饰材料。

中国重组装饰材产业的发展经历了产品引进、仿制、自主研发和创制、产品工业化生产及大量出口的发展过程。从20世纪80年代开始，经过多年的努力奋斗，中国已成为世界重组装饰材生产大国和技术强国，无论是产业规模、产品产量，还是品种均居世界第一。在重组装饰材的科学研究方面获得了丰硕的科技成果，在技术创新方面获得了一大批国家专利授权，特别是新产品开发获得外观设计专利近400项，极大地丰富了重组装饰单板的品种。在国际上尚无同类产品的国际标准和相关国家标准的情况下，中国首次制定了重组装饰材和重组装饰单板的国家标准，推动了重组装饰材生产的技术进步和产品质量提升。21世纪10年代，中国已经取代意大利和日本，成为全世界唯一大规模生产重组装饰材的国家，产品销售遍布世界各地。

中国重组装饰材生产企业分布主要集中在浙江、江苏、山东、上海和广东等沿海地区，企业规模一般在年产3000~15000 m^3，"十二五"期间，全国规模以上重组装饰材生产企业有20多家，从业人员1.5万~2.0万人。

2013~2015年，重组装饰材的年平均产量约为24.0万 m^3。其中，重组装饰板方材约占30%，产量约为7.2万 m^3；重组装饰单板（薄木）约占70%，产量约为16.8万 m^3。若重组装饰单板厚度以0.20mm计算，则重组装饰单板年产量约为8.4亿 m^2。2013~2015年的平均年产值约为人民币48亿元。4家主要重组装饰材生产企业2013~2015年生产概况见表1。

表1 4家主要重组装饰材生产企业2013~2015年生产概况

企业名称	生产规模/(m^3/a)	从业人员/人	3年产量/m^3			3年产值/万元		
			2013	2014	2015	2013	2014	2015
维德木业（苏州）有限公司	—	342	4930	4412	5377	9102	9524	8489
德华兔宝宝科技木公司	12000	328	8788	8800	9000	16300	18000	19000
浙江升华云峰新材股份有限公司	—	311	3164	3994	4070	5740	7209	7565
山东凯源木业有限公司	6500	310	11700	13300	14700	21000	24000	26500

第三节 重组装饰材的生产工艺

一、生产工艺流程

重组装饰材生产，以普通树种木材包括人工林木材为主要原材料，经旋切（或刨切）加工成单板，单板经漂白和染色等调色处理，干燥后涂布胶黏剂，按产品设计进行组坯，送入压机模压成型，经养护制成木方，再由锯机制材成重组装饰板材，或由刨切机加工成重组装饰单板，其工艺流程见图1。

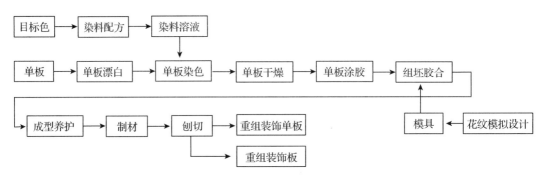

图1 重组装饰材生产工艺流程

二、生产原料

（一）木材

国产材：杨木、椴木、桦木。

进口材：非洲白梧桐、奥克榄、夫拉克、吉贝木、白贝壳杉等。

（二）染化药剂

木材和单板调色处理使用的染化药剂包括漂白剂、着色剂及助剂。

木材漂白用漂白剂有氧化型漂白剂和还原型漂白剂两大类。氧化型漂白剂有氯及氯盐类、二氧化氯类、无机过氧化物、有机过氧化物、过酸及过酸盐类等5种类型；还原型漂白剂有含氮类化合物、含硫类化合物、硼氢化合物类、酸类等。作为木材漂白剂，大量使用的是过氧化氢、亚氯酸钠等氧化型漂白剂；还原型漂白剂联氨用于热带材脱色，而半脲和抗坏血酸脱色稳定且对光变色有抑制作用。

木材着色剂主要是染料。木材染色常用的染料有酸性染料、碱性染料、直接染料和活性染料。酸性染料包括一般酸性染料、金属铬盐染料，酸性染料不发洇，耐光性与化学稳定性变异大，浸透性优于其他染料，但染着性较差。木材染色以酸性染料为主，金属铬盐染料难以浸透至木材内部，但耐光性优良。木材用碱性染料耐光性与化学稳定性差，最易发洇，但染着性好，染着能力最强。直接染料耐光性变异性大，茶色类耐光性较好，其余颜色的耐光性差，化学稳定性好，渗透性一般，染着性差。活性染料适用于木材染色的有

X型、K型、KN型3种。活性染料结构中多含磺酸基，水溶性较好，染色均匀，但稳定性差，受潮热易分解变质。

(三) 胶黏剂

重组装饰材生产用胶黏剂，主要根据产品性能要求和胶黏剂的特性进行选择。重组装饰材大部分用于刨切加工，生产重组装饰单板，其胶黏剂除了要求胶合强度和耐水性外，还要求胶层具有较好的柔韧性，以减缓木方刨切时刀具的磨损。

重组装饰材生产常用的胶黏剂有脲醛树脂(UF)胶黏剂、聚乙酸乙烯酯(PVAc)乳液、改性三聚氰胺尿素甲醛树脂(MUF)胶黏剂、湿固化型的聚氨酯树脂(PUR)胶黏剂等。

三、生产关键技术

(一) 材色模拟与单板调色处理

木材和单板调色是采用物理或化学的方法调节材色深浅、改变木材颜色及防止木材变色的加工技术。

材色仿真，根据木材成分、构造组织和颜色特征，应用漂白、染色或化学药剂着色的方法，采取渐进法配色或计算机测配色系统配色，进行模仿珍贵树种木材材色及彩色的系列装饰单板材色模拟；在木材漂白与着色机理研究的基础上，采用热扩散法、减压加压浸注法等单板漂染的工艺和匀染及染液循环利用技术，确立木材单板调色技术体系；应用多光源分光测色仪和氙光衰减仪等现代化仪器进行材色和变褪色检测与表征，建立材色性能评价系统。

单板调色处理的关键技术包括单板漂白、染色工艺、材色仿真、计算机配色、染液循环利用及调色单板变褪色防治等技术。

(二) 花纹模拟设计与模具研制

花纹模拟设计是以天然木材花纹形成机理为依据，以单板为制造单元替代树木生长轮和其他构造组织的复合重组仿真的制造方法。在分析木材材色和花纹图案的几何参数的基础上进行花纹设计，根据设计参数制作模具，通过木方组坯、胶合成型及切削加工方式，建立重组装饰材的花纹模拟技术体系。

(三) 胶黏剂配制与涂布

基于胶合性能、胶层柔韧性、低毒及低成本等要求选择胶黏剂品种，常用的胶黏剂是脲醛树脂与聚乙酸乙烯酯乳液为主要原料的常温固化型低甲醛含量的复合胶黏剂，其合理的配比为6:4或7:3，根据需要加入适量的颜料进行着色。

(四) 木方组坯、模压成型及养护

根据产品设计，进行单板材色模拟与调色处理，然后进行木方组坯(一次或二次组坯)，送入压机在常温下模压成型。为了提高生产效率，通常采用夹具装置将木方连同模具在保压的条件下进行养护处理，或采用高频加热热压技术。

(五) 制材与刨切加工

锯方加工以花纹的形状和尺寸为依据，同时要兼顾提高出材率的要求，保证木方的尺

寸和角度准确及端面平整；用于薄木刨切的木方，两端以聚氯乙烯薄膜等为封端材料，用氯丁橡胶类胶黏剂进行胶粘，或用热熔胶封端。

用于刨切加工的木方，根据单板的花纹设计和厚度规格要求，采用横向和纵向刨切机进行刨切加工制成重组装饰单板。

四、生产设备和测试仪器

(一) 单板制备

原木截断锯，单板旋切机，单板干燥机，单板剪切及修补设备。

(二) 配色与调色处理

测色仪，计算机配色系统，单板漂白和染色设备(缸)，染液循环利用及补液装置，废水处理设施。

染色设备采用自动补液、气体循环和机械循环相结合，具有保证染液均匀一致，产品破损率低等优点，见图2和图3。

图2　染缸整体结构

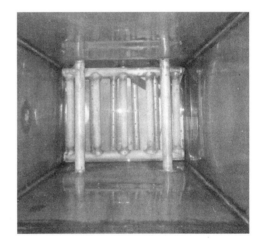
图3　染缸内部结构

(三) 树脂制备与胶黏剂调制

树脂反应釜，调胶机。由于重组装饰材胶层多，刨切后每个胶层都会暴露在表面，胶黏剂任何细小的杂质都会影响产品的质量，而且胶黏剂添加的成分多，如粉状脲醛树脂、尿素、白乳胶、固化剂等，其中粉状脲醛树脂在高固含量的液体脲醛树脂中的溶解性能不良，需要搅拌10~15小时才能完全熟化，对调胶设备进行改进，由单一的调胶贮罐变成调胶组合设备。

(四) 单板涂胶和组坯成型

单板涂胶机，成型模具，组坯装置，冷压机(或热压机、高频加热压机)，养护室。早期模具大都是根据经验采用人工雕刻，纹理的交汇处和过渡部分相对呆板，从2006年开始，维德木业(苏州)有限公司、德华兔宝宝装饰新材股份有限公司等大型企业采用计算机模拟和自动雕刻技术，生产的模具自然逼真。

(五)制材、单板刨切及干燥

木方截断锯,带锯机,封端装置,锯材干燥窑,刨切机及薄木干燥机等。刨切设备有卧式横向刨切机、卧式纵向刨切机、立式横向刨切机3种(图4~图6)。相对而言,立式横向刨切机投资少,能耗低,大部分重组装饰材生产企业采用立式横向刨切机,主要用于刨切薄木,在刨切过程中,刀面和重组装饰材纹理方向相反,而且刨切时台面较轻,导致在刨切时,重组装饰材表面容易出现粗丝、欠肉等现象;卧式横向刨切机主要用于厚薄木的刨切,优点力度大,效率高;卧式纵向刨切机主要是进口设备,相对投资大,但生产效率高。从2010年开始,牡丹江木工机械厂有限责任公司在国外卧刨机的基础上进行改良,生产出符合中国重组装饰材生产的卧刨机,增加了台面重量,改变了刀角方向,大幅度提高重组装饰材的表面效果。

图4　卧式横向刨切机

图5　卧式纵向刨切机

图6　立式横向刨切机

第四节　重组装饰材的科技成果

"九五"至"十五"期间,在国家与省部级多项科研课题支持下,重组装饰材取得了多项科技成果。

1997~2001年,中国林科院木材工业研究所、南京林业大学木材工业学院承担的原国家计划委员会的部门专项(编号ZX9706)"新型薄木装饰材料系列产品制造及应用技术研究",取得了"新型薄木装饰材料系列产品制造技术"成果(国家林业局重点科学技术计划项目验收证书,林科验字[2003]02号);2002年在山东临沂双月园科技木业有限公司建成调色单板和人造薄木生产线,实现了产品工业化生产。

黑龙江省林产工业研究所、北京林业大学和中南林学院(中南林业科技大学前身)承担了"九五"国家科技攻关课题(编号96-011-03-08-03),开展了重组装饰材(人造薄木)的研究与开发。

中国林科院木材工业研究所主持的"十五"国家科技攻关计划课题(编号2002BA515B07)"主要用材树种高效利用技术",取得了"天然刨切薄木调色技术"成果。

中国林科院木材工业研究所主持、山东临沂双月园科技木业有限公司和浙江裕华木业有限公司参加的国家高技术发展计划("863"计划)课题(编号2002AA245101)"木基复合装饰材料制造技术",2005年10月16日通过国家科技部组织的专家会议验收,取得了"材色仿真装饰单板制造技术"、"木质重组装饰材制造技术"等与重组装饰单板相关的4项科技成果。

2002~2006年,中国林科院木材工业研究所主持、浙江裕华木业有限公司参加的林业"948"项目(编号2002-44)"木材染色技术引进",取得了"木材薄板匀染与计算机配色技术"(国家林业局重点科学技术计划项目验收证书,林科验字[2007]54号),并获得"木材薄板挤压染色方法"授权发明专利1项,专利号ZL200610058283.0。

以维德木业(苏州)有限公司、德华兔宝宝科技木公司、浙江升华云峰新材股份有限公司及山东凯源木业有限公司为代表的重组装饰材生产企业,在技术创新和新产品开发方面取得了一系列的成果。

(一)维德木业(苏州)有限公司

维德木业(苏州)有限公司是由香港维德集团于1993年投资3000万美元独资创建的现代化大型木材加工企业。香港维德集团于20世纪80年代初开始进行重组装饰材(科技木)研究与开发,并将研发的第一代重组美化木引入该集团在江苏无锡的合资企业中国江海木业有限公司,在国内最早实现了科技木产业化生产。20世纪90年代的中后期,维德木业(苏州)有限公司的子公司开始科技木的大规模工业化生产,在技术创新和新产品开发方面取得了一系列的成果。

(1)2000年,科技木通过了江苏省级科技成果鉴定,被列入江苏省高新技术产品;2002年,科技木开发先后被列入江苏省火炬计划项目和国家级火炬计划项目。

(2)获得国家授权专利：发明专利3项、实用新型专利7项、外观设计专利291项。

①发明专利3项

a. 人造木方的制作方法，专利号ZL00136528.2；

b. 真木皮装饰防火板的制作方法，专利号ZL200310106090.4；

c. 一种真木皮热固性树脂浸渍高压装饰层积防火板制造方法，专利号ZL200710019661.9。

②实用新型专利7项

a. 科技木墙布，专利号ZL01262949.9；

b. 科技木地板，专利号ZL01262947.2；

c. 展示重组装饰薄木的展示板，专利号ZL200720038491.4；

d. 可弯曲的热固性树脂浸渍纸高压层积板，专利号ZL2010202772846；

e. 一种可弯曲的热固性树脂浸渍纸高压层积板，专利号ZL2010202773213；

f. 一种可弯曲热固性树脂浸渍纸高压层积板，专利号ZL201020277297.3；

g. 封端木材，专利号ZL201020246123.0。

③外观设计专利291项

（3）主持或参与制修订标准：LY/T 1654-2006《重组装饰单板》，GB/T 28999-2012《重组装饰单板》；LY/T 1655-2006《重组装饰材》，GB/T 28998-2012《重组装饰材》。以及重组装饰材（木方）、重组装饰材（锯材）、重组装饰单板（E.V薄木）、重组装饰单板（染色薄木）等企业标准。

（二）德华兔宝宝科技木公司

德华兔宝宝科技木公司是由德华集团控股股份有限公司下属企业德华兔宝宝装饰新材股份有限公司投资兴建，公司总投资人民币6000万元，占地面积36630m^2，主要生产仿真珍贵木系列重组装饰材产品。2004年开始重组装饰材生产，年产能力达12000m^3，拥有重组装饰单板品种1000多款，是浙江省最大的科技木生产基地，在技术创新和新产品开发方面取得了一系列的成果。

（1）承担多项国家和浙江省工业新产品开发计划项目

2005年，承担国家重点新产品开发项目"仿真珍贵木"（2005ED700069）

2007~2015年主持浙江省工业新产品试制试产计划项目12项

2007年，高模拟科技木实木地板（200707EA0026）

2007年，节材型模拟科技木实木地板（2007D60SA520398）

2011年，抗紫外耐候性重组装饰材（2011D60SA520151）

2012年，仿古拉丝油饰科技木单板（201204EC0104）

2012年，复合重组模拟科技木百叶窗帘片（201207EC0074）

2012年，仿古拉丝及其油饰的模拟科技木装饰单板（2012D60SA520204）

2014年，珠光系列重组装饰单板（201404EC022）

2014年，托玛琳改性E_0级耐候抗紫外光重组装饰材（201404EC023）

2014 年，小径材重组美学图案科技木装饰单板（201404EC081）

2014 年，水性 API 增强无醛级重组装饰材（201404EC291）

2015 年，新型重组材用环保增韧胶粘剂（201504EC247）

2015 年，水基型阻燃重组装饰单板（201504EC137）

取得的成果有国家重点新产品"仿真珍贵木"；省级工业新产品鉴定成果有"复合重组模拟科技木百叶窗帘片"、"仿古拉丝油饰科技木单板"、"小径材重组美学图案科技木装饰单板"、"水性 API 增强无醛级重组装饰材"，其中"仿古拉丝油饰科技木单板"获浙江省省级优秀工业新产品三等奖。

（2）申请专利 31 项，其中发明专利 17 项，实用新型专利 4 项，外观设计专利 10 项；授权专利 22 项，其中发明专利 8 项，实用新型专利 4 项，外观设计专利 10 项。

①授权发明专利 8 项

a. 一种重组木面阻燃复合地板的生产方法，专利号 ZL200710068174.1；

b. 一种仿古拉丝重组装饰单板的制造方法，专利号 ZL201310393431.4；

c. 仿古拉丝重组装饰单板，专利号 ZL201310385541.6；

d. 仿古拉丝重组装饰单板的制造方法，专利号 ZL201310385537.X；

e. 大幅面重组装饰单板复合地板及其制造方法，专利号 ZL200910097908.8；

f. 仿布纹重组装饰单板及其制造方法，专利号 ZL200810163721.9；

g. 高仿真度的重组装饰材及其制造方法，专利号 ZL200810163723.8；

h. 一种仿古拉丝重组装饰单板，专利号 ZL201310393886.6。

②授权实用新型专利 4 项

a. 大幅面重组装饰单板复合地板，专利号 ZL200920118426.1；

b. 重组装饰材用模具，专利号 ZL200820171552.9；

c. 高模拟度的重组装饰材，专利号 ZL200820171553.3；

d. 一种仿古拉丝重组装饰单板，专利号 ZL201320544234.3。

③授权外观设计专利 10 项

（3）参与制定国家标准：GB/T 28998－2012《重组装饰材》、GB/T 28999－2012《重组装饰单板》。

（三）浙江升华云峰新材股份有限公司

浙江升华云峰新材股份有限公司是全国制造业 500 强升华集团下属骨干企业，从 2007 年开始规模化生产重组装饰材，历经 10 年的发展，实现了产品类别的全面覆盖，产品已形成 30 个系列 800 多个品种，在技术创新和新产品开发方面取得了显著的成果。

（1）国家科学技术部科技人员服务企业行动项目："重组装饰材技术开发及产业化"。

2011 年，承担浙江省优先主题重点国内合作成果转化项目"人造珍贵装饰薄木制造技术开发及产业化"（编号 2010C16SA520004）。

（2）申请专利 4 项，其中发明专利 4 项，授权发明专利 3 项。

a. 用于竹材或木材脱色的脱色剂及竹材或木材脱色方法，专利号 ZL200910153433X；

b. 一种重组竹装饰单板的制造方法，专利号 ZL201410118290.X；

c. 一种科技木皮的生产工艺，专利号 ZL201410835789.2；

（3）参与制定国家标准：GB/T 28998-2012《重组装饰材》、GB/T 28999-2012《重组装饰单板》。

（四）山东凯源木业有限公司

山东凯源木业有限公司始建于1998年8月，公司拥有总资产5000多万元，建筑面积10万 m^2，在职员工600余人。拥有国内先进的单板生产流水线4条，科技木生产流水线4条，年加工单板15000m^3，科技木方13000m^3，科技木刨切薄板12000m^3，科技木刨切片3000m^3，年产值达1.8亿元。在技术创新和新产品开发方面取得了显著的成果。

（1）承担市级以上项目18个，其中国家级2个、省级4个；鉴定成果2项。

（2）申请专利10项，其中发明专利1项，实用新型专利9项；授权发明专利1项，授权实用新型专利6项。

①授权发明专利1项

三聚氰胺改性脲醛树脂及其制备方法，专利号 ZL201310433556.5。

②授权实用新型专利6项

a. 一种闪光耐磨科技重组木，专利号 ZL201420702112.7；

b. 一种具有三维立体效果的重组木，专利号 ZL201420702115.0；

c. 一种科技重组木单板用干燥机，专利号 ZL201420698602.4；

d. 一种科技木单板用染色笼，专利号 ZL201420698005.1；

e. 一种科技木单板用晒板车，专利号 ZL201420698543.0。

（3）参与制定国家标准：GB/T 28998-2012《重组装饰材》、GB/T 28999-2012《重组装饰单板》。

第五节 重组装饰材产品和标准

一、重组装饰材产品

"十二五"期间，中国企业生产的重组装饰材产品品种有重组装饰材木方、重组装饰材锯材、重组装饰单板（重组装饰薄木）及染色薄木。其中，重组装饰单板根据所模仿树种、颜色、花纹及艺术图案等有40多个系列1000多个品种，如径切纹、弦切纹、猫眼、树瘤、冰树、编织、藤类、大理石、烟熏系列；橡木、黑胡桃、柚木、檀木、樱桃、酸枝、花梨、斑马木系列等，部分重组装饰单板样板见图7。

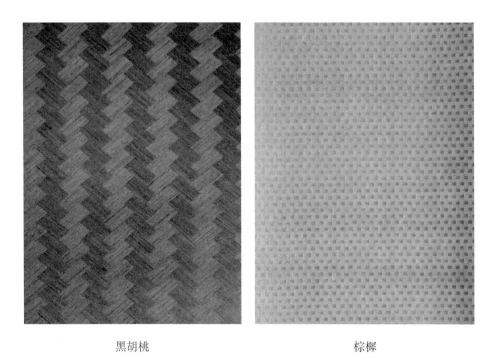

黑胡桃　　　　　　　　　　　棕榈

(a)

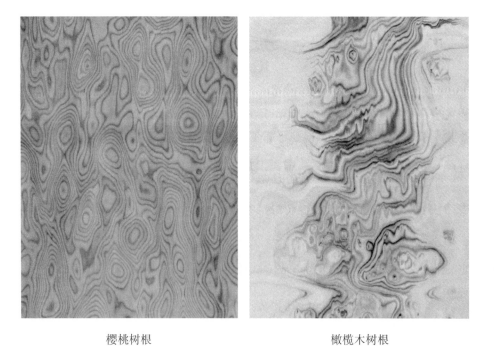

樱桃树根　　　　　　　　　橄榄木树根

(b)

(a)编织系列　(b)树瘤系列

图7　重组装饰单板样板

二、重组装饰材标准

截止 21 世纪初，国外尚无重组装饰材、重组装饰单板产品的国际标准，少数国家仅有企业标准，产品质量参差不齐。为了规范重组装饰材的生产，促进重组装饰材的生产技术进步和产品的推广应用，保证产品质量，保护消费者权益，维护市场公平化竞争，提高其国际市场竞争力，中国在 LY/T 1655-2006《重组装饰材》、LY/T 1654-2006《重组装饰单板》行业标准基础上，制定了 GB/T 28998-2012《重组装饰材》、GB/T 28999-2012《重组装饰单板》国家标准。

GB/T 28998-2012《重组装饰材》、GB/T 28999-2012《重组装饰单板》建立了包括外观质量、规格尺寸及偏差、理化性能等产品质量的检验评价系统。

重组装饰材、重组装饰单板的质量要求及试验方法在 GB/T 28998-2012《重组装饰材》和 GB/T 28999-2012《重组装饰单板》中做了明确规定。

第六节　重组装饰材市场和应用

一、重组装饰材的市场

中国重组装饰材的市场遍布世界各地，国外市场所占比例因企业而异，产品国内外销售比例大约是国内∶国外为 6∶4~3∶7。国外市场分布如下：北美洲（加拿大、美国），南美洲（哥伦比亚、阿根廷、智利、巴西、哥斯达黎加），欧洲（意大利、西班牙、土耳其、捷克、荷兰），亚洲（马来西亚、新加坡、印度尼西亚、日本、泰国、菲律宾、印度、韩国、中国台湾地区），俄罗斯，澳大利亚，中东地区（阿联酋、卡塔尔、以色列），非洲（埃及、南非）等。

二、重组装饰材的应用

重组装饰材产品的开发利用，为速生和普通树种木材的利用开辟了新途径，有效地解决了高档装饰珍贵木材稀缺的供需矛盾，发挥了木材可再生资源的优势，丰富了木质装饰材料的主流品种。

(一) 饰面应用

1) 人造板贴面装饰。重组装饰材产品可以用于所有的贴面装饰，不仅赋予了人造板天然木材的装饰性能，而且重组装饰材幅面尺寸大，规格统一，无须修剪缺陷，便于人造板表面装饰的流水线和机械化作业，大大提高了生产效率和原料利用率。

2) 重组装饰材薄木饰面高压装饰板。重组装饰材薄木经阻燃处理后，覆贴在三聚氰胺浸渍纸基板上面再经过表面处理制成的薄木饰面高压装饰板，其耐火等级可达到国家 B1、B2 级标准。产品既具有天然木材的装饰性能，又具有阻燃功能，广泛用于车船内仓、博物馆、图书馆、高层建筑等的室内装饰。

3) 木墙布、成卷薄木。木墙布是将重组装饰薄木贴在具有一定韧性和强度的纸或布上面制成。它具有较高的柔韧性和强度，可以直接用于墙面装饰，也可以粘贴在其他基板上面使用，减少了薄木运输和使用过程中的破损，便于施工。将重组装饰材薄木拼接好贴在纸或布上面制成的连续带状的成卷薄木，可以用于机械化人造板封边使用。

(二) 锯材应用

重组装饰材可以像天然锯材一样使用。与天然木材相比，重组装饰材具有强度高、尺寸稳定性好、拼接少、利用率高等优点，已广泛用于地板、家具、门窗、木线等制造，其切割成的厚木片还用于制造实木复合地板。

(三) 其他应用

重组装饰材具有色泽多样、纹理美观、不易变形等优点，用于雕刻木雕塑、木版画等工艺品，深受国内外市场的欢迎，还用于笔杆、乒乓球拍等产品的制造。随着人们对重组装饰材认识的深入，其用途必将拓展到更为广阔的领域。

第七节　重组装饰材生产存在的问题、发展方向和建议

一、重组装饰材生产存在的问题

截止到"十二五"期间，中国已成为世界重组装饰材生产大国，无论是产业规模、产品产量，还是品种数量均居世界第一。但是，随着木材工业发展进入转型和升级的关键时期，中国重组装饰材生产发展中存在的一些问题亟待解决。

1) 生产技术基础相对薄弱。中国科技工作者虽然在重组装饰材制备技术方面进行了大量研究和开发，但是在重组装饰材的工艺理论基础，包括木材染料着色机理、材色仿真与计算机配色、染色木材变褪色机理及其防治技术、花纹仿真原理、模具计算机辅助设计与制造等方面尚缺乏深入系统地研究，生产技术基础相对薄弱。

2) 重组装饰材生产原料树种狭窄，缺乏木材染色专用染料及化学助剂。国外重组装饰材生产使用的木材树种主要有非洲白梧桐、东南亚白贝壳杉等，中国生产用原料主要依赖进口，进口木材树种有非洲白梧桐、奥克榄和吉贝木。而国产椴木、杨木虽有利用，但椴木资源已近枯竭，杨木资源虽然丰富，但其性质很难满足档次较高的重组装饰材生产要求，因此原料树种有待扩大。木材和单板着色绝大多数是采用纺织印染行业及皮革行业的通用染料及助剂，几乎没有木材染色专用染料及化学助剂，加之浸染工艺存在问题，因而染料上染率低，染色均匀性较差，同时也影响产品的耐光色牢度，因此，木材染色专用染料及化学助剂的研发势在必行。

3) 重组装饰材生产的关键技术和装备有待提升。重组装饰材生产的关键技术，如染料计算机配色技术、花纹图案仿真与模具的计算机辅助设计、染液循环利用和废水处理技术以及低毒脲醛树脂胶黏剂的研发等，尚未解决或者技术水准不高；生产用专用设备有待开发。

4) 产品质量参差不齐，环保性能尚需改进。由于企业的技术和生产管理水平参差不齐，质量控制与管理体系尚不完善，特别是产品的颜色控制与管理缺乏完整的标准化体

系，单板材色的均匀性和耐光色牢度难以控制，产品的质量良莠不齐，某些指标偏低。

有些企业的产品甲醛释放量超标。重组装饰材生产常用的胶黏剂是脲醛树脂（UF）和聚乙酸乙烯酯（PVAc）乳液混合胶黏剂，由于聚乙酸乙烯酯乳液价格较高，为了降低生产成本，常以脲醛树脂为主体添加少量的聚乙酸乙烯酯乳液调制成胶黏剂，所以胶黏剂中甲醛含量高，产品的甲醛释放量超标。

有些企业的单板浸染过程的染液循环利用和废水处理技术不完善，易造成染色废水排放超标。

5）产品应用领域狭窄，市场开发尚不充分。

二、重组装饰材生产的发展方向

1）重组装饰材将逐渐成为珍贵木材的替代材料。由于世界天然珍贵树种木材资源日趋枯竭，造成原料匮乏、价格上涨、供应不足的困难，无法满足市场的强劲需求。而重组装饰材是以普通树种木材包括速生木材为原材料，避免了对森林资源特别是珍稀树种的消耗，将逐渐成为珍贵木材的替代材料，不仅可弥补天然珍贵树种木材的短缺，而且有利于保护环境，符合可持续发展战略。

2）产业创新能力持续增强、生产技术水准和产品质量不断提高。重组装饰材生产企业的创新能力不断提高和生产技术条件不断改善，经过多年的奋发努力，中国重组装饰材生产已处于世界先进水平，新产品研发加快，向多样化、功能化和个性化方向发展。重组装饰材产业的发展，正在改变中国木材加工生产企业规模小、产品科技含量低、产品附加值低、品种单一、缺乏自主品牌的现状，从而促进木材加工企业的转型升级，提高产品核心竞争力和企业经济效益。

3）重组装饰材生产量和出口量持续增长。重组装饰材和重组装饰单板的大量生产与出口已成为一种趋势，也是木材加工业可持续发展的必然道路。截止到"十二五"期间，中国重组装饰材产量世界第一，产品垄断着世界市场，产业国际竞争能力和垄断能力逐步增强。

4）产品应用途径不断拓展，用途日趋广泛。重组装饰材丰富了木质装饰材料的主流品种。截止到"十二五"期间，重组装饰材已用于高档家具和木制品生产，重组装饰单板及重组装饰单板贴面人造板已广泛应用于室内装饰装修，重组装饰材锯材具有强度高、尺寸稳定、拼接少、利用率高等优点，可以像天然锯材一样使用，除家具生产外，还用于地板、门窗、木线等制造。重组装饰材具有色泽多样、纹理美观、不易变形等优点，用于木雕塑、木版画等工艺品制作。

随着天然林商业性采伐的全面停止，珍贵木材日渐匮乏，而人民生活水平不断提高，对高档装饰材料的需求不断增加，重组装饰材有着十分广阔的发展前景。

三、重组装饰材生产的发展建议

1）加强重组装饰材工艺理论研究。特别是木材着色方法，木材染料着色机理和染色木材变褪色机理，以及木材重组复合工艺，木材花纹仿真原理和模具的计算机辅助设计与制造等方面的深入系统研究,为重组装饰材的生产技术提升和产品开发奠定基础。

2)增强市场竞争力。发挥生产企业、高等院校和科研院所的各自优势,利用产学研相结合的机制,加强重组装饰材制备的核心技术研究,研发重组装饰材新工艺新技术,创制新产品,增强自主创新能力,大力提升知识产权创造、运用、保护和管理能力,增强企业市场竞争力和提高国家核心竞争力。

3)拓展原料树种和生产基地,开发木材染色专用染料及化学助剂,实现产业可持续发展。

4)充分利用重组装饰材优良特性,进一步拓展应用领域,开拓市场。

5)提高产业集中度,为企业转型升级创造条件,增强产业竞争能力和垄断能力。

参考文献:

[1]冈野健,等. 木材居住環境ハンドブック[M]. 日本朝倉書店,1995:177.

[2]基太村洋子,堀池清. 木材の染色性(第1报)木材および木材構成成分の染色性[J]. 木材学会誌,1971,17(7):292-297.

[3]基太村洋子,堀池清. 木材用着色剂の分析[J]. 木材工業,1971,26(7):313-315.

[4]基太村洋子,堀池清. 木材の染色性(第2报)木材構成要素の染色性[C]. 第23回日本木材學會大會研究発表要旨集,1973:178.

[5]基太村洋子,堀池清. 木材浸透性染料の選定-酸性染料[J]. 木材工業,1975,30(10):21-23.

[6]基太村洋子. 木材の染色性[J]. 材色协会誌,1979,52(7):389-398.

[7]基太村洋子. 木材及び染色木材の耐光性[C]. 第29回日本木材学会大会研究発表要旨集,1979:182.

[8]基太村洋子,堀池清. 木材及び染色木材の耐光性[R]. 林试研报,1982.

[9]基太村洋子,黑须博司,大桥胜彦. 木材及び染色木材の耐光性—波长别キセニン光の变褪色影响[C]. 日本木材学会大会研究发表要旨集,1987:231.

[10]基太村洋子,東野正,黑须博司. 木材の染色性(第4报)染着量と耐光性について[C]. 第31回日本木材学会大会,1989.

[11]基太村洋子,濑户山幸一,黑须博司. 木材と染色木材の光变色[C]. 研究成果选集1989,森林总合研究所,1990:36-37.

[12]基太村洋子. 木材の染色機構—木材及びその成分の染色性と染料溶液の浸透性[R]. 森林総合研究所研究报告361号,1994:1-52.

[13]峯村伸哉. 木材の光による变色[J]. 木材工業,1977,32(8):7-11.

[14]峯村伸哉. 林産化学講座(9)木材の变色[J]. 木材工業,1982,37(3):42-43.

[15]峯村伸哉,梅原藤雄,佐藤光秋. 木材の调色(第2报)[R],林産試験場研究报告,1995(84):28-46.

[16]梅原勝雄,峯村伸哉. カラマッ材の变色防止に関する2,3の試み[R],林產試験場月報,1977(1):1-18.

[17]飯田生穗,等. 立木注入処理による木材中への染料水溶液の浸透[J]. 木材保存,1990,16(1):30-37.

[18]飯田生穗,趙廣杰,等. 立木注入法による材の染色(3)[R]. 京都府大演習林報告,1992,36:29-36.

[19]平林靖彦. キトサンによる木材表面の改质(Ⅰ)水溶性染料均一染色性の改善効果[J]. 涂装工学,

1987，22(10)：440-445.

[20] 平林靖彦. キトサンによる木材表面の改质(Ⅱ)キトサン前处理染色材と素地染色材の色调の比较[J]. 涂装工学，1988，23(12)：470-477.

[21] 平林靖彦. キトサンによる木材表面の改质(Ⅲ)キセノンアーク光照射によるキトサン前处理染色材の变腿色[J]. 涂装工学，1989，24(5)：176-184.

[22] 平林靖彦. キトサンによる木材表面の改质(Ⅳ)間接天空光と荧光灯光照射におけるキトサン前処理材の耐旋光性[J]. 涂装工学，1991，26(1)：31-39.

[23] 樱川智史，瀬户山幸一. アセチル化染色木材の耐旋光性向上について[C]. 第44回日本木材学会大会研究発表要旨集，1994：75.

[24] 樱川智史. 木材における光变色防止技术の开発[R]. 静冈工业技术センター研究报告，1994，39：21-24.

[25] 樱川智史. 木材における光变色防止技术の开発[R]. 静冈工业技术センター研究报告，1995，40：17-20.

[26] 樱川智史. 木材の染色と光变色防止[J]. 木材工业，1996，51(3)：102-106.

[27] 上海市家具厂. 人造薄木研制成功[J]. 家具，1984(1)：6-7.

[28] 罗清琬，乌竹香，张勤丽，等. 人造薄木制造工艺的研究[J]. 南京林学院学报，1984(4)：126-131.

[29] 庄启程. 科技木—重组装饰材[M]. 北京：中国林业出版社，2004.

[30] 孟宪树，姜征. 人造薄木制造新工艺的研究[J]. 木材工业，1995(3)：1-5.

[31] 段新芳，李坚，刘一星. 壳聚糖前处理染色木材耐旋光性的研究[J]. 木材工业，1998，12(5)：15-17.

[32] 段新芳. 壳聚糖处理木材的材色变化及对表面加工的影响[J]. 木材工业，1999，13(6)：13-21.

[33] 段新芳，孙芳利，朱玮，等. 壳聚糖处理对木材染色的助染效果及其机理的研究[J]. 林业科学，2003，39(6)：126-130.

[34] 段新芳. 木材颜色调控技术[M]. 北京：中国建材工业出版社，2002.

[35] 段新芳. 木材变色防治技术[M]. 北京：中国建材工业出版社，2005.

[36] 左晓秋. 单板漂白与染色工艺的研究[D]. 北京：中国林业科学研究院，1997.

[37] 李春生，王金林，王志同，等. 杨木单板染色染料上染率研究[J]. 中国人造板，2006，13(11)：9-13.

[38] 李春生，王金林，王志同，等. 木材染色用计算机配色技术[J]. 木材工业，2006，20(6)：5-7.

[39] 周宇. I-214杨木单板染色及光变色的研究[D]. 北京：中国林业科学研究院，2003.

[40] 周宇，王金林，李春生. I-214杨染色单板光变色规律的研究[J]. 林业科学，2006，42(3)：29-34.

[41] 周宇，韦亚南，李艳云，等. 染色木材材色衰减的电子能谱分析[C]. 2013中国木结构绿色产业大会及中国建筑学会木结构专业委员会第七届木结构学术交流会论文集，2013：149-152.

[42] 周宇，王金林. 杨木单板染色工艺与表面材色的关系[J]. 东北林业大学学报，2006，34(5)：51-54.

[43] 周宇，王金林. 杨木单板染色工艺与染料染着量的关系[J]. 木材工业，2006，20(4)：7-9.

[44] ZHOU Yu, Iida Ikuho, Minato Kazuya, et al. Adsorptive of dyes to cellulosic sheet and discoloration of dye solution by UV-ray irradiation[J]. Forestry Studies in China, 2005, 7(2): 19-25.

[45] ZHOU Yu, Iida Ikuho, Minato Kazuya, et al. Dyeing of Chemically Treated Wood and their discoloration by UV-ray Irradiation[J]. Proceedings of International Symposium on Research & Effective Utilization of Bio-

based Materials，2005，319 - 323

[46] ZHOU Yu，Iida Ikuho，Minato Kazuya，et al. Dyeability of Chemically Treated Wood and Discoloration by UV - ray Irradiation[J]. Chinese forestry science and technology. 2005，4(4)：95 - 98.

[47] 韩英磊，李艳云，周宇. 木材光降解机理及研究进展[J]. 世界林业研究，2011.24(4)：35 - 39.

[48] 韩英磊，周宇，李国英，等. 木材耐光色牢度评级方法的研究[J]. 木材工业，2011，25(6)：10 - 12.

[49] 郭洪武. 涂饰单板染色单板光变色及抑制的研究[D]. 北京：中国林业科学研究院，2006.

[50] 郭洪武，李春生，王金林，等. 木材光变色及其防止的研究进展[J]. 木材工业，2006，20(5)：6 - 7.

[51] 郭洪武，王金林，李春生. 染色单板的光变色规律及影响因子的研究[J]. 北京林业大学学报，2006，28(2)：128 - 131.

[52] 郭洪武，王金林，李春生，等. 杨木和樟子松单板光变色规律[J]. 木材工业，2008，22(1)：29 - 33.

[53] 郭洪武，王金林，李春生. 水性透明涂料涂饰单板光变色的研究[J]. 林业科学，2009，45(5)：121 - 125.

[54] 郭洪武，李黎，闫昊鹏. 光辐射染色木材的变色规律及化学组分结构的变化[J]. 林业机械与木工设备，2011，39(1)：35 - 38.

[55] 郭洪武，李黎，王金林，等. 杨木单板及其染色后的光变色研究[J]. 林业机械与木工设备，2011，39(6)：15 - 18.

[56] 邵灵敏，郭洪武，李黎，等. 两种酸性染料染色单板光变色影响因素的探讨[J]，染料与染色，2011，48(2)：33 - 37.

[57] 陈勇平. 树脂浸渍单板重组材的制备与性能研究[D]. 北京：中国林业科学研究院，2008.

[58] 陈勇平，王正，王金林. 竹片染色工艺初探[J]. 竹子研究汇刊，2011，30(1)：36 - 40.

[59] 陈勇平，王金林，李春生. 木材单板染色用计算机测配色系统的设计与实现. 林业机械与木工设备，2010，38(2)：40 - 44.

[60] 常佳. 木材微波预处理与超声波辅助染色的研究[D]. 北京：中国林业科学研究院，2009.

[61] 常佳，王金林，王清文，等. 微波处理对木材染色性能的影响[J]. 林业科学，2008，44(6)：109 - 112.

[62] 于志明. 木材着色技术以及染料液渗透机理的研究[D]. 北京：北京林业大学，1998.

[63] 武林，于志明. 计算机配色技术在木材连缸染色中的应用研究[J]. 北京林业大学学报，2007，29(1)：146 - 150.

[64] 黄丽，于志明. 杨木单板漂白技术研究[J]. 中国人造板，2008(2)：16 - 18.

[65] 江小丹，于志明，刘伟. 重组装饰材的纹理模拟研究[J]. 林业机械与木工设备，2011，39(5)：26 - 27.

[66] 陈玉和. 泡桐木材染色技术及表面活性剂作用机理的研究[D]. 哈尔滨：东北林业大学，2000.

[67] 陈玉和，陆仁书. 木材染色进展[J]. 东北林业大学学报，2002，30(2)：84 - 86.

[68] 陈玉和，陆仁书，郑睿贤. 泡桐单板染色因素对色差的影响[J]. 木材工业，2000，14(4)：10 - 12.

[69] 陈玉和，陆仁书，李宗然. 泡桐单板染色因素对上染率的影响[J]. 木材工业，2000，14(1)：8 - 11.

第三章作者简介：

周宇，男，2003年8月在中国林业科学院获博士学位，留中国林业科学研究院木材工业研究所，从事"木基复合材料科学与工程"学科研究和教学，装饰用木质材料制造技术研究，并探索木材文化事业传承与相关文创产品的开发，发表论文50余篇。2004年6~8月，日本森林综合研究所/京都府立大学研修。2004年8月晋升副研究员，2005年任硕士生导师。2007年10月~2008年10月，在内蒙古森工集团有限责任公司挂职，任总经理助理。兼任中国林学会木材科学分会理事，中国林学会木工分会保护研究会委员，全国材料科学技术名词审定委员会特聘专家等职务。

主要研究工作与科研成果有：1) 国家科技攻关计划子课题"木材染色技术研究"、"木材功能性改良新技术"，取得《单板调色技术》的科技成果；2) 国家林业局"948"项目"木材染色技术引进"，构建计算机测配色系统并建立数据库；3) 国际合作项目（JICA）"中国人工林木材研究"中课题"木材漂染技术"，赴日本研修，发表英文论文3篇；4) 国家"863"计划课题"木基复合装饰材料制造技术"，取得"人造装饰板方材和薄木制造技术"成果；5) 国家科技攻关计划子课题"棕榈藤材防光变色技术"，获得实用配方。6) 国家计委重点科技项目"新型薄木装饰材料系列产品制造及应用技术研究"中的调色单板制造技术和人造装饰薄木制造技术，已在山东临沂双月园科技木业有限公司合作建成年产1000万m^2生产线，实现了科技成果转化。

主持课题主要有：1) 国家行业公益专项项目"木质产品耐光性评定与检测技术研究"（200904065）；2) 制定国家标准项目1项，制定国家行业标准项目3项，制定国家职业标准项目2项，修订国家行业标准项目1项。

詹先旭，男，工程硕士，高级工程师，浙江省"151人才工程"第二层次人才，第三届全国"做出突出贡献的工程硕士学位获得者"。现任德华兔宝宝装饰新材股份有限公司副总经理、研究院院长，中国建筑装饰行业人造板科学研究院院长、中国木材保护工业协会副会长、中国木材保护工业协会标准技术委员会副主任委员以及国家级木竹产业技术创新战略联盟首届专家委员会委员等。

一直致力于环保胶黏剂、低甲醛释放人造板、功能人造板、重组装饰单板等方面的研究，申请专利111项，其中国外发明专利2项；授权发明专利41项，其中美国专利1项。主持制订浙江制造标准4项，主持制定企业标准20余项，参与制订国家、行业标准7项。发表论文61篇，其中SCI与EI收录29篇，获得中国专利优秀奖1项，浙江省科技进步二等奖1项（排名第1），其他省部级科技进步奖3项，中国木材保护工业协会科学技术进步一等奖1项。

王金林，略，详见第一章作者简介。

第四章 单板层积材

吴盛富　翁甫金

单板层积材(Laminated Veneer Lumber，缩写 LVL)是由厚单板沿顺纹方向层积组坯、热压胶合再锯割而成的材料。单板层积材的研究和发展要追溯到 20 世纪 60 年代末，一方面经过第二次世界大战，世界范围内对资源的人为破坏和掠夺，资源减少；另一方面战后重建的巨大市场需求，作为基础建筑材料的木材用量急剧增加，大径木材已经消耗殆尽，人们致力寻找替代大径木材的要求越来越迫切。小材大用、劣材优用的单板层积材产品就是在这一背景下发展壮大起来的。

第一节　外国单板层积材生产的发展历史

早在 1944 年美国卢克斯佛德(Luxford)先生就指出，单板层积产品具有与实体木材相等的强度性能。1967 年美国南方森林试验站科可(Koch)先生用南方松旋切单板，用间苯二酚热压制造出高强度的胶合层积梁，从此开始了单板层积材作为工程结构材料的开发研究。

当时美国、加拿大、芬兰等国家都在第一时间开展了单板层积材的研发工作；公开报道单板层积材产品生产是美国博勒(Bohlen J. C.)撰写的"单板层积材开发与经济性(LVL – laminated veneer timber development and economics)"，该文发表于《Forest Product Journal》1972 年第 1 期。日本首次报道单板层积材产品，见于 1973 年（日）《木材工業》第 6 期有焉孝礼撰写的《単板積層材の製造と材質に関する研究(1)》，文章全面报道了日本当时单板层积材的研发、生产和发展状况。单板层积材是在木材原料径级越来越小的条件下，在胶合板生产的基础上通过设备和工艺的革新逐步发展起来的。初期的单板层积材和现代的单板层积材相比有很大差别，初期单板层积材产品的规格小，单板接长采用叠离芯的方式，因生产上一些技术问题没有解决，其厚度相对较薄，单板接缝明显，表面质量较差，性能和用途都受到限制，树种也局限在针叶材等常用树种。

把单板层积材用作为工业制品代替锯材始于美国、加拿大，1973年北美就已经建有两个单板层积材工厂，原料为中径级的针叶材，用于制造大型结构层积材。

单板层积材作为一种新型工业化生产大型结构板材的出现，始于20世纪70年代芬兰，芬兰劳特(Raute)公司和芬兰林业(Finforest)公司合作开发，并于1976年建成了世界上第一条在胶合板生产线基础上改造而成的单板层积材自动化生产线。

20世纪70年代初，美国和加拿大开始了单板层积材的工业化生产，美国林产品研究所研究开发了连续胶压生产无限长的大单板层积材板材的工艺；日本也相继开始了小径材单板层积材的开发研究，小仓高规等研究了用外驱动小旋切机来降低木芯直径(约50mm)，利用间伐小径原木旋切厚单板，采用高频胶合单板层积材做建筑材料。

20世纪70年代，单板层积材在北美和北欧得以迅速发展的原因，一方面是当时北美木材需求量迅速增长，作为型材的木材日益减少且价格大幅度上升；另一方面是石油化工技术的迅速发展使得合成树脂的价格大幅度下降，为单板层积材的发展创造了良机。

1978年，日本颁布了普通用途单板层积材农林标准(JAS)，此后单板层积材的产量及生产工厂逐年增加。1973年至1982年不到10年的时间，日本就有15家生产企业投产，单板层积材产品的实际产量达到5万~6万m^3，已初步形成人造板工业的一个分支。

日本德岛县阿南市南兴(株)率先引进了旭新(株)研制的成型加压装置，从1984年4月起在德岛县林业综合技术中心指导下着手开发单板层积材，采用杉木间伐材锯成2m长的木段，直径105~135mm，平均116mm，树龄平均13年，木段含水率20%~25%，采用旋切机旋切，单板厚度2.5~6.0mm，平均厚度为3.7mm的不定形单板；采用脲醛树脂多聚异氰酸酯复合胶黏剂，双面涂胶量278g/m^2，涂胶后的单板铺装预压4~5次，单位压力26~30kgf/cm^2，层积为宽950mm×厚850mm×长2000mm的大断面方材，它是一种不同于一般单板层积材和刨花板的新型板材。制造出与珍贵木材相媲美的木纹，本产品可进行商品化生产，其加工性能与木材相仿。

在美国林产品实验室单板层积材工艺结构产品的经济可行性研究中，哈勃(Harpole)及奥瑟丽(Ausry)的结论是：降低胶料费用是层压加工工艺中比其他任何单独的工艺开发更具有经济吸引力。研究得出下列结论：①有两种办法减少热压时间，一种是提高单板的初始温度，另一种是提高热压温度。②单板的初始温度从72℉[①]提高到250℉时，可减少热压时间约50%。③热压机的热压板温度从300℉提高到350℉时，可减少热压时间约33%。④既提高单板的初始温度，又提高热压机的热压板温度，可减少热压时间约59%。⑤提高单板的初始温度能减少允许的陈放时间，当单板预热到250℉时，最大陈放时间可能缩短到2min。

根据单板层积材的生产原理，可以开发一种性能接近于胶合板，生产线的自动化程度接近于刨花板的新产品——单板层积板(Laminated Veneer Board，缩写LVB)，从而给胶合板工业增添新的活力。1986年日本桥本电机工业株式会社已完成了LVB生产系统中自动

---

① ℉表示华氏温度，华氏度=32℉+摄氏度×1.8，下同。

组坯装置线的技术开发。

由于单板层积材生产使用的单板一般较厚，旋切时易产生背面裂隙等缺陷。据日本木下叙幸研究，对不同树种，当旋切厚度超过某一定值后，不作蒸煮处理，单板背面裂隙深，表面粗糙，单板易断裂，难于实现连续旋切，故当以不同的热处理工艺进行水热处理。在一定条件下，随着热处理温度的提高，不同树种单板的厚度偏差、背面裂隙度、表面粗糙度等都有不同程度的下降。

20世纪80年代后期，日本藤林毅等曾采用普通热压与高频并用制造单板层积材，把热压机（温度150℃）与高频加热（输出功率3.5kW）并用，用酚醛树脂粘结厚度3mm赤松单板制作15mm厚层积材，热压与高频加热的合计时间大幅度超过所需高频施加时间18分钟时，虽然能生产出相同质量的产品，但无助于提高其生产效率。这是一种尝试，中国重庆科力森电子木工机械厂也做过类似试验。

1993年，日本京都大学木质研究所以佐佐木光教授为首的课题组，开始研究开发圆筒形单板层积材制造技术，1998年年底完成基本技术开发，1999年向秋田木材企业转让该项技术。采用螺旋绕法生产圆筒形单板层积材的技术已经由秋田县立大学木材精加工研究所及该县木材加工推广机构向民间企业转让。日本秋田县能代市已经建成可制造最大直径1.5m、长15m的圆筒形单板层积材生产线。

国际上单板层积材的发展主要以结构单板层积材为主，非结构单板层积材也有较快发展。

2014年，德国阔叶材制造商保罗米尔（Pollmeier）公司在克罗伊茨堡（Creuzburg）投资1.05亿欧元建设了世界第一家阔叶材单板层积材自动化工厂，设计产能18万m^3，其设备采用辛北尔康普（Siempelkamp）公司的$60m \times 6'$的ContiRoll连续热压机和芬兰劳特（Raute）公司的成套旋切设备、24节滚筒干燥机、两台单板拼接机、淋涂生产线，并带有自动组坯生产线。

日本林达（Lida）集团控股、第一胶合板公司和川井林业（Kawairingyo）共3家公司合作，于2015年3月下旬在日本青森县建成日本最大的单板层积材生产厂，该厂月产量约为7.5万m^3，总投资为84亿日元。

2015年9月，欧洲最大的工字型托梁制造商德国斯帝科（STEICO）公司在波兰恰尔纳沃达（Czama Woda）新建的单板层积材生产线正式投入使用。生产单板层积材大跨度框架结构，该生产线生产的单板层积材宽度最大可达2.5m，厚度为21~90mm，长度可达18m，号称是欧洲最先进的单板层积材生产线。芬兰劳特（RAUTE）公司为斯帝科公司提供整套生产线设备，从木段剥皮线、旋切线、干燥线、干燥单板分级线、涂胶组坯、预压线、热压线、板子传送缓冲线、板材加工线等。

芬兰劳特（Raute）公司提供给美国俄勒冈州的罗斯伯格林产品（ROSEBURG FOREST PRODUCTS）公司的单板层积材生产设备，是目前世界上最大型由独家公司提供的单板层积材成套设备，该套设备堪称前无古人、后无来者。该套设备的热压机共8层，压板幅面长度为88′，宽度为4′。采用花旗松单板，单板厚度0.10″。该工厂设计年产量：产品厚度为 1.50″，产量 6615675ft³[①]；产品厚度为 1.75″，产量 6607937ft³。

第二节　中国单板层积材生产的发展历史

中国首次公开介绍单板层积材，见于 1974 年《林产工业》第 3 期所载《国外单板层积材的制造及有关问题的研究》一文，介绍了国外单板层积材的研究背景与 5 种制造方法：一是加拿大西部林产品研究所波伦的单板层积材连续生产方法，二是波伦的间歇式单板胶压法，三是美国林产品研究所层压研究小组的半分批层压法，四是美国林产品研究所层压研究小组的连续式层压法，五是科克提出的采用两种胶热压冷压并用法。这 5 种方法给后人对单板层积材研究予以极大启示。同时阐述了与单板层积材制造有关的单板干燥、预压胶合、层积材组坯结构等问题，说明了单板层积材的性质、优缺点和发展前途。

1985 年《林业科技》第 3 期刊登了张守诚、卢成龙的译文《用落叶松小径木制造单板层积材的方法》，译文简述了日本当时单板层积材的生产状况，详细介绍了日本单板层积材制造方法的研究要点和生产工艺过程。原文刊登在（日）《木材工业》1982 年第 1 期。

中国单板层积材的系统研究起源于 1985 年，当时由中国林科院木材工业研究所孟宪树先生牵头，时为孟先生研究生的陆丛进先生配合组成研究小组，利用中国大兴安岭塔河林业局的兴安落叶松（Larix gmelini Rupr.）原木为原料，开始在中国林科院木材工业研究所实验室试制单板层积材。木段径级为 200～220mm，平均密度为 638kg/m³，用试验旋切机旋成单板，单板厚度为 3.0mm、3.6mm、4.0mm，单板最终含水率为 10%～12%；胶黏剂选用酸固化酚醛树脂胶、乳液酚醛树脂胶和脲醛树脂胶；用实验压机采用普通热压和高频热压的方法压制。单板层积材小试样规格为 300mm×20mm×20mm，单板层积材的大试样规格为 1350mm×220mm×80mm，相邻单板间对接的接口间距为 11.25mm，用酸固化酚醛树脂胶，单面涂胶量为 180g/m²，陈化时间为 60～80min，在 1.177MP 的压力下分 3 段加热胶合。根据对试验结果的分析得出如下结论：①用高频介质加热法制造单板层积材获得了普通热板热压法达不到的快速加热效果；单板层积材的厚度越大，效果越明显；树脂中加入金属离子能显著地提高加热效果。②用小径落叶松原木制造结构用单板层积材改善了小径材材质差、强度低的缺点，其强度接近落叶松成熟材的指标。③在高频电场中，单板层积材中心胶层的温升速度逐渐减慢，到达一定时刻，温升速度又加快，由慢变快的转折点根据胶种不同而异。④无论是大试样还是小试样静曲强度试验，垂直层积型单板层积材的静曲强度均高于水平层积型，因此作为结构材的单板层积材使用时应使受力方向与层积方向垂直。⑤本文只对中国小径落叶松原木制造单板层积材胶合工艺作初步探讨，对提高单板质量和单板层积材的应用方面还需要深入和完善，以考核其技术经济可行性，为单板层积材的工业化生产打下良好的基础。

中国早期孟宪树先生开发的单板层积材生产工艺流程见图 1。

[①] ft³ 为立方英尺，1ft³≈0.0283m³，下同。

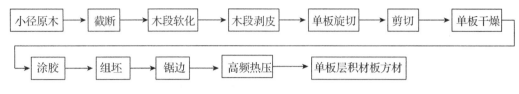

图1 单板层积材生产工艺流程

此后,中国投入在单板层积材研究上的人力和物力逐步增大,中国单板层积材生产技术于1988年11月通过部级鉴定,专家们一致认为:单板层积材是提高速生树种木材利用价值的良好途径之一,具有短材长用、小材大用、劣材优用、工艺简单的特点,并可获得良好的社会效益和经济效益,该产品在国内为首创。生产实践证明,单板层积材在技术上是成熟的,生产上是可行的,可投入批量生产。生产单板层积材所用的新型酚醛树脂胶具有固化速度快、性能良好和生产安全等特点,达到国内先进水平。建议组织科研、设计、制造和生产部门的横向联系,继续推动单板层积材的生产发展。

中国单板层积材大多是以速生杨木或桉木为原材料生产的非结构单板层积材,其用途主要是家具和内装修使用,设备大多采用胶合板生产设备或在胶合板设备的基础上进行技术改造,可以理解为所有胶合板生产企业均有能力生产非结构单板层积材,所以中国非结构单板层积材生产的潜力很大,只要有市场,随时可能改造生产出数千万立方米的非结构单板层积材。

相对而言,中国结构单板层积材的生产和发展速度缓慢,虽经过长时间发展,但至今仍然只有泰州科冕木业有限公司建有一条自动化结构单板层积材生产线。泰州科冕木业有限公司隶属于科冕木业股份有限公司,2011年4月引进芬兰劳特(RAUTE)公司单板层积材整套生产设备和工艺技术。

进入21世纪初期,中国已经有多家胶合板生产企业开始在胶合板生产设备基础上生产非结构单板层积材,他们的代表企业分别是山东省苍山凯林木业有限公司,长春荣福木业有限公司,福建南平大展集团公司,维德木业(苏州)有限公司,上海福海木业有限公司,江苏华瑞木业有限公司等胶合板企业,在胶合板生产基础上率先生产非结构单板层积材。

进入2016年,中国生产的非结构单板层积材企业增加很多,生产单板层积材的中小型加工设备已经国产化,主要是单板旋切机、单板斜接设备、单板层积材组坯线、单板层积材压机、横截锯和纵剖锯等,部分设备已经出口。2016年中国单板层积材产量约100万 m^3,均为非结构单板层积材,其中六成出口日本、美国,主要用于制作家具、门框和装饰线条。

第三节 单板层积材的生产工艺

一、外国可以借鉴的生产技术

单板层积材的生产工艺流程类似于胶合板生产。20世纪80年代初,在中国开展对单板层积材的研究时,国际上已经拥有如下技术基础可供借鉴。

(一) 原料和木段准备

凡能用于胶合板生产的树种均可用来生产单板层积材，尤其是可用不适于胶合板生产的小径间伐材和弯曲材。20世纪80年代，北美主要使用中小径针叶材（如火炬松、花旗松、云杉），也有使用枫香、黄杨等阔叶材；日本主要使用针叶材（如云杉、鱼鳞松、落叶松、杉木、柏木等）的间伐材、北海道阔叶材，还有部分进口南洋材、美国松；芬兰主要使用云杉、橡木；法国主要使用橡木、柞木；澳大利用使用辐射松；苏联主要使用落叶松、云杉等针叶材来生产单板层积材。使用原木的径级一般120mm左右即可，其长度可以短到500mm甚至400mm。

(二) 单板制造

单板制造主要用旋切，但刨切也有应用，如法国的恒定半径循环刨切工艺。旋切时，使用的旋切设备因木段径级而异，中径材旋切可用胶合板生产中常用的主轴驱动液压卡轴旋切机。据佐佐木光等的研究，由于间伐小径材的平均径级约120mm，若要保证经济出板率（约60%），须将原来的主轴驱动旋机的小卡盘直径减少到70mm左右，并采用不同种类的压辊驱动旋切机，以最大限度地缩小木芯直径，旋得的单板表面也变得更平滑。

单板的厚度应根据生产成本、产品性能和用途而定。据前人对单板层积材剪切强度的研究，认为单板厚度以6mm以下为佳；作为家具部件、室内装修用材和结构用材，常用单板厚度为3~4mm，据日本单板层积材制造标准规定，其最小厚度为1.5mm。

(三) 单板干燥

相对于胶合板生产，单板层积材生产使用的单板厚度较大，干燥用普通热风型干燥机易发生开裂、变形，故宜采用能有效地防止单板开裂、变形，且干燥效率高、质量好的热板干燥机。因设备投资大，可考虑各种干燥方式的组合。这时宜将热板干燥机用于单板易发生开裂、变形的后期干燥中。对于间伐材，因含水率分布的范围广，宜以高频、微波、真空等法进行连续预干，以求含水率均匀后进行真正的干燥，这才是更经济的。

热板干燥机可以是呼吸式的，也可以是在热板上设置排气垫网或垫板的，但以后一种效率高。干燥条件：采用两节呼吸式热板干燥机，单位压力$3kgf/cm^2$，热板温度140℃时，4mm厚落叶松单板从含水率25%干燥到5%需4min。据报道，对无节单板，采用日本名南公司的单板压缩脱水的方法是有效的；对由小径材制得的单板因尺寸小，即离心式脱水也是可能的。

为了提高单板干燥效率和减少单板由于干燥引起的开裂，芬兰劳特（RAUTE）公司开发的单板干燥机，其干燥温度达到190~210℃，干燥机内湿度达到$600~650g/m^3$，其干燥效率和干燥效果大大提高。与此同时，专业生产干燥机的德国巴布柯克（Babcock-BSH）公司也采用相似工艺的干燥设备用于旋切单板的干燥。

(四) 单板分等

单板分等的效率和准确程度关系到成品的质量和劳动生产率。为保证在运转的生产线上实现单板按强度的准确分等，美国雀斯琼斯公司和梅雀高德（Metirguald）公司共同研制开发了单板在线检测仪，这种单板检测仪是把声波、超声波等疏密波在物质中的传播速度和弹性模量的物理关系，用于材料强度评估和木材非破坏性试验的一种机械设施。使用这种检测仪可以以 10~80 条网栅（mesh）测定以 30.5m/min 速度在生产线上运行的单板的弹性模量，进而根据超声波的传播速度把单板分成 3 个或多个等级。由此可以预测和控制成品的有关物理力学性能，制得强度大、变异系数小的单板层积材。

（五）单板整理和纵向接长

在单板层积材生产过程中，为了用短单板制得通直的纵向接长单板带，单板整理作业有极其重要的作用。用双圆锯齐边时，应保证齐边后的单板在宽度方向尺寸一致和单板宽度方向整幅切断的直角度与尺寸精度，以免影响纵向接长和组坯。单板的纵向接长，在单板层积材生产中是必不可少的，单板接长的办法有斜接、搭接、指接和对接。单板较薄且重视出板率和纵向接长的生产率时，可采用完全不具结合强度的对接，也可考虑倾斜比小的指接。采用对接时，对接装置用和普通胶合板生产中的芯板横拼机同样的设计方法。单板对接后，在单板层积材中相邻层单板的接缝必须错开配置。这时，在单板层积材的同一断面上接缝每隔几层出现一次，相邻层单板接缝之间距多大，每一条接缝之接合间隙有多大，都应有规定。表 1 给出了日本结构用单板层积材制造标准的规定。

表 1　日本结构用单板层积材的纵向接长标准

产品等级	特级	1 级	2 级
同一断面*上接缝配置	4 层以上	2 层以上	1 层以上
相邻层单板接缝间距	24s**以上	24s*以上	24s*以上
接缝间隙 X	5mm 以下	5mm 以下	5mm 以下

注：* 代表当构成单板厚度为 s 时，在 10s 范围内视为同一断面。
　　** 代表由不同厚度单板构成的单板层积材，单板厚度以最厚单板为准。

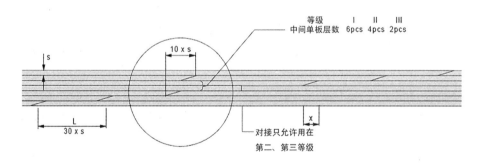

图 2　日本企业单板层积材组坯结构

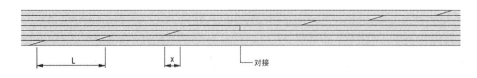

图 3　芬兰美国企业单板层积材组坯结构

日本企业单板层积材组坯结构通常做法如图 2 所示，即 L＝30 倍单板厚度，同一断面接缝离开层数根据等级不同而不等,芯层采用对接。与日本标准稍微有别,美国和芬兰企业根据其标准,单板层积材的组坯结构通常如图 3 所示。芬兰标准,L = 120mm(与产品厚度无关),X = 30mm,芯层对接。北美标准,L = 单板长度/单板层数,X = 30mm,芯层对接。

一般而言,斜接常用于外层单板的纵向接长,芯层多用对接,如在芬兰、美国、日本和苏联。搭接需用较高的压力,如美国雀斯琼斯公司的 Microlam 产品采用 12.7mm 长的搭接。20 世纪 90 年代初,劳特加拿大分公司(Durand – Raute)开发了采用指接或斜接的方式生产大规格的单板层积材,并注册商品名 SELECTEM。

根据对赤松、落叶松、花旗松等 6 个树种的单板层积材的研究,使用间苯二酚树脂胶,采用 1:7.5 的倾斜比,指底宽 0.4mm,指端厚 0.6~0.7mm,嵌合度 0.2~0.3mm 的微型指接接长的单板层积材,可以作为结构用材。单板层积材接长也有用尿素 – 醋酸乙烯树脂胶、苯酚 – 间苯二酚树脂胶。

(六)施胶组坯

为保证高的生产效率和出板率,应使纵向接长后单板的堆垛、单板配置、涂胶、组坯、陈化组成一条自动组坯线。组坯时,为防止制品的翘曲变形,单板层积材断面中轴线两侧当使用同树种的单板,且使单板之紧面朝外,单板宽度方向可用碰头接,但须无间隙,且各层单板的横向接缝位置不得集中。为了增加制品的横向强度,可以根据对称原则插入与制品长轴正交的单板,但以 2 或 4 层为限,且不计入层积数中。层积的单板层数,日本结构用单板层积材制造标准规定 2 级单板层积材为 6 层以上,1 级的 8 层以上,特级的 12 层以上。

单板的单面或双面涂胶可使用胶合板生产的现有技术,可采用辊涂、淋涂和喷涂工艺。根据胶合方法、树种、单板厚度与质量、产品的使用条件、强度要求的不同,常用胶黏剂有脲醛树脂胶、酚醛树脂胶、间苯二酚树脂胶,也有使用苯酚 – 间苯二酚树脂胶、三聚氰胺 – 尿素共聚树脂胶及环氧树脂胶等。由于单板层积材生产使用的单板较厚,背面裂隙较深,涂胶量比胶合板生产稍大些。当使用酚醛树脂胶和间苯二酚树脂胶时,涂胶量为 $300 \sim 450 g/m^2$(双面涂胶量)。当时在胶黏剂方面面临的课题是研制成本低、固化速度快的胶种。

(七)胶合

就单板层积材的胶合方法而论,已研究了利用热压机的热压法、高频加热法、干燥余热利用法、冷压法、分步胶合法和连续压机法等多种方法,但尚无定论。因此,在 20 世纪 80 年代末 90 年代初规定单板层积材的制造方法为时过早。但当时从各国的情况看,常用的当属连续压机法、间歇热压机热压法和高频加热法。

北美的雀斯琼斯公司使用独特的长 32m 的连续履带式压机高压压制法,认为使用高频加热不能充分保证单板层积材的性能,强度波动大,产品的可靠性较低。北欧、苏联和澳大利亚则主要使用多层热压机热压,但需要较长的热压时间。压制 40mm 厚单板层积材(单板平均厚 3.2mm)因胶种不同需 25~45min。

日本比较重视高频加热的研究应用,认为对厚度大的胶合制品采用高频加热是有利的,可对胶层进行选择性加热。它不仅可以制得既长(7~15m)又厚的材料,而且可从事多品种、小批量的生产,也可从事多品种大批量的生产,有利于产品的多样化。通过采取适当的技术措施提高高频加热的均匀性和加热效率,对长3650mm、宽460mm、厚525mm的单板层积材坯料进行2次分段加热(每次5~6min),即可有足够的胶合力。

北川精机开发了把极板配置于履带表面,从上下施加高频电场的高频加热连续压机,可适应宽度大的单板层积材的连续热压。这种高频连续压机的高频加热区长7m,分成3.5m长的两节,分别施加35kW功率的高频电磁波。当使用脲醛树脂胶胶合厚15mm、21mm、63mm的单板层积材,压力10kgf/cm^{2}时,履带运行速度分别为2.36m/min、1.69m/min、0.56m/min。为了缩短多层压机热压法的胶压时间,采用博勒(Bohlen)提倡的分步法也是有效的,即先热压单板层积材的中间两层,胶层固化后在其两侧各加一层进行第二次热压,此后顺次重复层积胶合至所需厚度。显然,使用该法须将多台单层压机串联起来方为有效。

冷压法也有使用,如苏联用此法生产单板层积木梁,但此法胶料成本高,生产效率低。如使用苯酚-间苯二酚树脂胶,在温度10~20℃,7kgf/m^{2}单位压力下,用4mm厚单板生产38mm厚的单板层积材需时达72h。

日本木工机械制造业引进和研制出了一些生产单板层积材产品的机械设备,如名南工厂生产的外周驱动式GAL-3型单板旋切机及GAL-DC-3型联机加工系统,可用于间伐材等小径木的单板加工(可加工木芯直径至45mm),而且配有单板厚度检测联动控制装置。旋切直径100mm的木段,约需10s;旋切直径200mm的木段,约需20s。由改进后的单板横拼机和纵向斜面拼接机组成的NU-SCF-4F型联机加工系统,可用于单板层积材生产的单板拼接加工。田之内铁工厂生产的SR-11型支撑辊式驱动旋切机,可加工木芯直径至45mm,切削线速度可达60m/min。SR-11型旋切机与该厂生产的热板干燥机、带上下极板的高频压机、指接对接机等组成的加工系统,是用于单板层积材生产线的配套设备。

二、中国生产工艺的研究改进

单板层积材生产工艺经过多年的开发和完善,已经日趋成熟。中国优质大径材逐年减少,人工林小径原木数量越来越多,锯制板材时出材率低、质量差、强度低,充分利用人工林小径原木生产单板层积材是解决结构材供应不足的重要途径之一。利用大径材生产胶合板的国营胶合板企业,由于进口大径材的缺乏,国产原材料的快速改变,木材供应渠道发生变化,其生产和生存开始发生危机。此时,单板层积材的研究和开发成了单板型产品的热点。

1)1987年,辽源市木材综合加工厂的籍有顺、李长云利用本厂胶合板生产设备,在日本单板层积材研究的基础上,对在现有胶合板生产设备条件下改造生产单板层积材进行了探索性研究。

2)1987年,江西省乐安胶合板厂在原有胶合板生产的基础上,采用胶合板生产设备,用500~1000mm长的马尾松单板压制出2m长的单板层积材,并取得了一定的工厂生产经验。将试制产品用于该厂会议室的门窗及壁柜等制作，效果良好。

3）根据《吉林林学院学报》1988年第1期报道，刘光远、韩得战、王贵坤对单板层积材进行研制，他们试验采用的树种为椴木、桦木、水曲柳、杨木，单板厚度为1.5mm、2.0mm、3.2mm，含水率平均为10.4%，层数为8层、14层、20层，上下相邻层单板对接，间隔为30t，宽度无接缝，结构示意图见图4。胶种为脲醛树脂胶、酚醛树脂胶两种，采用实验室压机压制，产品幅面为450mm×450mm。

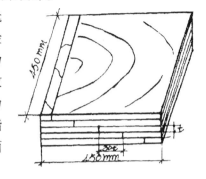

图4 单板层积材结构示意图

得出以下结论：①在结构上采用对接方法，使用酚醛胶、脲醛胶要求的热压条件，完全可以生产单板层积材；酚醛胶试制的单板层积材，高于日本结构用单板层积材制造标准（草案）规定的1级标准。②对接是单板层积材结构中的初级形式，斜接、指接是采用专用设备的高级形式，有利于提高单板层积材的强度性能和生产效率。③开发单板层积材在中国有现实意义。对在中国如何规模化生产单板层积材建议采取以下4条途径：一是引进国外成套单板层积材生产设备；二是部分引进关键设备建立单板层积材专业工厂；三是部分引进关键设备，在现有胶合板厂建立单板层积材生产线；四是在现有胶合板厂作为一个产品生产单板层积材。

4）1987年，南京林业大学研究了杨木单板层积材的热压工艺，指出压制6层单板层积材采用分步热压法比一次热压法效果好，但分步热压法难以生产厚板材。采用高频介质加热法，厚度不受限制，可以生产20～400mm厚的单板层积材，满足多用途的需要。用此方法压制的马尾松单板层积材和落叶松单板层积材按日本标准检验全部合格，其性能甚至超过日本同类产品的水平。

5）1988年，南京林业大学邢淑琴教授在浙江家具公司试验厂，采用马尾松原木为原料，马尾松木材pH值（平均）为5.4；胶料用三聚氰胺粉末改性的脲醛树脂胶；用1.6mm厚的单板16层，涂胶后顺纤维配坯，加压弯曲部件，制成尺寸为1250mm×250mm×23mm的椅后腿毛坯。试验研究的宗旨是提高马尾松单板的弯曲性能，采用统计分析方法摸清用马尾松生产单板层积材的木材蒸煮、旋切和胶合弯曲成型等主要工序的工艺条件。

（1）木材蒸煮及塑化处理：为了提高马尾松材的塑性，以便提高其单板弯曲性能，采用在热水中加入少量尿素混合蒸煮木材的方法，即把尿素放到蒸煮池中与水混合加热塑化木材。由于热水的作用使木材在最短时间内充分吸收尿素，尿素中的—NH_2和游离氨与木材细胞的3种主要成分——纤维素、半纤维素和木素都能发生作用。最终使纤维素膨胀，使半纤维素和木素分子相互间产生滑移重新定向，因此，在热水中加尿素混合蒸煮的方法，处理时间短，尿素用量少，塑化效果好，使木节软化，从而提高了单板的质量和弯曲性能。

把用上述方法蒸煮的木段旋切成单板的质量和弯曲性能与未加尿素的热水蒸煮处理后制得的单板质量和弯曲性能比较，见表2。

表2 单板质量和弯曲性能比较(单板名义厚度1.6mm)

质量指标及弯曲性能\软化剂	厚度误差		背面裂隙度平均值/%	表面光洁度平均值/μ	纤维方向弯轴成90°时的弯曲半径			
	平均值/mm	偏差/mm			含水率6%~12%		含水率6%~12%	
					R表	R背	R表	R背
加尿素	1.60	0.023	15	70	31	51	22	24
未加尿素	1.57	0.052	54	149	62	87	42	53

注：R表、R背-弯曲时单板表面(背面)为凸面的弯曲半径。

(2)旋切：用上述蒸煮条件，木芯温度为50℃，改变一定的旋切参数进行旋切。测得单板厚度、单板背面裂隙度和光洁度，并对数据进行统计分析，得出适合马尾松的旋切条件如下：

h——装刀高度(mm)，h=0；

h_0——压尺与旋刀垂直距(mm)，取单板厚度的30%~35%，在此采用0.48mm；

u——辅助滑道倾斜角为1°20′~1°30′；

a_2-a_1——木段半径由r_2旋至r_1后角变化，在此为30′~40′；

Δ——单板压榨百分率(%)，对马尾松可提高到20%；

β——旋刀研磨角，在21°~22°为适中，试验时采用21°30′。

(3)单板干燥：试验中对干燥工艺，单板初、终含水率，弦向干缩率进行了测定。发现单板初、终含水率均匀性较差，如条件允许，把芯边材分开干燥最好。干燥工艺条件与常规树种无甚差别。

(4)弯曲单板层积材的胶合：采用高频电场垂直于胶合面的介质加热法，经试验分析确定弯曲单板层积材胶合条件见表3。

表3 弯曲单板层积材胶合条件

弯曲单板层积材厚度/mm	层数	胶合工艺条件					
		高频功率/kW	单位压力/(kgf/cm²)	高频时间/min	保压时间/min	阳极电流/A	频率/MHz
23	16	8	10	3.50	7	1.2	6.7
23	16	8	10	3.25	7	1.4	6.7

弯曲单板层积材的物理力学性能如下：剪切强度40.78kgf/cm²[①]，静曲强度994.8kgf/cm²，冲击韧性68.6kJ/m²，容积重0.599g/cm³，含水率6.53%，浸渍剥离试验合格。

(5)结论

①生产性试验认为，马尾松经过尿素处理后效果良好，操作方便，成本低，提高了单板质量和弯曲性能。尤其是弯曲半径与不加尿素处理相比，其单板弯曲半径减小40%~50%，适合制造家具用弯曲单板层积材，弯曲部位不产生纤维断裂现象。

---

① 1kgf/cm² =98066.5 Pa，下同。

②该厂用0.8mm厚水曲柳薄木做弯曲单板层积材的表层。如果全部用马尾松单板其成本还会降低。其制品表面纹理清晰,色泽淡雅,深受消费者欢迎。

③用马尾松制作的家具用单板层积材各项物理力学性能与柳安材制作的同类产品相比,容重轻,静曲强度、冲击韧性等比柳安的好,剪切强度除个别不稳定外,按单板积层材日本农林标准(JAS)做的浸渍剥离试验,其测试结果符合标准要求。

④用马尾松制作弯曲单板层积材出材率42%($\Phi = 380 \sim 400$mm)。

⑤根据概算,家具用马尾松弯曲单板层积材成本为1434.84元/m^3,利润为419.8元/m^3。

⑥如有条件可考虑马尾松脱脂问题,以提高其胶合强度的稳定性,当时的做法是把含脂量较多的单板条剔除。

6) 1989年,中国林科院木材工业研究所陆丛进先生,用马尾松和杨木单板,利用其新研制的改性乳液酚醛树脂胶,胶的固体含量为50%,黏度为20~30P,在硫酸铝的催化下固化。将试验结果与酸固化酚醛树脂胶进行比较:①乳液酚醛树脂胶胶合的马尾松单板层积材的胶合剪切强度随老化时间的延长逐渐趋于稳定,最后稳定在老化前强度的70%左右;②乳液酚醛树脂胶胶合的单板层积材抗老化性能比酸固化酚醛树脂胶的单板层积材好;③对于乳液酚醛树脂胶马尾松单板层积材和酸固化酚醛树脂胶杨木单板层积材,可以用BDB28加速处理方法代替A1080加速老化方法,快速测定其胶合剪切强度的损失率。

7) 1990年,南京林业大学杜国兴采用以意大利速生杨Ⅰ-63、Ⅰ-69木材为原料、脲醛树脂为胶黏剂制造单板层积材。实验发现,在一定范围内提高热压温度、单位压力或延长热压时间有利于提高单板层积材的力学性能;采用分步热压法可缩短热压周期,提高生产效率。在实验室条件下,较为理想的分步热压工艺条件为:热压温度T=130℃、单位压力P=1.3MPa、热压时间t=210s。

8) 1993年,北京林业大学韦益民、刘正添、郝丙业等对单板层积材进行了两种方法制造对比研究:一步压制法,将12张单板一次热压或冷压成厚板,二步压制法,先用热固胶将4张单板热压成薄板,然后将3块薄板用冷固胶冷压成12层厚板。结果证明,二步压制的单板层积材质量较好,特别是厚度方向的力学性能的均匀性好。

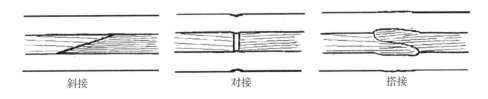

图5 单板接长示意图

斜接　　　对接　　　搭接

9) 1998年,吴盛富、唐召群、吕斌先生提出在中国通过胶合板企业技术改造生产非结构单板层积材的思路,单板斜接长度一般为单板厚度的8~10倍(图5)。在国外有采用摄像技术控制单板的斜接,使单板长度得到最大的利用。实验发现,单板层积材的静曲强度与无疵材的比较,两者的弹性模量差异很小,对接对弹性模量的降低率在10%以内。随着断面尺寸的增加，对接对静曲强度的降低减少，单板层积材承受水平载荷时，对接的存在对拉伸一侧的强度降低较多，而且相邻层之间的对接间距对强度降低也有不同的影响。对38~50mm厚，4~9层的单板层积材，对接间距为单板厚度的20倍时，强度降低趋势比较明显，强度降低到60%左右，30倍以上时变化不大。对接对拉伸强度的降低率比垂直静曲强度大10%，对接对压缩强度的降低率差异很小。

单板层积材产工艺及生产设备与胶合板极为相似。但在单板厚度、拼接、涂胶、组坯、热压、产品规格等方面有所区别。采用普通热压工艺其产品厚度一般在18~75mm，单板厚度大致在3~8mm，但以3~4mm最为常用。热压机有单层、双层和多层之分，单板接长方式有斜接、对接和搭接3种，斜接接口的制作有铣削、锯削、磨削等不同办法，单板斜接的位置分布不同，会对单板层积材的力学性能产生一定的影响。单板铣削出斜面后，将其在单板接长机上接长，根据接缝处的拉伸应力来判断斜接强度，接长单板的抗拉强度几乎都大于单板本身的强度。

10）1999年，南京林业大学木材工业学院陈雷、金菊婉、徐咏兰老师研究了速生杉木制作单板层积材的可行性及基本工艺，探讨了热压温度、热压时间及涂胶量对单板层积材材性的影响。结果表明，利用速生杉木制作单板层积材是可行的，在试验研究范围内，较好的工艺条件为：热压温度165℃，热压时间1.20min/mm板厚，单面涂胶量200g/m^2。进一步研究得出，人工林杉木单板层积材最优工艺参数为热压温度158.6℃，热压时间1.05min/mm，热压压力1.3MPa。以此工艺压制的单板层积材的主要物理力学性能均超过日本农林水产省JAS特级的标准要求。同时发现，速生杉木旋切单板背面裂隙较大，有必要从旋切设备和工艺等方面进行进一步改进。另外，徐咏兰等研究还发现，与传统热压方法相比，喷蒸热压工艺在缩短热压周期、提高生产率及产品质量均匀、形状稳定等方面，具有显著的优越性。

11）20世纪90年代末期，吉林安达木业有限公司以落叶松原木为原料，利用国产胶合板设备生产落叶松单板层积材，其产品按日本农林水产省JAS《构造单板层积材》组织生产。单板层积材产品经日本名古屋检验所检验各项指标均达到标准要求，主要销往日本，产品另一部分为长春第一汽车制造厂配套汽车厢板，其中一件产品规格为4193mm×150mm×30mm。该产品已通过汽车厂检验室检验，各项技术指标均达到汽车厢板标准要求，可完全替代当时使用的木材汽车厢板。

12）2001年，黑龙江省林产工业研究所赵丹等研究单板厚度对杨木单板层积材强度性能的影响，研究对象为平均密度0.368g/cm^{3}的大青杨单板。研究结果发现，单板厚度是影响单板层积材强度性能的主要因素之一。在同样的工艺条件下，单板越厚，单板层积材的水平剪切强度越低、剥离率越高。冷压胶合制造非结构单板层积材时，建议采用4mm厚的单板。

13）2002年，绥化林业技工学校于长海、吴晓龙以吉林产大青杨为对象，研究速生杨木单板层积材冷压工艺，得出冷压制造结构用单板层积材时，单位压力、加压时间、陈放时间、涂胶量和胶种是影响其强度性能的重要因素，同时各因素的变化还直接影响到生产成本和生产效率。试验表明，选用间苯二酚树脂胶，理想的冷压工艺条件为：单位压力

0.98MPa、加压时间 7h、陈放时间 40min、涂胶量 180g/m²(单面),同时指出采用增大单位压力提高单板层积材抗弯强度的办法是不现实的。

14)2003 年,北京林业大学鹿振友、刘艳、王淑娟等人分析研究了旋切单板时产生的人为斜纹对单板层积材力学性能的影响。研究表明,单板干燥时由于纹理倾斜会产生单板平面内的剪切变形,拉伸和剪切耦合效应会导致单板翘曲和板面裂隙,且斜纹理愈大对其影响越严重,但斜纹理在 10°以内对其弹性性质影响不明显。

15)2004 年,吕斌、付跃进、吴盛富、唐召群牵头制订了国家标准非结构《单板层积材》。以福建省清流县的马尾松、广西壮族自治区高峰林场的桉树、云南省景谷县的云南松、东北的落叶松、山东省临沂地区苍山县的速生杨木材为原料,在山东省苍山凯林木业有限公司进行单板层积材生产试验,摸索这几种人工林木材单板层积材的研制工艺和生产技术。通过不同树种木材制得的单板层积材的静曲强度和弹性模量的对比,发现无论垂直或平行加载,单板层积材的静曲强度和弹性模量与树种及材性关系甚大,桉树等高密度树种的单板层积材呈现较高的静曲强度和弹性模量,而杨木单板层积材具有较小的静曲强度和弹性模量,并且水平剪切强度无论是垂直还是平行加载,树种的影响差别不大。

山东苍山凯林木业有限公司是中国生产非结构型单板层积材最早的企业之一,其对单板层积材生产工艺和技术的生产探索以及生产设备的开发功不可没。由董事长张道伟先生带领开发的单板顺纹铺装胶合和单板接长等工艺,2000 年获得山东省科学技术进步二等奖,并自行开发了连续铺装新工艺,对中国单板层积材工业化生产起到了很好的带动作用。

16)2005 年,黑龙江省林产工业研究所隋仲义、林利民、由昌久、杨玲研究了超长单板层积材生产工艺技术,采用落叶松单板,为保证超长单板层积材的力学强度,单板采用斜接机组进行接长。涂胶单板的端部只进行斜磨处理;而非涂胶单板经斜磨处理后,还要在斜磨处涂胶,并经窄板单板热压机加压接长,其接长单板长度根据产品长度确定,通常要留 50~70mm 的裁边余量。单板端部斜磨的斜度为 1:8~1:10;窄板单板热压机的热压温度为 180~190℃,加压时间为 30~40s,使用酚醛树脂胶,采用分段加压技术,用幅面为 4500mm×1350mm 的热压机生产出 7000mm 的超长型单板层积材产品,产品达到日本 JAS 标准要求。

17)2005 年,南京林业大学竹材工程研究中心张心安、关明杰、朱一辛研究竹材增强单板层积材取得了一定的进展。其江苏省科技攻关项目"竹材增强杨木单板层积材的研究与开发",在对速生杨木单板层积材研究的基础上,开发竹材增强单板层积材技术,已获得发明专利一项(一种竹材增强单板层积材,专利号:ZL 0311279410)。其主要工艺流程为:按常规方法对速生木材制备单板层积材的木单板施胶;将采伐的新鲜毛竹截断、剖开、软化后放入辊压设备中进行碾压,加工成不破坏其原有天然纤维及排列方向的小股竹束;将小股竹束浸渍树脂胶,预干燥后加捻,使竹束产生约 30°的螺旋角;将涂胶或浸胶后的木单板与竹束进行混搭组坯(将加捻竹束拉直,并对称放置于上下两个面层木单板之下);热压、裁边后即可获得特殊的竹材增强单板层积材产品。与其他单板层积材产品相比,竹材增强单板层积材最大的特点是板材内部会产生一定的预应力。该预应力的存在,使竹材增强单板层积材的使用性能得到明显的改善。该研究还将探讨对竹材增强单板层积材进行各种后期湿热处理,研究各种处理对其性能的影响,这无疑将大大促进单板层积材研究的进一步发展。

18)2005 年,北京林业大学材料科学与技术学院张德荣、于志明、李建章、金小娟等采用正交实验法对毛白杨单板进行染色和阻燃处理,并进行单板层积材的热压胶合试验研究,确定了单板染色、阻燃处理及热压工艺。结果表明:①对单板进行染色和阻燃同步处理是可行的,提高了单板处理效率,扩大了产品的应用范围。②阻燃剂浓度与氧指数呈正相关性,与产品的剪切强度、静曲强度、弹性模量呈负相关性;其他因素对单板层积材性能均有不同程度的影响。③最佳工艺条件:染液浓度 0.3%,阻燃剂浓度 15%,热压单位时间 50s,热压温度 150℃,压缩比 20%。

19)2005 年,王小青、郭莉、刘君良、张双保等人以浸渍酚醛树脂的杨木单板和竹帘为原料,制备竹木复合单板层积材,探讨制造工艺对复合材料性能的影响。结果表明,竹木复合材料的弹性模量和静曲强度均达到或超过了日本 JAS 标准的相关规定,尺寸稳定性良好;单板厚度、树脂浓度、压缩率对弹性模量和静曲强度有显著影响;组坯方式对静曲强度影响显著,而吸水厚度膨胀率的影响作用比较复杂。

20)2006 年,彭立民、宫武敦等利用经 3 种不同的外部条件处理后,使用无损检测设备(FFT)和力学试验机对杉木单板层积材试件静曲强度和弹性模量进行测量。结果表明,试件含水率在纤维饱和点以下时,无损检测方法测得的弹性模量和力学试验机测得的静曲强度和弹性模量具有较好的线性相关性;试件含水率在纤维饱和点以上时,无损检测方法测得的弹性模量和力学试验机测得的弹性模量有较好的线性相关性,而与静曲强度无线性相关性;单板层积材的静曲强度和弹性模量随着含水率的增加而降低。

21)2006 年,黑龙江省林产工业研究所林利民、王春明、闫超提出了木段旋切工序增加单板出板率的工艺措施。重点介绍了利用低质、短小落叶松单板为原料,生产汽车厢条型底板用落叶松超长单板层积材产品的工艺技术及产品的力学性能。

22)2007 年,余养伦、于文吉、王戈等对利用广东湛江尾叶桉(Eucalyptus urophylla)、酚醛胶生产桉木单板层积材进行研究。在所测试的温度范围内,随着热压温度的升高,层积材的弹性模量呈增加趋势,当温度从 130℃升到 140℃时,弹性模量增加了 13%;当温度高于 140℃时,弹性模量增速减缓。当温度从 130℃升到 160℃时,层积材的静曲强度增幅为 23.5%;当温度从 160℃升到 180℃时,静曲强度减小了 7.9%。当单板的厚度从 1.70mm 增加到 3.25mm 时,层积材的静曲强度和弹性模量分别降低了 42% 和 44%。单板厚度为 3.25mm 的层积材经常在单板间撕裂破坏,而单板厚度为 1.70mm 的层积材容易在胶层剪切破坏,单板厚度为 2.25mm 的桉木单板层积材物理力学性能较其他两种好。随着层数的增加,桉木单板层积材的弹性模量和静曲强度降低,从 5 层增加到 21 层,层积材的静曲强度和弹性模量分别减小约 42% 和 24%。

23)2011 年,广西大学林学院罗建举等,用尾巨桉、巨尾桉等杂交桉压制单板层积材。所用杂交桉树龄为 3~5 年,气干密度为 0.53~0.60g/cm^3,单板名义厚度为 2.2mm;用三聚氰胺改性脲醛树脂胶,固含量约为 55%(质量分数),pH 值 9.5,黏度为 25s(涂 −

4杯，30℃），固化时间为50s(100℃)。添加剂为市售面粉，固化剂为工业用NH_4Cl，添加量为1%。实验验证结果表明，面粉添加量对桉木单板层积材的静曲强度和弹性模量有着显著影响，而热压温度和热压时间的影响不显著。通过回归分析，建立了相应的回归模型，回归模型的预测值与实验值的拟合良好，说明回归方程能用来预测和优化桉木单板层积材的力学强度性能。最佳工艺条件为：热压温度130℃，热压时间1.5min/mm，热压压力为1.0MPa，面粉添加量5%（质量分数）。

24）2014年，南京林业大学杨莹在其导师邓玉和教授的指导下，以竹柳为原材料，在实验室条件下生产单板层积材，对其工艺进行了研究。

25）2016年，河南农业大学机电工程学院何勋、王德福、唐豫桂在中国首次进行了玉米秸秆皮层积材制备工艺优化研究。以去除表皮层后的完整玉米秸秆皮为原料，以异氰酸酯为胶黏剂进行了玉米秸秆皮层积材的制备试验，并分析取样高度、施胶量、热压温度、热压时间等工艺条件对玉米秸秆皮层积材物理力学性能的影响。试验结果表明，利用穗位部及根部位置玉米秸秆皮制备的目标厚度为6mm的层积材的性能，除内结合强度较小外，其他性能优于穗位部以上位置玉米秸秆皮制备的层积材；随着施胶量的增大，静曲强度、弹性模量、内结合强度等力学性能显著增大，其吸水厚度膨胀率和吸水率都呈减小趋势；在热压温度为150℃、热压时间为6min时，玉米秸秆皮层积材的力学性能较好，但随着热压时间的增加，其吸水厚度膨胀率和吸水率都增大。在取样高度为玉米秸秆的根部、施胶量为12%、热压温度为150℃、热压时间为6min最优工艺试验条件下，玉米秸秆皮层积材达到了GB/T 20241-2006《单板层积材》、LY/T 1611-2003《地板基材用纤维板》的使用要求。

第四节　单板层积材设备的技术进步

单板的制造主要用旋切，但刨切也有应用。旋切时，使用的旋切设备因木段径级大小而不同，中径木段旋切可用胶合板生产常用的主轴驱动液压双卡轴旋切机。单板旋切质量直接影响单板层积材的质量，特别是厚单板的旋切。首先木段软化应充分，否则单板背面裂隙大，横纹抗拉强度低，还会出现"啃丝"现象，使旋刀使用寿命大受影响。其次旋切工艺也很重要，尤其是后角要合适。

单板层积材生产的一个重要优点是可以充分利用低质小径材。由于间伐小径材的平均径级约120mm，若要保证经济出板率（约60%），须使主轴驱动旋切机的卡盘直径减少到70mm左右，但此时将产生卡盘空转，木段"旋脱"，为此宜采用不同种类的外周驱动旋切机，以最大限度地缩小木芯直径。20世纪80年代以来，各国相继研制成功了各种形式的外周驱动旋切机，可使木芯直径缩小到50mm左右，如日本名南制作所的GAL-DC-3型齿辊驱动的小径木旋剪堆联机系统，鳞制作所的小径木专用REX系列外周驱动旋切机，田之内铁工所的SR-11型背辊（辅助辊，Back up roll）驱动旋切机；美国得克萨斯州斯机米德（Schmidt）发明的所谓无卡轴旋切机（Centerless lathe），由于后续开发跟不上，没有大量进入工业化生产。

芬兰劳特（Raute）公司是国际上最著名的胶合板、单板层积材生产设备制造商，1975

年开发出无卡轴旋切机用于胶合板和单板层积材生产,随后开发出三卡轴旋切机取代了无卡轴旋切机,三卡轴旋切机辅助以驱动压辊和驱动压尺,其内卡轴直径小到55mm。由于驱动压辊和驱动压尺的三点驱动作用,三卡轴的小卡轴相当于辅助定芯作用,使三卡轴旋切机的旋切速度大大加快,可以达到180m/min,旋切小径木段的速度可以达到每分钟10~12根。

原林业部北京林业机械研究所路建先生带领的科研小组亦研制开发了无卡轴旋切机,型号 BQ1813(4英尺)无卡轴旋切机采用外摩擦驱动木段旋转,设计有振动旋刀系统(获国家专利局授予实用新型专利,专利号:CN.85205618U),减小了切削阻力,提高了单板质量。该机于1987年底通过了林业部的部级鉴定,1990年3月 BQ1813无卡轴旋切机获林业部科技进步二等奖,1990年12月获国家科技进步二等奖。该研究为中国人工林小径材旋切打下坚实的基础,为后期中国无卡轴设备的开发和发展起到极大带动作用。

2001年,南京林业大学木材工业学院徐咏兰、金菊婉教授的《杉木小径材制造单板层积材及应用研究》课题组,设计并在建湖轻工机械厂加工了一台机械式无卡轴旋切机样机,采用试验用无卡轴旋切机所得木芯直径小,大大提高了小径材的单板出材率,达到70%以上,比普通旋切机提高10%左右。该机的基本技术参数为最大旋切长度1300mm,最大旋切直径200mm,剩余木芯最小直径30mm,旋切单板厚度0.6~3.5mm,主机外形尺寸2509mm×1700mm×1050mm。

该课题组制作了热板干燥压机,其主要技术参数为外形尺寸1400mm×1720mm×2400mm,热压板层数6层,油缸最大行程650mm,压板间距120mm,电机总功率7.5kW,压机最高压力8MPa,压机最大工作压力2MPa。杉木小径材单板干燥时采用"两段工艺",第一段根据情况采用气干或一般干燥方法,待含水率下降到25%~30%后,第二段采用热板式干燥机,使单板含水率降至5%左右。热板干燥时,为使水蒸气顺利排除,应在干燥期间多次打开压板(称之为呼吸),或在热板与单板间放置排气垫网,以利水汽排出。

该课题组还制作了喷蒸压机,用以压制杉木小径材单板层积材,其压机上下两面和侧面均有喷蒸机构。试验结果表明,喷蒸缩短热压时间,单板层积材质量不错,喷蒸压机结构设计是成功的,并已获得了国家实用新型专利。

南京林业大学王厚立于1988年开始进行单板纵向接长生产技术研究,1990年10月,经林业部科技司批准,"单板纵向接长生产技术研究"课题正式立项,项目编号90-05-03,课题研究的合作单位为江苏省东台市木工机械厂。采用铣削方式的单板纵向接长机组于1991年9月研制成功,并分别于1991年12月发往吉林省三岔子林业局细木工板厂,1993年3月发往江西省万载装饰板厂投入生产运行。单板纵向接长机组由斜铣锯机、贮存辊台、斜接压机、剪切机和堆板装置组成。斜铣锯机将单板两端加工出有一定斜度的斜面,并在一端的斜面上涂胶黏剂;贮存辊台用于存放加工出斜面的单板,并使涂胶单板陈化;斜接压机使前后单板依次胶接形成连续的单板带;剪切机将接长的单板带裁成所需长度规格的单板;堆板装置用于承接接长的单板带,并在单板裁剪后使之堆垛。该课题于1993年12月15日在江苏东台市通过林业部科技司组织的成果鉴定。

1996年,长沙湘华兴电器有限公司研制成功 XDM 型单板磨削接长机组,包括 XDM 型单板斜接磨削机和 XDJ 型窄板热压机,采用砂带磨削技术加工单板斜接面,用窄板热压机实现胶压接长。该研制成果于1998年12月在北京通过国家林业局鉴定。

2011年4月，中国泰州科冕木业有限公司引进芬兰劳特（RAUTE）公司单板层积材整套生产设备和工艺技术，设计产能为年产单板层积材6万 m^3，主要设备有：

(1) 原木剥皮线，型号为 6/4 ft 原木剥皮机，原木经过对中后向剥皮机转鼓中心进料，剥皮机打开剥皮刀通过旋转将树皮剥离，旋刀的压力可以通过独立的液压系统来进行调整，进料滚驱动原木通过剥皮机转鼓并阻碍原木旋转，确保原木连续不间断地通过转子进行剥皮。

(2) 原木截断线，截断速度为每分钟5.8根木段，可确保木段的持续供给。

(3) 劳特智能旋切生产线，旋切机型号为 RAUTESMART PEELING LINE 4/6 ft。智能旋切线旋切机参数：带有激光帘定心系统的上木机，辅助视觉扫描定心系统和带有驱动压尺和压辊的旋切机，确保能够获得高品质的旋切单板和最小的木芯直径，相较传统的定心方式提高木材利用率10%以上，双卡轴旋切机旋切速度200 m/min。电动伺服进刀系统可以调整实现任意的旋切厚度，直流驱动系统可以获得稳定的高速旋切。在旋切过程中，随着木段直径的变小，旋切刀的切削角不断实时地通过一个电动液压伺服系统按照所需要的曲线进行调整，旋切过程是全自动操作，也可以通过一个操作杆进行手动介入操作。

(4) 劳特6层16节滚筒单板干燥机，干燥机内最高温度194 C°，湿度0.5 kg 水/kg 干空气。

(5) 劳特 C2000 单板横向拼接生产线，使进入生产线的单板整张化。

(6) 劳特 6/12 ft 单板纵向斜磨接长生产线，单板厚度通常3.2mm，每垛单板张数约300张。

(7) 劳特半自动化单板层积材连续施胶组坯生产线，单板以恒定的速度通过挤胶机，单板在通过挤胶机喷头时上表面施胶。按照组坯方案要求，当最上面的表板通过时，挤胶头自动关闭，这张单板保持无胶通过。在缓冲运输机上，表板的后端斜切口处自动涂胶。

(8) 劳特 60×6 ft 三层连续热压生产线，热压介质是热油。热压板前端是较短的水冷却段可以防止已进压机的板坯胶的预固化，热压板后端的冷却段保证过渡段的板坯胶老化和板厚度均匀。单板层积材成品产品规格通常为 18000mm×1800mm×[27~75(90)]mm，也可以根据要求生产无限长的板坯。

为满足高等级结构用材，本生产线可以根据客户定长、定宽、定厚等要求形成菜单式定制化生产。

第五节　单板层积材的性能及其应用

一、单板层积材的性能

单板层积材与其他产品相比，在使用中的主要优点如下：

1) 强度：单板层积材是强重比很高的建筑材料，强重比优于钢材。因为木材本身节疤、虫孔、裂缝、斜纹等天然缺陷，而单板层积材由单板层积，其节疤、裂缝等天然缺陷被分散开，均匀地分布于产品之中，单板接头采用斜接或其他结合方式，并在产品长度中均匀错开，使单板层积材具有均匀的结构特性，强度性能变异系数小、抗蠕变性能好。

2）规格：单板层积材的生产技术使其尺寸大小可以不受旋切原木径级或单板规格的限制，完全可以满足大跨距梁和车辆及船舶的需要。

3）形状：单板层积材的形状可以根据需要生产，21世纪已经有平面、曲面和圆形3大类，最终形状可以根据需要裁截，不受原材料形状和缺陷的影响。由于其层积结构大大减少了翘曲和扭曲，并且不会导致其产生变形，稳定性好。

4）加工性：单板层积材的加工和木材一样，可锯切、刨切、凿眼、开榫、钉钉等。

5）耐候性：木材本身就是天然的、经久耐用的材料之一，而单板层积材的结构是用防水性胶黏剂将单板层积胶合构成，因此，它比其他木质材料有较高的耐候性。如果对单板进行特殊处理后再胶合，也可使其具有耐腐蚀性。

6）耐火性：由于木材热解过程的时间性和单板层积材的胶合结构，作为结构材的单板层积材耐火性比钢材好。日本对美式木结构房屋进行的火灾试验表明，其抗火灾能力不低于2小时，而重量较轻的钢结构会在遇火后1个小时内丧失支撑能力。

7）抗震减震性：单板层积材具有极强的抗震性能和减震性能，以及能抵抗周期性应力产生的疲劳破坏。其建筑物在地震中的稳定性已经得到反复验证，即使强烈的地震使整个建筑物脱离基础，其结构也经常完整无损。

8）经济性：单板层积材的经济性集中地表现为小材大用，劣材优用的增值效应，它使用不同树种的木材和不同质量的原料进行层积胶合，其利用率大大高于锯材，其出材率可达到60%~70%。

中国的专家学者对单板层积材的性能先后进行了一些研究。1990年，南京林业大学杜国兴用意大利速生杨I-63、I-69木材为原料、脲醛树脂为胶黏剂制造的单板层积材抗蠕变性能良好，在近两个月的试验过程中，蠕变总挠度仅1.8mm，随着试验的进行，蠕变挠度变化越来越小，最后变化甚微；试件经长期负荷试验以后，静曲强度几乎没有变化。因此，意大利速生杨单板层积材完全可作为建筑材料使用。

2002年，北京林业大学的王淑娟、鹿振友与清华大学的徐曼琼等研究了单板层积材热效应的表征，研究结果表明，①单板层积材铺层中单板与胶黏剂间的残余应力称为细观残余应力，这种残余应力是由固化温度与室温之间温差造成的。②单板层积材单层板的纵向应力为拉应力，而横向应力为收缩应力，在纵向上还受纤维的影响，这也是单板层积材横向开裂的原因之一。③单板层积材是复合材料，且各向异性，对单板层积材的分析采用复合材料理论分析是可行的，也是必要的。单板层积材在实际固化过程中因板内温度梯度的存在，各铺层内胶的固化反应并非同步进行。这种非同步过程导致单板层积材内固化后有残余应力分布，使单板层积材亦存在固化后翘曲变形。在非同步固化条件下，单板层积材内的残余应力分布计算须考虑不同铺层因凝胶时刻不一致而产生的铺层间残余应变不连续的问题，而这一问题也是非同步固化过程引起单板层积材翘曲变形的主要原因，有待做进一步研究。

二、单板层积材的应用

美国作为最大的建筑单板层积材生产和消费国，20 世纪 80 年代已有多家公司生产建筑用的单板层积材，其中雀斯琼斯麦肯米兰公司注册了商品名为 Microllam™ 的单板层积材，主要被用作桁架和工字托梁。加拿大在 20 世纪 80 年代已有 3 家公司生产结构用单板层积材，其中劳特加拿大分公司（Durand - Raute）最早开发了采用指接或斜接的方式生产大规格的单板层积材。20 世纪 90 年代北美有 90% 的住宅建筑都是木结构，因此单板层积材（主要是结构用单板层积材）成为北美发展最快的人造板材之一，在北美市场上有 61% 的单板层积材被用作工字型楼板托梁，31% 被用作桁架和梁柱等，8% 被用作枕木、承重墙等。非结构用单板层积材还大量用于家具、室内装饰、楼梯、包装（集装箱板）、运输（车厢底板）和体育器材等。进入 20 世纪 90 年代，亚洲对非结构用单板层积材的使用较多，相反在北美和欧洲市场上所占的比例较少。当时非结构用单板层积材以日本市场最具有代表性，占其市场的 77%，其中 51% 被用作建筑的装饰柱、楼梯扶手和地板等，7% 被用作家具领域和 42% 被用作其他领域。

单板层积材由于其在规格、强度、性能等方面的独到优势，且具有防火性能，其稳定性优于胶合木和实体木材，耐火性优于钢材，所以单板层积材的应用范围很广。在建筑方面它非常适用于建筑中各种承重结构的场合，并且在经济上可与钢材、胶合梁和锯材竞争，单板层积材可制成长度超过 20m 的建筑构件，用于建筑托梁、屋顶桁架，也可加工成门窗的横梁，内部墙壁支柱和门窗框、楼梯等建筑部件。单板层积材可以方便地制成各种规格，按要求供货，减少浪费和再加工工序；它的重量轻，可降低安装成本，提高施工安装速度。进入 90 年代，在北美单板层积材被大量用于生产工字型楼板托梁，这种托梁将定向刨花板（OSB）与单板层积材组合，制成力学性能良好的大规格建筑构件。其工字型的翼缘由单板层积材制成，中间腹板是定向刨花板，充分发挥每一种材料的力学性能。现在美国普通住宅的建筑构造设计中常用的方法是以少量的钢柱和钢梁组成主框架，在主梁上架设工字型托梁，其间距一般在 500mm 左右，托梁上面铺设人造板作为承重楼板，然后铺设地面材料。由于这种单板层积材工字型托梁在使用性能和经济方面的优越性，有 55% 的建筑单板层积材用于加工工字型托梁。除了用作建筑构件外，单板层积材也广泛用于其他领域中，如桥梁、车辆、船舶、家具及枕木等的承载结构部件，以及大型混凝土浇筑的托梁和支撑。

中国的一汽、二汽公司均进口过单板层积材生产汽车底梁和车厢板，三峡工程也用进口单板层积材制成大型混凝土模板，以提高混凝土的灌注质量并加快施工进度，国内外有关研究机构对用单板层积材生产铁路枕木的试验研究也已经展开。

21 世纪，中国采用速生杨木生产的非结构单板层积材，在原胶合板生产的基础上通过技术改造进行生产，产量很大，已经替代部分锯材用作高级建筑物的装饰柱、门框、窗框，可以用于一些强度要求较高需要用成材的地方，家具厂采用单板层积材作为家具的框架、内门框和桌面以及内装修等场合。

2007 年，南京林业大学的程伟、朱典想、李迎超利用杨木单板层积材试制地板。对杨木单板层积材采用多片锯制条,通过侧向拼接形成规格宽度的板条,利用四面刨将其刨成等宽等厚的板坯,再进行纵向和双端开榫,然后经油漆和抛光制成地板。该地板的表层耐磨性还需进一步深入研究,以使地板表面获得性能较好的表面性能,满足使用要求。

  由于杨木具有质地轻、颜色浅、容易着色的特点,中国杨木单板层积材经过多片锯、铣削后成型或半成型,并经着色后,已经大量出口到西方国家,代替锯材被用作为内装修部件和家具构件,省工省时深受西方国家青睐。

参考文献:

[1] 吕斌,付跃进,吴盛富,等. 几种人工林树种单板层积材的生产试验及力学性能研究[J]. 林产工业,2004,31(3):13-16.

[2] 陆丛进. 利用兴安落叶松小径原木高频胶合制造单板层积材的研究[J]. 林业科学,1988,24(4):40-47.

[3] 苏福妹. 一种新型结构材料—单板层积材[J]. 江西林业科技,1990(1):41-43.

[4] 刘光远,韩得战,王贵坤. 单板层积材(LVL)的研制[J]. 吉林林学院学报,1988(1):36-44.

[5] 朴成汉. 日本新开发的装饰不定形单板层积材[J]. 木材工业,1988(3):50.

[6] 魏星光. 预热单板可缩短酚醛树脂胶单板层积材的加压时间[J]. 木材加工机械,1988(3):10-13.

[7] 叶良明. 单板层积材及其物理力学性能[J]. 浙江林学院学报,1989,6(4):424-433.

[8] 藤林毅,等. 用高频与热压并用的方法制造单板层积材[J]. 周贤康译. 建筑人造板,1990(2):42-49.

[9] 山内秀文. 圆筒形单板层积材的开发与应用[J]. 人造板通讯,2003(3):6-9.

[10] 陈玲. 日本最大的单板层积材工厂竣工[J]. 国际木业,2015(9):54.

[11] 秦莉. 单板层积材带来的内部生产模式[J]. 国际木业,2016(4):12-13.

[12] 吴盛富,唐召群,吕斌. 胶合板厂技术改造和单板层积材生产[J]. 木材工业,1998,12(6):24-27.

[13] 陈绪和. 建筑人造板的新产品—单板层积材[J]. 建筑人造板,1989(1):46-47.

[14] 籍有顺,李长云. 开发单板层积材(LVL)产品的初探[J]. 吉林林业科技,1987(4):52-54.

[15] 为中. 国外单板层积材的制造及有关问题的研究[J]. 林产工业,1974(3):59-64.

[16] 张守诚,卢成龙. 用落叶松小径木制造单板层积材的方法[J]. 林业科技,1985(3):26-35.

[17] 邢淑芹. 马尾松的新用途-家具用弯曲单板层积材(LVL)[J]. 林业科技开发,1988(3):21-22.

[18] 陆从进. 单板层积材的加速老化性能研究[J]. 林业科学,1990,26(5):448-451.

[19] 杜国兴. 意杨单板层积材热压工艺研究[J]. 南京林业大学学报(自然科学版),1991,15(1):58-63.

[20] 韦益民,刘正添,郝丙业. 杨木单板层积木一步和二步压制方法的比较[J]. 北京林业大学学报,1993,15(4):112-117.

[21] 吴盛富,唐召群,吕斌. 胶合板厂技术改造和单板层积材生产[J]. 木材工业,1998,12(6):24-27.

[22] 陈雷,金菊婉,徐咏兰. 速生杉木单板层积材(LVL)的研究[J]. 林业科技开发,1999(6):26-28.

[23] 陈雷,徐咏兰. 人工林杉木单板层积材制造工艺的研究[J]. 木材工业,2000,14(6):3-5.

[24] 林利民,刘兴杰,刘晓江. 落叶松单板层积材生产工艺技术[J]. 建筑人造板,2000(1):28-29.

[25] 赵丹,李晓秀,顾玉成,等. 单板厚度对杨木单板层积材强度性能的影响[J]. 林业科学,2001,26

(2): 40-42.

[26] 于长海, 吴晓龙. 速生杨木单板层积材冷压工艺研究[J]. 林业科技, 2002, 27(3): 43-45.
[27] 鹿振友, 刘艳, 王淑娟, 等. 斜纹理对单板层积材力学性能的影响[J]. 中国木材, 2003(3): 24-25.
[28] 隋仲义, 林利民, 由昌久, 等. 超长单板层积材生产工艺技术研究[J]. 林业机械与木工设备, 2005, 33(8): 39-42.
[29] 张心安, 关明杰, 朱一辛. 单板层积材的研究现状[J]. 林业科技开发, 2005, 19(5): 1-3.
[30] 张德荣, 于志明, 李建章, 等. 染色与阻燃处理单板生产单板层积材的工艺研究[J]. 北京林业大学学报, 2005, 27(3): 83-86.
[31] 王小青, 郭莉, 刘君良, 等. 竹木复合单板层积材制备工艺[J]. 木材工业, 2005, 19(5): 7-9.
[32] 彭立民, 宫武敦. 单板层积材力学性能研究[J]. 木材加工机械, 2006(3): 8-11.
[33] 林利民, 王春明, 闫超. 汽车厢条型底板用落叶松超长单板层积材生产工艺技术[J]. 林业科技, 2006, 31(6): 38-39.
[34] 余养伦, 于文吉, 王戈. 桉树单板层积材的制造工艺和主要性能[J]. 林业科学, 2007, 43(8): 154-158.
[35] 罗建举, 蒋汇川, 李宁, 等. 桉木单板层积材生产工艺的优化[J]. 林业科技开发, 2011, 25(4): 25-28.
[36] 杨莹. 竹柳单板层积材(LVL)的研究[D]. 南京: 南京林业大学, 2014.
[37] 何勋, 王德福, 唐豫桂. 玉米秸秆皮单板层积材制备工艺优化[J]. 农业工程学报, 2016, 32(10): 303-308.
[38] 刘杨, 冶敏, 赵方, 等. 单板层积材的研究与发展趋势[J]. 木材加工机械, 2010(5): 40-43.
[39] 杜国兴. 单板扳层积材蠕变特性的研究[J]. 建筑人造板, 1990(2): 34-37.
[40] 王淑娟, 鹿振友, 徐曼琼, 等. 单板层积材热效应的表征[J]. 北京林业大学学报, 2002, 24(3): 10-13.
[41] 张一帆. 单板层积材的应用和发展前景[J]. 林产工业, 2001, 28(3): 9-12.
[42] 程伟, 朱典想, 李迎超. 杨木单板层积材地板的试制[J]. 林产工业, 2007, 34(3): 32-33.
[43] 路建. 无卡轴旋切机的研制[J]. 木材加工机械, 1989(2): 1-5.
[44] 徐咏兰, 金菊婉. 杉木小径材制造单板层积材技术的研究开发[J]. 林业科技开发, 2001, 15(2): 27-29.
[45] 王厚立, 蒋华堂, 卢盛江, 等. 单板接长的工艺研究和设备研制[J]. 木材加工机械, 1991(3): 1-6.
[46] 鲍逸培, 戴若夫. 单板磨削斜接接长工艺及其接长机组的试制[J]. 林业机械与木工设备, 1999(1): 23-25.

第四章作者简介：

吴盛富(1962年8月19日—)，男，汉族，中国共产党党员，籍贯浙江省义乌市，1984年7月毕业于南京林业大学木材工业学院获学士学位，1990年3月至1990年12月在英国木材研究所进修，1999年7月在北京林业大学获得经济管理硕士学位。先后在中国林科院木材工业研究所、国家人造板质量监督检验与测试中心、吉林省第二林业技术学校、林业部产业司、芬兰劳特公司北京代表处、北京绿奥诺技术服务有限公司、北京绿林认证有限公司工作。

现任北京绿奥诺技术服务有限公司、北京绿林认证有限公司总经理，兼任中国林产工业协会副会长、中国林业木文化协会会长、中国林产工业协会橱柜分会秘书长、定制家居国家创新联盟秘书长、地板锁扣专利保护联盟秘书长、国际标准ISO/TC218/WG6木制品组组长、国际标准ISO/TC296/WG2竹地板组组长、联合国粮农组织UNFAO林产工业专家组成员、FSC国际经济工作组成员、北京林业大学校外硕士生导师、浙江农林大学兼职教授、南京林业大学兼职教授等职。

近期主要负责并应对我国林产工业行业国际贸易壁垒，包括中美贸易战出庭应诉、美对华301调查、木地板锁扣337调查、针对胶合板和木地板的332调查、多层实木复合地板"双反"、胶合板"双反"、橱柜"双反"应诉、上诉和年审，反规避调查、反垄断调查、欧盟和加拿大反倾销调查等。曾参加国家"七五"、"八五"攻关项目、FAO项目、国际合作项目、国内科研项目等。主持完成国际标准1项、国家标准5项、行业标准1项、团体标准5项；参与制修订国际、国家、行业、团体标准多项；发表论文50余篇。

翁甫金(1963年—)，男，浙江义乌人，副研究员。1986年7月毕业于南京林业大学木材机械加工专业，获学士学位。1986年起在浙江省林业科学研究院先后担任研究实习员、助理研究员、副研究员。1998年赴日本福井县综合绿色中心进修1年，2000~2003年在北京林业大学攻读在职研究生，获硕士学位。兼任中国林学会竹子分会副秘书长、中国木材标准化委员会委员、全国竹藤标准化技术委员会委员、《中国林业产业》编委、浙江省林业标准化技术委员会委员、浙江省林业产业联合会副秘书长、浙江省竹产业协会秘书长等职。

从事竹子、木材的加工利用研究开发30余年，主持浙江省重点科技项目"全天然可降解竹基生物复合塑料的研制""竹木轻质空心成型刨花板关键技术研究"，与浙江省林业科学研究院合作课题"装饰用难燃级竹质复合板生产技术研究与开发"等。参加浙江省科技厅和省林业厅科技项目"竹编胶合板模板的研究开发""毛竹笋用林丰产结构调控技术研究""重组竹的研制和开发""竹类资源产品开发与综合利用技术研究""竹材人造板绿色胶黏剂的前期研制""小径杂竹制造重组竹的试验研究"等。主持和参与多项国家标准和浙江省多个行业团体标准的制订，获浙江省科技进步二等奖1项、三等奖1项，浙江省科技进步星火三等奖1项，浙江省林业厅(局)科技兴林(科技进步)一等奖1项、二等奖2项、三等奖1项。发表论文10余篇，参编《观赏竹》《毛竹》《竹笋培育新技术》等著作。获国家发明专利1项、实用新型专利1项。2003年"小径杂竹制造重组竹的试验研究"获浙江省科协自然科学优秀论文三等奖，2008年"以南浔为龙头 打造中国实木地板大省"获中国林业产业"好新闻、好作品"一等奖。2010年获中国林业产业联合会"2009林业产业信息平台建设突出贡献奖"，2014年获国家林业局和中国农林水利工会"中国林业产业突出贡献奖"。

第二篇

纤维类人造板

第五章 纤维板工业的发展历史

王天佑

以木材及植物纤维为原料，利用纤维自身的胶粘交织性能或辅以胶黏剂和其他功能性化学药剂压制成的板状材谓之纤维板。

纤维板由于其生产工艺不同致使产品品种多样、性能各异。按生产方法大致可分为湿法、干法和半干法3类。以水为输送纤维和成型介质生产的纤维板，称为湿法纤维板；以空气为介质，纤维悬浮于空气中，完成运输和成型生产的纤维板，称为干法纤维板；以介于湿法和干法两者之间的方法生产的纤维板，称为半干法纤维板。产品品种又可分为轻质纤维板（又称软质纤维板或绝缘纤维板）、硬质纤维板（又称高密度纤维板）和半硬质纤维板（又称中密度纤维板）等。

第一节 外国纤维板工业的发展历史

纤维板生产技术的起源虽然众说不一，但是早期生产工艺是沿用于纸浆造纸技术则为世人所共识。

纤维板形成工业化生产是始于19世纪末和20世纪初。

1898年，在英国的Sundbury-on-Thames，由Sutherland创建的Patent Imperable纸板公司建立了第一个用四圆网纸机生产半硬质纤维板的工厂。英国首先利用纸浆板层积热压制成纤维板材，当时主要应用在室内门扇和壁板等。

1901年，在美国的明尼苏达州(Minnesota)，为适应建筑用材的需要生产纤维绝缘板。

1904年，加拿大利用磨木浆制成坯状，采用天然干燥方式生产轻质纤维板（又称绝缘板），这种生产方式在20世纪20年代被很多国家效仿。

1924年，美国人马松氏(William. H. Mason)发明了爆破法制浆技术和设备，1926年成立了马松奈特(Masonite)公司在密西西比州的劳雷尔建立了硬质纤维板生产厂。

1930 年，在瑞典建立 Midn's 股份公司硬质纤维板厂，按照工程师 Johnson 的设计，采用磨木浆生产硬质纤维板。

1931 年，瑞典人阿斯普伦德(A. Asplund)发明了连续式木片制浆机(热磨机)，加压磨浆时的蒸汽温度 170~175℃。1932 年在约翰内德尔(Johannedal)建立了按此法生产硬质纤维板的第一家工厂，该厂由 Svenska Cellulosa 股份公司建立。

1934 年，在北欧的芬兰、丹麦、挪威 3 国开始采用热磨机生产纤维板，截止 1939 年北欧已有 14 个纤维板生产厂，生产能力达到 16 万 m^3，其中半数以上为硬质纤维板。

1935 年，美国人巴乌尔(Bauer)发明高速磨浆技术。同期相继又出现了圆网成型机、长网成型机等设备，对推动纤维板工业发展起到了极大的作用。截至第二次世界大战前夕，世界纤维板年生产量近 100 万 m^3。二战后为恢复战后建设和解决木材供应缺口又促进纤维板生产能力飞速发展，到 1949 年全世界纤维板年产量已达 200 万 m^3。

1945 年，在美国由 Heritage、Evams 和 Neiler 等人提出了气流铺装，采用干法和半干法生产工艺和装备。1950 年起美国大力发展干法纤维板生产，1951 年美国的安纳斯单板公司(Anacores Vemerlmc)，德国的霍恩—利普(Horn-Lippe)公司相继建立了半干法纤维板生产线。1952 年美国的威尔浩斯公司(Weyerhacuser Timber Co.)建成了干法硬质纤维板生产线，截至 1960 年美国建有 8 个干法纤维板厂。

干法纤维板生产技术出现引起各国的关注，在法国、日本、土耳其、捷克斯洛伐克、苏联以及澳大利亚等国家纷纷建厂。

1966 年，在美国纽约州的德波斯特，由赛劳太克斯公司(Celoex Co.)建成年产 8.8 万 m^3 中密度纤维板生产线，这也是世界最先采用干法生产工艺生产的中密度纤维板。由于中密度纤维板质地均匀、密度适中而且具备良好的理化性能，产品的应用途径十分广泛，甚受人们青睐，世界各地掀起中密度纤维板生产热潮。进入 20 世纪 70 年代，首台连续平压热压机由德国库斯特(Kuesters)公司试制成功用于刨花板生产，直到 1984 年，联邦德国辛北尔康普(Siempelkamp)公司的 ContiRoll 连续压机应用在美国 Louisiana-Pacific(L-P)公司中密度纤维板生产线上，不仅生产能力有了新的突破，而且可在连续压机上生产中密度纤维板或薄型高密度硬质纤维板。据报道，全世界 2008 年中密度纤维板生产能力已达 5750.7 万 m^3，2010 年生产能力达到 6832.7 万 m^3。

第二节　中国纤维板工业的发展历史

纤维板在中国是木质人造板产业中主要产品之一，也是发展较早的人造板板种。追溯历史，早在 1928 年中国台湾省以甘蔗渣为原料，湿成型压榨脱水制成板坯，采用天然干燥方式制成轻质纤维板，主要用于包装和建筑上作为抗震隔热材料。在 20 世纪 20~30 年代，中国市面上能见到的纤维板产品，主要是由英、美进口的轻质纤维板和硬质纤维板。

中国纤维板生产技术发展是在中华人民共和国成立之后，20 世纪 50 年代末才开始发展纤维板生产，比国外晚了近 30 年。

1956 年，在全国林业厅局长会议上提出了大搞人造板和发展综合利用的方针。1957

年，中国林业科学研究院木材工业研究所开始研发纤维板，并建立年生产能力600m³的小型湿法纤维板试验生产线；同时举办了4期湿法纤维板生产技术培训班；1959年，出版了中国第一部《硬质纤维板生产技术》一书，对推动中国纤维板生产技术发展起到了积极作用。

中华人民共和国成立到改革开放前，共进口纤维板设备25台套；由于当时设备市场处于空白阶段，一开始就采取成套引进，在成套引进的基础上进行消化吸收。

1957年国家批准林业部从瑞典引进年产1.8万m³的纤维板成套设备，安装在黑龙江省伊春林管局友好木材综合加工厂，1960年7月1日凌晨3点生产出第一张硬质纤维板，1964年正式投产。这是中国20世纪60年代初引进的质量好、技术先进的成套纤维板设备，它为中国纤维板生产的起步和发展奠定了良好的基础。

1959年，我国又从波兰引进了4套年产1.5万m³的成套纤维板设备，分别安装在黑龙江省新青林业局木材综合加工厂、吉林省敦化林业局纤维板厂、松江河林业局纤维板厂和内蒙古甘河林业局木材综合加工厂。这些引进设备的运转情况见表1。

表1 20世纪50~60年代引进纤维板成套设备的运转情况

引进厂名	进口国别	设计能力/(万m³/年)	实际生产能力/(万m³/年)	规格
黑龙江省友好木材加工厂	瑞典	1.8	2.4	4′×8′
内蒙古甘河木材综合加工厂	波兰	1.5	1.3	4′×8′
吉林省敦化纤维板厂	波兰	1.5	1.52	4′×8′
吉林省松江河纤维板厂	波兰	1.5	1.2	4′×8′
黑龙江省新青木材综合加工厂	波兰	1.5	1.24	4′×8′

在此期间，林业部把纤维板作为人造板工业的发展重点，组织有关部门科技人员对引进设备技术进行研究分析，开始自行设计和试制湿法硬质纤维板成套设备。

1965年，在"大搞综合利用"方针的指导下，林业部下达人造板生产技术攻关任务。在上海、北京、天津等地由科研、设计、大专院校和生产企业联合攻关。相继开发了干法纤维板、轻质纤维板和半干法纤维板生产技术。在此期间虽然受到"文化大革命"的冲击，但广大技术人员和工人克服了来自各方的干扰，纤维板的生产技术和装备均取得了显著成果。

1966年，我国湿法硬质纤维板成套生产线试制成功，通过鉴定定为66型。第一套66型湿法硬质纤维板生产线安装在浙江省湖州人造板厂，此后以此为样板向全国推广。同期轻质纤维板生产线在上海建设人造板厂投产。

20世纪70年代中期，中国主管部门总结了10年湿法硬质纤维板生产在工艺和设备方面取得的改革成果，结合国外先进经验，在66型湿法硬质纤维板生产线的基础上，对其主要设备进行了全面改进和提高，组织了湿法硬质纤维板全套工艺、设备、水、电、汽和土建工程的定型设计，定为76型，日产10~12m³。并在河北省保定市木横担厂建生产车间,在江西省景德镇市建立了试点工厂。当时76型湿法硬质纤维生产线不仅在国内推广,并作为援外技术向阿尔巴尼亚和越南出口。

中国研制的66型、76型湿法硬质纤维板成套设备的技术经济指标见表2。

表2 66型、76型湿法硬质纤维板成套设备技术经济指标

项目	66型	76型
幅面/mm	915×2135或1000×2000	915×2135或1000×2000
厚度/mm	2.5~5.0	2.5~6.0
产量/(t/日)	7~10	10~12
容积量/(kg/m^3)	800~1000	800~1000
静曲强度/(kgf/m^2)	300~400	300~400
吸水率/%	15~30	15~30
含水率/%	5~12	5~12
木材耗量/(t/日)	10~13	12~14.4
石蜡耗量/(t/日)	0.07~0.1	0.11~0.13
硫酸铝耗量/(t/日)	0.39~0.56	0.55~0.66
酚醛树脂耗量/(干物质 t/日)	0.079~0.11	0.11~0.13
生产用水量/(平均 t/h)	30	30~34
生产用汽量/(平均 t/h)	3	3.25~3.57
设备装机容置/kW	~602	~615
主车间建筑面积/m^2	2400	2074
年工作日/天	280	280
日工作班数/班	3	3
车间定员/人	49	48

20世纪80年代初,林业部组织有关单位设计了日产25m^{3}湿法硬质纤维板生产线,并于1983年10月在黑龙江省苇河林业局通过林业部技术鉴定。该条年生产能力上万m^{3}生产线,实现了生产连续化和部分自动化。

从1966年至1985年的20年里,中国人造板机械制造企业向全国提供了约340套年产2000m^{3}湿法硬质纤维板成套设备,其中,备料设备多由镇江林业机械厂提供,70%的主机是由上海人造板机器厂提供的,参加配套的工厂有云南林业机械厂,生产浆池搅拌器、料仓的电磁振动器、垫板回送机和分板器等;齐齐哈尔林业机械厂生产湿板运输机和干板运输机;哈尔滨林业机械厂生产纵向切割机和横向切割机;鄢陵林业机械厂生产滤水度测定仪、强度试验机和浆泵。在此期间还设计和制造了年产5000m^{3}湿法硬质纤维板成套设备,年产2000m^{3}半干法纤维板成套设备。

中国干法纤维板和湿法轻质纤维板的开发研制由林业部下达攻关项目，1966年末开始组建"会战组"攻关。干法纤维板在上海木材综合加工厂（1967年更名为上海人造板厂）实施，湿法轻质纤维板在上海建设人造板厂实施。干法纤维板由中国林科院木材工业研究所牵头，南京林学院（1985年更名为南京林业大学）、黑龙江林产设计院参与研发和工程设计。因受"文化大革命"干扰1971年才研发成功，在上海人造板厂建成生产线并投入生产。此后北京市南郊木箱厂、首钢木材加工厂和湖南省株洲市木材公司木材综合加工厂相继建成生产线。湿法轻质纤维板由上海轻工业公司牵头，中国林科院木材工业研究所和上海木材工业研究所参与，在上海建设人造板厂实施，1971年产量1.2万 m^3 轻质纤维板正式投产。

中国半干法硬质纤维板生产技术研发，始于20世纪70年代中后期。为赶超世界先进水平，北京朝阳木器厂、北京市木材工业研究所和农林部设计院组织了半干法生产纤维板三结合小组，于1974年3月组成开始工作，经过一年多试验研究，在工艺上进行有别于国外的创新。对热压工艺条件做了部分小型试验，取得了一些成果；纤维不经过预干燥，制浆后纤维含水率35%左右进行铺装成型，然后预压热压成板；同时对高压静电铺装设备进行了设计和试制。1981年分别在北京市和湖南省长沙市筹建了半干法硬质纤维板生产实验车间。1980年，林业部下达了中密度纤维板生产工艺研发任务，由中国林科院木材工业研究所负责，会同黑龙江省林业设计研究院、湖南省林业勘察设计院和湖南省株州市木材公司共同研发，在株洲市木材公司木材厂干法硬质纤维板生产线上实施。1982年通过林业部技术鉴定，成为中国自行设计制造的第一条中密度纤维板生产线投入生产。

在此期间，上海木材供应公司，上海人造板器厂和林业部林产工业设计院合作在上海南市木材厂建设带有试验性质的中密度纤维板生产线，1986年进行全面调试。

20世纪70年代后，国外中密度纤维板发展很快，总产量已占全部纤维板产量的15%。20世纪80年代初开始，中国开始引进中密度纤维板成套设备，并陆续投产发挥效益。

1980年初，福建省林业进出口公司代表福州人造板厂从美国华盛顿铁厂（Washington lron Works，缩写WIW）引进中国第一套年产5万 m^3 中密度纤维板生产线。

从1983年末到1992年，中国从美国、瑞典和联邦德国引进先进的中密度纤维板生产线相继投产。与此同时，人造板机械制造厂和科研设计部门及大专院校协力研发中密度纤维板生产技术和设备。通过消化吸收国外先进技术和自行研发的技术特长相结合，1990年后，四川东华机械厂、西北人造板机器厂和上海人造机板机器厂等研制的年生产能力0.5万 m^3、1.0万 m^3、1.5万 m^3 中密度纤维板成套设备相继问世。

由于消化吸收工作抓得及时，抓得有力，因此国产纤维板生产设备技术得到了较快地发展。当时不完全统计的消化吸收情况见表3。

表3 纤维板设备消化吸收情况

引进单位	设备名称	型号规格	数量	国别	测绘单位	测绘年度	仿制单位
天津木材一厂	中密度纤维板的成型热磨机	L-32-VPB 1.25-S24	1台	瑞典	黑龙江省林业设计院	1982	
	纤维铺装机	FLAK Pendistor	1台	瑞典	黑龙江省林业设计院	1982	
敦化林业局纤维板厂	湿法纤维板成套设备(4′×8′)	PH-P400A 1.5万 m³/年	1套	波兰	本厂(热压机增层、装卸机吊笼改造)		
黑龙江新青木材综合加工厂	湿法纤维板成套设备(4′×8′)	1.5万 m³/年	1套	波兰		1984	
甘河纤维板厂	湿法纤维板成套设备(4′×8′)		1套	波兰	本厂(热压机增层产量增加30%)		
上海人造板厂	热磨机	L36VPB1.25S24	1套	瑞典	上海人造板机器厂	1984	
	施胶装置		1台	意大利	西北林机厂	1984	
	铺装机		1台	瑞典	苏州林机厂	1984	
	纤维料仓	引进图纸		瑞典	苏州林机厂		
	砂光机	2G/2K	1台	联邦德国	哈尔滨林机厂	1983	
	热压机		1台	瑞典		1986	
福州人造板厂	中密度纤维板生产线	5万 m³/年	1套	美国		1986~1987	

1991~1995年，中国进入第八个五年计划时期，尤其是1992年邓小平视察南方重要讲话发表后，进一步促进了中国国民经济建设持续稳定高速发展。1994年后，沈阳重型机器厂、上海人造机板机器厂、四川东华机械厂、苏福马股份有限公司等制造的年产3万 m³中密度纤维板生产线开始正式投入运转，并向全国各地提供成套的生产装备。到1997年上海人造机板机器厂等开发出年产5万 m³中密度纤维板生产设备。2003年后又开发成功年生产能力为8万 m³、10万 m³、12万 m³中密度纤维板生产线。随着大型热磨机和连续平压机的研发成功，满足了年生产能力20万 m³中密度纤维板生产线配套的需要。据统计截至2010年，我国已建成和投产的中密度纤维板生产线达650余条，图1所示为湿法和干法纤维板工艺流程图。

由于纤维板材质好、用途广，深受人们的青睐，其发展速度很快，不仅形成了完整的产业体系，而且产量也连续多年位居世界之首。2005年，中国纤维板产量为2061.00万 m³，到2013年年产量高达6402.10万 m³，其中轻质纤维板(IB)、硬质纤维板(HB)、高密度纤维板(HDF)为1007.57万 m³，中密度纤维板为5394.53万 m³，表4所示为1959年至2013年中国纤维板历年产量。

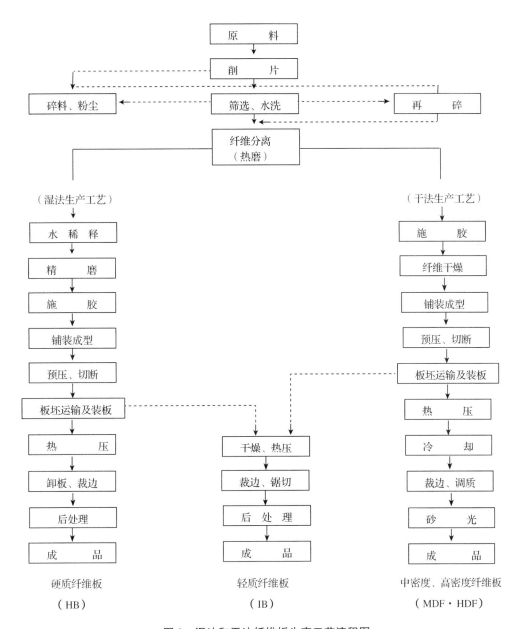

图 1 湿法和干法纤维板生产工艺流程图

表 4 1959～2013 年中国纤维板产量　　　　　　　　　　单位：万 m³

年份	纤维板总产量	HB、HDF、IB 产量和	中密度纤维板产量
1959	1.16	1.16	
1960	5.96	5.96	
1961	2.15	2.15	
1962	1.55	1.55	
1963	1.86	1.86	

（续）

年份	纤维板总产量	HB、HDF、IB产量和	中密度纤维板产量
1964	2.80	2.80	
1965	5.02	5.02	
1966	6.24	6.24	
1967	3.46	3.46	
1968	2.59	2.59	
1969	4.18	4.18	
1970	5.47	5.47	
1971	8.73	8.73	
1972	10.82	10.82	
1973	13.14	13.14	
1974	13.34	15.49	
1975	15.49	17.12	
1976	17.12	22.13	
1977	22.13	31.89	
1978	31.89	42.93	
1979	42.93	50.62	
1980	50.62	56.84	
1981	56.84	66.90	
1982	66.90	75.56	
1983	75.56		
1984	73.59		
1985	89.50		
1986	102.7		
1987	120.65		
1988	148.41		
1989	144.27		
1990	117.20	108.51	8.69
1991	117.43		
1992	144.45		
1993	180.87		
1994	190.00	150.00	40.00
1995	216.40	162.74	53.70
1996	205.50		
1997	272.40	166.54	105.86
1998	219.51		

第五章　纤维板工业的发展历史

(续)

年份	纤维板总产量	HB、HDF、IB 产量和	中密度纤维板产量
1999	390.59	29.20	371.39
2000	514.43	20.20	494.23
2001	570.11	33.76	537.35
2002	768.00	73.00	695.00
2003	1128.33		
2004	1560.46	93.98	1466.48
2005	2061.00	207.00	1854.00
2006	2466.60	243.56	2222.04
2007	2729.84	231.2	2498.64
2008	2906.56	206.04	2700.52
2009	3488.56	288.47	3138.64
2010	4324.54	560.30	3894.24
2011	5562.12	588.71	4973.41
2012	5800.35	777.90	5022.45
2013	6402.10	1007.57	5394.53

第三节　中国几种纤维板的生产技术发展

一、轻质纤维板

(一)轻质纤维板的发展历程

中国纤维板标准将密度在 $450kg/m^3$ 以下的纤维板称为轻质纤维板。湿法或干法生产工艺均可生产轻质纤维板。早在 1928 年台湾省以甘蔗渣为原料采用手工制板天然干燥方式生产轻质纤维板产品；1949 年前后，上海市兆声制板厂以蔗渣为原料生产轻质纤维板；与此同时，苏州市人造板厂用稻秆和蔗渣生产轻质纤维板，均采用湿法工艺，设备简陋，以手工作坊方式生产，产量低、产品单一、质量较差。这种初期的轻质纤维板主要作为隔热防震材料。

1966 年，中国进入第三个五年计划时期，林业部根据中央"大搞综合利用"的指导方针，提出了几项重点人造板生产技术攻关任务，轻质纤维板被列为技术攻关项目之一，并责成上海市轻工业局纸木公司组织攻关小组，由上海市木材工业研究所、中国林科院木材工业研究所参与"轻质纤维板生产技术研发"，在上海建设人造板厂(原祥泰胶合板厂)实施，1970 年研发成功并进行试生产。1972 年，以建设人造板厂胶合板生产的下脚料(废单板等)为原料的机械化生产线，年产量高达 1.2 万 m^3，板的密度为 $250kg/m^3$，厚度 13mm，幅面为 1220mm × 2440mm，部分产品又进一步加工成 500mm × 500mm 和 305mm × 305mm，表面覆贴钛白纸或花纹纸的装饰吸音板,以及普通型轻质纤维板生产线正式投产。与此同时,广东省江门市纤维板厂利用多层热压机,生产密度为400kg/m³的轻质纤维板也相继投产。

20世纪末至21世纪初,中国开始采用干法工艺生产轻质纤维板的尝试,特别是利用农作物秸秆为原料,施加胶黏剂制成密度在250~450kg/m³的轻质纤维板。截至2009年我国轻质纤维板年产量10余万m³,产品除供应国内市场和港澳地区外,还远销日本、东南亚和欧美。

(二)轻质纤维板生产工艺及特点

湿法轻质纤维板所用的原料及工艺与湿法硬质纤维板相似,不用或少用胶黏剂,依靠湿板坯成型时的纤维交织和纤维之间在干燥过程中的结合作用成板。所以对纤维的比表面积、形态以及化学组成等要求都比生产其他纤维板的要求高,浆料的滤水秒在60~80s,纤维要充分疏解达到帚化程度,保持纤维长宽比1:50以利纤维交织。为此,上海建设人造板厂轻质纤维板生产线的生产工艺和设备等都作了相应调整和改进,特别是原料选择、浆料制备、药液施加、板坯成型和干燥,以及后期处理都有独特之处。图2为上海建设人造板厂轻质纤维板生产工艺流程图。

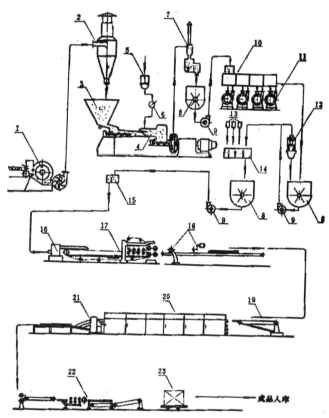

1.切片机 2.旋风分离器 3.料仓 4.热磨机 5.药液贮槽 6.高压泵 7.减压稀释器
8.浆池 9.浆泵 10.精浆池 11.圆筒精磨机 12.浓度调节器 13.胶料贮存器 14.施胶槽
15.高位槽 16.网前箱 17.长网成型机 18.纵横截锯机 19.上板机 20.干燥机 21.卸板机
22.纵横切边机 23.成品

图2 轻质纤维板生产工艺流程

进入20世纪80年代，由于矿渣轻质板、钙塑板、泡沫塑料板等轻质材料相继问世，轻质纤维板在价格上以及产品滞燃性等方面处于劣势，加之湿法轻质纤维板生产存在污水处理等问题，困扰该产品的生产和发展。当前除了采用干法纤维板生产技术生产轻质纤维板外，湿法生产轻质纤维板在中国几乎绝迹。

二、半干法纤维板

半干法纤维板生产工艺技术，是处于湿法和干法生产工艺之间的生产技术。半干法生产纤维板的特点是纤维不需干燥，用半干状态的纤维经铺装成型和热压成一面光的硬质纤维板。

1974年，农林部设计院提出《半干法生产硬质纤维板》科研项目。同年被列入农林部科技发展计划并给予资金等方面的支持，农林部设计院会同上海人造板机器厂分别在北京和上海进行半干法生产工艺及相关设备的技术研发。1977年在取得初步结果基础上，农林部又派出现场设计小组在湖南省长沙市木材公司进行《半干法生产纤维板实验车间》的设计，1979年开展中试车间的筹建，截至1981年我国第一条半干法纤维板生产线正式投产。

由于半干法纤维板产品及生产技术和设备还存在诸多问题，特别是在此期间干法中密度纤维板生产技术和产品的出现，冲击和影响了半干法生产技术的发展而告终止。

（一）半干法纤维板生产工艺流程

半干法生产过程主要由备料工段、制浆工段、成型热压工段和后处理完成工段4部分组成，图3为半干法生产工艺流程图。

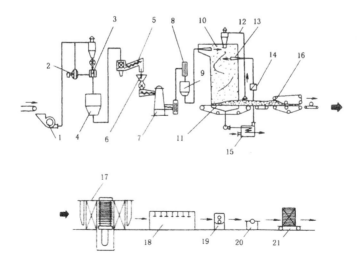

1.切片机 2.再碎机 3.分选机 4.料仓 5.定量料斗 7.热磨机 8.精磨机 9.纤维定量料仓 10.铺装机 11.负压机 12.回料箱 13.热空气喷嘴 14.加热器 15.换热器 16.预压机 17.热压机 18.热处理室 19.加湿机 20.裁边机 21.成品堆

图3 半干法生产纤维板工艺流程

(二)半干法生产工艺特点和问题

1)与湿法纤维板生产相比,可提高产量10%~20%,这是由于半干法湿板坯含水率低,热压周期相应缩短的结果;在热压过程中,充分发挥纤维结合的内在潜力,从而保证了产品质量。

2)湿法每立方米纤维板耗水约60t左右,而半干法每生产1 m³纤维板耗水在10t左右,产生废水比湿法少,对环境污染也小。

3)采用新型结构的高浓度制浆机,精浆纤维含水率在40%~50%,磨盘间隙可调至2~4mm。纤维在磨盘中主要是靠纤维间的相互磨搓进行分离,增加纤维的帚化和扭曲,从而改善了板坯内部纤维交织性能。

4)采用2台定量纤维料仓,取代了湿法生产所需4个浆池以及施胶槽和成型高位槽,可节约工程占地面积。

5)半干法铺装成型在纤维含水率35%~50%状态下进行,保证纤维均匀分散不结团,铺装质地均匀的板坯,其技术要求很高,早期设计的铺装成型机尚不能满足这样要求,成型的湿板坯均质性较差,影响成品质量。

6)半干法的热压是在湿板坯含水率较高状态下进行的,与湿法纤维板同样存在成品板外观质量问题,以及在热压过程中出现纤维粘结热压机垫板和垫网等技术问题,均有待解决。

三、干法纤维板

(一)干法硬质纤维板生产技术的发展

在大搞木材综合利用,赶超国外先进水平精神指导下,林业部提出干法纤维板生产技术攻关项目。1966年8月立项,在上海木材综合加工厂(1967年更名为上海人造板厂)实施,由中国林科院木材工业研究所、黑龙江省林业设计研究院、南京林学院等单位组建会战工作组,并决定在上海人造板厂筹建一座年产量5000m³的干法硬质纤维板生产线,要求生产工艺、产品质量及主要技术经济指标赶上国际先进水平。在会战过程中虽然受到了"文化大革命"的干扰冲击,但在广大工程技术人员和工人师傅的共同努力下,克服了来自各方面的不利因素,1971年5月机械化、连续化干法硬质纤维板生产线在上海人造板厂正式投产。此后又在北京市南郊木箱厂、首钢木材加工厂以及湖南省株洲市木材公司木材厂建成同类型干法硬质纤维板生产线,并相继投产。该项技术于1978年荣获全国科学技术大会奖。

具有新工艺和先进设备的干法纤维板生产技术研发成功,不仅填补了中国纤维板生产技术一项空白,而且为中国木材综合利用闯出了自己的道路,对推动中国纤维板产业发展起到了积极作用,尤其是为中国干法中密度纤维板生产技术发展打下了牢固基础。

(二)干法纤维板生产工艺技术

利用木材或其他植物纤维为原料,经过纤维分离、纤维干燥、施胶、铺装成型和干状纤维板坯热压等生产过程压制成的板材,称之为干法纤维板。该法压制的板材密度通常在900kg/m³以上,属于硬质纤维板。

干法硬质纤维板的生产工艺过程,由下列工序组成:备料、制浆、制胶施胶、纤维计量、纤维气流干燥、纤维分级、板坯成型、板坯预压和锯切、板坯运输、无垫板装卸、热压、纵横锯边、产品检验、入库等，其工艺流程如图4所示。

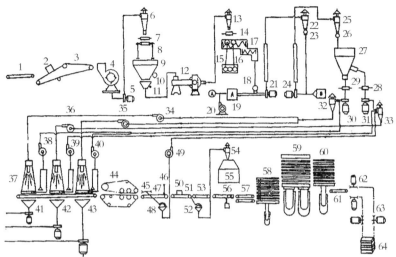

1. 废木料 2. 金属探测仪 3. 皮带运输机 4. 鼓式削片机 5. 物料风机 6. 旋风分离器 7. 移动运输机 8. 电磁辊 9. 料仓 10. 附着振动器 11. 电磁振动器 12. 热磨机 13. 旋风分离器 14. 运输机 15、16. 喷胶设备 17. 湿纤维计量器 18. 星形阀 19. 煤气炉 20. 鼓风机 21. 第一级干燥机 22. 旋风分离器 23. 星形阀 24. 第二级干燥机 25. 旋风分离器 26. 星形阀 27. 分级器 28、29. 运输机 30、31. 粗细纤维送风机 32、33. 旋风分离器 34、35. 细纤维送风机 36. 粗纤维送风机 37. 真空气流成型机 38、39、40. 侧槽刮平吸风机 41、42、43. 真空抽风机 44. 带式预压机 45. 纵截锯 46. 横截锯 47. 同步运输机 48. 边板打碎机 49、50. 吸风机 51. 加速运输机 52. 翻板打碎机 53. 快速运输机 54. 旋风分离器 55. 贮料仓 56. 摆挖 57. 预装机 58. 无垫板装机 59. 热压机 60. 卸板机 61. 卸板运输机 62. 纵锯机 63. 横锯机 64. 成品堆栈

图4 干法生产硬质纤维板工艺流程图

（三）干法纤维板生产特点及存在问题

1) 干法纤维板生产特点

（1）利用气流或机械抛撒的方法将纤维铺装成板坯，工业用水少，基本上根除了污水的产生。

（2）纤维要进行干燥和施加定量胶黏剂和填加剂。

（3）纤维经过干燥，纤维含水率低，板坯呈干状热压，热压时间短。与湿法生产同厚度的产品相比，热压时间可减少50%左右，劳动生产率较高。

（4）干法的硬质纤维板板面为两面光产品，产品规格多。

2) 干法纤维板生产存在的问题

（1）由于热磨纤维浆料没有经过洗涤，浆料的溶出物仍保留在纤维内，产品的板面容易出现污斑等缺陷。

（2）在干法生产区会有粉尘飞扬，车间内有游离甲醛气味，不仅污染了环境而且损害操作人员的身体健康。

（3）干法生产引起火灾的概率相对高于湿法生产，生产技术和企业安全管理都要建立完善的消防机制和相应措施。

（4）干法生产技术含量高，要求生产控制技术的自动化和连续化程度相应较高。

第五章作者简介：

王天佑(1933年—)，男，山东省威海市人，研究员，1958年毕业于东北林学院(现东北林业大学)木材机械加工系，同年分配到中国林业科学研究院木材工业研究所。

1992年获国务院"发展我国科学技术事业做出突出贡献"表彰，并享受国务院政府特殊津贴。历任人造板研究室副主任、主任、副所长，并兼任中国林学会木材工业分会理事，人造板研究会会长，中国老教授协会林产专业委员会副主任等职。

长期以来主要从事纤维板工业的基础研究及人造板实用技术的开发研制工作。参与和主持多项国家和国防科委、林业部下达的研究课题，并获得国家科学技术进步一等奖1项和林业部、市级科学技术进步一、三、四等奖多项。

多年来主持和参与非木材植物纤维板、刨花板和复合人造板等生产技术开发及工程设计项目。出版著作《人造板生产技术手册》(纤维板篇)，主编《中密度纤维板》专辑，参与编撰《中国大百科全书》和《农业大百科全书》中纤维板条目，以及《中国现代科学全书》中《中国林业工程》的相关章节，主编《木材工业实用大全·纤维板卷》。发表科研成果研究报告及论文50余篇。

第六章 中国的湿法纤维板工业

王天佑

纤维板是由纸浆造纸工业衍生出来的一种产品,其生产方式起始于湿法生产工艺。中国纤维板工业化生产是从湿法生产工艺开始拉开了纤维板产业化发展的序幕。

第一节 湿法硬质纤维板工业的发展历史

中国纤维板工业的兴起始于20世纪50年代。1958年,林业部部长罗玉川在《红旗》杂志第14期上发表文章《森林工业要过三关》指出,纤维板工业发达与否,是衡量一个国家森林资源利用率和森林工业发展水平的重要标志。因此,大搞纤维板是当时摆在森林工业工作者面前一项突出任务,从此掀起了一场轰轰烈烈的大搞纤维板热潮。

中国湿法纤维板生产发展大致可分为技术研发和土洋结合阶段,技术进步和生产发展阶段以及发展迟缓趋于淘汰3个阶段。

一、技术研发和土洋结合阶段

1955年下半年,北京市木材厂试验室倪观格和有关同志试验用棉秆制造纤维板;1956年6月22日,北京市木材厂与轻工部科学研究院制浆造纸研究所订立试制纤维板技术合作协议,工厂负责制板,研究所负责制浆,经1年小型试验取得成功。从1957年2月到1958年3月,分3个阶段试验连续蒸煮分解木浆。1959年7月,根据林业部指示建立了土洋结合的生产线,生产$2'\times4'$毛边板,原料为胶合板的废单板;1960年1季度,经过技术革新,实现了打碎到成型的连续化生产,日产量从1.5m^3提高到5m^3,年产量从1959年的63m^3,1963年产量提高到803m^3。

1958年11月,全国林业厅局长会议肯定了"先土后洋,先上马后提高"的思想,紧接着上海第一次纤维板现场会议召开,大搞纤维板群众运动兴起。1958年11月到1960年3月,林业部先后在上海、武昌、天津和河北省唐县召开了4次纤维板现场会,推动了大搞纤维板群众运动的发展。人民日报1960年1月17日发表社论《综合利用木材的一个重要途径》称"在短短的一年中,从无到有,全国各地已建成立起年产量共达10万吨的300多个纤维板工厂和车间。"这些小厂后来因技术不过关,多数停产报废,少数需要改造成才能坚持生产。

1957年,中央林业科学研究所(中国林业科学研究院前身)以杉树皮为原料,制成软质纤维板,容重为 $0.175g/cm^3$,随后,研究了杉树皮制造硬质纤维板的工艺条件。1957年,轻工业部设计院与北京市木材厂研究制浆工艺,以锯屑碎单板为原料制成硬质纤维板,抗弯强度为 $209\sim347kgf/cm^2$;1959年,研究木片的冷碱处理及低温低压工艺,压制温度为 $130\sim150℃$,压力为 $20kgf/cm^2$,制成的纤维板抗弯强度达 $429kgf/cm^2$。

1958年,林业部下达任务,由中国林科院木材工业研究所承担纤维板生产工艺研发。在资料和试验手段极端缺乏的条件下,经科研人员的努力,探索出符合中国当时条件的"土法上马,土洋结合"模式,于1959年末在中国林科院建成一个年产量 $600m^3$ 土洋结合的小型湿法硬质纤维板试验工厂。这条初具雏形的湿法硬质纤维板生产线,还承担科研和教学任务,举办了4期技术培训班,学员共计200余人。

从1958年开始,纤维板生产研发在很短的时间内取得了不少的科研成果和经验教训。比如利用常压蒸煮法进行木本植物和多种草本植物、竹类和灌木类原料的处理,打破了必须用高温蒸煮原料的难关;上海木材一厂、中国林科院木材工业研究所以不同形式的油加热代替了高压蒸汽加热,在当时高压锅炉供应紧张情况下,采用油加热热压板是纤维板生产上的一个创举;上海扬子木材厂以土炉烘烤法压制纤维板获得成功;冷碱法和连续蒸煮法等处理原料方法也先后出台。诸多技术的出现,当时为推动中国纤维板生产技术的初级发展提供了有利的条件。

二、技术进步和生产发展阶段

在自行研发纤维板的同时,引进国外先进设备。1957年,国家批准林业部申请,从瑞典引进年产1.8万 m^3 湿法硬质纤维板成套设备,装于黑龙江省伊春林管局友好木材综合加工厂,1960年7月1日凌晨3点生产出第一张硬质纤维板,1964年正式投产。这是60年代初引进的技术先进的成套纤维板设备,为纤维板生产的起步和发展奠定了良好的基础。从此,中国开始了大工业化的纤维板生产。

1959年,从波兰引进4套年产1.5万 m^3 湿法硬质纤维板生产线,分别装于黑龙江省新青林业局新青木材综合加工厂、吉林省敦化林业局纤维板厂、松江河林业局纤维板厂和内蒙古自治区甘河林业局木材综合加工厂。吉林省敦化林业局纤维板厂于1968年投产,松江河林业局纤维板厂于1969年投产,新青木材综合加工厂和甘河林业局木材综合加工厂约在20世纪70年代初投产。该套设备的削片、制浆、成型和后处理4个工序的主要设备均存在较大增产潜力,盘式削片机 PT-801 型,设计能力80层积 m^3/h;长网成型机"Poland"宽4′,设计能力 $70t/d$;热磨机 RT-12 型,设计能力 $16\sim18t/d$;精磨机 RR-24 型,设计能力 $30\sim40t/d$;热处理室80张/车,设计能力 $11.76t/$日室;热压机 PH-F4000A 型,热压板幅面 $4′×18′$、层数20层、单位压力高压 $5.5MPa$、低压 $0.5\sim1.0MPa$、温度190～200℃、加压时间生产板厚3.2mm为11min，生产板厚5.0mm为17min。

1958年，上海木材一厂试制成功第一张硬质纤维板，同年，建成一个初具规模土法上马的年产600t的小型纤维板车间。1965年，上海木材一厂革新了原来的碱法制浆，框式成型的落后技术，采用小型热磨、简易长网成型的较先进技术，改造了原来车间，初步建成一条连续化生产的流水线，产量提高到2000t，1970年产量达到4000t。制造了除锅炉、热压机、切碎机外的全部车间设备45台。

中国自行研发的小型湿法硬质纤维板生产线在全国各地兴起，也开始走向工业化性质的纤维板生产高潮。此时林业部把大搞纤维板作为人造板工业的发展重点，组织有关部门工程技术人员对引进设备进行剖析，结合中国的技术特点开始了自行设计试制年产量2000m³湿法硬质纤维板成套设备。1965年，林业部林产工业司组织林产工业设计院、中国林科院木材工业研究所、上海木材工业公司及上海人造板机器厂、镇江林业机械厂等设备制造厂的工程技术人员，有的放矢地借鉴国外进口纤维板生产工艺和设备，根据中国情况，对上海木材一厂的连续化生产线加以改进和提高，提出了年产2000t湿法硬质纤维板车间的定型设计，这一设计在连续化和自动化方面都有了新的提高。定型设计工作是在设备制造厂参加下进行的，在定型设计过程中就落实了设备制造单位，保证设备及时供应，加快了投产进度。1966年通过鉴定，定为66型（后称日产7～10t生产线）。这套设备备料工段的皮带运输机、削片机、风送机、旋风分离器等设备，以及施胶工段的施胶设备由镇江林业机械厂提供；热磨机、长网成型机、热压装卸机组等主机由上海人造板机器厂制造；其他配套设备由其他有关林业机械厂提供。

1968年春季，中国自行设计制造安装的第1套连续化、自动化程度较高的年产2000t湿法硬质纤维板生产车间在浙江吴兴（湖州人造板厂）建成投产，投产后设备性能良好，产品质量符合要求，正常年产量可达2500t以上。

1957年，北京市木材厂根据林业部指示，在土法生产纤维板的基础上设计和建设一座现代化车间，大型设备的调研和设计工作由黄毓彦总工程师组织专业组进行。1958年3月26日，国家计委以（58）计基柴字第327号文批准设计任务书，同年6月完成技术设计，当时方案为年产22000t，投资550万元。由于热磨机制作问题，改为两条生产线，年产10000t，投资422万元的中型车间。1959年12月，提出扩大初步设计和施工图设计；1960年3月12日，林业部林产工业设计院提出土建设计施工图，经过3次修改，5月27日交付工地，6月1日破土动工，9月16日停建，完成全部工作量40%。1963年7月11日，国家计委以（63）计材王字第2298号文确定先上一条生产线，1964年6月土建竣工；1964年7月31日，原小型纤维板车间停产，8月1日全部职工转至新车间，1964年11月13日压制出第一车纤维板（共4块纤维板），至1965年5月6日试生产阶段共生产188t纤维板；1965年5月7日，在林业部、北京市建材局和木材工业公司主持下，正式移交生产。1965～1968年4年间产量徘徊在3000～4000m³之间，达不到年产5000m³的设计能力；经过技术革新，1969年首次突破5000m³，达到6580m³；1975年春节，将热压机由16层改为18层，当年产量突破9000m³，进入1980年后，产量一直保持在万立方米水平。

1965年5月3日，周恩来总理陪同坦桑尼亚联合共和国尼雷尔总统视察北京市木材厂纤维板车间、家具车间和全国木材综合利用展览馆，并对生产发展作了重要指示。

20世纪60年代初，援助阿尔巴尼亚人民共和国建设1个年产量2000t机械化纤维板厂，林产工业设计院接受了该项设计任务。当时所用主要设备高压蒸煮罐、高速磨浆机、圆网成型机等都有是该院设计的，为使设备在国外正常运行，先在上海做试验，后来该套设备在阿尔巴尼亚人民共和国运行不错。到了20世纪60年代末，阿方又要求建设一个更大规模的纤维板工厂。

1973年，中国无偿援助阿尔巴尼亚人民共和国的爱尔巴桑年产5000t硬质纤维板厂顺利投产。此项援阿纤维板厂的设计工作由农林部设计院承担，1968年前往牡丹江木工机械厂搞现场设计。1971年，农林部物资设备器材总局下达镇江林业机械厂的任务，作为生产制造单位之一，参加援阿尔年产5000t纤维板成套设备制造，援阿项目镇江林业机械厂提供工艺设备24种37台，其中，1971年生产19种31台，1972年生产2种3台，1973年生产3种3台，成套设备由农林部组织在阿安装交付使用。

1973年，中国自行设计、自行制造、自行安装的具有一定自动化水平的年产5000t纤维板厂，在黑龙江省五常县山河屯林业局建成。生产部门、设备制造厂、设计院和各级领导对全套设备作了空车试运转和联动实物试车鉴定。生产线工艺流程合理、设备性能良好、自动控制装置可靠，通过测试，于1974年2月20日生产出第一批$4'\times8'$硬质纤维板。

1976年，中国主管部门总结了10年纤维板生产在工艺和设备方面取得的改革成果，结合国外先进经验，对66型成套设备的主要设备进行了全面改进和提高，组织了湿法硬质纤维板全套工艺、设备、水、电、汽和土建工程的定型设计，定为76型，日产10~12t，并在保定木横担厂建试点车间和在景德镇建试点厂。图1为保定市木横担木厂纤维板车间外景。

图1 保定市木横担木厂纤维板车间外景

1983年10月25~27日，林业部在苇河林业局召开了"日产25t纤维板生产线技术鉴定会"，对全线生产工艺和主要设备进行了技术鉴定。苇河林业局日产25t湿法硬质纤维板车间是中国自行设计的、当时规模最大的湿法纤维板车间，其工艺和设备是在援助阿尔巴尼亚人民共和国年产5000t纤维板车间的基础上，吸收了国内外的先进技术和成熟经验设计的，生产过程基本实现连续化，部分实现半自动化。BW116/10热磨机运行可靠，采用低温磨浆（蒸汽压力0.4~0.6MPa）。

1984年11月27~29日，在苇河林业局召开了竣工验收工作会议，有中国林业机械公司、黑龙江省森工总局、松花江林业管理局、黑龙江省建委、黑龙江省环保局、松花江地区环保办、尚志县城建环保局、黑龙江省林业设计研究院、林业部林产工业设计院等单位65名代表参加。验收委员会认为，该工程基本上符合两委一部关于竣工验收的规定，同意对该工程进行初验，并报请林业部进行复查后作正式验收，使该工程转入正常生产。

1984年，中国机械进出口总公司应巴基斯坦要求，组织中国纤维板成套设备出口。中巴双方经过实地考察、商务谈判，最终正式签订了中国向巴基斯坦出口日产30t（年产10000m^3）湿法纤维板成套设备的商务合同，由中国林业机械公司具体实施，成套设备的设计制造主要由林业机械公司下属的上海人造板机器厂、镇江林业机械厂等5个单位承担，林产工业设计院负责整个项目的工程设计。1986年2月，中国林业机械公司派出50余人的安装试车队伍赴现场，经近半年的安装试车，1986年10月，在巴基斯坦建成投产。日产30t湿法纤维板生产线是当时中国生产的年产量最大、最先进的湿法纤维板生产线。采用仿制的鼓式削片机削片，输送木片全部采用封闭式埋刮板运输机；采用一次成浆设备，立式预热蒸煮，同位素料位器控制料位；采用瑞典进口浓度调节器，浓度数字显示准确，调节可靠；采用改进型长网成型机，简化了设备结构，有效防止长网跑偏；采用新设计的25层框架式热压机，生产效率高，热压周期全自动控制；采用改进后的新型热处理室，室内气流水平循环，三面铺设加热装置。

中国的湿法硬质纤维板生产，历经了其产量由少到多，生产技术装备由土法上马、土洋结合到自行设计制造的发展过程。1958年全国纤维板产量29m^3，1970年产量5.47万m^3，1980年产量达到50.6万m^3，10年间产量增长超过了8倍；1983年，全国投产与在建湿法纤维板企业364个（其中在建5个，设计能力14万m^3），总设计能力102.8万m^3，实际年产量达到75.5万m^3。1986年全国有湿法硬质纤维板生产线400余条，年产量已达到了100余万m^3。

三、湿法生产趋于淘汰阶段

湿法硬质纤维板生产要消耗大量的水资源（生产1m^3硬质纤维板需用水60~80t），而且排出的有机废水污染水质。据不完全统计，1982年全国各地的湿法生产纤维板厂，每年排放出的高浓度有机废水已达3000万t，对环境造成了严重污染。湿法生产纤维板企业，被政府征收排污费和罚款，有的被通报批评或责令停产和搬迁。为了治理湿法纤维板的废水污染，各地都行动起来做了大量工作。由于中国湿法生产纤维板企业规模偏小、数量多，加之治理废水污染的投资较大，能够解决废水污染的工厂为数不多，仅占湿法纤维板生产企业总数的20%左右，其中，能达到彻底解决废水污染的企业为数更少。

进入20世纪70年代，干法纤维板生产工艺技术在中国问世，特别是1985年后，干法中/高密度纤维板产品投放市场，大大影响了湿法硬质纤维板生产发展，尤其生产规模小、废水得不到彻底解决的工厂纷纷停产或转产，至今仅存为数不多的湿法纤维板生产线，其产量约占硬质纤维板产量的5%左右。

第二节　湿法硬质纤维板的生产技术

一、生产工艺流程的演变

1）湿法硬质纤维板研发初期，具有代表性的工艺流程如图2所示。

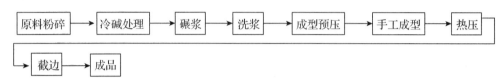

图2　湿法硬质纤维板研发初期工艺流程

2）湿法硬质纤维板工业发展期，定型设计的湿法硬质纤维板工艺流程如图3所示，图4为76型湿法生产硬质纤维板工艺流程示意图。

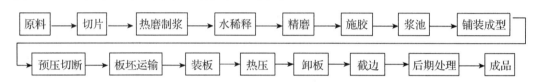

图3　定型设计的湿法硬质纤维板工艺流程

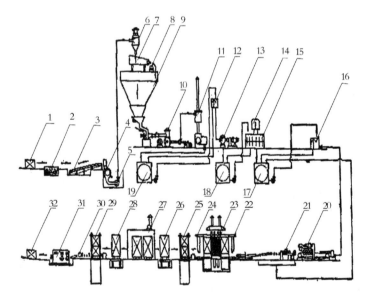

1. 原料　2. 浸泡池　3. 皮带运输机　4. 切片机　5. 风送机　6. 旋风分离器　7. 振动筛　8. 磁选器　9. 料仓　10. 热磨机　11. 减压稀释器　12. 精磨高位槽　13. 精磨机　14. 胶槽　15. 施胶槽　16. 成型高位槽　17. 旋胶浆池　18. 精浆池　19. 粗浆池　20. 长网成型机　21. 横截锯　22. 装板机　23. 热压机　24. 卸板机　25. 装车机　26. 转运机　27. 热处理室　28. 转运车　29. 卸车机　30. 锯边机　31. 加湿机　32. 成品

图4　76型湿法生产硬质纤维板工艺流程

二、湿法生产技术装备的发展

(一)削片技术装备的发展

生产纤维板的主要原料是木材加工、木材采伐剩余物和竹灌木类以及农作物秸秆等,如板皮、废单板、枝丫、灌木、竹子、棉秆、豆秸等。在中国纤维板研发期间,原料的切碎主要是农业用的切草机、铡刀以及造纸行业用的切碎机,如安阳轻工机械厂的切草机。到了纤维板工业发展阶段,1960年出现了鼓式削片机、盘式削片机。根据纤维板生产原料特点,特别是中小型纤维板生产企业多采用鼓式削片机,如镇江林业机械厂制造的BX2112型(S03)的鼓式切片机。

GX1200型削片机是年产2000m³纤维板成套设备中的削片设备,是由镇江林业机械厂测绘设计的,1961年试制,其样机是1958年从联邦德国引进的年产10000m³刨花板成套设备中的鼓式削片机。镇江林业机械厂生产的GX1200削片机用在北京西郊木材厂、北京建筑木材厂、上海建设人造板厂、南京木器厂、福州木材综合加工厂、厦门木材综合加工厂等许多木材厂的年产2000m³纤维板车间。

BX1710(LX-950)型多刀螺旋面盘式削片机用于年产2000t硬质纤维板车间削片。1964年,国家为利用林地采伐剩余物发展枝丫削片,供造纸和人造板生产,从日本引进950诺尔曼削片机,交黑龙江省伊春林管局丰林林业局进行木片生产。接着,林业部将样机测绘试制任务下达给镇江林业机械厂。1965年6月30日,镇江林业机械厂测绘设计的BX1710(LX-950)型多刀螺旋面盘式削片机首台样机试制完成,1966年样机发往丰林林业局削片厂,与日本样机进行生产性对比试验,各项指标达到进口样机质量标准,1966年通过鉴定。这种削片机在黑龙江省新青林业局木材综合加工厂纤维板车间、黑龙江省大海林纤维板厂、杭州木材厂浆粕车间、吉林大兴沟纸浆厂等单位使用。这种削片机1969年至1986年共生产198台。

1968年,镇江林业机械厂完成首批2台BX2112(SO3)型鼓式削片机制造任务。BX2112(SO3)型鼓式削片机是年产2000t硬质纤维板成套设备中备料工段主机。1967年,镇江林业机械厂从上海人造板机器厂引进图纸,该图纸原由上海彭浦机器厂根据1958年从联邦德国引进的年产10000m³刨花板成套设备中的鼓式削片机测绘仿制。1968年,BX2112(SO3)鼓式削片机在湖州人造板厂第1套66型生产线鉴定(样机为牡丹江木工机械厂制造)。1971年,农林部接受国家援外项目,落实镇江林业机械厂援助越南年产2000t硬质纤维板设备5种13台,援助阿尔巴尼亚年产5000t硬质纤维板设备24种37台,其中BX2112型鼓式削片机各1台。为提高该设备的技术水平,对脚踏操纵部分做了改进,以液压操纵代替机械操作,减轻了劳动强度。从1968年至1986年BX2112型鼓式削片机共生产568台。

(二)纤维板分离技术装备的发展

中国纤维板研制初期,采用的纤维分离方法是石碾磨浆。小型生产厂多采用锤式纤维分离机(又称榔头式打磨机)以及荷兰式打浆机(回转式打浆机)。进入20世纪60年代,上海人造板机器厂、镇江林业机械厂、昆明人造板机器厂和西北人造板机器厂,前后制造出

图 5　QM6 型热磨机

QM 系列热磨机，QM6 型热磨机(图 5)主要应用于 66 型湿法纤维板生产线上。与此同时，S13 型和 SJM6 型精磨机也相继问世。热磨机和精磨机的出现，对推动中国纤维板生产发展起到了积极作用。在 QM6 型热磨机基础上，又研制出为 76 型和年产 1 万 m³ 纤维板生产线配套用 QM9 系列热磨机。

1966 年，上海人造板机器厂设计制造了 BW116/6(S09)型单磨盘热磨机。主要技术参数：磨盘直径 600mm，磨盘转速 600r/min，绝干纤维平均产量 8~12t/d，主电机功率 115kW，机床质量 8.2t。S09 型热磨机是 20 世纪六七十年代中国年产 2000t 湿法硬质纤维板车间广泛使用的热磨机。

1972 年，上海人造板机器厂开始研制 QM6C 型热磨机(用于甘蔗渣、芦苇、棉秆等非木质原料)，其磨盘直径为 600mm，磨盘转速为 980r/min。

1972 年，西北人造板机器厂设计制造了 BW116/6(XR)型单磨盘热磨机，主要技术参数：磨盘直径 600mm，磨盘转速 600r/min，绝干纤维平均产量 12~16t/d，电机总功率 116kW，机床质量 8.7t。

1972 年，昆明人造板机器厂设计制造了 BW426/8(S13)型精磨机，主要技术参数：磨盘直径 600mm，磨盘转速 830r/min，绝干纤维平均产量 16~20t/d，主电机功率 115kW，机床质量 4.1t；同年，湖南省郴州林业机械厂制造了 S13 型精磨机，主要技术参数：磨盘转速 830r/min，绝干纤维平均产量 16~20t/d，主电机功率 115kW，机床质量 4t。

1973 年，上海人造板机器厂设计制造 BW426/10(JM6)型精磨机，主要技术参数：磨盘直径 600mm，磨盘转速 975r/min，绝干纤维平均产量 25~40t/d，主电机功率 115kW，机床质量 4.5t；同年，该厂又设计制造了 BW118/7(A6064)型单磨盘热磨机，主要技术参数：磨盘直径 800mm，磨盘转速 735r/min，绝干纤维平均产量 18~25t/d。

中国 2000t 湿法纤维板车间广泛使用 S09 型热磨机，其次为 QM6 型热磨机。昆明人造板机器厂在 QM6 型热磨机基础上，对热磨机的主机、预热蒸煮等部分的结构进行了改进设计，型号定为 KG9 型热磨机。KG9 和 KG9(A)两型号热磨机主机等部分相同，KG9 型热磨机带有蒸煮塔，延长了木片蒸煮时间。1976 年 6 月，昆明人造板机器厂首批两台 KG9(A)型热磨机主机在厂内空运转试车后，立即到福建省厦门木材综合加工厂和龙岩地区木材厂分别试车，1977 年 8 月投入生产。考核证明，KG9(A)型热磨机主机达到了设计要求，磨浆质量和产量有所提高。KG9 型热磨机的预蒸煮塔于 1978 年 5 月试制完成。

1978 年，上海人造板机器厂设计制造了 BW116/7A(QM6A)型单磨盘热磨机。主要技术参数：磨盘直径 600mm，磨盘转速 1500r/min，绝干纤维平均产量 15~18t/d，主电机功率 155kW，机床质量 6.4t。

1979 年，上海人造板机器厂设计制造了 BW446/15 型高浓度精磨机，主要技术参数：磨盘直径 600mm，磨盘转速 1500r/min，产量 15~18t/d。

1981 年，上海人造板机器厂设计制造了 BW116/10B(QM6B)型单磨盘热磨机，主要技术参数：磨盘直径 600mm，磨盘转速 980r/min，绝干纤维平均产量 16~20t/d，电机总功率 186kW，机床质量 11t。

1983 年，上海人造板机器厂设计制造了 BW119/10(QM9A)型单磨盘热磨机，主要技术参数：外圈磨盘直径 900mm，组成片数 8 片，内圈磨盘直径 600mm，组成片数 4 片，磨盘转速 985r/min，绝干纤维平均产量 18~20t/d，电机总功率 301kW，机床质量 14.5t；同年，该厂又设计制造了 BW116/10C(QM6C)型单磨盘热磨机，主要技术参数：磨盘直径 600mm，磨盘转速 980r/min，绝干纤维平均产量 12~15t/d，电机总功率 195kW，机床质量 11.9t。

1984 年，上海人造板机器厂设计制造了 BW119/10(QM9B)型单磨盘热磨机，主要技术参数：外圈磨盘直径 900mm，组成片数 8 片，内圈磨盘直径 600mm，组成片数 4 片，磨盘转速 985r/min，绝干纤维平均产量 18~20t/d，电机总功率 301kW，机床质量 14.5t。

(三)湿法成型预压技术装备的发展

中国湿法硬质纤维板研发初期，湿板坯的成型主要是采用人工操作的木框成型。20 世纪 60 年代初，成型预压为一体的长网成型机研制成功，其网速为 2~4m/min，成为 66 型湿法硬质纤维板生产线的主机之一，该机定为 S26 型。经过改进提高了成型网速达 12m/min 以上，用于 76 型湿法硬质纤维板生产线上。与长网成型机相配套的浆浓度调节器，如浮子式浓度调节器和转子式及刀式浓度调节器也相继研制成功，这些控制仪器的应用对保证成型板坯的质量发挥了极大作用，图 6 为木框成型和长网成型机。

1965 年，上海人造板机器厂设计制造了 BP164(Q11)型单圆网成型机，该机成型面积 350mm×350mm。

1966 年，上海人造板机器厂设计制造了 BP1110(S26)型长网成型机。主要技术参数：抄造速度 2~4m/min，抄造宽度 1000~1085mm，成型宽度 955~1040mm，电机功率 5.35~7.35kW，机床质量 12t。S26 型长网成型机是二十世纪六七十年代中国年产 2000t 湿法硬质纤维板车间广泛使用的成型机。

1966 年，上海人造板机器厂、上海彭浦机器厂设计制造了 BP1211 型长网成型机(真空脱水)。主要技术参数：抄造速度 2~4m/min，抄造宽度 1000~1085mm，伏辊线压力 70kg/cm。

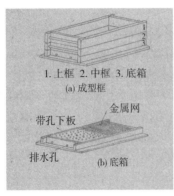 

图6　木框成型和长网成型机

1972年，上海人造板机器厂设计制造了BP1211A(S26A)型长网成型机(真空脱水)，主要技术参数：抄造速度2~6m/min，抄造宽度1000~1085mm，成型宽度955~1040mm。同年，西北人造板机器厂设计制造了BP1110(XC)型长网成型机，主要技术参数：抄造速度2~4m/min，抄造宽度1000~1055mm，成型宽度945~1010mm，机床质量12t。

1973年，上海人造板机器厂设计制造了BP1211B(S26B)型长网成型机(真空脱水)，主要技术参数：抄造速度2~6m/min，抄造宽度1000~1085mm，成型宽度955~1040mm。

1976年，上海人造板机器厂、上海彭浦机器厂设计制造BP1111(DE)型长网成型机，主要技术参数：抄造速度2~6m/min，抄造宽度1000~1085mm，成型宽度966~1050mm，电机功率13.6kW，机床质量11.12t；同年，两厂又分别设计制造了BP1211C(S26C)型长网成型机(真空脱水)，主要技术参数：抄造速度2~6m/min，抄造宽度1000~1085mm，成型宽度966~1050mm，电机功率10.6~12.6kW，机床质量11.5t。

1977年，昆明人造板机器厂设计制造BP1111型长网成型机。主要技术参数：抄造速度2~4m/min，抄造宽度1000~1080mm，成型宽度955~1040mm，机床质量12t。

1979年，上海人造板机器厂设计制造了BP2111(DE)型铺装成型机，主要技术参数：成型速度2~6m/min，成型宽度1100mm，成型厚度110~160mm，电机功率6.7kW，机床质量4.5t。用于半干法纤维板生产。

(四)热压技术装备的发展

热压机是纤维生产关键设备之一。中国湿法硬质纤维板生产技术研发初期，热压是采用土办法，如上海扬子木材厂直接用火烤，广东韶关林业局利用炉和烟道气加热，辽宁省林业科学研究院、沈阳林业专科学校合建的纤维板厂利用烘炉烘烤加热。这些加热方式虽然有些土但当时对纤维板生产发展发挥了一定作用。

1959年，中国林业科学研究院纤维板试验厂，采用上海大安机器厂(上海人造板机器厂前身)制造的12A型(规格610mm×1220mm)多层热压机，热源采用38#气缸油。

随着热压技术的提高和发展，1964年上海人造板机器厂制造的SY型热压机为66型纤维板生产线配套。此后，林业部昆明人造板机器厂和林业部西北人造板机器厂生产的SY1型、XY型热压机，以及上海人造板机器厂生产的SA型、X59型(公称压力达2000t)

热压机等，为中国湿法硬质纤维板不同定型生产线配套。

1960年，上海大安机器厂自行设计了BY134×8/20(X109)型25层热压机组用于纤维板生产；同年，哈尔滨林业机械厂也自行设计了BY134×8/25(X110)型25层热压机组用于纤维板生产。

1985年，西北人造板机器厂设计制造了BY124×8/13(30Y)型纤维板热压机，主要技术参数：总压力12.5MN，热压板尺寸2600mm×1350mm×90mm，热压板间距110mm，层数15层，电机功率48kW。

(五)湿法纤维板的后期处理技术装备的发展

(1)热处理室。间歇式热处理室(类似木材干燥室)，该型机主要配套于66型湿法硬质纤维板生产线上。76型年生产能力在5000m³以上的湿法硬质纤维板生产线多采用连续式热处理，如1974年北京市木材厂纤维板车间，采用的是悬挂式热处理室；上海扬子木材厂纤维板车间采用的是栅栏式热处理室；滚筒式热处理室(类似胶合板滚筒单板干燥机)，也被广泛使用。

(2)纤维板加湿机主要由2~4对加湿滚筒组成(类似胶合板涂胶机)，上辊表面平滑，下辊为刻有小方形槽，该机根据生产能力调节辊筒转速可满足各种型号纤维板生产线要求。

(3)成品裁切设备，主要是由纵横裁边机来完成，即S47、S48型纵横锯边机，一般多见的是硬合金钢圆锯片。1977年，福建永安贮木场纤维板厂发明了YQ-77型滚刀裁边机和天津市木材四厂研制成品割刀机。滚刀式、割刀式裁边机，裁边时即无锯屑又不产生噪音，被多数中小型硬纤维板生产线采用。

第三节　湿法纤维板的新产品研发

一、模压纤维板

1959年初，中国林科院木材工业研究所和北京市汽车车辆装修总厂合作，尝试将湿纤维板坯用金层模具压制微型汽车外壳和大型客车拱形顶板成功，并装配数辆小轿车和大型客车。同年9月，作为庆贺新中国建国十周年献礼向北京市委报喜。

1989年，中国着手湿法纤维板模压门板的研发，1990年研发成功，并获得发明专利权。1993年，在山东省胶南市纤维板厂、济南市匡山木材厂、青州市教具公司，以及北京市建筑木材厂、北京市木材厂和上海市福海木业等企业，开始生产湿法纤维板模压门板。

二、瓦楞硬质纤维板

上海木材加工二厂和上海市建筑科学研究所从1966年就开始研究木纤维瓦楞板，1967年试制成小幅面(1700mm×765mm)的瓦楞板，采用湿法手工铺装成型。1976年上海木材加工二厂开始筹建一次压15张大幅面(2100mm×975mm)瓦楞板的机械化半自动化生产线，于1977年2月建成投入生产。经波型双圆网成型机挤压脱水为波型湿板坯，波型双圆网成型机参数：圆网辊直径（波峰）1555mm，圆网辊宽度 975mm，圆网辊线速度（波峰）2.42/1.62/1.20m/min，调整间隙 3～30mm，电机 JO82-8/6/4、功率 10/12.5/14kW、转数 720/970/1450r/min。瓦楞板 15 热层压机总压力 1500t，热压条件：瓦楞板厚度 5.5mm、板面单位压力 7MPa、蒸汽压力 1.0～1.2 MPa、热压周期 25min。瓦楞板规格技术性能：瓦型、波长 40mm、波距 170mm；幅面长度 2100mm、宽度 975mm、厚度 5.5mm；容重 1.09kg/cm³、瓦重 16 kg/张；吸水率不大于 20%（在 20±5℃清水中浸 24 小时）。

图7 瓦楞硬质纤维板生产线一角

1986 年，北京市木材厂研发成功了湿法瓦楞硬质纤维板生产技术，同年，在该厂建成一条瓦楞硬质纤维板生产线投产，产品投入市场深受建筑业的欢迎，图 7 为瓦楞硬质纤维板生产线一角。

1991 年，由林业部林产工业设计院与上海人造板机器厂共同开发研制的木纤维瓦楞板生产技术与成套生产设备，在福建省漳平市正式建厂并投入试生产。木纤维瓦楞板利用次小薪材和三剩物为原料，采用湿法工艺，经削片、制浆、施胶、成型、热压等主要工序压制成瓦楞形板材。由瓦楞板生产特点决定，采用圆网成型，且不用冲网水以减少成型机下来的白液水量，有利白液水的循环利用。

三、浮雕纤维板

1992 年，湿法浮雕硬质纤维板研发成功，同时钢制浮雕模板制作技术也开发成功。浮雕硬质纤维板表面具有凹凸立体感的美丽图案，产品很受人们青睐。1993 年，山东省禹城纤维板厂、河北省邢台市纤维板厂等单位生产浮雕纤维板。

四、硬质纤维板表面装饰和二次机械加工产品

（一）硬质纤维板表面装饰产品

表面涂饰是硬质纤维板最先采用的方法。进入 20 世纪 60 年代各种装饰材料相继问世，如名贵树种刨切薄木（木皮）、印刷装饰纸、树脂贴面材料以及不饱和树脂、纺织布和金属箔片等材料，装饰的纤维板被广泛应用于建筑内装修和家具制造行业。

1965 年，上海市扬子木材厂研发低压三聚氰胺树脂贴面成功，并建年生产量 5 万 m² 的贴面板生产线投产。

（二）硬质纤维板弯曲、打孔产品

湿法硬质纤维板材质柔性较好，易进行弯曲造型加工。早在 1962 年上海和广东等地就出现筒状硬质纤维板包装箱体。

硬质纤维板进行弯曲加工时，先将硬质纤维板浸湿软化，然后送到弯曲加工器具上进行弯曲造型加工，如图 8 所示。因硬质纤维板可弯曲的曲率半径大，很容易将其弯曲成半

圆形和筒状体。筒状的硬质纤维板包装箱,具有硬度大质轻的特点,是金属类部件物品包装的好容器。

用各种图案的钻头或排钻,将硬质纤维板进行钻孔打眼,可钻成圆形和各种图案形,经钻孔硬质纤维板具有很好的吸音性能和音响效果,又可使被装饰壁面美观雅致。1964年新建北京电报大楼内的电话亭及电话会议大厅的内墙壁就是采用打孔的硬质纤维板。

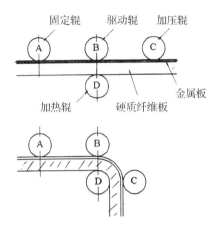

图8 硬质纤维板弯曲加工示意图

第六章作者简介：

王天佑,略,详见第五章作者简介。

第七章 中国的中密度纤维板工业

王天佑

中密度纤维板(Medium Density Fiberboard,缩写MDF),是密度为0.45~0.88g/cm³,材质结构均匀的纤维板。1966年,美国纽约的Depositce城Norboard工业公司开始工业化生产该产品(商品名为Norboard),该产品问世引起全球的关注,是现今人造板生产领域中发展最快的板种。据统计,2010年全世界中密度纤维板生产能力达到6832.7万m³,产量已超过8000万m³。

第一节 中密度纤维板工业的发展历史

中国中密度纤维板生产技术研发始于1980年,林业部下达科研项目,在湖南省株洲木材公司木材综合加工厂原有5000m³干法硬质纤维板生产线基础上,研制开发中密度纤维板生产线,并要求达到年产7000m³。由中国林科院木材工业研究所牵头,会同湖南省林业勘察设计院、黑龙江省林业设计研究院和株洲木材公司木材综合加工厂组成会战组。经过两年研发成功投产,中国自行研发的第一条中密度纤维板生产线1982年12月31日通过了部级技术鉴定。1987年10月改造为年产10000m³中密度纤维板生产线,产品规格为1220mm×2440mm×(6~20)mm,1990年获林业部科技进步三等奖。该条生产线主要设备的BX2112型削片机为镇江林业机械厂生产,SRM6型热磨机由上海人造板机器厂生产,BFS2144型施胶机和10层热压机由四川东华机械厂提供,生产线上其他设备均为会战组研发制造。

之后,由上海市木材供应公司、上海人造板机器厂和林业部林产工业设计院3方合作建设的带有试验性质的工程项目——上海南市木材厂中密度纤维板车间,1982年正式着手筹建,于1986年9月安装就绪,进入全面调试阶段。此项工程由林业部林产工业设计院负责设计,全部选用国产设备,主车间的全套设备由上海人造板机器厂总承包,但宽带砂光机从荷兰引进。全厂总投资约 1100 万元，年产 1.5 万 m^3 中密度纤维板，计算厚度 12mm，成板幅面 1220mm×3660mm。

1983 年 11 月，福州人造板厂引进美国年产 5 万 m^3 中密度纤维板生产线开始试生产。福州人造板厂为林业部和福建省合资经营。第一期工程包括日产中密度纤维板 150t（年产 5 万 m^3）的主车间、主车间建筑面积 7372 m^2，日产 30t 脲醛胶车间，13t/h 链条炉锅炉房（燃用福建白煤）等。该厂 1981 年 1 月完成场地吹填砂，6 月国家建委批准，8 月 10 日开始土建，1983 年 1 季度土建基本完成。1980 年 4 月 4 日福建省林业进出口公司代表福州人造板厂和美国福迈克国际销售公司签订引进美国华盛顿铁工厂（Washington lron Works，缩写 WIW）年产 5 万 m^3 中密度纤维板生产线设备合同，是中国首次从美国引进的中密度纤维板成套设备，具有 20 世纪 70 年代先进水平；1982 年 4 月 20 日至 8 月 31 日设备陆续到货，开箱检验；1983 年 3 月以后转入机械试车，11 月开始投料试车；1983 年 11 月 11 日试产成功，压出第 1 张中密度纤维板。按美国华盛顿铁工厂真空成型和多层热压方式生产。主要设备是装机功率 1500kW、磨盘双向转动、机械密封主轴、连续排浆的 42″热磨机一台，采用机械传动，结构简单可靠，维护方便；主轴采用双向转动，增加了磨片的使用寿命；主轴采用机械密封，性能可靠，减少了纤维浆料的含水率，降低了干燥能源的消耗；合理采用了冷热伸缩的液压自动平衡系统。锅炉系统本身结构紧凑，占地面积小，除尘效果好。水质软化系统的设备功能全，结构小。以砂光粉和锯屑为燃料，既节约了能源，又消除了废物污染。以 315℃ 高温燃气为介质的快速燃气干燥机，干燥速度快（含水率为 50% 左右，干燥时间为 3s）；采用了高灵敏度火花监测系统，运行比较安全。热压机 12 层 4′×8′带同时闭合装置，总压力为 4320t，立柱式结构（结构合理）；采用高位油槽快速提升缸式结构，并用变量高压泵快速闭合，以及压力与位置的双重自动控制，能获得质量良好的成品板；热压板加热采用蒸汽循环再利用回收系统，热能利用合理并且利用率高。控制系统采用全自动化的计算机程序控制，信号反馈，主要工序参数自动记录与显示及电视监视等装置。产品规格密度 500~800kg/m^3，厚度 8~25mm，宽度（最大）为 1245mm，长度（最大）为 4930mm。

1979 年 10 月 12 日，经国家计委［1979］029 号文件批准，在黑龙江省南岔木材水解厂引进一套年设计能力 5 万 m^3 的中密度纤维板成套设备；1980 年 10 月，瑞典中密度纤维板成套设备技术谈判小组到达该厂，进行技术交流和技术谈判；该厂于 1984 年 2 月中旬破土动工，1985 年 11 月压出第一张中密度纤维板，1986 年 2 月试生产，经 6 个月试运行，设备性能可靠，1986 年 9 月通过国家验收，同年 10 月正式投产。正式投产后，产品质量达到合同要求，产品除在国内畅销外，还出口日本、韩国和东南亚地区。1987 年还贷 400 万元人民币。

黑龙江省南岔木材水解厂中密度纤维板分厂，是黑龙江省引进国外设备和技术自建自营的地方性大中型项目，主要包括年处理原料 8.8 万 m^3 的木材削片车间，年产 1 万 t 脲醛树脂胶制胶车间，每小时产汽量 35t 的锅炉，年产 5 万 m^3 的中密度纤维板车间。利用国外贷款 1070 万美元，从瑞典桑斯德菲布拉特（Sunds Deflbrator AB）公司引进 1 套年产 5 万 m^3 的中密度纤维板成套设备，为 80 年代先进水平，是中国引进的第二套中密度纤维板设备，耗外汇851万美元；脲醛树脂胶生产设备和技术从挪威泰诺公司引进，总计1200万美元，国内配套设备和土建工程为2645万元。设备选型：纤维分离采用木片预热，热磨机L42，Sunds公司；管道施胶，蒸汽低温闪击式干燥，干燥机风机HCMB3-112，Flakt公司；潘迪斯特成型头；热压机14层，KMW公司；意大利砂光机；全套设备采用PLC可编程序逻辑控制。生产线的特点：生产线采用纤维干燥前施胶，虽然耗胶量大些，但是避免了施胶不均匀并有利于防火；气流铺装工艺先进；自动控制系统可靠。

1984年，北京市光华木材厂由瑞典桑斯德菲布拉特(Sunds Defibrator AB)公司引进4台主机(纤维热磨机、干燥机、砂光机和成型机)，以国产设备(预压机、热压机等)为主配套建成年产1.5万m^3中密度纤维板车间，1984年12月11日试车成功，生产出第一批产品。由于国产某些主机参数不能满足工艺要求，质量不过关，不能保证正常运转，一段时间内设备开动率扣除能源因素影响外不足30%。1991年重新引进国外设备，中密度纤维板整套设备都是国外引进的，1992年产量2000m^3，1993年达设计产量。

1984年以后，福州人造板厂、黑龙江省南岔木材水解厂、上海人造板厂和北京市光华木材厂、天津市木材一厂引进的生产线或者主机(辅机国内配套)都陆续投入运行。1989年至1992年，广东省从联邦德国辛北尔康普(Siempelkamp)公司引进了6条多层热压机中密度纤维板生产线。首先是广州三兴、顺德顺龙和广州珠江3家以蔗渣为原料的中密度纤维板厂引进生产线设备，生产蔗渣中密度纤维板投放市场；接着怀集南油、封开新江和德庆康蓝3家也引进了生产线设备，生产以木材为原料的中密度纤维板。

在引进国外生产线的同时，上海人造机板机器厂、四川东华机械厂、信阳木工机械厂、西北人造板机器厂、沈阳重型机器厂、苏州新协力机电有限公司等人造板机械制造企业先后开始研发中密度纤维板设备。

1990年，四川东华机械厂向广州番禺国营紫坭糖厂提供1套年产1.0万m^3无胶蔗渣中密度纤维板成套设备；1992年向成都达江装饰材料厂提供1套年产1.5万m^3中密度纤维板设备(热磨机由上海人造板机器厂配套)；此后又向陕西省勉县人造板企业总公司提供1套年产1.5万m^3中密度纤维板成套设备。该年产1.5万m^3中密度纤维板成套设备采用3段加压式连续预压机和真空机械式连续铺装机，保证了板坯的铺装密度均匀性和板坯的强度；用PLC控制液压系统实行行程控制，保证了中密度纤维板的质量；配用联邦德国火花探测系统，保障消防安全。1994年12月，通过了四川省机械工业厅组织的专家评议。评议认为，该成套设备是在消化吸收国外先设备的基础上结合中国国情研制的，研制和配套是成功的；生产线的工艺合理、设备选型适当、整套设备运行正常，能满足工艺要求。该套设备具有国产化率高、质量可靠、操作维修方便、价格合理等特点。该产量的成套设备陆续用于四川、湖南、广东、陕西等地。

1992年11月至1994年3月，沈阳重型机器厂研制成功年产3万m^3中密度纤维板生产线。1994年5月中旬，该生产线在沈阳福阳人造板有限公司进行负荷试车。该生产线除热磨机由瑞典桑斯(SUNDS)公司引进外，其余设备全部由沈阳重型机器厂设计制造。全线均采用PLC控制，其中，主要设备铺装机采用正弦波对吹式真空铺装结构，热压机采用焊接张力柱的先进结构，其他设备也程度不同的采用各种先进技术。

上海人造板机器厂在总结上海南市木材厂中密度纤维板项目经验的基础上，分析了中国引进的多层热压机中密度纤维板生产线工艺流程和设备的 3 种模式（美国华盛顿铁工厂（WIW）模式，瑞典桑斯（Sunds）公司模式，联邦德国辛北尔康普（Siempelkamp）公司模式），以辛北尔康普（Siempelkamp）公司模式进行中密度纤维板生产设备国产化，开发了年产 1.5 万 m^3、3 万 m^3 中密度纤维板成套设备。除备料工段的削片机和后处理工段的砂光机由兄弟工厂配套外，其余主辅机 57 种 58 台设备，经过 1 年的拼搏，1993 年 10 月完成全部技术准备，投入生产。制浆工段采用上海人造板机器厂用于造纸工业 CTMP（化学热磨机械浆）制浆系统中的 M101 型热磨机，并在立式蒸煮缸之前加预蒸料仓。施胶采用意大利意玛（IMAL）公司模式，石蜡和胶在热磨机出口和干燥机进口之前喷入，喷入量由纤维计量称自动控制。管式干燥机水平布置，并留有人孔，在停机冷却之后可进行清扫；装有自动报警灭火系统，防止火灾危险；加热器采用 TCS 椭圆管钢翅片串片式散热器，传热系数较圆管绕片式提高 46%，并装有温度传感器和自动调控系统。装卸热压工段，无垫板装板机采用齿轮齿条离合器机构，吊笼升降采用小柱塞缸链轮链条平衡；热压机为框架式，柱塞缸直径 380mm，年产 1.5 万 m^3 用 2 片机架 4 只缸，年产 3 万 m^3 用 4 片机架 8 只缸；配有同时闭合位置控制，精度基本上达到日本 JIS 标准。整条生产线采用 PLC 可编程序控制，性能接近或达到样机的水平。1994 年 1 季度，第 1 套年产 1.5 万 m^3 中密度纤维板成套设备，交付江西宜丰宏丰人造板有限公司安装调试；1994 年 9 月，第 1 套年产 3 万 m^3 中密度纤维板成套设备在河北易县人造板厂开始安装，1995 年 9 月出板。上海人造板机器厂开发的年产 1.5 万 m^3、3 万 m^3 中密度纤维板生产线设备鉴定会，分别于 1995 年 12 月 26 日在上海、1996 年 12 月 28 日在北京召开，通过了上海市经济委员会、林业部科技司组织的鉴定。1995 年，年产 1.5 万 m^3 中密度纤维板生产线成套设备获上海优秀新产品二等奖。1997 年，年产 3 万 m^3 中密度纤维板生产线成套设备获上海优秀新产品一等奖、林业部科技进步二等奖。

1994 年，我国河北冀县人造板厂（冀州市华林板业有限公司前身）引进联邦德国比松（BISON）公司年产 3 万 m^3 连续辊压薄型中密度纤维板生产线投产；随后，1995 年吉林森工白山人造板有限责任公司，1997 年湖南人造板厂引进了比松（BISON）公司年产 3 万 m^3 连续辊压薄型中密度纤维板生产线投产；1999 年，黑龙江兴隆中密度纤维板有限公司公司引进比松（BISON）公司年产 5 万 m^3 连续辊压薄型中密度纤维板生产线投产；2000 年初，湖北吉象人造林制品有限公司引进了 1 条主加热辊直径为 5m 的 8′二手辊压线，年产 9 万 m^3，于 2001 年投产；2004 年，比诺斯（BINOS）公司（BISON 公司破产后其老板重新建立的公司）的新型 8′辊压线在安徽亚欧木业有限公司建成，至此，我国共有 6 条进口辊压生产线生产薄型中密度纤维板。

1995 年 7 月，西北人造板机器厂年产 0.5 万 m^3 中密度纤维板生产线在河南西峡猎枪厂投产；1995 年 12 月，西北人造板机器厂年产 1.5 万 m^3 中密度纤维板生产线在湖南张家界投产。

1995 年 12 月，苏州新协力机电有限公司与北京市光华木材厂合作研制的第 1 套小型中密度纤维板成套设备于福建省建瓯市万峰中纤板有限公司安装就绪，投入工艺调试和试生产。苏州新协力机电有限公司与北京市光华木材厂合作研制推出了年产0.5万、0.7万、1.0万 m³小型中密度纤维板成套设备。

1996年,信阳木工机械厂向湖南会同纤维板厂提供1套年产1.5万 m³单层热压机中密度纤维板设备(热磨机由镇江林业机械厂配套),1997年投入生产。

20世纪90年代末到21世纪初,上海捷成白鹤木工机械有限公司、常熟林业机械厂、上海云岭人造板机械有限公司、苏福马股份有限公司、哈尔滨东大林业技术装备有限公司等先后加入了中密度纤维板设备的研发制造。

上海捷成白鹤木工机械有限公司1998年下半年开始开发中密度纤维板成套设备,第1套年产1.5万 m³中密度纤维板生产线成套设备于1999年10月年在山东华兰木业有限责任公司投产。上海捷成白鹤木工机械有限公司年产3万 m³中密度纤维板生产线2000年在山东茌平兴达木业有限公司投产,除削片机外,其余设备均由上海捷成白鹤木工机械有限公司提供。

1997年,上海人造板机器厂推出了第1套12层4′×16′多层压机年产5万 m³中密度纤维板生产线;2001年推出了具有自主知识产权的15层4′×16′多层压机年产8万 m³的中密度纤维板生产线。年产8万 m³中密度纤维板生产线,主机装备技术水平有较大提高,15层热压机组的同步平衡、位置控制、同时闭合等机构设计技术解决了年产5万 m³以上生产线的装卸困难问题。年产8万 m³中密度纤维板成套设备2002年被评为上海市新产品;2003年3月26日,在上海通过了上海市经济委员会组织的鉴定;2004年,获上海市科学技术进步二等奖;2008年1月,获2007年国家科技进步二等奖。上海人造板机器厂的年产8万 m³中密度纤维板生产线在中国市场占有率达85%以上,产品出口南美、东南亚、印度、伊朗等国家和地区。

苏福马股份有限公司的第1套年产3万 m³中密度纤维板成套设备2001年底在河南沈丘热电厂投产。2004年,苏福马股份有限公司研制的双幅面(4′×16′)第1套年产8万 m³中密度纤维板成套设备在溧阳市福华人造板有限公司投产;2005年7月18日,在苏州市科技局主持下,苏福马股份有限公司第10套年产8万 m³中密度纤维板成套设备在福建省建瓯市通过技术鉴定。

2006年,上海人造板机器厂研制的第1套年产12万 m³中密度纤维板生产线在广西阳春投产,该生产线热压机为12层8′×16′。

2008年,上海人造板机器厂研制的第1套年产10万 m³中密度纤维板生产线在巴西投产。该生产线热压机为12层6′×18′。

截至2010年底,除引进的23条多层热压机中密度纤维板生产线(总生产能力89.3万 m³)外,中国有国产多层压机中密度纤维板生产线524条,总生产能力2347万 m³,国产设备生产能力占多层压机生产线总能力的96%以上;还有累计近百条国产生产线拆除、关闭或停产,多数是早期的3万 m³以下的生产线,淘汰落后生产能力约250万 m³/年。

第二节 中密度纤维板的生产技术

在中密度纤维板生产企业高效益的示范效应影响下,全国各地都积极筹建中密度纤板厂。由于国外设备价格昂贵，而国内市场又急需中密度纤维板生产设备，为中密度纤维板生产技术和装备国产化的发展提供了空间；由于引进的生产线或者主机陆续投入了运行，积累了一定的生产经验，为国产设备的研发创造了条件。20世纪90年代初，上海人造板机器厂、四川东华机械厂、沈阳重型机器厂、西北人造板机器厂、信阳木工机械厂、苏州新协力机电有限公司均博采众长研发中密度纤维板生产设备。20世纪90年代末到21世纪初，上海捷成白鹤木工机械有限公司、苏福马股份有限公司、常熟林业机械厂、上海云岭人造板机械有限公司、哈尔滨东大林业技术装备有限公司等人造板机械制造企业加入中密度纤维板设备制造。"八五"到"十一五"期间，这些人造板机械制造企业提供了年产0.5万m^3到15万m^3中密度纤维板生产线。进入21世纪，中国的中密度纤维板成套设备的产能规模、生产主机技术水平及其控制自动化程度均有很大提升，国产连续压机和计算机自动控制系统在新建和改建生产线上得到应用。中国自行设计制造的年产15万m^3、20万m^3中密度纤维板成套生产线相继投产。截至2010年底，中国有中密度纤维板生产线652条，年产量3894.24万m^2，与中国人造板机械制造业的贡献密不可分。

一、纤维分离技术

20世纪90年代中后期，四川东华机械厂与吉林纸业股份有限公司机械分厂、镇江林业机械厂与林业部北京林业机械研究所合作开发热磨机；进入21世纪，上海捷成白鹤木工机械有限公司加入了热磨机开发。

1995年，四川东华机械厂与吉林纸业股份有限公司机械分厂合作，在考察国外同类先进设备的基础上，成功地开发出了BW119/15和BW1111/15系列新型热磨机。该系列热磨机配置了完善、合理、可靠的液压伺服系统和高速润滑系统，能确保热磨机主轴、动盘平稳工作，不出故障；除采用了常用的电气保护措施外，特别对前后主轴轴承温度、高压密封水压力、流量、冷却水流量、磨盘间隙、蒸煮缸料位等进行重点检测控制，检测所得实际数据均准确及时地显示在计算机荧屏图形界面上，操作员通过鼠标键盘即可对热磨机进行调节，大大减轻了操作难度，提高了可靠性。该系列热磨机先后在山东龙口、云南景谷、广东德庆、吉林白石、河南西华等地投入使用。

1996年，镇江林业机械厂和林业部北京林业机械研究所共同开发了BM1111/10型热磨机，其进料系统由西安飞机制造厂下属的一个公司配套。1997年初，样机发往湖南会同纤维板厂，与信阳木工机械厂提供的年产1.5万m^3单层热压机中密度纤维板设备配套。1998年8月，根据用户要求对样机整改结束，完成了首轮样机工业性试验。镇江林业机械厂1999年以首轮样机为蓝本，开发了年产3万m^3中密度纤维板生产需要的热磨机，型号为BM1111/15(42″/44″)，其主电机功率1120kW，转速1500r/min，填补了我国42″/44″规格热磨机的空白，2000年用于内蒙古伊旗天骄人造板厂年产3万m^3中密度纤维板生产线。2000年12月，BM1111/15型热磨机通过了江苏省科委委托镇江市科委组织的鉴定，2001年获得了江苏省科学技术创新三等奖，2002年8月获江苏省科学技术厅颁发的"高新技术产品认定证书"。

2001年9月，镇江林业机械厂与苏福马股份有限公司整合改制更名为"苏福马股份有限公司镇江分公司"。根据当时市场要求,先后开发出满足年产 3 万 m^3、5 万 m^3、6 万 m^3 中密度纤维板生产线的 3 个系列热磨机,并小批量投入生产(当年销售 14 台)。同年,镇江分公司引进了奥地利安德里茨(Andritz)公司生产的 45″/48″-1-CP 型热磨机主机。安德里茨热磨机具有高技术、高质量、高转速、高可靠性、控制高度自动化以及大型化的特点,代表了当时国际热磨机的先进水平。镇江分公司按安德里茨公司的要求开发了除主机外的所有配套设备。镇江分公司通过借鉴国外热磨机的先进技术和结构,对已有热磨机进行了几次较大改进,进一步提高了热磨机的设计水平及制造水平。2004 年镇江分公司又成功完成了年产 8 万 m^3 中密度纤维板生产用的 BM1111/15/23(44″)型热磨机的开发和试制,从而进一步地扩大了热磨机系列。该热磨机不论主轴结构还是自动控制,以及整机的技术水平都接近甚至达到进口热磨机水平。该热磨机的成功开发,填补了中国单台热磨机年产 8 万 m^3 中密度纤板的空白,使中国年产 8 万 m^3 中密度纤维板的热磨机不再完全依赖于进口设备。2005 年 7 月中旬,BM1111/15/23(44″)型热磨机通过了由苏州市科技局主持的科技成果鉴定,2006 年 BM1111/15/23(44″)型热磨机获得江苏省科学技术创新三等奖。首台该型号热磨机 2004 年用于福建建瓯福人木业有限公司的年产 8 万 m^3 中密度纤维板生产线。为满足年产 10 万~12 万 m^3 中密度纤维板生产线的需要,2005 年镇江分公司完成了 BM1111/15/33(45″/48″)型热磨机的开发设计工作。

2007 年 1 月,苏福马股份有限公司镇江分公司转型成立镇江中福马机械有限公司。

图 1 国产大型热磨机

2008 年 3 月,镇江中福马机械有限公司完成 BM1111/15/33(45″/48″)型热磨机样机的试制。该型热磨机不但继承了原有热磨机的优点和成熟结构,而且在设计中进行了大胆创新:将动盘进给方式由液压式改为先进的机电联合式。机电联合动盘进给方式的最大优点在于,在保证磨浆间隙不变的前提下极大地简化了热磨机的操作方式,借助计算机精确而又简便的控制功能真正实现了控制自动化。另外,BM1111/15/33(45″/48″)型热磨机的保护系统也得到了进一步提高。同时,该型热磨机的主机机座采用焊接件,大大提高了工业设计的美观性。该机用于安徽太和东盾木业有限公司生产线改造,经过生产运行,热磨机的各项性能指标均达到了设计要求。2010年,镇江中福马机械有限公司又连续开发和试制出50″/54″、54″/58″规格的热磨机(图1),50″/54″热磨机在福建漳州中福木业有限公司和成都天澜木业公司运行正常,热磨机的各项性能指标均达到设计和用户的要求;2台58″热磨机分别用于江苏宿迁福鑫木业有限公司和广西贵港恒运通中纤板有限公司年产20万 m³ 中密度纤维板连续平压生产线上。

镇江中福马机械有限公司热磨机技术发展的突飞猛进,形成了系列化热磨机产品,能向国内外市场提供42″、44″、45″、48″、50″、54″、58″等规格的热磨机(图1)。其中,42″、44″、45″热磨机完全可以替代同规格的进口热磨机,48″热磨机正逐步替代同规格的进口热磨机,其纤维质量和产能均已达到进口热磨机纤维质量和产能要求。热磨主机动力配置,从1000 kW、1120 kW、1250 kW、1400 kW、1600 kW、1800 kW、2240 kW、2800 kW 发展到3000 kW、4500 kW、5600 kW 等,并可以根据用户不同的原料、工艺、产量要求,配置不同型号和动力的热磨机。热磨机的产能可以满足年产5万~20万 m³ 中密度纤维板生产线的配套需求。

1985年,上海人造板机器厂为CTMP(化学热磨机械浆)制浆系统配套的热磨机是仿照瑞典桑斯德菲布拉特(Sunds Deflbrator AB)公司L-36型热磨机改型设计的。是中国当时生产的技术性能最完善、结构比较合理、配用电机功率最大、主轴转速最高(1500r/min)的新型热磨机,定型为BW119/15(厂标M101)热磨机。该机除可供造纸生产CTMP浆使用外,更换不同磨片后可供生产中密度纤维板浆料使用,热磨浆得率一般高达95%,生产纤维板产量可至50~60t/日。

上海人造板机器厂在早年测绘瑞典桑斯德菲布拉特(Sunds Deflbrator AB)公司L-36热磨机基础上,先后研制成功M101(36″/38″)、M200(42″)、M300(44″)、M500(44″)等系列热磨机。2001年研制成功M200(42″)热磨机,其磨盘直径为1070mm,磨盘转速为1500r/min。接着,2003年又研制成功M300(44″)热磨机,其磨盘直径为1118mm,磨盘转速为1500r/min。M300磨机主轴为盘根密封,磨片可装44″。M200蒸汽为手动控制,M300蒸汽为自动控制。2009年又开发了M500热磨机,磨片可装42″、44″,蒸汽全部自动控制,主轴为机械密封。2010年开发了48″的M4111热磨机。此时,上海人造板机器厂的热磨机产能可满足年产3万~12万 m³ 中密度纤维板生产线的配套需要。

上海捷成白鹤木工机械有限公司的热磨机技术发展较快,借鉴瑞典桑斯德菲布拉特(Sunds Deflbrator AB)公司和奥地利安德里茨(Andritz)公司的热磨机技术先后开发出JM9H、JM38、JM42、M48/M50、M52/M54等系列的热磨机,主轴密封以盘根密封为主,进入21世纪后开始采用机械密封结构,其热磨机产能可以满足年产3万~15万 m³ 中密度纤维板生产线配套需要。

"十一五"期间,国产热磨机制造技术发展很快,不仅能够自行设计和制造大规格热磨机,而且热磨机规格系列较齐全,具有从38″到58″各档规格,基本能满足年产5万~20万 m³ 中密度纤维板生产线的配套需求,年产15万 m³ 及其以下规模的生产线基本采用了国产热磨机,国产热磨机与进口热磨机相比已显现一定的竞争潜力。

二、纤维干燥和铺装成型技术

(一)纤维气流干燥技术

由热磨机排出的施胶纤维含水率一般在45%~60%。干法生产须对纤维进行干燥,将纤维含水率降到5%~14%才能适于气流输送、铺装成型和热压等工艺要求。因此,纤维干燥是干法硬质纤维板和中密度纤维板生产过程中的重要工序之一。

气流干燥,按生产工艺、管道型式和送料方式等不同,可分为各具特色的不同形式。中国干法硬质纤维板和中密度纤维板生产线采用正压式管道型气流干燥技术。1971年,我国自行设计制造的第一条干法硬质纤维板生产线选用节能型的二级气流干燥机。1983年,纤维干燥技术由二级气流干燥技术转化成正压式一级干燥技术。随着气流干燥系统技术的发展,与其相关配套的大流量风机、加热和过滤器、干燥管道、旋风分离器、纤维分级器、物料转化、电子计量称、火花探测及灭火设施以及生产工艺自动化控制系统技术进一步完善和提高。进入21世纪,中国可以提供年生产能力为10~20万 m^3 中密度纤维板生产线配套的大型气流干燥系统技术和装备。

(二)铺装成型技术

铺装成型是干法纤维板生产过程中的重要工序之一。成型纤维板坯的质量直接关系到成品纤维板表面质量及理化性能。干法纤维板铺装技术大体分为机械成型、机械气流成型、机械真空成型、气流铺装成型和真空气流成型,以及定向铺装成型等形式。

中国干法硬质纤维板和中密度纤维板铺装成型技术,主要是依据纤维形态特点借助于气流作用使纤维均匀抛撒沉积在网带上,再经预压成为质地均匀带状纤维板坯。

1971年,上海人造板厂干法硬质纤维板生产线的铺装成型技术,就是采用自行设计制造的真空气流成型机。该成型机是将分级后的粗、细纤维分别风送到型号相同的铺装箱体上方,通过摆动的喷头,将粗、细纤维依次顺序抛撒到网带上,经网带下方真空箱负压作用形成均匀质地的带状板坯。

1981年,上海人造板机器厂设计制造了BP2114(M4040)铺装成型机,主要技术参数:成型速度1.5~4.5m/min,成型宽度1400mm,最大成型厚度400mm,成型头数4个,机床质量9.2t。用于干法中密度纤维板生产。

1984年前后,中国相继引进瑞典、美国和联邦德国中密度纤维板生产线成套技术装备,如瑞典桑斯(Sunds)公司的佩迪斯特(Pardistor)型气流铺装成型机和美国华盛顿铁工厂(Washing Irom Works)的摆头布料机械真空式铺装成型等,这些铺装成型技术装备各具特点。瑞典佩迪斯特铺装成型机铺装头为"Z"字型,采用脉冲气流喷射技术,使纤维形成正弦波均匀撒落到网带上。网带下方的真空箱分隔成带状隔区来调整和控制真空箱各区间的真空度,以求控制成型板坯横向密度均匀。国外先进铺装技术对推动中国铺装成型技术装备的发展起到了积极的作用,在自行开发设计基础上,通过借鉴国外先进技术,在"十一五"期间已形成了具有自主知识产权的铺装成型技术和装备,为不同生产规模的中/高密度纤维板生产线配套。

三、热压技术

(一) 多层热压机的发展

随着单线年产量由 1.5 万 m³ 发展到单线年产量 20 万 m³ 的同时,中国的中密度纤维板热压技术装备也相应有了显著的发展。

1982~1986 年,中密度纤维板单线年生产能力 1.2~1.5 万 m³ 配套的热压机普遍采用幅面为 4′×8′ 多层热压机。

1992 年,上海人造板机器厂、沈阳重型机器厂等多家人造板机械制造企业着手开发大幅面多层热压机,幅面 4′×16′ 的 6 层热压机为年产 3 万 m³ 中密度纤维板生产线配套,于 1994 年和 1995 年先后在沈阳福阳人造板有限公司和河北易县人造板厂投入使用,并向全国推广;1997 年,上海人造板机器厂第一套 12 层 4′×16′ 的热压机在内蒙古金河林业局,为年产 5 万 m³ 中密度纤维板生产线配套使用;上海人造板机器厂第一套 15 层 4′×16′ 的及 10 层 4′×18′ 的热压机,分别于 2001 年、2004 年在河北正定银港人造板有限公司和江西吉安绿洲人造板有限公司年生产能力 8 万 m³ 中密度纤维板生产线上投产;此后 2007 年,幅面更大的 12 层 8′×16′ 热压机也问世,2007 年在为广东(阳春)威华股份有限公司年生产能力 15 万 m³ 中密度纤维板生产线配套使用。

(二) 连续热压机的发展

经入 21 世纪,中国人造板机械制造企业开展了连续热压机的研发。首先问世的是连续辊压式压机,2003 年敦化市亚联机械制造有限公司为年产 5 万 m³ 中密度纤维板生产线配套的连续辊压式热压机,在吉林省敦化中联木业有限公司中密度纤维板生产线上投入使用。2006 年,上海捷成白鹤木工机械有限公司开发的第 1 条年产 3 万 m³ 连续辊压中密度纤维板生产线,在其投资的江苏连云港捷达木业公司投产。2009 年哈尔滨东大林业技术装备有限公司为河北鑫耀木业有限公司年产 5 万 m³ 中密度纤维板生产线配套的连续辊压式热压机投产。

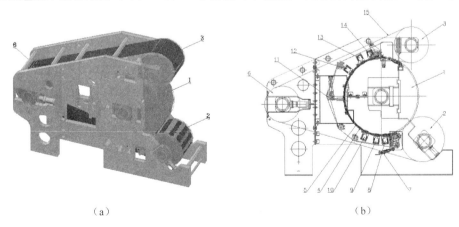

1. 主加热辊 2. 进料加压辊 3. 驱动辊 4. 弧形压板 5. 辊毯 6. 张紧辊 7. 抱夹油缸 8. 第一排油缸 9. 第 2 排油缸 10. 第 3 排油缸 11. 辊毯张紧系统 12. 第 4 排油缸 13. 第 5 排油缸 14. 第 6 排油缸 15. 钢带

(a) 外形图 (b) 结构图

图 2 亚联机械公司的 SBP 系列(第二代)连续辊压机

截至2010年6月,上述3家人造板机械制造公司共生连续辊压式热压机中密度纤维板生产线约50条,图2为亚联机械公司的连续辊压式热压机。

2000年初,上海人造机器厂有限公司开始了连续平压式热压机的研发,历经6年的艰辛努力,2006年5月,具有自主知识产权国产第一台年生产能力为15万 m^3 中密度纤维板连续平压式热压机问世。这台宽4′、长32m连续平压式热压机的技术水平达到国际先进水平,该机拥有发明专利5项,实用新型专利13项,从此打破了只有欧洲著名人造板机械制企业才能生产连续平压式热压机的格局。

上海人造板机器厂有限公司,在样机开发成功基础上又经过不懈努力,进行大量的技术创新和改进,于2009年8月又制造出宽4′、长38.5m,最大运行速度为1000mm/s的双钢带连续平压式热压机,该机已在新疆的米泉市金杨美家木业有限公司的中密度纤维板生产线上投入运行。

上海人造板机器厂有限公司的年生产能力为45万 m^3 人造板连续平压式热压机通过了国家林业局、上海市和国际欧盟CE(CONFORMITE EUROPEENNE)组织的认证,被认定为达到国际先进水平。该机突出特点是设备的关键结构有自己的创新技术和知识产权,采用了全智能化的光电一体化集约化的节能减排等新技术和新材料。连续平压式热压机的开发成功标志中国当代人造板机械制造的最高技术水平,实现了中国人造板生产技术和装备历史性的突飞跨越。

截至2010年上半年,除上海人造板机器厂有限公司外,上海捷成白鹤木工机械有限公司、敦化市亚联机械制造有限公司以及中国福马机械有限公司等机械制造企业均可生产连续平压式热压机。据不完全统计,全国已运行和在建的国产连续平压式的中密度纤维板生产线共有35余条,图3所示为上海人造板机器厂有限公司连续平压式热压机。

图3 上海人造板机器厂有限公司连续平压式热压机

第七章作者简介:

王天佑,略,详见第五章作者简介。

第八章 纤维板产品及其发展方向

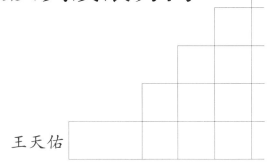

王天佑

纤维板是质地优异的木质人造板材,不仅具备木材原有的理化特性,而且克服了天然木材的某些缺陷,因此用途十分广泛,是家具、车辆、船舶、细木工产品制造及建筑装修、包装等的上好材料。

第一节 纤维板的共性

各类型纤维板产品,虽然由于所用原料及制造工艺不同而性能有所差异,但是仍具有很多共性。

(1)纤维板与木材相比其方向差异性很小。由于纤维板纤维排列均匀,产品的纵横向强度差很小,最大不超过10%;而天然木材的纤维排列顺着一个方向,故纵横方向强度差少则几倍,多则十几倍。

(2)纤维板的尺寸稳定性好。纤维板的纵横方向湿涨、干缩变化很小,故不会开裂、不易翘曲和变形。

(3)纤维板具有无节疤、板面平整、光滑的特点,生产的产品规格尺寸可调范围幅度大。

(4)纤维板可以制成不同密度的板材。低密度(450kg/m³ 以下)纤维板具有良好的保温隔热和吸音性能,尤其是轻质纤维板这种性能更为优异,它的保温隔热性能为天然木材的2.2倍,混凝土的3.4倍;中密度纤维板具有良好的机械加工性能,密度适中近似天然木材,具有广泛的用途;硬质纤维板又称高密度纤维板,具有密度较高、强度大的特点,适用于家具制造、建筑内外装饰及地板基材等,尤其作为复合型板材的基材其用途更为优越。

(5)纤维板还具有可打孔、开榫、钉着、铣、刨、镂和弯曲造型等良好的机械加工性能,以及涂饰、贴面加工性能。

（6）纤维板可在制造过程中添加各种功能性的化学药剂，赋予其某种独特的功能，如阻燃、防水、防腐、抗静电及吸收电磁波、净化空气等特殊功能。

第二节 纤维板种类及用途

"十二五"期间，中国纤维板产品种类主要有中密度纤维板、硬质纤维板、强化木地板基材用高密度纤维板、轻质纤维板、薄型硬质纤维板、硬质木纤维瓦楞板、木质与无机原料复合的水泥纤维板、石膏纤维板，以及农业秸秆为原料生产的纤维板等，详见表1。

表1 常见纤维板制品及其用途

产品品种	特点及用途
硬质纤维板（高密度纤维板）	产品密度大，强度高，加工性能好，厚度以中、薄为主，易弯曲、开榫和打孔。广泛用作建筑材料，如做壁板、天棚吊板及活动房屋；也可用于家具、车辆、船舶制造。特硬质高密度纤维板又是强化木地板的基材。
中密度纤维板（半硬质纤维板）	产品密度适中，强度较高，厚度范围大，结构均匀、易加工，可镂、刨、铣及雕刻，有类似木材而又优于木材的美誉，被广泛用于建筑、家具、车辆、船舶及细木工制品制造，由于材质均具有良好的共振、共鸣性，是音响箱体的理想材料。
轻质纤维板（绝缘纤维板）	产品密度低，质轻，具有多孔性，孔隙率约占体积的80%左右，是吸音、隔热和防震的理想材料，多用于会议厅、音乐厅、剧场及酒吧间等作为装饰材，既美观又有良好的吸音性能。经过特殊处理的轻质纤维板可作为吸音波或吸附净化空气的扩散板。
阻燃纤维板	添加阻燃剂或经阻燃处理的纤维板，具有良好的阻燃性能和物理性能，主要用于有防火要求的建筑、车辆、船舶及家具制造等方面。
防腐防霉纤维板	经防腐、防霉等药剂处理的纤维板，具有良好的防腐、防霉、防蛀等性能，适用做有防腐防霉要求的特殊用材。
模压纤维板	将纤维通过模具制成仿型板，如瓦楞形、箱体及日常生活器皿和建筑中各种部件等纤维模压制品，用途极为广泛。
浮雕纤维板	压制成凹凸图案等具有立体感，外观美观的纤维板。该产品可广泛用于建筑内外装饰和家具制造。
表面装饰纤维板	纤维板表面经涂饰、贴面装饰处理，使其表面美观耐用，并可提高板材的物理力学性能，是建筑、家具装饰的上好板材。
复合纤维板	由木质纤维、无机物质及合成纤维等复合压制成的板材称为复合纤维板。如石膏纤维板、水泥纤维板、粉煤灰纤维板等。这些制品具有强度高、阻燃、防水、隔热性能好的特点，可广泛用作建筑材料。木质纤维与合成纤维等复合的制成品，可用于汽车内衬板及压制成各种模压制品，用途极广。

第三节 纤维板产品标准

"十一五"到"十二五"期间实施的纤维板产品标准有GB/T 11718-2009《中密度纤维板》；GB/T 12626.1-2009《湿法硬质纤维板 第1部分：定义和分类》，GB/T 12626.2-

2009《湿法硬质纤维板 第 2 部分：对所有板型的共同要求》、GB/T 12626.3 – 2009《湿法硬质纤维板 第 3 部分：试件取样及测量》；GB/T 18958 – 2003《难燃中密度纤维板》；LY/T 1204 – 1997《浮雕纤维板》、LY/T 1611 – 2011《地板基材用纤维板》、LY/T 1718 – 2007《轻质纤维板》。

"十一五"到"十二五"期间实施的基础通用和方法标准中，与纤维板相关的国家标准有 GB/T 17657 – 1999《人造板及饰面人造板理化性能试验方法》、GB/T 18259 – 2009《人造板及其表面装饰术语》、GB/T 18580 – 2001《室内装饰装修材料 人造板及其制品中甲醛释放限量》、GB/T 19367 – 2009《人造板的尺寸测定》、GB/T 23825 – 2009《人造板及其制品中甲醛释放量测定 气体分析法》。

"十二五"期间将修订的标准有《硬质纤维板 第 4~9 部分》、《阻燃中密度纤维板》，将制订的标准有《高密度纤维板》、《浮雕纤维板》、《木质门用纤维板》。

第四节　纤维板工业的发展方向

到"十一五"期间，中国纤维板工业化生产已有 50 余年的历史，历经半个多世纪的发展已形成了一个完整的工业体系，跃居世界纤维板生产大国。特别是进入 21 世纪后的十多年来，生产能力和技术装备均取得了惊人发展。其中，中密度纤维板生产技术发展更引人注目。截至 2010 年，全国已有 700 余条纤维板生产线，总生产能力达到 5000 万 m^3，实际年产量为 4354.54 万 m^3。其中，中密度纤维板产量占 89%，为 3894.24m^3。2011 年在建的纤维板产能为 892m^3，到 2012 年底，全国纤维板生产能力约 6400 万 m^3，中国已成为令世人瞩目的纤维板产能超级大国。

在 2010 年之后，在经济调整发展和市场经济复杂多变的形势下，中国纤维板工业的发展也和其他工业同样面临着严峻的考验及挑战，迫使纤维板工业要做重新调整，为此，我们必须面对新世纪发展规律和遵循经济发展的原则，结合国情和工业特点建立具有竞争力的新型纤维板工业体系，淘汰落后的生产技术；实现纤维板生产技术自动化和程序化，重视高效环保型的生产环境和产品，要在提高产品质量和降低能源及材料消耗技术领域中下功夫。

一、控制和不再发展湿法纤维板生产

中国湿法纤维板生产技术的发展，为中国纤维板生产发展奠定了基础，为中国纤维板工业发展起到了积极的推动作用。20 世纪 80 年代前，中国纤维板生产以湿法生产技术为主，全国已有 500 余个生产厂和车间，生产能力已达 300 余万 m^3。由于湿法生产需要大量消耗水资源和带来耗资巨大的污水治理等问题，随着干法纤维板生产工艺在中国兴起发展，中密度纤维板、高密度纤维板相继涌现和高速发展，加速了中国湿法纤维板生产企业，尤其是污水治理没有得到彻底解决的企业倒闭或转产。进入 21 世纪，中国湿法纤维板生产已被列为控制和限制发展之列。

二、淘汰半干法纤维板生产

半干法纤维板生产除了存在用水量大和污水治理问题外，其产品的外观质量问题、铺装成型技术以及热压时粘垫板和垫网问题没有得到彻底解决，故该项生产技术在中国没有被认可而遭淘汰。

三、淘汰落后产能，提升技术水平

中密度纤维板是20世纪80年代在中国出现的纤维板新产品。因该产品密度适中、质地均匀和具有各种良好的理化性能，用途十分广泛。产品自问世以来发展速度很快，进入1990年前后又相继涌现出薄型、厚型的高密度和低密度纤维板。截至2010年，中国纤维板生产量达到了4324.54万m^3（生产设计能力约5000万m^3），特别是中/高密度纤维板高速发展已出现了阶段性产能过剩，2010年中密度纤维板产量为3894.24万m^3，高密度硬质纤维板产量也超过了550.30万m^3，市场已出现产大于销的局面，部分产品严重滞销，企业经营处于微利状态。在此状态下，且不可盲目追求生产量，应提高生产技术管理水平，在节能降耗的基础上创新调整产品结构和提高产品技术含量，扩大国际贸易和增加产品附加值，从而提高企业效益。

总之，在高速发展的经济社会中，特别是在低碳经济浪潮影响下，要求中国纤维板工业可持续发展。其产品生产必须以低能耗、低排放、低污染的低碳产品为根本；以先进的科学技术为动力，提高和创新纤维板的生产技术和装备；以产品作为企业发展的生命线，在提高产品质量的前提下，开发新产品新用途，调整产品结构和拓宽产品应用领域；同时，更要重视纤维板生产原料的开发、降低生产能源消耗、消除生产污染源，以及生产低碳产品等多方位的技术研发和调整。只有这样方可使中国的纤维板工业在激烈的市场竞争和低碳生活时代占有一席之地，求得可持续发展。

参考文献：

[1] F F P 科尔曼，E W 库恩齐，A J 施塔姆. 木材学与木材工艺学原理：人造板[M]. 杨秉国译. 北京：中国林业出版社，1984：483-485.

[2] 南京林业大学. 木工机械[M]. 北京：中国林业出版社，1987.

[3] 村田藤橘，佐野弥三郎. 纤维板[M]. 东京都：森林资源综对策协议会，1961.

[4] 王恺. 新世纪我国林产工业的发展道路问题[J]. 林产工业，2001，28(1)：47.

[5] 约翰·瓦德斯沃德. 2009年世界中密度纤维板生产能力调查：第2部分：世界其余地区[J]. 中国人造板，2010(增刊).

[6] 林业部林产工业公司办公室. 三板生产建设咨询资料汇编[G]. 1985.

[7] 王安栋. 我国5000吨纤维板干法生产工艺及对其存在问题的探讨（上）[J]. 林产工业，1974(3)：25-34.

[8] 本刊通讯员. 半干法纤维板生产工艺的探讨[J]. 林产工业，1975(2)：20-23.

[9] B H 比茹科夫，等. 纤维板手册[M]. 刘守典译. 吉林省林业设计院，1983.

[10] 中国林科院森林工业研究所木材机械加工研究室. 硬质纤维板生产技术[M]. 北京：中国林业出版社，1959.

[11] 李庆章. 湿法纤维板生产技术[J]. 林产工业, 1987.
[12] 北京市木材厂. 北京市木材厂四十年发展史(1952－1992)[Z]. [1993]: 53－58.
[13] 中华人民共和国林业部林产工业司. 纤维板工业生产经验汇编(第一辑)[M]. 北京: 中国林业出版社, 1960: 1－7.
[14] 王凤翔. 中国人造板的科学研究: 中国林业科技三十年(1949－1979)[C]. 北京: 中国林业科学研究院科技情报研究所, 1979: 422－441.
[15] 胡润民. 热压机热水循环系统基本原理探讨[J]. 林产工业, 1967(1): 31－42.
[16] 刘映辉. 4号液压缸的漏水与密封[J]. 林产工业, 1979(3/4): 55－56.
[17] 庄华. 关于年产15000吨湿法硬质纤维板热压工序生产能力的探讨[J]. 林产工业设计, 1980(1): 48－54.
[18] 上海木材一厂革命委员会. 举旗抓纲乘胜前进[J]. 林业科技通讯, 1972(1): 14－16.
[19] 农林设计院一室. 两千吨纤维板厂定型设计是群众性设计革命的硕果[J]. 林产工业, 1975(1): 6－8.
[20] 吴国庆. 为发展我国纤维板工业铺石奠基: 关于我院纤维板设备设计研发工作纪实[A]//国家林业局林产工业规划设计院建院50周年1958~2008[C]. 北京: 国家林业局林产工业规划设计院, 2008: 83－85.
[21] 施志高. 从白手起家到遍地开花, 从对外援助到外贸出口: 我国湿法纤维板工业发展历程回顾[A]//国家林业局林产工业规划设计院建院50周年1958~2008[C]. 北京: 国家林业局林产工业规划设计院, 2008: 74－75.
[22] 施志高. 我国又一座纤维板厂建成[J]. 林产工业, 1974(2): 1.
[23] 《木材加工机械》编辑部. 日产25吨硬质纤维板生产线通过鉴定[J]. 木材加工机械, 1984(1): 25－26.
[24] 郭和源. 我国湿法纤维板生产技术的进展[J]. 木材加工机械, 1989(2): 22－24.
[25] 徐广熹. 国内削片机介绍[J]. 林产工业专辑: 人造板原料的削片、刨片和再碎设备, 1978.
[26] 黄均和. KG9(A)热磨机简介[J]. 林产工业, 1979(3/4): 39－42.
[27] 周之海. 木纤维瓦楞板及其生产线[J]. 林产工业, 1977(4): 29－32.
[28] 林光华. 新型的工程建筑材料木纤维瓦楞板[J]. 上海板机, 1992(2): 2－5.
[29] 王安栋. 年产15000立方米中密度纤维板主机工艺介绍[J]. 林产工业, 1985(4): 20－26.
[30] 申其灵. 上海南市木材厂中密度纤维板车间进入全面调试阶段[J]. 林产工业动态, 1987, 159(1): 3－4.
[31] 陈坤霖. 福州中密度纤维板厂开始试生产[J]. 林产工业, 1984(3): 47.
[32] 何秀高. 南岔木材水解厂中密度纤维板分厂已投入试生产[J]. 林产工业动态, 1986, 150(4): 12.
[33] 光华木材厂. 北京光华木材厂中密度纤维板生产线试车成功[J]. 林产工业动态, 1985, 136(2): 9.
[34] 王首, 云钧祥. 中密度纤维板的应用与展望[J]. 北京木材工业. 1992(2): 1－4.
[35] 方普新. 二十余载热磨机研发历程[J]. 中国人造板, 2008(9): 34－36.
[36] 杨振雄. 上海人造板机器厂试制国内第一套供造纸生产使用的CTMP制浆系统[J]. 林产工业动态, 1985, 145(11): 2.
[37] 姜仁龙. 我国中密度纤维板压机发展概况[J]. 中国人造板, 2011(4): 1－17.

第八章作者简介:

王天佑, 略, 详见第五章作者简介。

第九章 人造板行业的热能中心和环境保护

张忠涛

第一节 人造板行业的热能中心

热能中心是以木质废料(树皮、锯屑、砂光粉等)为主要燃料,采用层燃、室燃或组合的燃烧方式,可同时产生多种热载体(蒸汽、有机热载体、热烟气等),为人造板生产提供热能的成套设备及其相关的辅助建筑物、构筑物的统称。

热能中心采用层燃(往复炉排)和室燃的组合燃烧方式,在下部层燃室燃烧人造板生产过程产生的树皮、边角料等固体燃料,在上部燃烧室喷燃砂光粉。固体木质燃料含水率一般50%左右,利用往复炉排有规则的运动使燃料均匀移动,并对燃料起到搅动作用,可强化和加速燃烧过程,而锅炉一般只采用单一的燃烧方式。同时,热能中心燃烧室未布置任何受热面,一般炉膛出口烟气分别进入导热油炉、蒸汽发生器和混合室,炉膛出口烟气温度控制在1100℃左右,混合室烟气不再经过换热器加热空气,除尘后的洁净烟气直接进入干燥系统,相比传统锅炉排烟温度大幅降低,热效率比一般锅炉提高15%~20%,可达90%以上。

热能中心已广泛用于木材加工和人造板生产领域,是一种高效、节能、可采用多种燃料、生产多种载热体的供热装备。其主要优点:①热能中心能充分利用木材加工和人造板生产过程中产生的废料、废渣和剩余物,将废料转变为工厂所需要的各种热能,有利于环境保护,减少污染;②提高了能源的综合利用率;③降低生产成本,提高市场竞争力,是木材加工和人造板生产企业首选的供热方案;④热能中心可处理生产中所产生的少量废水。

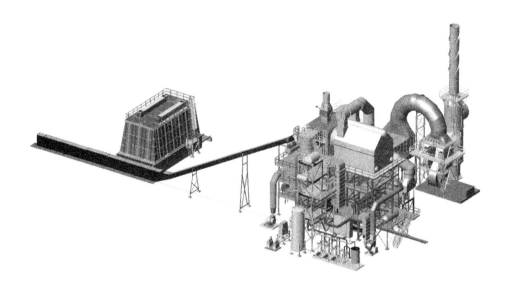

图 1　热能中心效果图

一、热能中心的发展

在国外以人造板生产废料和其他生物质能源为燃料的热能中心(也称能源中心、能源工厂、热能工厂)逐步发展完善,因其显著的节能和环保功能而被广泛采用,除了在人造板企业作为热能发生系统外,在一些林业发达国家还利用森工剩余物进行热电联产,满足社会需求,取得了很好的环保效益,在经济上也是成功的。20 世纪 90 年代初期,随着我国人造板工业的迅速发展,单线生产规模不断扩大,热能中心因其优良的节能和环保性能逐步得到业内人士的关注,但由于我国尚无设备制造企业能够提供成熟的热能中心技术,人造板生产企业开始随着生产线配套引进热能中心,主要有河南黄河林业股份有限公司年产 5 万 m^3 中密度纤维板生产线,福州福人木业有限公司年产 7 万 m^3 中密度纤维板生产线,广西三威林产工业有限公司年产 10 万 m^3 中密度纤维板生产线,湖北吉象人造林制品有限公司年产 10 万 m^3 连续平压中密度纤维板生产线和年产 9 万 m^3 连续辊压中密度纤维板生产线,安徽省皖华人造板有限公司年产 5 万 m^3 中密度纤维板生产线等,主要设备供货商是比利时 VYNCKE、德国 ITI 公司、美国 GTS 公司等。

20 世纪 90 年代末期,引进热能中心投入运行后效益良好,得到了国家经贸委等部门的高度重视,进口热能中心技术成熟、运行可靠、自动化程度高,但价格相对昂贵,巨大的市场和利润空间,促使一些国内锅炉制造厂和科研、设计单位也逐渐开始研发热能中心,并陆续应用在国内的生产线上。国产第一套热能中心由常州联合锅炉容器有限公司研发,于 2001 年 2 月在广西高峰冠华人造板有限公司正式投入运行,此后又有多套国产热能中心分别于 2002 年在江西信丰人造板有限公司、广西三威人造板有限公司,2003 年在安徽华林人造板有限公司(图 2)投入运行。通过多年试验研究、引进技术和合作生产等方式,国内逐步掌握热能中心的关键技术,并得到市场认可,国产热能中心已能为国产生产线和进口生产线配套,成为我国人造板生产线配套的主流装备,系统完善、技术可靠。主要供货商包括常州联合锅炉容器有限公司、常州能源设备总厂、常州市锅炉设备有限公司、常州青山能源设备有限公司等。

图 2　安徽华林人造板有限公司热能中心

二、热能中心工艺流程及系统组成

热能中心生产工艺流程见图 3,主要由燃料供给系统、焚烧系统、换热系统和控制系统 4 部分组成。

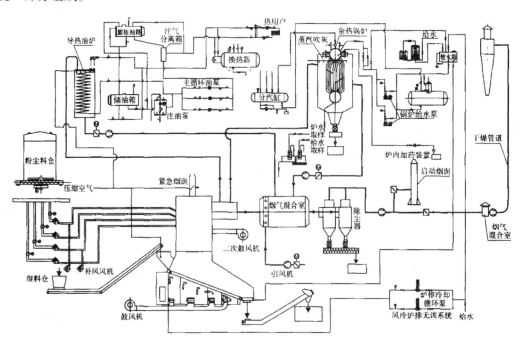

图 3　热能中心工艺流程图

(一)燃料供给系统

热能中心燃料的供给系统也包括木质废料的收集和储运,这一工序也是减少木材加工废弃物污染、消除火灾隐患的重要环节,它可以分为直接燃烧燃料供给系统和燃烧木质废料压制颗粒的供给系统。

直接燃烧燃料供给系统可分为块状燃料供储系统和粉状废料供储系统。树皮、碎木、板边截头等块状废料经破碎机打碎以后运入料仓储存,碎料尺寸一般不大于100mm×100mm,以免影响炉排和螺旋等输送设备的正常运转。破碎机的进料口要设置金属探测器,破碎机的动力输送扭矩要较大,以适合尺寸变异较大的废料的破碎。经破碎的木质废料用运输机械送入料仓,料仓下部有出料机构,根据燃烧系统的需要量将块状燃料输送到加料斗内,进入燃烧系统燃烧。

砂光粉、锯末等粉状废料由收尘系统搜集。为保持厂区和车间内的环境卫生和安全生产,采用严格可靠的收尘系统,收集的粉尘送入料仓备用。料仓下的出料器可根据炉内的燃烧情况自动调节粉状木质废料的输出量,喷入焚烧系统内燃烧。

燃烧木质废料压制颗粒的供给系统:产能稍小的热能中心,有时为了简化燃烧系统的结构,不设喷燃喷嘴。有时因为燃料的尺寸形态无法喷燃,也不适合在炉排上燃烧。由此先对废料进行压块处理,压制成一定尺寸的木质废颗粒,再进入块状燃料供储系统。

(二)焚烧系统

焚烧系统通常由炉排、喷嘴、炉膛等部分组成,破碎后的块状木质废料,经加料斗进入焚烧系统的炉排上燃烧。炉排是焚烧系统中的关键设备,大型的热能中心主要采用倾斜式往复炉排,而小型的热能中心也有采用圆形燃烧床的。往复炉排片长期在高温条件下工作,炉排的有效冷却对其安全可靠运行尤其重要。为保证运行安全,铸铁材料的炉排必须采用水冷方式,而风冷式炉排则必须采用耐高温合金铸钢炉排片。近年来,国外生产的热能中心绝大多数采用风冷炉排,中国进口的热能中心也几乎全部选用风冷炉排。其主要原因是由于冷却水带走的大量热量必须通过相关设备加以回收,使水冷系统复杂化,而且不可避免带来热损耗。炉排冷却循环泵消耗不少电能,甚至还需要配备应急电源系统。由于水冷炉排表面的温度较低,燃烧高含水率的废料时需要提高一次风的温度才能正常燃烧,处理生产污水的能力也较低。而风冷炉排的稳定运行主要靠高性能的耐热镍铬铸钢来保证,可耐1100~1300℃的高温,热稳定性好,耐磨性能好,并省去了冷却水系统和应急电源系统。风冷炉排还有一个优点是,由于结构上的原因,比同样面积的水冷炉排通气隙面积大,因此穿过炉排的风速较低而均匀,使炉膛内的飞灰量下降,保证木质废料的充分燃烧,降低了烟气的含尘量。有些小型热能中心使用的圆形燃烧床,靠新鲜的空气来冷却进料螺旋和炉排,在突然失电的情况下要采用措施防止过热和反烧。

砂光粉等由专门的喷嘴装置喷入炉膛内,在炉膛内悬浮燃烧,喷嘴沿圆周布置,在炉排上方的烟焰和二次风作用下产生强烈的扰动,从而使燃料和空气充分混合,彻底燃烧。为保证安全运行,设有火焰监测器和点火自动保护以及炉膛防爆门。

(三)换热系统

焚烧系统设有多个烟焰出口,分别向导热油炉、蒸汽发生器、热烟气混合室输出高温烟气。多个烟气通道上均设有调节装置（烟道阀或变频控制风机等），可根据导热油、蒸汽、烟气的温度和供热量，调节控制各通道内的热烟气流量。若烟气总量有余，可部分开启焚烧炉上紧急排放烟道之阀门，瞬间将部分烟气排空，同时燃烧控制系统会自动减少炉内的燃料供给量和助燃风量。

导热油炉内的主要部件是金属盘管，盘管经卷制后焊接成炉壁，高温烟气通过时加热盘管中的导热油。导热油炉内还设有清灰装置，使换热表面不积灰、烟气通道不堵灰。经过自动控制和调节，导热油炉的出口油温波动度可控制在 ±2℃ 之内。

蒸汽发生器产生蒸汽，其压力、温度、水位均可自动控制在安全的范围内，供汽压力和供汽量可通过调节烟气量来实现。同样，蒸汽发生器内需要有定期清灰装置以保证高的热交换效率。但热能中心中的蒸汽发生器过载能力不大，必须调节组织好有关设备的供汽时间和负荷，如错开设备启动和用汽高峰时间。导热油炉和蒸汽发生器排出的那部分有余热的烟气，分别通过多管除尘器后最终全部进入烟气混合室进行混合，为调节温度，需加入一部分新鲜空气，使烟气混合室出口温度达到 230~250℃。再经多管除尘器除尘，一般多管除尘器除尘效率可达到 90% 以上。洁净烟气由风机送给纤维干燥机，通常干燥热风温度控制在 150~190℃。热能中心的木质废料中往往含有少量硅酸盐，砂光粉中含有磨料微粒，这些物质在高温条件下有可能产生玻璃化结壳现象，积聚在盘管和炉膛表面，影响热效率，必须注意控制焚烧炉内燃烧温度，一般不超过 850℃ 即可。同时热能中心焚烧炉内需要设除尘装置，定期吹灰除尘，防止烟尘积聚粘连。

（四）自动控制系统

热能源中心燃烧多种性能、形状的木质燃料，生产出的热能有多种介质传输，供应到多台用热设备，各台用热设备的温度、供热量有不同的要求，而且是一个动态的过程，因此对燃烧过程中的燃料量、风量和烟气的温度、流量以及新鲜空气的混入量的控制，需要一个较复杂的控制系统，以满足生产线的要求。通常能源中心控制系统要保证：①一次循环油温的波动值小于 ±2℃，二次循环的油温波动值小于 ±1℃；②蒸汽压力波动值小于 ±0.02MPa；③实现烟气的平衡，也就是正常运行时所产生的烟气最终全部用于干燥，由干燥系统出口排放（正常情况下应急烟囱是不排烟的）。因此要求整个热能中心系统能实现燃料输送、炉排速度、一次风量、二次风量、导热油温度、蒸汽压力、干燥用烟气温度的调节安全可靠的全自动控制。

第二节　人造板行业的环境保护

生态环境是人类生存和发展的基本条件，是经济、社会发展的基础。保护和建设好生态环境，实现可持续发展，是我国现代化建设中始终坚持的一项基本国策。党的十八大提出了经济、政治、文化、社会和生态文明建设五位一体的总体布局，党的十九大提出将污染防治攻坚战作为决胜全面建成小康社会的三大攻坚战之一。生态环境是关系党的使命宗旨的重大政治问题，也是关系民生的重大社会问题。近年来，中国人造板行业结合推进供给侧结构性改革，积极推动行业环保设施改造和标准提升，引导人造板行业将环保政策标准融入投资、生产和应用环节，加快绿色转型、绿色投资和绿色生产，取得了一定的实效。

一、人造板行业环境保护发展简述

改革开放前，我国经济建设主要采取高度集中的计划经济体制和重工业优先发展的经济发展战略，人造板行业主要是胶合板生产，环境保护工作处于一种粗放式的管理阶段。随着经济的发展，环境污染问题逐渐引起了党和政府的关注，管理也由单一管理体制向多元管理体制转变，向全球化综合管理体制转变。逐步建立实施了建设项目环境影响评价制度、企业环境目标责任制、排污许可证制度、"三同时"制度、限期治理制度、垂直管理制度等，市场机制也逐步引入环境管理。同时随着管理体制的逐步健全，环境保护标准体系也逐步完善，从人造板工程设计、工程建设到生产运行等环节已全部纳入环境管理，废水、废气、废渣等环境污染因子均需达标排放，人造板工程建设及生产运营均纳入所在地环境保护部门的监管。

二、人造板行业环境保护标准

现行人造板行业适用的主要环境保护标准有13项，其中国家环境保护标准10项，产品甲醛释放量排放限值标准2项，产品环境标志标准1项（表1）。

表1 现行人造板工业污染物排放相关标准

序号	名　称	编　号	备　注
1	大气污染物综合排放标准	GB 16297－1996	
2	锅炉大气污染物综合排放标准	GB 13271－2014	
3	污水排放综合标准	GB 8978－1996	
4	一般工业固体废物贮存、处置场污染控制标准	GB 18599－2001	
5	工业企业厂界环境噪声排放标准	GB 12348－2008	
6	恶臭污染物排放标准	GB 14554－1993	
7	合成树脂工业污染物排放标准	GB 31572－2015	
8	人造板工业清洁生产技术要求	GB/T 29903－2013	
9	人造板工业清洁生产评价指标体系	GB/T 29904－2013	
10	人造板工程环境保护设计规范	GB/T 50887－2013	
11	室内装饰装修材料 人造板及其制品中甲醛释放限量	GB 18580－2017	
12	人造板甲醛释放限量	T/CNFPIA 1001－2016	
13	环境标志产品技术要求 人造板及其制品	HJ 571－2010	

目前中国人造板行业生产过程污染物排放管理主要执行的是 GB 8978－1996《污水综合排放标准》、GB 16297－1996《大气污染物综合排放标准》、GB 13271－2014《锅炉大气污染物排放标准》等相关标准和规范。产品使用游离甲醛释放限值主要执行 GB 18580－2017《室内装饰装修材料 人造板及其制品中甲醛释放限量》、T/CNFPIA 1001－2016《人造板甲醛释放限量》等标准。

上述污染物排放及清洁生产等标准规范中除噪声外，关于污染因子的控制种类和限值要求共涉及16项污染因子,其中废水因子9项、废气因子7项(不同标准中类似的颗粒物、木粉尘、烟尘等因子归为1项)(表2)。

表2　现行相关标准要求控制的污染因子情况

污染因子	GB 8978-1996 污水综合排放标准	GB 16297-1996 大气污染物综合排放标准	HJ/T 315-2006 清洁生产标准人造板行业(中密度纤维板)	GB/T 29904-2013 人造板工业清洁生产评价指标体系	人造板工业污染物排放标准(征求意见稿)
污水				√	
废水综合利用率(%)			√		
pH	√				√
色度	√				√
悬浮物	√				√
五日生化需氧量					√
BOD	√				
COD	√			√	√
氨氮	√				√
总磷	√				√
挥发酚	√				√
甲醛	√	√	√		√
二氧化硫		√		√	
氮氧化物		√			
非甲烷总烃					√
酚类		√			
TVOC				√	
木粉尘			√	√	
颗粒物		√			√
烟尘				√	
工艺废渣综合利用率			√	√	

随着发展环境和管理需求的变化,亟需发布行业环境保护标准来规范人造板行业污染物排放及管理。目前《人造板工业污染物排放标准》、《排污许可证申请与核发技术规范 人造板工业》、《排污单位自行监测技术指南 人造板制造》已经立项正在编制过程中,《人造板制造业污染防治可行技术指南》等相关标准正在提出过程中。

参考文献:

[1] 国家林业局林产工业规划设计院. 人造板生产热能中心工程设计规范[S]. 北京:中国计划出版社,2013.

[2] 陆懋圣,韩寿平. 浅谈国产热能中心[J]. 中国人造板. 2008(10):33-37.

[3] 吴树栋. 环保节能的热能中心[J]. 中国人造板,2007(12):8-11.

[4] 喻乐飞. 热能中心在中密度纤维板工程中的应用[J]. 林产工业,2004,31(5):40-43.

[5] 王泽强. 热能工厂的环保指标及其用用前景分析[J]. 木材工业,2003,17(6):31-33.

第九章作者简介：

张忠涛(1976年4月—)，男，汉族，中共党员，籍贯黑龙江尚志市，工学博士，教授级高工，国家注册咨询工程师(投资)。现任国家林业和草原局林产工业规划设计院党委委员，工业工程一所所长。国家百千万人才工程省部级人选，国家发展循环经济部级联席会议专家咨询委成员，北京林业大学客座教授，山东省林业产业发展首席专家，国家开发银行外聘专家。兼任中国林产工业协会副秘书长、标准化技术委员会秘书长、专家咨询委员会副秘书长、国家无醛人造板创新联盟秘书长等。曾获FIDIC中国优秀青年咨询工程师、中国林业青年科技奖、中国林业产业突出贡献奖、国家优质工程金质奖突出贡献奖、中央国家机关优秀青年等荣誉称号。

主持或参与完成了《林业产业"十三五"发展规划》、《临沂国家林产工业科技示范园区总体规划》等百余个项目的规划设计工作，先后获技术发明奖1项，国家优质工程金质奖1项，国家级优秀工程咨询、设计成果奖6项，林业系统优秀工程咨询、设计成果奖15项。主持国家科研项目7项，获得授权专利7项，发表论文30余篇。主持或参与编写了《排污许可证申请与核发技术规范 人造板工业》、《人造板工业污染物排放标准》等10余项国家、行业或团体标准。

第三篇

刨花类人造板

第十章 刨花板

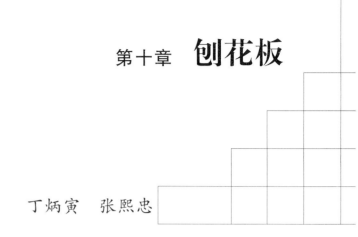

丁炳寅　张熙忠

将木材或非木材原料(亚麻屑、甘蔗渣、农作物秸秆或其他木本、禾本材料)加工成一定含水率的碎料(木刨花、锯末、秸秆碎料等),并混以胶黏剂热压制造成的人造板材称为刨花板。

第一节　外国刨花板工业的发展历史

一、外国的早期刨花板专利

外国发表的早期刨花板专利见表1。

表1　外国发表的早期刨花板专利

序号	国别	专利号	年份
1	德国	DRP 692159,Pfohl	1940
2	德国	DRP 967328,Fahrni	1942
3	捷克斯洛伐克	CSP56350,Pfohl	1936
4	捷克斯洛伐克	CSP67763,Dyas	1940
5	瑞士	193139,Pfohl	1937
6	法国	679708,Samsonow	1929
7	美国	USP 796545,Watson	1901
8	美国	USP 2007585,Satow	1930
9	美国	USP 203341,Carson	1936

二、外国刨花板工业的发展历史

1936~1937年，Psohl用平薄的棱形木片或小棒木料制作单层和3层结构刨花板用于家具制造未获成功。

1941年，德国在不莱梅州建立了第一个具有一定规模的刨花工厂（Torfit-WerKe），原料为干燥的云杉锯屑，用酚醛树脂胶，板的规格为3m×2m，厚度为4~25mm，板的密度为$0.9~1.1g/cm^3$，加压温度为160℃，单位压力为8~10 MPa，该厂在第二次世界大战中被炸毁。

1942年，德国胶合板工厂股份公司（设在德国的维登布吕克）的Roos和他的合作者建立了一家刨花板工厂。原料为山毛榉单板加工剩余物，用翼状粉碎机粉碎成粗刨花，然后拌以8%~10%（以干重计）的脲醛树脂胶，采用箱式成型，利用液压控制的多层热压机压成刨花板材，厚度12mm，密度$0.7~0.8g/cm^3$，使用的压力为6~10MPa，这种板子用作镶嵌板和室内壁板。

1942~1943年，德国建立了几家小刨花板厂，1943年的产量约1万t。其中有两家公司曾试图以锯屑为主要原料生产薄型刨花板，试验虽未成功，但他们的探索促进了刨花板技术的发展。

1943年，Fahrni在德国技术科学杂志上，首次介绍了刨花板制造工艺，对刨花板工业发展起到了巨大的促进作用。Fahrni说明了与板材结构有关的胶黏剂用量、产品的密度和应用领域等情况。他制成的强度高而密度低的3层结构刨花板，密度$0.6g/cm^3$。打磨机生产的碎料作为刨花板芯层，表层刨花是由圆木段刨切下来的。表层厚度仅1~1.5mm，表层的"集肤效应"（Skin effect）使其密度、强度均较高，这种方法称作诺沃潘工艺（Novopan）。

1944年，瑞士在上述基础上建立了第一家称为Fahrni（Novopan）法尔尼-诺沃潘三层结构工艺的小型刨花板厂。由于Fahrni为刨花板生产研制了许多专用设备，所以该厂的生产规模很快就扩大了。

1945年，美国引进了欧洲刨花板生产技术，在东部建成了第一套年产200万ft^2（厚度3/4in）（约为3540m^3）的碎料板工厂。利用木材加工剩余物生产碎料板，不久，不仅利用加工剩余物，而且还使用劣等原木为原料生产碎料板。

1946年，在人们还没有以科学的态度对待刨花板制造的基本问题时，Klauditz于联邦德国不伦瑞克的研究所与Winter密切合作，开始研究刨花的形态、尺寸、树种、板材密度对刨花板质量和强度的影响，认识到了刨花的长、宽、厚之间的关系，它们不仅决定了板材内表面积的胶合作用，而且还决定了板材强度和制造的经济性，刨花厚度对刨花板密度和静曲强度的影响很大。

1947年，在比利时首次生产了亚麻屑板，1948年比利时建成了第一个麻屑板厂。

1949年，Himmelheber和他的合作者建立了第一个日产20t左右当时的现代化刨花板工厂，这就是后来的Trianger木材加工有限公司。

1948~1949年，德国Kreibaum研制了立式连续式挤压成型生产刨花板的方法，即奥卡尔(Okal)工艺，这种方法可以制造各种形状的刨花板和空心刨花板(图1)。几年后在美国研制改进建成了立式挤压成型工艺即奇普克拉夫特系统(Chipcraft system)(图2)。

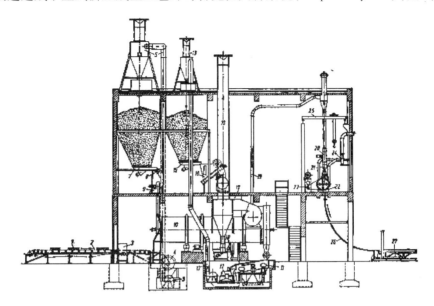

1. 原木　2. 皮带输送机　3. 金属探测器　4. 削片机　5. 湿木片气流输送设置　6. 湿木片料仓　7、15、18. 槽式输送机　8. 埃利克特罗(Elektro)磁鼓　9. 刨片机　10. 滚筒式干燥机　11. 振动器　12. 锤式再碎机　13. 干刨花气流输送装置　14. 干刨花料仓　16. 连续拌胶机　17. 已拌胶刨花料仓　19. 已拌胶刨花的气流输送　20. 摆动式分配管　21. 进给装置　22. 挤压机　23. 压机驱动装置　24. 风机　25. 起重机　26. 刨花板带　27. 自动横截机

图1　奥卡尔挤压工艺流程图(Kreibaum 引自 Kollmann，1966)

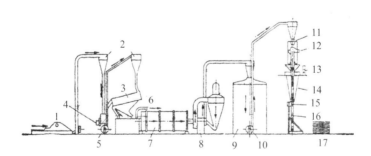

1. 刀式削片机　2. 旋风分离器　3. 振动筛　4. 锤式再碎机　5、8、10. 风机　6. 粉尘　7. 干燥机　9. 刨花料仓　11. 计量料仓　12. 拌胶机　13. 调胶机　14. 挤压机　15. 横截锯　16. 倾斜输送机　17. 板堆

图2　奇普克拉夫特型立式挤压工艺流程图

1950～1951年，Fahrni 新建的工厂日产能力已可达到 $100m^3$，全部制造工序实现了机械化。德国的邵尔兰特(Sauerland)公司自1951年以来一直生产挤压刨花板，该公司曾生产31种挤压刨花板品种，年产量达到43万 m^3，是世界上生产挤压法刨花板最大的企业。1956年，发展了卧式挤压成型工艺，称之为莱恩伍德法(Lame wood process)(图3)。

在这一阶段的刨花板工业发展的特点如下：

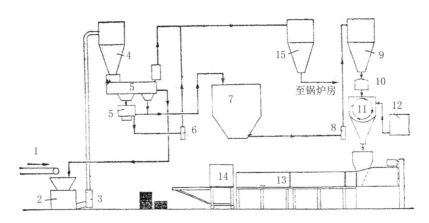

1. 废料输送机 2. 锤式再碎机 3、6、8. 风机 4、9. 收集器 5. 筛选机 7. 刨花料仓
10. 计量料箱 11. 拌胶机 12. 调胶机 13. 挤压机 14. 锯 15. 尘屑和树皮收集器

图3　莱恩伍德法刨花板制造工艺流程图

1）使用的原料中工业剩余物所占比重不断增加；

2）质量不断提高；

3）新的高效的设备相继研制成功。

到1969年，联邦德国最大的刨花板工厂的日产能力已达到150～170m³。在英国研发成功首台连续加压压机称之为巴特列夫连续加压工艺（Bartrev Press），虽然这一系统价格昂贵又笨重，但它对刨花板的工艺发展起了极大的推动作用。

1956年到1970年这一阶段刨花板的发展可归纳如下几个特点：

1）对刨花板制造的科学原理的认知得到扩大和深化；

2）生产方法得到不断改进，并向机械化、自动化方向发展；

3）刨花板的质量不断获得改进；

4）刨花板在家具制造和室内装饰以及室外应用范围扩大，由于应用范围的扩大又反过来促进了刨花板制造技术的不断创新。

20世纪70年代初，在联邦德国首先研制成功了辊筒式连续压制刨花板的工艺和设备，即门德-比松（Mende-Bison）工艺方法（图4）。

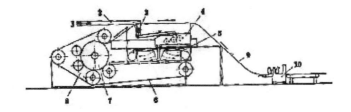

1. 刨花供应 2. 刮板输送机 3. 螺旋输送机 4. 进给料仓 5. 风力铺装机
6. 循环钢带 7. 加热滚筒 8. 滚压机 9. 刨花板 10. 锯机

图4　门德-比松刨花板制造工艺示意图

1981年，联邦德国比松（BISON）公司研制成功了油膜式连续双钢带连续平压热压机。1977年联邦德国库斯特（Küsters）公司（图5）、1984年联邦德国辛北尔康普（Siempelkamp）（图6）公司，1990年联邦德国迪芬巴赫（Dieffenbacher）公司（图7）相继开发了辊柱式双钢带连续平压热压机和辊毯式双钢带连续平压热压机，促使人造板工业更快捷、更高效地发展。

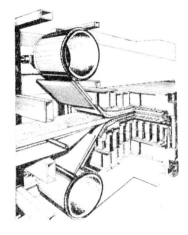

图5　Küster公司辊柱式双钢带热压机示意图

图6　Siempelkamp公司双钢带连续平压热压机外形图

图7　Dieffenbacher公司双钢带连续平压热压机外形图

第二节　中国刨花板工业的发展历史

一、平压法刨花板

中国刨花板工业业起步始于20世纪50年代初，1953年，上海扬子木材厂用细木工刨花和鲜血胶胶合制造刨花板，上海木材一厂用豆粉胶制造刨花板。

1954年9月，北京市木材厂总工程师黄毓彦、试验室主任倪观格工程师组织北京市木材厂的一批青年工程技术人员在"节约木材、合理用材、变废为宝"的精神指导下，在一无资料、二无设备的条件下，开始了平压刨花板的试制。没有刨片机，用木工手刨一点点地刨出表层刨花，芯层刨花使用木制品车间平刨、压刨加工产生的工厂刨花；没有刨花干燥机，使用铁锅像炒菜一样将刨花从含水率13%左右炒到8%左右；没有合成树脂胶，使用生产血胶胶合板的血胶来代替；没有拌胶机，就用手搓的方法将刨花和血胶搅拌均匀；没有铺装机，就在铝板上放一木框，将刨花撒在框内，再用扫帚将框内的刨花铺平，然后将铝板连同木框一起送入仅有的一台胶合板压机内，将木框取下，上面再放一张铝盖板，就这样生产出平压法刨花板。

1957年，北京市木材厂实现了刨花板批量生产。

1958年，中国林业科学研究院森林工业科学研究所（木材工业研究所前身）试制脲醛树脂胶刨花板和酚醛树脂胶刨花板。

1958年，北京市木材厂在其南厂安装了一些外购设备，使刨花板生产逐步实现了半机械化，初步建成了自行设计和国产设备的年产$5000m^3$刨花板车间。1970年到1977年先后对刨花板生产线又进行了3次改造，陆续采取了较为先进的滚筒式刨花干燥、搅拌定量供料、三层铺装、板坯切割自动化、热压机装卸机械化等，使中国的刨花板生产工艺和技术装备水平达到了一个新阶段。1978年产量突破了$8000m^3$。

1959年，北京市木材厂以大豆蛋白胶（以豆饼为原料）做胶黏剂制作刨花板，并用这批刨花板制作了室内门79樘，其中提供给青岛四方车辆厂43樘，同时还制作了样品柜等。

在手工作坊式生产的基础上逐渐研制出了削片机、刨花干燥机、拌胶机、铺装机。初期刨花干燥机还是抽屉式的；铺装还离不开铝板、木框加扫帚；刨花板坯装入热压机和压制好的刨花板从热压机中取出，都依靠人工装卸，热压周期从8小时13个周期提高到了8小时18个周期。

为发展刨花板工业，1959年长沙木材综合加工厂从联邦德国罗伯特·希尔德布兰德机械制造股份有限公司（Robert Hildebrand Maschlnenbau Gmbh）进口了1套年产$3000m^3$的刨花板设备，1962年建成。主要设备有烟气滚筒干燥机，热压机3层8缸，3辊砂光机，纵横锯边机。进口设备不配套，生产不正常，投产至1982年1月共生产刨花板约$6000m^3$。湖南省林业厅林产处、林业部林产工业设计院分别于1959年、1969年对该套设备进行了测绘。20世纪80年代中期，该套设备转拨邵阳木材厂。

20 世纪 50 年代末期,从瑞士和联邦德国引进了 3 套挤压法刨花板设备;20 世纪 60 年代末 70 年代初,为平衡外汇收支,以偿付形式从捷克斯洛伐克进口了 1 套全套和 7 个半套小型刨花板设备,但是,由于技术水平落后,产品质量不高,加上当时胶料解决不了,引进设备的效益不大,消化吸收工作也未能跟上。至 20 世纪 80 ~ 90 年代有的闲置不用,有的未投产设备就已报废,如贵州木材综合加工厂,详见表 2。

表 2　20 世纪 50 ~ 70 年代进口刨花板设备

序号	进口企业	输出国	进口年代	用汇金额	年产能力/m³	产品规格/mm	投产年代	注
1	北京市光华木材厂	瑞士	1958	26 万美元	5000	1880 × 1220 × 16	1961	卧式挤压
2	上海木材综合加工厂	联邦德国	1958	离岸价 1051502 万马克	10000	1900 × 1200 × 18	1961	立式挤压
3	成都木材综合加工厂	联邦德国	1958		10000		1961	立式挤压
4	长沙木材综合加工厂	联邦德国	1959	27.8 万美元	3000		1962	
5	松江胶合板厂	捷克斯洛伐克	1968	14.5 万美元	2300		1974	半套
6	贵州木材综合加工厂	捷克斯洛伐克	1968		2300		1974	半套
7	鱼珠木材厂	捷克斯洛伐克	1968		2300	1950 × 1100 × 18	1970	半套
8	陕西省胶合板厂	捷克斯洛伐克	1971	48.12 万美元	2300	2000 × 1000 × 12	1971	全套
9	福州木材综合加工厂	捷克斯洛伐克	1971		2300		1972	
10	柳州木材厂	捷克斯洛伐克	1972		2300	1960 × 1220 × (10、13)	1972	半套
11	长春胶合板厂	捷克斯洛伐克	1958	14.55 万美元	2300		1971	半套
12	沈阳木材综合加工厂	捷克斯洛伐克			2300	2050 × 1050 × 10	1970	半套

1965 年,北京市木材厂刨花板生产使用了脲醛树脂胶,但是刨花板砂光还要用三滚筒砂光机,人工进板、出板、翻板(当时一次只能砂一面)。1966 年,北京市木材厂受国家林业部的委托,承接援助阿尔巴尼亚人民共和国一条年产 1 万 m³ 刨花板生产线的设计任务。热压机的机加工工艺文件已由沈阳重型机器厂根据北京市木材厂的图纸完成,转子式刨花干燥机已由洛阳矿山机器厂根据北京市木材厂的图纸制作完成并进行了空运转试验,后来由于"文化大革命"的严重影响,所有工作均停了下来,全部生产线也只完成了一台转子式刨花干燥机,项目最后夭折。

1974 年,农林部责成江西省木材工业研究所(中国林业科学研究院木材工业研究所下放到江西后改称)和昆明林产工业设计研究室(林业部林产工业设计院下放到昆明的部分同志组建,挂靠在昆明人造板机器厂)配合北京市木材厂对刨花板车间进行技术改造。1976 年初设计工作基本完成,设备制造和厂房新建改建工程也大致就绪,部分新制设备进行了生产性运转。在北京市木材厂刨花板车间的基础上,针对原料和产品运输、备料、定量铺装等工序进行技术改造,设计时对生产过程采用机械化和连续化相结合的原则。由于生产过程的某些设备的设计技术参数尚属摸索阶段,不一定满足生产工艺的需要,因此在电气控制方面采用自动和手动两种方式。改造重点:扩大原料使用范围(木芯、碎单板、工厂刨花），增加产量，因此新设计备料设备4种6台，包括电控气动圆锯机1台，鼓轮式刨片机（加工木芯）1台，产量600kg/h；双鼓轮打磨机（刨花再碎）2台，产量300kg/h；双鼓轮切片机（加工碎单板用）2台，产量300kg/h，以上设备由江西省木材工业研究所设计。改造后刨花产量提高4倍，加部分工厂刨花，可满足年产1万 m^3 刨花板的需要。板坯铺装，在原铺装机基础上设计新铺装机，共4头，表层铺装2头，芯层铺装2头，全长10894mm，每个铺装头都有1套计量装置。改造后，卸料用桥式吊车和专用箱，将整箱碎单板或工厂刨花卸入料仓；每台设备之间用链式运输机、皮带运输机或气力输送管道连起来，从原料到成品实现机械化、连续化；生产线上每个工段都有电气连锁控制；施胶工序对胶料、石蜡乳液用流量自动控制。改造设计方案实现后，产量提高2.2~3倍，全员劳动生产率提高1.2~1.8倍，产品成本降低23%，改造总投资80万元。主要技术经济指标：改进前刨花板产量年产2500m^3，改造后8000~10000m^3（三层结构2440mm×1220mm×19mm）；生产天数280天；生产班数，改造前1班，改造后3班（每班计算产量时间平均为7.5h），热压周期14min/次（包括装卸辅助时间），热压机层数为7层。

1975年后，林业、物资、轻工系统在北京市木材厂刨花板车间基础上，在佳木斯、上海、无锡、青岛、河北等地搞了百多套小刨花板生产线，以轻工系统建厂最多。一部分双鼓轮是佳木斯轻工机械厂制造的，一部分铺装机是哈尔滨第一轻工机械厂制造的，部分计量系统为上海衡器厂、沈阳衡器厂生产，部分单层热压机为沈阳锻压设备厂制造。

20世纪80年代初，陆仁书教授带领科研团队深入到黑龙江省伊春市国有林区八家小型刨花板厂开展调研，最终选择具有代表性的五营刨花板厂作为技术攻关试验基地（图8）。通过工艺和设备改进，引入自主研发的新型胶黏剂、补充和更换设备等措施，在1年多的时间里对生产线进行了全面改造；经过2847小时连续试车，刨花板日产量和年产量均达到原设计要求，且生产成本降低8%。五营刨花板厂技术改造使用较少的投资，实现了提高产品质量、提高产量、降低制造成本的目的，为日后全国一百多家刨花板厂成功改造做出示范，对我国刨花板生产工艺和设备制造的技术进步具有重大意义。"五营刨花板生产技术攻关"项目1986年获黑龙江省技术攻关奖，1987年获得黑龙江省科技进步二等奖，黑龙江省伊春市政府授予陆仁书教授伊春市荣誉市民金钥匙。

图8　陆仁书教授在五营刨花板生产线试车现场

图9　北京市木材厂的平压刨花板生产线　　　　图10　单层热压机

"六五"期间，为把中国刨花板生产推向新水平，力争赶上20世纪80年代国际先进水平，国家计委、国家经委和林业部决定在北京市木材厂试点，将当时的刨花板生产线改建成具有国际先进水平的刨花板生产线。1979年，从联邦德国比松（BISON）公司引进具有20世纪80年代国际先进水平的刨花板生产线（图9）。为节约外汇，只引进34台套主机（图10），其余63台套设备自行设计国内制造。生产线的工艺设计、厂房设计、厂内运输设计、电气等由林业部林产工业规划设计院负责，项目指挥组织由林业部机械局负责。该项目1981年9月投产，产品质量明显提高，取得了很好的经济效益和社会效益，1982该厂平压刨花板被国家经委授予银质奖章，国家经委于1984年11月20日在全国第二次技术进步会议上授予该厂"引进技术改造现有企业全优奖"。

1979年9月，林业部在信阳召开了全国人造板厂挖、革、改会议，会上部局领导提出信阳木工机械厂试制北京市木材厂引进的年产3万m^3刨花板主机设备；1979年11月，林业部（79）林机字29号文《关于测绘和试制三万立方米刨花板成套设备的通知》指出"成套设备试制以信阳木工机械厂为主，与有关林机厂协作共同承制，具体进度由机械局负责安排"；1980年4月，国家科委以（80）国科字141号文将试制3万m^3刨花板成套设备列入由林业部负责的国家科技项目；1980年9月，国家科委责成林业部科技司在昆明召开了同行业专家评议会，评议中指出了测绘和成套试制的必要性，肯定了林业机械系统的机械制造能力可以完成成套设备的试制加工任务；1981年7月，与国家科委正式签订科技合同，批准了成套设备的试制费用，项目名称为年产3万m^3刨花板成套设备试制。

对该年产3万m^3刨花板成套设备中引进的鼓式削片机、环式刨片机、气流分选机、施胶定量装置、移动式气流铺装机、单层平压机等主要机械设备23种27台进行测绘、试制，加上国内配套设备，组成具有先进水平的刨花板成套设备。

测绘试制分工：①备料工段：鼓式削片机，环式刨片机（镇江林业机械厂）；②干燥筛选工段：筛选机，风选机（苏州林业机械厂）；③施胶工段：计量秤2台，拌胶机2台（昆明人造板机器厂）；供料螺旋机2台，供给料仓2台（苏州林业机械厂）；供胶装置，乳化装置，冷却装置（西北林业机械厂）；④铺装成型工段：铺装机，钢带运输机，板坯分割机（信阳木工机械厂）；⑤热压工段：单层热压机，钢带提升装置（信阳木工机械厂）；热油加热介质锅炉（敦化林业机械厂，后来热油炉没有测绘改为进口）；废板坯除去螺旋，抽板装置(信阳木工机械厂);⑥分割成品工段:入板台,凉板装置,滚筒输送台,齐边分割锯(信阳木工机械厂);计23种,27台。

图11 中国国产第一条国产年产3万 m³ 刨花板生产线

1983年底,年产3万 m³ 成套设备陆续发往吉林省三岔子林业局刨花板厂,林业机械公司责成齐齐哈尔林业机械厂组成安装队,又从其他厂抽调部分熟练工程技术人员协助安装,从1984年8月开始至1985年3月止共8个月完成了成套设备安装。从1985年4月开始,林业机械公司组织林产工业设计院、北京林业机械研究所、林业机械厂等单位和三岔子林业局刨花板厂一起进行单机、联动调试和成套设备负荷调试,5月15日成功压出第一张刨花板,6月26日三岔子林业局对全套设备进行了验收,至此,中国国产第一条年产3万 m³ 单层平压刨花板生产线(图11)转入试生产。

1986年9月17~20日,林业部科技司受国家科委委托,在吉林省三岔子林业局召开"年产3万立方米刨花板成套设备试制"鉴定会,鉴定委员会一致通过了成套设备国家级鉴定,至此,林业机械公司全部完成了科技专项合同。这套刨花板设备是国家科委下达给林业部的重点新产品试制项目,由林业部林产工业设计院负责工艺设计,林业机械公司负责设备总成套,林业机械公司所属信阳、牡丹江木工机械厂、昆明、西北人造板机器厂、苏州、镇江、西北、齐齐哈尔林业机械厂承担设备试制。这套设备共87种141台,装机容量2000kW,设计刨花板年产量为3万 m³。在鉴定前,林业部科技司委托有关部门组织专业小组分别进行了成套设备测试、技术文件审查和预鉴定工作。鉴定委员会对成套设备和工艺进行了认真审查,经过深入细致的讨论,一致认为在有关科研、设计和高等院校,特别是北京市木材厂的大力支持配合下,组织所属有关林业机械厂以严肃认真的科学态度,对20世纪70年代末从联邦德国比松(BISON)公司引进的22种刨花板生产设备进行了消化吸收和仿制,较快、较好地完成了该项科技任务。主机质量较好,其技术性能已达到或接近联邦德国样机水平,仿制基本是成功的,具有国内先进水平,从而为中国今后刨花板设备国产化奠定了基础。1987年,年产3万 m³ 刨花板成套设备主机引进与研制获林业部科技进步二等奖,1991年,年产3万 m³ 刨花板成套设备主机引进与研制获得国家科技进步三等奖。

1981年,北京市木材厂引进联邦德国比松(BISON)公司年产3万 m³ 成功投产后,在其质量效益示范的影响下,据不完全统计,至1987年全国引进普通刨花板设备16套,1套模压刨花制品设备,见表3;与此同时,1986年南京木器厂从联邦德国辛北尔康普(Siempelkamp)公司引进1套年产1万 m³定向刨花设备,1992年投入试生产。

表3 20世纪80年代进口的刨花板设备

序号	进口企业名称	输出国及厂商	进口年代	年产能力/万 m³	用汇金额	投产年代	注
1	北京市木材厂	联邦德国,比松	1979	3	537.4万西德马克	1981	
2	临江林业局刨花板厂	联邦德国,比松	1982	5	660万美元	1985	
3	鱼珠木材厂	联邦德国,辛北尔康普	1982	2.8	273.9万美元	1986	
4	朗乡林业局刨花板厂	联邦德国,辛北尔康普	1982	3	258万西德马克	1986	
5	敦化市家具刨花板厂	瑞典,阿赛尔	1983	3	150万美元	1986	二手设备
6	重庆木材综合加工厂	联邦德国,比松	1984	3	475.1万西德马克		
7	韶关刨花板厂	联邦德国,辛北尔康普	1984	3	1101.9万西德马克	1986	
8	湖南人造板厂	联邦德国,辛北尔康普	1984	5	1360万美元	1987	
9	广宁县木材厂	联邦德国,海尔伯恩	1985	1	474.42万西德马克	1986	
10	靖城贮木场刨花板厂	联邦德国,辛北尔康普	1985	3	253万西德马克		
11	昆明木材厂	联邦德国,辛北尔康普	1985	2.2	174.4万西德马克	1987	计算厚度19mm 日产80m³
12	三明胶合板厂	瑞典,KMW	1986	3	525万美元	1989	
13	怀集微粒板厂	联邦德国,辛北尔康普	1986	1.8	442万西德马克	1987	
14	滁州刨花板厂	联邦德国,比松	1987	3	510万西德马克	1988	
15	农垦三亚木材厂	联邦德国,比松	1987	3	544.45万美元	1989	
16	合肥刨花板厂	联邦德国,比松	1987	3	121.55万西德马克	1990	
17	合林综合家具有限公司	法国,赛利堡	1987	5	7284.864万法郎	1992	
18	湛江模压制品厂	联邦德国,华沙力迪 Werzalit	1986		337.37万西德马克	1987	模压制品

中国从联邦德国比松(BISON)公司引进的技术水平先进、设备质量优良的单层平压法刨花板成套设备投产后,打破了中国刨花板产品质量低劣,长期不能推广应用的停滞局面。刨花板生产从20世纪80年代起开始迅速发展。20世纪80年代后引进的人造板设备的特点有以下几点:

1)起点高,大部分设备都是经过考察对比后才确定引进的。
2)改变了过去那种由国家统配进口调拨的办法,采取了国际招标等方式,从而保证了用户在设备选择上的先进性、经济性和适用性。
3)多数设备选型合理,技术先进,符合合同规定的标准,有的还超过了合同标准。
4)注意引进适合中国需要并填补空白的设备。

20世纪80年代上半叶,为平衡外汇收支,以偿付形式从罗马尼亚社会主义共和国林业建材公司进口了10套年产7000m³单层压机(每次压两张4′×8′板)刨花板成套设备,具体进口企业见表4。这些设备的技水平不高,但对提高当时的刨花板产能和产品质量,改善生产技术的落后状况起到了一定的作用。

表4 从罗马尼亚进口的单层压机刨花板成套设备

序号	进口企业	进口年代	投产年代	用汇金额/万瑞士法郎
1	鞍山市刨花板厂	1984	1985	279.46
2	普雄县刨花板厂	1984	1986	250.00
3	自贡市刨花板厂	1984	1986	221.91
4	宁陕县刨花板厂	1984	1986	250.00
5	宜昌刨花板厂	1984	1986	250.00
6	通化市刨花板厂	1984	1987	245.00
7	宁国县刨花板厂	1984	1987	250.00
8	阜新市刨花板厂	1984	1988	245.03
9	汉中刨花板厂	1984		245.78
10	上海木材一厂	1984		

1984年1月21日,中方和联邦德国比松(BISON)公司签订了"年产5万立方米刨花板成套设备技术转让和合作制造"合同,合同号为83BMSJ/200170CD,中方签约的是中国机械设备进出口总公司和沈阳重型机器厂。合同规定双方合作制造10套刨花板生产线,其中由中方制造的设备比重由最初的20%逐渐增加到90%。比松(BISON)公司应向中方提供全套设备的制造技术,包括图纸、工艺、人员培训、中方制造设备的质量验收等。10年先后在内蒙古大兴安岭林管局根河林业局,吉林省露水河林业局、白河林业局,黑龙江省汤旺河林业局,牡丹江木材综合加工厂,四川省广元建成6条年产5万m³刨花板生产线,见表5。

表5 与比松公司合作制造的刨花板设备

序号	进口企业名称	进口年代	用汇金额	投产年代	备注
1	根河林业局人造板厂	1985	1150万西德马克	1987	进口占87%
2	白河林业局人造板厂	1985	270万美元		进口占30%
3	牡丹江木材综合加工厂	1986	553万西德马克	1990年5月验收	进口占41%（一说53%）
4	汤旺河林业局刨花板厂	1986	270万美元		
5	露水河林业局人造板厂	1987	1080.5万西德马克	1990年2月验收	进口占55%
6	广元刨花板厂			1994年2月2日出板	

露水河项目是中德合作生产的第2套年产5万m³刨花板成套设备,其中,国产配套设备占45%;牡丹江项目是中德合作生产的第3套年产5万m³刨花板成套设备,其中,国产配套设备占比见表5(表5中牡丹江木材综合加工厂备注栏内,数据41%来自文献[6],取自林业机械公司当时负责这项工作的马铨英高级工程师的工作笔记;53%来自文献[12])。在这两套设备中除热油炉外,中方利用引进技术制造了削片机、刨片机、料仓、干燥机、筛选机、打磨机、调胶供胶设备、铺装机、热压机、砂光机等主机设备。其中林

业机械公司负责备料、干燥、筛风选、调胶、风送、砂光工段,沈阳重型机器厂负责铺装、热压工段。通过对这两套设备的安装、调试和考核验收,除圆料仓因图纸设计不合理造成湿刨花搭桥外,其余主机完全可满足生产要求,特别是削片机、刨片机、打磨机、热压机、砂光机等主机的性能和质量得到用户好评。

1980年后,中国从联邦德国引进了技术水平先进,设备质量优良的单层平压法刨花板成套设备,从而打破了中国刨花板产品质量低劣,长期不能推广应用的停滞局面。刨花板生产从80年代起开始迅速发展。

1980年,由林业部和国家物资总局分别投资建设的日产50m^3刨花板项目,全国计14家,其中物资系统9家,林业系统5家。1983年中国国产的14套日产50m^3刨花板项目先后投入生产。这些厂(车间)是武汉制材厂刨花板车间、杭州木材厂刨花板车间、山东木材厂刨花板车间、西安木材一厂刨花板车间、郑州木材公司刨花板厂、合肥木材公司刨花板厂、太原木材公司刨花板厂、昆明木器厂刨花板车间、江西木材厂刨花板车间、乌马河林业局刨花板厂、亚布力林业局刨花板厂、鹤立林业局刨花板厂、图里河林业局刨花板厂、江西德兴刨花板厂。

1983年11月14~17日,林业部在武汉制材厂召开了日产50m^3刨花板生产线评定会。参加会议的有全国工厂、科研、院校和设计部门的领导、专家等29个单位52位代表。代表们认为,这条生产线是林业部组织设计、科研、教学、制造厂和生产单位通力协作,在北京市木材厂年产1万m^3刨花板车间基础上,对某些工艺设备吸收了国内外的先进技术而加以完善和提高,自行设计制造的。工艺设计是可行的,适合中国国情;设计中采用表芯层刨花分开施胶和同时闭合装置的热压机,为节省胶液,缩短热压周期和改善产品质量创造了条件,该生产线主机能满足工艺设计要求,运转基本正常;产品质量符合部颁标准,产量达到设计要求。对某些主机的改进给予了好评:如BX218鼓式削片机性能良好,工作可靠,加工木片质量较好,原料适应性广,接近当时国际上同类设备的性能;施胶系统(包括调胶、乳化和供胶装置)工作可靠,能合理控制表芯层刨花的施胶量;BS121拌胶机结构紧凑,体积小,效率高,拌胶均匀;BP3213铺装机结构合理,铺装质量好,板坯层次均匀;VBY热压机采用了同时闭合装置和快速控制系统,缩短了热压周期,改善了产品质量。代表们对中国林科院木材工业研究所研制的NQ80-1型新胶种给予好评,建议尽快在刨花板生产线中广泛验证后,推广使用。

1987年9月7日,《经济日报》以醒目的标题《耗资上亿的九条刨花板生产线行将报废》,报道了日产50m^3刨花板生产线存在的问题。林业机械公司主动建议林业部立即对日产50m^3刨花板生产线进行技术改造,在林业部领导积极支持下,由林业机械公司牵头组织科研、生产、用户进行了为期两个月的调研;根据日产50m^3刨花板生产线存在的问题,吸收国内外同类产品的先进技术,提出了改造方案;经过反复论证和修改,上报改造方案立项,获得了林业部计划司、林工局和国家林业投资公司的支持,最后由林业部批准在黑龙江鹤立林业局进行技术改造试点工作。鹤立林业局日产50m^3刨花板生产线技术改造项目1988年7月获得批准,林业部责成林业机械公司牵头组织和协调,林业机械公司领导专门召开会议研究落实,成立了改造项目领导小组,指定专人负责,技术上按课题分工落实到人头。林业机械公司分别与设计单位、制造厂、用户签订合同，信阳木工机械厂，苏州、镇江、哈尔滨林业机械厂，鹤立林业局，林业部林产工业设计院和北京林业机械研究所都分别承担了改造项目。1989年七八九3个月进行安装调试。在日产50m³刨花板生产线技术改造过程中，从备料、干燥、料仓、施胶、铺装、热压、纵横锯边都进行了改造和提高。鹤立林业局刨花板厂1988年刨花板产量6005m³，改造后年产可达12000m³（考核3天日产30～38m³，平均33m³，如果开3班可超此产量）。1989年12月15日，在佳木斯市召开了日产50m³刨花板生产线技术改造现场会。与会代表一致认为这条生产线的改造是成功的。

西安市木材公司刘学诗在《木材工业》1990年第2期发表《对改造年产1.5万立方米刨花板生产线设备的一些看法和建议》指出，"1987年8、9月份，在《物资商情》和《经济日报》上曾见到多篇批评文章，认为这条生产线在设计和设备制造方面'先天不足'；笔者认为除先天不足外，还有安装、调试、使用、维修、管理、原材料供应，以及各厂领导对改造的积极性、是否有改造资金、技术力量等多方面'后天失调'。到1988年，经过改造的几个厂家中产量均有提高并有利润：杭州木材厂1988年产量1.25万m³，利润120万元，达到设计能力的83%；9家中有5家好转，占55%，从而可看到这套设备是可能改造好的，产量是可以提高的，产品售后能获得利润"。

广东怀集微粒板厂是当时中国刨花板设备的典型企业，该厂于1986年从联邦德国辛北尔康普（Siempelkamp）公司引进年产能力1.8万m³的刨花板生产线和二次加工贴面生产线（为"交钥匙"工厂），共用外汇442万美元。从1984年谈判签订合同到1986年建成试生产，仅用了一年多的时间。设备质量优良，技术水平先进，生产规模定型适当（符合当地资源情况），加之管理先进，投产后很快获得经济效益，是当时引进最成功的成套设备。

设备选型的先进性和适用性主要体现在以下几方面：

1）自动化程度较高。
2）原料为小径木，采用长材刨片机刨削，刨花形态良好，改善了产品质量。
3）设备选型较为合理，运转良好，前后设备产量平衡。
4）在施胶工段之前，设有振动出料器和电子皮带秤，保证了连续均匀供料。
5）调胶系统有5种成分配料装置，配有连续自动计量装置，可按生产需要进行调节。
6）铺装机和板坯运输带结构简单（采用了同位素测厚仪和毛板秤，可减少板的误差）。
7）加热介质为热水。
8）车间运输设备大部分采用气力运输、螺旋运输机和皮带运输机，而未采用刮板运输机，故障少。

设备安装调试后，于1987年3月正式投产，4月份日产量为57m³，日盈利5245元。产品厚度3～30mm，共11种规格，质量符合并超过了合同要求。根据检验，以生产19mm厚的刨花板为例，产品质量指标见表6。

表6　广东怀集微粒板厂刨花板产品质量

项目	结果	合同要求	单位	条件
抗拉强度	285	180	kgf/cm²	
容重	0.74		g/cm³	
横向抗拉强度	5.3	3.5	kgf/cm²	最高可达7
含水率	8.2		%	
厚度膨胀率	2.8	6	%	2小时后
板厚度误差	±0.2	0.2	mm	砂光后

产品质量好的原因，除设备先进外，与该厂的胶料配方有较大关系。据有关部门检验，抽样检验结果见表7。

表7　广东怀集微粒板厂胶黏剂质量

项目	质量指标	检验结果
固体含量	65%±2%	65.3%
游离甲醛	0.1%~0.5%	0.40%
黏度	70~140s/20℃	103″(580CP)
固化时间	30~50s/100℃	46″
pH值	6.8~7.0	7.0
经济效益	原料消耗	1.2:1 国家(林业部)要求1.3:1

该厂投产不到一年就达到并超过了设计生产能力。按当时的生产情况和市场销售情况看，原计划5年偿还全部投资是完全可能的，这一点是当时多数引进设备企业所不及的。

该厂生产技术经济指标如下(以生产16mm厚的每吨刨花板耗量计算)：

原料：990kg/t板

胶料：85~88kg/t板

固化剂：0.9~2kg/t板

石蜡：4.5kg/t板

氨水(浓度25%)：0.9~2.5kg/t板

用电：1400kW

用汽：干燥603kcal/h；压机173kcal/h

车间定员：42人

该厂的建设速度，以及产品的质量和效益使外商感到惊讶。

1991年，福建省邵武人造板厂从德国辛北尔康普(Siempelkamp)公司引进年产3万m³辊毯式连续平压机刨花板生产线投产，这是中国第一条连续平压刨花板生产线，也是中国引进的第一台连续平压机，改变了中国刨花板一直以周期式单层或多层平压热压机为主的格局。

1995年，山东寿光在国内第一次从德国辛北尔康普(Siempelkamp)公司引进以棉秆为原料的单层平压机年产3万m³刨花板生产线，开创了中国生产刨花板的原料从木材剩余物向农作物秸秆转变的先河。尽管后来由于棉秆收集的问题又改用木材剩余物为原料,但从反面也说明只要管理得当,地方支持解决资源的收集,农作物秸秆生产人造板是完全可行的。

图12 "八五"国家科技攻关《短周期工业材加工利用技术研究》课题第三次工作会议

"八五"国家科技攻关项目专题——"短周期工业材刨花板制造技术的研究"(图12),经过历时5年的攻关,课题组成功地研制出耐水性刨花板钢框模板专利技术,并首次将酚类胶刨花板应用于建筑模板领域,开创了刨花板在建筑领域应用的先河。根据该专利设计的耐水性刨花板钢框模板,先后被用于东北林业大学高科技园区、哈尔滨市703研究所职工住宅楼和建设银行黑龙江省铁路专业支行办公楼的建筑工程,使用效果极佳,受到施工单位认可(图13)。1995年12月23日该专题攻关成果经国家科学技术委员会组织专家验收,被评为优秀项目。

图13 陆仁书教授在耐水性刨花板钢框模板试验现场和应用模板的建筑

1996年,黑龙江森林工业总局的东方红林业局从德国辛北尔康普(Siempelkamp)公司引进年产10万 m³ 多层压机主机的刨花板生产线投产,这是当时中国第一条产量规模最大的刨花板生产线。

2004年，亚洲创建集团公司引进德国迪芬巴赫(Dieffenbacher)公司的主机设备，在广东省惠州市横沥镇建设了年产量20万m^3(计算厚度18mm)的连续平压刨花板生产线。德国迪芬巴赫(Dieffenbacher)公司提供从干燥机到规格锯的主生产线的全部设备，连续压机为CPS280-20.1/S；产品主要规格1220mm×2440mm、1530mm×2440mm、1830mm×2440mm、2070mm×2620mm，甲醛释放限量等级Super E_0、E_0和E_1级。2006年3月13日竣工投产，是当时中国产能最大的刨花板生产线。

2006年5月28日，大亚木业(福建)有限公司年45万m^3连续平压刨花板生产线在福建三明金沙工业园竣工投产，主要设备由德国辛北尔康普(Siempelkamp)公司提供。该项目总投资5.7亿元人民币，总占地面积30hm^2，由大亚科技集团有限公司和云莱国际公司共同投资兴建，大亚科技股份有限公司间接持有该项目38.25%的股份。这是近1年内继吉林森工江苏分公司年产10万m^3、亚洲创建(惠州)有限公司年产20万m^3后，中国建成投产的第3条单线产能超过10万m^3刨花板生产线，是亚洲年产能最大的刨花板生产线，是世界建成投产单线年设计产能超过40万m^3的约20条刨花板生产线之一，使中国的刨花板生产无论是在单线的产量上还是质量上都发生了根本的变化。

二、挤压法刨花板

挤压法生产刨花板是一种连续式生产方式，拌胶和拌胶以前的工序和平压法生产刨花板一样。与平压法不同的是用挤压机代替平压机，没有预压和铺装工序。挤压又分为立式挤压和卧式挤压两种。

为发展中国的刨花板工业，1958年中国从瑞士进口了1套年产5000m^3卧式挤压刨花板设备(有的资料将瑞士误写为瑞典)，安装在北京市光华木材厂；1958年中国从联邦德国OLFF公司(缅因州，法兰克福Hochstrasse大街56号)进口了两套年产10000m^3立式挤压刨花板设备，分别安装在上海木材综合加工厂(上海人造板厂前身)和成都木材综合加工厂，见表2。1960年4月，上海木材综合加工厂立式挤压刨花板车间试车投产，生产出的刨花板翘曲变形，大量积压，被迫停产。工厂成立"三结合"小组，加强科学研究，解决了刨花板翘曲变形问题，恢复生产。

北京市光华木材厂的卧式挤压刨花板设备大约于20世纪80年代中期报废；两条年产1万m^3立式挤压法刨花板生产线各配2台挤压机，成都木材综合加工厂的设备火烧后为上海人造板厂收购，两条立式挤压法生产线在上海人造板厂闲置多年，后因市政建设上海人造板厂搬迁，其设备2004年为江苏凯旋木业公司收购，凯旋木业修复3台挤压机，有2台在运行，年产空心刨花板1万余m^3；第4台挤压机及半套设备间接卖给丹阳市广胜木业，大约2002年广胜木业复制了5套出售。由于空心刨花板有密度小，隔音效果好等优点，可用作人造板复合门的芯板，立式挤压空心刨花板受到市场的青睐。

三、辊压法刨花板

很长时间以如何有效地生产薄型刨花板是一道难题，直到1971年采用连续法新工艺生产生产厚度 2~8mm 薄型刨花板获得成功。特点是连续铺装板坯,通过辊压机的加热辊筒压制板材。自这种新工艺问世以后,在 20 余年中已有 60 多条连续法薄型刨花板生产线在世界各地投入运行。1975 年中密度纤维板装备了这种新工艺的整套试验设备,1983 年第 1 条中密度纤维板生产线于墨西哥建成并投入运行。

1994~2004 年中国进口 6 条辊压中密度纤维板生产线,但没有引进辊压刨花板生产线。

中国在 20 世纪还没有辊压法生产刨花板的生产线,敦化市亚联机械制造有限公司致力于连续辊压机的研制开发,2003 年 11 月,中国第 1 台宽 1600mm,压辊直径 4m 的连续辊压机问世;GY-4000 型(第一代)连续辊压机于 2005 年完成定型设计,定型后的 GY-4000 型连续辊压机(图14)于 2005 年底正式推向市场,2006 年 5 月,在河北廊坊永清吉森爱丽思木业有限公司由敦化市亚联机械制造有限公司提供的中国第 1 条日产 120m³ 辊压法薄型刨花板生产线正式试车成功。

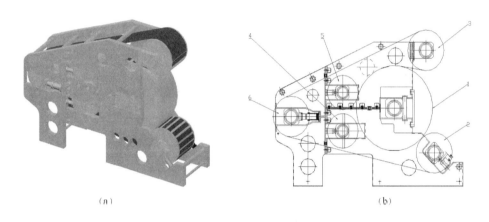

1. 主加热辊　2. 进料加压辊　3. 驱动辊　4. 压力辊　5. 压力辊　6. 张紧辊
(a)外形图　(b)结构图

图 14　第一代连续辊压机

第三节　刨花板国产设备的研发

1959 年,中国轻工业上海设计院测绘上海木材综合加工厂(上海人造板厂前身)引进的联邦德国 OLFF 公司的年产 10000m³ 立式挤压刨花板生产线设备一套。同年,该院测绘刨花板设备附件木煤机一套。

1970 年,上海人造板机器厂、昆明人造板机器厂设计制造了 BP3113 铺装机。主要技术参数:铺装宽度 1250~1270mm、1320mm 两种,生产率 18~50m³/d,电机功率 10.55kW,机床质量 9t。

1972 年,由林业部林产工业设计院设计,四川省岷江林业机械厂制造了 BG2116(A5007)回转式刨花干燥机。主要技术参数:干燥筒尺寸 Φ1600×7300mm,生产率(每小时蒸发水分)400~450kg/h,电机功率 19.5kW。

1972年，柳州木材厂制造的跑车式磨刀机投产。磨刀机由机座、机槽、刀架、跑车、磨头、牙箱、电器操纵箱、冷却泵组成。主要技术参数：磨头转数1450r/min，电机JO2-54-4，7kW，1450r/min；磨头纵向移动速度10.25m/min，齿轮减速电机JTC562，1.6kW，31r/min；冷却泵JCB-22，125w，扬程3.3m；最大磨削长度3600mm，刀架可旋45°，磨头可旋90°；砂轮规格300mm×250mm×100mm，砂轮线速度22.7m/s；机器外形尺寸(长×宽×高)6200mm×1000mm×1620mm。

1979年11月29日，福建省林业勘察设计院沈刚诚等研制的对吹式刨花气流铺装机通过福建省科学技术委员会、福建省林业厅鉴定。该机安装在福州木材综合加工厂。鉴定后刨花气流铺装机的整套图纸交福建省林业机械厂制造。1980年"对吹式刨花板气流铺装新工艺"获林业部科技成果二等奖，1981年和1982年"对吹式刨花板气流铺装新工艺"列入全国林业科技开发推广重点项目目录。1981年5月，福建省林业机械厂制造出了福建省林业勘察设计院设计的BP3313气流刨花铺装机。主要技术参数：铺装宽度1300mm，风机风量4200~6000m^3/h，气流速度1.8~2.5m/s；生产率年产4000m^3（两班），电机功率24.6kW。

1980年，由林业部林产工业设计院设计，昆明人造板机器厂制造了BG2121回转式刨花干燥机。主要技术参数：干燥筒尺寸Φ2100×8800mm，产量（每小时蒸发水分）1t/h，蒸汽压力1~1.3MPa，电机功率10kW，机床质量30t。

1981年，由林业部林产工业设计院设计，四川省岷江林业机械厂制造了BX556(RB460)双鼓轮打磨机。主要技术参数：磨轮直径600mm，磨轮转速510、570 r/min，叶轮转速1044、2050 r/min，生产率600kg/h，电机功率43kW。

1981年，根据中国林业机械公司下达的测绘任务书，林业部镇江林业机械厂对PHT220×650削片机进行测绘试制。1980年12月，引进联邦德国帕尔曼(Pallmann)公司PHT220×650型鼓式削片机；1981年11月完成4台样机的试制；1981年12月，BX218型鼓式削片机进行试车测试，通过中国林业机械公司专家组的验收。1982~1983年先后在杭州木材厂和武汉制材厂刨花板车间投入使用，并进行生产试验。1983年10月9日，由中国林业机械公司组织的由北京林业机械研究所、林业部林产工业设计院、中南林学院及各制造厂组成的联合测试组在武汉制材厂对BX218鼓式削片机进行了全面的性能测试，测定生产能力为6.83t(绝干)/h，10~40mm木片占74.44%。1984年，开始为年产3万m^{3}刨花板生产线配套。1985年4月7日，由中国林业机械公司组织在镇江、杭州通过鉴定。自1981年至1986年，共生产32台，其中出口菲律宾、巴基斯坦各1台。BX218鼓式削片机主要技术参数：刀辊直径800mm，飞刀数量2把，木片长度30mm，生产率15~20m^3/h，喂料口尺寸225mm×680mm，电机功率123kW（主电机功率115kW），机床质量7t，外形尺寸4680mm×2100mm×1500mm。

1982年8月到12月，昆明人造板机器厂和林业部北京林业机械研究所共同对联邦德国辛北尔康普(Siempelkamp)公司提供的würtex w-10-1270型三头铺装机(固定机械式)进行测绘。测绘后，由昆明人造板机器厂进行组装调试，然后交付昆明木材厂使用。该机由中国林业机械公司引进。1980年11月29日，在北京西郊二里沟签约，买方中国机械进出口总公司,卖方 G. 辛培尔坎普 Gmbbh 公司,商品名称一台三头铺装机,制造厂沃台克斯(würtex),型号 w10-1270。该机技术参数:铺装宽度 1270mm,芯层铺装机长 4m,表层铺装机长 2.6m(每一台),机器高度 不含分料螺旋运输机 2.62m,含分料螺旋运输机 3.29m,总装机功率 42.39kW,按每日工作 22h 计,日产 19mm 刨花板 80m³。

1982 年 12 月 11 日起,昆明人造板机器厂和林业部哈尔滨林业机械研究所共同对联邦德国辛北尔康普(Siempelkamp)公司提供的气流铺装机进行测绘。该机先天不足,无论机械或电气方面都存在问题:说明书附备件清单却无备件,固体流量计缺必要的联接件,电气接线明显错误,电气元件进口时已坏,调速精度不高,个别元件失灵,安装错误不能工作。

1983 年,福建省林业机械厂试制成 BX117 圆盘削片机。主要技术参数:刀盘直径 700mm,刀片数量 4 把,木片规格 (20±5)mm×5mm,生产率 12m³/h,电机功率 30kW。

1983 年,昆明人造板机器厂设计制造了 BX556A 双鼓轮打磨机。主要技术参数:磨盘口内径 600mm,飞刀体外径 596mm,生产率 600kg/h,电机功率 55kW,机床质量 1.2t。

1983 年,镇江林业机械厂开发研制的 BX456 鼓式刨片机获江苏省优秀新产品奖;苏州林业机械厂研发的 BF1618 圆形摆动筛获江苏省优秀新产品。

1983 年 5 月 10~14 日,中国林业机械公司会同林业部北京林业机械研究所、林业部林产工业设计院,在苏州林业机械厂对其承担试制的 BF1626 圆形摆动筛、BF213 气流分选机及 BLC284 计量料仓进行了验收。苏州林业机械厂承担了仿联邦德国比松(BISON)公司年产 3 万 m³ 刨花板成套设备试制 BF1626 圆形摆动筛、BF213 气流分选机及 BLC284 计量料仓的任务。1982 年 2 月 5 日至 2 月 22 日,在北京市木材厂完成对联邦德国阿盖尔(Allgaier)公司制造的 TSM(H)2600R 圆形摆动筛、申克曼皮尔(Schenkmann & Piel)公司制造的 2.5RR 气流分选机等的测绘,1983 年 4 月 1 日至 4 月 15 日在厂内进行了空载试验及性能测试,首家用户为吉林省三岔子林业局刨花板厂。BF1626 圆形摆动筛可实现筛体朝空间 3 个坐标方向摆动的筛选动作,完成对刨花的筛选;BF213 气流分选机用于刨花分选;BLC284 计量料仓用于汇集来自计量秤的定量刨花,并把刨花均匀连续供给拌胶机搅拌。

根据中国林业机械公司下达的测绘试制任务,林业部镇江林业机械厂对从联邦德国帕尔曼(Pallmann)公司引进的 PSKM6-350 打磨机和 PZKR8-300 刨片机进行测绘。1981 年年底,PSKR6-350 打磨机、PZKR8-300 刨片机进厂;1982 年 1 月安装、试运转、试验、解体测绘,1982 年 9 月图纸下达车间;BX566 筛环式打磨机、BX468 环式刨片机的磁选滚筒委托北京矿冶研究院实验工厂设计制造,委托清江机械厂设计制造磁选滚筒用减速器;1983 年 6 月、7 月林业部镇江林业机械厂完成首批 BX566 筛环式打磨机、BX468 环式刨片机试制,供年产 3 万 m³ 刨花板生产线使用。1986 年 9 月,两种机床在三岔子林业局刨花板厂通过全线部级鉴定。至 1986 年,BX566 打磨机生产 8 台,BX468 刨片机生产 12 台。

1984 年,上海人造板机器厂设计制造了 BP3214(M4046)多层刨花铺装机。主要技术参数:铺装宽度 1400mm,铺装层数 4 层,最大铺装厚度 400mm,铺装速度 1.5~4.5m/min。

1984年，哈尔滨林业机械厂设计制造了BP3313气流刨花铺装机。主要技术参数：铺装宽度1270mm，风机风量1000~8000m³/h，生产率年产1000m³，电机功率27kW。

1984年，中国林科院木材工业研究所测绘了该所从联邦德国引进的刨花摆筛1台，摆筛型号TSMH-950，1985年由中国林业机械公司试制；测绘削片机1台，型号35/8/2V，1986年由中国林业机械公司试制；测绘刨花拌胶机1台，1987年7月由中国林业机械公司试制。

1985年，中国林科院木材工业研究所测绘了该所从联邦德国引进的鼓式削片机1台，型号20A-8-L-1；测绘环式刨片机1台，型号PESP；双鼓轮打磨机1台，型号PSKM6-350；气流分选机1台，型号S12.5/40，1986年由中国林业机械公司试制。

1985年，西安空军工程学院三系测绘敦化市家具刨花板厂从瑞典引进的配胶程序控制器1套，型号PAATE，1987年7月由中国林业机械公司试制。

1985年，由林业部林产工业设计院设计，昆明人造板机器厂制造了BY614×16/20单层热压机。主要技术参数：热压板尺寸5080mm×1500mm×90mm，公称压力2000t，热压板间距250mm，机床质量103t。

1986年，镇江林业机械厂引进了联邦德国帕尔曼（Pallmann）公司技术研制成功BX4612环式刨片机。

1986年，上海人造板机器厂制造了BY614×18/24木屑板单层热压机。主要技术参数：热压板尺寸5800mm×1500mm×90mm，公称压力2350t，热压板最大间距220mm，电机总功率30kW，机床质量94t。

1986年，昆明人造板机器厂制造了BY614×8/13单层热压机。主要技术参数：热压板尺寸2650mm×1400mm×90mm，公称压力1300t，热压板最大间距250mm，机床质量45t。

1986年，南京林业大学研制出三通道刨花干燥机供年产5000m³刨花板生产线使用。三通道刨花干燥机的供热系统采用以煤为燃料、以热空气为热介质。热风炉由燃烧室和空气换热器两部分组成，高温烟气在换热器外部通过，将热量传递给换热器内流过的空气，热空气经管道进入三通道干燥机，与湿刨花直接混合加热干燥。经过1年多的试验和测试，三通道刨花干燥机及其供热系统主要试验数据如下：年生产能力5165~5537m³刨花板，干燥机热效率56.1%~58.7%，燃料烟煤发热量5330kcal/kg，耗煤量93~100kg/h，热风炉供热量31.2万~33.5万kcal/h，热风炉热效率60.3%~62.9%。三通道刨花干燥机1988年获得林业部科技进步二等奖，由冶金工业部江苏设备制造公司江阴冶金机械厂生产。

1986年，昆明人造板机器厂设计制造了BP3713（B104）移动式气流铺装机。主要技术参数：铺装宽度1250mm、1300mm、1320mm共3种，生产率18m³/d，铺装速度0.42~8.4m/min，喷嘴出口风速3~6.4m/s，电机功率14.7kW，机床质量12t。

1986年，上海人造板机器厂研发的BY133-3人造板多层压机获上海市优秀产品奖；四川东华机械厂研发的RY14多层人造板压机获机械工业部科技进步一等奖。

1986年12月，黑龙江省东京城林业局林机厂设计制造了XP-600A削片机。主要技术参数：原料直径 120~140mm，电机功率 22kW，刀盘转速 1180r/min。

1987 年，昆明人造板机器厂设计制造了 BG231 转子式刨花干燥机，主要技术参数：转子直径×长度 1870mm×10000mm，生产率 400~1000kg/h，入口温度 180℃，蒸汽压力 1.2MPa，主机功率 11kW，机床质量 20t。

1987 年，由林业部北京林业机械研究所设计，昆明人造板机器厂制造了 BG232 转子式刨花干燥机。主要技术参数：转子直径×长度 2716mm×7970mm，生产率 2~2.5t/h，入口温度 190℃，蒸汽压力 1.5MPa，主机功率 22kW，机床质量 23t。

1987 年，根据引进联邦德国比松（BISON）公司技术，昆明人造板机器厂制造了 BG235 转子式刨花干燥机。主要技术参数：生产率 5t/h，转子转速 2.8~8r/min，入口温度 188℃，蒸汽压力 1.2MPa，总功率 132kW，机床质量 82.8t。

1987 年，镇江林业机械厂试制了 BX215 鼓式削片机 2 台。1986 年参照 BX218、BX216 鼓式削片机结构自行设计。该机刀辊直径 500mm，主电机功率 45kW，喂料口尺寸 140mm×400mm，木片长度 30mm，生产能力 7 实积 m^3/h，机床质量 2.9t，外形尺寸 3421mm×1435mm×1060mm；用于年产 3000~5000t 纤维板和年产 5000~7500m^3 刨花板生产线。

1987 年，镇江林业机械厂试制了 BX2113 鼓式削片机 2 台。BX2113 削片机刀辊直径 1300mm，主电机功率 200kW，喂料口尺寸 400mm×700mm，木片长度 30mm，生产能力 64 实积 m^3/h，机床质量 11.5t，外形尺寸 3670mm×2408mm×2040mm；用于年产 5 万 m^3 刨花板生产线。根据中国与联邦德国比松（BISON）公司合作制造项目，按德方提供的 PHT400×700 削片机图纸消化设计。1991 年 9 月，BX2113 鼓式削片机被评为国家级新产品。

1987 年，镇江林业机械厂完成 BX177 多刀螺旋面盘式削片机试制。该机刀盘直径 650mm，主电机功率 45kW，喂料口尺寸 150mm×130mm，木片长度 15~30mm，生产能力 3~4 实积 m^3/h，机床质量 1.64t，外形尺寸 2190mm×1620mm×882mm；用于枝丫削片。图纸来源为借用 BX637 自走式削片机的刀盘和 BX1710 多刀螺旋面盘式削片机的结构形式自行设计的，1986 年至 1987 年设计试制，1987 年生产 1 台。

1987 年，镇江林业机械厂试制了 BX466 双鼓轮环式刨片机 2 台。该机刀环直径 600mm，主电机功率 75kW，刀片数量 21 把，生产能力 700~900kg/h，机床质量 3t，外形尺寸 2800mm×2265mm×2110mm；用于年产 0.5 万~0.75 万 m^3 刨花板生产线。图纸是参照 BX468 结构形式自行设计的，1986 年至 1987 年进行设计试制。1992 年 10 月，BX466 刨片机被评为国家级新产品；1996 年 12 月，BX466 刨片机研制项目获中国林业机械公司科技进步二等奖。

1987 年，镇江林业机械厂试制了 BX4612 双鼓轮环式刨片机 2 台。该机刀环直径 1200mm，主电机功率 200kW，刀片数量 42 把，生产能力 3000kg/h，机床质量 7.3t，外形尺寸 2150mm×2400mm×2790mm；用于年产 5 万 m^3 刨花板生产线。根据中国同联邦德国比松（BISON）公司合作项目，按德方提供图纸 PZKR12×3 消化设计，1986 年至 1987 年进行设计试制。1991 年 9 月，BX4612 双鼓轮刨片机被评为国家级新产品。

1987 年，镇江林业机械厂试制了 BX444 长材刨片机 1 台。该机刀鼓直径 350mm，主电机功率30kW，生产能力200～700kg/h，机床质量2.4t，外形尺寸3467mm×990mm×2054mm；将原木、板皮直接刨切成长18mm、36mm、60mm，厚0.2～1.2mm的刨花，用于刨花板生产。图纸由中国林业科学研究院木材工业研究所提供，图纸是根据引进的联邦德国样机测绘的。1985年至1986年进行设计试制。

1987年，镇江林业机械厂试制了BX568筛环式打磨机3台。该机磨环直径800mm，主电机功率90kW，生产能力1200kg/h，机床质量2.05t；用于年产5万m^3刨花板生产线配套。根据中国同联邦德国比松（BISON）公司合作项目，按德方提供图纸PSKM-10消化设计，1986年至1987年进行设计试制。

1988年，敦化刨花板厂委托空军机械工程学院研制的KD-1型自动配胶仪投入生产使用。KD-1型自动配胶仪利用MCS-51系列微控制器作为控制系统，使用双向可控硅作为带动终端接触器的执行元件，并配有半自动、手动配胶按钮，使用简单方便，配胶范围广，体积小，重量轻。

1988年10月，苏州林业机械厂制造的中国第1台BSG2713重型4砂架双面宽带砂光机装配工作完成。1984年1月21日，中国和联邦德国比松（BISON）公司签订了"年产5万立方米刨花板成套设备技术转让和合作制造"合同。苏州林业机械厂承接了开发双面定厚砂光机的任务，获得了比松（BISON）公司的BSM重型砂光机的全套图纸。1985年3月，苏州林业机械厂派出李道育等4人的实习小组到联邦德国比松（BISON）工厂学习了近1个半月的砂光机制造技术。1988年10月，BSG2713重型4砂架双面宽带砂光机装配工作完成，经对振动速度、加速度、位移、噪声、温升、空载功率等全面测试，结果表明，性能与上海人造板厂进口的样机完全一样，振动指标还优于进口样机；同年11月，通过了比松（BISON）公司专家验收。第1台BSG2713重型4砂架双面宽带砂光机的用户是牡丹江木材综合加工厂，与其中德合作制造年产5万m^3刨花板生产线配套。1990年6月整条砂光线进行正式生产考核验收，其产能、砂光精度、板面质量和故障停机时间、堆垛分等整齐度等都完全达到了规定。BSG2713砂光机于1991年5月6日通过了由中国林业机械公司组织的试制鉴定，鉴定委员会技术负责人是东北林业大学陆仁书教授。BSG2713砂光机主要技术参数：最大加工宽度1300mm，加工厚度范围3～200mm，加工厚度公差<±0.1mm；一次通过双面砂削量≤1.5mm；砂带线速度～26m/s，进料速度（无级调节）0～24m/min；粗砂电机2×90kW（可配2×75kW），精砂电机2×75kW（可配2×55kW），进给电机（直流）15kW，油泵电机3kW，刷辊电机2×1.1kW；砂带长×宽为1810mm×1350mm；压缩空气压力0.6MPa，～20m^3/h；排尘风量～42000m^3/h；外形尺寸（长×宽×高）为5610mm×3400mm×2820mm；机床质量～36t。1992年，苏州林业机械厂研发的BSG2713、BSG2613宽带砂光机获林业部科技进步二等奖，该项目1993年获国家科技进步三等奖。

1989年，中国科学院上海技术物理研究所研制成功IR-M1型红外水分仪。中国林业机械公司组织在上海木材一厂刨花板生产线上试用，连续通电3个月，并与烘干箱法测试比较，证明能满足刨花板生产要求。其含水率测量精度在±0.5%以内。IR-M1型反射式红外水分仪特点：非接触式自动测定；可连续测定静止或运动中的刨花含水率，特别适用在线实时检测；可配置自动记录仪连续记录刨花含水率，也可组成微机闭环控制系统；3位数字显示含水率（小数点后1位）；安装简单。

1989年，中南林学院和西北人造板机器厂研发的人造板压机同步闭合装置的理论与设计及其应用项目获国家科技进步三等奖。

1990年，苏州林业机械厂研发的BF212A型气流分选机通过部级技术鉴定。BF212A型气流分选机是以联邦德国申克曼皮尔（Schenkmann &peil）公司1.25RR型气流分选机为基础，经过消化吸收，根据中国实际情况设计的。经国家木工机械质量监督检验中心的检测和国内有关专家评议，于1990年通过部级技术鉴定。BF212A型气流分选机分选效果良好，不但能满足木质刨花的分选要求，而且适用于非木质物料的分选。分选机悬浮速度的调节范围和生产能力等主要技术性能指标达到国际同类产品的水平。其主要技术参数：分选能力1000~1800kg/h绝干木质刨花，悬浮筒直径1250mm，旋风分离器直径1400mm，拨料器转数18r/min，回转进料器转数46r/min，回转出料器转数54r/min，管道直径450mm，风机风量12000m^3/h，风机风压3300Pa，风机功率30kW。1989年至1990年初，利用BF212A型气流分选机对亚麻屑原料进行麻秆、麻根及粗细麻秆的分离试验，取得了满意的效果。BF212A型气流分选机后用于黑龙江省拜泉麻屑板厂生产线上。

1990年，中国林业机械公司与航天部有关单位共同开发了一种高精度耐磨球芯电磁阀。从联邦德国比松（BISON）公司引进的刨花板单层热压机，采用二位三通电液先导阀控制液压回路。阀芯采用特殊耐磨材料制造，具有极高的强度、硬度和耐磨性。中国不能生产这种阀芯，因此先导阀只能引进配件，耗费大量外汇。为替代进口，节省外汇，中国林业机械公司与航天部有关单位共同开发了一种高精度耐磨球芯电磁阀，阀芯使用非金属高精度耐磨材料。这种非金属阀芯比钢球具有更高的强度、硬度、弹性模量和耐磨性。所以阀芯与阀座在强力和高频率的碰撞下磨损极小，能保证紧密配合，提高了阀的工作可靠性和寿命。1990年，经过在北京市木材厂年产3万m^{3}刨花板生产线上近半年的使用证明，此阀性能与寿命均可达到国外同类产品的水平，它的研制成功为中国电磁阀的生产填补了一项空白，其单价不超过引进价的三分之一。高精度非金属耐磨球还可替代耐磨钢球用于溢流阀、换向阀等各种压力的电液控制阀作为阀芯，以提高阀的使用寿命。该阀的主要规格和性能：最高压力32MPa，质量约2kg，外形尺寸160mm×60mm×60mm，连接尺寸可为进口年产3万、5万m^{3}刨花板板压机配套，也可根据用户要求设计。

1991年：苏州林业机械厂的BF178矩形摆筛，BF212气流分选机，BF1620圆形摆筛研制项目获国家级新产品称号。

1991年，由林业部北京林业机械研究所提供图纸、苏州林业机械厂试制的以蒸汽为热介质的BG23转子式刨花干燥机问世。林业部北京林业机械研究所测绘临江林业局刨花板厂引进的联邦德国庞道尔夫（Ponndorf）公司的刨花干燥机，通过采用新型主轴结构、改进管道密封、合理布置散热管束等，解决了回转式刨花干燥机蒸汽泄露、堵料问题，提高了热效率和终含水率的均匀性。干燥机由壳体、管束转子、传动装置、预热器、灭火装置等组成。用于年产5000m^{3}刨花板生产的BG2323干燥机首台用户为地方国营南安县糖厂。1996年12月通过了江苏省科委组织的鉴定。后来苏州林业机械厂在此基础上开发了

BG2327 转子式刨花干燥机，其产能可满足年产 1.5 万 m^3 刨花板生产线的需求。BG23 转子式刨花干燥机的研制 1997 年获林业部科技进步三等奖。

1991 年 2 月，苏州林业机械厂完成了首台 BSG2613 双砂架双面宽带砂光机的试制工作。苏州林业机械厂在成功完成制造 BSG2713 重型 4 砂架双面宽带砂光机后，通过砂光机市场调研，了解砂光机市场趋势；深入分析了 5 种国外砂光机，并对 2 种国外砂光机进行了测试，取得了 450 余个数据，在此基础上，在开发 BSG2713Q 轻型 4 砂架双面宽带砂光机的同时，开发设计了 BSG2613 砂光机，1991 年 2 月完成首台样机试制。BSG2613 双砂架双面宽带砂光生产线，于 1991 年 5 月 6 日通过了由中国林业机械公司组织的试制鉴定，鉴定委员会技术负责人是陆仁书教授。砂光生产线由主机双砂架双面宽带砂光机和辅机液压升降台、推板机、纵向进给辊台、纵向出料辊台组成，适用于刨花板、中密度纤维板、木材或竹材胶合板及其他非木质人造板等双面定厚砂光。主要技术参数：最大加工宽度 1300mm，砂光板厚度范围 3~200mm，一次砂削量（双面）1.5mm，加工精度 ±0.1mm，进给速度 4~24m/min。鉴定认为，该砂光机的研制是成功的，其技术性能在国内领先，并接近国际先进水平，完全可替代进口产品。据 1998 年 6 月末统计，苏州林业机械厂双面定厚砂光机的国内市场占有率达到 68%。1991 年 10 月，苏州林业机械厂的第 1 台 BSG2713Q 轻型 4 砂架双面宽带砂光机试制完成。BSG2713 重型砂光机开发成功后，苏州林业机械厂在 1989 年开始消化吸收比松（BISON）公司的 BWS 型轻型砂光机。BWS 型砂光机是比松（BISON）公司在 20 世纪 80 年代推出的新产品，融入了世界砂光机的新技术，比 BSM 重型砂光机结构简单，使用调整方便，具有较好的市场销售前景。1992 年 6 月 30 日，第 1 台 BSG2713Q 轻型砂光机通过了由中国林业机械公司组织的试制鉴定，鉴定委员会技术负责人是东北林业大学庞庆海教授；首台 BSG2713Q 轻型砂光机卖给辽宁省桓仁县纤维板厂，用于其年产 3 万 m^3 中密度纤维板生产线上。

1992 年 2 月 25 日，刨花板坯非金属传送带通过鉴定。中国从德国辛北尔康普（Siempelkamp）公司引进的刨花板单层压机生产线用非金属传送带输送板坯进压机内压制。这种传送带除具有一般传送带要求的抗拉和耐磨性能外，还要求能承受 200℃ 以上的温度和 3.5MPa 以上的压力，并具有很好的热传导性、较小的热胀系数和表面网纹，在热压时不胀起，热压后不延伸不变形，不粘刨花。进口传送带采用芳纶（开拉夫纤维）做基材。中国林业机械公司和大德机械技术开发部合作，从 1989 年开始进行非金属传送带的研制工作，选用具有高抗拉强度和耐高温的非金属纤维织物作基材，用高温耐磨胶进行处理。这种传送带比芳纶纤维带有更好的抗拉、耐磨等性能，能够满足刨花板生产要求。1991 年，经过广东怀集微粒板厂在其引进的年产 1.8 万 m^3 刨花板生产线近 1 年的使用证明，该传送带的性能和寿命均可达到进口芳纶带的水平。经中国建筑材料科学研究院测定，其拉伸断裂强度和曲磨次数均优于芳纶纤维带，填补了国内空白，其价格远低于进口价格，可在刨花板生产线上推广使用。1992 年 2 月 25 日由林业部林业机械行业管理办公室组织专业评议，通过鉴定，鉴定证书编号为［1992］林业部林机行鉴字第 01 号。

1994 年，苏州林业机械厂推出了 BSG2113 单砂架宽带砂光机。BSG2113 宽带砂光机是为年产 5000m^3 刨花板和年产 15000m^3 胶合板生产线配套而设计的，1993 年 2 月开始设计，1994年完成试制，1996年11月通过了由江苏省科委组织的技术鉴定。BSG2113是一种新型多功能宽带砂光机，采用了许多当时国际上先进成熟技术(如PC控制、交流变频无级调速、红外光电砂带控制保护、可调恒压浮动、薄膜操作面板、数字光柱显示等)，外形简洁，结构紧凑，操作方便，性能可靠。由于采取了组合砂架和可调恒压浮动技术，因此该机不仅适用于定厚砂光，而且适用于抛光(精砂)，如薄木贴面砂光和装饰背板面拉毛。样机使用表明，定厚砂光精度保证在±0.1mm之内，装饰板背面拉毛板厚在0.6mm仍能正常工作。BSG2113单砂架宽带砂光机主要参数：工作宽度1300mm，工件厚度2~120mm，主电机功率30kW。首台砂光机落户广东南海市水口冠华装饰材料厂。

1994年12月11日至12日，耐高温刨花板坯热压传送带通过鉴定。林业部林产工业规划设计院泰兴特种胶带厂同华东理工大学材料科学研究所联合研制的耐高温刨花板坯热压传送带，经过近3年的努力研制成功。1994年12月11日至12日在河南省漯河市，由林业部科学技术委员会组织，林业部林业产业司主持召开了《科学技术成果鉴定会》。鉴定委员会由林业部科学技术委员会副主任董智勇等9名专家组成。鉴定委员会专家考察了耐高温刨花板坯热压传送带在河南省人造板厂的使用情况，并认真审查了技术文件资料，一致通过如下鉴定意见：该产品系以高分子化合物为涂层，以玻璃布为增强材料，经特殊工艺和技术处理制成的复合材料，首次形成工业化生产能力，在传送带研制上有重大突破，属国内首创，处于领先水平；该产品具有耐高温250℃，耐压(高压后不变形)，不粘性能好，耐化学品腐蚀，摩擦系数小等特性，拉伸断裂强度不低于100MPa，纵向裂断伸长率>10%，经上海市塑料研究所检验和江苏省有机化工产品质量监督检测一站检验，各项性能指标均符合Q~321025企业标准的要求，与钢带或芳纶网带相比，具有成本低，使用方便，不变形等优点，可替代进口芳纶带。被国家经贸委[国经贸技(1996)570号]列入1996年度国家重点新产品，获林业部1997年度科学技术进步二等奖。

1997年12月，昆明人造板机器厂生产的第1台以导热油为热介质的BG235/2D双转子转子式刨花干燥机出厂。第1台热油双转子转子式干燥机销往吉林露水河林业局刨花板厂。GB235/2D双转子刨花干燥机，其主轴上焊有24组管束，其散热面积$(405 \times 2) m^2$，生产能力为8000kg/h绝干刨花。

1998年，苏州林业机械厂研制成功刨花分级铺装机，同年出厂，第一家用户是常熟藕渠建筑装饰材料厂，年产刨花板1.5万m^3。同时，昆明人造板机器厂、信阳木工机械厂也先后推出分级铺装机。2000年，信阳木工机械厂4′分级铺装机用于洛阳佳美人造板厂年产5万m^3生产线；2005年，信阳木工机械厂8′分级铺装机用于广东高要嘉汉板业(亚洲)有限公司进口8′×48′单层压机生产线上。2000年，昆明人造板机器厂4′分级铺装机用于广东番禺新永隆人造板有限公司年产1.5万m^3生产线上；2004年，昆明人造板机器厂8′分级铺装机用于上海万象木业有限公司年产5万m^3刨花板生产线。

2004年10月，信阳木工机械厂研发成功了国产幅面最大的单层热压机刨花板生产线成套设备，年产量6万m^3，压机幅面8′×48′，总压力12800t，安装在上海万象木业有限公司，2005年5月投产。此后，年产6万m^3幅面8′×48单层热压机刨花板生产线相继在山东鄄城晨鸣板材公司(2006年3月)、河南商丘市鼎立木业有限公司(2007年4月)、大连爱丽思木制品有限公司(2007年9月)建成投产。

2005年，苏福马股份有限公司镇江分公司自主开发成功BX5612筛环式打磨机。

2005年，苏福马股份有限公司推出了8′宽幅BSG2726MB型四砂架双面砂光机，第1台落户山东鄄城晨鸣板材有限公司。BSG2726MB型砂光机适用于年产10万 m^3 以上的大规模宽幅面人造板生产线的砂光工段，其最大加工宽度为2600mm，被加工工件厚度范围3~200mm，进料速度为4~35m/min。在3年的研制过程中，进行了多次试制、改进及厂内磨板试验，解决了由于幅宽增加带来的主要构件强度、挠度、柔性转子等技术难题。8′宽幅砂光机的成功开发填补了中国宽幅砂光机系列产品的空白，进一步提高了中国砂光机制造的技术水平。

2006年，苏福马股份有限公司镇江分公司试制成BX4612/5环式刨切机。2005年，根据刨花板市场需求，决定自主开发更大产能的环式刨切机。原刨切机速度都为60mm/s，而BX4612/5环式刨切机的刨切速度达到90mm/s，并在叶轮、刀环结构部分等作了重大改进，刨花质量更好，特别对小木片制备刨花更有利。

2006年6月，上海人造板机器厂有限公司(前身为上海人造板机器厂)研发的中国第1台连续平压热压机完成厂内安装调试工作，结束了中国不能生产连续平压热压机的历史。上海人造板机器厂有限公司自2000年起就着手研发4′连续压机。2004年11月与德国克诺斯邦(Kronospan)合资，在成为外方控股企业之前，上海人造板机器厂有限公司已完成了70%的技术开发工作，2005年制造出第1台4′平压式双钢带连续压机样机。6年的持续开发，开发费用高达1.5亿元以上。合资后，借助合资达成的资金实力、技术优势和国际市场，加快了上海人造板机器厂有限公司连续压机的开发步伐，实现了一步达到世界先进水平的目标。在连续压机开发的6年过程中，共申请与连续压机有关的国家专利28项，其中申请发明专利14项，实用新型专利14项，形成了具有自主知识产权的专利族群。上海人造板机器厂有限公司开发的ContiPlus幅宽8′连续平压机，已在斯洛伐克Bucina DDD，SPOL. s. r. o.刨花板生产线成功投产，从2007年9月至2008年10月生产线连续运行稳定可靠，各项指标达到设计要求，板材质量上乘。该生产线连续压机宽8′，长45m。

2007年9月23日，苏州苏福马机械有限公司在江苏宿迁市召开了2007年新产品展示会，推出了2007年度重点开发的新产品8′薄板砂光机。第1套用户为广东阳春市威利邦木业有限公司。8′薄板砂光机有BSG2626系列、BSG2726系列。主要技术性能：最大加工宽度2500mm，工件厚度范围2~40mm，能满足最小厚度2.5mm薄板的砂光；送进速度达90m/min，适用于大产量生产线；厚度调整可用机械升降，解决薄板规格多调整繁琐等问题；大直径粗砂辊，辊径达450mm，提高了加工能力和辊筒刚性；盘式气动刹车系统可有效制动高速旋转的砂带，防止砂带跑偏损坏及产生其他隐患；磨垫在砂光过程中单面操作调整，既可单侧升降，又可双侧同时升降，提高了生产效率和调整准确性。砂光机于2009年6月18日通过了苏州市科技局主持的科技成果鉴定。

2007年，苏州苏福马机械有限公司试制成功BC2400型8′×16′规格锯生产线，第1套落户福建建阳森岚木业有限公司。规格锯生产线由叉车辊台、液压升降台、进板堆垛机纵向进料机、纵锯、纵向卸料机、横向进料机、横锯、横向出料机、卸料装置、液压升降辊台、纵横向出料运输机、垫板运输机、电控系统、除尘风送系统、真空系统、安全护栏、工作台等组成,主要用于连续压机生产线素板的成垛定规格锯切。主要技术参数:年生产能力20万 m^3;板材规格(2.5~35)mm×2600mm×5600mm;生产线加工规格最大长度5600mm、最大宽度2700mm、最大厚度185mm;进料板垛高度为1000mm;锯切精度(对角线误差)≤2mm;生产线总功率270kW。设备于2009年6月18日通过了苏州市科技局主持的科技成果鉴定。

2007年中国首套6′宽多层压机刨花板生产线由苏福马机械有限公司出口到印度。

第四节 刨花板产品标准

1) 1985年,中国首次颁布了有关刨花板单项物理力学性能指标和测试方法的系列国家标准GB 4896-1985《刨花板 定义和分类》、GB 4897-1985《刨花板 技术要求和检验规则》、GB 4898-1985《刨花板 试件尺寸的规定》、GB 4899-1985《刨花板 密度的测定》、GB 4900-1985《刨花板 含水率的测定》、GB 4901-1985《刨花板 吸水厚度膨胀率的测定》、GB 4902-1985《刨花板 平面抗拉强度的测定》、GB 4903-1985《刨花板 静曲强度和弹性模量的测定》、GB 4904-1985《刨花板 握螺钉力的测定》、GB 4905-1985《刨花板 甲醛释放量的测定》。

2) 1989年,首次发布了林业行业刨花板生产综合能耗标准ZBB 60004-1989《刨花板生产综合能耗》,后修订为LY/T 1530-1999《刨花板生产综合能耗》,再修订为LY/T 1530-2011《刨花板生产综合能耗》。

3) 1991年,首次发布了船用贴面刨花板的林业行业标准LY 1057.1-1991《船用贴面刨化板 定义和分类》、LY 1057.2-1991《船用贴面刨花板 技术条件》、LY 1057.3-1991《船用贴面刨花板 检验规则》。

4) 1992年,随着刨花板生产技术的完善,对质量控制的要求越来越高,在1985年的刨花板系列标准的基础上进行修订和整合并非等效采用了ISO标准的相关内容,制订了国家标准GB/T 4897-1992《刨花板》。

5) 2003年,根据刨花板应用领域的拓展和技术进步,并且非等效采用了欧洲EN 312-1:1997;为使标准涵盖范围更广,质量控制更严格,重新发布了GB/T 4897.1~4897.7-2003刨花板新国家标准:GB/T 4897.1-2003《刨花板 第1部分:对所有板型的共同要求》、GB/T 4897.2-2003《刨花板 第2部分:在干燥状态下使用的普通用板要求》、GB/T 4897.3-2003《刨花板 第3部分:在干燥状态下使用的家具及室内装修用板要求》、GB/T 4897.4-2003《刨花板 第4部分:在干燥状态下使用的结构用板要求》、GB/T 4897.5-2003《刨花板 第5部分:在潮湿状态下使用的结构用板要求》、GB/T 4897.6-2003《刨花板 第6部分:在干燥状态下使用的增强结构用板要求》、GB/T 4897.7-2003《刨花板 第7部分:在潮湿状态下使用的增强结构用板要求》。

6) 2008年12月,首次制定了挤压空心刨花板的林业行业标准,并报批,LY/T 1856-2009《挤压法空心刨花板》于2009年6月18日发布,2009年10月1日实施。

7）LY/T 1856-2009《挤压法空心刨花板》由全国人造板标准化技术委员会提出并归口。本标准负责起草单位：宜兴市凯旋木业有限公司。本标准参加起草单位：南京林业大学、丹阳市广胜木业有限公司、江苏胜阳实业股份有限公司、德华集团浙江德升木业有限公司、四川升达林业产业股份有限公司。

参考文献：

[1] F F P 科尔曼，E W 库思齐，A J 施塔姆. 木材学与木材工艺学原理：人造板[M]. 杨秉国译. 北京：中国林业出版社，1984.

[2] A A 莫斯勒米. 碎料板[M]. 申宗圻，诸葛俊鸿，陆仁书译. 北京：中国林业出版社，1980.

[3] 王凤翔. 中国人造板的科学研究：中国林业科技三十年(1949-1979)[C]. 北京：中国林业科学研究院科技情报研究所：422-441.

[4] 北京市木材厂. 北京市木材厂四十年发展史(1952-1992)[Z]. [1993]：49，15，50，23.

[5] 《当代北京工业丛书》编辑部. 当代北京建筑材料工业[M]. 北京：北京日报出版社，1988.

[6] 丁炳寅. 技术引进和洋为我用：浅谈我国刨花板设备进口的现状[J]. 林产工业，1990(2)：1-6.

[7] 林业部林产工业公司办公室. 三板生产建设咨询资料汇编[G]. 1985.

[8] 刘邦庆. 北京市木材厂刨花板车间技术改造设计情况简介[J]. 林产工业，1976(1)：40-43.

[9] 邹人甲. 年产10000立方米刨花板工艺设计[J]. 林产工业，1976(4)：42-56.

[10] 林业部信阳木工机械厂. 年产三万立方米刨花板成套设备单层压机等十一种产品研制情况的汇报[Z]. 1983.

[11] 林机公司. 我国第1套年产3万立方米刨花板成套设备通过国家级鉴定[J]. 林机动态，1986(11).

[12] 中国林机公司技术开发部. 牡丹江、露水河年产5万立方米刨花板生产线设备通过考核验收[J]. 木材加工机械，1990(3)：40.

[13] 高惠新. 日产50立方米刨花板生产线在武汉召评定会[J]. 林产工业，1984(2)：48.

[14] 施振邦. 在鹤立林业局日产50m³刨花板生产线技术改造现场会上总结讲话(1989年12月16日)[J]. 木材加工机械，1990(1)：35-36.

[15] 王焕祥. 日产50m³刨花板生产线技术改造试点情况简介[J]. 木材加工机械，1990(1)：37-38.

[16] 刘学诗. 对改造年产1.5万立方米刨花板生产线设备的一些看法和建议[J]. 木材工业，1990(2)：28-31.

[17] 黄榕生. 2004年迪芬巴赫公司连续压机在中国市场再创销售佳绩[J]. 中国人造板，2005(4)：40.

[18] 唐朝. 亚洲最大刨花板生产线在福建建成投产[J]. 中国人造板，2006(7)：46.

[19] 比松公司 Buching. 比松(BISON)连续法生产薄型中密度纤维板[J]. 林产工业，1993(3)：42-44.

[20] 王勇，刘经伟. 连续辊压机的开发与创新[J]. 中国人造板，2012(12)：22-26.

[21] 林业部林业机械行业管理办公室，中国林业机械协会. 林业机械产品品种清册(1949-1986)[J]. 林业机械，1987.

[22] 丁炳寅，王天佑，陈坤霖. 从百废待兴到成就辉煌—中国人造板机械制造技术进步60年盘点[J]. 中国人造板，2009(11)：1-9.

[23] 林业部镇江林业机械厂. BX218鼓式削片机研究试制报告[R]. 1986-09.

[24] 林业部苏州林业机械厂. BF213气流分选机研究试制报告[R]. 1986-07-15.

[25] 林业部苏州林业机械厂. BF1626圆形摆动筛研究试制报告[R]. 1986-07-20.

[26] 林业部镇江林业机械厂. BX468双鼓轮刨片机研究试制报告[R]. 1983-08.

[27] 朱俊良. 刨花干燥供热系统的分析与试验研究[J]. 林产工业, 1987(2): 1-5.
[28] 京鸣. KD-1型自动配胶仪投入生产使用[J]. 吉林林业科技, 1989(4): 43.
[29] 刘加俭. BSG2713四砂架双面宽带砂光机[J]. 木材加工机械, 1989(2): 33.
[30] 黄清文. 红外水分仪在刨花板生产中的应用[J]. 木材加工机械, 1990(1): 32.
[31] 朱奎, 张美正. 气流分选在非木质刨花板生产中的研究[J]. 木材加工机械, 1992(3): 17-20.
[32] 马铨英. 高精度耐磨球芯电磁阀[J]. 木材加工机械, 1990(3): 35.
[33] 孙效先. 转子式刨花干燥机结构简介[J]. 木材加工机械, 1988(4): 30.
[34] 黄清文. 刨花板坯非金属传送带[J]. 木材加工机械, 1992(2): 封3.
[35] 刘加俭, 沈文荣. BSG2113单砂架宽带砂光机的设计特点[J]. 林产工业, 1995(3): 36-37.
[36] 本刊编辑部. 刨花板坯热压传送带通过部级鉴定[J]. 湖南人造板, 1995(1): 46.
[37] 沈学文. 刨花板单层热压机[J]. 中国人造板, 2011(12): 22-24.

第十章作者简介：

丁炳寅(1939年12月5日—)，男，汉族，籍贯辽宁省海城市，中国共产党党员，教授级高级工程师。1963年毕业于东北林学院(东北林业大学前身)木材机械加工专业，同年分配到林业部北京林业机械研究设计所，直到1999年退休，2000年应邀任《中国人造板》杂志特约编辑至今。

1963至1999年，参加移动削片机试验与设计、42吋自动跑车带锯机试制；设计60吋自动跑车带锯机、3米磨刀机、平压刨；主持纵向刨切机测绘设计与试制、刨花铺装机测绘设计、单层压机设计；设计并参建人造板生产线项目3项；制定人造板机械国家标准1项；获林业部科技进步三等奖1项。出版编著《木工带锯机》，合编(郝维起)《木工手工具》，译著《带锯机》，合译(宗子刚)《胶合板生产手册》，《木材工业实用大全·制材卷》副主编，参编(王凤翥，高家炽主编)《制材手册》等3部，发表论文40余篇。

张熙忠(1940年11月3日—)，男，中国共产党党员，籍贯江苏省苏州市，教授级高级工程师，1964年毕业于南京林学院(现南京林业大学)机械系木工机械设计与制造专业。同年进入北京市木材厂，历任北京市木材厂机械设计室副主任、主任，设备科主任工程师、科长，副总工程师，1993年任北京市木材厂总工程师。1994年获得教授级高级工程师职称，1996年任森华人造板有限公司(后改名为柯诺北京木业有限公司)总工程师、副总经理，2005年退休被该公司返聘为高级顾问，至2010年正式退休。

曾参与编写《木材工业实用大全·刨花板卷》(1998年1月中国林业出版社出版)，任编委副主编，编写本书第七章；参与了编写《中国农业百科全书·森林工业卷》(1993年3月中国农业出版社出版)的9个条目；参与编写《轻工业技术装备手册·第五卷》(1998年1月中国轻工业出版社出版)的第21篇"家具生产设备"第20章；参与编写北京市经信委组织的1999~2010年《北京志·工业志》中的木材加工业和家具制造业内容，获得的北京市"首都劳动奖章"。

第十一章 定向刨花板

华毓坤　金菊婉

定向刨花板（Oriontend Strand Board，缩写OSB）是由华夫板（Waferboard）发展而来的。华夫板虽然起源于美国，但是开始发展却在加拿大。美国和加拿大是定向刨花板主要生产国，北美定向刨花板产量占据全球产量的绝大部分份额。截止到2013年12月31日，北美在产定向刨花板生产线总计年产能为2092.05万m^3，欧洲为606.8万m^3，拉丁美洲为62万m^3，全球总计在产定向刨花板产能为2782.85万m^3。2013年北美定向刨花板年产量达到1660.26万m^3（18.760×$10^9 ft^2$[①]，计算厚度3/8英寸，下同），其中，美国和加拿大产量分别为1105.542万m^3（12.492×$10^9 ft^2$）和554.718万m^3（6.268×$10^9 ft^2$）；2014年北美定向刨花板产量达到1759.564万m^3（19.885×$10^9 ft^2$），其中，美国和加拿大产量分别为1151.036万m^3（13.008×$10^9 ft^2$）和608.528万m^3（6.877×$10^9 ft^2$）。定向刨花板主要应用于建筑业和包装业，市场主要在加拿大、美国和欧洲。

第一节　外国定向刨花板工业的发展历史

一、华夫板的产生

美国人杰克·克拉克（J. d'A. Clark）和莫特（Mottet）在1949年申请专利，首次提出华夫（Wafer）这个名词。杰克·克拉克曾是制浆和造纸工程师，二战以后，他由美国东部去西海岸生活，发现大量的小径材留在伐木场，大多制材厂用板皮和截头做燃料，促使他想办法利用这些原料。1949年他考虑用干法生产人造木质板材。原始的想法是华夫片横着木纹切削而得，非顺纹切削，华夫片应尽量长。他试制了实验室用华夫机，华夫片为

[①] ft^2为平方英尺，$1ft^2 \approx 0.0929 m^2$，下同。

12.5mm×12.5mm 正方形，厚为 0.76mm。第一块华夫板是把切削得到的湿华夫片铺在地板上气干，然后同 5% 粉状酚醛树脂混合，压制成尺寸为 200mm×254mm×9.5mm 华夫板。虽然有很多粉状酚醛树脂胶因没有粘附在华夫片表面而没有发挥胶合作用，但板材强度惊人，后续实验中将施胶量降低到 2% 以下。后用厚度 3.1mm 单板华夫片同 0.5% 粉状酚醛树脂胶混合制板，其静曲强度（MOR）高于 3000psi[①]（20.7MPa）。使用不同的树种、树脂和石蜡的工艺组合，生产了近 600 张样板，研制华夫板基本成功。1955 年，杰克·克拉克在美国林产品研究学会的国际会议上介绍了华夫板生产加工过程和产品各种用途。华夫板具有优良的力学性能和尺寸稳定性，并且用胶量较少，可用于室外用途。

二、华夫板的试验工厂与商用工厂

只有具备可工业化生产华夫片的刨片机，企业才会接受华夫片和华夫板生产，因而开发了第一台大型刨片机。设计制造了一台 2′宽的鼓式刨片机，安装在美国波特兰（Portland）。在证实这台试验用刨片机工作性能和刨片质量很好后，巴克河木材公司（The Pack River Lumber Company）同意在爱达荷（Idaho）州的桑德波因特（Sandpoint）建立试验工厂（热压机幅面 4′×4′）。试验工厂筹建了约 1 年，在此期间实现了试制几台全新设备的构想，例如双垫板系统，在垫板前进方向边部装有直边形突块，便于运输链上的推杆使其运行于生产线上；由兰伯特（Lambert）发明的单管式铺装机，板坯铺装得很均匀；再在铺装成的板坯上放另一块垫板，放在双层电加热的热压机中压制；热压后把板从两块垫板中取出，垫板经冲洗、清洁、冷却后回用。利用不同树种的木材，甚至竹材制成了许多 4′×4′华夫板。

在试验工厂运行成功后，开始筹建商业工厂。1955 年杰克·克拉克筹建的工厂生产类似于欧洲发展的大片刨化板（Flakeboard），但有差别，用厚大片刨花（Flake）生产可降低胶耗量，应用粉状胶而非液态胶，获得低密度、高强度的华夫板。巴克河木材公司同意建造生产华夫板的商业工厂（热压机为 12 层、幅面 4′×6′），出资 50 万美元。仅这台热压机造价就高达 25 万美元，因而筹建该厂非常艰难。但通过自己购买关键部件，组装热压机仅花费 9.45 万美元。其能源从附近的制材厂得到供应。厂内还有至少 12 项有创意的新设计。高压水力剥皮和截头剥皮机实际试验后认为，可取消原设计流程的高压水力剥皮和截头剥皮机工序。华夫板厂的设备包括由兰伯特设计的专用于板皮和截头用的 4′宽新刨片机；买了 1 台二手木材干燥室用来干燥华夫片，效果很好，但产量仅 40t/d；1 台直径 15m、2 台直径 6m、高为 6m 的料仓；应用金属筛网把细料筛除，送往锅炉房做燃料，合格的华夫片直接送到表芯层料仓；3 台 6m 长的辊筒式拌胶机，1 台用于芯层、2 台用于表层；4′×16′双垫板系统，并带有推杆的运输链，其上有 4 台单管式铺装头，第一个和第四个铺装头铺板坯的两个表层，第二、三个铺装头铺芯层；板坯依次放在装板架上，然后同时一次推入热压机内进行热压；热压完成后，把毛板一次拉入卸板架中；依次把上下垫板及其中的毛板逐块卸出，并在分板机中把垫板和毛板分开，垫板运送回到铺装线前备用；

---

① psi 为磅力/平方英寸，下同。

然后毛板进入裁边锯锯成华夫板成品。1955 年该商业工厂终于在爱达荷州桑德波因特建成。1956 年开始生产，生产 1 个月后，产品就卖出。由于经营不善，世界第一个华夫板厂在 20 世纪 70 年代中期关闭。

三、华夫板生产的发展

华夫板虽起源于美国，但其发展却始于加拿大。20 世纪 50 年代，加拿大萨斯喀彻温（Saskatchewan）省政府研究最经济利用北部林业资源杨木（当时认为不适合于生产人造板）的方式，成为加拿大发展华夫板的主要原因。由艾伯特公爵（Prince Albert）私人公司组成商会进行研究，认为用防水酚醛树脂胶胶合杨木华夫片生产华夫板，可以经济利用杨木资源。萨斯喀彻温省赫德森湾的韦氏木材有限公司（Hudson Bay, Saskatchewan Wizewood LtD）于 1961 年建成加拿大的第一家华夫板厂，该工厂于 1965 年为 MacMillan Bloedel 公司收购，其时产量为 7500 万 ft^2（厚度 3/4in，密度 0.67 g/cm^3）。

华夫板厂和以后建的定向刨花板厂大都建在城市附近，而城市附近大多有低质量树种，其木材可用于生产华夫板。在加拿大这种华夫板大量用作建筑物墙板。20 世纪 60 年代中，加拿大华夫板工厂运行后，参与加拿大结构板市场竞争。华夫板的刚度（EI）同胶合板相近，华夫板厚度为 14.3mm，比胶合板厚 1.6mm，并且比胶合板重，但这些华夫板厂在加拿大中西部和东部城市市场附近，而针叶材胶合板厂建在西部，因此其价格低于胶合板而进入了市场。同时出口到美国中西部和东北部城市区，那里墙板级胶合板厚度为 9.5mm，因为华夫板价格低，11.1mm 华夫板直接替代胶合板；当地普遍使用 12.7mm 胶合板作屋面板，也被华夫板替代，这样华夫板就大量进入美国市场。从此华夫板被人们认同，可替代结构用胶合板，华夫板进入了发展期。

依照严格的技术术语，华夫板是由相对正方形大片刨片或华夫片（尺寸范围为 40~70mm）构成，但刨片时不可能将所有的华夫片加工成相同尺寸，因此通常较小的刨片用在板芯层，以加强胶合和剪切性能。华夫板主要原料为杨木，但在美国和加拿大后所建华夫板厂的周围有大量南方松、桦木、红栎、白栎及其他树种。特别是栎木早晚材显著、有射线，即使能切削成大刨片，但在后续加工时也会破碎。因而在 20 世纪 70 年代初有人设想把窄长的刨片依同木材纹理方向进行定向铺装，组成类似于胶合板结构，从而开始研发定向刨花板。定向刨花板是由窄长大刨片或窄长刨片依一定方向排列，且表、芯层之间成 90°铺放的"特殊"结构的板材，其物理力学性能多优于华夫板。在这种状况下，华夫板逐步演化为定向华夫板，统一称为 OSB（Oriented Structural Board or Oriented Strand Board），中国称为定向刨花板（Oriented Strand Board）或定向结构板（Oriented Structural Board），前者被定为正式学术名词。

四、世界定向刨花板的生产情况

1955 年至 1979 年华夫板工厂的建厂地、产量、主要设备等，见表 1、表 2 和表 3。

表1　1955～1971年世界各华夫板工厂的基本情况

工厂	Pack River	Wizewood(M&B)	MacMillan Bloedel	Waferboard Ltd.
所在地	Sandpoint, Idaho	Hudson Bay, Sask.	Hudson Bay, Sask.	Timmins, Ont.
建厂年份	1956	1963	1969	1971
产量/($10^6 ft^2$,厚度3/8 in)	50	50	80	50
热压机	4′×16′ 10层(文献[5]为12层)	4′×16′ 12层	4′×16′ 18层	8′×16′ 6层
原料树种	混合针叶材原木、板皮	杨树原木	杨树原木	杨树原木
原料处理	无	蒸汽室	热水池	热水池
剥皮机	无	环式剥皮机	环式剥皮机	
刨片机	36″鼓式刨片机(特制)	24″盘式刨片机(CAE)	24″盘式刨片机(CAE)	50″盘式刨片机(Betzner)
湿料仓	Clark 特制	无	无	立式
干燥机	单通道	三通道(Heil)	三通道(Heil)	Ponndorf
热源	蒸汽-热油	热油	热油	热油(Konus)
干刨花贮存	Clark 特制	敞开	Miller-Hofft H-型	Würtex 卧式
分选	筛除细刨花	筛除细刨花	筛除细刨花	筛除细刨花(sift)
胶种	粉状酚醛树脂	粉状酚醛树脂	粉状酚醛树脂	粉状酚醛树脂
拌胶机	Clark 鼓式	鼓式	鼓式	Drais 鼓式
铺装成型机	Clark 特制	Clark 特制	Durand	Würtex
板坯输送	垫板和上垫板	垫板和上垫板	垫板	垫板和框架
热压机类型	单个可伸缩柱塞 Clark 特制	框架式 Bertelson	柱式 W.I.W	框架式
板坯压力	350psi(2.41MPa)	350psi(2.41MPa)	500psi(3.45MPa)	500psi(3.45MPa)
热源	蒸汽	蒸汽	蒸汽	热油
总热源	蒸汽锅炉燃料	蒸汽锅炉燃料	蒸汽锅炉燃料	热油炉 Propane (燃料-Konus Kessel)

表2　1971～1975年世界各华夫板工厂的基本情况

工厂	Weldwood	MacMillan Bloedel	Great Lakes Paper	Blandin Wood Products
所在地	Longlac, Ont.	Thunder Bay, Ont.	Thunder Bay, Ont.	Grand Rapids, Minn.
建厂年份	1973	1973	1973	1973
产量/($10^6 ft^2$,厚度3/8 in)	110	110	110	100
热压机类型	4′×16′ 24层	4′×16′ 24层	8′×20′ 10层	8′×28′ 6层
原料树种	杨树原木	杨树原木	杨树原木	杨树原木

(续)

工厂	Weldwood	MacMillan Bloedel	Great Lakes Paper	Blandin Wood Products
原料处理	双水池	水池(冬天为热水)	水池(冬天为热水)	水池(冬天为热水)
剥皮机	环式剥皮机(1台)	环式剥皮机(1台)	环式剥皮机(2台)	环式剥皮机(1台)
刨片机	用2台(3台), 24″盘式刨片机(CAE)	3台, 24″盘式刨片机(CAE)	2台, 50″鼓式刨片机(Betzner)	3台, 24″盘式刨片机(CAE)
湿料仓	无(水平运输链)	水平运输链	Würtex 卧式	无
干燥机	用2台(3台) Heil 三通道干燥机直径10ft、长度32ft	3台 Heil 三通道干燥机直径10ft、长度32ft	2 – Ponndorf(1台 10 – 32 三通道直径10ft、长度32ft	2台 Heil 三通道干燥机直径10ft、长度32ft
热源	燃气	燃气(Energex)	蒸汽 – 燃气	燃气
干刨花贮存	Miller – Hofft H – 型	Miller – Hofft H – 型	Würtex	敞开
分选	筛除细刨花	筛除细刨花	筛除细刨花	筛除细刨花
胶种	粉状酚醛树脂	粉状酚醛树脂	粉状酚醛树脂	粉状酚醛树脂
拌胶机	鼓式	鼓式	鼓式	鼓式
铺装成型机	Durand	Durand – M&B	Würtex	Clark
板坯输送	垫板	垫板和上垫板	垫板和框架	垫板和上垫板
热压机类型	柱式(W.I.W)	柱式(Motala)	框架式(Dieffenbacher)	Clark 特制
板坯压力	500psi (3.45 MPa)	600psi(4.14 MPa)	400psi(2.76 MPa)	400psi(2.76 MPa)
热源	蒸汽	蒸汽	热油	热油
总热源	蒸汽锅炉 燃料	蒸汽发生器 燃气	蒸汽	燃气

表3　1975~1979年世界各华夫板工厂的基本情况

工厂	Potlatch Corp.	Alberta Aspen Board	Northwood (Conversion)
所在地	Lewiston, Idaho	Slave Lake, Alta.	Chatham, N.B.
建厂年份	1975	1975	1979
产量/($10^6 ft^2$, 厚度3/8 in)	80	90	140
热压机类型	4′×8′ 40层	4′×16′ 24层	8′×24′ 11层
原料树种	混合针叶材 木片	杨树 原木	杨树和硬杂 原木
原料处理	无	双水池	蒸汽室(池)
剥皮机	无	1台 环式剥皮机	2台环式剥皮机
刨片机	3台环式刨片机(Maier)	2台 24″盘式刨片机(CAE)	4台 24″盘式刨片机(CAE)
湿料仓	H – 型	无	水平链

(续)

工厂	Potlatch Corp.	Alberta Aspen Board	Northwood (Conversion)
干燥机	1台12×60单通道	燃气	2台12×42三通道(M.E.C.)
热源	Coen-木粉	燃气	油
干刨花贮存	H-型	Miller-Hofft H-型	敞开
分选	筛除细刨花	筛除细刨花	筛除细刨花
胶种	液体酚醛树脂	粉状酚醛树脂	粉状酚醛树脂
拌胶机	Keystone	2台鼓式拌胶机	4台鼓式拌胶机
铺装成型机	Potlatch-Leckenby	Durand	特制
板坯输送	垫板	垫板	Flexoplan 网带
热压机类型	柱式(W.I.W)	柱式(W.I.W)	框架式(B.V.H.)
板坯压力	600psi(4.14 MPa)	500psi(3.45 MPa)	450psi(3.10 MPa)
热源	蒸汽	蒸汽	热油
总热源	蒸汽锅炉燃料	蒸汽发生器(油)	Konus Kessel

1980年北美定向刨花板产量为70万 m^3；到1990年和2005年分别增长至700万 m^3 和2210万 m^3。2013~2015年世界各地区定向刨花板在产生产线产能见表4。

表4 2013~2015年世界各地区定向刨花板在产生产线产能   单位：m^3/a

地区	国家	2013	2014
北美		20920515	20920515
欧洲		6068000	6318190
拉美		620000	620000
亚洲	中国	220000	220000
合计		27828515	28078705

注：1. 2013年数据截止到2013年12月31日；
　　2. 2014年数据截止到2015年3月。

到21世纪10年代，世界上最大的定向刨花板连续压机生产线建在加拿大阿尔伯塔省北部High Level。该生产线由福特内尔(Footner)林产品集团于2000开始建设，2001年建成试产。该生产线由德国迪芬巴赫(Dieffenbacher)公司提供连续压机[压机长度为187ft (57m)，加工的净板宽为12 ft (3.66m)]，生产线的设计能力为 $860×10^6$ ft^2 (76.11万 m^3)，该生产线的主要工艺流程如下：

在冬天，原木由运输车辆运往水温为65℃的加热池，加热池采用油加热，和原木冻在一起的冰在加热池中融化，然后原木通过有轨装卸台运送至加工现场。由于全部操作均在室内进行，因而费用很昂贵。温热的原木被两台长36m、宽2.4m的转子式剥皮机剥去树皮。然后由3台环式刨片机加工成细长刨花。700mm长的木段可在16s之内被切成长110mm、厚0.8mm及不同宽度的细长刨花。3台回转式干燥机用于刨花干燥，干燥机长

28m，直径 5.8m。4 台干刨花料仓。4 台圆筒式拌胶机，在拌胶机中心轴上装有喷嘴用于喷胶，其中，石蜡的用量为 1%~2%；芯层刨花用异氰酸酯，施胶量为 3%；表层刨花用酚醛树脂，施胶量为 3%~4%。铺装，表层刨花和芯层刨花都各有两层，经过精确计量加料。表层刨花采用盘式定向装置，使细长刨花按纵向排列，芯层刨花横向排列。在铺装后，用压辊滚压表面，将细长刨花压成水平状态，用磁铁吸出刨花中的金属物。

该生产线于 2007 年 12 月停产，在 2013 年 9 月恢复生产。福特内尔(Footner)林产品集团是由加拿大 Ainsworth Lumber Co. Ltd. 和 Grant Forest Products Inc. 两家公司共同出资成立的，2011 年 Ainsworth 购入 Grant Forest Products Inc. 公司对 Footner 拥有的股份，全资拥有该生产线。2014 年 12 月，Ainsworth 和 Norboard Inc. 公司宣布合并计划，2015 年 4 月 1 日 Norboard Inc. 公司宣布完成对 Ainsworth 的并购，该生产线也就纳入 Norboard Inc. 公司旗下。

第二节　中国定向刨花板工业的发展历史

20 世纪 70 年代初，美国、加拿大、苏联和欧洲设备制造商开始研究大片窄长刨花的定向铺装、定向刨花板的性能和生产工艺。1975 年，南京林产工业学院(南京林业大学前身)人造板教研室注意到国外定向刨花板发展的动态，结合江苏省速生杨树资源的综合开发利用，进行了定向刨花板研究，同时开展了竹材定向刨花板和竹木复合定向刨花板研究。在陈桂陞教授领导下，承担了林业部"六五"攻关项目"定向刨花板的中试生产研究"，并在 1988 年通过部级鉴定。

20 世纪 90 年代，中国先后建成 2 条从德国引进的定向刨花板生产线。

第 1 条为南京木器厂引进的定向刨花板生产线。1985 年，南京木器厂依托南京林业大学争取到的联合国开发署项目，加上南京木器厂投资，在中国建设了 1 条大片刨花定向铺装示范线。该生产线于 1987 年筹建、1990 年建成、1991 年投入试生产。设备中刨片机为德国迈耶(Maier)公司鼓式刨片机，铺装、热压、后处理工段设备为德国辛北尔康普(Siempelkamp)公司提供。后该生产线设备由嘉汉板业(亚洲)有限公司购买并搬迁至苏州，但在苏州安装完后一直没有生产。嘉汉林业集团有限公司于 2004 年开始筹备、于 2005 年在东北投资兴建全资子公司——嘉穆板业有限公司，将苏州生产线搬迁至公司所在地——黑龙江省穆棱市穆棱镇。

第 2 条为 1992 年江西赣州木材二厂从德国比松(BISON)公司引进的年产 1.68 万 m^3 定向刨花板生产线(日产 60m^3，按 280 天计；板面尺寸 1200mm×1708mm)，但建成后由于种种原因，一直未正常生产，约 2012 年这条生产线拆掉并二次出售，搬至山东临沂汇才板业公司。

在引进生产线建设的同时，中国开始了国产化生产线的研发和建设。1991 年，南京林业大学承担国家科技部"八五"攻关项目"年产 10000m^3 定向结构板国产化生产线"研究，由南京林业大学设计，上海人造板机器厂、镇江林业机械厂制造，在福建建瓯木材厂建成第一条年产 1 万 m^3 定向刨花板国产生产线，于 1995 年通过生产验收。南京林业大学主持国家科委"八五"科技攻关加强项目"年产15000m³定向结构板成套技术"编号85-18-04-08(调)期间，由南京林业大学主持设计，镇江林业机械厂和溧阳矿山机械厂参与设备制造，在江苏徐州定向结构板厂建设了一条工艺和设备国产化的生产线，1997年投入生产。该项目于1997年12月通过林业部科技司的鉴定。该生产线上有5台专门研发的主机，分别为刀轴式刨片机、单通道干燥机、滚筒式拌胶机、定向铺装机和大幅面框架式热压机。除了由镇江林业机械厂和溧阳矿山机械厂制造主机外，常州范群干燥设备厂配套热风炉，常州能源设备总厂配套热油炉，苏州林业机械厂配套砂光机，溧阳平陵林机厂配套厂内运输设备和气力输送装置。2004年该生产线由徐州长青定向结构板有限公司收购并运行。考虑到直接用杨木原木刨切刨花的成本较高和干燥能源消耗太大，改成以收购苏北和鲁南地区胶合板工厂的单板下脚料为原料生产定向刨花板。2013年该生产线的主要设备和技术由山东久和木业有限公司收购重组，于2014年再次正式投入定向刨花板生产。

另外，广东封开年产1万m³生产线、山东冠县8000m³生产线先后建成。

有10余家厂商曾委托南京林业大学编写定向刨花板建设项目可行性研究报告，但由于资金和市场原因均未能建厂。2008年由沈阳重型机械集团有限责任公司技术支持在山东寿光鲁丽集团有限公司建成1条年产1.2万m³定向刨花板生产线。总部设在福建漳州的香港鸿巨人造板公司集团，拥有年产2.5万m³定向刨花板的生产能力。山东临沂进超木业有限公司也能生产少数的定向刨花板产品。截止到2009年，中国已经建成并正常运转的定向刨花板生产线7条，年设计生产能力近8.9万m³。江苏省扬州市江都快乐集团由昆明人造板机器厂提供主要设备建设的一条年产5万m³定向刨花板生产线于2011年调试出板。

湖北宝源木业有限公司年产22万m³定向刨花板生产线的投产，填补了中国连续压机生产定向刨花板的空白，开启了中国规模化生产定向刨花板的时代，是当时中国乃至亚洲第一条大规模的定向刨花板生产线。南京林业大学曾从多角度、多方面为该公司提供了引进定向刨花板生产线的可行性研究报告。2009年5月8日，湖北宝源木业有限公司宣布与迪芬巴赫(Dieffenbacher)机械制造有限公司签约购置年产22万m³的成套定向刨花板生产线，连续压机长度30m；引进德国帕尔曼(Pallmann)机械制造有限公司的长材刨片机和美国GTS能源科技公司的热能中心，设备投资约2700多万美元，项目总投资约4.6亿元人民币。项目于2008年6月26日开工建设，2010年11月24日建成投产。该生产线以速生意杨、泡桐的大径材为原料生产定向刨花板。其工艺流程依次是：木段运入工厂楞场，堆放贮存，剥皮，金属探测，刨片，筛选，合格刨片，料仓贮存(不合格小刨片做热能中心燃料)，干燥，干料仓，表、芯层拌胶机(加入异氰酸酯树脂胶和防水剂)，表、芯层铺装机，铺装成型线，连续平压热压机，裁边、分割锯，定向刨花板冷却架，堆板，入库。

此后，中国于2014~2015年间引进3条德国迪芬巴赫(Dieffenbacher)公司连续压机定向刨花板生产线，湖北康欣新材料科技股份有限公司(设计产能22万m³，连续压机宽2.8m、长40.4m)生产线2015年5月投产；山东寿光鲁丽集团有限公司(设计产能30万m³，连续压机宽2.8 m、长40 m)生产线2015年7月30日投产；贵州剑河园方林业投资开发有限公司(设计产能25万m³，连续压机宽2.8 m、长30 m)2015年10月9日投产。快乐集团也于2014年2月新开工定向刨花板建设项目，该项目压机为22层多层压机，总投资10亿元,年产能为20万 m^3。该4条生产线的年产能总计近100万 m^3。

非木材定向刨花板生产在中国也得到了发展。2008年,永利发林业集团在云南省德宏州建立了一条半自动试验线生产竹材定向刨花板(月产量为100m^3);2009年该公司又建设了第二条研发线(月产量为4000m^3),产品用于集装箱底板。2009年10月30日,世界第1条定向结构麦秸板(OSSB)生产线在西安杨凌投产。该生产线由拥有定向刨花板产品独家技术使用和推广权的荷兰林德森板业投资,一期工程投入2.5亿元人民币,设计年生产能力为6万 m^3。

第三节 定向刨花板生产工艺

一、研究阶段

杰克·克拉克在1949年申请了华夫板发明专利。用切削得到正方形12.5mm×12.5mm×0.76mm湿华夫片,铺在地板上气干。然后同5%粉状酚醛树脂胶混合,压制成200mm×254mm×9.5mm华夫板,这是世界上第一块华夫板。

二、试验生产阶段

杰克·克拉克设计华夫板小试工艺流程,如图1所示。

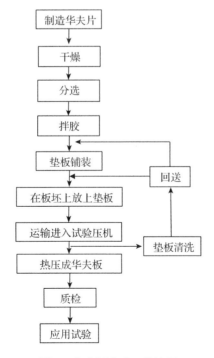

图1 华夫板小试工艺流程

三、华夫板生产阶段

1) 世界上第一条生产华夫板工艺流程

1955年建商业工厂，1956年生产1个月后，产品就卖出。在杰克·克拉克的策划和游说后，巴克河木材公司同意给予资金支持。建造4′×6′幅面12层热压机，其能源从附近的制材厂得到供应。厂内还有至少12项有创意的新设计。华夫板生产工艺流程如图2所示。

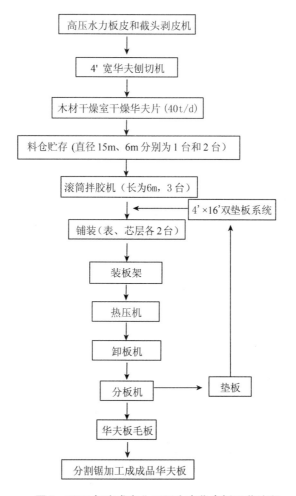

图2 1955年建成商业工厂生产华夫板工艺流程

2) 加拿大华夫板生产工艺流程

第一套条加拿大华夫板生产工艺流程及其示意图如图3所示。

第二套条加拿大华夫板生产工艺流程及其示意图如图4所示。后续建设的华夫板厂的工艺流程基本采用该流程。

第十一章 定向刨花板

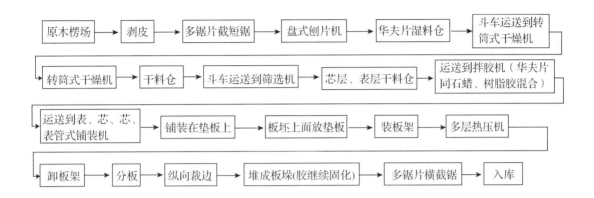

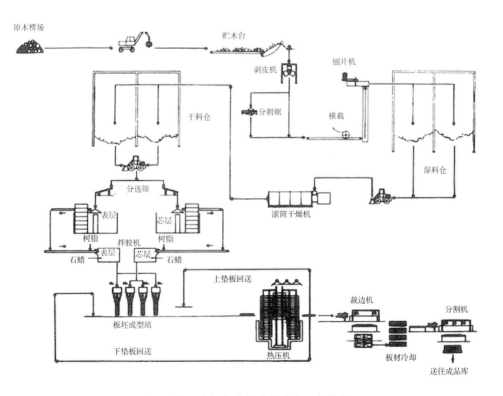

图3 第一套加拿大华夫板生产工艺流程

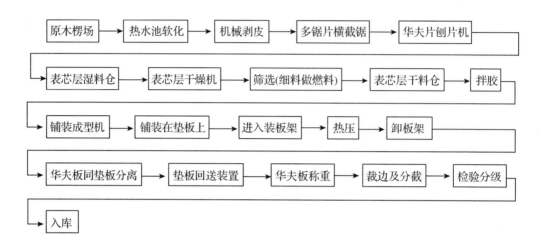

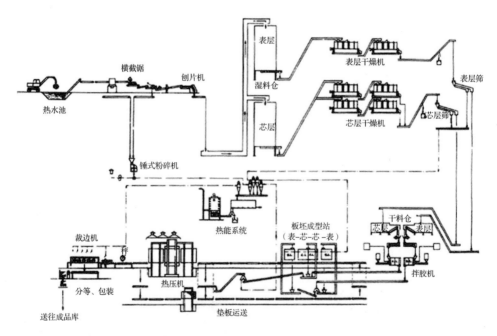

图4 第二套加拿大华夫板生产工艺流程

四、定向刨花板(定向华夫板)生产工艺流程

2000年以来，普遍采用的定向刨花板生产工艺流程，如图5所示。

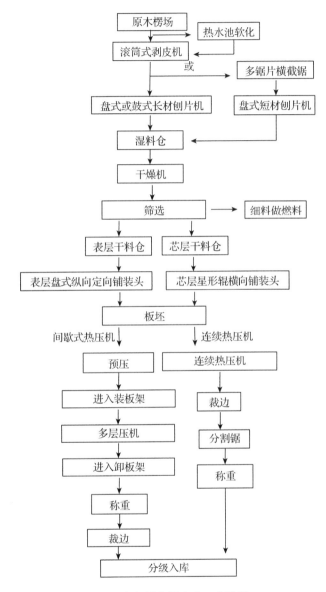

图5　定向刨花板生产工艺流程

第四节 定向刨花板的生产设备

一、主要生产设备

(一)刨片机

最早的华夫片刨切机见图6,在此基础上改进后用于加工来自制材厂4′长的边条的刨片机见图7,华夫片刨切机的3种刀片构造配置及所加工得到的华夫片外形见图8所示。大型鼓式刨片机如图9所示,图10所示为鼓式刨片机的进料槽,图11所示是盘式刨片机。

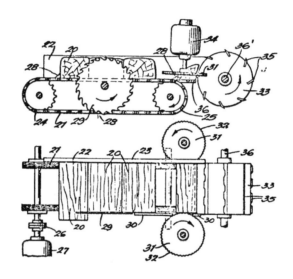

图6 最早的华夫片刨切机

图7 改进后的刨片机

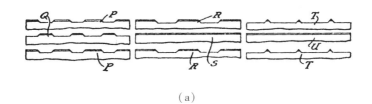

(a)

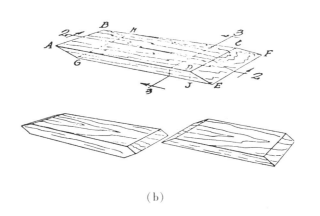

(b)

(a)三种刀片构造和配置示意图　　(b)华夫片外形示意图

图 8　三种刀片构造及配置以及华夫片外形示意图

图 9　大型鼓式刨片机

图 10　鼓式刨片机进料槽

图 11　盘式刨片机

(二)干燥机

工业化生产中常用的大片刨花干燥机为通道式干燥机,主体是内壁上装有抄板的回转圆筒,按结构又分为单通道干燥机和三通道干燥机。三通道刨花干燥系统的核心设备是由三个同心的、连接为一体的通道组成(图12)。工作时,刨花和热烟气由内通道进入,经180°转向进入中间通道,再经180°转向进入外通道,最后从外通道排出。内通道(直径最小的通道)可使用较高的气体温度和速度,在第二、第三个通道(中间及最外层套筒)内使用较小的空气速度和中等温度。单通道只有一个通道(图13),刨花在干燥机内部不存在180°转向问题。通道式刨花干燥系统在工艺配置方面类似,燃烧炉产生高温烟气作为干燥热介质,风机提供刨花和烟气的输送动力,湿刨花经干燥机干燥后由旋风分离器分离、排出,尾气经除尘器除尘后,一部分排向大气,另一部分回到干燥系统参与高温烟气的温度调节。

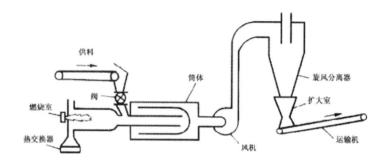

图12 三通道干燥机原理示意图

图13 单通道干燥机外形图(Dieffenbacher SPE)

三通道干燥机历史比较悠久,国外早期华夫板和定向刨花板生产中使用较多。中国原江西赣州木材二厂从德国引进的干燥机就是三通道干燥机。与三通道干燥机相比,单通道干燥机结构上要简单得多,更加适合长刨花的干燥,逐渐占据主导地位。中国第一条国产化定向刨花板生产线上即配备了国产单通道干燥机,21世纪中国建设的4条大规模的定向刨花板连续压机生产线,即湖北宝源、湖北康欣、贵州剑河园方和山东鲁丽生产线均配置单通道干燥机。

(三)拌胶机

大片刨花拌胶时必须保持刨片形态不受影响。通常不宜采用快速搅拌的拌胶机,如环式拌胶机。国内外定向结构板生产线上几乎全部采用滚筒式拌胶机(图14)。滚筒拌胶机的主体为内部装有抄板的圆筒。圆筒按一定的倾角安装,在电动机驱动下按一定转速旋转,由于滚筒的转动,刨花被举升到一定高度后落下,形成连续的刨花帘;胶黏剂经雾化后直接喷洒在刨花帘上。

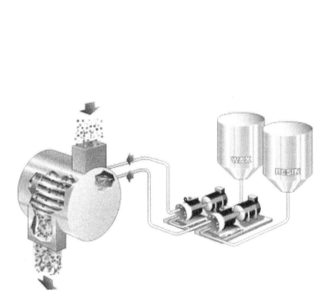

图14 滚筒拌胶机示意图

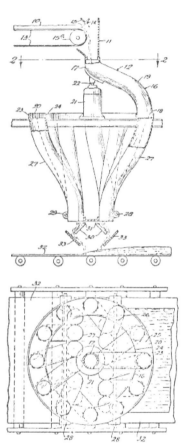

图15 华夫板铺装的非定向铺装机构

(四)定向铺装机

最早用于华夫板铺装的非定向铺装机构,如图15所示。

定向铺装的技术核心是使薄长条刨花通过某种特殊的措施实现定向排列,即刨花长度方向近似平行于某个方向排列。就刨花的走向而言,又分为刨花排列方向与板子长度方向相平行的平行定向和相垂直的垂直定向两种情况。定向刨花板工业化生产线上使用的定向方法为机械定向方法。目前比较普遍的铺装头及相应的铺装机结构示意图如图16所示。其中,圆盘式铺装头用于表层(长度方向)定向铺装,而星形辊式则用于芯层(宽度方向)定向铺装。

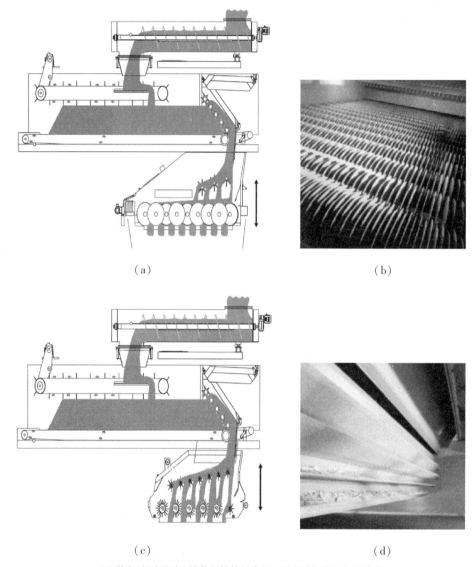

(a)纵向(长度方向)铺装机结构示意图　(b)圆盘式纵向铺装头
(c)横向(宽度方向)铺装机结构示意图　(d)星形辊横向铺装头
图16　定向铺装装置示意图

(五)热压机

用于定向刨花板生产的热压机,在20世纪70~80年代以多层热压机(图17)为主,20世纪90年代有的企业采用连续平压热压机(图18)生产。21世纪,大产能生产线多采用连续平压热压机。

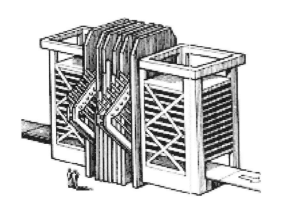

图 17　多层热压机　　　　　　　　图 18　连续平压热压机

二、国产设备的研发

定向刨花板国产设备的进步经历了实验室用设备、校内工厂中试验设备、国家"八五"攻关项目生产线设备 3 个阶段。1975 年，南京林产工业学院人造板教研室、研究室开始研究定向刨花板，重点研究大片刨花的定向铺装装置和定向刨花板性能，在此基础上设计制造了实验室用定向铺装设备(图 19)。

在承担林业部"六五"攻关"定向刨花板的中试生产研究"项目过程中，由人造板教研室教师指导毕业班学生和南京木器厂培训技术员设计了圆盘式刨片机、三通道干燥机、大圆筒拌胶机和 1m 宽的三头式铺装成型线全套图纸。除成型线委托苏州林业机械厂制造外，其他设备均由南京林业大学金属加工厂制造。设计制造出圆盘式刨片机、三通道干燥机、分选装置、大片刨片拌胶系统和铺装成型线，加上原有 4 层 4′×7′热压机，组成了年产 3000m^3 的定向刨花板生产实验车间。经过了 3 年的研究运行，终于生产出符合加拿大标准的定向刨花板，并在 1988 年通过部级鉴定。南京林业大学内主要中试设备和铺装成型线如图 20～图 22 所示。

图 19　实验室用定向铺装设备　　　　图 20　三通道干燥机

图 21　大圆筒拌胶机

图 22　三层结构定向刨花板铺装成型线

1991年，国家科技部"八五"攻关项目"年产10000m³定向结构板国产化生产线"研究立项，由南京林业大学提供关键技术参数和设计，上海人造板机器厂制造了铺装机、4′×16′单层热压机、冷却、裁切流水线；镇江林业机械厂制造生产线前半段长材刨片机、大圆筒单通道干燥机、分选装置、大片刨片拌胶系统。由上述设备组成的福建建瓯木材厂年产1万 m³的定向刨花板国产线于1995年通过验收。国家科委"八五"科技攻关加强项目"年产15000m³定向结构板成套技术"编号85-18-04-08(调)，由南京林业大学设计，镇江林业机械厂制造定向铺装机、4层4′×16′热压机、冷却、裁切流水线和冷却架，溧阳矿山机械厂制造单通道干燥机、分选装置、滚筒式拌胶机，上述设备组成的国产线1997

年在江苏徐州定向结构板厂(图23)投入生产。主要设备刀轴式刨片机、单通道干燥机、滚筒式拌胶机、定向铺装线、翻板冷却架以及铺装后的板坯如图24~图29。

图23　徐州定向结构板厂

图24　刀轴式刨片机

图25　单通道干燥机

图26　滚筒式拌胶机

图27　定向铺装线

图28　翻板冷却架

图 29　铺装后的板坯

三、国外设备的采用

原南京木器厂定向刨花板生产线进口了德国辛北尔康普（Siempelkamp）公司部分设备：长材刨片机，拌胶机，定向铺装线和单层热压机，其他设备全部国内配套，图 30 和图 31 为该生产线上的环式刨片机和三通道干燥机。

图 30　环式刨片机

图 31　三通道干燥机

赣州木材二厂的进口设备主要包括：长材刨片机，单通道干燥机，筛选机，芯、表层刨花料仓和相应拌胶系统，芯、表层定向铺装机（机械定向铺装头）(图 32)，板坯预压机，单层热压机。

图 32　芯表层定向铺装机(机械定向铺装头)

第五节　定向刨花板产品及其发展方向

一、定向刨花板产品的用途

定向刨花板的特点是原料来源广，成本较低，具有极高的尺寸稳定性和强度，还具有保温、隔热、阻燃、耐冲击、耐水、表面防水性能好、寿命长、易加工等特点，是世界各国公认的免检包装材料；原料可再生，产品可回收，重复使用，符合环保要求。20世纪70年代定向刨花板在北美问世，开发的目的是用低价定向刨花板代替结构胶合板。在欧美等许多人造板工业发达国家中，定向刨花板成为20世纪90年代发展最快的板种，各国对定向刨花板的需求也呈上升趋势。定向结构刨花板作为一种新型的人造板材，在许多领域有着广泛的应用。

(一)建筑业

北美已普遍使用定向刨花板代替结构胶合板作为住宅的建筑材料。20世纪80年代，胶合板与定向刨花板在住宅建筑中的比例为8:2，但从20世纪末开始，由于大径级木材减小，生产成本提高，特别在美国中部大多数使用定向刨花板，胶合板与定向刨花板的比例为3:7。定向刨花板广泛用做墙覆盖层、屋顶覆盖层、底层地板、结构性绝缘板、工字梁、单层地板、木结构建筑等。但在亚洲，仅日本市场开始应用定向刨花板。随着社会经济发展和生活水平提高，建筑模式改变，在中国建筑领域的应用还须等待和推广。定向刨花板在建筑上的应用如图33所示。

(a)　　　　　　　　　　　　　　(b)

(c)　　　　　　　　　　　　　　(d)

(a)木结构中的覆面板(墙面板、楼面板和屋面板)　(b)工字梁腹板
(c)结构绝缘板房屋　(d)建在南京林业大学内的示范房－小木屋

图33　定向刨花板在建筑上的应用

(二)工业包装材料

美国、欧盟、日本等进口产品对木质包装材料(包装箱、货箱、货架、装卸底盘、托盘垫木等)要求很严，过去允许木材必须经过熏蒸处理后使用，现已基本禁止使用。木材的综合性能如强度、防水性能等远远不如定向刨花板，正因为如此，世界包装协会将定向刨花板列为"一级暴露"的包装材料，见图34。

(三)水泥模板

定向刨花板通过表面处理后，作为水泥模板有着很大的市场，因为它具有脱模性好、表面光滑、使用成本低、使用过程中噪音低(与钢模相比)等优点。

(四)室内家具及承重件、贮藏箱和贮藏柜

将定向刨花板用于家具的受力件、贮藏箱和贮藏柜(图35)，不仅强度高而且重量轻，同时非常适合用于图书馆的托架、陈列板、内衬板、超市货架及厨房卫生间的防水板材等。

图 34　定向刨花板用做包装材料

图 35　定向刨花板用做室内家具及承重件

（五）卡车车身、工字梁及临时建筑和地板装饰

在定向刨花板的防水、高强度性能被认识之后，在许多领域的应用得到不断地扩展，图 36 将定向刨花板用做客车车厢装修装饰材料。

（六）集装箱底板

传统的集装箱底板是用阿必东、克隆等热带阔叶树材来制造的胶合板。随着阿必东等木材供应大幅减少，价格上涨，集装箱底板成本增加。中国是世界上最大的集装箱生产国，每年需要使用集装箱底板 100 多万 m^3。由特殊制作的定向刨花板制成的集装箱底板已被证实可以满足这一用途。

（七）室内装修装饰材料

中国将定向刨花板用在室内装修装饰方面做了许多研究和尝试（图 37），在应用模式及产品开发方面得到了极大地发展，并已逐渐被消费者所接受。以定

图 36　定向刨花板用做客车车厢装修装饰材料

向刨花板为装饰板的基材,用三聚氰胺浸渍纸饰面(图38),无需现场贴面,省去了现场油漆工序。另外,还以定向刨花板为基材,采用高档木单板贴面。这些深加工的定向刨花板产品,用于家具、地板及室内装饰等方面。

图37 定向刨花板用做室内装修装饰材料

图38 三聚氰胺浸渍纸作为饰面的定向刨花板

二、定向刨花板产品标准

国际上定向刨花板产品标准有加拿大定向刨花板和华夫板标准、欧洲共同体定向刨花板标准及国际标准化组织(ISO)标准。鉴于欧共同体是在1997年颁布实施的,且产品有适用于室外型及室内型,标准的内容符合中国人造板行业的使用情况,因此在2000年由南京林业大学牵头首次制定定向刨花板产品行业标准时,决定非等效采用欧共同体定向刨花板标准(1997年版)。中国定向刨花板产品行业标准于2000年首次颁布,修订版于2010再次实施,LY/T 1580-2010《定向刨花板》将定向刨花板分为4类,如表5所示。

表5 定向刨花板种类

类型	使 用 条 件
OSB/1	一般用途板材,用于室内干燥状态条件下的装修材料(包括家具)
OSB/2	承载板材,用于室内干燥状态条件下
OSB/3	承载板材,用于潮湿状态条件下
OSB/4	承重载板材,用于潮湿状态条件下

三、定向刨花板新产品开发

在普通定向刨花板工艺基础上演化而开发的主要新产品如下：

1）单板条层积材（PSL）：是一类应用长刨花定向组坯原理，把涂过胶的窄长单板条（长度和厚度比为300左右）依次搭接铺放在模框内，组成木方长材板坯，经压制而成的木质工程材料。

2）定向刨花层积材：使用长度大于定向刨花板生产用的刨切刨花，经施胶后，用定向装置将其沿刨花长度方向排列铺装成一定厚度的板坯，再经热压制成的方材。一般OSL（Oriented Strand Lumber）刨花较短，刨花长度和厚度比约为75为左右；LSL（Laminated Strand Lumber）刨花长度较长，一般在300mm左右，刨花长度和厚度比约为150。

3）表层细化的定向刨花板：在定向刨花板板坯上表层和下表层铺上细刨花，实际上成为5层结构的刨花板板坯，经热压而成的定向刨花板。

4）表面塑化定向刨花板：定向刨花板表、底层的外表面部分刨花，经浸胶干燥后再铺装在板坯外表面，压制而成的一种板材。

5）单板贴面定向刨花板水泥模板：在定向刨花板的两面贴上浸胶单板或在非浸胶单板上覆盖胶膜纸压制而成的一类定向刨花板，用作水泥模板。

6）功能定向刨花板：大片刨花预先浸或喷上防腐剂或防虫剂、防火剂等具特种性能的药剂，经过特种处理后，再铺装成板坯，热压而成的一类定向刨花板。

四、定向刨花板的发展方向

1）在生产和应用中遵守4R原则：21世纪面临的问题是要解决好人类、资源、环境、发展这四者之间互相依赖、生态平衡的关系，走可持续发展道路。为保证绿色生产和生产绿色产品，必须坚持4R原则，即应用再生资源（Renewable）、减量（Reduce）、再使用（Reuse）及再循环（Recycle）原则。

2）扩大定向刨花板的应用范围：向建筑业、包装业、车船业等行业扩大应用范围。

3）开发新技术和新产品：提高产品质量，提高劳动生产率，使结构与功能型相结合满足各种用途需要，制定相应产品标准并同国际接轨。

参考文献：

[1] Anonymous. Cranking up the action [J]. Wood – based Panels International. 2014(2)：16 – 24.

[2] Mike Botting. Look east for the future [J]. Wood – based Panels International. 2014(2)：26 – 30.

[3] Anonymous. plusça change [J]. Wood – based Panels International. 2015 (2)：16 – 24.

[4] Gunn J M. New developments in waferboard [C]. Proceeding of the Sixth Washington State University Symposium on Particleboard, Pullman, WA. 1972：271 – 280.

[5] Clark J A. How it all started：the history of waferboard [C]. 1980 Canadian Waferboard Symposium Proceedings – Special Publications SP505E, 1981：4 – 12.

[6] Meakes F V. Acceptance in Canada of waferboard [C]. Proceeding of the Sixth Washington State University Symposium on Particleboard, Pullman, WA. 1972：281 – 288.

[7] Vajda P. The historical development of waferboard plant equipment [C]. 1980 Canadian Waferboard Symposium Proceedings – Special Publications SP505E, 1981: 146-158.

[8] 许方荣. 我国定向刨花板发展与应用前景分析[J]. 林产工业, 2010, 37(5): 3-5.

[9] 唐朝. 定向刨花板34年情结能否圆梦?[J]. 中国人造板, 2009, 08: 1-3.

[10] 湖北宝源木业有限公司. 开创中国特色绿色定向结构刨花板的先河: 湖北宝源木业有限公司[J]. 国际木业, 2014, 09: 24-27.

[11] Anonymous. Aiming for domination [J]. Wood-based Panels International. 2012(3): 24-26.

[12] 舒文博. 板材家族新成员—定向结构麦秸板[J]. 中国人造板, 2010(1): 34.

[13] Moeltner H G. Structural boards for the 1980's [C]. Proceeding of the Fourteenth Washington State University Symposium on Particleboard, Pullman, WA. 1980: 3-19.

[14] 南京林业大学定向结构板工程研究中心. 定向结构板生产的关键主机定向结构板系列讲座之三[J]. 木材工业, 1996, 10(3): 37-41.

[15] Canadian Standards Assocaition. CAN/CSA-O437 Series-93 (R2011) Standards on OSB and Waferboard [S]. Ontario, Canada. 2011.

[16] European Committee for Standardization. EN 300: 2006 Oriented strand boards (OSB) - Definitions, classification and specifications [S]. European Committee for Standardization, Brussels, Belgium, 2006.

[17] International Organization for Standardization (ISO). ISO/FDIS 16894: 2009 (E) Wood-based panels - Oriented strand board (OSB) - Definitions, classification and specifications [S]. Geneva, Switzerland, 2009.

[18] 全国人造板标准化技术委员会. LY/T 1580-2010 定向刨花板[S]. 北京: 中国标准出版社, 2010.

第十一章作者简介:

华毓坤(1935年10月—2019年1月),男,汉族,中国民主同盟盟员,江苏省锡山市人。1957年7月本科毕业于南京林学院(现南京林业大学)木材机械加工专业;1956年7月至1958年7月在东北林学院(现东北林业大学)木材机械加工专业研究生班学习;1981年10月至1983年8月受国家教委公派赴芬兰赫尔辛基大学进修两年;1989年5月至1989年10月到澳大利亚合作科研半年。自1957年本科毕业后一直在南京林业大学工作,先后担任教研室主任及人造板研究所所长等职。曾是南京林业大学国家级重点学科"木材加工与人造板工艺"学科带头人、博士生导师,曾任国务院学位委员会第三届学科评议组成员、全国人造板标准化委员会副主任、林业部第四届科技委委员、林业部科技进步奖评委木工林化组组长、林业部国家一级科技咨询专家、国际林联成员、南京林业大学学术委员会副主任等职。

第四篇

无机类人造板

第四篇作者简介：

陈士英(1939年9月—)，男，上海市崇明县人。1963年毕业于南京林学院（现南京林业大学）林工系，同年分配在中国林科院木材工业研究所从事人造板研究工作，直至退休。研究员，硕士研究生导师。1981至1983年在德国慕尼黑大学木材研究所进修。曾参加中德合作"石膏刨花板"的研究，并通过林业部主持的鉴定；参加山西，山东石膏刨花板和南京水泥刨花板生产厂以及山东模压刨花板生产调试。参加编写《石膏建筑材料》和《刨花板》等国家产品标准。

龙玲(1967年12月—)，女，重庆人，博士，研究员，博士生导师，1989年于北京林业大学森工系本科毕业，在中国林业科学研究院获硕士和博士学位。长期从事木基复合材料特别是木纤维增强水泥（石膏、粉煤灰等）复合人造板、木材及其制品有机挥发物（VOC）检测评价、木制品表面装饰技术等研究。先后承担国家和地方课题38项，其中主持22项。发表论文60余篇；独立出版专著1部《木材及其制品挥发性有机化合物释放及评价》，参编著作2部；获发明专利4项；完成调查报告2部；作为主要完成人获得国家科技进步二等奖1项；获得环保部等颁发的"第一次全国污染源普查先进个人"荣誉称号。主持完成了国家标准GB/T 17657《人造板及饰面人造板理化性能试验方法》、主要产品标准GB/T 4897《刨花板》、GB/T 9846《普通胶合板》以及VOC、重金属检测等多项国家标准的制修订。目前正在主持"十三五"国家重点研发计划课题"木制品表面绿色装饰技术研究"。

第十二章　石膏刨花/纤维板

陈士英　龙　玲

石膏刨花板与石膏纤维板(以下简称石膏刨花/纤维板)是以建筑石膏粉为基体,木材和非木材植物刨花(如木刨花、亚麻屑、甘蔗渣等)/纤维为增强材料加压制成的板材。

第一节　石膏刨花板

一、石膏刨花板生产的发展历史

石膏是一种脆性建筑材料,人们加入玻璃纤维等材料使石膏板具有一定的韧性,作为吊顶板材使用;也可在石膏板表、背面覆贴上纸,即纸面石膏板。在制造上述产品时,用水量较多,能耗大,水充满板材中,板材不可压缩,水分蒸发后,板材中形成很多孔隙,板材强度性能不太理想。

美国麦劳尼(Maloney)先生称,早在1928年就已研究制造石膏木丝板。

1977年,日本高桥利男研究了生产石膏刨花板的可能性以及工艺参数对产品性能的影响。

1982年,联邦德国弗劳霍夫木材研究所(Fraunhofer – Institut fuer Holzforschung)柯萨茨(G. Kossatz)、勒慕普夫(K. Lempf)首先发表半干法生产石膏刨花板的工艺技术,并获准了联邦德国专利权。其特点是刨花、石膏、水混合后,其混合物的含水率在40%左右,混合物具有可分散性。

1983年,联邦德国比松(BISON)公司应用G. Kossatz工艺,在BISON公司内部建设一条年产1万m³石膏刨花板连续加压生产线,其铺装、加压部分如图1所示。石膏、刨花与水混合后用皮带运输机送入铺装机,经抛散辊落到下钢带上。随着钢带的运行,铺装的板坯进入上钢带与下钢带之间,并在钢带之间受到一定的压力,压力的大小取决于板材预定的目标密度。在上、下钢带出口处,石膏板坯已基本成板。石膏刨花板出钢带后,在连续式干燥机中干燥至一定含水率,然后按需要规格锯成一定的长度。

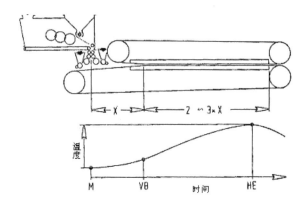

图1 石膏刨花板连续生产工艺铺装与加压示意图

在石膏、刨花与水混合时,根据石膏的初、终凝时间,加入一定量的促凝剂或缓凝剂,以控制石膏的初凝和终凝时间。使石膏在初凝后不久就进入连续式压机,在其出口处基本完成终凝,石膏刨花板初步形成,板材基本没有反弹。由于受石膏原材料品质、木材树种及木刨花的初始状态不同的影响,石膏的凝固时间变化太大,采用连续加压生产工艺,工业化生产难以控制,因此半干法石膏刨花板连续加压生产线无法推广。

1983年,在联邦德国汉诺威国际木工机械博览会上,联邦德国比松(BISON)公司展出石膏刨花板生产工艺和设备,生产方式是间歇式加压。

1985年11月,芬兰的萨斯塔诺尼(Saastanoinen)公司在芬兰的库比喔(Kuopio),采用柯萨茨(Kossatz)工艺用联邦德国比松(BISON)公司的设备,建成世界首家年产3万m³石膏刨花板生产厂,使用的是天然石膏,品牌为"萨斯莫克斯(Sasmox)"。

1986年,中国林科院木材工业研究所与联邦德国弗劳霍夫木材研究所(Fraunhofer - Institut fuer Holzforschung)合作进行石膏刨花板研究,对石膏的品质、木材的树种、刨花的形态及缓凝剂的种类和加入量对板材性能的影响进行了系统研究。

1987年,挪威的阿波拉尔(Arborals)公司用联邦德国比松(BISON)公司的设备,建成年产6万m³的石膏刨花板生产厂,使用的是磷石膏。

1990年,江西建筑人造板研究所进行了石膏刨花板工业性生产研究;1992年,江西建筑人造板研究所在湖北钟祥县建造了中国第一家石膏刨花板中试车间,年生产能力为5000m³,工艺流程如图2所示。

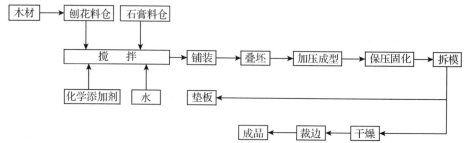

图2 湖北钟祥石膏刨花板中试车间工艺流程图

1995年9月20日，山东省苍山县苍松建筑材料有限公司从德国比松(BISON)公司引进的中国第一套年产3万 m³ 石膏刨花板生产线全线试车成功，1996年5月3日在苍山召开产品鉴定会，产品规格为1220mm×3050mm，厚度8~28mm。采用间歇式加压生产流程，如图3所示。生产原料木材选用杨木，石膏是山东本省的天然石膏。由于山东的石膏成分复杂，初、终凝时间很难控制，加较多的缓凝剂后，虽可达到工艺要求的初凝时间要求，但板材强度显著下降；加较少缓凝剂则达不到要求的初凝时间，不能满足生产工艺要求。最后在德国设备验收时只能保证设计产量，而不保证质量。后来，通过多次试验，采用 α 石膏，达到了要求的石膏刨花板质量指标。

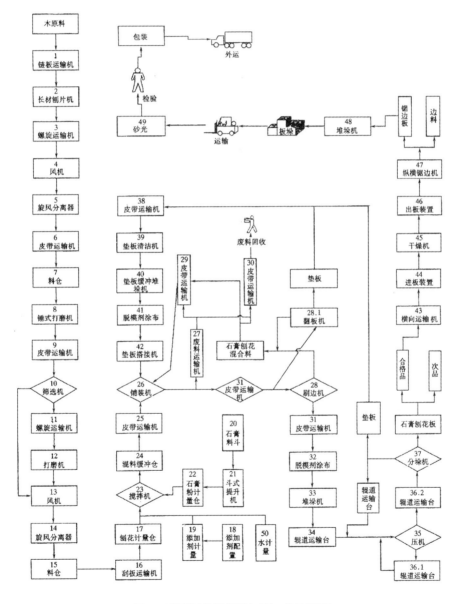

图3 石膏刨花板间歇加压工艺流程图

将木材用长材刨片机刨成薄刨花，然后用锤式再碎机打成细长刨花，经筛选后，较大的刨花用打磨机打碎。按规定比例，将合格刨花、添加剂水溶液、水在搅拌机内搅拌，在其充分搅拌后加入石膏。为适应石膏与刨花的特性，搅拌机的结构特殊，图4为其结构示意图。搅拌机内部由犁头形搅拌桨、高速搅拌轴等组成搅拌系统，使石膏、刨花等得到充分混合，而刨花形态不会受到太大的破坏。所有组分(石膏、刨花、水及添加剂等)均按照设计好的配方准确、连续自动加入。

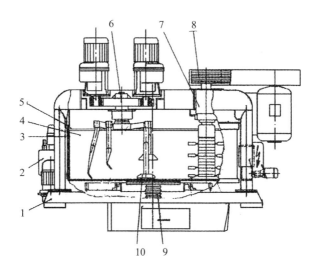

1. 机架　2. 液压系统　3. 耐磨壁　4. 混合槽　5. 密封件　6. 星形混合器
7. 混合轴　8. 混合轴传动系统　9. 卸料门　10. 混合工具

图4　搅拌机结构示意图

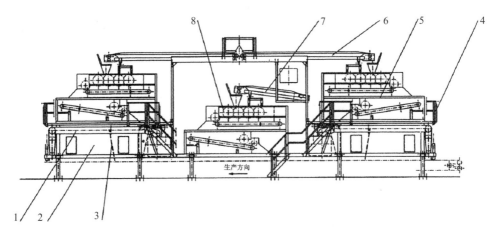

1. 铺装皮带　2. 细表面成型区　3. 过滤网　4. 称重台　5. 表层计量仓
6. 混合料分配运输机　7. 芯层料输送皮带　8. 芯层铺装头

图5　石膏刨花板铺装机示意图

根据石膏、刨花、水等混合物的特点，铺装机采用了多重定量机构。混合物经运输系统进入三头铺装机，上、下层的铺装头为气流铺装头，芯层为机械铺装头。由于石膏易与金属粘结，必须注意铺装头内金属表面与石膏的粘结问题。间歇式生产石膏刨花板是铺装机在垫板上铺出连续的板坯带，铺装在垫板上的板坯带用两皮带运输机之间的速差将其分开。分开的板坯必须进行称重，以保证每块板坯质量的误差在规定范围内。热压机没有厚度规，因此对铺装机的铺装精度要求较高。如铺装不均，不仅造成成品板之间的厚度公差大，而且容易使金属垫板变形。石膏刨花板铺装机示意图如图5所示。

加压采用上置式单层冷压机，外形见图6；将垫板和板坯一起堆成垛，然后由滚筒运输机送入压机，加压到一定高度，用锁紧杆锁紧。根据成板的厚度和压机开挡，一般板垛的高度为30~60张板坯和垫板。卸压后，根据石膏终凝时间，锁紧后的板垛在滚筒运输机上停放约2小时。然后再次进入压机，加压并打开锁紧杆；板垛经滚筒运输机送去分板机，将垫板与石膏刨花板分开。

经分板机分出的石膏刨花板，送到干燥机干燥至规定含水率，裁成规格尺寸的成品板；分开后的垫板经过垫板清洁机清洁后涂脱膜剂，然后送往铺装机。

图6 冷压机外形图

1996年，山西省侯马市从德国比松（BISON）公司引进了年产量3万 m³石膏刨花板生产设备。与山东苍山一样采用天然石膏，但山西的石膏品位好，厂内自己煅烧β石膏，相对α石膏价格较低，质量也容易保证。

1999年，由镇江林业机械厂提供设备，在内蒙古东胜市建成了年产1.5万 m³的石膏刨花板车间。铺装设备采用机械式铺装头，效果也较好。

2003年，由镇江林业机械厂提供设备，在云南建水县用蔗渣生产石膏刨花板，年产量为3万 m³。木材刨花改用甘蔗渣，甘蔗中的糖分对石膏的凝固无显著影响。

2006年，山东临沂天邦建筑材料有限公司，在消化引进的德国设备基础上，建成年产300万 m²的石膏刨花板生产线，生产状况很好，并有产品出口。

二、生产工艺和设备的改进

德国进口的铺装机是气流铺装机。由于石膏不能保证都附着在刨花上，导致混合物的质量不均匀，造成气流铺装不均匀，板坯表面形成"小山"。表层和芯层铺装头改成机械式，并加入微风，使板坯表面细化，板坯铺装均匀。由于铺装时不可避免地产生板坯厚度不均；当多张板坯堆积成垛时，由于不使用厚度规，板内及板间产生相当大的厚度偏差；在多次加压、打开后，垫板发生变形，增加了板材的厚度偏差。为此，生产石膏刨花板时，除板坯铺装必须十分均匀外，必要时，对板坯进行均平处理，以使板坯厚度更均匀。

石膏易与垫板粘结，垫板表面需涂脱膜剂。由于石膏与刨花混合后处于半干状态，其中的水使普通钢垫板生锈，因此，一般使用不锈钢垫板。为节省投资，在普通钢垫板上涂一层塑料类材料，既可防锈，又可用普通钢垫板代替不锈钢垫板。

第二节　石膏纤维板

1972年，联邦德国开始用纸纤维制造石膏纤维板。

石膏纤维板是废纸纤维与石膏经搅拌、成型后加压而成的一种建筑板材。20世纪60年代初，河南建筑材料研究院采用湿法工艺生产石膏纤维板，工艺流程见图7。

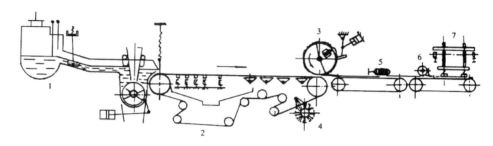

1. 湿法铺装　2. 真空脱水　3. 缠绕成型　4. 网带清洗　5. 横切机　6. 纵切机　7. 真空吸盘

图7　流浆法生产石膏纤维板流程

另一种湿法生产工艺是抄取法，工艺流程如图8所示。

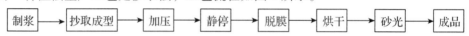

图8　抄取法生产石膏纤维板流程

湿法生产石膏纤维板能耗大，石膏在水中易水化，工艺不易控制。20世纪70年代，发明了半干法生产工艺，使石膏纤维板得到迅速发展。1999年，湖北孝感从德国引进了一套年产300万 m² 的成套设备，工艺流程见图9。由于生产石膏纤维板用的废纸有一定的质量指标要求，对石膏也要求有稳定和较高的质量，因此在生产初期遇到许多问题。

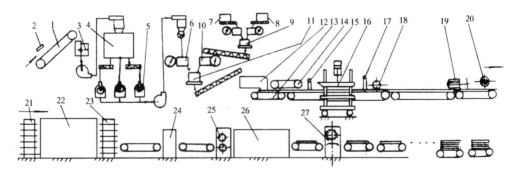

1. 皮带运输机　2. 金属探测器　3. 碎纸机　4. 碎纸仓　5. 纤维磨　6. 纤维计量器　7. 石膏仓　8. 回收料仓　9. 搅拌机　10. 石膏计量器　11. 混合机　12. 铺装机　13. 铺装网带　14. 带式预压机　15. 洒水装置　16. 行走压机　17. 高压水刀　18. 胶轮　19. 横切刀　20. 毛刷轮　21. 升降式分配机　22. 干燥机　23. 卸板机　24. 砂光机　25. 涂胶机　26. 干燥机　27. 纵横切割机

图9　石膏纤维板流程图

废纸经碎纸机、纤维磨、计量器后，与经过计量的石膏粉等进入混合机，搅拌后的混合料送入铺装机铺成板坯。由网带输送的板坯表面，喷洒添加有缓凝剂的水，在真空负压作用下，水分渗透板坯内部。然后将板坯送入压机。压机有两种结构，图9中的压机是往复式行走压机，加压一段后返回再压后一段板坯。另一种是连续式压机，上下两条运输带夹住板坯在几组辊筒之间通过并加压，见图10。

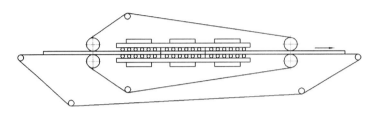

图10　连续式压机示意图

压机出来的石膏纤维板按规格要求截断成一定长度，经干燥、砂光、表面喷涂后，再进行裁边分等、包装入库。

1998年，中国林科院木材工业研究所，研究了用纤维板热磨机生产的纤维，代替废纸纤维制作石膏纤维板，并取得了较好的效果。

第三节　石膏刨花/纤维板产品的用途

石膏刨花板及石膏纤维板是无机多孔板材，具备一定的"呼吸"功能，在气候变化时有一定的调节作用，让人感受较为舒适。石膏刨花/纤维板本身不含石棉、甲醛以及对人体有害物质，即使在严重火灾条件下，也不会释放有害物质，因而是环保型板材。石膏刨花/纤维板的主要用途，按建筑类分：可用于非承重的多层及高层建筑、低层别墅式住宅和大型公用建筑。按结构分：可用于隔墙板、吊顶、地板，经表面防水处理后也可用作墙板框架结构的外墙板、防火门等。

石膏刨花/纤维板重量轻、经济适用，机械加工性能好，可进行切割、铣削、钻孔、打钉及拧螺钉等加工；具有优良的隔热性能、抗冲击性能、耐久性能及使用方便等特性；石膏刨花/纤维板可用于几乎所有室内场合，如图11所示，用于内墙隔音板、天花板、地板甚至外墙（需涂饰外墙涂料）等。

在中国林科院木材工业研究所与德国弗劳霍夫木材研究所合作期间，1989年在中国林科院院内建造了一栋石膏刨花板样板房，如图12所示。所用石膏刨花板为芬兰生产。所有内外墙、地板、隔断墙、房顶、天花板等全部用石膏刨花板，外墙喷涂耐水性墙体涂料。在内外墙、隔断墙上都埋有温度传感器，以测定内外墙之间的温差。还定时测定埋在墙中试件的重量，以测定气候变化造成石膏刨花板含水率的变化。至2017年已28年，经历了风雨的考验，石膏刨花板房的结构完整无损。

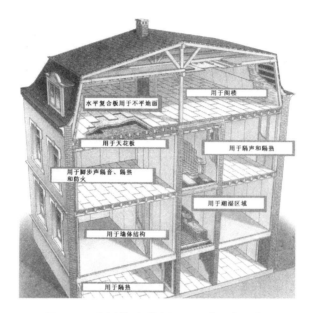

图 11　石膏刨花/纤维板适用室内所有场合

图 12　石膏刨花板样板房

第四节　石膏刨花/纤维板的发展方向

石膏刨花/纤维板有很多优点，是一种优良的新型环保建筑材料，其生产与应用具有节能、节土、节材等综合意义。在欧洲等地受使用者欢迎，使用范围广。中国对此产品认识不足，加上产品价位不够合理，致使产品销路受到限制。目前中国十分重视环境保护，此产品定有发展前景。

参考文献：

[1] Maloney T M. Modern particleboard and Dry-process fiberboard manufacturing [M]. Miller freeman publieation. Inc., 1977.

[2] 高利男，北政幸. 木质石膏ポードの制造试验[J]. 木材の研究と普及，1977，25：290-291.

[3] G Kossatz und K. Lempfer Zur Herstellung gipsgebundener Spanplatten in einem Halbtrockenverfqahren[J]. Holz als Roh- und Werkstoff, 1982：333-337.

[4] G. Buecking Die Herstellung gipsgebundener Spanplatten in Endloswerfahren[J]. Holz als Roh- und Werkstoff[J]. 1983：427-430.

[5] 周贤康，涂平涛. 石膏刨花板工业性生产研究[J]. 新型建筑材料，1992(8)：5-9.

[6] E f Kremer, K H Lempfer Gypsum Fiberboord History and Outlook. Inorganic Boaded Wood and Fiber Componite Materials [M]. Forest Products Society(USA), 1991.

[7] 张宜生，陈士英，龙玲. 半干法石膏纤维板工艺研究 I 原料配比，密度等对板材性能的影响[J]. 木材工业，1998(5)：8-11.

[8] 龙玲，陈士英，张宜生. 半干法石膏纤维板工艺研究 II 搅拌和铺装均匀性因素分析[J]. 木材工业，1998(6)：3-6，12.

第十三章 水泥刨花/纤维板

陈士英 龙 玲

水泥刨花板与水泥纤维板均属水泥基板材系列，是一种新型的建筑材料。

水泥刨花板是用水泥作为胶凝材料、木质刨花为增强材料，并加入一定量的其他化学助剂，通过成型、加压和养护等工序制成的一种人造板。水泥刨花板按密度分为以下几种：

1) 将木材制成刨花，刨花的形态与普通刨花板用刨花基本相同。刨花与水泥搅拌后通过成型、加压和养护等工序制成板材，其密度为 $1200 \sim 1400 kg/m^3$，这种板材是通常所称的水泥刨花板。

2) 将木材制成木丝，木丝长度一般在 60mm 左右，厚度约 0.4mm。木丝与水泥混合，通过成型、加压和养护等工序制成板材，称为水泥木丝板，其密度为 $300 \sim 500 kg/m^3$，厚度为 $13 \sim 100mm$。通常木丝的大小和形状很大程度上决定了产品的密度的高低，即木丝越大、添加量越大，产品密度越低，这种板材是通常所称的水泥木丝板。

3) 将木材制成细长刨花，与定向刨花板用刨花相似。刨花与水泥混合后，通过成型、加压和养护等工序制成板材，其密度为 $1000 \sim 1100 kg/m^3$，刨花添加比例增大，产品密度相应降低。该种板材具有质量轻、强度高的特点，是通常所称的水泥刨花定向板。

水泥纤维板是水泥与纸纤维混合制成的板材，是由石棉水泥板发展而来。

第一节 水泥刨花板

一、水泥刨花板生产的发展历史

(一) 研究阶段

1910 年，按奥地利专利 37223，罗贝尔特·斯尔(Robert Scherer)先生在维也纳生产了镁盐胶合的木丝板，商品名为 Heraklith。

1920年，荷兰的约瑟夫·奥贝拉内（Josef Oberleitner）先生在荷兰松塔贝克（Sonntagberg）使用波特兰水泥生产了第一张水泥木丝板。

1930年，荷兰的海特利克·范（Henderik Van）先生，在荷兰第一个生产木质板条增强水泥板。还生产一种瑞士杜里佐尔（Durisol）法水泥刨花板。

1950年，奥地利的弗兰茨·勃兰登斯泰纳（Frantz Brandsteiner）先生在澳大利亚的马列卡 路夹克（Marica Rojack）生产木刨花与水泥混合的板材。

（二）中间试验车间

1962年，完善了水泥刨花板的生产工艺，美国埃尔曼道尔夫（Elmondorf reach Lnc，缩写 ERL）公司获得了半干法生产水泥刨花板的专利技术。根据埃尔曼道尔夫技术，联邦德国比松（BISON）公司在其公司内兴建了一个规模较大的中间试验厂。

1967年，苏联中央森工机械化实验厂建成一个水泥刨花板实验生产车间，年生产能力1.2万 m^3。

（三）水泥刨花板厂的兴建

1）水泥刨花板（CBPB）厂的兴建

20世纪70年代，在欧洲等地水泥刨花板已得到迅速推广并进行大规模生产。日本是世界上使用水泥刨花板数量最多的国家。截至1998年，世界上已有水泥刨花板生产线50余条，见表1。其中年产3万~5万 m^3 的生产线有30多条，年总产能达140万 m^3；生产线的设备大部分由联邦德国比松（BISON）公司、荷兰艾尔登（Elten）公司、瑞士杜里佐尔（Durisol）公司以及芬兰、意大利、挪威、美国、日本等国的公司提供，其中比松（BISON）公司的设备约占总生产能力的80%。

表1 水泥刨花板主要生产国家以及生产线数量

序号	国别	公司	生产线数量	序号	国别	公司	生产线数量
1	德国	Eternit，Fulgurit Schw orer – Haust	2	10	俄罗斯	Glavmosstroy 等	18
2	英国	C，P，Boards Ltd，Pyrok	2	11	日本	Nichiha, Mitsui, Daikin 等	5
3	法国	Seribo	3	12	土耳其	Tepe	2
4	瑞士	Durisol	2	13	马来西亚	Cemboard	1
5	意大利	Fama	1	14	中国	吉林天成、山东鲁中、湖北钟祥	3
6	匈牙利	Falco Fkombint Szmbathaly	1	15	墨西哥	Grupo	2
7	芬兰	Metsa serla Rauma – Ripola	1	16	澳大利亚		2
8	泰国		1	17	美国	American Cemwood，L – p	3
9	比利时	Eiakcmuzkcz	1	18	荷兰	Eeten Eltomation	2

1968年，日本建成日产80m^3的水泥刨花板厂。

1970年，瑞士的杜里佐尔（Durisol）公司对埃尔曼道尔夫（Elmondorf）的专利稍加修改，建成日产20m³的水泥刨花板示范厂。进一步与联邦德国比松（BISON）公司合作，比松公司制造了气流铺装机。不断完善工艺技术，使水泥刨花板的性能大大提高。

1973年，在瑞士迪帝库（Dietikon）建成新厂，采用气流铺装机进行板坯铺装，使产品质量更为稳定，板面细腻光滑平整，进一步解决了厚度偏差和密度偏差造成的翘曲变形等缺陷，生产能力30m³/日。

1975年3月，上海木材加工一厂和上海建筑科学研究所组成"三结合"研制小组，经过半年多的努力，研制出水泥刨花板。配方：水泥（质量计）100、刨花34、木屑20、矿化剂（石灰或硫酸铝）6、早凝剂（水玻璃或硫酸钠）10、防粘剂（PVA或107胶）2，水为总量的25%～30%。冷压压力2MPa、冷压时间10min，然后进入养护室，室温45～60℃，在一定湿度下养护1～2天。水泥刨花板性能：气干容重1200kg/m³、含水率15%～18%、吸水厚度膨胀率2%～3%、耐水性浸水半年无明显变化、耐燃性不燃烧、抗折强度9～10MPa、加工性可钉、锯、刨。

1976年初，联邦德国汉诺威的富尔古立特（Furgulit）公司建成一条日产50m³的水泥刨花板生产线。板坯铺装采用鼓风分层法，板坯固化分两个阶段，第一阶段6～8h，板坯在张紧的框架中，在给热养护条件下，达到要求的固化程度，然后拆去框架；在熟化棚下放置18天，达到终固。出厂前，板子要通过调湿室，使板与大气之间含水率均衡，最终含水率一般为9%。

1977年，联邦德国在伏斯杜尔夫（Wunstorf）建成日产50m³生产线。

1977年，匈牙利在斯楚巴塞利（Szombathely）建成日产100m³生产线，后增加至日产160m³。

1978年，意大利建成日产40m³水泥刨花板厂。

1980年，荷兰的盖立·范·艾尔登（Gerry van Elten）公司开发了机械铺装法生产水泥刨花板。

1981年，联邦德国在贝库姆（Beckum），由斯泰密（Stemit）公司提供工艺技术，与瑞士的杜里佐尔（Durisol）公司联合兴建了埃特尼特杜里佐尔（Durisol）水泥刨花板厂，生产能力为日产150m³，产品规格为1250mm×3200mm×(8～40)mm。

1982年，在马来西亚建成以橡胶木为原料的水泥刨花板厂，生产能力为日产120m³。

1982年，墨西哥建成日产120m³水泥刨花板生产线。

1982年，日本建成生产能力与墨西哥类似的水泥刨花板厂。

1983年，英国建成日产100m³的水泥刨花板厂。

1983年，北京单店砖瓦厂水泥刨花板生产线投产。1976年，中国林科院木材工业研究所与北京市建材局合作，在北京单店砖瓦厂，用工厂刨花，回收废木材和小径材生产的刨花，树种为杨木、柳木、落叶松、红松、白松、椴木等，加入一定量三乙醇胺、硫酸铝、氧化钙、氯化钙等为助剂，进行水泥刨花板试验。在试验的基础上，自1977年开始，建设水泥刨花板中间试验车间，试验车间的年产量为1万m³，1980年通过鉴定。根据原料情况，采用两种加工方式：较小的制材板皮用鼓式削片机先制成木片，然后用双鼓轮刨片机制成刨花；为改善刨花质量，一定直径的小径材及较大的制材板皮用单鼓轮刨片机制备刨花。两种刨花混合后进行筛选。为阻止木材中糖分产生"水泥毒"，需要加入化学助剂，化学助剂用水稀释。合格的刨花送入连续式搅拌机，同时，用水泵将助剂喷入搅拌机；在助剂溶液较充分润湿刨花后，向连续式搅拌机中部加入水泥。水泥、刨花的混合料送到机械式铺装机，铺装机将混合料在钢垫板上铺成板坯，将垫板上的板坯整齐地堆在模具车上，在其堆放到一定数量的板坯后，将模具车推入压机。在2.5~3.0MPa压力下，将板坯压到规定厚度，用锁紧装置锁紧模具车。为加速水泥凝固，将已锁紧的模具车送入养护室，养护室内温度需在80℃左右，并且比较潮湿，以利于水泥凝固。在养护室内养护一定时间后，将锁紧的模具车再次送入压机，在一定压力下，取下锁紧装置。将模具车送到真空吸盘分板机，将水泥刨花板与垫板分开。垫板经清洗、涂脱模剂后再送到铺装机下。制成的水泥刨花板在室温下自然养护后进行纵横齐边，再在65~70℃下进行调湿处理。最后进行检验、分等入库，工艺流程见图1。

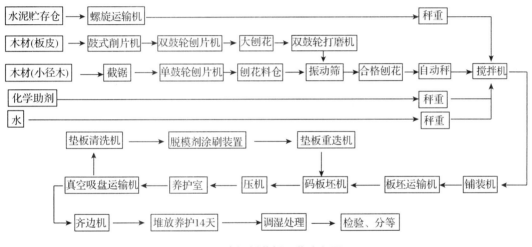

图1 水泥刨花板工艺流程图

20世纪80年代，在北京单店砖瓦厂完成中试后，江西建材研究设计院进行了水泥木屑板研究，并先后在江西宜丰、福建南平、湖南华容、湖北钟祥和山东沂源等地建立了规模为年产5000~10000m³的水泥刨花板生产线，这些生产线到2010年代仅山东沂源还在生产。

1984年，土耳其建成日产100m³和75m³两条水泥刨花板生产线。

1985年，法国建成日产100m³水泥刨花板生产线。

1985年，苏联建成8条水泥刨花板生产线，日产量分别为100m³、150m³、200m³。

1986~1987年，苏联建成3条日产100m³生产线。

1993年，吉林浑江市天成集团（天成集团后改为天成路桥，再后为吉林森工集团兼并）引进了德国比松（BISON）公司的年产3万m³的整套水泥刨花板设备，工艺流程见图2，1994年9月正式生产。

1997年，哈尔滨林业机械厂为山东鲁中新型建材有限公司提供的年产1万m³水泥刨花板生产线投产。

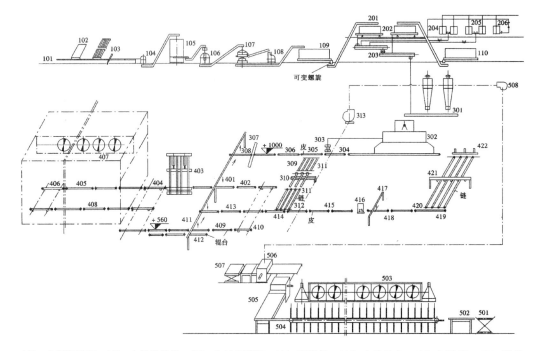

101. 皮带运输机 102. 上料运输机 103. 金属探测器 104. 削片机 105. 木片料仓 106. 刨片机 107. 筛选机 108. 再碎机 109. 刨花料仓 110. 水泥料仓 201. 刨花计量仓 202. 水泥计量仓 203. 搅拌机 204. 化学助剂罐 205. 化学助剂罐 206. 水罐 301. 皮带运输机 302. 铺装机 303. 板坯截断机 304. 板坯纵向运输机 305. 升降运输机 306. 板坯纵向运输机 307. 脱模剂喷涂装置 308. 板坯纵向运输机 309. 板坯回收运输机 310. 回收翻板 311. 回收螺旋 312. 垫板回送运输机 313. 风送系统 401. 板坯堆垛装置 402. 板垛运输机 403. 压机 404. 转运车 405. 板坯运输机 406. 转运车 407. 养护室 408. 板垛运输机 409. 板垛运输机 410. 转运车 411. 卸板机 412. 毛板运输机 413. 垫板纵向运输机 414. 升降运输机 415. 垫板纵向运输机 416. 垫板清扫机 417. 卸垫板装置 418. 垫板纵向运输机 419. 升降运输机 420. 垫板横向运输机 421. 脱模剂喷涂装置 422. 升降运输机 501. 升降台 502. 进干燥室机构 503. 干燥室 504. 出干燥室机构 505. 纵横锯边机 506. 砂光机 507. 升降机 508. 风送系统

图2 吉林省浑江市水泥刨花板生产流程图

1999年，江苏南京长征高科技板材有限公司兴建一条年产3万 m^3 模压水泥刨花板生产线，设备由信阳木工机械股份有限公司提供，2002年底试生产。

2000年，荷兰的艾托美心（Eltomation）公司开发了全自动细长刨花水泥板，密度为 $1100kg/m^3$ 时，静曲强度达 $20MPa$。

2）水泥木丝板（WWCB）厂的兴建

1953年，北京市木材厂建水泥木丝板车间，1954年3月投产。刨木丝机为自行设计制造，1954年5月末正常作业；1954年8月制成水泥木丝搅拌机；1954年10月，试制成以氯化钙替代矽酸钠和盐卤；1955年5月，根据哈尔滨中国科学院土木建筑研究所材料试验室测试，水泥木丝板容重 $471kg/m^3$，抗弯强度 $12.2kgf/cm^2$，热传导系数 $0.09\ W/mK$，制定了水泥木丝板操作指南和质量检验方法；1956年试制成空心水泥木丝板、生产不同容重水泥木丝板以及苏联提出的大型隔墙预制板；1961年一季度制成圆筒式木丝搅拌机，减轻了劳动强度；1979年停产。

20世纪60年代，苏联建了40个现代化水泥木丝板厂，1965年产量近200万m^3。产品密度分别为300kg/m^3、350kg/m^3、400kg/m^3、500kg/m^3等4个等级，通常板材规格为2400mm×550mm×75mm，也可生产大规格板材。

1965年，日本在ERL专利的基础上，开始了水泥刨花板的工业化生产，也生产水泥木丝板，包括普通水泥木丝板和耐火水泥木丝板，产品规格较多。

1984年，吴江石棉制品厂引进了联邦德国辛北尔康普(Siempelkamp)公司的重型压机设备生产水泥纤维板。

1990年，在德国新制造了厚度偏差小的机械铺装机。在菲律宾的帕布罗(Pablo)建了密度为900kg/m^3低密度水泥木丝板厂。

2006年，北京艾托板业有限公司引进了荷兰水泥木丝板成套设备与技术，年产8万m^3，已于2009年投入生产。

水泥木丝板生产工艺流程如图3和图4所示。

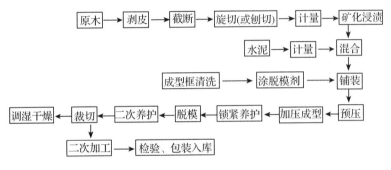

图3 水泥木丝板生产工艺流程

为了制造木丝，新研制了刨刀装在旋转圆盘上的刨丝机，这种型号为E1tomatic CVS-16的全自动设备于1998年首次应用于荷兰的一家轻型墙板生产厂。该刨丝机带有16个刀槽，两个刨刀，刨丝机前装有一台自动横截机，把原木锯成加工需要的长度50cm，可以用长度为2m左右的原木。在刨丝时，50cm长的木段先锯分成25cm长的两段，然后四面夹紧，刨平两个面。刨刀是液压驱动的，木丝的厚度约0.25mm，木丝的宽度可调节，例如5mm。液压作用在一个可见的承压面上，促使木段紧挨着刀面，不产生木材剩余物。水泥木丝板生产车间见图5和图6。

小径木截成50cm长的木段后送入木丝机中制成木丝，然后木丝在振动机上进行浸渍矿化处理。矿化处理后的木丝在滚筒式搅拌机内与水泥、水混合，其混合料经定量后，由传送带输送到垫板上。传送带上方装有刮平辊，辊上有齿，除刮平外还能进行疏理，使板坯达到平整。板坯送到连续式辊压预压机加压，然后由堆板机将板坯堆到养护车上，在垫板上放置厚度规，以控制板材厚度。堆垛好的板垛送入压机，加压至规定厚度后用锁紧装置将板垛锁紧，在受压状态下送入养护室养护，在70~80℃的养护室内达到水泥木丝基本凝固。从养护室出来的水泥木丝板在压机中适当加压下，解开锁紧装置，并用分板装置将垫板与水泥木丝板分开。卸模后的水泥木丝板再在室温下养护3~5天，最后在90~100℃

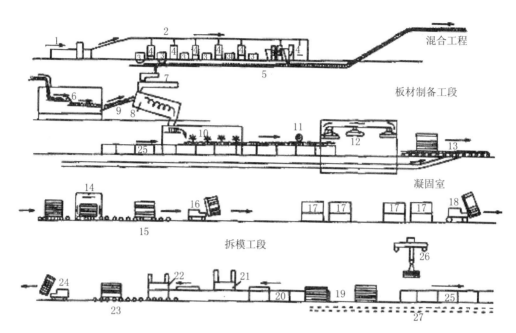

1. 多片锯台　2. 去木丝机的传送带　3. 木丝机　4. 木段贮存仓　5. 送木丝去搅拌室的传送带　6. 木丝矿化处理装置　7. 水泥量秤传送带　8. 搅拌滚筒　9. 送木丝进搅拌滚筒的传送带　10. 梳整室　11. 预压辊　12. 收板器　13. 运输板垛滚筒运输机　14. 压机　15. 板垛出压机的滚筒运输机　16. 搬运车　17. 凝固室　18. 搬运车　19. 准备拆模的板垛　20. 拆模后板坯运输机　21、22. 裁边机　23. 滚筒运输机　24. 搬运车　25. 输送底板回梳整室的传送带　26. 起重能力为1.5t的吊机　27. 输送模框木方的传送带

图4　水泥木丝板生产工艺流程

干燥室内干燥，使其含水率达到9%左右。

图5　水泥木丝板生产车间

图6　水泥木丝板生产车间

二、生产工艺的改进

由于水泥刨花板的性能特点及广阔的应用前景，水泥刨花板的质量越来越高，品种越来越多，各种物理特性的水泥刨花板不断涌现，用途也越来越广。业内人士十分关注水泥刨花板的工艺研究和应用领域扩大。

（一）探索缩短生产周期的工艺

传统水泥刨花板有生产周期长、养护设施多、占地面积大等缺点。为了加快水泥的凝固速度，使用快速固化水泥，方法有热压工艺和二氧化碳加速水泥凝固生产工艺。后一种方法已投入生产。

1985年，联邦德国的西马托帕（M. Simatupang）研究了在加压过程中喷射二氧化碳，使水泥刨花板迅速固化的新工艺。二氧化碳进入板坯示意图见图7。

1989年，瑞典桑斯（Sunds）公司和匈牙利法尔库（Falco）公司合作，在匈牙利建立了世界上第一个用二氧化碳快速固化的水泥刨花板厂，二氧化碳快速固化工艺见图8。

1996年，中国林科院木材工业研究所对毛白杨、落叶松等树种进行二氧化碳喷射法制水泥刨花板的研究，为水泥刨花板快速固化工艺提供基础数据。

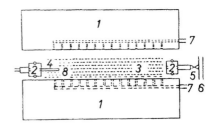

1. 压板 2. 密封垫 3. 板坯 4. 温度传感器 5. 三通阀 6. 真空管道 7. 二氧化碳进气通道 8. 玻璃布

图7　二氧化碳流向图

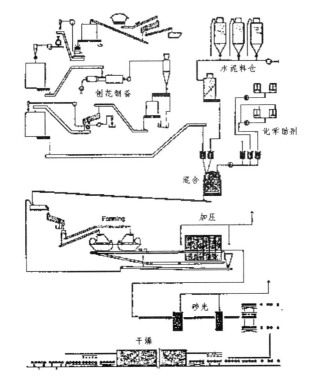

图8　二氧化碳快速固化工艺流程图

世界许多研究机构采用高温水蒸气加速水泥凝固的研究。2010年以后，由于采用的水泥快速凝固方法，大多数降低了水泥刨花板的强度，因此欲投入工业化生产，还需对高温固化的机理作进一步研究。浙江林学院鲍滨福等同志在浙江省科技厅的重点资助下，系统深入地开展了木质水泥刨花板热压快速固化工艺的研究，取得了较好的成果。

（二）改进水泥刨花板质量

1）尺寸稳定性

1995年，日本尼启哈（Nichiha）公司研制一种新工艺配方，通过添加含硅材料和增加加压蒸养工序，使板材尺寸稳定性明显改善。

2）板厚精度控制

1992年，德国玛格达堡（Magdebung）的阿姆罗克/柴虎马（Amroc/Zehoma）水泥刨花板厂对原气流铺装机进行技术改造，采用荷兰艾托美心（Eltomation）公司设计的机械式铺装机，提高了板厚精度，从而提高了产品合格率。

（三）不断扩大可利用资源

粉煤灰是一种环境污染源，在水泥刨花板生产时，加入适量的粉煤灰，可减少水泥用量，减少由粉煤灰造成的环境污染，并且不降低水泥刨花板的质量。江苏南京长征高科技板材有限公司的模压水泥刨花板就使用了一定量的粉煤灰代替水泥。

水泥刨花板加入石英砂，制板时，采用蒸养工艺提高产品质量。

采用细长刨花制成的水泥刨花板，可增加水泥刨花板强度。例如，密度为1000kg/m³的水泥刨花板的静曲强度可达20MPa。

采用农作物秸秆作为刨花原料代替木材也是研究方向。

（四）开发水泥刨花板的新品种

1977年，欧洲已开始生产模压型水泥刨花板，但是限于当时模板的制造技术比较落后，只能使用木质材料制作模板，后因木制模板寿命太短改用铝和钢模板，而铝和钢模板

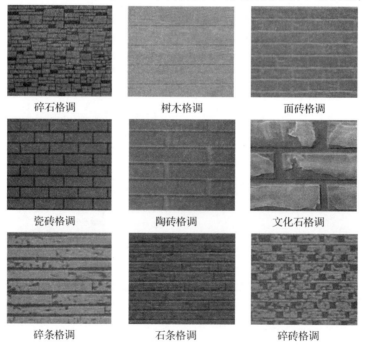

碎石格调	树木格调	面砖格调
瓷砖格调	陶砖格调	文化石格调
碎条格调	石条格调	碎砖格调

图9　水泥刨花板的几种浮雕图案

又受型面加工技术的限制,只能生产简单直线条纹图案,如砖砌墙面,图案平淡,缺乏真实感,其外观感受比较单调,加上小幅面板材构成的多接缝墙面在观感上也不符合欧洲建筑风格,故未能在欧洲市场得到推广。随着技术的进步,首先是模板材料改用树脂型材料,采用铸模法制造模板,可以实现各种复杂型面的图案;其次日本开发成功的计算机控制多色涂饰技术,可为产品提供丰富逼真的色彩,从而使模压产品的外观给人以赏心悦目之感,其真实感甚至可达到以假乱真的地步;第三在制板工艺上,施工配套技术上,涂饰材料等多方面均使模压水泥刨花板更切合实际建筑施工要求。所有这一切构成了20世纪90年代以来日本模压水泥刨花板应用飞速发展的技术基础,制出的板材有各种颜色与图案,见图9。

三、国产设备的技术进步

1954年3月,北京市木材厂水泥木丝板车间投产。北京市木材厂先后自行设计制造了刨木丝机、木丝搅拌机、圆筒式木丝搅拌机;1954年10月,试制成以氯化钙替代矽酸钠和盐卤;1955年制定水泥木丝板操作指南和质量检验方法;1956年试制成空心水泥木丝板、不同容重水泥木丝板以及苏联提出的大型隔墙预制板;1979年停产。

随着人们对生活质量的要求越来越高,减少噪声污染已为人们所重视。北京艾托板业有限公司从荷兰引进了一套水泥木丝板生产设备,年产量为8万m^3,具有较高的自动化水平。板材具有环保、绿色、节能、保温、吸音、防潮等性能。

1983年,中国第一条水泥刨花板生产线在北京单店砖瓦厂投产,设备全部为国产。由于当时刨花制备设备制造技术落后,国内没有专门的水泥刨花板设备制造厂商,其设备整体水平较低。

1993年,吉林省浑江市从德国比松(BISON)公司引进一条年产3万m^3的水泥刨花板生产线。由于水泥刨花板的用途没有得到开发,没有单位研究水泥刨花板的新技术。虽然先后在江西宜丰、福建南平、湖南华容、湖北钟祥和山东沂源等地建立了规模为年产5000~10000m^3的生产线,其生产水平没有太大的进步。由于其产品花色品种少,应用开发力度不够,到2010年代仅山东沂源还在生产。

1999年,江苏南京长征高科技板材有限公司采用信阳木工机械股份有限公司提供的国产设备建成我国第一条比较先进的水泥刨花板生产线,见图10。该生产线于2002年底试产,设计年产量为3万m^3,生产线具有较高的自动化水平,主要由刨花制备、搅拌、铺装、压制、养护、蒸养、干燥等工序组成。产品质量也得到大幅提高,水泥刨花板表面如砖、石头等凹凸不平,根据不同的制品表面图案,可涂不同的墙体涂料。

四、产品及其发展方向

(一)水泥刨花板的特点

水泥刨花板的原材料为最常见的水泥和木刨花(或其他木质纤维),加上适量的添加剂使木刨花"矿化"。多种木材都适合制造水泥刨花板,但有些含糖多的树种木材不宜选用,如落叶松等。木刨花"矿化"后能防止生物侵蚀,具有耐腐蚀、耐潮湿、抗虫蛀、耐火、耐

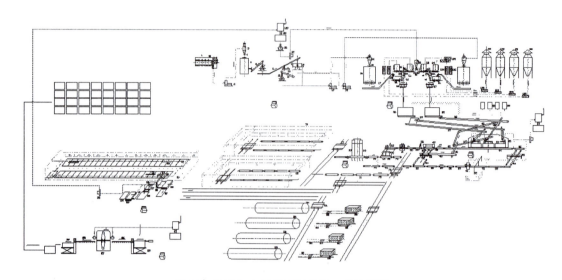

图10 粉煤灰水泥模压刨花板工艺流程图

化学物质、耐冻融、防白蚁、隔声、阻燃、耐候等良好特性。

水泥刨花板是整体结构，无层次可分，具有易加工、可钉、拧螺钉、锯割、钻孔、砂光、固定、装饰等性能。水泥刨花板是一种环境友好型建筑材料，它不含有石棉等有害物质，不释放对人体有害的甲醛气体，在板材生产过程中不产生污染环境的废水。

（二）产品用途

1）水泥刨花板的用途

水泥刨花板是一种多功能建筑材料，有较高的强度和密闭的表面，具有广泛的用途。主要用于外墙板、平板屋顶、预制构件（包括预制房屋）、活动房屋、永久性模板、阳台护墙板和地板、工业建筑及仓库的包层、隧道内衬板、高速公路隔声墙、防火隔离、隔墙、农用建筑等铺筑材料。水泥刨花板适用于防火要求高的建筑，例如防火墙、房间隔断、天花板等。

水泥刨花板可用于不承重的外墙板、天花板、屋面望板、地板、活动房、建筑模板以及交通部门的车、船隔仓板和防火门、通风道、隔声板、包装材料和固定式家具用材。从所用的建筑物范围，水泥刨花板用于不承重的多层及高层建筑、低层别墅式住宅和农村房舍建筑；大型公用建筑如学校、医院、商店、旅馆、工业厂房、仓库以及防火、防潮建筑。水泥刨花板表面可直接抹各种墙体涂料。图11和图12房屋的墙体均使用水泥刨花板。

2）水泥木丝板的用途

由于水泥木丝板在应用方面具有多功能性以及在任何气候条件下的经久耐用性，因此，水泥木丝板在全世界范围内得到广泛应用。其主要特点：防火、防潮湿、防干腐、抗冻、防白蚁及其他害虫、保温、节能，并且具有吸声功效、可接受广泛的饰面。在发展中国家，水泥木丝板主要用于建造耐用、节能的经济适用房屋。

图 11　具有浮雕表面的室外墙面覆盖板　　图 12　阿联酋水泥刨花板建造的宾馆

防火：根据德国 DIN 4102 标准，水泥木丝板经测试符合 B1 级防火标准（难燃）。

防潮湿及防干腐：由于木丝矿化并被水泥所包裹，湿气就不会对水泥木丝板产生影响。因此，水泥木丝板被广泛用于内外墙建造，以及一些潮湿的环境，例如用于室内游泳池的天花板，制作屋面板，见图 13。

防虫、防白蚁：实际应用已证明，水泥木丝板可以抵御白蚁、害虫的攻击，并且可以抵御任何生物的腐蚀。

保温：由于水泥木丝板的密度相对较低，因此，具有很好的保温效果。25mm 厚的板，最大的温度传导系数是 0.09W/mK。对于 2 层或 3 层的复合板，如果使用硬质泡沫（例如聚苯乙烯）或矿物纤维作为夹层，温度传导系数不超过 0.04W/mK。

声学性能：未经过饰面的或喷涂过的水泥木丝板，由于其表面结构是开放的，因此具有很好的吸声效果，用于制造隔音板，见图 14。

图 13　采用大规格水泥木丝板做屋面板　　图 14　水泥木丝板制造隔音墙板

饰面：水泥木丝板可以接受任何形式的粉刷、涂灰，用装饰材料及砂胶等进行装饰。吸声天花板经过喷涂或者辊涂后，仍然可以保持其吸声效果。

水泥木丝板较常用的类型有标准水泥木丝板、复合板（三明治板，中间使用聚苯乙烯、聚氨酯泡沫、石棉或者其他保温材料作为夹层）、用于屋顶盖板的加固型水泥木丝板、吸声及装饰用水泥木丝板。目前水泥木丝板应用范围不断扩大，产品也不断增加，出现彩色水泥木丝板。

(三) 发展方向

随着中国建筑行业的发展，水泥刨花板的需求不断增加，许多企业看好这一产品，纷纷计划引进国外设备或改造原有设备生产水泥刨花板。中国的主要人造板设备制造厂也开发出了年生产能力为 1 万~3 万 m^3 的成套水泥刨花板设备。

中国的新型墙体板材虽然有较大幅度增长，但是与工业发达国家相比还有较大差距。北京单店砖瓦厂的水泥刨花板生产线早已停产，新建的江苏南京长征高科技板材有限公司水泥刨花板产品以出口为主，一些规模小的水泥刨花板厂难以生存，这都应该引起重视，工艺的研究、设备的改进必不可少，方针政策及资金投入也是重要的一环，相信在不久的将来水泥刨花板会有更大的发展。

第二节 水泥纤维板

石棉纤维水泥制品的工业化生产始于 20 世纪初，自 20 世纪 80 年代初发现石棉粉尘对人体有害以来，国际上一直致力于研发非石棉纤维水泥制品。20 世纪 80 年代起，许多国家用木浆纤维替代石棉生产非石棉纤维水泥被称为"木纤维增强水泥"（Wood Fibre Reinforced Cement）。绝大多数欧盟国家、美国、日本与澳大利亚等国已不生产、不进口、不使用石棉水泥制品，用非石棉纤维水泥制品取而代之。若干发展中国家如中国、巴西、智利、秘鲁等在继续生产与使用石棉水泥制品的同时，也在生产与使用非石棉纤维水泥制品。

一、湿法水泥纤维板生产工艺

水泥纤维板是沿用石棉水泥板的湿法成型工艺，湿法水泥纤维板的成型方法主要有抄取法与流浆法两种。

（一）抄取法

首先将纤维分散成浆料，并与水泥、添加剂等混合成低浓度的水泥料浆，浓度为 5%~10%。纤维水泥料浆流入网箱内，在网箱下部装有搅拌器，使料浆均匀混合不致沉淀。圆网上的出料层在毛布上积聚成薄料层。毛布上的薄料层受到伏辊加压脱去一部分水，经真空箱再次脱水。当毛布与成型筒接触时，毛布上的薄料层缠卷于成型筒上，在胸辊的压力作用下，薄料层黏结成为料层并进一步脱水密实。当料层达到要求厚度时，由成型辊筒切下成为板坯，抄取法制板机见图 15。

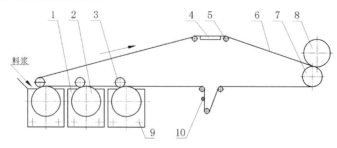

1. 网箱 2. 圆网 3. 伏辊 4. 真空箱 5. 托辊 6. 毛布 7. 胸辊
8. 成型筒 9. 搅拌器 10. 打布器

图 15 抄取法制板机示意图

(二) 流浆法

将浓度 15%~20% 的浆料通过布浆系统流至一运行中的无端毛布上形成薄料层,最后使若干薄料层在压力作用下黏结成为一定厚度的料层。流浆箱装有搅拌器,使浆料不致沉淀。毛布上的料层经真空脱水,再缠绕成型辊筒上,经进一步加压脱水并达到一定厚度,由成型辊筒切下成为板坯,图 16 为流浆法制板机示意图。

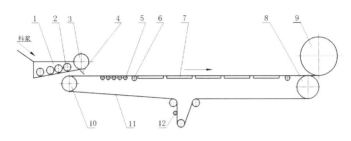

1. 流浆箱 2. 搅拌器 3. 布浆轮 4. 流浆板 5. 脱水辊 6. 托辊 7. 真空箱
8. 胸辊 9. 成型筒 10. 转向辊 11. 毛布 12. 打布器

图 16 流浆法制板机示意图

(三) 板坯的养护、蒸养和干燥

板坯在压机中加压后经养护、蒸养、干燥等工序制成为成品。因水泥纤维制品所用增强纤维、水泥基材与养护方法的不同,可分为以下两类制品。①常温养护的水泥纤维制品(Air-cured Fiber Cement Product);②蒸压养护的水泥纤维制品(Autoclaved Fiber Cement Product)。

二、半干法水泥纤维板生产工艺

上述抄取法和流浆法湿法水泥纤维板生产的共同点是用水量多、能耗大。2010 年中国林科院木材工业研究所初步研究了半干法生产水泥纤维板的方法,混合物混合后的含水率仅 40% 左右,已取得初步结果。

三、产品及其发展方向

纤维增强水泥板具有轻质高强、防火隔热(隔热系数小于 0.4)、经久耐用、干缩率低、加工性能好、易于表面装饰等优点,广泛应用于建筑物内墙、外墙(图 17)、吊顶、屋面和通风管道及体育馆、剧场、会议室的吸音板、防火隔墙板等。它还可用于各种特殊用途的工业设施,如高速公路的隔声墙、围护板,电厂冷却塔淋水板,建筑工程用永久性模板,钢结构工程的防水板,火车及轮船的隔仓板,活动房屋板,大规模复合板厂用外层板

图 17 水泥纤维板用于外墙

等。纤维增强水泥板在装饰板材料中,属于中高档板材,是绿色环保产品。

用流浆法生产板材的效率能做到每分钟 4~5 张板,而抄取法的产量更依赖于生产技

术的材料配方。新型高效的节能烘干机，循环效果好，板面烘干均匀，通过温度传感器，干燥机的每个标准节的温度可以得到控制。提高产量的途径，采用1.65m成型筒，堆垛机一次吸2张板坯，循环速度为15秒一个周期。

21世纪初，国外的纤维增强水泥板生产原材料供应实行商品化，原料配料、料浆浓度自动化控制，生产线机械化程度高，保证了产品的质量和产量。其单条生产线年产量达到1000万 m^2（板厚3.5mm，生产能力8张/min），自动化控制水平高。国外大量使用水泥纤维薄板，用于吊顶天花板。

中国单条生产线规模与国外（同等品质，无石棉板）相比较，存在着一定的差距。中国配料系统采用人工操作，没有控制点的要求，人为因素造成配料质量不稳定。国外控制水平高，原料系统采用自动化计量，通过信号检测，用计算机控制料浆浓度，保证了产品的质量和产量。用抄取法制板机做无石棉板，国外可以用6个圆网抄取制板，产量高；而国内只能用2~3个圆网抄取，产量低，问题在于没有掌握生产技术诀窍、工艺配方和技术参数。国内生产密度小于900kg/m^3的4′×8′的轻质水泥纤维板材较为困难；国产设备生产能力低于每分钟8张板，而国外生产线均能达到。另外，国产毛布还存在质量等问题。

参考文献：

[1] Gerry vanelten. History of Wood Cement Boards Wood[J]. Wood based Panels International, 2006(3)：45 – 47.

[2] 中国农林科学院木材工业研究所. 苏联的一个水泥刨花板实验生产车间[C]. 国外水泥刨花板专辑，1977：115.

[3] A A. Moslemi Wood – cement panel products：coming of age[M]. Inorganic bonded wood and fiber composite materials, 1988：12 – 18.

[4] 上海门窗公司木材加工一厂，上海建筑科学研究所. 水泥刨花板及其制品[J]. 林产工业，1976(3)：59 – 61.

[5] 中国林科院木材工业研究所. 北京单店砖瓦厂水泥刨花板项目验收报告[R]. 1983.

[6] 北京市木材厂. 北京市木材厂四十年发展史（1952 – 1992）[Z].

[7] M H. Simatupang Technologies for rapid production of mineral – bonded wood composite boards [J]. Inorganic bonded wood and fiber composite materials, 1991：18 – 26.

[8] M H. Simatupang, et al. Fertigung und Eigenschaften von schnell abbindenden, zementgebunden Spanplatten, hergestellt durch Begasung mit Kohlendioxid[J]. Holz als Roh – und Werstoff, 1993 (5)：107 – 114.

[9] P klahtinen. Experiences with cement – bonded particleboard manufacturing when using a short – cycle press line[J]. Inorganic bonded wood and fiber composite materials, 1991：32 – 35.

[10] 刘义海，陈士英. 水泥刨花板快速固化工艺的研究[J]. 木材工业，1997, 11(4)：3 – 7.

[11] 鲍滨福，马灵飞，叶良明. 水泥刨花板快速固化技术的研究[M]. 北京：中国林业出版社，2006.

第五篇

竹材类人造板

第十四章 竹材人造板概述

蒋身学　林　海

　　以竹材为主要构成单元的竹材类人造板是具有中国特色的人造板分支。进入21世纪以来，竹材类人造板品种不断拓展，产品逐渐由粗加工向精深加工发展，由单一产品向系列产品发展，由低附加值向高附加值发展，形成了具有一定规模和经济效益的竹材类人造板工业，开发出一批高科技含量的竹材人造板新产品。中国的竹材人造板在生产规模、科技水平、知识产权等方面均处于世界领先水平。究其原因，主要有以下3方面：

　　(1)中国具有世界上最丰富的竹类资源。中国有竹类植物40多属550余种，竹林面积538万hm^2，竹种资源和竹林面积均居世界首位。特别是有大面积成片分布的毛竹林，为中国发展竹材加工提供了有力的资源支撑。

　　(2)中国森林资源缺乏。据第七次全国森林资源清查(2004~2008)结果显示，全国森林面积1.95亿hm^2，人均森林面积为0.145hm^2，不足世界人均占有量的1/4；人均森林蓄积量10.151m^3，仅为世界人均蓄积量的1/7。

　　(3)国内外市场驱动。中国30多年来的改革开放，不仅开拓了国际市场，而且随着国民经济持续增长，国内对竹木制品的需求也日益增加，国内外两个市场的拓展为竹材类人造板发展提供了巨大空间。

　　根据竹材类人造板的生产、销售规模及发展潜力，主要产品为竹胶合板、竹材刨花板、竹地板、竹篾定向材和重组竹。

　　1978年改革开放以后，国民经济快速发展，对木材的需求大幅度增长，国家开放了木材市场和木材价格，木材价格大幅度提高。而中国经济发展十分活跃的长江以南的10多个省区，是中国毛竹的主要产区，竹材未得到开发利用。1981年，在浙江、安徽、江西等省一根重达25kg的毛竹，公路边交货价仅为1.80元，而当时每1m^3杉木和东北松木的市场价却相对较高，竹材和木材的巨大价格差为以竹代木和竹材加工业的发展提供了强大的动力和机遇。

1975年，最早的竹编胶合板生产出现在四川双流农资公司，是竹材人造板中最早问世的一种产品，主要用于做包装材料。南京林业大学教师张齐生（1997年当选为中国工程院院士）于1983年首先成功地开发出竹材软化展平竹片为基本结构单元的竹材胶合板，并于1987年在安徽省黟县建成了第一家年产2000m³竹材胶合板产业化生产工厂，成功地将竹材胶合板应用于载重汽车，公路、城市客车做车厢底板，开创了中国竹材人造板工业化利用的先河。竹篾积成材（竹篾积成胶合板、竹篾层压板）也是1980年代发展的竹材人造板，首先替代木材应用于铁路棚车底板和心盘垫板。国内各竹产区，尤其是江西、湖南、浙江、安徽等省兴起竹材资源开发利用的高潮，先后开发出了竹材胶合板模板、竹木复合胶合板、竹材集成地板等系列产品；至20世纪90年代中后期，竹材加工业的发展进入高潮和稳定发展时期；至21世纪初，中国的竹材加工业已形成为一个新兴产业，产品的品种和质量、技术水平、企业规模均处世界领先地位。

竹材人造板的产品各种各样，分类方法不同，竹材人造板按基本结构单元分类如下：

（1）竹篾法：将竹子加工成篾条后，同一方向不分层次地铺装、热压胶合或冷压成型后加热固化成板材（竹篾层积材和重组竹材）。这种方法不宜制造使用宽度≥400mm的产品，主要用于铁路货车、载重卡车底板、竹篾定向材及其地板（又称重竹地板）。

（2）竹束法：竹材剖分加工后，经碾压、疏解成通长的相互交联并保持纤维原有排列方式的纤维束，构成具有一定幅面的竹束片，经浸胶、低温干燥、同一方向分层铺装、热压胶合制成板材或方材，主要用于生产重组竹地板、室外竹结构建筑等。

（3）竹席法：将竹子加工成篾条后，编成竹席，若干张竹席组合在一起胶合成竹编胶合板，适宜制造用于包装和装饰的薄板。

（4）竹帘法：将竹子加工成篾条后，用线将竹篾条连接成竹帘，再按要求组坯热压胶合成竹帘板；也可中间用竹帘，表面用竹席，热压胶合成竹席竹帘板，水泥模板多数采用这种结构。

（5）竹条法：将竹子加工成宽度为20~30mm竹条，用四面刨刨削加工其四面呈矩形断面，再同方向或互相垂直胶合成集成材，家庭装修用竹地板和竹家具用板多采用此法。

（6）竹片法：将竹子分成2~3块弧状竹片，经高温、高湿处理后并加压展平，再加工其两表面、两侧面，互相垂直组坯胶合成板材，该结构板材主要用于载重汽车底板。

（7）碎料法：将竹子削片、刨片、制成规格的竹碎料，经施胶、铺装、热压胶合成为竹碎料板。

（8）复合法：包括不同结构单元的竹材复合和竹木复合，其中竹木复合产品较多。所谓竹木复合，中间采用木单板或木条，外表采用竹帘或竹席，根据需要采用浸渍纸复面，经组坯、热压胶合成竹木复合板，主要用作集装箱底板、铁路货车地板。

竹材人造板按产品用途可分为5类。

（1）车辆用竹材胶合板：①载重汽车、客车车厢地板（竹材胶合板、竹篾层压板）；②铁路棚车地板（竹篾层压板）；③铁路棚车旁板、顶板（竹编胶合板）；④铁路货车地板（竹木复合层积材）。

（2）混凝土模板用竹材胶合板：①竹胶合模板（竹席竹帘板）；②竹刨花板模板；③强

化竹刨花板模板；④覆膜竹胶合模板；⑤覆膜竹刨花板模板。

（3）竹材地板：①竹材集成地板；②竹木复合地板；③竹篾定向材及竹重组材地板。

（4）家具、装修用竹材人造板：①精编竹编胶合板；②刨切竹单板；③旋切竹单板；④竹篾定向材。

（5）竹门：①采用竹胶合板制成的竹胶合板门；②采用竹刨花板制成的模压竹刨花板门；③竹木复合门等。

第十四章作者简介：

蒋身学（1953年1月—），男，南京林业大学材料科学与工程学院教授、硕士生导师。1977年毕业于南京林产工业学院（现南京林业大学），长期从事竹材构造、竹木材改性、竹材人造板新产品研发和教学，是国内竹材利用研究领域资深专家之一。

先后完成"竹材胶合板的研究与推广"、"竹木复合集装箱底板生产技术推广"、"竹质结构材制造技术装备研究与开发"、"大规格竹重组材制造关键技术、装备研发与示范"等国家课题近20项。

发表专著《Industrial Utilization on Bamboo》（第二著者），《Technical Manual on Utilization of Sympodial Bamboos》（第三著者），《世界竹藤》（承担部分章节计2.7万字），《Bamboo and Rattan in the World》（编写第13章计5.8万字），参编《木材工业手册》。

发表"竹木复合层积材结构及其性能"、"高温热处理竹材重组材工艺及性能"、"Veneer Quality and Lathe Parameter Setting Comparison Between Peeling with Incisor Bar and Smooth Roller Bar"、"Effect of Veneer Peeling Parameters with an Incisor Bar on Veneer Quality"等第一作者及通信作者论文30多篇，获已授权发明专利10多项，培养10多名硕士研究生。

科研成果多次获国家及省部级奖励，其中"竹木复合结构的理论创新及应用"获2012年国家科技进步二等奖（排名5）、"承载型竹基复合材料制造关键技术与装备开发应用"获2011年梁希林业科学技术二等奖、北京市科学技术二等奖（排名6）、"竹木复合结构理论及应用"获2009年梁希林业科学技术二等奖（排名3）、"竹材胶合板的研究与推广"获1995年国家科技进步二等奖（排名12）。

林海（1948年8月12日—），男，中国共产党党员，浙江省庆元县人，大专学历，经济师。1976年至1985年任浙江庆元林产化工厂长，1991年至1993年任浙江省庆元县林业局副局长，1993年政府鼓励干部办企业，离职创办浙江大庄事业集团公司并任董事长；兼任南京林业大学客座教授、中国林产工业协会副会长、中国林学会竹藤资源利用分会轮值会长、中国竹产业协会竹材工程材料分会轮值理事长、中国木材保护工业协会竹质工程材料分会轮值会长。

26年来一直致力于竹材产业化研究、开发与应用，带领团队解决了竹材易开裂、发霉等问题，开创了竹户外防腐材、竹家具、竹装饰材、竹结构材、竹文创等产品，是一位成绩卓著的有胸怀、有志向、有理想、有担当的企业家，于2007年"刨切微薄竹生产技术与应用"获国家科学技术发明奖二等奖、2015年"高性能竹基纤维复合材料制造关键技术与应用"获国家科学技术进步奖二等奖，被中国林产工业协会授予中国林产工业终身荣誉奖,获中国专利优秀奖、国家重点新产品奖、中国林业特色产业贡献奖、中国地板行业辉煌十五年最具影响力人物奖等二十余项。

林海一直践行绿色产业、环保产业、质量第一、消费者至上,坚持绿色、健康、环保、低碳发展理念,先后随中国政府代表团参加利马全球气候大会、中美经济高峰论谈,参与中美竹地板知识产权贸易争端、中美地板"双反"贸易壁垒等事宜,为竹产业的发展、把中国竹产业向全球推广而不懈努力。

图1 国家技术发明二等奖

图2 国家科技技术进步二等奖

第十五章 竹胶合板

蒋身学

第一节 竹编胶合板

一、竹编胶合板生产的发展历史

竹编胶合板是中国最早出现的竹材人造板，它是将竹材加工成厚度为 0.5~0.6mm 的竹篾，纵横垂直交叉编织成竹席；竹席经干燥、施胶、数层组坯、热压胶合成板。竹编胶合板最早于 1975 年在四川双流农资公司投入商品生产，随后在四川得到快速发展；1983 年共有 31 家竹编胶合板厂，生产能力达 810 万张/年，1983 年实际生产竹编胶合板平板 100 多万张，竹编胶合瓦板 3.6 万张，竹编胶合板椅板 6 万~7 万片。20 世纪 70 年代至 80 年代初产品为薄板，主要用做包装材料及瓦板等；20 世纪 80 年代中期开始生产厚度较大的板材，用作混凝土模板。当时四川有 50 多家，浙江有 30 多家。这种竹编胶合板采用脲醛树脂胶为胶黏剂，表面未经覆膜或涂膜处理，耐水性能差，作为混凝土模板使用寿命短，主要用于包装。后来开发了用酚醛树脂胶为胶黏剂，表面用浸渍纸覆面的覆膜竹编胶合板模板，其性能大大提高，曾一度获得广泛应用。为此，国家技术监督局于 1991 年发布了竹编胶合板标准 GB/T 13123-1991《竹编胶合板》，GB/T 13124-1991《竹编胶合板试验方法》，2003 年国家质量监督检验检疫总局将上述两项标准合并，发布新标准 GB/T 13123-2003《竹编胶合板》。

二、竹编胶合板的用途

根据竹编胶合板国家标准，竹编胶合板分为Ⅰ类和Ⅱ类，分别为耐气候、耐水竹编胶合板。由于竹编胶合板的厚度与用途有很大关系，又分为薄型板(厚度 2~7mm)和厚型板(厚度≥7mm)。薄型竹编胶合板通常用于家具、包装箱板以及铁路棚车旁板和顶板等，薄型竹编胶合板的优点是弯曲成型性能较好，装配时能根据需要弯曲成弧形；厚型竹编胶合板主要用做混凝土模板和汽车车厢底板。由于竹席加工当时还不能进行机械编织，工作量大，施胶量也较多，产品成本高，因而在建筑模板市场逐渐被性价比高的竹帘胶合板模板所替代，汽车底板也被竹席竹帘胶合板和竹木复合板取代。此外，由于成本高于迅速发展的速生木材胶合板，竹编胶合板在包装行业逐渐淡出；21 世纪初，仅有铁路棚车还在使用竹编胶合板。南京林业大学和东南大学联合设计，2009 年初，在南京林业大学校校园内建成了竹质结构抗震示范房，该楼房用竹编胶合板室内吊顶，受到了好评；此后兴建的几处竹质结构楼房均采用了竹编胶合板吊顶，因此，竹编胶合板在竹木结构建筑方面还应有较大的应用潜力。此外，少量精编竹编胶合板用于制作家具和工艺品。

三、竹编胶合板的新结构

（一）碎料夹芯竹编胶合板

1998 年，中南林学院（中南林业科技大学前身）赵仁杰教授研制成功用做混凝土模板的竹材碎料夹芯的竹编胶合板，它是以竹碎料为芯层，竹席为次表层，浸渍纸为表层的复合板材，采用冷—热—冷热压工艺一次成型。这种混凝土模板具有竹材利用率高，生产成本低，性能与竹席胶合板相近的优点，但工艺复杂、工艺装备多，既需要竹碎料板的工艺装备，还需要竹席胶合板及浸渍纸的生产设备，因而投资较大，故生产厂家较少。

（二）竹木复合竹编胶合板

为了增加竹编胶合板的刚性，以适应室内吊顶等特殊要求，2008 年，浙江诸暨光裕竹业有限公司研制出了以杨木单板为芯层，浸胶竹席为面层的复合竹编胶合板。根据需要，芯层单板可为一层至三层。建于南京林业大学校校园内的竹结构抗震示范房室内吊顶材料就是使用芯层为一层杨木单板的竹木复合竹编胶合板。

第二节　竹材胶合板

一、竹材胶合板生产的发展历史

竹材胶合板是以高温软化展平竹片为基本结构单元，以酚醛树脂为胶黏剂制成的一种结构用竹材胶合板（又称竹片胶合板），主要用于载重汽车、客车的车厢底板。竹材胶合板由南京林业大学教师张齐生 1983 年在实验室研制成功，1987 年 1 月 18 日，申请了中国第一项竹材人造板发明专利（竹材胶合板制造方法，专利号：87100368.6）；1991 年申请了改进后的发明专利（改进的竹材胶合板制造工艺方法，专利号：ZL 91108203.4），由于应用推广成果显著，该专利于 1995 年获"中国专利发明创造金奖"。竹材胶合板的关键技术在于如何将圆形竹筒加工成平面的竹片，张齐生针对竹材的物理化学构造，利用各种介质（如石蜡、湿热空气等）增加加工竹材的温度，使其降低刚性增加塑性，同时施加一定压力，在高温压力条件下将弧形（三分之一圆）竹片展平，成为宽度尺寸较大（80~120mm）、厚度尺寸也较大（4~8mm）的竹片，再按照胶合板制造工艺生产出竹材胶合板。南京林业大学组建了以张齐生为首的攻关课题组,课题组成员包括人造板工艺、机械设计、土木建筑等多方面人才,与苏州林业机械厂(苏州苏福马机械有限公司前身)合作,围绕"软化－展平"工艺研制成套生产设备,共同开发了8种16台专用设备,首套设备于1983年3月研制成功并通过国家级鉴定。1987年,在安徽黟县建成了中国第一家年产2000m³竹材胶合板工厂。产品首先在南京汽车制造厂用做载重汽车车厢底板,并制定了南汽企业标准,经过不断完善,20世纪90年代在南方各竹产区推广,建厂30多家,分别为中国第一汽车制造厂、第二汽车制造厂、南京汽车制造厂以及全国各地的客车制造厂提供竹材胶合板底板。1995年,全国生产汽车用竹材胶合板3万m³。随着产品推广应用,国家林业局于1991年发布了行业标准LY/T 1055－1991《汽车车厢底板用竹材胶合板》,2002年修订为LY/T 1055－2002《汽车车厢底板用竹材胶合板》,竹材胶合板的研究与推广为竹材工业化应用做出了巨大贡献。竹材胶合板机械化程度高、产品质量好,但生产工艺较复杂、能耗较高、投资相对较大、生产成本较高,后逐渐被竹帘胶合板、竹帘单板复合板等其他产品替代。2008年,杭州大庄地板有限公司和南京林业大学分别研制成功竹材无缝展平工艺和设备,其工作原理是将弧形竹片置于高温和高湿状态,使竹片充分塑化后在压力状态下逐渐展平,其竹黄面不出现裂缝,然后迅速冷却,这样竹片就定形在平整状态。这种无裂缝展平竹片不再用做车厢底板,而适宜用做竹装饰板、竹地板、竹砧板等,其用途还处于继续开发之中。

二、竹材胶合板的生产工艺与设备

竹材胶合板以毛竹或其他大直径的竹材为原料,其结构与木质胶合板相同,通常为3层,面、背层竹片与芯层竹片相互垂直组坯,其结构如图1所示。

1. 面层竹片 2. 芯层竹片 3. 底层竹片

图1 3层结构竹材胶合板结构示意图

竹材胶合板生产工艺流程如图2所示。

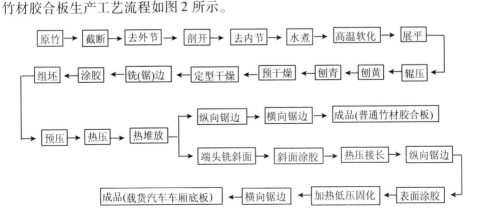

图2 竹材胶合板生产工艺流程

作为载重汽车车厢底板,为了提高其耐候性,延长使用寿命,纵向锯边后在竹材胶合板表面涂布用水稀释过的酚醛树脂胶黏剂,同时在上表面放置金属网板,在二次低压加热固化后,在板表面形成胶膜,并且上面有网纹,增加了摩擦力。

在竹材胶合板推广过程中,对核心工序"软化-展平"、竹片去青去黄以及接长工序进行了改进,并根据实践在软化工序后增加了辊压工序。

(一)软化-展平工序及设备改进

初期生产的"软化"和"展平"是两个独立的工序,分别由各自的设备完成,即竹片软化采用软化炉,竹片展平由展平机完成。

软化炉以煤或加工剩余物为燃料,其上部为一封闭空间,设有可开启的进口和出口。竹片置于封闭炉内,被高温炉气体加热至一定温度(150℃以上)后,开启出口炉门,取出竹片马上放入展平机;展平机是一台上压式液压机,利用压力将竹片展平。这种工艺和设备的缺点是生产周期式进行,效率低,操作工人多,而且工人始终处于高温环境,软化质量取决于工人的操作经验。为了改变这一状态,南京林业大学竹材工程研究中心科研人员设计、研制了"软化-展平"一体化连续生产线,其原理图见图3所示。

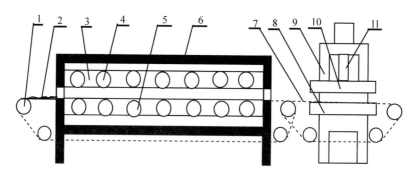

1. 链轮　2. 输送链条　3. 链式输送软化炉　4. 上加热管　5. 下加热管　6. 保温层
7. 展平机链条　8. 展平机下垫板　9. 展平机　10. 展平机上压板　11. 柱塞

图3　高效竹片链式输送软化机与展平机原理图

(二)组坯工艺改进及大幅面板材生产

竹材胶合板的主要用途是作为载重货车车厢底板,用标准幅面4′×8′热压机压制竹材胶合板后,再将端面铣斜面热压接长的工艺存在两个问题,一是接长部位强度只有板材本体的70%左右,二是接长处容易产生板面高低误差,卸货时易被工具碰撞引起损坏,因此汽车制造厂提出最好不二次热压接长。载重汽车车厢长度一般超过4m,由于竹子从根部至梢部,其直径和壁厚均逐渐减少,且存在一定程度的弯曲,如使用4m长的竹片,其出材率非常低,在生产中很难实现。课题组经过无数次试验,研究出短竹片斜面搭接组坯、接头相互错开的生产方法,并研制了专用的竹片铣斜面机床和长度达4.6m的热压机,同时取消了预压工序。这一改进措施既提高了产品质量,又提高了竹材利用率和生产效率,后期的竹材胶合板工厂均采用此生产工艺。在此基础上,与西北人造板机器厂、安徽省广德县广宁竹材胶合板联营公司合作,设计并建成了1套年产4000m³竹材胶合板生产线,运用新工艺研制出竹材搭接组坯大幅面竹材胶合板,于1993年12月通过了林业部科技司组织的鉴定，并列入 1994 年度国家级重点新产品试制鉴定计划。1998 年，南京林业大学与西北人造板机器厂合作开发的竹材胶合板生产线成套设备获国家林业局科技进步一等奖。

（三）竹材专用压刨床

由于竹材表面的竹青和内部的竹黄不能被胶黏剂浸润，无法胶合，必须剔除。研究初期，曾试制了采用铣削方式的竹筒竹青剔除设备和竹筒内壁刻痕去黄设备，虽然效果不错，但生产效率很低，不适应工业化生产，故实际生产中采用了生产效率高的特制压刨床；其特征是上下两对辊筒均有动力驱动，增加竹片进给力，并且对工作台面进行硬化处理，提高工作台耐磨损性能。竹材专用压刨床结构示意图如图 4 所示。

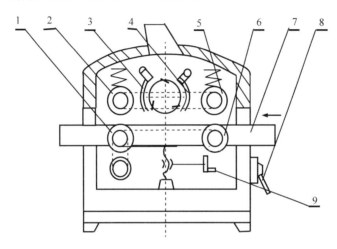

1. 后进料下辊筒　2. 后进料上辊筒　3. 压紧器　4. 断屑器　5. 前进料上辊筒
6. 前进料下辊筒　7. 工作台　8. 锁紧手柄　9. 工作台调节手柄

图 4　竹材专用压刨床结构示意图

第三节　竹篾积成材

一、竹篾积成材生产的发展历史

竹篾积成材又称竹篾积成胶合板、竹篾层压板、竹篾层积材。它是以竹篾为基本结构单元，以酚醛树脂为胶黏剂，小捆竹篾经浸胶、干燥后，松散的竹篾全纵向组坯、热压胶合而成。竹篾积成材首先由浙江龙游县压板厂于 1984 年试制成功，1985 年承担了国家科委星火计划"竹胶车厢底板的研制"项目，将竹篾积成材成功应用于第二汽车制造厂的载重卡车车厢底板，1987 年形成了年产 15000 台份的生产能力。1988 年，铁道部采用竹篾积成材制作铁路棚车底板。1988 年 5 月 3 日龙游县压板厂申请了国家发明专利（专利名称：一种竹胶积成板的制造方法，专利号：88102689.1）并获授权。1989 年，浙江诸暨光裕竹业有限公司利用竹篾层压板制作铁路棚车用心盘垫板，获铁道部认可。国家林业局于 1992 年 9 月 9 日颁行林业行业标准 LY/T 1072 - 1992《竹篾积成胶合板技术条件》、LY/T 1073 - 1992《竹篾积成胶合板物理力学性能测试方法》。该两项标准实施 10 年后，修订合并为

LY/T 1072-2002《竹篾层积材》,于 2002 年 10 月 12 日发布,2002 年 12 月 1 日实施。

二、竹篾积成材的生产工艺与设备

竹篾积成材工艺简单,竹材利用率相对较高,其生产工艺流程如图 5 所示。

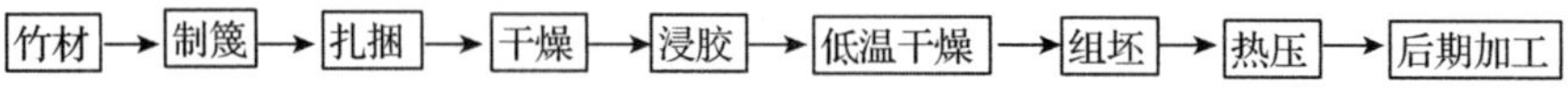

图 5 竹篾积成材生产工艺流程图

由于竹篾全纵向组坯,竹篾积成材纵向强度很高,横向强度很低,断面密度不均匀,因此,竹篾积成材的最终产品形式一般为宽度尺寸不大、厚度较厚、长度尺寸大。竹篾积成材主要用途是铁路棚车底板和心盘垫板,第二汽车制造厂一度曾用其作为载重汽车底板。

由于竹篾没有进行编织,组坯后的竹篾比较蓬松。为了能在热压时增加板坯的密度、防止竹篾挤出热压垫板(即向板的宽度方向移动),造成板坯边部密度减小,其垫板做成特殊形状,沿垫板纵向两边焊上三角形的挡板,其高度略小于成品板的厚度,图 6 为铁路棚车底板生产所用的热压垫板。

图 6 竹篾积成材所用的热压垫板

自 2009 年竹质抗震安居示范房在南京林业大学校校园内建成起,竹结构建筑逐步得到推广,竹篾积成材梁受到重视。竹篾积成材梁要求长度尺寸较大,以满足房屋跨距的需要。组坯时根据需要添加一层木单板置于二层竹篾积成材之间,其作用是二次热压胶合时保证胶合面全面接触,提高胶合质量。如果砂光后 35mm 厚的竹篾积成材厚度尺寸足够,且待胶合面很平整,也可以不添加木单板,但两块竹篾积成材的待胶合面均应涂胶,以保证胶合质量。此外,二次组坯时斜面搭接处在垂直面上应互相错开一定距离,即竹篾积成材梁的任一断面上只能有一处斜面接头,以保证梁的强度。为此,浙江诸暨光裕竹业有限公司特制了长度达 5.8m 的热压机,并从加工工艺上进行改进。首先,利用 3.2m 长的热压机生产出厚度 35mm 的竹篾积成材,再经以下工序加工制成断面 700mm × 70mm 的竹篾积成材梁,见图 7。

图 7 一种竹篾积成材生产流程图

竹篾积成材的发展趋势是增加热压机的长度,以便生产如结构用竹篾积成材梁之类的特殊用途的产品。另外,也可考虑采用高频或微波加热的方式,可一次热压生产出厚度尺寸足够大、长度更长的竹篾积成材。结构用竹篾积成材梁的应用开拓了竹篾积成材的用途,具有很大的应用潜力。

第四节　混凝土模板用竹胶合板

一、混凝土模板用竹席竹帘胶合板生产的发展历史

竹帘胶合板广泛用做混凝土模板，它由中南林学院（中南林业科技大学前身）赵仁杰等研制成功，于1991年通过湖南省技术鉴定。竹帘胶合板是以竹帘为构成单元，通过长竹帘、短竹帘纵横交叉组坯、热压胶合而成的板材。竹帘胶合板是在厚型竹编胶合板的基础上，通过两个阶段研制而成的。最初阶段是为了提高竹材利用率，降低生产成本，将材质较差、不能进行再剖的竹黄篾，经刨削加工成等厚的篾条，再用塑料包装带编织成竹帘，以涂胶竹席为表层，采用竹帘、竹席相间组坯，热压胶合成板，专门用作混凝土模板。为此，湖南省标准局发布了湘Q/J 1048—85《竹编胶合——混凝土模板》标准，这是第一代具有地方标准规范的竹胶合板模板。这种模板与竹编胶合板模板相比，具有竹材利用率高、成本低，但纵横强度差异较大的特点。由于所用原料为竹黄篾，其材质和强度较差，加之使用脲醛树脂胶，其物理力学性能较差，往往使用2~3次即行报废，是一种低档的竹胶合板模板。第二阶段是为了提高产品强度和档次，在湖南省洪江市竹胶合板厂，采用以竹帘为主体材料做芯层，用竹席做表层的竹帘胶合板。这种竹帘的竹篾不允许有竹青、竹黄，其经线采用混纺线，胶黏剂则用耐候性好的水溶性酚醛树脂胶，并用冷—热—冷胶合工艺成板，因此物理力学性能大为提高。

竹席竹帘胶合板有薄竹帘、厚竹帘两种规格。薄竹帘的竹篾厚度为1.0mm左右，未经等厚加工，故压制的板材厚度偏差大，胶黏剂用量多，优点是竹材利用率较高，板材的断面密实。厚竹帘的竹篾厚度为2.0~4.0mm，由于通过刨削加工，厚度基本相等，故压制的板材厚度偏差小，胶黏剂用量少，但断面孔隙率大，竹材利用率也有所降低。

竹席竹帘胶合板模板不但是具有中国特色的建筑模板，而且是当今中国三大建筑模板之一，它与钢模板、木胶合板模板形成了三足鼎立之势。据2006年中国模板协会竹胶合板专业委员会的调研和不完全统计，全国有500多家竹胶合板模板企业，生产线共计约1000条，设计生产能力为400万 m^3，实际年产量为225万 m^3。

二、混凝土模板用覆膜竹胶合板的结构与生产工艺

（一）高强覆膜竹材混凝土模板

南京林业大学张齐生为首的课题组为了提高竹材模板的耐水、耐磨性能，以及降低板的厚度偏差，对竹材胶合板模板进行创新性的结构和生产工艺改进。具体措施是：以定厚砂光后的竹材胶合板或竹帘胶合板为芯材，在其上下面增加一层横向木材单板、一张酚醛树脂胶浸渍纸和一张三聚氰胺树脂胶的浸渍纸，再热压胶合成覆膜竹材胶合板模板。图8为芯材为竹材胶合板的覆膜竹材混凝土模板，该产品结构及生产方法于1992年获国家专利，专利名称"一种覆膜竹质人造板建筑模板"，专利号：ZL92 107832.3。这种高强覆膜竹材混凝土模板进一步提升了产品档次，因而可以作为清水混凝土模板用于高速公路、铁

路的桥梁工程，为竹材混凝土模板的精品。南京林业大学与杭州木材厂于1993年合资成立了杭州西湖竹材模板有限公司，建成一条高强覆膜竹材混凝土模板生产线，形成全套生产工艺，生产的高档模板深受用户欢迎。据杭州西湖竹材模板有限公司统计，1993年至2006年共新增产值10647万元，新增利润935万元。

2000年，国家林业局发布了林业行业标准LY/T 1574－2000《混凝土模板用竹材胶合板》，正式将混凝土模板用竹材胶合板分为两类，A类为表面具有浸渍胶膜纸贴面，B类为表面未经浸渍胶膜纸贴面，并规定两类板材不同的外观质量、不同的物理性能指标和厚度允许偏差。

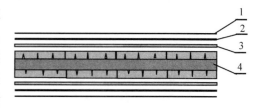

1. 面层浸渍纸　2. 底层浸渍纸
3. 横向木单板　4. 定厚砂光的竹胶合板

图8　覆膜竹材混凝土模板

（二）浸渍纸贴面新工艺

杭州西湖竹材模板有限公司曾以"冷—热—冷"胶合工艺生产的竹帘胶合板为基材，通过辊式砂光机对其进行双面砂光使其等厚，然后用"冷—热—冷"胶合工艺进行浸渍纸贴面。这种浸渍纸贴面工艺生产的竹胶合板模板，虽然消除了厚度偏差大和板面色差大两大缺点，提升了产品档次，但是由于基材和贴面热压都采用"冷—热—冷"胶合工艺，存在产量低、能耗高、冷却水用量大的弊端，致使生产成本增加。为了克服"冷—热—冷"胶合工艺存在的缺点，必须采用浸渍纸贴面新工艺。先用"热—热"工艺胶合压制竹木复合的基材，然后用多砂架双面砂光机，对表层为横纹木单板的竹帘胶合板基材进行等厚砂光，使基材的厚度偏差≤0.08mm，最后采用酚醛树脂和三聚氰胺浸渍纸在多层热压机上用"热—热"工艺进行贴面，不仅贴面热压周期短、产量高，更重要的是板面平整、光亮和色泽一致，大大提高了产品的外观质量，特别是节约了大量的热能和冷却用水，降低了生产成本。这种产品不仅可以用作清水砼模板，而且又是现代化建筑施工所需的钢框胶合板大模板的面板材料，从而使竹胶合板模板进入先进的模板应用领域。

（三）竹材的径向剖篾、径向胶合替代弦向剖篾、弦向胶合

竹胶合板模板的构成单元——竹帘、竹席的竹篾加工，多年来都是对竹材的弦向进行剖篾，组坯热压时也是对竹材弦向进行胶合。在竹材弦向的外侧为竹青，内侧为竹黄，由于竹青、竹黄的胶合性能极差，因此在弦向剖篾时，为了保证胶合质量，必须剔除竹材的竹青、竹黄，不仅降低了竹材的利用率，而且增加了竹篾加工的工作量。为了提高竹材利用率，1999年，中南林学院赵仁杰等研制开发了径向竹篾帘复合板，采用竹材径向剖篾、径向胶合的方法，替代原有的竹材弦向剖篾、弦向胶合的方法。竹材的径向剖篾、径向胶合压板可以使径向竹篾两侧的难以胶合的竹青、竹黄处于非胶合面，大大提高了竹材利用率和加工效率。由于径向剖篾、径向胶合工艺的优越性，径向竹篾帘胶合板的产量快速增长。在新设计的多功能生产线上，可以分别生产出一次覆膜径向竹篾帘胶合板、竹席贴面径向竹篾帘复合板和覆膜径向竹篾帘复合板等系列产品。

第五节 竹木复合人造板

一、竹木复合人造板生产的发展历史

竹木复合板材是在竹材胶合板、竹帘胶合板的基础上，针对一些特殊产品的特殊要求而发展起来的。1993年，马来西亚公布了限制砍伐热带雨林政策，由阿必东、克隆等热带硬木制造的集装箱底板的价格由原来的260USD/TEU剧升至320USD/TEU。同年，国际集装箱出租者协会（IICL）在德国汉堡举行会议，提出集装箱新材料概念及评审标准，从而在世界范围内掀起了研制开发集装箱底板替代材料的热潮。在这种形势下，自1993年开始，南京林业大学竹材工程研究中心在多家公司的密切配合下，进行了一系列新型集装箱底板替代材料的研究开发工作。在研究工作中，利用复合材料结构力学中层合板理论进行结构设计，发现以松木单板为芯层，竹材为面层的复合结构既能满足海运集装箱底板的力学性能要求，又能满足入钉及握钉力、清洗等方面的特殊要求，且耐老化性能和弯曲疲劳强度优于阿必东胶合板集装箱底板。竹木复合集装箱底板被授予专利，专利名称"一种集装箱底板及其制造方法"，专利号：ZL 98 1 11153.X。

1994年，针对铁路平车一直沿用厚松木板（厚度70mm）为底板、而大径松木越来越贫乏的情况，南京林业大学竹材工程研究中心又开展了竹木复合层积材的研究。经多次铁路装车试验，最终确定以高密度竹帘薄板为面层、锯切松木板为芯层制成的竹木复合层积材是替代松木厚板的最佳板材。竹木复合层积材的物理力学性能全面优于松木平车底板，经过数年时间铁路运行的考验，通过了铁道部运输局的鉴定，并在铁路平车和棚车推广应用。竹木复合层积材获国家专利，名称"一种改进的竹木复合层积材"（专利号：ZL 98 2 27629.X.）。

以上两种产品的成功推广，促进了竹木复合材料的开发步伐，先后开发出了竹帘－单板间隔组坯的复合集装箱底板、长途客车底板用竹木复合板等产品。

2003年重庆星星套装门（集团）有限责任公司在竹材模压门板的基础上成功开发出竹木复合门。

二、竹木复合人造板的结构与生产工艺

（一）竹木复合板材结构

集装箱底板和竹木复合层积材结构示意图，如图9和图10所示。

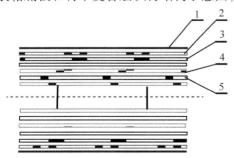

1. 浸渍纸 2. 竹席 3. 竹帘 4. 纵向单板 5. 横向单板

图9 竹木复合集装箱底板断面结构

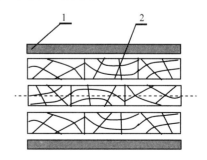

1. 高密度竹帘薄板 2. 锯切松木板

图10 竹木复合层积材断面结构

(二)生产工艺

竹木复合集装箱底板生产工艺流程如图 11 所示。

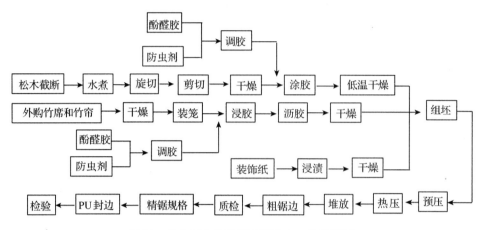

图 11　竹木复合集装箱底板生产工艺流程图

竹木复合层积材生产工艺流程如图 12 所示。

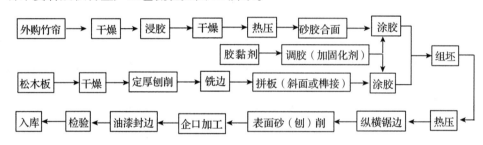

图 12　竹木复合层积材生产工艺流程图

竹木复合集装箱底板和竹材复合层积材开发初期,采用竹材胶合板的组成单元(软化展平竹片)为面层,如图 13 所示。

以软化展平竹片为面层的集装箱底板,由于表面存在贯穿的展开裂缝,同时工业化生产中不能保证竹片的直线度,组坯时竹片间的拼缝无法消除,尽管其物理力学性能满足要求,但表面质量难于保证,竹片颜色的一致性也很难保证,且加工工序多,生产成本高,故工业化生产中采用浸胶竹席结合浸渍纸共同构成面层的结构。实践证明,结构的改进简化了工序,降低了生产成本,成功实现了工业化规模生产。

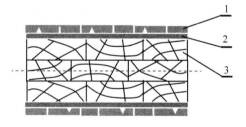

1. 软化展平竹片　2. 单板　3. 锯切松木板

图 13　软化展平竹片为面层的竹木复合层积材结构

以软化展平竹片为面层的竹木复合层积材制造时采用一次热压成型工艺,为了保证竹材胶合,热压时压力较高(3.0MPa 左右),导致了木材压缩率过大,复合层积材的厚度膨胀率过高的缺陷;软化展平竹片背面存在较大的展开裂缝,板材表面也有轻微的裂缝。由于铁路平车长年暴露于野外,装车大半年后,竹片厚度和宽度方向的膨胀导致底板表面呈瓦楞状,且出现局部脱胶;其原有的背面裂缝不断扩大、延伸,从竹片下面扩展至表面。针对这些问题,从改善表面材料性能和改革工艺两方面着手解决,一是采用薄竹帘(厚1mm左右,宽10~15mm)为面层的基本构成单元,改竹片涂胶为竹帘浸渍间苯二酚改性酚醛树脂;二是改一次热压成型为二次热压成型。第一次用于面层的竹帘热压,将多层浸渍改性酚醛胶的竹帘以较高的压力(4.5~5.0MPa)热压制成高密度竹帘薄板,从横断面看完全没有空隙,水分难以渗入,明显改善面层板的吸水性能;第二次热压是将待胶合面砂光的竹帘高密度板涂胶后与三层木板组坯,用较低的压力(1.2~1.5MPa)胶合。实践证明,二次低压既能保证良好的胶合,又能有效地降低产品压缩率。

第十五章作者简介:

蒋身学,略,详见第十四章作者简介。

第十六章 竹材刨花板

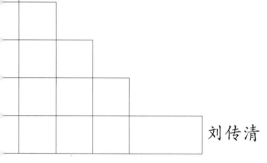

刘传清

千百年来，中国竹材利用长期停留在编织、原竹利用等简单的粗加工上。20 世纪 80 年代初以后，中国在竹材工业开发利用方面逐步引起重视，工业化利用开始进入一个新时期。

第一节 竹材刨花板生产的发展历史

竹材刨花板加工技术起源于 20 世纪 80 年代初，由重庆星星套装门（集团）有限责任公司的前身——四川开县温泉工艺厂自主创新率先开发成功。

在 20 世纪 80 年代初，四川开县温泉工艺厂在国家"一业为主，多种经营"政策指引下，开发了竹扇、竹筷、木筷等产品，为竹材工业化利用奠定了一定的技术研发基础。1983 年，企业针对在竹扇、竹筷生产过程剩余的大量下脚料，根据木质人造板市场供应紧张的实际情况，提出了开发竹材刨花板的科研课题。1983 年 10 月 1 日自主研发的竹材刨花板正式投产，由于刚刚开始质量不过关，1984 年亏损 8 万多元，1985 年通过反复多次的试验和技术攻关，成功开发出竹材碎料板，提高了产品质量，产值达到 77 万元，实现利润 3 万元。竹材碎料板经中国林科院木材工业研究所组织专家鉴定："此产品国内尚无先例，国外也无同类产品，具有较好开发前景"。1986 年，该项目经国家科委批准，列入国家"七五"星火计划。当年，企业投入 18 万元建成了一条年产 1000m³ 的竹材碎料板生产线。在此基础上，企业于 1986 年正式组建了"开县竹材开发研究所"，配备了专职科研人员，专门从事以竹代木技术的研发工作。1987 年实现产值 115 万元，1988 年实现产值 200 万元，利润 41.2 万元。

1986 年，四川开县温泉工艺厂瞄准建材市场室内门产品的空白，又提出开发"一次成型碎料及纤维空心板"，用于生产室内门。该项目于 1989 年研制成功，当年投资 560 万元，在开县温泉白玉村建成了一条年产 5000m³ 的机械化竹刨花板生产线和一条竹材室内门生产线，生产线工艺及参数由温泉工艺厂设计，部分设备由公司自制，其余部分由四川东华机械厂加工制造,压机型号 SY670,由四川江东机器厂制造,压机幅面 1000mm×2000mm,8 层,最大压力 30kgf/cm²。热压工艺为 T = 150 ± 5℃,P = 24kgf/cm²,时间为每毫米一分多钟,采用脲醛树脂胶,固体含量 50%~52%,黏度 300mPa·s,施胶量 8%,石蜡添加量约 1%,原材料一般是全竹,有时添加 10% 甘蔗渣,参考标准为企业自己的企标 DB/5122B7001-88。产品再次报送中国林科院木材工业研究所组织专家鉴定:"一次成型碎料及纤维空心板是采用平压法生产工艺、一次成型技术生产的碎料空心板。该项技术研制成功,为我国碎料板生产提供了一种新的生产技术,该生产技术属国内首例,未见到国外有关这方面技术的报道"。1990 年通过四川省科委组织的科技成果鉴定,同年荣获四川省星火科技二等奖。1991 年列入国家"八五"星火计划,1996 年列为"九五"三峡库区星火支柱产业开发计划。在实施星火计划过程中,"竹碎料板"和"一次成型碎料及纤维空心板"两项技术向当时的湖南省桃源县、澧县、永兴县、通道县、加合县、浏阳县,湖北省荆门县、十堰市、阳新县、南漳县、五峰县、远安县,广东省怀华县、紫金县、任化县、阳江县,福建省将乐县、沙县、尤溪县,江西省铜鼓县排埠、吉水县、分宜大岗山、遂川县、清安县、南城,四川省内江白马镇、夹江县、双流县、自贡市、遂宁、峨嵋县、射洪县、北川县、简阳、安岳县、合江县,云南省屏边县、宣城县、昌宁县,陕西省西乡木器厂、安康复合板厂、煤田地质公司多经处,安徽省宣城县、石台县、里多县林场、潜山县、庐江,广西壮族自治区横县、苍梧西牛木器厂、罗城仫佬族自治县、东兰县、马山县、融安西山林场,浙江省遂昌县、庆元,重庆市北碚区、綦江县、奉节平皋区,河北省行唐二机厂,吉林省榆树县五棵树制砖厂等 17 个省市、地区的 78 家企业进行技术转让,培训了 6 个班,72 家企业派人参加了培训,获得技术转让费 315 万元。

四川开县温泉工艺厂在实施星火计划过程中,向全国 17 个省市的 78 家企业转让了"竹碎料板"和"一次成型碎料及纤维空心板"技术,为技术受让方所在地区的经济发展发挥了一定的作用,但是,由于后来国内刨花板市场的变化,技术受让企业没有进行后续的技术创新而陆续转向,没有再从事竹材刨花板和一次成型碎料及纤维空心板的生产。唯有四川开县温泉工艺厂在不断创新,更新技术、开发新产品过程中,使得竹碎料板成为后来的重庆星星套装门(集团)公司生产竹材装饰套装门的基材,为竹碎料板和一次成型碎料及纤维空心板的深度开发利用开辟了新的途径。

重庆星星套装门(集团)有限责任公司是一个有 50 多年发展历史的老企业,先后经历了 5 次更名:1962 年成立之初叫开县温泉镇磨面社,1969 年更名为开县温泉镇油扇社,1973 年更名为开县温泉工艺厂,1985 年更名为重庆市开县星星建材总厂,2000 年更名为重庆市开县星星建材有限责任公司,2003 年更名为重庆星星套装门有限责任公司,2012 年 8 月更名为重庆星星套装门(集团)有限责任公司。在 20 世纪 90 年代末,重庆星星套装门(集团)有限责任公司的前身——重庆市开县星星建材总厂曾率先提出开发"竹材室内装饰套装门",以竹材刨花板作为基材,开发竹材装饰套装门。经过两年多的努力,到 2001 年,竹材装饰套装门新产品正式问世,投放市场以后受到了消费者的喜爱;中国木门行业有关人士曾赞誉:"竹材装饰套装门的开发成功,是竹与门的完美结合,工艺品与实用品的完美结合,传统工艺与工业大生产的完美结合,开创了中华门业之先河"。之后,中国各种品牌的装饰套装门逐步进入市场,并成为中国木门市场的主导产品。为了准确反映中国木门行业的发展历史，2013 年，中国木材流通协会木门专业委员会经过多方调查取证，为重庆星星套装门（集团）公司颁发了"中国套装门发源企业"证书，肯定了星星企业竹材装饰套装门的成功开发，引领中国木门行业进入了一个新时代。

重庆星星套装门（集团）有限责任公司在当时实施"竹材室内装饰套装门"项目过程中，取得了国内领先水平的竹材装饰套装门加工技术和加工装备制造技术，形成了机械流水生产线工艺。直到 2006 年 9 月，通过重庆市科学技术信息中心对重庆星星套装门（集团）有限责任公司率先开发的竹材装饰套装门产品进行查新，查新报告明确指出："项目的创新点是利用竹材为主要原料，经施加环保型胶黏剂，高温高压而成，具有不变形、不开裂、强重比高、隔音、隔热、阻燃等物理性能，图案明快、舒适柔和、线条挺括、表面耐磨、质地优良、外形美观、省时、省工、安装一步到位、易于维护保养；产品为绿色环保产品，无毒、无污染、完全符合国家室内装饰装修建材人造板及其制品甲醛释放限量的强制性标准。在检索范围内，未见与本项目相同的竹材装饰套装门文献报道"。

第二节　竹材刨花板生产技术的创新

竹材生产加工难度比木材大，木材刨花板的一些加工工艺、加工设备不能直接用于竹材刨花板生产。开县温泉工艺厂成功地开发出了中国独具特色的竹材刨花板生产工艺技术与加工装备，并将设计图纸及相关工艺提供给设备配套厂家，主要设备配套厂家有昆明人造板机器厂、重庆江东机械厂等，特别是在利用竹材刨花板加工竹材装饰套装门生产过程中，实现了机械流水生产线作业（图1）。

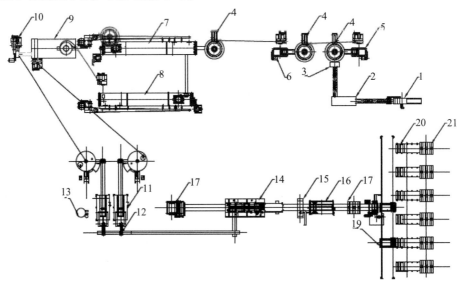

1. 切竹机　2. 竹片分选　3. 提升机　4. 封闭式料仓　5. 一级竹材梳解机　6. 二级竹材梳解机
7. 一级干燥机　8. 二级干燥机　9. 竹纤维分选筛　10. 竹纤维风送系统　11. 竹纤维计量
12. 竹纤维拌胶机　13. 施胶系统　14. 间歇式铺装　15. 板坯横截　16. 板坯纵截　17. 平压预压机
18. 板坯输送装置　19. 分板装置　20. 自动装板机　21. 模压热压机

图1　竹材装饰套装门门皮生产工艺布置图

一、竹碎料模压板连续生产技术

碎料形态的木材、竹材单元制造模压薄板时主要存在3个难点：一是薄板坯输送困难，无法自动连续作业，仍停留在拌胶、铺装（模）、预压、热压手工作业状态，同时，还需要多次预添补料。二是竹青含蜡，不利于粘接；常规加工设备对竹长纤维加工困难，容易堵塞刨片机，刀具损伤大，难以达到竹碎料模压板连续生产的碎料形态要求。三是没有适合竹碎料模压板生产工艺要求的加工设备。针对其技术难点，开发了相应的工艺装备，一是发明了竹材刨花板加工专用的竹材梳解、分离、分级组合系统（图2），对竹材进行顺纹撕裂，在不需要太大外力的情况下，将竹材通过调节齿刀高度从而直接定长，连续疏解分离、分级，得到细长、均匀（表面、芯层比例搭配）的针状碎料。二是利用自主研发的立式刮板干燥机，首先对含水率高的物料直接进行高温干燥，然后对含水率低的物料采用低温干燥，热利用效率高达95%，降低了着火风险。三是开发了间歇式铺装、平压预压法与单层热压机群组合成型新工艺。在坯料制备工段，通过对连续拌胶机增加活门阻料装置和结构方面的改造，延长刨花在拌胶机里停留时间，使拌过胶的刨花高速摩擦产生热量从而使得竹碎料得到充分软化。因为拌胶机高速旋转，和竹材纤维摩擦产生一定的温度，通过调整竹材纤维在拌胶过程停留的时间，就能使竹材纤维充分软化，使其物料流动性增强。四是在坯板成型工段，采用多级规量和沉降式成型等技术组合，分层铺装、等厚成型，铺装精度控制在2%以下，并通过降低装模、卸坯、运输机被动辊高度（直径）和对板坯分送

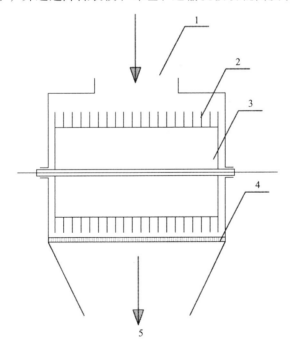

1. 下料口　2. 梳解刀　3. 刀辊
4. 筛网　5. 出料口

图2　新型竹材梳解机结构示意图

至单层热压机群过程多级运输系统的改进,能够生产厚度 3mm、5mm、6mm 竹碎料门面板及薄板。在中国率先实现了竹碎料板的连续自动化生产,效率大大提高,设备投资明显降低。同时,根据欧式门面板凹凸弯曲度要求,采用精准模具设计方法,开发出新的模具。建成竹碎料板和模压门板连续生产线 6 条,成功生产出不同厚度的优质竹碎料板。

二、平压法竹碎料一次整体成型空心板技术

中国生产空心刨花板主要有两种方式:一是采用仿 1958 年从联邦德国进口设备的方法生产桥洞空心板,以木质刨花为原料,采用挤压法热固成型,板面粗糙、静曲强度低、造价较高。二是芯料采用木方条做框架,两次组装的空心板,即常规空心板由两块板(如胶合板,中密度纤维板等)与框架胶结(或钉结)而成,易开胶鼓泡,工艺复杂、效率低、成本高。另外,空心门生产中的另一个问题就是脱模困难。星星公司开发了竹碎料预设部件整体成型工艺和榫合状咬合一次成型工艺(图 3)。在自动组坯的基础上,采用自主研发的滚动进出热压装置与平压法生产工艺,依次铺设下板坯、预设芯条、部件和模具、上板坯,经预压、热压、脱模、锯切等工序,一次整体成型,不用二次贴合,产品抗拉强度高,抗冲击强度大,尺寸稳定性好,强重比高。同时,研制了一种适用于竹材碎料空心板生产的脱模装置,解决了空心板的脱模难题。产品一次性合格率达 99.5%;产品结构科学,内支撑筋(预设置部件)与两面内壁成榫合状咬合;板面平整,可以直接进行涂饰。该项技术开创了国内一次成型生产空心门的先河,并形成了产业化开发,建设生产线 7 条。

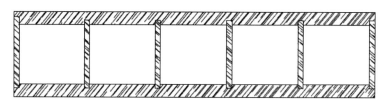

1. 面板 2. 预设嵌入式芯条
图 3 一次成型空心板结构图

20 世纪 80 年代初,四川开县温泉工艺厂生产出合格的竹碎料均质板,在国内外开创了竹碎料均质板工业化生产先例,经过 20 多年的发展,在竹材刨花板技术领域累计取得中国专利 27 项。1988 年 12 月"竹材碎料板"荣获"国家星火奖";1990 年"一次成型碎料空心板新工艺"荣获四川省乡镇企业管理局科技进步一等奖;1990 年 12 月"竹材碎料板"被农业部批准为优质产品;1991 年 11 月"一次成型碎料空心板"获全国"七五"星火计划博览会金奖;1995 年 3 月"一次成型夹板门"在中华人民共和国专利法实施十周年成就展会上获金奖。

第三节 竹材刨花板的生产设备

在竹材刨花板生产过程中,后来的星星公司根据竹材刨花板加工工艺与木材刨花板加工工艺的不同要求,对其关键设备做了大量的技术攻关和改进。

一、竹刨花制备设备

由于竹材本身的特性,采用传统的削片机、刨片机根本无法生产出合格的刨花,难点首先在竹材表面的竹青韧性很好,容易堵塞刀门,同时对刀具磨损大;其次竹青表面有一层蜡质,影响胶合强度,因此在制造刨花时应尽量加工成针状刨花,以减少竹青的比面积。针对上述问题开发出了竹材专用的疏解设备,20 世纪 80 年代,四川开县温泉工艺厂通过辊压挤压的原理对竹材进行搓丝分解,虽然可以加工出理想的竹针状刨花,但生产效率受到限制。进入 20 世纪 90 年代,发明了竹材专用的刨花制备设备。根据竹材顺纹剥离强度很低,并且不破坏竹纤维本身,通过对竹材进行顺纹疏解,不仅降低了功率消耗,避免了堵塞刀门的现象,而且能生产出丝状的竹材刨花,消除了表面蜡质对胶合的影响。

二、刨花干燥设备

自行研发的卧式螺旋干燥机(图 4),利用热风作为干燥介质,采用二级干燥,首先对含水率高的物料直接进行高温干燥,然后对含水率低的物料采用低温干燥,热利用效率高达 95%,降低了着火风险。通过介质与刨花直接接触交换热量,提高热效率。刨花通过干燥机内廻转推进,刨花干燥机内不停留不缠绕,从而解决了竹刨花易着火的可能。

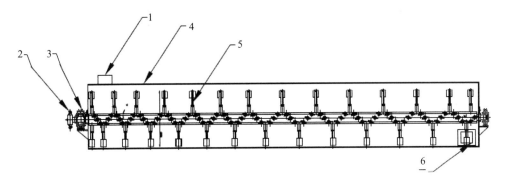

1. 进料口 2. 转动轮 3. 轴承 4. 干燥机壳体 5. 螺旋推料片 6. 出料口

图 4　卧式螺旋干燥机结构图

三、铺装设备

考虑到竹材容重高于木材,并且流动性不好,如采用传统的气流铺装机,表芯层分选效果不明显,而采用机械铺装机或分级式铺装机竹丝刨花容易缠绕铺装辊。星星公司开发的上下表层和芯层分别铺装、分别控制铺装厚度和精度的三级定量铺装机(图 5)解决了上述难题。

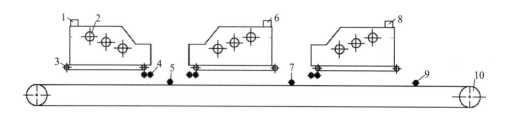

1. 表层进料口 2. 拨料耙 3. 计量皮带 4. 打散辊 5. 定量辊 6. 芯层料进口
7. 定量辊 8. 表层进料口 9. 定量辊 10. 板坯运输带

图5 三级铺装机结构示意图

第四节 竹材刨花板产品的发展

竹材刨花板的研发成功，丰富了竹材工业开发利用的内容，为中国竹材工业开发利用开辟了一条新途径，不仅能够广泛应用于家具制造、装饰装修、木门生产行业，而且为建立节约型社会，发展"以竹代木"产业指明了开发方向。

重庆星星套装门（集团）有限责任公司应用竹材刨花板生产技术，后续开发的竹碎料一次成型空心门新产品，从1989年至1999年得到了快速发展；20世纪90年代末，在此基础上开发的竹材装饰套装门，畅销全国31个省市自治区和出口10多个国家和地区；2004年竹材装饰套装门销售收入一跃突破亿元大关，从2005年开始至2007年，每年销售收入净增1亿元。在全球金融危机的2008年和中国经济最困难的2009年，公司竹材装饰套装门的销售收入、利润、税金仍然每年以12%的发展速度高速增长。2015年，重庆星星套装门（集团）有限责任公司已经由企业成立之初的10多人、全部家当不足5000元发展成为一个占地1000余亩、固定资产5亿多元、员工5000多人、年销售收入7亿元以上、年利税总额1亿元左右的"中国木门行业特级企业"。

重庆星星套装门（集团）有限责任公司应用竹材刨花板生产技术，进一步加大了新产品的开发，从2012年以来，陆续又开发了以竹刨花板为基材的实木复合门、整体橱柜、柜门、竹夹木装饰板材、以竹材为原料的护墙板、窗套装饰板等新产品。实现了由竹材刨花板生产向竹材深度开发和广度利用的转变。国家林业局于2014年将该公司确定为"中国竹材利用示范基地"。

第十六章作者简介：

刘传清(1934年12月—)，男，汉族，中国共产党党员，重庆市开州区人，大专毕业，高级工程师，生于1934年12月，1952年4月参加工作，1985年5月加入中国共产党。

1952年4月至1969年7月先后在重庆市开州区(原开县)廖子小学、新华小学、谭家小学、温泉小学、大进小学任教；1969年7月调入温泉工艺厂(重庆星星套装门集团公司前身)担任企业法人代表，2007转任集团公司党委书记至今。

50年来，刘传清专心致力于竹木加工技术和以"竹木装饰套装门"为主导的系列建材产品研发工作，作为主研人累计成为280多项"中国专利技术"；先后荣获农业部授予的"劳动模范"、"全国乡镇企业家"、"全国明星企业家"称号，享受国务院政府特殊津贴；曾当选为重庆市第二届人大代表。

在竹木加工技术研发领域，他带领企业科技人员，率先成功开发"野生杂竹碎料板"、"一次成型空心板"和"竹木装饰套装门"新产品，并实现产业化开发，其技术成果鉴定为"国内首创"，先后荣获"国家星火科技奖"、"振兴重庆争光贡献奖"、"2019年重庆市科技进步一等奖"。2014年中国林产工业协会授予"中国林产工业终身成就奖"。

第十七章 竹地板

林 海 蒋身学

第一节 竹地板生产的发展历史

中国最早的竹地板始于1986年，在1986年北京全国第一届专利技术展览会上，展出了湖南吴旦人的两项竹地板专利产品（专利号：86 2 10813 的"竹竿拼板"和专利号：86 2 10824 的"竹节拼板"），用毛竹开片去节、去青、去黄等机械刨削加工后的竹片，经防虫、防霉等处理及干燥后，数条竹片径向组拼为一块地板单元，仿效木材拼花地板铺装方式铺于地面。1987年吴旦人又推出了"竹条夹板"、"竹节夹板"，其获准专利号分别是：87 2 04409.2 和87 2 04409.6，这两项改进专利产品含有两层至多层竹片。1987年初，吴旦人与某机械厂合作研制出专利号为87 2 04765 的"生产竹竿拼板的成套设备"，但机械性能不稳定；1991年与台湾锦荣机器厂合作，实现了机械加工设备稳定性的突破，完善了竹地板加工生产线。1987年在岳阳县洞渭乡建立第一家竹地板工厂，实现工业化生产，该厂员工约30人，生产能力为4000m^2/a，利用国家科委星火计划资金投入20万元，属当地政府的乡办企业，工厂名称为湖南岳阳星竹一厂（寓意星火计划项目）；此后在湖南省湘潭县、衡山县、平江县、益阳县、桃江县等地建立了14家工厂，全部列入国家星火计划拨款（当地也自筹一部分资金，提供厂房、场地、资源等），产品全部由湖南省进出口总公司星竹公司收购并销售。同期，在湖南益阳由台湾商人皮立生先生投资成立了湖南皇冠竹木制品有限公司，另有台商以合资的方式创建了益阳永达竹木制品有限公司，以及荣益竹制品有限公司等，竹地板生产规模均不足10万m^2/a，初期产品单一。由于当时竹子价格低，又是新产品，经济效益较好，随后在全国掀起了竹地板建厂热，从湖南开始，迅速延伸至江西、浙江、安徽、福建等省，两三年内上马竹地板厂近千家。

竹地板作为一个全新的产品，从20世纪80年代研发到产品制造，并且最终达到国内外市场需要的质量,是一个不断改进生产方法、制定产品标准和严格工艺规范直到规模生产的过程。中国竹地板初始,由于没有产品标准,一些中小企业竹地板的品质参差不齐,在市场中造成严重影响。德国大象地板公司(Elephant Parkett)是德国最早同时也是最大的竹材经销商之一,它的竹材几乎全部来源于中国。中国竹材使得大象公司迅速发展壮大,但1999年从中国进口竹地板,出现严重质量问题,造成其公司濒临倒闭;竹地板在中国东北市场,由于含水率问题出现严重开裂和收缩,致使东北竹地板市场多年不能恢复。在中国竹地板发展初始,杭州大庄地板有限公司对产品质量有较高的定位,在中国竹地板产品标准、质量控制体系一片空白的情况下,经过几年的创新实践,1997年在竹地板行业率先制定了中国第一个竹地板企业标准Q/DZ 01-1997《竹地板》;同时对竹地板使用竹龄、地板原料竹条规格、新鲜度、干燥工艺、运输、仓储以及竹地板安装制定了企业标准 Q/DZ 01.1-01.2-1999《地板安装标准》;对上游的竹产区近40家加工企业进行企标宣贯,使整个行业的竹地板制造和质量控制摆脱了无标可循,迅速提升了整个行业的竹地板质量水平。企业标准经过两年的不断修改完善,2004年提升为浙江省标准 X/ZLX 1001-2004《竹地板》;林业行业标准LY/T 1573-2000《竹地板》于2000年发布并实施;3年后,杭州大庄公司参与制定竹地板国家标准GB/T 20240-2006《竹地板》,于2006年5月发布,2006年10月15日实施,进一步提高了竹地板的产品质量,促进竹地板生产规范化、标准化。

竹地板发明于中国。从发明到今天,中国竹地板已成为竹产业中产量最大、质量最好,工艺最完善的现代家居产品。据中国林产工业协会地板专业委员会统计,"十一五"、"十二五"期间竹地板年产量都达到2500万~3000万 m^2,其中60%出口,在国际市场上已赢得良好声誉。

第二节 竹地板的分类

竹地板可分为竹集成材地板(普通竹地板)、竹篾定向材地板(又称重竹地板)和重组竹地板3大类。普通竹地板的组成单元是四面刨切、断面呈矩形的竹条;竹篾定向材地板的组成单元是碾压后形成贯通缝隙的竹篾(宽度尺寸小于20mm);重组竹地板的组成单元是多级疏解的竹束片(又称纤维化竹单板,一般宽度大于100mm)。

一、竹集成材地板

根据使用原料,竹地板分为全竹地板和竹木复合地板。根据表面结构和竹条排列方式,可分为弦面(平压)竹地板和径面(侧压)竹地板,其中,弦面竹地板根据芯层与面层材料的铺设方向又可分为直芯(与面层竹材纹理平行)和横芯(与面层竹材纹理垂直)。根据竹条处理方式及颜色,可分为本色地板、漂白竹地板、炭化竹地板、着色竹地板,本色竹地板保持原有的色泽,漂白竹地板是竹条经过漂白处理的浅色竹地板,炭化竹地板是竹条经过高温高湿处理,使其材色加深,变为炭化色(咖啡色)。根据用途不同,可分为普通竹地板、地热竹地板、体育场馆竹地板、公共场所竹地板。竹地板的结构见图1。随着工艺不断改进，出现了仿古色调的竹地板，2010年，又出现一种表面印刷木纹的竹地板。

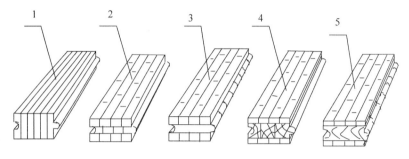

1. 径面（侧压）　2. 弦面（正压－直芯）　3. 弦面（正压－横芯）
4. 竹木复合（正压－直芯）　5. 竹木复合（正压－横芯）

图1　竹集成材地板的结构

二、竹篾定向材地板

竹篾定向材地板又称重竹地板，是21世纪初由中国科技人员和企业技术人员自主开发、完善、发展起来的新型竹地板，具有密度高、强度大、耐磨性能优良的特点。竹篾定向材地板的基本组成单元见图2，室外用竹篾定向材地板见图3。

图2　具有贯通缝隙的竹篾

图3　室外用竹篾定向材地板

三、重组竹地板

将竹筒一剖二或一剖三，经多级碾压、疏解使之成为纵向不断、横向交织的平整竹束片（纤维化竹单板），以此为基本组成单元，经一系列加工制成重组竹地板。其物理力学性能与竹篾定向材地板相当，但生产工艺更简便，易于实现机械化生产。户外重组竹地板见图4。

图4　户外用重组竹地板

第三节 竹地板的生产工艺

一、竹集成材地板

竹集成材地板生产以大径级的毛竹为原料,利用竹竿中、下段厚壁部分(一般要求壁厚在 8mm 以上),按地板长度规格将竹竿锯切为竹段,竹段剖开为竹片(片宽约 25mm),去掉内隔后粗刨修平;去掉表青和内黄,留下材质较为均匀的中间层部分(俗称竹肉部分),竹片厚约 6mm,宽约 25mm;经蒸煮防虫、防霉、漂白等处理,低温(70℃)干燥,使含水率达到 8%~12%,竹片精刨加工(厚约 5mm,宽约 20mm)。竹集成材地板生产工艺流程如下(图 5~图 14)。

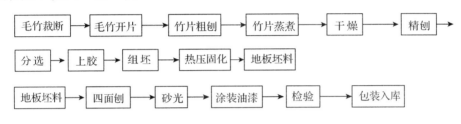

图 5　竹集成材地板生产工艺流程

图 6　原竹

图 7　毛竹开片

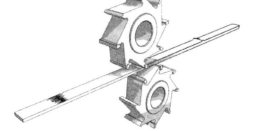

图 8　竹片粗刨

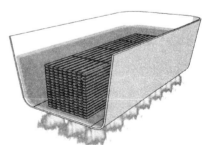

图 9　竹片蒸煮漂白

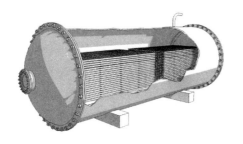
图10 竹片炭化

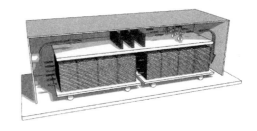
图11 竹片干燥

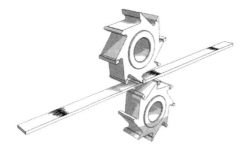
图12 竹条精刨

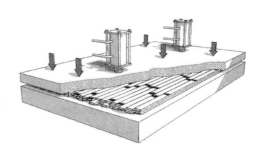
图13 组坯热压胶合

图14 地板坯料

该生产线早期从台湾引入内地进行生产。20世纪90年代这些设备内地已经完全可以制造，但有不少企业还从德国、意大利等国家和地区引进更先进的设备。2001年，杭州大庄竹地板有限公司在竹地板行业第一家引进德国豪迈（HOLZMA）公司成型加工生产线，使加工速度从原来20m/min提高到60m/min，加工精度从0.2mm提高到0.05mm，成为中国竹地板行业现代化及加工技术水平较高的的龙头企业。随着生产规模扩大，上海升达林产有限公司、浙江永裕竹业股份有限公司、江西康达竹制品有限公司、江西飞宇竹业集团有限公司、江西康替龙竹业有限公司、安徽龙华竹业有限公司、福建篁城科技竹业有限公司、福建建瓯华宇竹业有限公司等先后建立竹集成材地板生产线。2001年到2010年竹地板行业先后引进几十条生产线，分布在浙江、江苏、山东、福建、广东、东北等省和地区，满足了竹产业快速发展的需要，使中国竹集成材地板的质量水平和生产效益迅速提升。

竹片拼接方式有采用弦向竹片拼板，习称为平拼竹集成材地板(图15)；采用径向竹片拼板，习称为侧拼竹集成材地板(图16)两种产品。平拼竹集成材地板自然大方，更受用户欢迎。

图15　平拼竹集成材地板

图16　侧拼竹集成材地板

二、竹杉复合竹集成材地板

随着中国速生人工林进入间伐和成熟期，南方杉木和松木人工林木材进入木材流通市场。由于人工林材质较差，必须寻找合适的用途。南京林业大学张齐生院士及时发现这一市场现象，开发出竹杉复合竹集成材地板产品，1998年申请且获得国家专利(竹杉复合地板，专利号：ZL98 2 27792.X)。竹杉复合竹集成材地板以锯切杉木板为芯层，等宽等厚竹片为面层，综合了竹材强度高、硬度大、耐磨性好和杉木密度小、尺寸稳定的优点，具有密度适中、脚感好的特点，进入市场后受到国内外消费者的青睐，很快成为市场的主力产品。

三、地采暖用竹木复合竹集成材地板

南京林业大学竹材工程研究中心针对地采暖用地板在北方使用越来越多的情况，开发出竹材拼板为面层、特殊结构的杨木胶合板为底层的地板结构，以胶合性能好、甲醛释放量低的改性脲醛树脂为胶黏剂，经热压胶合制成地采暖用竹木复合竹集成材地板。该成果1996年通过了江苏省科技厅组织的鉴定。地采暖用竹木复合竹集成材地板根据地板受热情况，在其背面开有一定尺寸的沟槽，同时降低地板幅面和厚度尺寸规格，以降低地板反复加热引起的膨胀、收缩应力，对防止竹片表面油漆开裂有较好效果。

四、仿古竹集成材地板

约从2007年开始，不少竹地板加工企业开发出了仿古色调的竹集成材地板。仿古竹集成材地板通过手工在地板表面挖凿出不规则的凹坑，配以深色调，营造出古朴、自然的风格。

五、胶黏剂

初期的竹地板使用普通的脲醛树脂胶，随着竹地板大量出口欧美及日本，同时国内市场也由于消费者环保意识提高，对胶黏剂的要求越来越高。21世纪初，大多数竹地板生产企业均采用了低游离甲醛的脲醛树脂胶黏剂，特别是出口欧美及日本的竹地板，均使用太尔化工集团生产的优质低游离甲醛胶黏剂，以满足欧美及日本市场的要求。

第四节 竹地板的生产设备

一、成型热压机

为了消除竹条之间的间隙，竹地板热压机除了垂直板坯平面方向加压外，还须在板坯平面垂直竹条纵向的水平方向施加压力。早期使用的台湾产竹地板压机均为单层，且幅面尺寸较小，生产效率低。竹加工机械制造企业将其国产化后，进行改进、提高：一是加大热压板幅面，最大尺寸达到2700mm×1400mm；二是增加热压板层数，从初期的单层增加到最多5层。

二、后加工设备

后加工工序如定厚、定宽、纵向开榫和端头开榫，决定了地板装配精度和外观质量。随着竹地板在国内外热销，对后加工精度提出了越来越高的要求，国内一些注重品牌的企业如杭州大庄地板有限公司、上海升达林产有限公司、浙江永裕竹业股份有限公司等纷纷引进德国公司的最新机械设备，如威力（WEINIG）公司四面刨、豪迈（HOMAG）公司双端开榫机以及精密砂光机等，大大提高了竹地板的机械加工精度，提高了竹地板质量。

三、干燥设备

竹条干燥初期采用干燥木材用的周期式干燥窑,存在装窑和卸窑费时费工、升温预热和干燥时间长、自然降温时间长等缺点,致使干燥周期需要 3~5 天的时间;同时干燥工艺操作较繁琐。为了克服周期式干燥窑的上述缺点,从 2000 年开始,竹地板企业普通改用隧道式干燥窑。其结构为两端装有窑门的隧道窑体,地面上装有一定斜度的平车轨道,其下方设置纵向气道,在气道一端安装散热器和轴流风机。窑长约 30~40m,可以多个窑体平行排列建造,从而减少窑体的建造费用和热量损失。干燥时多个装载竹帘的平车首尾相连有如火车停留在隧道内。隧道式干燥窑的优点是平车进、出窑时,由 1~2 个人即可轻松的推动窑内的全部平车;同时实现装竹条的平车从一端进窑,已干竹帘的平车从另一端出窑,平车进窑和出窑的时间仅 2~3min;干燥工艺基本恒定无需调节,因为平车都是从窑的进料端顺序通过窑长方向具有不同温度的不同区段,最后推向窑的出料端,都经历了相同条件的干燥过程。

第五节 竹集成材

竹集成材生产工艺与竹地板相同,不同之处在于后期加工。竹集成材可根据需要制成从一层竹片组成的薄板到多层竹片组成的方材。进入 21 世纪,随着中国家具、装饰材料规模和市场的发展,国内外市场对家具和装饰材料需求旺盛,竹集成材家具和竹质装饰材料由此发展起来,竹集成材在家具和竹刨切单板方面得到广泛应用。

一、竹集成材家具

由于竹子的吸湿、吸热性能高于一般木材,因此竹质家具具有冬暖夏凉的特性。竹质高档家具不仅是实用的商品,而且具有相当的观赏性,让人不仅有回归自然的惬意,还能感受到扑面而来的中国传统文化气息。由于竹材具有较强的物理力学性能,因此,在承载同等力学强度下,新型竹集成材家具构件能以较小的尺寸满足强度要求;在家具的整体造型上显得更为轻巧,更能体现竹材的刚性以及力的美学。另外,竹材纵向具有较好的柔韧性,充分利用这一特性,可以制作出造型更为丰富、更为优美的新型竹集成材弯曲家具,从而进一步满足不同审美的需要。

二、竹集成材建筑构件

2010 年代,竹结构建筑研究和应用得到进一步发展,江西贵竹发展有限公司、江西远南集团有限公司等分别通过竹条接长,分段热压等技术手段,生产出大尺寸的竹集成材方材和厚板,用于竹结构建筑。

三、竹刨切单板

制造竹地板用的等宽等厚竹条通过特殊的工序制成竹集成方材,再刨切成 0.4mm 左右的薄片，用于人造板贴面，其生产工艺流程如图 17 所示。

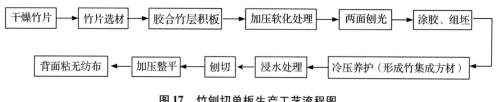

图 17　竹刨切单板生产工艺流程图

杭州大庄地板有限公司积极开拓竹刨切单板的应用，曾用其装修了西班牙马德里机场，还用于宝马轿车内饰材料等多种高档应用领域。

第十七章作者简介：

林海、蒋身学，略，详见第十四章作者简介。

第十八章 竹篾定向材和重组竹

蒋身学

第一节 竹篾定向材和重组竹生产的发展历史

竹材重组的组成单元有两种形式，以加缝竹篾为组成单元称为竹篾定向材，以碾压疏解而成的竹束片为组成单元称竹重组材。20世纪90年代后期，中国科技人员和竹材加工企业，在竹篾层积材（竹篾层压板）生产技术的基础上，经过改进和提高，研制出竹篾定向材并受得市场青睐。1999年8月15日，叶靓观申请并获得"竹材重组强化成型材的方法"专利（专利号：99117809.2），该专利发明了一种以一定长度的竹丝为基本组成单元，经浸胶、干燥、装模、高压成型、加热固化等工序，制成断面为矩形的竹篾定向材。2002年7月31日，李树红申请并获得"强化竹材专用模具"专利（专利号：ZL 01232937.1），该专利描述了一种由液压装置、上模、下模、内模、取模顶出泵组成的竹篾定向材专用模具，竹材成型后，利用锁模销进行固型，模具与竹材一道进行加热固化。2004年12月，王宜良申请并获得"一种散料挤压成型装置"专利（专利号：ZL 200420122504.2），该专利通过侧向滑块的进退，使成型模具在放置位置直接装卸，不必提升顶出。2006年5月26日，李和麟申请并获得"炭化高密度竹材的加工方法"专利（专利号：ZL 200610021013.2），描述了一种以竹篾为基本单元的竹篾定向材的加工方法，竹篾经碾压、炭化、浸胶、装模、高压成型、加热固化、养生等工序制成炭化竹重组材。2006年12月4日，张齐生、林海等申请并获得"竹材板的生产方法"专利（专利号：ZL 200610155006.1），介绍了利用模具将丝连状竹篾进行常规热压制造板状竹篾定向材的方法。2007年1月5日，张齐生等申请并获得"一种竹篾积成材的制造方法"专利（专利号：ZL 200710019222.8），该专利描述了一种利用高频电场加热压紧的加缝竹篾或单板，制造断面尺寸大的竹篾定向材或竹木重组方材的方法，在加压的同时加热竹篾，具有所需压力较低、加热效率高、内应力小的特点。随后相关企业及科技人员申请了与竹篾定向材制造相关的10多项专利。2006年以后,生产技术不断完善,产品质量不断提高,产量逐步扩大,迎来一个蓬勃发展时期。据不完全统计,2008年,全国共生产400万 m^2 竹篾定向材地板,2009年达到600万 m^2,2011年估计可达到750万 m^2。

竹材重组的另一种形式是以竹束片为组成单元,经缝帘整张化或不缝帘、干燥、浸胶、低温干燥、分层铺装、热压胶合等工序制成的竹重组材。该生产技术是以中国林科院木材工业研究所于文吉研究员为首的团队,针对竹材加工产业生产规模小,连续化自动化水平低,小径竹无法利用、竹材青黄难以有效胶合等难题,借鉴澳大利亚重组木技术以及分析总结中国学者的相关研究,自2006年开始,通过多年的不断研究和推广,利用中国丰富的竹材资源,制造出性能可控、规格可调的高性能重组竹材(竹基纤维复合材料)系列产品,获多件授权专利,具有自主知识产权。在多项国家课题的支撑下,通过逐步完善,掌握了竹束片(纤维化竹单板)制造、竹青竹黄点裂微创、纤维原位可控分离等关键技术,开发了关键配套系列新装备,建立了系列产品技术示范生产线,实现产品户外结构等高端领域应用,为产业转型和结构调整提供技术支撑。在关键的竹束片生产设备方面,经历了多台单机逐一疏解、连成生产线、直至多功能组合机械的发展历程,生产效率大幅度提高。图1为精细疏解的竹束片(纤维化竹单板)。

图1 精细疏解的竹束片

第二节 竹篾定向材和重组竹的生产工艺

一、冷压成型法

根据压机施压和加热固化时间是否同时进行,竹篾定向材生产工艺分为冷压成型法(冷压法)和热压成型法(热压法)。所谓冷压法就是利用超高压在不加热的情况下将竹篾在模具内压缩至需要的密度,然后竹篾连同模具放入高温烘房内加热,使胶黏剂固化。冷压成型法生产竹篾定向材地板的生产工艺流程如图2所示。

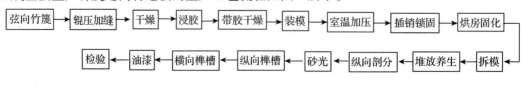

图2 冷压成型竹篾定向材地板生产工艺流程图

冷压法的优点是工艺简单、设备少、投资较少、操作简便；缺点是模具多且使用寿命较短、内应力大、养生时间长（20~50天）。由于采用高达70MPa左右的超高压，竹材细胞腔存在压溃现象，不适宜用作户外地板。

二、冷压成型法改进

1）模具改进。从竹篾定向材诞生开始，就不断对模具和从压机中卸出模具的方式进行改进，申请了不少这方面的专利。从开始底部顶出到后来的侧面松开以机械拖出，目的是减少模具损耗、增加模具使用寿命。

2）热固化改进。竹篾定向材常温冷压成型后，再连同模具放入烘房加热固化，其过程不是连续进行。2010年，有的企业利用红外线作为热源，使竹篾定向材同模具一起在输送线上连续加热固化，简化了工艺，减轻了劳动强度，形成连续化生产。

3）浸胶后干燥改进。竹篾浸胶后需经干燥工序排出水分。常规生产一般采用隧道式干燥窑，存在含水率不均匀现象。约从2007年开始，已有不少工厂改用简易的网带式干燥机，带胶竹篾经网带式干燥机干燥后，含水率均匀性得到改善，对提高产品质量有很大帮助。

三、热压成型法

热压成型法与常规热压相似，只是组坯在模具或带特殊厚度规的垫板上进行，其垫板结构如图3所示。

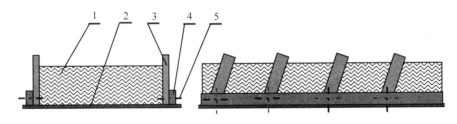

1. 竹篾　2. 垫板　3. 活动厚度规　4. 固定厚度规　5. 螺栓

图3　带特殊厚度规的热压垫板结构示意图

由于加缝后的竹篾较蓬松，组坯时厚度尺寸大，利用分段的活动厚度规使竹篾在宽度方向定位，组坯完成后用事先铺放在竹篾底下的数道塑料绳扎紧竹篾，再送入热压机按常规热压工艺生产。其优点是可利用总压力较大的多层热压机进行生产，产品内应力较小，经合适的生产工艺加后期处理，生产的竹篾定向材地板可用于户外；缺点是只能生产厚度尺寸小（厚度≤36mm）的板材，存在断面密度中间低、面层高的现象，如果从厚度方向一剖为二，地板容易变形。

四、热压成型法改进

热压成型法主要改进在于改用新的加热方法。常规多层压机是以蒸汽为热源，通过热压板接触传热加热坯料，传热慢，效率低，通常只能生产厚度≤36mm的板材。如果产品厚度尺寸大，不仅加热时间长，而且材料加热过久，会出现胶黏剂发脆，影响胶合质量。为此，南京林业大学竹材工程研究中心研制了加工大断面竹篾定向材的高频热压成型设备。

1）高频加热原理

人造板生产中采用的高频加热法，属于高频介质加热法。依靠被加热体（介质）在高频电场中偶极分子的极化，相应产生介质损耗而自身发热的原理，可实现快速整体均匀加热。

2）高频加热胶合的优点

（1）对被加热原料来讲，高频均布加热优势是其他加热方式（如辐射加热及常规的热传导加热）无法比拟的。竹材硬度高，不易压缩，在热压过程中不仅压力大，而且必须靠加热软化才能逐步压缩至设计密度。与传导加热相比，高频加热可实现板坯里外一致同步升温加热软化，达到均匀压缩之效果。

（2）工业化生产时工艺先进、生产效率高、能源利用经济合理。

3）竹篾定向材高频热压设备

竹篾定向材高频热压成型设备由两部分组成：

（1）液压机：总压力2000t，三向加压（正压加双侧压），机架接地（下埋铜板）；胶合方材的尺寸为：长2600mm，宽800mm，高200~300mm。

（2）高频发生器：功率输入100kW（可调）；振荡频率4.0~6.78MHz。

竹篾定向材高频热压成型设备结构示意图，如图4所示。

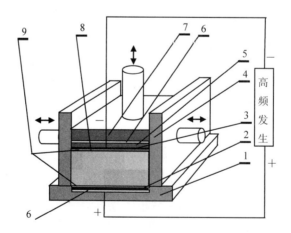

1. 下压板（环氧树脂或聚四氟乙烯） 2. 正极板（薄铜皮） 3. 负极板（薄铜皮）
4. 侧向加压的压板 5. 辅助热源加热板 6. 隔热用石棉板 7. 上压板（钢板）
8. 竹篾或木单板 9. 不锈钢垫板

图4 高频热压成型设备示意图

第三节　竹篾定向材和重组竹用途开发

竹篾定向材自 20 世纪 90 年代后期开发以来，主要用于生产竹地板。2008 年以来，在创新、进取的思路指导下，竹材加工企业针对竹篾定向材开拓出新的用途，分别用做仿红木家具原料和竹质结构建筑柱材、户外竹地板等。

一、仿红木家具

竹篾定向材具有材性优良、质感优良、纹色美丽、加工方便、资源可持续供给、绿色环保等优点，是一种可持续发展的家具优质新材料。2006 年开始，以湖州南浔方圆木业有限公司为代表的一些家具生产企业，以竹篾定向材为原料，生产明式圈椅、明式书桌书柜、龙凤沙发等仿红木家具。这种家具一经问世，就引起家具业的关注，评价其"不是红木，用似红木"。

二、竹质结构建筑

竹材本身具有强度高、韧性好的特点。制成竹篾定向材和重组竹后，其力学性能进一步加强，是修建抗震建筑的优良材料。2009 年 3 月，由南京林业大学张齐生院士和东南大学吕志涛院士共同发起，中国工程院资助的竹质抗震安居示范房在南京林业大学校校园内建成。该建筑是一幢二层楼房，其承重构件柱和梁分别用竹篾定向材和竹篾积成材制成，通过新型金属联接件形成刚性联接；楼板和外墙板采用竹帘胶合板，天花板采用竹编胶合板；所有构件均由竹材加工企业按设计图在工厂制成，运送至现场装配。竹质抗震建筑具有以下优点：

（1）自身重量轻，整体性强，可大幅度吸收震能，抗震性能好；

（2）保温节能，墙体内填新型保温材料，隔热性能是混凝土 3 倍以上；

（3）施工便捷，主体构件工厂化生产，建造周期短；

（4）得房率高，在相同建筑面积基础上，传统建筑使用率一般为 75%，而竹质抗震结构建筑最高可达 90%；

（5）绿色环保，施工采用现场装配方式，工地扬尘量最低，所用材料回收再生率 80%，极少建筑拆除垃圾；

（6）低碳排放，不仅竹林生长过程可大量吸收二氧化碳，而且竹质构件制造过程中消耗能源比水泥、砖头、钢材等建筑材料少得多。

从 2009 年到 2014 年这段期间来看，尽管竹质建筑的成本高于混凝土建筑，但考虑到竹质结构建筑的上述优点以及今后对低碳经济的支持力度将会逐渐加大，采用速生、可持续发展的竹材在土地资源不紧张的县市及乡镇修建竹质建筑将是今后发展的方向之一。

参考文献：

[1] 江泽慧. 世界竹藤[M]. 沈阳：辽宁科学技术出版社，2002.

[2] 郭先仲,沈瑞清,周德彰. 我省竹编胶合板生产情况简报[J]. 四川林业科技,1984(2):53-55.

[3] 张齐生,等. 中国竹材工业化利用[M]. 北京:中国林业出版社,1995.

[4] 张保良. 我国竹胶合板工业的现状和发展前景[J]. 林产工业,1995,22(6):1-3.

[5] 蒋身学. 链式输送竹片软化机研究[J]. 南京林业大学学报,1995,19(1):53-58.

[6] 张齐生,朱一辛,张挺,等. 竹片搭接组坯大幅面竹材胶合板的研制[J]. 林产工业,1996,23(1):34-36.

[7] 赵仁杰,刘德桃,张建辉. 中国竹帘胶合板模板的科技创新历程[J]. 世界竹藤通讯,2003(4):1-4.

[8] 张齐生,张晓东,等. 高强覆膜竹胶合模板的研究[J]. 林产工业,1995,22(3):12-15.

[9] 张齐生,孙丰文. 竹木复合集装箱底板的研究[J]. 林业科学,1997,33(6):546-554.

[10] 张齐生,孙丰文,李燕文. 竹木复合集装箱底板使用性能的研究:与阿必东胶合板底板的对比分析[J]. 南京林业大学学报,1997,21(1):27-32.

[11] 蒋身学,朱一辛,张齐生. 竹木复合层积材结构及其性能[J]. 南京林业大学学报,2002,26(6):10-12.

[12] 李吉庆,吴智慧,张齐生,等. 新型竹集成材家具的发展前景及其效益[J]. 福建农林大学学报(哲学社会科学版),2004,7(3):89-93.

[13] 于文吉. 我国重组竹产业发展现状与趋势分析[J]. 木材工业,2012,26(1):11-14.

[14] 张彬渊. 重组竹:可持续发展的家具优质新材料[J]. 家具,2008(3):64-66.

第十八章作者简介:

蒋身学,略,详见第十四章作者简介。

第六篇

装饰人造板

第六篇作者简介：

张勤丽(1940年2月—)，女，籍贯江苏省常州市，教授，博士生导师，人造板表面装饰及二次加工专家。1957年考入南京林学院(现南京林业大学)木材机械加工专业，1963年分派到黑龙江省林业厅设计局；自1972年起至今，在南京林业大学任教，曾任人造板教研室副主任、人造板研究所副所长，现任南京林业大学学位委员会委员，其间于1979年4月～1981年5月赴日本京都大学木材研究所进修。1989年2月，兼任国家林业局南京人造板质量监督检验站站长。在人造板领域有较高的造诣，承担国家攻关课题柔性薄木研究，出版著作《人造板表面装饰》、《木材应用基础》、《木材工业手册》等，发表论文数十篇。

第十九章 装饰人造板概述

张勤丽

所谓装饰人造板是指表面经装饰加工(二次加工)处理后的人造板产品，主要有热固性树脂浸渍纸高压装饰层积板饰面人造板、三聚氰胺树脂浸渍纸饰面人造板、装饰单板饰面人造板、装饰薄页纸饰面人造板、聚氯乙烯薄膜饰面人造板、软木饰面人造板、金属饰面人造板、直接印刷人造板等。装饰人造板与各类人造板素板比较，装饰性强，表面具有一定的耐污染、耐水、耐热、耐磨特性，提高了人造板的使用价值，扩大了人造板的使用范围，增加了生产企业的经济效益。装饰层对基板有封闭作用，可以降低人造板的甲醛释放量，能保护环境。装饰人造板的发展水平与一个国家的科技发达水平有关，一些发达国家对人造板二次加工比较重视，人造板二次加工所占比例也高，一般都达到了80%左右。

中国装饰人造板生产起步较晚，20世纪50年代末期，开始研制三聚氰胺树脂装饰层积板，经装饰层积板贴面的胶合板当时主要用于车、船内部装饰，家具制造及缝纫机台板制造。改革开放前，中国的胶合板各层单板都用桦木、水曲柳、椴木制造，而国外仅仅表层才用这些树种，人造板表面装饰尚处于比较落后的状态。改革开放后，中国林业科学研究院情报研究所、《林产工业》杂志出专辑介绍国外人造板表面装饰技术。1982年，南京林业大学等各大林业院校陆续开设了《人造板表面装饰》课程、教授人造板表面装饰理论与技术，并将国外的知名人造板二次加工专家请到中国来进行学术交流；政府有关管理部门、科研院校、设计院、国营大企业都纷纷派出考察团赴国外考察人造板表面装饰产品的生产技术和设备。开阔了眼界的人造板业界同仁，逐渐明白了人造板只有经过表面装饰，制成二次加工产品才能扩大其使用范围，创造更大的使用价值，才能降低成本，获得更大的利润。之后人造板表面装饰逐渐受到了重视，逐渐步入快速发展时期。

20世纪80年代中期，中国开始研制低压短周期三聚氰胺浸渍纸饰面刨花板，并从国外引进多套浸渍干燥机、贴面压机及工艺技术，产品主要用于家具制造。改革开放之前，直到日本的湿法贴面技术传入中国，装饰单板饰面胶合板才逐渐发展起来；特别是到了20

世纪90年代，随着住宅装修业的兴起，装饰单板饰面胶合板得到了飞速发展。

20世纪70年代末，曾引进一套联邦德国的直接印刷设备生产线，但因花色品种少，数年后即退出市场，宣告停产；国内仿造的生产线也全部停产。

20世纪80年代，聚氯乙烯薄膜饰面及装饰纸饰面胶合板（保丽板、华丽板）也得到了发展，由于这种产品耐久性差，产品档次较低，应用受到很大限制，到20世纪90年代初即开始衰落。

进入21世纪后，随着住宅建设的高速发展，各类装饰人造板都得到了迅速发展，特别是三聚氰胺树脂装饰层积板和三聚氰胺树脂浸渍纸饰面的中密度纤维板和刨花板，装饰单板饰面人造板发展速度更快。作为人造板二次加工产品的强化木地板及实木复合地板更是在室内铺地材料中占据绝对优势。装饰纸饰面胶合板、聚氯乙烯薄膜贴面板、直接印刷人造板也重新得到了发展，装饰人造板生产成为人造板工业的重要组成部分。

产学研三结合的科研体系，攻克了装饰人造板发展中的各种难关，使引进设备和技术得到了很好的消化和吸收，使之在中国结出了丰硕的成果。进入21世纪，各企业都比较重视科技创新，新产品、新品种不断涌现，不仅生产成本降低，而且产品质量也追赶上了国际水平。中国生产的装饰人造板得到了国际市场的认可，大量出口到欧美、日本和中东市场。

2010年以后，在出口的各类人造板产品中，经表面装饰的产品，如装饰单板饰面胶合板、强化木地板、实木复合地板等，以及用装饰人造板制造的家具等产品占到了80%~90%。

1992年12月，全国人造板标准化技术委员会成立，开始着手制定和修订各类人造板产品标准。装饰人造板产品中最早制定的产品标准是GB/T 7911.1~13-1987《热固性树脂装饰层压板》系列标准，其次是GB/T 13010-1991《刨切单板》、GB/T 15102-1994《浸渍胶膜纸饰面人造板》、GB/T 15104-1994《装饰单板贴面人造板》等国家标准。进入21世纪对其进行了修订，并且制定了更多的装饰人造板产品标准。一系列装饰人造板标准的发布和实施，规范了装饰人造板产品的质量，大大促进了装饰人造板生产的发展。

从装饰人造板的发展历史中，可以看到装饰人造板生产的发展，是随着住宅建设的发展和人民生活水平的提高而发展的。各种装饰人造板不仅要与其他装饰材料竞争，而且各种装饰人造板之间的竞争也始终存在，竞争的优胜者得到了进一步地发展，而失败者则被无情淘汰。从水曲柳表面胶合板、欧洲山毛榉（商品名红榉、白榉）饰面胶合板的盛极到失去市场，从装饰纸饰面胶合板（保丽板）的兴衰，从直接印刷人造板的几起几落，我们应该领悟到市场是无情的，只有不断创新，不断提高产品质量才能立于不败之地，成为最后的优胜者；一味地以降低产品质量为代价进行价格竞争，不仅个别企业站不住脚，而且会阻碍整个产业的发展，甚至可能被淘汰。

最后要说的是人造板二次加工的方法很多，各种方法配套可以衍生出很多种产品，但万变不离其宗，各种产品应该有它最合适的使用范围，如使用方法不当，肆意夸大优点，掩饰缺点，牵强附会，最终将会被消费者拒之门外。

第二十章 热固性树脂浸渍纸高压装饰层积板

张勤丽

热固性树脂浸渍纸高压装饰层积板,商品名为塑料贴面板、防火板、耐火板、装饰板,英文名为 Decorative High-Pressure Laminates(缩写 HPL),是一种人造板装饰材料。热固性树脂浸渍纸高压装饰层积板(以下称高压装饰层积板)由一层浸渍三聚氰胺树脂的表层纸、一层浸渍三聚氰胺树脂的装饰纸及数层浸渍酚醛树脂的底层纸经高温、高压胶合而成。一般厚度为 0.5~20mm,其中 0.5~2.0mm 为薄型板,2.0~5.0mm 为厚型板,12.0~20.0mm 为特厚型板。幅面尺寸有 915mm×2135mm(3′×7′)、1220mm×2440mm(4′×8′)、1220mm×1830mm(4′×6′)、1220mm×3050mm(4′×10′)、1830mm×3660mm(6′×12′)等,以 1220mm×2440mm(4′×8′)最为常用。高压装饰层积板的表面花纹图案由装饰纸提供,花纹可仿造各种木纹,也可设计成其他图案,种类繁多,非常美观。表面理化性能由表层纸及其所浸渍的三聚氰胺树脂提供,表面耐热、耐磨、耐划、耐烫、耐水性能优良。薄型板可借助胶黏剂粘贴在人造板表面对其进行装饰,贴面可采用热压法也可采用冷压法;厚型板和特厚型板可单独使用。高压装饰层积板贴面人造板、厚型和特厚型高压装饰层积板主要用于家具制造、车船内部装修、卫生间隔断、理化实验台台面板、保龄球球道板等领域。

第一节 热固性树脂浸渍纸高压装饰层积板生产的发展历史

20 世纪 40 年代,国外就开始生产高压装饰层积板了。中国从 20 世纪 50 年代后期开始研制,北京市光华木材厂从 1958 年年末开始生产高压装饰层积板,1977 年开始购进装饰纸原纸,自行印刷木纹。上海扬子木材厂从 1959 年开始研制高压装饰层积板,1960 年开始生产,当年生产 400m²,由于当时化工原料供应紧张且价格高,高压装饰层积板发展比较缓慢,1964 年扬子木材厂生产 7100m²;1965 年在中国林科院木材工业研究所和上海轻工业研究所的协助下对生产工艺进行改进，产品质量及性能指标已接近当时联邦德国的水平；1967年林业部拨款对上海扬子木材厂高压装饰层积板生产车间进行改造，1971年建成了机械化、连续化的高压装饰层积板生产流水线，引进了日本市金公司生产的卧式浸胶机，浸胶速度可达15m/min；同时还建设了装饰纸印刷车间，成为当时中国装饰板生产功能齐全，最先进的两个工厂之一。上海扬子木材厂1973年高压装饰层积板产量达124万m^2，1987年达482.91万m^2，1993年产量超过500万m^2，占全国总产量的三分之一强。1985年全国高压装饰层积板产量约为2000万m^2，当时全球产量约为4亿多m^2。

20世纪70至80年代，除北京市光华木材厂、上海扬子木材厂外，高压装饰层积板的主要生产厂家还有镇江塑料四厂、南京金星化工厂、浙江省衢州装饰板厂、三明胶合板厂、江苏省宿迁装饰板厂、广东鱼珠木材厂等。20世纪70至80年代，高压装饰层积板主要用于缝纫机台板、家具、火车车厢及轮船的内部装修、展会展板及展台等方面。20世纪80年代，以北京市光华木材厂、上海扬子木材厂为主开发了柔光高压装饰层积板、无表层纸高压装饰层积板、低播焰高压装饰层积板、浮雕高压装饰层积板、金属饰面高压装饰层积板、抗静电高压装饰层积板等新品种，使高压装饰层积板品种更为齐全，性能更加优良，满足了各方面的需求，扩大了高压装饰层积板的用途。

1969年，联邦德国研制成功三聚氰胺树脂浸渍纸低压短周期贴面法，用于生产三聚氰胺树脂浸渍纸饰面刨花板。1987年开始，湖南人造板厂、国营松江胶合板厂、国营哈尔滨木器制造厂、上海黄河家具厂、海南省农垦三亚木材厂等厂先后从联邦德国引进了三聚氰胺树脂浸渍纸低压短周期贴面技术及生产线。中国大量生产三聚氰胺树脂浸渍纸饰面刨花板，对用高压法生产的高压装饰层积板产生了很大冲击。与低压法比较，高压法生产成本高、工艺复杂、能耗大、设备造价高，因此使高压装饰层积板生产受到了一定的影响。到20世纪90年代初，高压装饰层积板产量有所下降，以扬子木材厂为例，1990年产量只有292.9万m^2，比1987年少了近200万m^2。

20世纪90年代后期，后成型高压装饰层积板的大量生产和在办公家具、电脑桌制造上的应用，以及保龄球球道板等用厚型高压装饰层积板的开发，赋予了高压装饰层积板以新的生命力。1994年，美国富美家装饰材料有限公司在上海青浦建厂生产高压装饰层积板；1997年，威盛亚公司投资2000万美元也在青浦建厂生产高压装饰层积板。这两个厂都使用进口装饰纸生产高压装饰层积板，丰富了高压装饰层积板的花色品种，质量也上了一个新台阶，消费需求快速增长，促进了高压装饰层积板的发展。20世纪90年代后期和21世纪初，中国国营企业正处在转制时期，包括北京市光华木材厂、上海扬子木材厂在内的原有国营企业都纷纷搬迁、停产，技术人员和技工流向社会上合资企业和民营企业，促成了民营高压装饰层积板企业的发展。2000年前后出现了很多民营企业，主要集中在上海、江苏、广东、浙江、山东、福建、河南等省市。据不完全统计，2005年全国高压装饰层积板产量已达1亿m^2，至2010年全国已有高压装饰层积板生产线137条，生产能力达4.2亿m^2，产品有少量出口。

在产品标准方面，最早的标准是GB/T 7911.1~13-1987《热固性树脂装饰层压板》系列标准，"十二五"初实施的产品标准是第二版GB/T 7911-1999《热固性树脂浸渍纸高压装饰层积板(HPL)》，最新修订的版本为 GB/T 7911—2013。

第二节　热固性树脂浸渍纸高压装饰层积板的科技创新

一、20 世纪 70~80 年代

这一时期北京市光华木材厂、上海扬子木材厂等国营大厂比较重视科技创新，开发的新产品有以下几种。

1) 柔光高压装饰层积板

主要是对镜面抛光不锈钢垫板进行消光处理，使压制出的高压装饰层积板表面光泽柔和，没有反光刺眼的感觉，板面光泽度一般为 5%~10%。

2) 低播焰高压装饰层积板

主要是在浸渍用树脂中加入阻燃剂，使高压装饰层积板氧指数达到 40 左右，贴在硅酸钙板上用于船舶舱室内的装修。扬子木材厂低播焰柔光塑料贴面板荣获 1985 年国家科学技术进步二等奖。

3) 薄型高压装饰层积板

用对甲苯磺酰胺、己内酰胺改性三聚氰胺树脂，浸渍表层纸和装饰纸，降低高压装饰层积板脆性，增加柔软性，从而减小厚度，生产 0.5mm 左右的薄型高压装饰层积板。

4) 浮雕高压装饰层积板

采用具浮雕花纹的不锈钢模板生产具有浮雕花纹的高压装饰层积板，浮雕深度一般为 0.05~0.2mm。

5) 金属饰面高压装饰层积板

将铝箔经着色处理后与浸渍酚醛树脂的底层纸组坯热压制成，可做成各种花色，如仿金、仿银、古铜色等，也可同时压制成具有浮雕花纹的高压装饰层积板。

6) 纯黑色高压装饰层积板

20 世纪 80 年代中期，中国素色装饰纸仅 3~4 种颜色，而国外已有数十种，再加上黑色板对板面要求很高，不允许存在任何杂色，当时生产黑色板是比较困难的。

二、20 世纪 90 年代后至 21 世纪初

这一时期开发的新产品有以下几种。

1) 后成型高压装饰层积板

北京市光华木材厂、上海扬子木材厂等企业通过树脂改性，改进制胶工艺、浸胶工艺、热压工艺，采用高抗张强度的表层纸、装饰纸及底层纸等措施，研制成功了后成型高压装饰层积板，使高压装饰层积板的曲率半径小于板厚的 10 倍，主要用于边部为异形面的板件的贴面，使板式家具、办公家具、柜台面板的造型更为丰富、多样。进入 21 世纪，后成型装饰层积板已成为装饰层积板的主流产品。

2）特厚型高压装饰层积板

使用了耐磨表层纸的厚型高压装饰层积板可用做保龄球球道板；用普通表层纸的厚型高压装饰层积板则可用于卫生间隔板等场所；用环氧树脂浸渍表层纸及装饰纸制造的厚型高压装饰层积板可用做理化实验台的台面板，其商品名为抗倍特板。

3）同步花纹高压装饰层积板

采用专门的加工技术使印刷木纹的导管槽与模板模压的导管槽完全吻合，使木纹更加逼真，主要用于制造家具、地板等产品。

科技创新成果赋予高压装饰层积板以新的性能，从而扩大了其使用范围，使其在与其他装饰材料的竞争中能不断进步和发展。

第二十一章 三聚氰胺树脂浸渍纸饰面人造板

张勤丽

第一节 三聚氰胺树脂浸渍纸饰面人造板生产的发展历史

用于制造热固性树脂浸渍纸高压装饰层积板（以下称高压装饰层积板）的三聚氰胺浸渍纸热压时树脂流动性比较差，高压装饰层积板需在高压（6~8 MPa）下成型，其成型压力远高于刨花板、中密度纤维板等人造板的成型压力（<3.5 MPa），因此不能用三聚氰胺浸渍纸直接在基板（刨花板、中密度纤维板）上进行饰面，必须先加工成高压装饰层积板，再将其贴到基材上去。另外，高压装饰层积板加工工艺复杂，热压需要采用"冷—热—冷"工艺，能量损耗大，纸张消耗也大。因此国外一直在寻找一种比较简便的方法用三聚氰胺浸渍纸来装饰人造板。经过数年的研究，联邦德国于1969年研制成功了三聚氰胺浸渍纸低压短周期贴面工艺技术和低压短周期贴面用单层压机。该技术首先对三聚氰胺树脂进行改性，使之脆性降低，可塑性提高，并提高树脂的流动性，使之在较低的压力下能够很好地流展并成型；在树脂中添加潜伏性固化剂，使其在常温下稳定，在高温下能快速固化，一般热压周期在60秒以内。为防止热压时树脂在高温下预固化和过度固化，开发了专用的快速进出料、快速闭合、快速加压、快速打开的单层压机，全部辅助时间仅需4秒钟。

采用这种低压短周期贴面工艺，在刨花板或中密度纤维板的表背两面各配置一层三聚氰胺浸渍纸组成板坯，将其送进压机后，数十秒钟即可完成贴面加工，而且热压可采用"热—热"工艺，大大节省了热能和纸张消耗。由于热压周期很短，一台$4'\times8'$的单层压机年生产能力可达100万m^2左右。三聚氰胺浸渍纸低压短周期贴面人造板的装饰效果与高压装饰层积板贴面一样，而且表面硬度高、耐划、耐水、耐热、耐磨。这种装饰方法最适合刨花板、中密度纤维板，因为刨花板、中密度纤维板板面吸湿后易变得粗糙不平，而经三聚氰胺浸渍纸贴面后，可得到平滑的板面，并且板面防水，从而大大地扩大了刨花板、中密度纤维板的用途。

20世纪70年代,《林产工业》杂志、中国农林科学院科技情报研究所的国外林业科技资料等对此项新技术进行了报道和介绍,引起了中国科研单位和企业的关注。

中国最早进行三聚氰胺浸渍纸贴面加工的是北京市木材厂,1971年北京市木材厂研制成功三聚氰胺浸渍纸贴面刨花板(该厂称覆塑刨花板),其板坯组成是刨花板正面覆一层三聚氰胺浸渍纸,其下衬一层酚醛树脂浸渍纸(牛皮纸),背面覆两层酚醛树脂浸渍纸,使用15层热压机,采用"热—热"工艺;由于采用酚醛树脂浸渍纸,热压周期较长,需20min,其中保压15min,卸压前停汽5min,压力为2.0~2.5MPa,热压温度为140~155℃。1977年,北京市木材厂建成中国第一条三聚氰胺浸渍纸贴面刨花板生产线,北京市木材厂首创了这种直接用浸渍纸贴面的技术,填补了国内空白,但与国外低压短周期贴面工艺比较,热压周期长,生产效率低,对板材的压缩率大,材料的消耗比较大。

20世纪80年代,中国开始研究低压短周期贴面技术。1982年开始,中国林科院木材工业研究所以韩桐恩研究员为首的课题组进行了"低压短周期单张浸渍纸贴面刨花板生产工艺及树脂的研究";1986年,该研究成果先后在北京市木材厂、上海扬子木材厂、湖南大庸人造板厂、上海黄河家具厂进行了生产性试验,均取得了成功,该成果获1989年度林业部科技进步二等奖。同时进行低压短周期浸渍纸贴面技术研究的还有上海人造板厂等单位。由中国林科院木材工业研究所设计,苏州林业机械厂制造的第一条J8500单层低压快速压贴生产线,1987年12月在河北省丰宁满族自治县木材厂正式投产。1988年10月,在丰宁满族自治县木材厂通过由林业部科技司组织的技术鉴定;1989年,快速装卸贴面压机组获林业部科技进步二等奖,1990年获国家科技进步三等奖。

在此之前,中国曾配合当时国内生产的14套刨花板生产线制造了14套用于三聚氰胺浸渍纸贴面的多层压机,其总生产能力达500万m^2,但除杭州木材厂及武汉综合木材加工厂的两套运转比较正常外,其余都未能正常生产,此后由于采用低压短周期单层压机而被自然淘汰。

自20世纪80年代,中国的刨花板工业得到了长足发展,至1995年产量达435.1万m^3;20世纪90年代开始发展中密度纤维板,由于中密度纤维板边部加工比刨花板更容易得到光滑的加工面,比较适合制造板式家具,因此发展速度非常快,到20世纪90年代末中密度纤维板产量已超过了刨花板。

从1986年开始,中国从联邦德国引进低压短周期贴面生产工艺和设备,以适应刨花板和中密度纤维板的高速发展。1986年,上海黄河家具厂和北京市木材厂先后引进了联邦德国贝高(Bürkle)和温康纳(Wemhoener)公司的低压短周期贴面生产线,之后湖南人造板厂、国营松江胶合板厂、哈尔滨正阳河木材综合加工厂、海南省农垦三亚木材厂等先后引进了国际上最先进的联邦德国维茨(Vist)公司的浸胶干燥生产线和辛北尔康普(Siempelkamp)公司低压短周期贴面生产线。至20世纪80年代末三聚氰胺树脂浸渍纸饰面刨花板的产量已达1500万m^2左右。之后凡引进刨花板和中密度纤维板生产线的企业一般均同时引进三聚氰胺浸渍纸贴面生产线。1998年,国家人造板质量监督检验中心和国家林业局南京人造板质量监督检验站对全国三聚氰胺树脂浸渍纸饰面人造板产品进行了统检。当时具有一定规模的三聚氰胺树脂浸渍纸饰面人造板生产企业已有 54 家，主要分布在黑龙江、吉林、四川、山东、河北、广东、湖南等省；其中引进生产线 20 余家，其余为苏州林业机械厂（浸胶机、压机）及上海人造板机器厂（压机）生产的设备。年生产能力达 5000 万 m^2，实际年产量约为 3300 万 m^2。刨花板已有 1/3 采用三聚氰胺树脂浸渍纸贴面加工，产品主要用于板式家具制造。至 2007 年用于家具制造的，以中密度纤维板、刨花板为基材的三聚氰胺树脂浸渍纸饰面板产量已达 10 亿 m^2。

20 世纪 80 年代初，瑞典将高压装饰板贴在刨花板或中密度纤维板上用做地板，至 1994 年逐渐演变为三聚氰胺树脂浸渍纸贴在高密度纤维板上制作地板，学名为浸渍纸层压木质地板，商用名为强化木地板。其结构配置是在高密度纤维板的表面覆一层 $80g/m^2$ 的装饰纸，其上再覆一层耐磨表层纸，背面覆一层平衡纸，三层纸均已浸渍三聚氰胺树脂。热压周期一般在 20～50 秒，热压板热油温度在 200℃左右，热压压力为 3 MPa 左右，板厚一般为 8mm。这种强化木地板根据所用耐磨表层纸的定量（单位面积的重量）不同，可做成各种耐磨等级的地板。由于这种强化木地板加工简单、表面耐磨、耐水、花色品种多、价格合理、安装方便，因而很快风靡全球，1994 年强化木地板开始进入中国，当时主要进口商有圣象和四合等进出口贸易公司。中国从 1997 年开始生产强化木地板。

中国最先生产强化木地板的是四川升达林业产业股份有限公司和上海汇丽地板制品有限公司，之后乐山吉象人造林制品有限公司、江苏福迈特纤维板有限公司、福建永安林业（集团）股份有限公司等开始生产。至 20 世纪 90 年代末，强化木地板生产能力已达 5000 万 m^2，2000 年，强化木地板销售总量约为 5000 万 m^2，其中，国产地板占了 45%，在城市铺地材料消费中占 20%的份额。当时欧洲强化木地板制造商协会 20 个成员企业在全球共销售 2.43 亿 m^2，其中有 10%以上销到中国。由于强化木地板耐磨性能好，花色品种多，安装方便，价格低廉，因此很快在中国推广开来，受到消费者的欢迎。

进入 21 世纪，强化木地板生产量逐年快速增长，其年产量增长情况见表 1 所示。

表 1　1998～2010 年中国强化木地板产量　　　　　　　单位：千万 m^2

年份	1998	1999	2000	2001	2002	2003	2004	2005	2006	2007	2008	2009	2010
产量	1.8	4.0	4.5	7.0	9.5	12	15	19	20	22	19.8	21.2	23.8

常州市横林镇崔桥地区 1999 年开始生产强化木地板，当年产量仅 10 万 m^2，但到 2004 年已达 7000 万 m^2，占全国总产量的 50%左右。该地区集中了 300 多家强化木地板生产企业及上下游关联企业，已形成了强化木地板产业集群，2006 年 10 月被中国林产工业协会授予"中国强化木地板之都"称号，横林镇强化木地板产量占全国总产量的 40%左右。

2002 年中国产强木化地板开始出口美、欧等地区，当年出口 159 万 m^2，与进口 168 万 m^2 基本持平；2004 年出口 1835 万 m^2，进口 736 万 m^2，之后，出口不断增加。据中国林产工业协会统计，2010 年全国木质地板总销售量约 3.99 亿 m^2，其中强化木地板消售量为 2.38 亿 m^2，约 60%出口到国外。

第二节　三聚氰胺树脂浸渍纸饰面人造板的原材料演变

从20世纪50年代末中国开始生产高压装饰层积板至"十一五"末已有50年的历史；三聚氰胺树脂浸渍纸饰面人造板也有20多年的历史。进入21世纪以后，由于高压装饰层积板、三聚氰胺树脂浸渍纸饰面人造板在家具、地板等方面的应用，使用量的快速增长，围绕这种产品已逐渐形成了上下游产品专业分工明确、配套齐全的产业链，产品质量也得到了进一步的提高。在行业的发展过程中无论从产品质量还是从原材料、加工工艺、生产设备都有了很大的改进，归纳起来有如下几个方面。

一、装饰纸

在20世纪80年代中后期，装饰纸都用120g/m²的原纸，而且在装饰纸与底层纸之间还要用一层覆盖纸，以免底层纸的颜色透现在板面，影响装饰效果；当时的国产装饰纸平滑度、湿强度与遮盖性都较差，尘埃点也较多。但到20世纪90年代后逐渐提高了原纸的遮盖性，降低了纸的定量，从120g/m²降到100 g/m²，再降到90 g/m²，直至降到80 g/m²，进入"十二五"已出现了70 g/m²的装饰纸。

20世纪80年代前仅有山东造纸厂和浙江玲珑造纸厂生产装饰纸原纸，到20世纪80年代后期上海勤丰造纸厂也开始生产装饰纸原纸。从20世纪90年代末起，随着装饰纸消费量的增加，很多民营企业开始生产装饰纸原纸，2003年装饰纸原纸产量达11.03万t；到2010年全国已有30多家企业生产装饰纸原纸，年产量达49.5万t(供高压装饰层积板、低压浸渍纸饰面人造板用)。主要生产企业有山东齐峰特种纸业股份有限公司、山东鲁南纸业集团、浙江夏王纸业有限公司、杭州华旺新材料科技有限公司等。

印刷装饰纸开始使用淀粉涂料，对纸的吸水性影响较大，之后使用阿克拉明化学涂料，虽然减小了对纸吸水性的影响，但是油墨附着力仍然较差。随着油墨技术的进步，进入21世纪基本已都使用水性油墨，装饰纸质量也有大幅度提高。装饰纸的印刷开始由扬子木材厂、北京市木材厂等自行印刷。1975年，北京印刷木制品厂(1984年更名为北京市装饰纸厂)自行设计制造了一台四色凹版轮转印刷机，设计能力年产装饰纸800t，1976年投产；1981年又设计制造了第二台印刷机。1982年起该厂进行了较大规模改造，组织技术人员和工人去日本培训，引进印刷设备，扩建厂房。到1982年品种由1976年的5个增加到50个，花色250多种，年产量由400t增加到1500t。此后，国营企业生产逐渐过渡到由民营专业厂家生产，截止到2010年全国已有装饰纸印刷生产企业150家左右，年产量已超过20万t。主要生产企业有浙江帝龙新材料股份有限公司、佛山市天元汇邦装饰材料有限公司、夏特装饰材料(上海)有限公司、英特普莱特(中国)装饰材料有限公司等企业。

二、表层纸

20世纪装饰板基本上都使用表层纸，进入21世纪，素色的装饰板已不使用表层纸，只有印刷花纹的装饰板才使用表层纸，以保证必要的耐磨性。强化木地板用的耐磨表层纸，内含三氧化二铝粉末，这种纸一直靠从欧美进口，美国的 Mead 公司耐磨表层纸长期垄断中国市场，直至"十一五"期间中国企业成功开发了耐磨表层纸，Mead 公司耐磨表层纸才逐渐退出中国市场。中国耐磨表层纸的主要生产企业有山东齐峰特种纸业股份有限公司等企业。

三、三聚氰胺树脂

在 1980 年代，三聚氰胺树脂基本都是用乙醇、对甲苯磺酰胺等改性的，装饰板脆性较大，以后随着低压三聚氰胺浸渍纸贴面人造板、后成型装饰板的开发，逐渐采用二甘醇、己内酰胺等改性剂，降低了装饰板脆性。进入 21 世纪后，行业内竞争日趋剧烈，产品同质化严重，为降低成本，大多数企业都用尿素部分替代三聚氰胺，以求生存。专业生产浸渍纸的企业有深圳贝辉木业有限公司、浙江帝龙新材料股份有限公司、成都建丰饰材有限公司、天津市中源装饰材料有限公司、佛山市天元汇邦装饰材料有限公司等 500 余家企业。

第三节　三聚氰胺树脂浸渍纸饰面人造板的生产设备

用于制造三聚氰胺浸渍纸贴面人造板的主要设备有浸渍干燥机及专用单层低压短周期压机。

一、浸渍干燥机

中国最早专业生产浸渍干燥机的企业是苏州林业机械厂，主要生产卧式浸胶机及立式浸胶机，也有部分浸胶机从日本市金公司进口。20 世纪 90 年代初，南通四通公司等开始生产立式浸胶机，后又生产卧式浸胶机，至今南通已有近 10 家企业生产浸渍干燥机供国内中小企业使用。苏州益维高科技发展有限公司创立于 1999 年，主要生产高端浸渍干燥生产线，2003 年与德国维茨（Vits）公司合资成立苏州维茨-益维高设备有限公司，中国大型企业大多采用该公司生产的浸渍干燥生产线，到"十二五"初已生产了近 200 条浸渍干燥生产线。20 世纪 80 年代中后期开始，特别是 2000 年后，欧洲产卧式浸胶机进入中国，主要是德国维茨（Vits）公司和意大利的产品。截至"十二五"初，中国从日本市金公司进口浸渍干燥生产线共 14 条，德国维茨（Vits）公司生产线 25 条，意大利巴布洛克（BABC）公司生产线 5 条。

进入"十二五"初期，浸渍干燥机的工作速度已达 25~30 m/min，生产效率大幅度提高；主控系统亦采用模拟化系统或数字化系统，控制浸胶量的计量辊控制更为精确，高端产品采用传感器显示和调整。

二、低压短周期压机

最早生产三聚氰胺浸渍纸贴面刨花板的北京市木材厂使用的是 15 层热压机，热压周期达 20min。最早国产的低压短周期压机 20 世纪 80 年代中期由中国林科院木材工业研究所设计，苏州林业机械厂生产，之后上海人造板机器厂也开始生产低压短周期压机。

一些大型企业在引进刨花板或中密度纤维板生产线的同时几乎都引进了低压短周期压机，如江苏福迈特纤维板有限公司引进的低压短周期压机生产线还带有自动组坯装置。引进的低压短周期压机主要是联邦德国辛北尔康普（Siempelkamp）和贝高（Bürkle）公司生产的。强化木地板的高速发展，促进了国内低压短周期压机的生产，无锡陆通机械有限公司从1999年开始生产低压短周期压机，至今累计生产3000多台套，由于价格便宜，基本能满足低压短周期贴面工艺的要求，不少强化木地板生产企业都选用了陆通的压机。

第四节　三聚氰胺树脂浸渍纸饰面人造板的科技创新

由于竞争激烈，促进了技术创新，进入21世纪以来，强化木地板的创新产品主要有：

1）大波浪浮雕花纹。主要是模仿地板磨损后的状态。

2）同步浮雕花纹。模仿阔叶材表面的导管槽分布，使模压产生的导管槽与印刷木纹的导管槽相吻合，使木纹更加逼真。

3）倒角技术。无倒角强化木地板拼装后，存在一定的拼装高差，使用时高出部分常常被踢，易损坏；而在地板边部压制斜面，地板拼装后两块地板间形成V型槽，可缓解被踢坏。

4）去掉耐磨表层纸，使用耐磨装饰纸。由于进口耐磨表层纸价格昂贵，国内开始研究在三聚氰胺树脂中添加Al_2O_3粉末，在浸渍时涂布到浸渍装饰纸上，或将Al_2O_3粉末在浸渍过程中喷撒在装饰纸上，这种方法虽然可降低成本，但由于耐磨材料分布不易均匀，量又不宜过多，因此，耐磨转数及耐磨性得不到保证，对模板摩擦也较大。"十一五"期间经多次改进，到"十二五"初质量已比较稳定，主要生产企业有成都建丰林业股份有限公司等。

第五节　三聚氰胺树脂浸渍纸饰面人造板的产品标准

我国"十一五"到"十二五"期间，三聚氰胺树脂浸渍纸饰面人造板实施的产品标准有LY/T 1831-2009《人造板饰面专用装饰纸》；GB/T 15102-2006《浸渍胶膜纸饰面人造板》；GB/T 18102-2007《浸渍纸层压木质地板》。

第二十二章 装饰单板饰面人造板

张勤丽

第一节 装饰单板饰面人造板生产的发展历史

装饰单板是一种装饰性的木质材料，商品名薄木、木皮，其厚度一般为 0.1~4mm，一般厚度≤0.5mm 的又称微薄木，国内名称多而杂，国外都称为 Veneer。根据其制造方法的不同可分为锯制装饰单板、旋切装饰单板、刨切装饰单板。厚度较大的单板才采用锯切的方法制造，需要大花纹的弦切纹理可采用旋切方法制造，一般采用刨切方法制造。根据其花纹的形成分为天然装饰单板(径切纹理、弦切纹理、半径切纹理)、重组装饰单板(又称人造薄木、科技木)、集成装饰单板。

木材是人们最喜爱又最常用的一种高档装饰材料，不仅不同树种木材的花纹不同，而且同种木材的花纹也不尽一致，十分美观。古代人们就喜欢采用手工的方法用具有美丽木纹的木材薄片来装饰家具、箱笼、棺、墙壁等，从 17 世纪开始采用机械将木材制成薄片。据报道，1650 年左右开始生产锯制单板；1834 年法国人 Charles Picot 研制的第一台单板刨切机获得专利；1840 年 John Dresser 获得美国旋切机专利。真正用装饰单板进行人造板贴面加工则在 20 世纪初，胶合板生产开始之后，20 世纪 50 年代才开始大规模地进行装饰单板生产。据报道，1960 年全球装饰单板产量为 103 万 m^3，其中西欧为 50 万 m^3，巴西为 21.5 万 m^3，马来西亚等国为数千 m^3；随着人造板生产的发展，到 1975 年全球装饰单板产量已达 390 万 m^3，其中西欧产量达 100 万 m^3，马来西亚等国产量已达 10 万 m^3；到 1993 年因为珍贵木材供应不足，虽然对装饰单板需求不断增加，但全球总产量却略有下降为 340 万 m^3，其中欧洲为 100 万 m^3，非洲为 50 万 m^3，亚洲为 30 万 m^3。

一、装饰单板饰面胶合板

中国自 20 世纪初生产胶合板之后，就开始机械化批量生产装饰单板饰面的胶合板了，当时胶合板用木材主要是现在视之为名贵树种的水曲柳、桦木、椴木等，因此当时的胶合板可直接用来制造家具或建筑室内装修，不需再进行饰面加工。20世纪五六十年代，北京市光华木材厂等厂家已使用刨切单板制造火车车厢用胶合板了，但大批量进口刨切机生产刨切装饰单板则是20世纪70年代之后，中国一些主要家具生产厂引进了刨切机生产拼花装饰家具。据不完全统计，至1981年，全国共引进了20台刨切机，大多从日本进口，个别从意大利进口；至1983年全国引进刨切机台数增至40台。引进刨切机的主要厂家有烟台黄海家具厂、青岛木器一厂、南京木器厂、上海家具厂、武汉台板家具厂、广州木器家具配件厂、广州鱼珠木材厂、无锡家具厂、长春胶合板厂、北京市光华木材厂、北京钢琴厂、北京市板式家具厂、黑龙江亚布力林业局、烟台木钟厂等。

1976年，上海木材一厂从联邦德国引进一套年产200万m^2的微薄木生产线，主要由高精度旋切机、单板卷筒运输贮存装置、微薄木与纸张复合装置及剪切机等组成，旋切出的微薄木厚度为0.12~0.35mm，同时在旋切薄木的背面衬以增强用的特种纸制成卷材或片状微薄木，可供人造板或其他板材贴面用。后因产品表面产生裂纹，未找到合适的增强用纸等原因，设备一直闲置，最终设备被拆除。

以上大部分都是家具厂进行装饰单板贴面加工，20世纪80年代中期，临江林业局刨花板厂在引进联邦德国5万m^3刨花板生产线的同时，引进了美国卡皮特(Caupital)公司两条刨切单板生产线；北京市木材厂引进联邦德国年产100万m^2的装饰单板贴面生产线；上海木材一厂从法国引进刨切机等，中国开始了规模化的装饰单板饰面人造板的生产，装饰单板的厚度以0.6~1mm为主，树种以东北水曲柳为主。

20世纪80年代初，日本的装饰单板湿贴工艺开始传入中国，从此装饰单板贴面有湿法贴面和干法贴面两种工艺。无论基材是胶合板还是刨花板，装饰单板厚度在1mm以上的，都须采用干贴工艺，装饰单板需干燥以后才能进行贴面。以刨花板为基材生产板式家具用板，大多采用干贴工艺，装饰单板厚度为0.6~1.2mm，单板需经干燥后才能贴面。临江刨花板厂、北京市木材厂等以刨花板为基材均采用了干贴工艺。但是以胶合板为基材生产装饰单板饰面胶合板的企业大多采用湿贴工艺，装饰单板厚度一般为0.2~0.3mm，单板不经干燥直接贴面。

装饰单板干贴工艺条件一般为：压力0.8MPa，热板温度110℃，热压时间1~2min，单板厚度0.6mm及其以上。

装饰单板湿贴工艺条件一般为：压力0.7MPa，热板温度110℃，热压时间50~60s，单板厚度0.3mm及其以下。

20世纪80年代中后期至90年代，随着中国装饰热的兴起，催生了一大批以胶合板、中密度纤维板为基材的走湿法贴面工艺路线的装饰单板饰面胶合板生产企业，其中产量大、产品质量好、花色品种多的企业主要有广州番禺珠江木制品工业公司(1985年)、上海森大木业有限公司(1990年)、上海福海木业企业有限公司(1988年)、苏州维德木业有限公司(1993年)、广东佳力木业有限公司(1994年)、中国江海木业有限公司、浙江德华装饰材料有限公司、浙江升华云峰新材股份有限公司、环球木业有限公司等单位，其中广东佳力木业有限公司在20世纪90年代中叶年产量高达5000万张。

1997年4~6月，国家人造板质量监督检验中心与南京人造板质量监督检验站对全国

70 家生产装饰单板饰面胶合板的企业进行了产品质量抽查，当时生产装饰单板饰面胶合板的企业集中在江浙沪地区、东北地区、京津地区及广东、山东、湖北、四川等省。据调查，江浙沪地区年总产量约为 5000 万张，广东地区 12500 万张，其他地区约为 5000 万张，全国年总产量约为 22500 万张，折合 6.8 亿 m^2。据介绍，当时装饰单板饰面胶合板厚度一般为 3mm、5mm，装饰单板厚度一般为 0.25mm。装饰单板的树种仍然以水曲柳为主，当时国内水曲柳已供不应求，开始进口俄罗斯水曲柳，但是俄罗斯水曲柳色深、花纹乱，黑龙江水曲柳色深、年轮窄，而吉林水曲柳色浅、年轮较宽，质量上乘。与此同时，上海森大及广东佳力木业开始引进欧洲山毛榉及北美红栎木、白栎木、枫木、胡桃木、非洲沙比利等树种，特别是采用了以白桦、红桦为商品名的山毛榉开始流行，并持续了 10 多年，水曲柳也因原材料供应原因而被迫退出市场。到 2002 年左右，山毛榉才逐渐被白栎木、红栎木、胡桃木、枫木、沙比利等北美、南美及非洲树种取代。

从 20 世纪 90 年代起，中国大量装饰单板饰面胶合板出口到欧美，其中以桦木单板饰面的胶合板出口美国做门板为最多。据上海森大木业有限公司介绍，该公司 95% 产品出口，每年出口装饰单板饰面胶合板数万立方米，2005～2007 年每年出口 10 万 m^3，2008～2009 年每年出口 6 万 m^3。据介绍，"十二五"初中国出口的胶合板基本都是二次加工后的产品，而且以装饰单板饰面胶合板为主。

二、实木复合地板

实木复合地板是装饰单板饰面人造板的典型产品。

中国实木复合地板是 20 世纪 90 年代初期发展起来的一种新型地板，分三层实木复合地板和多层实木复合地板两种，中国先生产三层实木复合地板，以出口为主，其后才出现多层实木复合地板。2000 年后，实木复合地板逐渐被消费者接受，产量逐年升高。

三层实木复合地板面层为厚度 4mm 的锯制名贵硬木装饰单板，芯层为 9mm 厚的松木、杉木或杨木木条的拼板，底层为 2mm 厚的旋切单板。这种产品生产技术在 20 世纪 90 年代初从欧洲传入中国。1992 年吉林三岔子林业局吉林三岔子金林木业有限公司从意大利引进设备，最早开始生产三层实木复合地板，之后长春中意地板厂，青岛阿尔达木业有限公司，云南泛阳木业有限公司，福州环美木业有限公司，深圳森林王木业有限公司，黑龙江双星木业有限公司，黑龙江北鹤木业有限公司，顺德福南木业有限公司，珲春林业局亚兴木业总厂（亚鑫木业有限公司），吉林金发木业有限公司，河北省广泰木业有限公司，吉林敦化敦荣木业有限公司，吉林抚松金隆木业有限公司，河北省广田木业有限公司，河北石家庄天乐思木业有限公司，广东宜华集团公司广东省澄海市泛海木业有限公司，吉林新合木业有限公司，云南保山木业有限公司，三夏企业有限公司，上海森远木业有限公司，吉林丹峰木业有限公司，安徽亚普（明信）竹业有限公司，大连三林木业有限公司等相继从德国、芬兰、意大利引进设备，生产三层实木复合地板。

1993 年，中国林业物资供销天津公司、天津瑞克物业发展有限公司与德国海尔鹏公司签订引进设备合同，同时成立天津津德木业有限公司，并于 1993 年 12 月委托中国林产工业咨询公司编制"津德木业有限公司可行性研究报告"（编号：咨 93-27），林业部于 1994 年 3 月 9 日以林计批字[1994]24 号文"关于津德木业有限公司可行性研究报告的批复"予以批准。林业部林产工业规划设计院于1994年3月完成初步设计(设计号9401),此后甲方更名为天津津德阿尔达木业有限公司,中国林产工业咨询公司再次编制"中外合资天津津德阿尔达木业有限公司可行性研究报告"(编号:咨94-22),林业部林产工业规划设计院再次于1995年6月完成初步设计(设计号9501)……。该项目最终因种种原因未能上马,前期的人力、物力和财力均付诸东流。

进入21世纪一些大企业加入三层实木复合地板生产,例如圣象地板、盈彬大自然等大型地板企业。至2002年全国三层实木复合地板生产企业已有24家,生产线28条,年产量3000多万m^2。

多层实木复合地板起步较三层实木复合地板晚,技术源自日本,1995年底天津福亚实业有限公司首先从日本引进全套多层实木复合地板生产线,以后陆续又有多家企业引进日本生产线。1997年,坐落在北京市通州区梨园镇工业区的北京不二家装饰材料有限公司,在董事长王凯先生带领下进口了日本3套全套多层实木复合地板生产线,分别安装在北京不二家装饰材料有限公司、廊坊思创新技术有限公司和马斯特阳光年代木业有限公司。其间生产的产品返销日本市场,一时成为行业龙头企业。

多层实木复合地板大多采用专业分工生产模式,多层胶合板基材、表面装饰单板等外购,地板生产企业只需进行贴面、开榫、涂饰等加工。因此多层实木复合地板生产比较容易上马,原生产实木地板的企业,在添加热压机、涂胶机后即可生产多层实木复合地板,胶合板生产企业转产实木复合地板就更加方便。至2006年全国约有300家企业生产多层实木复合地板。多层实木复合地板面层单板比较薄,厚度一般在0.6~1mm,基材以速生杨木、桉木等胶合板为主,厚度在12~18mm之间。多层实木复合地板由于性能比较稳定,产量逐渐超过三层实木复合地板,至2006年多层实木复合地板产量已达到3500万m^2左右。2010年实木复合地板销售量已达8900万m^2。

三、重组装饰单板

重组装饰单板具有类似珍贵树种木材的材质、花纹、颜色等,是以普通树种木材,特别是非洲产白梧桐(阿优丝)、杨木等人工速生材为主要原料,根据仿真原理,采用单板调色、层积、模压胶合成型、刨切等技术制造而成的一种新型木质装饰材料,商品名为科技木、人造薄木。日本的北三株式会社、意大利的阿尔比(ALPI)和英国的阿隆(Aaron)等公司,在20世纪60年代已开始生产重组装饰单板。中国从20世纪70年代后期开始,上海家具厂开始研究径切纹理重组装饰单板,当时称为人造薄木;20世纪80年代初南京林学院开始研究弦切纹理重组装饰单板、半径切纹理重组装饰单板获得成功,该成果获1984林业部科技进步三等奖;之后杭州木材厂、中国林科院木材工业研究所相继开始研究重组装饰单板。

1994年,香港维德集团将其研究成果引进国内,在苏州成立了德华建材(苏州)有限公司,从事重组装饰单板生产。经过10多年的发展,克服了单板染色、木方胶合、模具设计等多道难关,成为中国第一个专业生产重组装饰单板的企业;"十一五"期间重组装饰单板的日产量已达60m^3,品种已达1100多种,产品80%出口欧美、东南亚地区。在维德集团下属的德华建材(苏州)有限公司的带动下,2000年之后,中国陆续有数十家企业开始生产重组装饰材和重组装饰单板。大部分企业以杨木单板为原料,经染色生产简单木纹的重组装饰材,主要用于装饰线条,而少部分规模较大的企业则以杨木或阿尤丝为原料,以生产重组装饰单板为主。主要生产重组装饰单板的企业还有浙江德华装饰材料有限公司、浙江升华云峰新材股份有限公司,山东凯源木业有限公司,深圳市松博宇实业有限公司、茂友木材股份有限公司等企业。

据不完全统计,到2009年全国重组装饰材产量已达100万 m^3 左右,其中重组装饰单板产量约占30%,出口比例约为20%,但规模以上企业的出口比例较大,一般为40%~80%。

在2000年前后,有些竹地板企业开始开发以竹材为原料的竹质重组装饰单板,在浙江林学院、杭州大庄地板有限公司、维德集团德华建材(苏州)有限公司等单位的合作下开发成功。该竹质重组装饰单板的加工过程是将竹材加工成竹片,竹片厚度方向胶拼成一定幅面的竹板,再将竹板层积胶合成方材后进行刨切,胶合用的胶黏剂采用水基聚合物异氰酸酯胶黏剂,使胶层具有一定柔韧性,以便于刨切。为防止竹质单板横向开裂,背面一般都覆贴一层无纺布进行强化。该项成果获2008年度国家科技进步奖二等奖。2012年已实现产业化生产,浙江、福建、安徽、江西等地有多家企业生产竹质重组装饰单板,竹质重组装饰单板已成为人造板的主要装饰材料之一,产品大部分出口欧美等地区。

第二节　装饰单板饰面人造板的生产设备

一、刨切机

在改革开放之前,中国的刨切机很少,20世纪50年代,北京市光华木材厂引进了瑞士的卧式刨切机(有文献介绍引进自捷克斯洛伐克),刨切机速度慢,仅12次/分。1982年,中国林业进出口公司组织刨切单板考察团考察了美国和日本的刨切机,为临江林业局刨花板厂引进了两台美国卡皮特(Capital)立式刨切机及相关设备,该刨切机的刨切速度为80次/分,带有恒温水循环装置,刨刀能保持恒温,以防止刨刀上的冷凝水滴落在单板上造成污染。烟台黄河家具厂、北京板式家具厂、上海木材一厂、南通家具二厂、杭州木材厂等企业也相继从日本、意大利、法国、联邦德国等国引进了横向刨切机,至20世纪80年代末90年代初,中国已有刨切机100多台套,大大提高了装饰单板的刨切质量和生产效率。20世纪90年代中期,装饰单板贴面胶合板发展迅速,特别是广东东莞地区,仅佳力木业有限公司就引进了30多台日本、台湾的刨切机。维德集团德华建材(苏州)有限公司开始生产重组装饰单板时,从日本引进了50台刨切机。进入21世纪,随着多层实木复合地板的发展,刨切机数量进一步增加,"十一五"末已有数百台之多,并出现了大量专门生产装饰单板的企业。1983年,在沈阳第二电机厂等单位配合下,苏州林业机械厂和林业部北京林业机械研究所合作试制出BB113型刨切机,安装于天津木材四厂。此后牡丹江木工机械厂、青岛木工机械厂也生产了大量刨切机以适应市场需求。2005年,牡丹江木工机械厂有限责任公司(前身为牡丹江木工机械厂)自主研制成功BB1141型刨切机,该机刨切木方横向最大宽度可达4.2m,是当时国内最大的刨切机,获得7项国家专利。

二、热压机

20世纪80年代，有不少企业从联邦德国引进单层压机，既用于贴纸也用于贴单板，但设备价格贵，生产效率没有多层压机高，因此后来很少引进这类设备。装饰单板贴面用压机比较简单，一般为10层以下的多层热压机，热压温度仅110℃左右，热压压力为0.7~1.0MPa，一般的压机生产企业都能生产，其中比较有名的国内压机生产企业有90年代初期成立的山西秋林机械有限公司。

第三节 装饰单板饰面人造板的科技创新

在装饰单板饰面胶合板的发展过程中，遇到了很多技术难关。如为充分利用名贵木材，降低成本，单板厚度越来越薄，最薄的已达到了0.1mm，因此各生产企业对木方蒸煮工艺、刨刀角度、刀门等进行了调整和改进。针对装饰单板过薄采用湿贴工艺，易产生透底现象（装饰单板贴面后仍能隐隐约约看到基板的颜色），开发了隐蔽剂，在涂胶之前对基板进行处理，解决透底问题。20世纪90年代初期，开始生产装饰单板饰面胶合板时，每张4′×8′的基板上用6~8条单板条拼宽，但到20世纪90年代中后期已发展到20多条，利用的单板条宽度仅5cm左右。为解决由此带来的拼缝重叠和离缝问题，各企业在摆坯及热压工艺上也都作了调整。在采用欧洲山毛榉时，由于山毛榉含有单宁，在木方蒸煮过程中，如蒸煮不均，易出现两头红现象，这个问题也曾困扰了不少企业，为此对木方蒸煮池及蒸煮工艺进行了调整和改进。在装饰单板饰面胶合板发展过程中的各种改进，使湿法贴面工艺更为完善，更适合中国的国情。

GB 18580—2001《室内装饰装修材料 人造板及其制品中甲醛释放限量》2002年1月1日实施后，对贴面用胶黏剂均进行了改进，降低了甲醛释放量，浙江升华云峰新材股份有限公司等单位最早开发生产了低甲醛释放量的装饰单板贴面胶合板。

在重组装饰单板的开发过程中，单板染色从最初的人工配色，发展到计算机配色，模具设计也开始采用计算机设计，使重组装饰单板生产的花色品种更丰富，产品质量更加稳定。

第四节 装饰单板饰面人造板的产品标准

为规范刨切单板及装饰单板饰面人造板的产品质量，全国人造板标准化技术委员会组织制定了相关国家标准。

GB/T 13010-1991《刨切单板》于1991年发布，修订版GB/T 1300-2006《刨切单板》于2006年发布并实施。

GB/T 15104-1994《装饰单板贴面人造板》于1994年发布，修订版GB/T 15104-2006《装饰单板贴面人造板》于2006年发布并实施。

LY/T 1654-2006《重组装饰单板》于2006年发布并实施。

第二十三章　装饰纸饰面人造板

张勤丽

装饰纸饰面人造板是一种用印刷装饰纸饰面的装饰人造板，商品名为保丽板、华丽板。

保丽板是在人造板基板（主要是胶合板、中密度纤维板）上借助胶黏剂覆贴印刷装饰纸后，再用不饱和聚酯树脂涂饰的一种装饰人造板，其主要生产流程如图1所示。

图1　保丽板生产流程图

华丽板是在人造板基板（主要是胶合板、中密度疑维板）上借助胶黏剂覆贴表面已涂有涂料或已浸渍少量树脂的印刷装饰纸（华丽纸、预油漆纸）而制成的一种装饰人造板，其主要生产流程如图2所示。

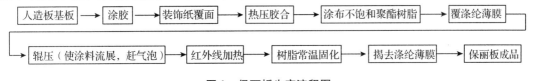

图2　华丽板生产流程图

保丽板、华丽板表面的印刷木纹逼真，表面具有一定的防水、耐热、耐污染、耐磨的性能，特别是保丽板漆膜丰满、光亮、装饰效果及表面性能更好。主要用于家具制造、木门制造、室内装修、包装等方面。

第一节　装饰纸饰面人造板生产的发展历史

20世纪60年代，日本开始把定量24g/m²的表面已印刷和涂饰的薄页纸贴在胶合板上生产华丽板，或把仅印刷的薄页纸贴在胶合板上后再涂布不饱和聚酯树脂生产保丽板。20

世纪80年代初，日本的保丽板已占装饰胶合板总产量的10%，而华丽板已占装饰胶合板总产量的40%。20世纪80年代初，保丽板和华丽板生产技术从日本传入中国及东南亚地区。由于保丽板、华丽板生产工艺简单，生产设备简易，投资不大，因此，保丽板、华丽板生产很快在中国推开，特别是保丽板生产。1978年，上海扬子木材厂从日本市金公司引进了全套装饰纸贴面生产线，该生产线采用辊压贴面的方式，是中国第一条机械化、连续化装饰纸贴面生产线。至1985年，中国已有100多家企业生产保丽板，全国年产量达6000多万张。生产企业主要集中在广东、浙江、江苏、上海、武汉、成都、榆次等地。广东鱼珠木材厂、广东省石龙木材厂、成都木材综合加工厂等均引进了联邦德国贝高（Bürkle）等公司的装饰纸贴面生产线。生产规模较大的企业有上海福海木业有限公司，每天生产112万张，广东省石龙木材厂每天生产0.8万~1.0万张，广州白云装饰材料厂每天生产1万张，广东广联木业有限公司每天生产0.3万张，全国生产十分火爆，花色品种有几十种，主要用于家具制造和室内装修。当时使用的薄页纸定量为$24g/m^2$，均从日本进口，不饱和聚酯树脂采用$191^\#$或$196^\#$，树脂涂布量为每张280~340g。贴面用的胶黏剂为脲醛树脂与聚醋酸乙烯乳液的混合胶，为防止贴面后基板的颜色影响板面装饰效果，一般在胶中加入少量钛白粉，以遮盖基板颜色，基板一般为$4'\times 8'$的柳安胶合板。1985年前后保丽板价格为37~40元/张。

20世纪80年代末90年代初，由于保丽板生产厂家多，竞争激烈，各企业纷纷想方设法降低成本。首先就是把树脂涂布量降下来，当时不饱和聚酯树脂约为8.5元/kg，一些厂家夏天树脂涂布量减至每张180g；改用国产印刷薄页纸；改用国产设备生产。当时广东番禺有一家企业专门制造保丽板的生产设备，一套生产设备仅售13万元。尽管如此，由于竞争过于激烈，企业已无利可图，生产厂纷纷停产，很快保丽板在市场上就销声匿迹了。

欧洲开发的预油漆纸（预浸纸）原纸是定量$40~60g/m^2$的钛白纸，通过在造纸过程中添加少量树脂或印刷后浸渍少量树脂，并使树脂完全固化，制成具有一定耐水性、耐磨性、耐污染性的装饰纸。预油漆纸贴面人造板一般用于立面装饰，贴面时需借助胶黏剂。2000年左右，北京市光华木材厂等单位开发了预油漆纸，但装饰纸饰面人造板还是没有薄页纸用量大。

2000年左右，板式家具市场竞争激烈，当时板式家具流行使用的薄木饰面中密度纤维板价格较高。家具生产厂为降低成本，纷纷寻找替代产品。事隔八九年，印刷薄页纸饰面中密度纤维板再次受到了家具生产企业的重视，很多板式家具生产企业用薄页纸饰面中密度纤维板替代了薄木饰面中密度纤维板。薄页纸饰面中密度纤维板不仅板面木纹逼真，可以以假乱真，而且薄页纸还可连续包覆各种异型板边，十分适合做板式家具。通常用薄页纸饰面中密度纤维板制成家具后再进行涂饰处理。因此，一些企业又开始生产保丽板、华丽板，生产企业仍然集中在广东，薄页纸印刷集中在广东和浙江临安，国产设备主要由广州番禺胜标工贸有限公司提供。2008年薄页纸的年产量总计约为1.6亿张，年消耗薄页纸约4亿延长米；2010年全国消耗薄页纸6亿延长米。

第二节　装饰纸饰面人造板的产品标准

1992年，全国人造板标化技术委员会组织制定了 LY/T 1070 – 1992《不饱和聚酯树脂装饰胶合板　技术条件》实施10年后，对该标准进行了修订。LY/T 1070.1 ~ 1070.2 – 2004《不饱和聚酯树脂装饰人造板》于2004年开始实施，2012年全国人造板标化技术委员会审查通过了该标准的修订稿。

第二十四章 其他饰面人造板

张勤丽

第一节 聚氯乙烯薄膜饰面人造板

聚氯乙烯薄膜饰面人造板是用聚氯乙烯(PVC)薄膜贴面加工的装饰人造板。聚氯乙烯薄膜饰面人造板板面美观、印刷图案逼真、色泽鲜艳，表面耐磨、耐污染、耐水、能隔绝空气中水汽对基材的影响，表面柔软，适于模压，没有冷硬感，但表面不耐热、不耐划，主要用于电视机壳、音箱、家具制造及包装等。

用于人造板饰面的聚氯乙烯薄膜是采用压延的方法加工的半硬质薄膜，表面经印刷或模压。通常采用乙烯-醋酸乙烯(EVA)树脂胶或橡胶类胶黏剂与基材胶合。20世纪60年代，欧美及日本聚氯乙烯薄膜饰面人造板已得到发展，到20世纪70年代，欧共体的刨花板及日本的胶合板已有4%采用聚氯乙烯薄膜贴面，美国更是高达30%左右。20世纪70年代中期，国外电视机壳、音箱大多采用聚氯乙烯薄膜贴面人造板制造，而中国当时尚属空白。

1978年底，上海广播器材厂利用上海木材一厂引进的日本产辊压贴面生产线及日本产聚氯乙烯薄膜试生产了一批聚氯乙烯薄膜贴面胶合板，经测试，各方面性能均能满足当时四机部规定的电视机整机环境试验条件的要求，从而先后投产了中国首批4000余只聚氯乙烯薄膜饰面胶合板电视机壳。之后上海市又组织上海塑料制品一厂、扬子木材厂及上海广播器材厂开始研制国产的聚氯乙烯薄膜饰面胶合板电视机壳，通过了耐热性试验(40 ± 2℃，$4h$；55 ± 2℃，$2h$)，耐低温试验(-10℃± 2℃，$2h$；-25℃± 2℃，$2h$)，耐湿试验（温度$35\% \pm 2$℃，相对湿度95℃$\pm 3\%$，$48h$)，振动试验，研制获得了成功并进行了推广应用。

1985年，由长春市塑料一厂承担的聚氯乙烯装饰薄膜引进项目，获得了成功，该项目引进了日本三宝树脂工业(株)提供的设备和制造技术,该项目将印刷有木纹的基膜与透明的面膜复合制成聚氯乙烯装饰薄膜,填补了国内空白。

中国林科院林产化工研究所研究开发了乙烯-醋酸乙烯(EVA)胶黏剂,解决了聚氯乙烯薄膜贴面用胶问题。20世纪80年代及90年代,聚氯乙烯薄膜饰面人造板在电视机壳及音箱制造中得到了广泛应用。北京市光华木材厂还用来制造家具获得了市场的好评。

20世纪90年代中期,德国在中国试着推广以聚烯烃和纤维素为原料的性能介于纸与塑料之间的一种Alkecell薄膜,主要用于板式家具制造,但未能得到推广。

德国还推出一种聚氯乙烯薄膜异型贴面压机,事先将作为基材的中密度纤维板板面按设计图案镂铣出浮雕花纹,施胶后与聚氯乙烯薄膜一起送进压机,在薄膜与基材之间抽真空使薄膜与基材紧密贴合后再加压将二者胶合,胶合的板材主要用于橱柜门或建筑户内门。当时中国引进了10多套该种压机。

进入21世纪,聚氯乙烯薄膜饰面人造板的用途更为广泛,除用做家具、橱柜门、室内门、推拉门外,还大量用于装饰线条。

为规范聚氯乙烯薄膜饰面人造板产品质量,全国人造板标准化技术委员会制定了该产品的行业标准。林业行业标准LY/T 1279-1998《聚氯乙烯薄膜饰面人造板》于1998年发布并实施,10年后进行修订,LY/T 1279-2008《聚氯乙烯薄膜饰面人造板》于2008年发布并实施。

第二节 软木装饰单板饰面人造板

软木是由栓皮栎或栓皮槠上采剥的树皮的一部分,质地轻软、富有弹性。栓皮栎生长20~25年后才能进行剥皮,之后每隔15年才能剥一次皮,因此,软木是比较珍贵的天然资源。

世界上软木主要产地在地中海沿岸7国及中国。据2001年统计,地中海沿岸7国软木总产量为34万t,其中葡萄牙最多,占54%。中国产量约为5万t,主要产地分布在陕西、四川、安徽、河南、湖北、甘肃、云南、贵州等省,以陕西省产量最大。

历史上软木主要用于制作瓶塞,早在18世纪80年代,葡萄牙人就大量制造软木瓶塞用于葡萄酒生产。用于制造地板则在20世纪初才开始,由葡萄牙人开发。软木地板是高档珍稀的地板之一,目前全球产量仅1200~1300万m^2。软木也用于墙面装饰。

人造板表面贴面用软木装饰单板由软木块胶合成木方后刨切而成,可以设计成各种图案花纹,软木单板也可通过染色使图案更加丰富多彩。背面用的软木单板则由软木颗粒胶合而成。表面涂料采用PU涂料,以保持软木原有的弹性。软木单板也可附着在纸基或布基上,做墙面装饰。

软木地板是软木装饰单板贴面人造板的一种典型产品,具有独特的天然花纹,具有弹性好、防滑、保湿、耐污染、不霉变、防潮、易清洁等特点。

中国最早采用软木地板的场所,一般文献记载多是北京古籍图书馆(原北京图书馆)(另有说法是北京大学古籍图书馆),1932年由荷兰人铺设,10mm厚,至今仍完好无损。

2011年清华大学百年校庆后，陆续有媒体披露，清华大学图书馆一期采用软木地板铺地，由美国建筑师亨利·墨菲（Henry Murphy）设计，1919年建设完工。

西安林产化学工厂于1987年成立了中国唯一一家软木制品研究所，致力于软木制品的研究与开发，处于国内领先地位。软木地板及树脂软木制品获国家发明专利，1988年被列为国家级重点新产品。该项成果获得了国家经贸委颁发的"国家资源综合利用优秀实用技术"证书。软木地板及PU树脂系列软木制品获陕西省2001-2002年度科技奖。

20世纪80年代中期，中国最早制造的软木地板是厚4~5mm的纯软木地板；20世纪90年代中期开始软木地板进入大发展时期，软木地板也发展成表面贴一层耐磨的PVC薄膜的软木地板；进入21世纪，较多的是上下两表面为软木单板，芯层为高密度纤维板，厚度为10~12mm的复合软木地板。面层软木装饰单板厚度为0.6~1mm，底层软木单板厚度为1~2mm。软木单板也可贴在强化木地板、实木复合地板背面，提高地板的隔音效果。

软木地板铺设可采用直贴式或锁扣式木地板铺设。

软木装饰单板饰面人造板在中国发展的历史还很短，产品也比较单一，还有待进一步开发新的品种。20世纪90年代末开始生产软木地板及软木墙板以来，由于民营企业蜂拥而上，互相抢占市场，很多企业的经营处于微利甚至无利的状态。进入21世纪以后，主要生产企业有西安静林软木制品有限公司、西安中林软木科技发展有限公司、南通森豪仕软木有限公司等，西安是比较集中的软木制品产地。另外，北京等地还有葡萄牙、瑞士等外国公司的代理商经销国外生产的软木制品。

2006年，国家林业局发布林业行业标准LY/T 1657-2006《软木类地板》，对软木地板的产品质量进行规范管理。

第三节 金属饰面人造板

金属饰面人造板是用铝箔、铜箔等金属箔覆贴在人造板基材上制得的一种装饰材料。20世纪80年代，铝箔贴面纤维板曾以美铝曲板的商品名热销。铝箔贴面纤维板上开有并列的V型槽，柔软可弯曲，主要用于曲面的装饰。21世纪初，生产的铝箔饰面人造板，铝箔经拉丝、雕刻、磨砂、阳极氧化着色、涂饰或印刷各种木纹或图案，使铝箔饰面人造板具有色彩变幻、光彩夺目的金属质感和装饰效果，并具有防水、防腐、阻燃等性能，主要用于宾馆等公共场所的室内装修、家具制造、户内门制造、装饰品、包装等方面。

2010年后，中国有10余家金属饰面人造板生产企业，年产量约50万张。其中浙江帝龙新材料股份有限公司于2004年开始生产铝箔饰面人造板，年产量约30万张，占全国总产量的60%，产品已出口到欧美等国家和地区。

2008年国家林业局下达了制订《金属饰面人造板》林业行业标准的计划，到2012年该标准已报请全国标准化技术委员会审批。

第四节 直接印刷人造板

一、直接印刷人造板生产的发展历史

直接印刷人造板是一种直接在人造板基材上印刷木纹的装饰人造板。20世纪60年代初，法国A. klod公司研制成功了在纤维板上进行直接印刷的饰面方法，该法在法国、美国、奥地利、联邦德国、日本等国得到推广。到20世纪70年代，制造人造板直接印刷成套设备有联邦德国Hildebrand公司（生产能力100万 m^2/a）、Bison France公司（生产能力500万 m^2/a）、波兰Femak公司（生产能力250万 m^2/a）、Steineman公司（生产能力100万 m^2/a）。1980年，当时的苏联直接印刷纤维板产量已达2000万~2500万 m^2/a。美国比较喜欢直接印刷，1980年在多种装饰方法中，直接印刷占到72.6%，基材主要是花旗松胶合板；直到21世纪初，直接印刷仍是美国人造板的主要装饰方法。日本在1970年之前直接印刷的胶合板产量比较大，但逐渐被印刷木纹装饰纸贴面胶合板替代，至1977年，印刷柳安胶合板（包括装饰纸贴面胶合板）产量占二次加工胶合板总产量的38.4%。

1976年，北京市木材厂引进了联邦德国比松（BISON）公司制造的年产400万 m^2 的直接印刷生产线，共55台设备，因涂料、工艺条件等原因两年后才正式投入生产（当时交由林业部林产工业设计院进行测绘，但因故未落实仿制单位）。之后上海建设人造板厂、北京市北郊木材厂、西安木材一厂等相继仿造进口的直接印刷设备，生产直接印刷纤维板。至20世纪80年代初，中国已拥有十几个生产直接印刷人造板的工厂，年生产能力达800多万 m^2。但据1984年统计，十几家从事直接印刷人造板生产的企业已有2/3停产，实际产量仅为80万 m^2。北京市木材厂1985年生产刨花板2.7万 m^3（从联邦德国比松公司引进的3万 m^3/a 生产线），直接印刷刨花板占刨花板产量的50%以上，销售情况尚可。但几年后，因直接印刷刨花板板面花色单调、不美观、不耐磨等原因，在北京市场滞销，只能转向北京以外的中小城市，后来干脆被市场拒之门外，从而被迫停产。至20世纪80年代后期，国内十多家直接印刷人造板厂也先后停产。该类产品的消费市场被装饰纸贴面人造板及三聚氰胺浸渍纸贴面人造板所取代。

2000年开始，一些民营企业家在欧洲考察中看到，欧洲生产的直接印刷的纤维板不错，于是杭州升佳集团有限公司、湖北吉象人造林制品有限公司、北京不二家装饰材料有限公司又先后从欧洲进口了成套的直接印刷生产线，凹版胶印机均是Elma公司生产的。升佳集团引进的生产线生产能力为400万 m^2/a，湖北吉象引进的生产线能力为1000万 m^2/a，这两家企业的生产线在设备调试时费尽周折，等产品生产出来，由于竞争不过其他装饰人造板而没能进入市场，该两条生产线也被迫停产。

2010年开始，广东盈彬大自然等一些地板生产企业，在高密度纤维板基材上进行直接印刷后，表面用耐磨涂料涂饰，以商品名"生态地板"进入市场，与强化木地板、实木复合地板等进行竞争，占领了一些市场份额。一般的印刷地板耐磨转数仅500转，如生产高耐磨的地板则成本较高，地板正反面油漆道数差异大，易产生翘曲等问题。由于直接印刷对

基材的遮盖性比较好，可采用一些色差大、价格低的板材做基材，利润空间较大，因此以纤维板、胶合板、竹地板等为基材的直接印刷地板都纷纷进入市场。直接印刷地板与强化木地板比耐磨性差，印刷效果差，是否能长期占领市场，很难预料。

二、直接印刷人造板的生产工艺

直接印刷的一般加工过程如图1所示。

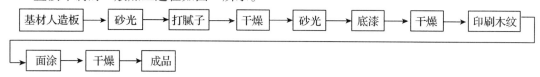

图1　直接印刷人造板生产工艺流程图

各种胶合板、纤维板和刨花板都可做直接印刷的基材，为保证印刷的效果，基材表面都要经过砂光，并打腻子将板面填平。打腻子后进行干燥，打一道腻子往往干燥后腻子皱缩，会造成腻子开裂或塌陷，因此一般要打两道腻子，第二道腻子干燥后要经砂光使板面变得光滑。然后再涂布底涂料，底涂料渗入腻子层和基材，使腻子层与基材牢固结合，形成印刷木纹的底色，强化油墨层的附着力，并防止油墨及面涂料渗入基材。根据需要底涂可涂布一道或多道，底涂层需干燥后才能进行木纹印刷，木纹印刷后即可进行面涂料的涂布。面涂根据需要也可多次涂布，面涂层涂布后要进行干燥，面涂料主要是保护印刷木纹及提供表面耐磨、耐热、耐水、耐污染等性能。

直接印刷加工除对成套设备有严格要求外，对基材及各种涂料、油墨都有严格要求。使用进口涂料时，要注意中国的气候条件。据说有的国外公司提供的面涂料，在中国使用一年后表面就产生龟裂；用于刨花板基材时，涂层干燥速度太慢，而且板中防水剂石蜡会溶于涂料的溶剂而上浮，会影响印刷质量。国产基材的厚度偏差比较大，不易适应直接印刷设备。为了研制水性面涂料、水性油墨、改进干燥设备、改善基板质量等，各厂都花费了很大精力和消耗了很多时间，北京市木材厂在设备引进2年后，才开始正式试生产，其他各厂也有同样情况。国产仿造的设备与进口设备大同小异，但制造精度较差，印刷质量也就比较差。

三、直接印刷人造板的产品标准及用途

为规范产品质量，全国人造板标准化技术委员会组织制定了直接印刷人造板的行业标准 LY/T 1658-2006《直接印刷人造板》，该标准于2006年8月发布，2006年12月实施。直接印刷人造板在国外的用途主要是建筑物室内装修，但是在中国主要是用来制作板式家具、学校课桌、地板、包装等。

参考文献：

[1] 农林部设计院，江西木材研究所. 国外人造板饰面[G]. 1975.
[2] 中国农林科学院科技情报研究所. 国外林业科技资料(日展木材加工技术座谈专辑)[G]. 1975(12).

[3] 中国林业科学研究院木材工业研究所. 人造板二次加工[G]. 1979(10).
[4] 中国林业科学研究院木材工业研究所. 人造板生产手册(上、下册)[M]. 北京：中国林业出版社，1981.
[5] 张书卿. 直接印刷车间工艺简介[J]. 京材科技，1981(1)：35-42.
[6] 来华技术座谈资料(装饰薄膜用于电视机壳)[G]. 上海：1982(3).
[7] 林产工业设计院. 刨花板和胶合板饰面(林产工业专辑)[G]. 1982.
[8] 于夺福. 装饰板制造与应用[M]. 北京：中国林业出版社，1983.
[9] 林业部林产工业设计院. 国外人造板饰面技术(林产工业专辑)[G]. 1984.
[10] 北京市光华木材厂. 国内外刨切薄木生产情况初步调查[R]. 1984.
[11] 长春市塑料一厂. PVC装饰薄膜技术总结[R]. 1985-09.
[12] 于夺福. 装饰用木质单板生产新技术[J]. 林产工业，1986(4)：18-21.
[13] 吴允恭，杨振雄. 华丽板、保丽板和塑面装饰板[J]. 林产工业，1986(5)：33-35.
[14] 柳下正. 日本二次加工专家柳下正博士讲课资料[Z]. 南京林业大学，1986(6).
[15] 张勤丽. 人造板表面装饰[M]. 北京：中国林业出版社，1986.
[16] W 恩森斯贝格，W 维宁格尔. 刨花板低压短周期三聚氰胺浸渍纸饰面技术[J]. 关小川译. 林产工业，1986(3)：16-32.
[17] 中国林业科学研究院木材工业研究所，浸渍纸贴面小组. 低压短周期单张浸渍纸贴面刨花板生产工艺及树脂研究研究报告[R]. 1886-09.
[18] 候知正. 刨花板二次加工和市场开拓问题[C]. 中国林学会木材工业学会论文集(2)刨花板应用技术学术讨论会论文，林产工业编辑部，1988.
[19] 蒋源. 饰面材料概况和二次加工中的问题[C]. 中国林学会木材工业学会论文集(2)刨花板应用技术学术讨论会论文，林产工业编辑部，1988.
[20] 李庆章. 人造板表面装饰[M]. 哈尔滨：东北林业大学出版社，1989.
[21] 罗晶若. 刨切薄木生产的若干问题[J]. 建筑人造板，1989(1)：10-18.
[22] 关美云，刘承礼，刘建华. 后成型装饰板的研制[J]. 木材工业，1990(3)：20-24.
[23] 周平. 聚酯装饰胶合板[J]. 林产工业，1991(4)：39-40.
[24] 林宝岱，邢世祯. 铝镁合金复合装饰板[J]. 林产工业，1992(4)：28-29.
[25] DR AKE SJOBERG. Histori and Trends in Laminated Flooring[J]. ASIATIMBER，1996(10)，52-55.
[26]《上海轻工业志》编纂委员会. 上海轻工业志[M]. 上海：上海社会科学出版社，1996-12：334-351.
[27] 张勤丽. 1997年装饰单板贴面胶合板产品质量全国统检情况[J]. 人造板通讯，1997(9)：3-4.
[28] 张勤丽. 关于发展中密度纤维板二次加工的一些看法[J]. 人造板通讯. 1997(5)：3-5.
[29] 张勤丽，阙泽利，曾志高. 1998年浸渍胶膜纸贴面人造板产品质量全国统检情况[J]. 人造板通讯，1998(10)：6-7.
[30] 曾新德. 我国软木工业的现状及发展策略[J]. 林业科技管理，2001(4)：49-54.
[31] 张勤丽. 浸渍纸层压木质地板的质量状况及基材质量控制[J]. 木材工业，2003(4)：21-23.
[32] 庄启程. 科技木(重组装饰材)[M]. 北京：中国林业出版社，2004.
[33] 赵戈，段新芳，官恺，等. 世界软木加工利用现状和我国软木工业发展对策[J]. 世界林业研究，2004(5)：25-28.
[34] 张一帆. 展望预油漆纸生产技术的发展和应用[J]. 人造板通讯，2004(12)：17-25.

[35] 李建伟，于长海. 我国实木复合地板生产发展中存在的问题[J]. 中国人造板，2006(9)：1-4.
[36] 张勤丽. 装饰纸在人造板表面装饰中的应用[J]. 中国人造板，2006(11)：1-4.
[37] 谭守侠，周定国. 木材工业手册[M]. 北京：中国林业出版社，2007.
[38] 王铁球，黄永南. 重组装饰材在家具行业的应用[J]. 林产工业，2007(5)：3-5.
[39] 国家人造板质量监督检验中心. 2006年实木复合地板产品质量国家监督抽查结果分析[J]. 中国人造板，2007(8)：24-27.
[40] 吕斌，张玉萍，李旸. 我国浸渍胶膜纸饰面人造板的质量分析[J]. 木材工业，2008(2)：23-25.
[41] 甘启蒙，吕宏. 我国软木工业发展概况[J]. 林业机械与木工设备，2009(3)：10-12.
[42] 杨红旗，陈志林，王金林. 铝木复合装饰人造板的研究现状与展望[J]. 木材工业，2011(3)：34-37.
[43] 中国林产工业协会. 中国装饰纸产业报告[R]. 2011(9).
[44] 张勤丽. 我国人造板二次加工的发展历程及现状[J]. 中国人造板，2012(3)：14-19.
[45] 林业部森林工业司，中国林业机械协会. 历年引进国外营林·采运·木材加工·人造板·林产化工机械设备调查汇编(下册)[G]. 1988：95.

第七篇

其他人造板

第七篇统稿人：

傅峰（1964年8月—），男，生，研究员，中国林业科学研究院和南京林业大学博士生导师，中国林业科学研究院木材工业研究所所长，国家木竹产业技术创新战略联盟秘书长，中国林学会木材工业分会常务副理事长兼秘书长，国际木材科学院院士；曾担任国家自然基金委林学学科组会评专家，《林业科学》、《中国人造板》副主编等职务。

长期致力于木质材料功能化技术、功能化人造板的应用基础理论研究和产品研发。现主持国家自然基金重大项目课题"木材多维结构互作及调控机制"、中国林科院"木材科学与技术学科群"项目。近年来主持完成了国家"十一五"科技支撑计划课题"家具装修材增值加工技术"、"十二五"科技支撑计划项目"木质复合材料制造关键技术研究与示范"课题和"木质隔声和发热新材料制造关键技术与示范"等项目（课题）8项。

作为首席专家，组建了我国第一个木质功能材料研究组（2003年）和研究室（2009年）；作为学科组长，领导的首批国际合作创新团队（木质功能复合材料制备增值技术学科组）为中国林科院首批国际合作创新团队，并荣获优秀团队称号（2011年）；作为国家木竹联盟秘书长，协调组织了联盟的筹建，联盟运行成效显著（连续六年评估为A）；作为对口专家，成功引进了我国林业行业首位顶级海外专家（2013年）。

多年来，通过联合骨干高校和优势企业，不断进行原始创新和持续开展技术集成，曾获国家科技进步二等奖1项（排名第五），梁希林业科学技术二等奖2项（分别排名第三、第四）。近五年发表论文73篇（其中SCI 21篇），主编专著7部，授权发明专利14项，制修订标准4项，培养研究生19名，出站博士后7名。

第二十五章　功能人造板

陈志林　卢克阳　彭立民

第一节　阻燃人造板

阻燃人造板是在生产普通人造板的基础上采用阻燃工艺技术生产出的具有一定耐火性能的功能型人造板材。该产品弥补了普通人造板易燃的缺陷，拓展了人造板的应用领域。阻燃人造板主流产品包括阻燃中密度纤维板、阻燃胶合板、阻燃刨花板以及在此基础上二次加工形成的阻燃家具制品、阻燃木质地板、木质防火门等。阻燃人造板的问世在世界各国均受到重视，美国对建筑物使用的门、梁、柱、墙板、壁板以及某些场所使用的家具都有一定的阻燃等级要求。据统计，美国1989年与1980年相比，由于家具采用了阻燃材料及其他防火措施，火灾致死人数降低了40%，受伤人数降低了48%，可见室内应用防火制品是降低火灾危害的有效手段。

中国阻燃人造板研制及生产自2007年开始试产试销。2008年，随着北京奥运工程的装饰装修对阻燃人造板的需求及GB 20286-2006《公共场所阻燃制品及组件燃烧性能要求和标识》的颁布实施，阻燃人造板市场开始呈现出快速增长的态势。截至"十二五"期间，使用阻燃人造板的客户群体主要以装饰材料及部分家具为主，而地板、橱柜、车船等多个行业还没有大量使用阻燃板材，但随着上海、广东、北京等中心城市所有2000m²以上的公共场合的装饰装修材料(含家具)必须采用阻燃材料的规定的出台，以及相应消防措施的普遍实施，阻燃人造板市场将呈井喷增长的趋势，市场前景看好。中国阻燃人造板年产量占整个人造板年产量不足2%。而美国、日本、欧洲等发达国家和地区，阻燃人造板年产量分别占其整个人造板年产量的10%、15%和8%。业界一致认为，尽管中国阻燃人造板年产量在整个人造板年产量中比重较低，但其优越的阻燃功能已经得到了市场的广泛认可，普及和应用阻燃材料将成为人造板行业未来的发展趋势。

国家标准 GB 50016-2006《建筑设计防火规范》、GB 20286-2006《公共场所阻燃制品及组件燃烧性能要求和标识》明确要求建筑设计、公共场所制品必须使用阻燃安全环保材料。此外，随着人们环保安全意识的增强，作为家具、音响、车船制造，建筑装修等行业应用的基材，环保安全的阻燃 E_1、E_0 级人造板倍受市场青睐。进入 21 世纪以来，国家相关标准部门也越发重视阻燃人造板的行业规范与技术推广，先后出台及修订了一系列法律法规及标准规范，比如 GB/T 24509-2009《阻燃木质复合地板》、GB/T 29407-2012《阻燃木材及阻燃人造板生产技术规范》、GB/T 18958-2013《难燃中密度纤维板》、GB/T 18101-2013《难燃胶合板》等。由此可知，在市场对环保阻燃人造板需求及国家强制标准实施的形势下，势必促进和推动阻燃木质材料、阻燃人造板家具产业的发展。

一、阻燃纤维板

据不完全统计，2015 年中国阻燃纤维板年产约为 100 万 m^3，不到全部纤维板产量 1.6%，而北美、欧洲、日本等发达国家和地区环保阻燃人造板产量占人造板产量的 10%～20%。

阻燃纤维板的研究始于 20 世纪 60 年代，当时，美国林产品实验室首次对硬质纤维板的阻燃处理进行了探索性实验。中国对阻燃纤维板的研制起步略晚，一些高等院校、科研院所和生产厂家为了适应市场需求，对发展阻燃纤维板做了许多有益的尝试。其中，20 世纪 80 年代末至 90 年代初，徐咏兰、李光沛等人分别对湿法纤维板、湿法超薄型无胶纤维板、无机阻燃剂处理中密度纤维板进行了研究，取得了显著的进展。2000 年，东北林业大学王清文团队研发出拥有自主知识产权的 FRW 木材阻燃剂，具有优越的阻燃、抑烟和防腐性能，其主要成分为高纯度磷酸脒基脲、硼酸以及少量的添加剂；研发团队利用该阻燃剂研制出了阻燃性能和力学性能均较好的阻燃胶合板、阻燃纤维板和阻燃刨花板。制备阻燃中密度纤维板时，通过热压工艺试验，确定了制备阻燃中密度纤维板的最优工艺条件，结果表明，添加 11% FRW 阻燃剂的阻燃中密度纤维板氧指数均大于 36%，各项物理力学性能指标稳定，达到国家标准要求；通过热重等分析法对阻燃和普通中密度纤维板进行热解行为研究表明，阻燃中密度纤维板具有更好的热稳定性和较优的阻燃效果。2009 年，中国林科院木材工业研究所陈志林团队以磷酸三聚氰胺作为阻燃剂制备阻燃中密度纤维板，结果显示，磷酸三聚氰胺的加入显著提高了阻燃性能，但同时也增加了产烟量；随后，陈志林团队通过在阻燃剂中添加硼酸锌（作为抑烟剂）进行改进，试验结果表明，硼酸锌能有效地降低烟气释放量，当磷酸三聚氰胺与硼酸锌质量比为 1:1 时抑烟效果最好；该研发团队利用其自制的阻燃剂和抑烟剂对中密度纤维板的力学性能和燃烧性能的影响进行了研究，结果表明，阻燃剂不仅能提高阻燃性能，而且抑烟剂的使用能有效地降低烟密度。2012 年，中国林科院木材工业研究所又成功研制了三聚氰胺磷酸盐阻燃剂，并采用复配成炭、阻燃抑烟技术，在与广西丰林木业集团股份有限公司合作完成的阻燃中密度纤维板项目获得了显著成效。同年，南京林业大学选用 APP（聚磷酸铵）、MDFP（由三聚氰胺、双氰胺、甲醛和磷酸组成）、UF-PDN（由尿素、甲醛、磷酸、双氰胺和氨水组成）为阻燃剂，当阻燃剂用量为 7% 时，制备的中密度纤维板阻燃性能可达日本 JIS D1322—77 阻燃一级标准。

2012年起市场上开始涌现一批阻燃中/高密度纤维板生产企业，包括广西丰林人造板有限公司、柯诺（北京）木业有限公司、山东云汉木业有限公司、山东森美人造板有限公司等10余家企业，采用多层热压机、连续热压机生产，产品主要用于防火门、阻燃家具、内装饰墙板、隔音板和天花板以及阻燃地板基材等方面。但是产量均不高，主要原因是：①阻燃纤维板生产技术难度大、成本高，市场接受难度偏大，当时主要应用是一些政府采购以及高层建筑内装饰装修；②由于市场监管缺失，阻燃纤维板市场鱼目混杂，损害了正规厂家研发和市场培育阶段投入的利润回报，因此，相当一部分企业尚处于观望阶段。但是随着新的消防法实施，消防验收的进一步强制规范化、标准化，公共场所使用阻燃材料的强制实行，阻燃纤维板大发展阶段必将到来。

阻燃中密度纤维板的研制应该向着阻燃效果、物理力学性能和工艺条件等总体效果更好的方向发展，具体包括：①降低阻燃剂对中密度纤维板物理力学性能的影响，尤其是减少阻燃剂对强度、胶合性和吸湿性的不利影响；②提高阻燃剂抗流失性和耐久性；③降低阻燃剂用量，从而降低生产成本，提高产品附加值；④提高阻燃效果，开发一剂多效新型木材阻燃剂，拓宽其应用领域；⑤降低阻燃中密度纤维板的发烟性和毒性，开发研制环保型阻燃中密度纤维板；⑥优化生产工艺条件，尽量采用常规的中密度纤维板生产工艺，生产适应市场需求的新型阻燃中密度纤维板产品。

二、阻燃胶合板

易燃性是普通胶合板的致命弱点，使其在许多领域的使用受到限制。建筑、车船等内部装修重要部位所用木质材料都要求达到一定的难燃等级。公安部于1986年颁布的《建筑消防管理规则》第14条明确规定，高层建筑的高级宾馆、饭店、医院病房和民用住宅的室内装修以及用做各类防火门的表板、防火家具的制作必须用非燃或难燃材料。同时GB 50222-95《建筑内部装修设计防火规范》明确规定，胶合板被列为可燃材料，必须进行阻燃处理才能使用。由此可见，阻燃胶合板的研究和开发具有广阔的市场和重要的现实意义。

据不完全统计，2015年我国阻燃胶合板规模化生产企业约20家，大部分为订单式生产的中小企业，总产量约为180万m^3。1988年，上海建设人造板厂使用磷、氮、卤素等有机物和无机物混合阻燃剂，采用对单板进行喷淋处理和在脲醛树脂胶中加入阻燃剂相结合的方法生产出了阻燃胶合板，氧指数可达到50%以上。1989年，洛阳人造板厂使用氨基树脂型阻燃剂，采用单板浸注法和合板浸注法的生产工艺进行了阻燃胶合板的中试。1992年，徐州苏北人造板厂与南京林业大学木材工业学院合作，针对杨木单板研制的NL-1型阻燃剂（无机和有机混合的阻燃剂）浸渍单板或合板，产品阻燃性能好，对胶合板强度没有明显影响，耐久性长，在当年12月中旬通过徐州市科委对该项技术成果的鉴定。1993年，湖南人造板厂采用磷-氮型阻燃剂对建筑用厚型或薄型单板及半成品进行阻燃处理，试验证明阻燃胶合板生产工艺是可行的，胶合强度也能满足要求。1995年，北京市木材厂罗文圣专利报道了用含有磷酸氢二铵、磷酸二氢铵、硼砂和卤化铵的混合阻燃剂与胶共同作用制成阻燃胶合板，工艺简单，处理费用低，产品的阻燃性能符合 B1 级建筑材料的要求，还具有防腐防虫的性能。1996 年，黑龙江省林产工业研究所申世杰等人采用阻燃剂改性脲醛树脂胶、硼类复合物和缩合磷酸胍 3 种阻燃剂试制阻燃胶合板，结果表明阻燃胶合板各项力学性能稍有降低，但影响不大，而阻燃性能良好。1999 年，王笑康等人研制出了磷－氮复合型液体阻燃剂和磷－氮复合型阻燃胶黏剂，采用湿芯板冷热浸及湿表板连续性过浸后陈化一次烘干的阻燃处理新工艺，提高了生产效率和浸渍效果，可生产出阻燃性能符合 B1 级的阻燃胶合板。2002 年，成都木材防腐厂使用有效成分为铵盐、氮、磷制剂和添加剂的有机型阻燃剂，采用满细胞法对成品板进行处理的工艺，生产出的阻燃胶合板氧指数大于 45%，烟密度等级为 17。2004 年，杨桂娣等人研究开发了纳米二氧化硅与脲醛树脂胶混合而成的阻燃胶黏剂，试制的马尾松胶合板氧指数可达到 56%。北京林业大学自主研发的 BL 型阻燃剂具有环保和阻燃双重功能，该阻燃剂主要由磷酸和尿素通过催化剂催化聚合而成，为多组分混合物，具有阻燃、无毒、抑烟性好、成本低等特点；后期一些研究学者如陈凌云，对 BL 阻燃剂制备阻燃单板进行了研究，结果表明，阻燃剂浓度和浸渍温度对处理后板的氧指数影响显著，而浸渍时间影响不显著；阻燃剂浓度、浸渍温度以及干燥温度对中板材色变化影响很大，浸渍时间对其影响不大；最佳处理工艺为阻燃剂浓度 20%，浸渍温度 25℃，浸渍时间 30min。顾波等人对 BL 环保阻燃剂生产环保阻燃型胶合板进行了试验研究，结果表明，表层单板、成品板和单板全部进行阻燃剂浸渍处理的 3 种方式，以单板全部进行浸渍处理的效果最佳，其氧指数可达 60%甚至更高，甲醛释放量低于 0.5mg/L。2012 年，李改云等人将聚磷酸铵及其他阻燃助剂共混后制备阻燃胶合板，结果显示，胶合强度随着阻燃剂添加的增加而逐渐降低，随着阻燃剂的增加，阻燃胶合板的放热总量不断降低。2013 年，中国林科院木材工业研究所采用磷酸二氢铵、磷酸氢二铵及硼酸的一种及复配溶液对桉木单板进行常压浸渍，制得的阻燃桉木胶合板物理力学、阻燃抑烟效果优良，经国家人造板与木竹制品质量监督检验中心检测，胶合性能较好的柳安和胶合性能较差的邓恩桉各项性能均能达到 GB/T 9846－2004《胶合板》的要求。进入 21 世纪以来，中国科研人员和企业还对不同树种木材的胶合板进行了阻燃研究开发，如阻燃橡胶木胶合板、阻燃奥古曼胶合板、阻燃桦木胶合板、阻燃马尾松胶合板等，取得了可喜的成果。

对胶合板进行阻燃处理不仅是保护人们生命财产的需要，而且也是胶合板行业自身发展的要求。据调查，国外阻燃人造板与同类非阻燃人造板相比，售价提高 2～4 倍。阻燃胶合板的生产，不仅扩大了胶合板的产品种类、应用范围，而且提高了产品的附加值，增加了企业的利润，促进了行业健康发展。

三、阻燃刨花板

自 20 世纪 70 年代以来，刨花板工业得到了迅速发展，刨花板在建筑、家具、船舶及车辆内装修等方面部分代替了木材和胶合板。随着世界刨花板工业的不断发展，刨花板的应用范围不断扩大。由于原料和应用的原因，中国刨花板产量在人造板生产中比重较小，近年来，由于橱柜以及定制家居的兴起，带动了刨花板的发展，也带动了阻燃刨花板的发展,中国阻燃刨花板的年产量大约在 40 万 m^3。

国外从 20 世纪 60 年代起开始研制阻燃刨花板,中国对阻燃刨花板的研究始于 20 世纪 80 年代初,中国林业科学研究院、南京林业大学、复旦大学、北京市木材厂等高校、科研和企业单位相继进行了大量的实验和阻燃刨花板的研制工作。进入 20 世纪 90 年代,北京市木材厂研究阻燃刨花板的成果申请了专利,并在人民大会堂等重点工程得到应用。1997 年,青岛大学的李群以聚磷酸铵 APP 为预缩体,在催化剂作用下制备阻燃剂,制成的刨花板达到日本标准 JIS D1201-77 难燃一级。2000 年,东北林业大学王清文团队研发出拥有自主知识产权的木材阻燃剂,利用该阻燃剂研制出了阻燃性能和力学性能均较好的阻燃刨花板,其最佳工艺条件:阻燃剂施加量 8%,施胶量 15%,热压时间 5min,热压温度 175℃,阻燃性能可达日本 JIS D1322-77 阻燃一级标准,物理力学性能可达到 GB/T 4897.3—2003《刨花板 第 3 部分:在干燥状态下使用的家具及室内装修用板要求》一级品标准要求。北京林业大学自主研发具有环保和阻燃双重功能的阻燃剂,主要由磷酸和尿素通过催化剂催化聚合而成,后期一些研究学者如侯伦灯教授等,2002 年利用磷氮复合阻燃剂处理刨花板,应用热释放率测定技术,获得阻燃刨花板在试验状态下燃烧过程中吸热与放热过程定量分析图谱,分析研究阻燃处理刨花板的热释放性能,评定磷氮复合阻燃剂与阻燃处理刨花板的阻燃效果。2004 年,北京林业大学李光沛研发团队利用环保阻燃剂开发阻燃刨花板,其物理力学性能达到家具用途国家标准要求,其氧指数能够达到 B1(GB 8624-2006)难燃级标准,但对刨花板的力学强度及吸湿性有一定的负面影响,对此提出了改进意见;并对环保阻燃剂阻燃刨花板工艺及效益做了研究,结果表明,通过改进将环保阻燃剂制成粉状施加,由于带入的水分少,对脲醛树脂胶的影响相对较小,比液状环保阻燃剂更适合生产应用。2012 年,中国林科院木材工业研究所陈志林研发团队创新性地采用酸化预处理技术合成三聚氰胺磷酸盐,使反应产物得率由原来的 85% 提高到了 91%,这些技术获得了"一种阻燃剂及其制备方法和利用阻燃剂制备人造板的方法"、"磷酸盐木材阻燃剂制备方法及其该阻燃剂处理木材的方法"两项国家发明专利。根据产品特性,并通过将其与硼酸的复配制备阻燃刨花板,研究表明最终确定复配阻燃剂的添加量为 10%,硼酸与三聚氰胺磷酸盐比例为 1:2,复配阻燃剂具有催化成炭、阻燃、抑烟的作用,使得燃烧后的样品具有坚硬、致密的炭层。

自 2001 年中国第一条专业生产阻燃刨花板的生产线(湖北咸宁兴林阻燃刨花板有限责任公司阻燃刨花板项目)建设以来,截至 2016 年已有北京盛大华源科技有限公司、北京盛辉阻燃科技有限公司、上海木通木业有限公司、内蒙古根河板业有限公司等约 10 家生产企业开始生产燃烧性能为 B1 级的阻燃刨花板,并且越来越多的普通刨花板厂开始重视阻燃刨花板的开发研究。阻燃刨花板的研制正向阻燃效果、物理力学性能和工艺等综合效果更好的方向发展。同时,阻燃剂和阻燃处理方法也将会有新的发展,如新阻燃剂的开发(包括阻燃剂的耐久性、低毒无毒性、抗流失性等)、阻燃机理和阻燃处理方法的进一步研究等。以后阻燃刨花板的研究方向将着重放在阻燃剂对产品质量性能的影响、产品多功能性、生产成本及环保等方面。

四、其他人造板阻燃研究

人造板阻燃的外延不断扩展，进入21世纪以来，稻草、秸秆、竹材、木塑等非木质材料人造板广泛应用于家居和公共场所，也成为了阻燃、抑烟的新对象。东北林业大学王清文团队利用自主合成的FRW新型高效阻燃剂对稻草进行处理生产阻燃稻草板，并探讨了最佳生产工艺。南京林业大学周晓燕团队将无机纳米材料（三氧化二铝）改性木材纤维制成杨木中密度纤维板，经试验证明具有良好的阻燃性。2010年，北京林业大学高黎等人利用热重、红外光谱等方法分析了水溶性聚磷酸铵（APP）对木塑复合板性能的影响，结果表明，与未处理的木塑复合板相比，聚磷酸铵阻燃剂的加入改善了木塑界面相容性，阻燃木塑复合板表现出较高的物理力学性能。截至2016年，这类人造板的阻燃研究得到了一些科研单位重视，但尚未形成一定的企业化生产规模。

在"十二五"期间，中国对阻燃人造板的研究，主要是采用含磷、氮、硼的化合物和部分金属氧化物。主要涵盖了对木质材料（包括非木质植物纤维原料）阻燃剂的阻燃性能、阻燃机理，以及对材料物理力学性能影响的研究。由于阻燃人造板的特性，用不同方法生产的阻燃人造板，都必须首先满足企业现有人造板生产工艺要求。虽然对阻燃人造板已经有较多的研究，也取得了较好的进展，但是木质材料阻燃剂品种少、产量低、成本高。另外，阻燃剂吸湿性较强和对板材力学性能影响较大的问题仍未得到有效地解决。在充分满足人造板使用要求的情况下，尽量达到高级别的阻燃性能要求，这需要人造板生产企业、阻燃剂生产企业和科研院所的大力配合，研发出真正适合人造板生产技术且与胶黏剂理想匹配的阻燃剂，才能生产出经济的阻燃人造板产品。现在的阻燃技术尚不完善，在阻燃人造板生产的发展过程中，还需不断完善阻燃剂和阻燃人造板生产技术，按照阻燃人造板的生产方法和原理，适时改进阻燃剂，改善施加方法，减少施加量，提高阻燃效果，尽量采取无毒且在生产过程中也不会产生有毒有害物质的阻燃剂，向阻燃人造板无毒环保方面发展。在现有检测评价方法的基础上，总结经验教训，尽快开发新的阻燃人造板的检测评价方法，以适应阻燃人造板快速发展的需要。随着阻燃技术的进步和发展，对阻燃人造板阻燃性能和理化性能的检测评价方法也必将更加具有先进性、科学性和准确性。

第二节 电磁屏蔽人造板

人造板在使用过程中，除了要满足力学性能要求外，针对具体的使用场合还应附加一些特定功能，为此引申出功能人造板的概念，这也是人造板作为复合材料向前发展的必然趋势。功能人造板是具有某种特定物理、化学、生物等性能和某种使用功能的人造板，它强调产品的用途。这里所说的功能不单指板材内木质单元具备某种功能，而且更重要地表现在基材整体具有这种功能，如对热、电、光、磁、声以及水分、火焰、菌类、虫类等表现出的特殊功能。电磁屏蔽人造板属于功能人造板的范畴，主要用于电磁辐射防护，是一种新型人造板。

电磁屏蔽人造板是由木材单板、木粉或者木纤维与各种导电物质以均匀分散复合或叠层复合等方式制成的。21世纪初，中国的电磁屏蔽人造板尚处于研究阶段，没有实现市场化。人造板被广泛使用于建筑行业，在电磁环境日趋恶劣造成的电磁危害不断增加的背景下，提出研究和开发电磁屏蔽人造板，使人造板具有防电磁波污染和防信息泄漏的功能，将其广泛用于家庭、宾馆、剧院以及国家重要部门（政治、经济、国防以及科技）建筑物，可以净化和改善室内环境，保证人类免受电磁辐射的危害，同时也可以保证机密信息的安全，因此，电磁屏蔽人造板具有广阔的市场前景。

一、电磁屏蔽人造板研究的历史

中国电磁屏蔽人造板的研究起步于20世纪90年代初，主要经历了以下3个阶段：各种电磁屏蔽人造板材料的开发研究，电磁屏蔽人造板屏蔽技术研究，电磁屏蔽人造板中试产品及应用。

（一）电磁屏蔽人造板的开发

研究较多的电磁屏蔽人造板主要包括两大类：表面导电型和填充型。表面导电型屏蔽材料通常采用化学镀金属层、真空喷涂、贴金属箔、金属熔射等技术，使绝缘的木材表面覆盖一层导电层，从而达到屏蔽电磁波的目的。填充型屏蔽材料通常将无机导电材料填充到胶黏剂中混炼，然后与木质单元进行热压或冷压制成导电复合材料。

1）表面导电型电磁屏蔽人造板

21世纪初，北京林业大学和东北林业大学的学者研究了木材单板和刨花化学镀镍工艺技术，并测试了镀镍单板、镀镍刨花制得的木质电磁屏蔽材料的电磁屏蔽效能，发现恰当的镀液成分和工艺参数可以得到理想的金属沉积速率和镀层；木材基体的预处理对木材化学镀镍层的含磷量、结晶化的程度以及镀层的组织结构有很大的影响；化学镀镍单板的导电性具有各向异性，平行于纤维方向的表面电阻率要低于垂直于纤维方向的表面电阻率；木材抽提物容易造成镀液的分解，对木材的化学镀镍影响很大；镀镍杨木单板的电磁屏蔽效能可以达到31.8~51.4dB（5~1500MHz）；用镀镍杉木刨花压制刨花板，其电磁屏蔽效能达到21.26~43.31dB（5~1500MHz）；镀镍落叶松单板的电磁屏蔽效能均超过55dB（9~1500MHz）。

2009年前后，中国林科院木材工业研究所和北京工业大学对在木材表面贴金属箔和导电布制备复合屏蔽材料进行了大量研究。采用环氧树脂胶黏剂，在单面涂胶量为$100g/m^2$时，将$20\mu m$和$35\mu m$的铜箔与人造板进行热压复合，复合后材料的屏蔽效能均超过60dB，屏蔽效果良好，表面结合强度达到或超过1MPa，已具有实用性。

采用化学镀金属方法对木材表面进行屏蔽处理时，必须考虑所用金属镀层的屏蔽效果能够满足产品最终的使用要求。化学镀金属方法是当时唯一不受材料形状及大小限制，而在所有平面上能获得厚度均匀导电层的方法，从而提供了电磁屏蔽效果好、质量轻、全金属化的木材。制作表面导电型材料时，镀层或金属箔在使用过程中容易产生剥离，而且二次加工性能较差。镀层与基体的粘附力是一个界面科学问题，需要木材表面保持高度清洁、不受污染。通常预先将木材表面进行清理、去除杂质，使处理后的表面变得粗糙，从而提高金属镀层的粘附性。

2）填充型电磁屏蔽人造板

填充型电磁屏蔽木基复合材料是通过在木基复合材料中填充导电材料达到屏蔽效果，因其具有工艺简单、经济成本低以及性能稳定的特点而被广泛使用。

20世纪末，东北林业大学和中国林科院木材工业研究所的研究者，通过在施胶纤维中加入铜丝网制造木材纤维/铜丝网复合中密度纤维板，在9～1.5GHz频率范围内，当铜丝网目数大于60目且在中密度纤维板双表面复合铜丝网时，其屏蔽效能可达60dB以上。采用不锈钢网和紫铜网与木单板复合，单板间用脲醛或酚醛树脂作为胶黏剂，材料在1～1000MHz频率范围内，电磁屏蔽效能可以达到40dB以上。采用意杨单板为原料，将3种导电填料（不同粒径的石墨粉）施加到脲醛树脂胶黏剂中压制导电胶合板，结果发现，3种导电介质都能很好地提高胶合板的导电性，使胶合板的胶层面积电阻率降到100Ω以下。采用"铺撒模压"工艺，将铜纤维填充到脲醛树脂中制备铜纤维/脲醛树脂导电膜片，将其与木材单板进行"叠层复合"，制备新型的电磁屏蔽胶合板，解决了铜纤维填充量增大导致材料胶合性能下降问题。填充量为200g/m^{2}的双层导电膜片叠层的电磁屏蔽胶合板的屏蔽效能在39.3～61.75dB范围内，平均值为49.65dB。采用不锈钢纤维、铜纤维与木纤维复合压制中密度纤维板，结果表明，不锈钢纤维、铜纤维的施加比率对复合中密度纤维板的力学性能影响显著，在钢/木、铜/木混合纤维中施加一定量的异氰酸酯胶可显著改善中密度纤维板的胶合性能，而且不锈钢纤维的施加比率及其在中密度纤维板中的复合位置对电磁屏蔽效能影响显著，当钢/木、铜/木纤维质量混合比率为3∶1并复合在中密度纤维板的双侧表面时，其电磁屏蔽效能可达55dB以上。

填充型木基复合材料的屏蔽效果取决于填充材料（导电、磁性）的性质、用量、形状及其分布、复合工艺的选择等。当导电材料添加量增加到某一个临界值时，导电材料任何细微的变化都会导致复合材料导电性的急剧变化，这个临界值通常称为渗滤阈值（Percolation Threshold）；当过了临界值后，导电性能随导电材料的增加并不显著。纤维的长径比对屏蔽效果的影响尤为显著，根据导电复合材料的导电机理，使用长径比大的金属纤维，由于形成导电通路的几率较大，因而导电性能好。这样既降低产品成本，又使材料的比重下降，而且力学性能也大大提高。金属填料在木质单元以及胶黏剂中应该均匀分布，这样可以减少填料的填充量，提高导电复合材料的屏蔽效果。

（二）电磁屏蔽人造板屏蔽技术研究

电磁屏蔽问题的解决，首先依赖于屏蔽材料的研制与开发，其次是屏蔽技术的研究。在实际工程应用时，屏蔽材料往往需要通过搭接来实现其屏蔽效能，接缝搭接是一项关键的屏蔽技术。一般是通过焊接、铆接、螺钉固定或者导电胶黏剂粘接固定等方法将屏蔽材料制成屏蔽体。搭接质量的好坏将直接影响整个系统的电磁性能。搭接不好，材料接缝处会产生一些细长的缝隙，这些缝隙的电磁泄漏会导致屏蔽体的屏蔽性能大大下降，因此研究屏蔽材料在实际工程应用中的搭接技术具有重要意义。材料的期望电磁屏蔽效能值可以很高，但实际应用中搭接缝隙引起的电磁波泄漏使其电磁屏蔽效能下降很大，尤其在高频段。搭接缝隙大大影响了材料的应用，因此，电磁屏蔽板材在电磁兼容结构设计中的接缝搭接技术需要进行深入研究。接缝搭接技术的研究将极大推动电磁屏蔽人造板走向产业化，具有非常重要的意义。

21世纪初，中国林科院木材工业研究所在国内率先开展了材料屏蔽技术的探讨，研究了叠层型电磁屏蔽胶合板的接缝搭接技术。通过对电磁兼容结构设计中搭接方法的分析，结合叠层型电磁屏蔽胶合板的特点，将搭接口设计为3种形式：斜接口、对接口以及阶梯接口，如图1所示；接口固定方式为导电胶黏剂连接、非导电胶黏剂连接以及铜箔连接，如图2、图3所示。采用"同轴法"、"屏蔽室窗口法"以及"球形天线法"测试了电磁屏蔽胶合板搭接前后的屏蔽效能，研究了电磁屏蔽胶合板在电磁兼容结构设计中的搭接技术，初步解决了木基电磁屏蔽板材在实际使用中搭接所产生的较大电磁泄漏问题。在30~1.0GHz频率范围内，以铜箔连接的电磁屏蔽胶合板屏蔽效能在56.39~75.15dB范围内波动，平均值为65.86dB，屏蔽效果良好；导电胶连接的电磁屏蔽胶合板屏蔽效能在35.13~49.92dB范围内波动，平均值为43.71dB，屏蔽效果中等；非导电胶连接的电磁屏蔽胶合板屏蔽效能在30.32~59.12dB范围内波动，平均值为43.17dB，屏蔽效果中等。以铜箔连接方式制备的木质电磁屏蔽机箱（图4）整体屏蔽效能最大值为49.40dB，最小值为24.33dB。在30~240MHz频率范围内电磁屏蔽平均值为43.88dB，在270~1000MHz频率范围内电磁屏蔽平均值为34.11dB。机箱电磁屏蔽效能值基本达到军用电子装备通用机箱二级要求，适用于对电磁兼容要求较高的场合。

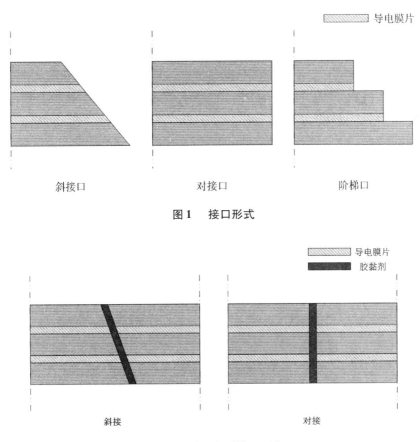

图1　接口形式

图2　斜接口和对接口固定

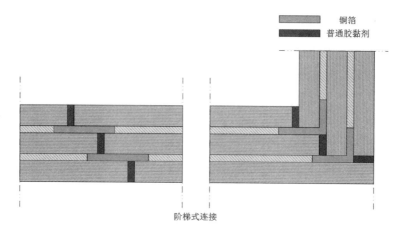

图3　阶梯接口固定

图4　木质电磁屏蔽机箱

（三）电磁屏蔽人造板中试及应用

21世纪初，一些研究单位开始联合企业进行电磁屏蔽人造板的中试生产。在"十一五"科技支撑和"863"计划课题的支持下，中国林科院木材工业研究所在一些地板企业完成了表面型电磁屏蔽实木地板和铝板叠层复合地板的中试生产。同时中国林科院木材工业研究所联合北京工业大学利用铜箔贴面中密度纤维板建造了人造板电磁屏蔽室。

1）表面型电磁屏蔽实木地板

表面型电磁屏蔽实木地板的生产工艺，主要是在现有实木地板生产工艺的基础上增加了导电涂料层的涂布和固化工序，实木层与电磁屏蔽层结合的切入点在实木层的下表面。将实木层开槽和开榫后，将电磁屏蔽涂料涂布在实木层的下表面和实木层上连接用的榫的下表面和侧面，以及在装配后与榫上屏蔽层接触的实木层的槽的表面上。这样，可保证地板在装配后其屏蔽层的连续性。导电涂层设置完毕后，再进行油漆等工序，这样可以防止导电涂料的氧化。地板之间的电连接依靠榫和槽之间的导电涂料相互紧密接触。在使用时，榫和槽将地板装配在一起，通过导电涂料之间的相互紧密接触实现良好的电连接，同时也可以在槽内填充一些金属箔或导电衬垫、导电胶来增加其导电性能。利用在地板下表面及槽、榫处涂敷导电涂料的方法，在地板上设置屏蔽层的电磁屏蔽实木地板，因电磁屏蔽层是涂敷到地板上的，涂料干后，屏蔽层与地板之间结合为一体；在运输安装过程中，由于导电涂层外还涂敷有油漆，所以不会发生涂层损坏，保证了电磁屏蔽层的完整性，并且制作方法简单易行，适合产业化。由于导电涂料是在地板加工后涂敷到地板下表面的，所以地板开槽位置等不受屏蔽层设置位置的影响，更加适于实际生产，无论较厚地板还是较薄的地板均可使用该方法进行加工。中试生产的产品规格为 910mm×150mm×18mm，屏蔽效能 >50dB，接缝处理后整体屏蔽效能 >20dB。

2）铝板叠层复合地板

铝板叠层复合地板的生产工艺主要基于实木复合地板的生产工艺。电磁屏蔽实木复合地板分为 5 层，上表层、下表层与中间层均为木质层，木质层由单板或复合板构成，上表层与中间层、下表层与中间层之间夹有铝板。因为铝板和木材冷热系数相差太大，所以采用冷压胶合较合适，胶黏剂采用环氧树脂类。将生产所得地板进行开槽和开榫，榫的位置处于地板厚度方向的中间位置，由地板上、下屏蔽层的一部分和中间木质层构成；开槽的位置与开榫的位置相对应，也位于地板厚度方向的中间位置，同样槽的结构中连接用铝层也为上下两层，榫中铝层厚度与槽中铝层厚度之和等于单层铝板的厚度；并且榫和槽中的连接铝层的位置要对应，保证在地板装配后，整个材料屏蔽层的连续。在地板与相邻地板拼接后，两块地板的屏蔽层通过榫和槽中的连接用铝层连接在一起，形成一个整体屏蔽层，实现了地板中屏蔽层的连续。在使用时，榫和槽将两块地板装配在一起，通过铝层之间相互紧密接触达到电连接。同时须在连接用铝层之间填充一些导电胶或者导电衬垫，以增加连接用铝层之间的导电性能。特别要注意，在装配后，必须保持两个铝层之间为电绝缘状态。中试生产的地板规格为 910mm×150mm×18mm，屏蔽效能 >70dB，接缝处理后整体屏蔽效能 >25dB。

3）人造板电磁屏蔽室设计和施工方案

表面型电磁屏蔽人造板因其表面材料是导电材料，所以在实际应用中比较容易实现板材与板材之间的搭接，从而保证其有效的电连续。2009 年前后，中国林科院木材工业研究所和北京工业大学，采用铜箔与中密度纤维板热压复合中试生产了表面型电磁屏蔽中密度纤维板，同时采用该材料建造了人造板电磁屏蔽室，见图 5。建造方案根据由屋顶面最先铺，然后四周墙面、最后搭建地面铺设的原则，基本建造工序如下：龙骨架钢结构施工安装、墙面木基材料施工、电磁屏蔽人造板的施工、屏蔽门加工与门框安装、接地、铝塑板的施工、电力铺设。经模拟计算所建的人造板电磁屏蔽室的综合 SE 值为 80dB。

4）电磁屏蔽人造板的生产工艺和设备

大多数电磁屏蔽人造板产品都是依据现有普通人造板生产工艺而开发和生产的，只是在现有工艺中增加部分工序，生产设备也同样主要依靠现有的生产设备。因为电磁屏蔽人造板还处于研究开发阶段，没有产品进入市场，所以不讨论具体的生产工艺和设备。

二、电磁屏蔽人造板的发展方向

将木质单元通过与其他材料单元（合成高聚物、金属、非金属等）复合得到各种电磁屏

图 5　人造板电磁屏蔽室

蔽人造板,克服木材使用性能上的局限性,提高木材性能,有效地解决木质材料本身的缺陷,赋予木质材料所不具备的结构、电磁屏蔽功能或装饰性能,从而拓宽木材的应用领域。高科技电子产品在给人们带来便利和享受的同时,其产生的电磁辐射也日益严重。随着人们对电磁污染认识的提高,电磁屏蔽人造板逐渐被应用到实际建筑中,如用于饭店、宾馆以及戏剧院等。在现代城市建设中,高层建筑之间很容易造成电磁波的多次反射和干扰,将电磁屏蔽人造板开发成为具有装饰、防护电磁污染、防治室内电磁信号泄密失密功能的商品将具有较好的发展潜力。从电磁屏蔽的发展方向来看,未来电磁屏蔽人造板发展的主要方向如下。

1）产业化

21 世纪初期,整个电磁屏蔽人造板基本还处于研发阶段,电磁屏蔽胶合板是电磁屏蔽行业和木材行业的交叉产物,需要两个行业的学者和企业进行深入地交流和合作才能实现其产业化。而当时大多数研究都局限在木材行业,没有真正和电磁屏蔽行业进行接轨,因而不能够知道市场需要什么样的产品,研发的产品是否符合市场发展的需求。所以,研究必须和电磁行业以及市场紧密结合才能真正实现电磁屏蔽人造板的产业化。

2）宽频吸收型屏蔽材料

从以往电磁屏蔽人造板的研究中可以看出,其研究主要集中在反射型屏蔽材料,即通过对电磁波进行反射来达到屏蔽目的,而且涉及频带很窄。电磁兼容设计对屏蔽材料有两个基本要求:(1)无反射(完全吸收);(2)屏蔽频带尽可能的宽。人们虽然研究了不少的屏蔽材料,但是仍然无法做到无反射吸收,因此对宽频吸收型屏蔽材料的研究变得尤为重要。

3）高新技术的应用

纳米材料是物质从宏观到微观的过渡,物质的表面态超过体内态,量子效应十分显著。纳米材料的特殊结构导致奇异的表面效应和体积效应,使其具有特殊的微波吸收性能,同时还具有吸收频带宽的特点。将木质材料和无机材料(导电、导磁)在纳米尺寸上相结合,制得各种特性的材料,这种复合技术将成为未来电磁屏蔽人造板的一个重要方向。

第三节 吸声人造板

噪声污染、空气污染和水污染是影响环境、危害人类健康的3大环境污染。根据世界卫生组织（WHO）的调查研究，噪声对人体的主要危害包括生理影响，诸如听觉疲劳及损害等，以及心理影响，干扰人们的日常生活，降低工作效率。工业噪声的危害已为人熟知，而室内噪声污染尚未引起人们足够的重视。

木质吸声材料或吸声结构作为减振降噪的有效手段被广泛利用于室内噪声控制和声学设计中。一是使厅堂内混响时间达到最佳混响时间，以提高室内音质；二是使室内的噪声声压级降低，提高声音清晰度。木质材料自身有着优良的物理性质和受人喜爱的自然视觉效果，在厅堂设计和高档装饰场所常常被优先考虑，而具有良好装饰效果的木质吸声材料更是一直被人们所关注，已成为进入21世纪以来行业发展的重点。

一、木质吸声人造板产品发展历史

早期使用的吸声材料主要为植物纤维制品，如棉麻纤维、毛毡、蔗渣纤维板、木质纤维板、水泥木丝板以及稻草板等有机天然纤维材料。这些材料在中、高频范围内具有良好的吸声性能，但防火、防腐、防潮等性能较差。吸声材料在中国的应用可追溯到20世纪20~30年代有声电影传入之初，主要应用在电影院和电影制片厂及制作唱片的录音棚，还有电台播音室。当时电影院大多使用进口的蔗渣板和软质木纤维板，当时上海的许多电影制片厂的录音棚曾使用麻布稻草作为吸声材料，直至20世纪50年代，蔗渣板、木丝板以及木纤维板等都是当时的主流吸声材料。随后，人们以无机多孔材料来取代天然纤维材料，发展了颗粒型、泡沫型多孔吸声材料，如矿渣砖、泡沫玻璃、吸声陶瓷以及无机纤维材料。矿渣砖等材料吸声性能较差，且笨重不便使用。无机矿物纤维材料如玻璃棉等，吸声性能好，阻燃、耐腐蚀，但存在污染环境、危害健康等问题，于是，以木纤维材料为原料的绿色环保吸声材料又越来越受到人们的重视。

（一）轻质纤维板

轻质纤维板指密度小于 $0.4g/cm^3$ 的纤维板，因为该产品密度低且多孔隙，因而具有良好的吸音和隔热性能，主要用于高档建筑，如剧院等的吸音结构。但是由于轻质纤维板一般采用湿法生产，工艺复杂，遇水易变形，环保性不佳，所以应用受限。此类吸音板的吸音系数（NRC）范围为0.5~0.7。轻质纤维板可以直接粘贴在墙面及顶棚上，也可以用螺钉固定在各种龙骨上，安装十分方便，价格也比较低廉。20世纪60~70年代期间，这种材料是室内装饰的主要吸声材料，在影剧院、礼堂、体育馆、广播室以及高级饭店等装修中，获得广泛应用。但改革开放以后，特别是20世纪90年代以来，一方面国内许多工厂引进先进生产工艺加速了吸声装饰材料的发展，不仅产品品种和产量增加，质量也有了很大的提高；另一方面轻质木纤维板存在品种少、颜色单调、钛白纸表面容易变色、防潮和防火性能较差等缺点，一度风行热销的轻质纤维板逐渐停产，被一些其他新型吸声材料代替。进入21世纪以来，国内江苏大盛板业有限公司、河北徐水金宏达板业有限公司是生产轻质纤维板的著名企业。

(二)木质穿孔板

木质穿孔板是以饰面木质板材为基材,按照一定的孔径、穿孔率和排列方式,采用开孔、开槽等加工方式形成穿孔,并在板材背面贴无纺布制备成的一种吸声材料。木质穿孔板被广泛应用于厅堂、录音棚等场所,用来改善音质,吸声降噪。影响其吸声性能的主要因素有穿孔率、穿孔孔径、穿孔板厚及空腔厚度等。

对于木质穿孔板的使用可以追溯到20世纪50~60年代,当时一般用胶合板及硬质木纤维板穿孔作为装饰吸声板,这些板比较薄,采用刷漆装饰,表面的纹理颜色比较单调,而且硬质木纤维板受潮会引起翘曲变形,装饰效果比较差,到20世纪末期已经很少使用。大约在20世纪80年代后期,一些室内装修要求较高的建筑使用了进口木质穿孔吸声板。该板以中密度木纤维板为基板,强度高、刚度大,能经受得起一定的碰撞。采用真木皮或用三聚氰胺浸渍胶膜纸(仿木皮)贴面作为装饰,正面开槽背面钻孔形成一种表面新颖别致的条形穿孔装饰板,其后国产条形穿孔装饰板很快面世并推向市场,价格也比进口板材低很多,成为一种广泛使用的室内装修材料。

木质穿孔板是基于共振吸声原理制备而成的,因此,在吸声性能上有较强的频率选择性。穿孔中密度纤维板品种规格比较多,根据表面形状可分为平面板和条形板,其中条形板还有细条和宽条之分;根据板幅可分为方形板和长条形板;根据贴面又可分高档木皮饰面和中低档浸渍胶膜纸饰面。21世纪初出现的一种木质装饰微孔板,是采用在普通木夹板的正反两面,分别沿相互垂直的两个方向开槽,槽的截面呈倒三角形,开槽深度略超过夹板中性面,因此加工后自然形成一系列矩形排列的小孔,夹板的表面呈梯形截面的条纹。只要根据木质夹板的厚度,适当选取开槽的深度和宽度,就能制作出具有良好吸声性能的穿孔结构。这样的制作方法简单实用,制作后的面板条纹图案适合于室内装潢,同时满足了声学和装修的两种要求。

20世纪末,在一些建筑中引进国外中密度纤维板为基材的穿孔板作为墙面吸声材料,这种板厚度较大,约为18mm左右,具有较好的防火性能,并能做成各种表面形式,其中条形板面造型别致,装饰效果很受欢迎。根据表面装饰材料的不同,价格相差很大。21世纪10年代,国内已有许多公司生产这种装饰板,其中生产规模较大、质量较好、产量较高的有广州吉泰发展有限公司、上海皓晟建筑材料有限公司等。

用于室内装饰的木质穿孔板使用的基材以饰面中密度纤维板为主,在板材上开孔或开槽,致使板材裸露在空气中的表面积增大,导致甲醛释放量提高。因此,提高板材的环保性能,将是木质穿孔板发展的必然趋势。通常可以采用环保型的中密度纤维板、无醛胶合板、实木等材料制备。

(三)水泥木丝板

水泥木丝板是以一定含水率的长木丝为原料,经化学浸渍稳定处理后,施加水泥以及其他添加剂,经过铺装、加压和凝固后制成的一种板材。通常用于吸声墙体或吸声吊顶,其吸声性能与板的厚度、密度、木丝直径、表面喷涂层以及板后空腔深度有关。

木丝板具有稳定性好、耐腐蚀、阻燃等优异性能,在20世纪50~60年代曾广泛应用于吸声降噪场所。随着社会发展，人们生活水平的提高，对吸声材料的装饰性有了更高要求，传统的木丝板由于外观单一、装饰性差而渐渐淡出吸声降噪材料的市场，但国外新型的木丝板，在品种规格、吸声性能以及表面装饰性能等方面，均有很大的提高，在室内装饰的吸声材料中，越来越受欢迎，然而这种新型的木丝板价格较为昂贵。21世纪初，荷兰、芬兰、德国、奥地利、俄罗斯等国家已经成立了不少此类板材的专业制造公司以及专业设备制造厂家；而国内上海、南京、北京等地较其晚了几年才开始使用，其用途如下：公共场所的吸声与装饰，如影剧院、体育馆、会议室、候车室等；用于消音降噪，如高速公路的噪声屏障，工业降噪机房。水泥木丝板的吸声系数（NRC）一般在0.6左右。

奥地利合睿有限公司生产的木丝板采用长纤维木绒和天然的菱镁矿粉压制而成。与传统工艺制造的木丝板相比，该产品在强度、防火等级上有较大提高。由于采用纯天然原料，属于绿色环保产品，且装饰效果自然、朴实，可作为吸声和装饰材料用于一些环保要求较高的室内空间，如机场、展厅、体育馆、电影院、演播厅等；另外，该材料具有良好的防潮能力，可应用于如游泳馆等湿度较大的空间中。根据采用的纤维木绒的粗细程度不同，该木丝板分为F型（粗纹）和STAR（细纹）两种类型。

二、木质吸声材料研究历史

（一）天然木纤维吸声材料

针对天然纤维，国内外研究主要集中在麻纤维、椰子壳纤维、木棉纤维、废旧茶纤维和羊绒纤维等纤维材料上。徐凡、张辉等人将麻纤维通过一定工艺制成纤维毡，研究纤维毡孔隙率、容重、材料厚度以及背后空腔对其吸声性能的影响。研究结果表明，随着麻纤维容重减小和厚度、背后空腔的增加，麻纤维在中低频段的吸声性能提高。同时对比了麻纤维、涤纶、棉纤维和羊绒等4种纤维材料吸声性能的差异。胡凤霞等通过针刺的方式，研究针刺麻纤维工艺对麻纤维无纺材料吸声性能的影响。有学者以废旧的茶纤维为原料，背后附织物，研究茶纤维以及背后织物对其材料吸声性能的影响。也有将羊绒纤维填入微穿孔板的穿孔中，通过羊绒的填入根数来改变穿孔率，研究不同穿孔率下微穿孔板的吸声性能。特别在国内，天然纤维的吸声性能的研究主要集中在工艺条件对纤维材料吸声性能的影响，研究不同工艺条件下材料的密度、厚度、孔隙率大小对其吸声性能的影响，对于声波在纤维材料中的传播特性与纤维材料参数和纤维形态的关系并没有深入研究。其次，吸声系数作为衡量吸声材料的吸声性能具有一定的局限性。因为声波传播具有一定的方向性，吸声系数只能反映入射声波和反射声波之间的能量大小关系，并没有反映其在相位上的差异，所以单纯的吸声系数并不能反映声波在纤维材料中的传播特性。

（二）木质穿孔板

针对木质穿孔板的研究也比较少，东北林业大学的博士采用驻波管测试和有限元仿真，以中密度纤维板为基材，对影响木质穿孔板吸声系数的相关因素进行了探讨。由于驻波管在测试时试件尺寸小，而且测得的是垂直入射吸声系数，与实际值存在一定误差。台湾研究人员采用混响室法测试穿孔率、板厚及背贴材料等因素对花旗松穿孔板与竹木复合半穿孔板吸声特性的影响。结果表明，在特定的范围内，各因子不同水平对穿孔板吸声性能的影响呈现一定的规律。除此之外,未见更多关于木质穿孔板的研究。为了使木质穿孔板达到一定的强度要求,需要用增加厚度来弥补因开孔导致的强度下降。根据著名声学专家马大猷提出的微穿孔板理论,随着板厚的增加,相应的声阻抗也会随之发生变化,一定程度上削弱了材料的吸声性能。因此,为改善厚微穿孔板的吸声性能,何立燕等通过对变截面孔厚微穿孔板吸声性能的研究,发现与直通孔厚微穿孔板相比,阶梯孔的厚微穿孔板声阻抗在一定程度上有所减小,使得更多声波能进入穿孔板吸声结构,更多的声能在振动过程中转化成其他形式的能,从而提高吸声性能。但是,形状不规则、截面不等的阶梯孔难以加工。为此,可在直通孔中加入特定介质,有利于提高平均吸声系数。

穿孔板结构的吸声能力很大程度上取决于安装方式,合理利用安装结构,有利于提高吸声性能。钟祥璋采用单因子实验对木质装饰穿孔板吸声结构进行了研究。结果表明,安装时选取适当穿孔板背后空腔深度,可在一定程度上改善吸声性能。刘秀娟采用声电类比法求得非等厚吸声结构的吸声系数,并与计算机软件仿真和驻波管测试相比较,结果可靠、吻合良好。因此可以准确计算安装所需空腔结构,根据不同的位置和不同的吸声需求,合理配置空腔深度。

国内已有大量吸声板材相关研究的报道,但产品主要集中在石膏或水泥类吸音板,尚未有对木质穿孔板的系统研究。尽管在国内市场上有该类产品出现,但多数是模仿生产,并没有掌握木质穿孔板的核心原理和关键技术,吸声性能的检测也没有相关标准,吸声性能是否符合要求更不能确定。

(三) 水泥木丝板

早在20世纪50~60年代,国内吸声材料种类很少,水泥木丝板是主要的吸声材料和隔热保温材料,但对木丝板的相关研究较少。周晓燕等人研究了聚氨酯发泡木丝板的工艺参数、成型方法和两种原材料的胶合机理,并制备出具有轻质、保温、吸声和阻燃的木丝板。阳杰等人介绍了一种以长纤维木绒和天然镁磷矿粉压制而成的具有良好的物理特性和吸声性能的新型木丝板,并探讨了其吸声性能,结果表明,木丝板后衬玻璃棉或无纺布可以提高细纹型板的吸声系数,尤其是反共振频率附近的吸声性能;而对粗纹型板吸声系数的提高相对小于细纹型板。杨俊凯以小径级木材为研究对象,研制出一种采用双头异向同步往复连续切丝方式的木材切丝机,对小径级木材进行高效分丝。

(四) 木基复合吸声材料

木基复合吸声材料是在传统人造板的基础上,以声学理论为指导,通过材料高效重组和多元复合,制备的具有吸声性能的一类复合材料。常见的木基复合吸声材料以多孔吸声机理为制备理论依据,材料的流阻、密度、厚度、背后空腔深度等影响其吸声性能,使用环境的温度、湿度以及空气流动速度也会对材料的吸声性能有一定程度的影响。通常,多孔性木基复合吸声材料在中高频段具有较好的吸声效果。

王军锋等人利用木质纤维和聚酯纤维复合制备出的复合材料,平均吸声系数高达0.67。余海燕采用木梗纤维与水泥复合,研制出具有优异吸声性能的复合材料,并构建了水泥-木梗纤维复合吸声材料声传播及声衰减的物理模型。美国国际纤维素公司生产的一种称为K-13植物纤维喷涂吸声材料,由纯植物纤维与水基型胶黏剂组成,经搅拌后通过空压泵进行喷涂,一次喷涂最大厚度可达125mm。隋仲义等人对竹木复合材料的吸声性能进行了研究,结果表明,在100~1000Hz范围内,吸声系数整体较低,当频率超过1000Hz后,吸声系数明显提高。新加坡的学者研究了柳安和白木两种热带阔叶材及其木塑复合材料的吸声性能,研究表明,木材及其复合材料在高频段具有较好的吸声性能,其吸声系数在1000~3000Hz范围内有显著提高。德国Freudenberg公司研制的用于为世博会召开扩建上海虹桥机场的吸声材料,是用纤维素纤维和玻璃纤维制备而成的。

木基复合吸声材料综合了木材和其他材料的优点,具有优异的吸声性能,中国林科院木材工业研究所研发的木质纤维/聚酯纤维复合吸声材料的吸声性能和聚酯吸声板相近,但成本却远远低于聚酯纤维板。利用木材或其木制单元与其他材料进行复合,将是一个研究的新热点。

三、木质吸声材料的发展方向

吸声材料的研究对于控制室内噪声污染具有重要意义。在资源可持续发展和保护环境的背景下,木材作为一种环保可再生资源,在吸声材料领域逐渐得到重视。但由于制备工艺落后,在国内的发展还有待进一步提高。木质吸声材料中只有木质穿孔板处于高速发展阶段,许多新结构和新产品及新工艺不断涌现,该类高穿孔率的材料,对共振频率的噪声有着很强的吸收作用。木质穿孔板、木丝板、木基复合吸声材料、实木和传统人造板等材料,他们各具特色和使用价值,大多数木质吸声材料都已实现规模化应用。要想进一步提高木质吸声材料的综合功能,还应该走新结构的发展道路,同时应该结合结构共振吸声材料和多孔吸声材料的优点,研制出吸声系数高、频带宽、吸声性能长期稳定可靠的新型多功能木质吸声材料,这将是今后该领域的研究重点。

参考文献:

[1] 陈志林,傅峰. 美国阻燃人造板研究现状与应用[J]. 中国人造板. 2009, 16(4): 6-10.
[2] 李光沛,李孔钦. 浅谈湿法超薄型无胶阻燃两面光纤维板的研制开发[J]. 林业科技开发. 1997(5): 14-15.
[3] 王清文. 新型木材阻燃剂FRW[D]. 哈尔滨: 东北林业大学. 2000.
[4] 谷天硕,陈志林,曾灵. 抑烟性阻燃中密度纤维板[J]. 消防科学与技术. 2010, 29(6): 516-518.
[5] 谷天硕. 钼酸钠阻燃剂对阻燃中密度纤维板的抑烟作用研究[D]. 北京: 中国林业科学研究院, 2011.
[6] 张高攀,韩道勇,赵一禅,等. 我国中密度阻燃纤维板处理方法和阻燃剂的研究进展[J]. 安徽农业科学. 2015, 43(12): 134-135.
[7] 申世杰,徐兰英. 阻燃复合胶合板的试制[J]. 林业科技, 1996, 21(6): 40-42.
[8] 王笑康,何翠花. 阻燃胶合板的制作与性能研究[J]. 热固性树脂, 1999, 14(4): 40-44.
[9] 顾波. BL-环保阻燃剂对脲胶胶合板性能影响的研究[D]. 北京: 北京林业大学, 2007.
[10] 李改云,吴玉章,李伯涛,等. 三聚氰胺改性脲醛树脂的合成及其在阻燃胶合板中的应用[J]. 南京林业大学学报(自然科学版), 2012, 36(4): 103-106.
[11] 陈志林,胡拉. 阻燃浸渍处理工艺对桉木单板载药率的影响研究[J]. 桉树科技. 2016, 33(1):

22 - 26.

[12] 胡拉, 陈志林, 傅峰. 桉木与杨木阻燃胶合板的性能对比分析[J]. 木材工业, 2015(3): 43 - 46.

[13] 曹旗, 张双保, 董万才. 环保型阻燃刨花板的研究现状和发展趋势[J]. 木材加工机械, 2004, 15(3): 14 - 16.

[14] 王艳良. BL - 环保阻燃剂在刨花板中的应用研究[D]. 北京: 北京林业大学, 2006.

[15] 付晓丁. 磷氮硼阻燃剂的制备及其对刨花板阻燃性能影响的研究[D]. 北京: 中国林业科学研究院, 2012.

[16] 高黎, 王正, 郭文静. 水溶性聚磷酸铵对木塑复合材料性能的影响[J]. 北京林业大学学报, 2010(4): 247 - 250.

[17] 傅峰. 功能人造板的新概念[J]. 建筑人造板, 1994(2): 19 - 23.

[18] 黄金田, 赵广杰. 木材的化学镀研究[J]. 北京林业大学学报, 2004, 26(3): 88 - 92.

[19] 黄金田, 赵广杰. 化学镀镍单板的导电性和电磁屏蔽效能[J]. 林产工业, 2006, 33(1): 14 - 17.

[20] 黄金田. 镀液组成对木材化学镀镍金属沉积速率的影响[J]. 内蒙古农业大学学报, 2005, 26(1): 57 - 62.

[21] 王立娟, 李坚, 连爱珍. 木材化学镀镍老化镀液的再生与回用[J]. 东北林业大学学报, 2005, 33(3): 47 - 48, 58.

[22] 王立娟, 李坚. 杨木单板表面化学镀镍前活化工艺[J]. 林业科技, 2004, 29(3): 46 - 48.

[23] 王立娟, 李坚. 杨木单板表面化学镀镍的工艺条件对镀层性能的影响[J]. 东北林业大学学报, 2004, 32(3): 37 - 39.

[24] 傅峰, 华毓坤. 导电功能木质复合板材的渗滤阈值[J]. 林业科学, 2001, 37(1): 117 - 120.

[25] 张显权, 刘一星. 木材纤维/铜丝网复合 MDF 的研究[J]. 林产工业, 2004, 31(5): 15 - 19.

[26] 张显权, 刘一星. 木纤维/铁丝网复合中密度纤维板[J]. 东北林业大学学报, 2004, 32(5): 26 - 28.

[27] 罗朝晖, 朱家琪. 木材/金属复合材料的研究[J]. 木材工业, 2000, 14(6): 25 - 27.

[28] 华毓坤, 傅峰. 导电胶合板的研究[J]. 林业科学, 1995, 31(3): 254 - 259.

[29] 刘贤淼. 木基电磁屏蔽功能复合材料(叠层型)的工艺与性能[D]. 北京: 中国林业科学研究院, 2005.

[30] 卢克阳. 导电膜片叠层电磁屏蔽胶合板的制备与搭接研究[D]. 北京: 中国林业科学研究院, 2007.

[31] 张显权, 刘一星. 不锈钢纤维/木纤维复合中纤板的研究[J]. 木材工业, 2005, 19(2): 12 - 16.

[32] 张显权, 刘一星. 木材纤维/铜纤维复合中密度纤维板[J]. 东北林业大学学报, 2005, 33(1): 25 - 27.

[33] 杜仕国. 电磁屏蔽导电复合材料[J]. 兵器材料科学与工程, 1999, 22(6): 61 - 66.

[34] S K 巴塔查里亚. 金属填充聚合物 - 性能和应用[M]. 北京: 中国石化出版社, 1992: 158 - 160.

[35] B E 凯瑟著. 电磁兼容原理[M]. 肖华庭译. 北京: 电子工业出版社, 1985: 111.

[36] Delany M E, Bazley E N. Acoustical properties of fibrous absorbent materials[J]. Applied Acoustics. 1970, 3(2): 105 - 116.

[37] Asdrubali F, Schiavoni S, Horoshenkov K V. A review of sustainable materials for acoustic applications[J]. Building Acoustics. 2012, 19(4): 283 - 312.

[38] 胡俊民, 蔡应曦, 石景华. 阻燃木质吸声板的研制[J]. 噪声与振动控制, 1986(4): 29 - 33.

[39] 彭立民, 梁善庆, 傅峰, 等. 我国木质吸音材料的发展现状分析[J]. 木材工业, 2012, 26(3).

[40] 钟祥璋. 建筑吸声材料与隔声材料[M]. 北京: 化学工业出版社, 2012.

[41] 徐凡,张辉,张华. 大麻纤维絮片吸声性能研究[J]. 非织造布,2009,17(1):28-30.

[42] 徐凡,张辉,张新安. 大麻纤维的吸声性能研究[J]. 纺织科技进展,2008(5):75-78.

[43] 胡凤霞,杜兆芳,赵森森,等. 麻纤维汽车内饰材料的吸声性能与针刺工艺的关系[J]. 纺织学报,2013,34(12):45-49.

[44] 李晨曦,徐颖,李旦望. 羊毛纤维对薄微穿孔板吸声性能的影响[J]. 西北工业大学学报,2011,29(2):263-267.

[45] 侯清泉. 木质穿孔板结构的吸声性能及模拟仿真研究[D]. 哈尔滨:东北林业大学,2012.

[46] 蔡冈廷,赖荣平. 花旗松穿孔构造吸声性能之研究[J]. 中华民国建筑学会,2009(6):1-14.

[47] 马大猷. 噪声与振动控制工程手册[M]. 北京:机械工业出版社,2002.

[48] 何立燕,崀西枝,陈挺. 孔截面变化对厚微穿孔板吸声性能的影响[J]. 噪声与振动控制,2011,31(1):140-144.

[49] 何立燕,徐颖,陈幸幸,等. 孔中介质对厚微穿孔板吸声性能的影响[J]. 噪声与振动控制,2009,29(1):36-38.

[50] 钟祥璋. 木质穿孔装饰吸音板及其应用[J]. 音响技术,2008(8):27-30.

[51] 刘秀娟,蒋伟康. 非等厚空腔微穿孔吸声结构的声学特性研究[J]. 机械科学与技术,2010,29(6):755-758.

[52] 周晓燕,周定国. 发泡木丝板的初步研究[J]. 林产工业,1996(1):12-14.

[53] 周晓燕. 聚氨酯发泡木丝板的研究[J]. 南京林业大学学报,1997(1):61-66.

[54] 阳杰,蒋国荣. 新型木丝板吸声性能的测试研究[J]. 电声技术,2004(5).

[55] 杨俊凯. 木材切丝机的研制[D]. 杭州:杭州电子科技大学,2014.

[56] 王军锋,彭立民,傅峰,等. 木质纤维/聚酯纤维吸声材料复合工艺的研究[J]. 南京林业大学学报(自然科学版),2013,37(6):132-136.

[57] 王军锋,彭立民,傅峰,等. 木纤维/聚酯纤维复合材料的制备工艺及其吸声性能[J]. 木材工业,2013,27(6):41-44.

[58] 余海燕,姚燕,王武祥. 水泥基木梗复合吸声材料的研究[J]. 新型建筑材料,2006(4):17-19.

[59] 隋仲义,唐伟,王春明,等. 竹木复合材吸声性能研究[J]. 林业机械与木工设备,2006,34(3):13-15.

[60] Chia L H L, Teoh S H, Tharmaratnam K, et al. Sound absorption of tropical woods and their radiation-induced composites[J]. International Journal of Radiation Applications & Instrumentation. part C. radiation Physics & Chemistry,1988,32(5):677-682.

[61] 张新月. 世博会上的完美声效虹桥机场应用Freudenberg新吸音材料[J]. 纺织服装周刊,2010(28):37.

[62] 郭禾苗,于海鹏. 宽频带高降噪性复合构造木质吸声板工艺设计[J]. 建筑材料学报,2013,16(1):175-179.

第二十五章作者简介：

陈志林(1964年1月—)，男，中国林业科学研究院木材工业研究所研究员，木质功能材料研究室主任，博士生导师。兼任中国林学会木材工业分会第八届理事会常务理事、中国材料研究学会第六届理事会理事、中国阻燃学会理事。

1985年7月毕业于河南农业大学林学系并留校任教；1993年5月毕业于南京林业大学木材工业学院木材加工专业，获工学硕士学位；1993年7月至2000年8月在河南农业大学林学院工作，任林学系副主任兼支部书记、艺术设计系主任；2000年9月考入北京工业大学材料科学与工程学院博士研究生学习，2003年7月获得博士学位，同年10月入中国林科院林业工程博士后流动站工作；2004年作为访问学者前往美国爱荷华州立大学从事科学研究，2005年出站留木材工业研究所工作。

在国内外学术刊物上发表论文80余篇，作为副主编或参加编写出版著作5部，获得省级科研奖励3项；作为主持人或骨干承担国家和省部级研究课题12项，其中包括国家"863"计划、国家"十一五"、"十二五"支撑计划、"十三五"国家重点研发计划、国家林业局林业科技重点、948、成果推广等课题；以第一发明人获得国家发明专利6项、实用新型2项，主持制定或修订国家标准6项、行业标准2项。作为研究生导师培养了10余名研究生。围绕人造板阻燃技术、木材无机非金属复合材料制备技术以及纳米纤维素功能材料研究方向，在人造板阻燃、抑烟机理、制造技术、性能检测以及木材无机非金属复合和机理方面开展了系统研究和技术推广与示范。

卢克阳(1979年12月—)，男，江苏宜兴人，博士研究生，中国林业科学院木材工业研究所副研究员，硕士研究生导师。主要研究方向为木质功能复合材料。主持和参加多项国家攻关、"863"计划、林业公益专项等课题，获得发明专利3项，省级新产品2项，参编著作2部，发表论文25篇(6篇SCI，3篇EI)。

彭立民，男，博士，中国林业科学研究院木材工业研究所副研究员，研究生导师。主要研究方向为木质声学材料和人造板标准。作为访问学者2004年在日本森林综合研究所进行6个月的合作研究，2008年在美国南方林业站进行为期3个月的合作研究。参加工作以来，主持国家"948"项目及国家支撑等多项重大课题的研究工作，获得国家发明和实用新型专利10余项，在国内外相关杂志发表论文40余篇，完成制定和修订国家及行业标准10余项，其中包括木质声学材料的行业标准 LY/T 2487-2015《木质地板冲击噪声测试方法》、LY/T 2555-2015《木质吸声板》和 LY/T 2559-2016《人造板吸音性能测定 小混响室》等。

第二十六章 无胶人造板

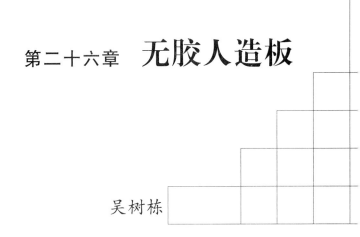

吴树栋

传统的人造板生产必须施加一定量的胶黏剂,室内使用的人造板产品主要用脲醛树脂胶,而室外用或者结构用的人造板产品则以施加酚醛树脂胶为主。由于人造板工业对胶黏剂的依赖,使人造板生产的发展受到化工原料供应及其价格的制约。特别是20世纪70年代石油危机以来,胶黏剂的价格和供应一直是影响世界各国人造板发展的重要因素。同时,人们随着环保意识的增强,对胶黏剂生产和使用过程中释放甲醛、苯酚等有害物质会影响人体健康的问题更加关注。为了摆脱这一困境,世界各国科学家在继续改进传统的合成树脂胶和开发利用可再生资源制作胶黏剂的同时,还致力于从木质纤维原料自身的成分中寻找新的胶黏剂体系。而人造板工业中已有不施胶的品种和利用木材提取物作为胶黏剂的成功实例;湿法纤维板中的马松奈特法,单宁胶、亚硫酸盐法废液作为胶黏剂的添加剂等,启示着木纤维原料自身组分作为胶黏剂的可能性。早在20世纪50年代,国外已开始研究无胶制板技术,有许多研究报告,但要进行工业化试验尚有许多工作要做。20世纪60年代,中国科技工作者已开始进行无胶刨花板的研究。20世纪80年代以来,中国科技人员对无胶胶合技术和机理研究做了许多工作,取得可喜的进展。

无胶胶合(Glueless process)也称为自身胶合(Self-bonding),无胶胶合并非不要胶粘物质,而是指不使用外加的合成或天然的胶黏剂,利用自身成分中能转化为起胶粘作用的物质实现胶合,有的著作把无胶胶合归入非传统胶合的范围。

第一节 无胶蔗渣碎料板的工业性试验

1980年,美国学者Stofko·J做了在催化剂作用下压制人造板的工艺研究,并取得了美国专利。1986年,林业部林产工业规划设计院和江西省建筑材料科学研究设计院在江西东乡糖厂蔗渣碎料板车间完成了无胶蔗渣碎料板的工业性试验,生产出合格产品。这项试验的胶合机理是：蔗渣含有的半纤维素是由多聚戊糖和多聚己糖组成，在酸性条件下，多聚戊糖能水解成糠醛；在同样条件下，多聚己糖也能脱水产生一系列糠醛的衍生物。其中以5-羟甲基糠醛最活泼，它能像芳香族醛和醇一样进行各种聚合反应。这项试验中起胶合作用的是木质纤维原料中的还原糖在酸性条件和热压条件下形成一种呋喃树脂。无胶蔗渣碎料板工艺流程如图1所示。

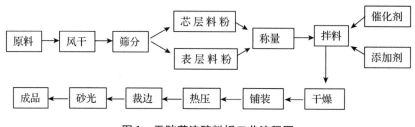

图1　无胶蔗渣碎料板工艺流程图

试验原料采用东乡糖厂的蔗渣，先进行自然干燥，然后除去蔗渣中的泥土、石块和霉烂物，用锤式粉碎机将含水率15%左右的蔗渣粉碎成不同颗粒度的表、芯层碎料。在碎料中加入一定量的催化剂和添加剂并混合均匀，铺在垫板上，放入热压机各层热压板之间，利用热压机余热干燥碎料，将碎料干燥至规定的含水率。将干燥后的碎料人工铺装在涂有石蜡的垫板上，板坯为三层结构，石蜡起到防止粘板的作用。将板坯送进热压机进行热压，限于试验条件，干燥和压制板材共用一台热压机。试验热压机为360t 4缸，热压板幅面为1500mm×1000mm；由一台燃煤热油炉供热，热压板温度控制在140~220℃，压力为1.5~4.0MPa，热压时间根据板厚而定，平均为60s/mm；热压后板材堆放24小时后进行裁边、砂光至公称尺寸。产品按林业部部颁标准LY 210-1979《刨花板物理力学性能测试方法》进行测试，测试结果见表1。无胶蔗渣碎料板主要性能指标已达到并超过平压法刨花板标准二级品的指标。

表1　无胶蔗渣碎料板物理力学性能

密度/(g/cm^3)	含水率/%	静曲强度/MPa	平面抗拉强度/MPa	吸水厚度膨胀率/%
0.8~0.85	6~2	15.0~19.0	0.4~0.5	<8

第二节　建设无胶蔗渣碎料板车间

20世纪70年代，加拿大籍华人Shen·K·C（中文名沈国镇）主要从事以可再生资源（主要是亚硫酸盐制浆废液）做木质人造板胶黏剂的研究。20世纪80年代，沈国镇博士发明"由纤维素原料制取合成物的方法"，并于1985年获得中国专利。沈国镇与中国林科院木材工业研究所合作，进行无胶人造板观察性实验室试验，试验所用的材料有木材、棉秆、稻壳、蔗渣、亚麻屑等，成功地压制出具有优良内胶合强度和抗水性能的无胶人造板。为使这项技术进一步达到工业化应用的水平，在北京市光华木材厂的中密度纤维板生产线上进行了无胶中密度纤维板生产性试验，首次成功地压制出商业尺寸 1220mm × 2440mm × 14mm 的中密度纤维板，该方法的工艺流程如图 2 所示。

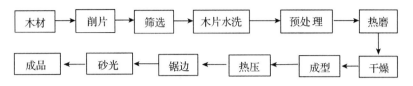

图 2　无胶中密度纤维板工艺流程图

压制的无胶中密度纤维板的主要物理力学性能见表 2。其中弹性模量、平面抗拉强度、静曲强度、握钉力以及水浸 24 小时的厚度膨胀率基本达到普通中密度纤维板的使用要求，水煮 2 小时后静曲强度则超过了加拿大室外用华夫板标准的指标值。

表 2　无胶中密度纤维板主要物理力学性能

项目	水煮2小时后静曲强度/MPa	水煮2小时厚度膨胀率/%	密度/(g/cm³)	含水率/%	静曲强度/MPa	弹性模量/GPa	平面抗拉强度/MPa	握钉力/N	浸水24小时厚度膨胀率/%
无胶中密度纤维板	7.7	14.4	0.80	1.1	19.0	3.7	0.44	978	8.5
加拿大室外用刨花板标准	7.0	—	—	—	17.0	3.4	0.50	—	—

该方法包括两个化学变化过程：第一，以高温水解法预处理木材原料，在高温条件下木质纤维原料中的半纤维素首先被部分水解，生成醋酸等水解产物，在这个弱酸条件下进一步促进了半纤维素的水解；第二，木质素被高压水蒸气降解及水解为低分子量的木素和木素产物。下一流程是将经过高温预处理的原料制成板坯，在适当的含水率条件下热压成板。其主要的胶合形成可以描述如下：在酸性热压条件下，戊糖脱水产生糠醛和己糖脱水产生的羟甲基糠醛，经历一系列反应，最终形成一种耐高温的不溶不熔的热固性树脂，这种树脂使木质纤维原料成型胶合。此外，糖类也渗透到细胞壁内，也因热固化而聚合成填充剂，填充了细胞间的空隙和细胞腔。沈国镇专利中将这一部分视为主要的胶合形式。由于木质纤维原料高温水解生成物的成分十分复杂，而且热压过程中温度、压力和水分条件的变化又十分大，胶合过程中既有物理变化又有化学变化，因此，实现胶合是多种因素综合作用的结果。

1990 年，以沈国镇发明专利和中国林科院木材工业研究所进行的工业化试验为技术基础，由蛇口招商无胶人造板新技术有限公司在广东番禺紫坭糖厂建设以蔗渣为原料的无胶蔗渣碎料板车间，设计年产量为 7000m³，这是世界上首例工业生产的无胶蔗渣碎料板车间。其成套设备主要由四川东华机械厂生产，和一般的碎料板成套设备不同之处，是在备料工段中增加了一台高温预处理罐，蔗渣原料先经高温预处理罐进行处理，再经单盘磨将成团的蔗渣块团磨碎，其工艺流程如图 3 所示。

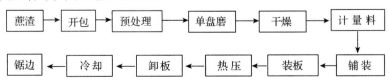

图 3　无胶蔗渣碎料板工艺流程图

1992年,该车间带料试车生产无胶蔗渣碎料板成功,投入试生产。1993年5月,"干法无胶纤维板工业化生产技术"通过国家科委组织的技术鉴定。经过一段试生产后,因制糖工业剩余物蔗渣另有其他利用途径,该生产线停产。

第三节　无胶纤维板工业化试验

2004年,浙江林学院(浙江农林大学前身)、中南林学院(中南林业科技大学前身)试验研究无胶纤维板的工艺技术。此工艺的特点是在热磨工序施加催化剂和防水剂,热磨得到的纤维经过干燥,然后铺装成型、热压成板。实验室试验表明,制成的无胶纤维板性能稳定,达到国家标准 GB/T 11718-1999《中密度纤维板》优等品的技术指标。静曲强度、弹性模量、内结合强度、吸水厚度膨胀率4项物理力学性能都随板坯含水率的增加而大幅度增加,当板坯含水率为15%时,4项物理力学性能最优。按较优制板工艺参数实验室压制密度为1.0g/cm³、厚度为8mm的无胶纤维板性能见表3。

表3　较优工艺条件下无胶纤维板性能测试结果

序号	实测板厚/mm	密度/(g/cm³)	含水率/%	静曲强度/MPa	弹性模量/MPa	平面抗拉强度/MPa	吸水厚度膨胀率/%
1	8.13	1.03	4.36	28.50	3714	1.10	16.04
2	8.47	1.06	4.36	31.60	3561	1.14	14.20
3	8.23	1.09	4.38	30.55	4373	1.59	9.64
4	8.29	1.07	4.33	29.64	4166	1.05	8.96
5	8.14	1.05	4.43	28.42	3957	1.14	16.37
6	8.16	1.05	4.36	32.85	4150	1.11	14.56
7	8.24	1.06	4.39	30.22	4860	1.11	10.00
8	8.22	1.03	4.46	28.66	3884	1.02	12.54
9	8.0	1.05	4.68	32.14	4255	1.08	7.94
10	7.89	1.07	4.57	34.12	3840	1.31	10.90
平均值	8.18	1.06	4.43	30.67	4077	1.17	12.11
变异系数	0.019	0.018	0.025	0.064	0.092	0.114	0.251

在实验室试验的基础上,在3万 m³/a 规模的中密度纤维板生产线上进行厚度8mm和10mm的高密度纤维板工业化生产试验。试验结果表明,工艺操作简便,生产顺利,产品性能良好,热压时间分别为4min和5.2min。无胶高密度纤维板的性能与板坯含水率、热压压力、热压温度、板坯芯层温度等因素有密切的关系,其较优的制板工艺为板坯含水率10%、热压压力3.0MPa、热压温度200℃,板坯芯层温度140℃。采用无胶高密度纤维板较优工艺进行工业化试验,其产品性能达到 LY/T 1611-2003《地板基材用纤维板》普通型地板基材纤维板标准的指标要求。表4为工业化试验无胶高密度纤维板性能测试结果。

表4　工业化试验无胶纤维板性能测试结果

板厚/mm	密度/(g/cm³)	静曲强度/MPa	弹性模量/MPa	平面抗拉强度/MPa	吸水厚度膨胀率/%	甲醛释放量/(mg/100g)
8.0	1.01	42.0	4460	1.3	7.0	0.5
10.0	1.01	43.0	4260	1.3	9.0	0.3

第四节 改造小型湿法纤维板生产线生产无胶纤维板

20世纪80年代，随着中国经济快速发展和对环境保护要求严格，湿法纤维板的污水排放受到管制。在这种形势之下，对污染严重的小型湿法纤维生产线的技术改造受到重视，研究应用无胶技术对其进行技术改造成为热点，许多科研单位和企业对此进行了试验和研究。

1）1994年，中国林科院木材工业研究所在株洲市木材公司木材厂进行无胶干法硬质纤维板生产性试验取得成功。

无胶硬质纤维板工艺流程如图4所示。

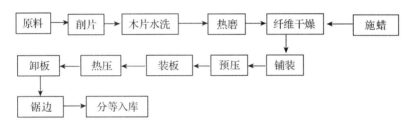

图4 无胶硬质纤维板工艺流程图

所用原料的树种为意杨和桦木，意杨需剥皮后削片。

无胶硬质纤维板工艺有两个特点：一是在纤维分离前，木片需要在一定蒸汽压力下汽蒸一段时间。木片经过蒸煮软化，纤维分离状态更好，有利于无胶胶合等因素的作用发挥。二是保持适当的板坯含水率，在较高含水率条件下，有利于提高板坯的塑性，有利于纤维间的结合。试验结果表明，纤维含水率对产品的静曲强度有显著影响，但纤维含水率不宜过高，否则会延长热压周期。

无胶硬质纤维板为两面光产品，板面无网纹，产品不易翘曲变形。经检测产品符合GB 12626.2-1990《硬质纤维板 技术要求》二级品的指标要求，和美国中密度纤维板性能指标相比较，两者的主要物理力学性能基本相同（表5），这些都为进一步开发无胶干法硬质纤维板的用途提供了基本条件。

无胶干法纤维板的优点是生产过程中不施加胶黏剂，因此，产品无游离甲醛释放。采用无胶干法纤维板工艺生产硬质纤维板可以节约用水，基本上不存在废水污染问题。另外不需要施胶，可以降低直接生产成本。

表5 无胶干法硬质纤维板与美国中密度纤维板部分性能对比

板的类型	密度/(g/cm³)	静曲强度/MPa	内结合强度/MPa	吸水率/%	备注
中密度纤维板	>0.80	34.5	0.75	—	ANSIA 208.2-1994
无胶硬质纤维板	0.94	39.4	0.75	13.5	

2)1996 年，由蛇口招商无胶人造板新技术有限公司承担的新疆石河子 148 团纤维板厂湿法硬质纤维板生产线改造为生产干法棉秆中密度纤维板项目完成，其工艺流程如图 5 所示。

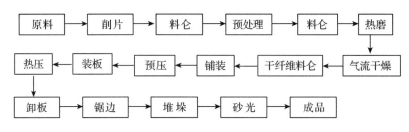

图 5　干法棉秆中密度纤维板工艺流程图

该工艺有如下特点：①解决了湿法纤维板的废水污染问题。②生产的两面光中密度纤维板厚度 2.5~15mm，产品性能符合国家标准的指标要求，生产能力可比原湿法生产能力高一倍。③采用无胶工艺，无游离甲醛释放，产品无预固化层，可以比有胶工艺降低成本 20%。④改造过程充分利用原有设备，投资较少。

20 世纪末，中国人造板工业发展举世瞩目，特别是中密度纤维板工业的高速发展，中密度纤维板的产品性能特点和产量满足了市场的需求。同时胶黏剂生产技术有了提高，胶黏剂原料供应情况宽松。形势的变化使小规模的湿法纤维板厂在市场竞争中处于弱势，因此，利用旧的湿法纤维板生产线改造转产无胶纤维板的开发和研究已不是热点。

20 多年来，中国科技工作者为无胶人造板技术工业化的探索和实践付出了辛勤劳动，做出了贡献，中国无胶人造板工业化的进展在世界上是名列前茅的，在实验室试验和机理研究方面也做了许多工作。无胶技术在减少石油化工产品的消耗、减少污染、实现节能减排上的意义十分突出。近年，以低能耗、低污染为基础的"低碳经济"已成为中国产业结构转变和技术进步的重点，因此，促进和突破无胶技术工业化将面临一次新的机遇。

参考文献：
[1] 蔡祖善，涂平涛. 无胶蔗渣碎料板初试成功[J]. 林产工业，1986(4)：1-4.
[2] Shen K C. 由纤维素原料制取合成物的方法：85105958[P]. 1987-02-25.
[3] 曹忠荣. 论无胶人造板的生产可行性[J]. 木材工业，1989，3(3)：31-33.
[4] 徐朴. 人造板工业的新技术革命[J]. 木材工业，1994，8(6)：52.
[5] 金春德，宋剑刚，郑睿贤，等. 无胶纤维板生产工艺的研究[J]. 林产工业，2007，34(5)：18-21.
[6] 曹忠荣. 生产无胶干法硬质纤维板的特点[J]. 木材工业，1995，9(5)：28-29.
[7] 何东亮. 湿法硬质纤维板生产线改产干法无胶中密度纤维板获得成功[J]. 木材工业，1996，10(4)：43.

第二十七章 秸秆人造板

于文吉　丁炳寅

以农作物秸秆(麦秆、稻秸、玉米秆、棉花秆、芦苇等)或以农产品加工剩余物(甘蔗渣、麻屑、稻壳、花生壳等)为原料,加工成各种材料单元,施加(或不施加)胶黏剂和其他添加剂,组坯热压胶合而成的板材或成型制品,包括碎料板、纤维板、复合板及其表面经过装饰的产品等,统称秸秆人造板。

由于天然林木资源减少,木材资源日益紧缺的趋势已引起世界各国的严重关注,在快速发展的人造板产业中,原料的紧缺越来越突出。为此,需要拓宽人造板原料来源,利用非木质植物纤维原料。其中,除了竹材资源外,农作物秸秆作为工业原料是有巨大潜力的战略性资源。据全世界农作物资源统计,每年有 29 亿吨农作物秸秆;2010 年中国秸秆理论资源量为 8.4 亿吨,可收集资源量约为 7 亿吨。农作物秸秆分为粮食作物秸秆和经济作物秸秆,粮食作物秸秆如稻秸、麦秆、玉米秆、高粱秆等;经济作物秸秆如麻秆、棉花秆、烟秆、油菜秆等,还有农作物加工剩余物,如蔗渣、葵花子壳、花生壳、稻壳等,其中稻秸、麦秆量约占秸秆总量的 60%~65%。

第一节　外国秸秆人造板生产的发展历史

利用农作物秸秆制造板材,可追溯到 20 世纪初,迄今从未间断。

1905 年,德国曾将麦秆和胶黏剂混合制成板材。其后,美国在 20 世纪 30~40 年代研发了用麦秆生产绝缘板,20 世纪 70 年代又对利用麦秆制作结构板材进行了研发。

1920 年,美国路易斯安那州(Louisiana)的寒洛太克斯(Celotex)工厂采用蔗渣生产软质绝缘板,最高产量达到日产 800 吨。之后,Masonite 公司发明了蔗渣湿法硬质纤维板,并于 1926 年在密西西比州建立了第一家工厂。第一家蔗渣碎料板厂建于古巴,1959 年开始生产。接着,美国 1961 年建立的蔗渣产品公司及其他国家的公司相继生产蔗渣碎料板。

委内瑞拉、南非和古巴的几家碎料板厂,由于有良好的除髓和贮存方法,其产品在市场上获得了信誉。

1948年,比利时建成了第一个麻屑板厂,此后在欧洲的法国、荷兰、捷克斯洛伐克、希腊、波兰、苏联等国家相继建成了一些亚麻屑碎料板厂,而且生产技术向亚太和美洲传播出口。

1966年,联邦德国的科尔曼(Kollmann)在《木质碎料板原料》一书中提出稻壳可以作为制造碎料板的原料,稻壳制板开始引起国际上的关注。1971年,加拿大的印度籍专家Vasishth. R. C发表了一篇题为"用稻壳制造防水复合板"的研究报告,首次系统地阐述制造稻壳板的成功工艺,引起了各国重视。1974年,印度学者T. P. Ojna及其同事综合报道了稻壳板制造新工艺。1970年加拿大某公司就有成套稻壳板生产设备供应,1980年9月,菲律宾由该国引进设备和技术在卡巴纳端(Cabanatuan)建成世界上第一座稻壳板厂,日产稻壳板15吨,使稻壳板的生产真正走向工业化。

1968年,世界上第一家以棉秆为原料的碎料板厂在伊朗投入工业性生产。

1970年,联合国工业发展组织主持召开13国参加的非木原料人造板学术讨论会。自此会议以后,许多国家包括森林资源丰富的美国,都开始重视开发非木材植物纤维原料人造板生产技术,很多国家兴建了以农业秸秆及其加工剩余物为原料生产碎料板、纤维板的工厂。据相关资料统计,1973年,全世界非木质纤维原料生产的碎料板已接近170万吨(其中,亚麻屑为原料占85%,为144万吨;蔗渣为原料约占12%)。欧洲国家的比利时亚麻屑碎料板产量为41万吨、波兰为7.3万吨、法国为6.2万吨、捷克斯洛伐克亚麻屑碎料板产量4.5万吨。由于亚麻屑碎料板生产历史较久,产品的用途很广,用三聚氰胺树脂压制的亚麻屑碎料板可作为体育馆等的地板及墙体材料之用。

进入20世纪80年代,联邦德国、法国、美国和苏联,着手对麻屑、蔗渣、棉秆、麦秆等原料的人造板生产工艺理论进行过研究。尤其是欧洲一些比较有实力的人造板装备制造企业,投入资金研发农作物秸秆制板技术和装备,并向少林的发展中国家进行技术输出。据报道,1985年世界非木材纤维人造板已占世界人造板总产量的3.5%。30年来,已有不少非木材纤维原料人造板生产企业在世界各地建成投产。

1982年,瑞典桑斯(Sunds Defiberater)公司和泰国一家糖厂在桑斯公司提供的试验场所,进行以蔗渣为原料生产中密度纤维板的可行性研究,试验表明可行。1983年,双方决定在泰国建一家日产70吨的中密度纤维板厂,1984年开始建厂,1985年秋天正式投产。

1990年,英国康拜(Compak)公司在其本土建立了以麦秆为原料、聚异氰酸酯(PMDI)为胶黏剂年产8000m³的试验性工厂,开始了刨花板一个新原料、新胶种的尝试,之后至2003年相继在世界各地共建设了15条生产线,最大生产能力年产1.5万m³。

1995年6月,瑞典Daproma公司在美国北达科他州普朗波德(Primeboard)公司建设的第一条年产5万m³以麦秆为原料、聚异氰酸酯(PMDI)为胶黏剂的生产线,该生产线运行至2010年代,仍是被人们认为最成功的麦秆刨花板生产线。

20世纪末到21世纪初,国外研究和应用最广的是麦秆和稻秸人造板。特别是随着生产技术的发展和异氰酸酯(MDI)胶黏剂的应用,胶合和环保问题均得到了解决,麦秆、稻秸人造板产品被人们所青睐，各国纷纷建厂。

1998年8月，在加拿大的马尼托巴省 Eie 的 Isobord Eeerprises 公司建成世界最大的麦秆碎料板 Isoboard 公司，年产23万吨的麦秆碎料板厂生产线安装调试成功。到2000年北美的麦秆、稻秸人造板生产到达了高潮。

当进入21世纪第一个10年的中期，由于国外农作物秸秆收集成本及投资成本均很高，加之秸秆纤维原料结构特性对胶黏剂和生产设备等尚存在一系列问题，如原料制备、施胶及脱模技术等，导致其制板成本与木质原料人造板相比处于劣势，造成了许多秸秆人造板生产企业出现财务危机而停产或转产。当前很多国家的企业人士和科研人员在积极探索和寻求解决秸秆人造板产业发展"东山再起"的途径。

第二节　中国秸秆人造板生产的发展历史

早在1928年中国台湾省，用蔗渣为原料生产轻质蔗渣纤维板，这是在中国最早出现的用农作物秸秆加工剩余物生产的人造板。20世纪三四十年代，上海和苏州地区出现了用蔗渣和稻秸制造碎料板的工厂，如上海市北申收音板厂和苏州市穗康隔音板厂。由于蔗渣的长途运输等不能满足扩大再生产的需求而被迫转产。

一、稻壳板

中国在20世纪50年代曾进行过稻壳板的研究。当时，由于上海市郊区的稻壳量大成灾，大约1957年，上海第三碾米厂设想用稻壳制板，曾与杨子木材厂一起，用豆粉血胶试压过稻壳板，其质量很差，以后没有再试。上海郊县嘉定县粮食局于1979年6月设想利用稻壳压制板材，试件在上海木材工业研究所压制，由于试制经费不足及其他原因未能继续进行。

1980年，安徽省第二轻工业厅厅长去日本考察带回稻壳板样品一块，责成合肥塑料研究所研制稻壳板。1981年上半年该所称，已试压了几个试件，用两层塑料薄膜贴面，用在圆桌面和椅子面做应用试验，据称制品质量上存在着一些问题，准备进一步研制改进。与此同时，上海市崇明县在县科委、粮食局支持下，1980年在新河面粉厂土法上马积极筹建稻壳板厂，已形成初步生产条件，由上海木材工业研究所在工艺技术上给予支持，并有初步的试制品问世，1981年12月通过了中试鉴定。江西省建筑材料工业科学研究设计院于1982年完成稻壳板研究并通过鉴定。

自1981年国务院批转"民建工商联中常会建议书（其中包括试制稻壳板建议）"的文件下达后，进一步推动了稻壳板的研制工作。上海木材工业研究所、江西省建筑材料工业科学研究设计院与哈尔滨林业机械厂合作研制成功稻壳板生产成套设备，以酚醛胶和脲醛胶为主要胶黏剂，建设5条年产5000m³稻壳板生产线。江西省分宜建筑装饰材料厂稻壳板生产线于1986年7月24日通过省级鉴定，江西省横峰新型板材厂1988年试生产，新疆米泉稻壳板厂1988年鉴定，湖北省蒲圻市米面加工厂稻壳板生产线1989年10月鉴定，以上4条生产线均由江西省建筑材料工业科学研究设计院提供工艺支持；1983年5月，上海木材工业研究所与哈尔滨林业机械厂签约，由上海木材工业研究所提供工艺技术，哈尔滨林业机械厂制造稻壳板设备，建设浙江桐乡崇福米厂稻壳板车间。约于1992年后，有的稻壳板厂已停工或转产，后来全部停产。部分原因是原材料来源受到饲料生产行业的冲击，价格上涨，但是主要原因是稻壳板本身质量达不到设计要求。由于5条稻壳生产线的停产、转产，使稻壳板的研究推广工作停滞不前。

从20世纪80年代末至90年代初，东北林业大学李兰亭教授等人利用改性脲醛胶（DN-8低毒脲醛胶）进行稻壳板生产的研究工作，北方交通大学林启昭等人进行增强改性稻壳板的研究，主要针对酚醛胶与脲醛胶的改性；而中南林学院蒋远舟等教师进行的研究则以增长植物纤维为主要研究方向，目的在于增加原料在成板中的交织度，以提高其物理力学性能。但是以上两种方法均处于研究阶段。

二、蔗渣板

在中国农作物秸秆人造板发展过程中，除上述的稻壳板，较早问世的是以蔗渣为原料的软质纤维板。这种板材的品质较低，多为质轻强度低的板材，主要用于建筑内装做隔音保温和防震材料用。此后，以蔗渣生产的硬质纤维板和碎料板相继问世，提高了这种板材的应用价值。

1975年12月，广东国营广丰糖厂开始生产600mm×1000mm×4mm蔗渣纤维板，日产3t，因板面规格较小，影响销路。1980年7月改建为年产2000t纤维板生产线，各项操作全部机械化，生产1000mm×2000mm×4mm硬质纤维板，1981年年产4800多t。1984年新建年产5000t纤维板生产线，产品销往国内各省市。因湿法蔗渣纤维板生产过程中有大量废水产生，严重污染环境，逐渐被淘汰停产。

20世纪70年代中期，轻工部甘蔗糖业研究所对用蔗渣生产碎粒板进行了系统地研究，找到了一套适用蔗渣原料的制板工艺，取得了科技攻关项目成果，并逐步推广用于生产。1979~1982年，轻工部甘蔗糖业研究所在广东博罗县石坳糖厂试用蔗渣配以胶黏剂试制成功蔗渣碎粒板，中试规模为年产1000m^3。1983年，在中试基础上进行年产5000m^3扩大试验。试验中，把气流铺装改为机械铺装，对施胶设备做了改进，改善了喷胶均匀性，产品质量相应提高，达到国家一级刨花板标准，1985年12月通过技术鉴定。到1994年底，广东蔗渣碎粒板厂总数已达18家，其中，年产1万m^3有14家，年产5000m^3有4家，年总生产能力为16万m^3。蔗渣碎粒板广泛用于家具制造、建筑装修、广告布置、音响等行业，部分产品还外销出口。

1985年在广东三水县，由东北林业大学提供技术指导，哈尔滨林业机械厂提供装备建立了蔗渣碎料板厂。

1986年12月，广东市头甘化厂（前身为市头糖厂）引进联邦德国辛北尔康普（Siempelkamp）公司蔗渣中密度纤维板主要设备和生产技术，生产蔗渣中密度纤维板。这是中国大陆首家蔗渣中密度纤维板厂，试产日期为1990年4月，生产规模为年产3万m^3。紧接着顺德糖厂和珠江糖厂引进联邦德国该公司的设备和技术，生产规模为年产中密度纤维板3万m^3和1.8万m^3，分别于1990年8月和1991年投产。但从1995年前后开始，因为蔗渣数量减少、产品质量和性能问题，市头、顺德、珠江等3家中密度纤维板厂所使用的原料都由蔗渣改用木材。

1987年，中国林科院木材工业研究所受广东番禺县梅山实业总公司委托利用蔗渣生产中密度纤维板成功，拟在该公司所属梅山糖厂建立1.5万m^3中密度纤维板生产线。

1990年，广州番禺紫坭糖厂年产7000m^3无胶蔗渣碎料板车间投产，该项技术是蛇口招商无胶人造板新技术有限公司引进加拿大沈国镇博士专利，由中国林科院木材工业研究所提供生产技术，四川东华机械厂提供设备。

以蔗渣为原料的纤维板和碎料板生产在广东、广西、湖南等省区多有建厂投产。据不完全统计，1992年已有40余家蔗渣板厂，其年产量约为30万m^3。但是到了90年代中后期由于蔗渣原料价格和甘蔗种植变化，使得以蔗渣为原料的生产线受到了影响，多有转产和停产。

三、亚麻屑板

中国是世界第二大亚麻生产国，亚麻种植面积每年约有16万hm^2。由1990年开始，在亚麻产区的黑龙江、吉林、内蒙古、新疆等省区陆续建起了亚麻屑碎料板生产线。亚麻屑的利用为亚麻种植产区和亚麻纺织厂的废弃麻屑找到了新的利用途径。

北方秸秆利用较成熟的是亚麻屑板，许多单位对亚麻原料特性的研究，对制板工艺的开发研究，对胶黏剂的研究，加上机械制造厂的配合，如四川东华机械厂、信阳木工机械厂、哈尔滨林业机械厂等提供成套的生产线设备；黑龙江省克山县亚麻屑板厂引进了波兰的全套亚麻屑板生产设备，其中的亚麻屑除尘和除麻纤维的原理和设备解决了困扰国内机械制造厂的技术问题，使亚麻屑板很快形成生产能力。

在获取亚麻纤维生产过程中产生大量亚麻屑废料，污染环境且容易自燃，成为亚麻厂的火灾隐患。利用亚麻屑制备刨花板，既有利于缓解木材供需矛盾，提高亚麻厂的经济效益，又有利于保护环境。自1985年至2000年的15年里，陆仁书教授主持的亚麻屑人造板项目可行性研究和设计项目达20余项，为科研成果转化做出了巨大贡献。其中，在黑龙江省指导兴建了拜泉县麻屑板厂、呼兰莲花麻屑板厂、兰西县麻屑制板厂、勃利县亚麻原料厂麻屑板项目；1995年8月，陆仁书教授科研团队设计的年产1万立方米的亚麻屑刨花板生产线在新疆维吾尔自治区新源县正式投产；此外，还在新疆维吾尔自治区伊宁市设计兴建了亚麻原料厂麻屑板项目，在内蒙古自治区科尔沁右翼前旗设计兴建了细木板厂（图1）。这些企业先后都成为了当地的利税大户，为当地经济和人民生活水平的提高做出应有贡献。E_1级麻屑板项目获国家科学技术委员会成果证书（1995.10），E_1级麻屑板生产技术获黑龙江省"星火"二等奖、哈尔滨市科技进步二等奖。

1987年，黑龙江省林业设计研究院与中国林科院木材工业研究所共同设计了黑龙江省兰西县年产1.5万m^3麻屑板车间。

1989年9月，黑龙江省克山引进波兰布列兹马克公司日产40m^3麻屑板生产线，并于1990年11月22日投产。

1991年，黑龙江省海伦市亚麻屑板厂国产生产线投入试产，海伦市亚麻屑板厂生产线

图1　陆仁书教授和濮安彬博士在内蒙古科尔沁右翼前旗进行厂址现场勘察

为哈尔滨林业机械厂提供的 MG53 型年产 1.5 万 m³ 亚麻屑板生产线，采用气流铺装，10 层无垫板热压机组，全生产线采用微机控制。

1992 年，黑龙江省拜泉人造板厂麻屑板生产线试车投产。该生产线总投资 2068 万元，有生产设备 246 台套，年产 10 多种规格的麻屑板 1 万 m³。该项目由东北林业大学林业工程勘察设计院设计，中国林业机械公司提供制板和贴面生产线设备。

1995 年 8 月，新疆新源县年产 1 万 m³ 麻屑板生产线投产，至此，中国有亚麻屑刨花板生产线 12 条。生产规模年产 0.3 万～1.5 万 m³，设计年总生产能力 10.30 万 m³。

四、棉秆板

棉化秆制造人造板研发利用也在 20 世纪 80～90 年代初积极展开。特别是在棉花产区的河北、山东、河南和新疆等省区，开发利用棉秆制造刨花板。

河南汲县人造板厂建设的年产 5000～7000m³ 的棉秆刨花板生产线，因其原料处理的设备不适合棉秆特性，经较长时间的试产、调试与修改，未能正式投产。

山东桓台木器厂也是较早生产棉秆刨花板的厂家，国家林业部曾为山东桓台木器厂拨专款用来设计一台专门处理韧皮纤维的设备。

1985 年，中国林科院木材工业研究所与山东寿光县木器厂合作共同研发棉秆干法中密度纤维板新产品，各项指标都达到了相关标准要求，并应用于家具制造，取得了良好的效果。

棉秆人造板（刨花板、中密度纤维板）生产过程中的关键问题是原料中棉秆皮处理，棉秆皮不但影响棉秆纤维或棉秆刨花的制备、干燥、拌胶及铺装等工序，而且影响产品质量，因此棉秆人造板生产中应尽可能减少棉秆皮的含量。山东建材学院复合材料研究所，抓住了木材与棉秆材质上的差别，研究与设计的棉秆刨花板生产线，解决了原料处理上的难题，先后在山东、安徽、河南、内蒙古等地建立了 7 条年产 6000～10000m³ 的生产线，其中，山东章丘县复合板厂引进山东建材学院专利技术，成功地解决了韧皮纤维加工易失火和其他不利因素，成功地将韧皮纤维均匀地分布到板材中。哈尔滨林业机械厂为山东省章丘县复合板厂提供的年产5000m³棉秆板生产线投产后,于1989年12月通过山东省科委主持的技术鉴定。该生产线生产的棉秆板检测的主要性能(如静曲强度和平面抗拉强度)均超过刨花板国家标准一等品水平,并荣获山东省星火计划产品金质奖。

1990年,东北林业大学和西南林学院,共同研制开发棉秆生产刨花板生产技术。

中国棉秆制造人造板的快速发展,也给国外技术输入打开了大门。早在20世纪末,中国就开始引进了秸秆成套生产技术,中国进口的5套棉秆刨花板设备都分布在主要产棉区山东省和河北省,山东省最早于1985年与联邦德国申克(Schenck)公司合作,进行了为期1个月用棉秆生产刨花板的试验研究。

山东省寿光人造板厂引进联邦德国辛北尔康普(Siempelkamp)公司的设备,由林业部林产工业设计院设计,建成年产3万m³棉秆刨花板生产线,1990年投产。

山东省德州人造板厂引进联邦德国申克(Schenck)公司的年产3万m³的棉秆刨花板生产线,1992年投产。

山东菏泽林申人造板有限公司棉秆刨花板生产线年产3万m³,从联邦德国申克(Schenck)公司引进设备。1994年4月份始开试生产,到1994年底总计生产棉秆刨花板6760m³。产品在1994年全国林业名特优新产品博览会上获金奖,销往省内外并出口韩国。林申人造板有限公司于1996年对原生产线进行了积极合理的技术改造,原料改用木材。投资400多万元,新增大小设备总计25台套。对刨花制备等工段进行了彻底改造,新增能力1.7万m³,由原来的年产2万m³刨花板提高到技改后的3万m³,达到甚至超过该生产线的设计能力。

山东省德州人造板厂的第二条棉秆刨花板生产线为引进芬兰桑斯(SUNDS)公司的年产5万m³的棉秆刨花板生产线,1995年夏天投产。生产的棉秆刨花板各方面都符合国际质量标准,而且外观和质量都和木材刨花板相当。棉秆刨花板的弯曲强度21N/mm²,内胶合强度0.75N/mm²,吸水厚度膨胀率(2h)8%。

河北曲周人造板厂引进芬兰桑斯(SUNDS)公司的年产3万m³的棉秆刨花板生产线,1996年1月8日投产。

当5套棉秆刨花板设备中的4套已经投产之后,1995年,瑞士咨询工程师Francois-Fleury准备研究一下这些生产线上取得的经验教训,并对棉秆是否适合替代木材用来生产刨花板的问题试作解答,但是其中3条最早投产的生产线得到的经验,在某种程度上来说,是不利的。实际上至少有2家工厂已改为用木材做原料。这些生产线用棉秆做原料之所以不太成功,有以下几种原因:①原料供应不稳定;②由于贮存不当,原料质量下降;③有的生产线工艺上有错误;④有的具体设备(主要是当地制造的设备)设计上有问题。由于以棉秆为原料生产刨花板的种种问题,最后这5套设备全部改为以木材为原料生产刨花板。

五、麦秆/稻秸板

随着农作物秸秆人造板生产的发展,以不同原料采用不同工艺生产出各种类型的板材。除了上述稻壳板,蔗渣纤维板、碎料板、亚麻屑碎料板,棉秆刨花板外,还有其他秸秆板问世。

20世纪80年代中期，焚烧秸秆造成的环境污染越来越严重，每到麦收季节滚滚浓烟严重污染环境，并经常导致飞机场关闭。为了解决麦秆和稻草两大秸秆的利用问题，陆仁书教授带领科研团队承担了国家星火计划"农作物秸秆（稻草、麦秆）人造板制造技术开发"项目。与木材相比，秸秆原料季节性强，堆积密度小，表面富含二氧化硅，采用一般脲醛树脂胶和酚醛树脂胶难以胶合，这些特点给原料收集、贮存、加工、粘接工艺等造成困难。陆仁书教授带领课题组从河北、河南、黑龙江省采集原料，开展深入系统的研究，从多个方向突破技术瓶颈，吸收国外先进技术，率先在国内采用异氰酸酯胶黏剂，成功开发出无醛秸秆刨花板和纤维板制造技术，解决秸秆粉碎、板坯运输、热压脱模等环节的技术难题，并指导人造板机械设备制造企业开发生产秸秆人造板专用设备；1998年，在陆仁书教授指导下建成国内第一家采用新型胶黏剂的麦秆板工厂，为秸秆利用起到良好的示范作用。该课题于1999年6月通过国家科委组织的验收，获得高度评价。2000年8月，陆仁书教授开发的专用技术——"以醛类胶为胶黏剂的麦秆、稻草中纤板制造方法"在四川省洪雅县东力雅木业有限公司实现工业化生产，利用国产设备生产出首张麦秸秆中密度纤维板（图2）；之后，陆仁书教授力促成立四川东华秸秆人造板新技术有限公司，开启我国秸秆人造板生产的序幕，并陆续指导国内建立了多条秸秆人造板生产线，极大地推动了我国非木材人造板的研究与开发，使之处于国际先进水平。

图2　2000年8月陆仁书教授在国内生产出的第1张麦秸纤维板上签字并接受采访

1983年，中国林科院木材工业研究所受内蒙古巴盟农牧场管理局委托进行芦苇中密度纤维板研发，为其建厂提供可靠的科学依据。试验结果表明，以芦苇为原材料可以生产出合格的纤维板产品。

1988年，中国林科院木材工业研究所受福建省龙岩市永定先锋烟场委托，进行了湿法硬质纤维板生产试验，为烟秆制板提供科学依据。同年，又接受黑龙江省五九七农场委托完成了利用豆秸生产硬质纤维板生产试验，并通过了林业部鉴定。

天津市建筑材料科学研究所将玉米秸秆除去根部的全秆粉碎成纤维和片状碎料（不去除髓心），两面覆以木单板一次热压成型压制玉米秸碎料复合板，容重一般为400kg/m³或更低一些。由于玉米秸碎料复合板具有轻质高强、可以压制厚板的特点，天津建筑材料科学研究所和天津大学对其进行了做建筑保温门的研究，并于1990年8月通过了天津市级鉴定，1991年获得了国家专利。

1996年12月，上海人造板机器厂有限公司提供的1套高粱秆合板生产线在辽宁省新民市沈阳新洋高粱合板有限公司投入生产运行。沈阳新洋高粱合板有限公司的合作伙伴是日本光洋产业株式会社及日本丸红株式会社，由日本公司控股。1995年6月，上海人造板机器厂有限公司与其签定合同。生产线采用带有同时闭合机构的蒸汽加热10层热压机，有垫板装卸，热压机的用热量为40万kcal/h。高粱秆合板生产线的最终产品共有3种规格，幅面分别为900mm×1800mm、1220mm×1800mm及1220mm×2440mm，生产厚度为40mm板的热压周期为30min（设计周期），产品的厚度范围是4~40mm。

根据粗略统计，自20世纪80年代中期至90年代中期，全国各省区有近百家各种原料类型的中小型秸秆人造板生产企业，生产能力约50万t，推动了农作物秸秆及其加工剩余物制板业的发展，并收获了经验和教训。

20世纪末到21世纪初，多数小型秸秆人造板生产企业转产、停产或倒闭，中国对农作物秸秆制板利用重点放在了麦秆和稻秸上。在此期间，中国林科院木材工业研究所、东北林业大学、南京林业大学、河北曲周赛博板业集团公司和万华生态板业股份有限公司等均曾在麦秆和稻秸制板方面进行了有效地开发探索。

护面稻草板是在一定温度压力下将稻草成型，并在两面包覆牛皮纸制成密度340~440kg/m^{3}的轻质墙体材料。它是1930年由瑞典人发明的，1945年英国引入专利。1983年，中国新型建筑材料公司从英国斯壮密特国际有限公司（Stramitinternational）引进了2条护面稻草板生产线，生产能力均为50万m^2。1条建在营口市水源乡，于1984年11月通过国家验改，正式投入生产，考核结果，产品合格率为94.81%。另1条建在盘锦市大洼县，1985年4月通过国家验改，进行批量生产。杭州新型建筑材料工业设计研究院对引进的成套设备进行了翻板设计，并由江苏常州建材机械厂负责制造，首批试制的第1套设备1985年在新疆石河子144团建厂，以麦秸为原料，1986年7月投产，1989年9月14日在新疆石河子144团草板厂通过鉴定。1987年，国家又安排3套生产线，准备建厂于宁夏、山东、安徽。这种护面稻草板具有轻质高强、保温难燃的性能和生产工艺简单、建筑施工方便、节能等特点，主要用于建筑方面，做屋面板、屋顶望板、天花板、内隔墙等。

1999年12月，上海人造板机器厂有限公司为上海青浦县稻草板厂提供1套年产50万m^{2}的斯强板（护面稻草板）生产线。上海人造板机器厂有限公司同有关单位合作，在消化吸收从英国斯壮密特国际有限公司（Stramitinternational）引进的两条年产50万m^{2}的护面稻草板生产线技术的基础上，对生产线进行了改进设计，研制出新型斯强板生产线成套设备，并进一步提高了综合性能，护面稻草板幅面为1200mm×3600mm，板厚有38mm和58mm两种规格，该生产线于2001年投入使用。

稻草板是一种很不错的轻质墙体材料，但几起几落，推广不开，究其原因可能是粘土砖价格便宜，使用上习惯，而稻草墙板在施工中的配套设施和施工工艺不完备，推向市场有困难。

20世纪90年代后，开始利用秸秆为原料，PMDI为胶黏剂开发研制人造板。河北省曲周人造板厂（河北赛博板业集团前身）与黑龙江省林产工业研究所合作，1998年12月27

日，在其引进芬兰桑斯（SUNDS）公司年产 3 万 m³ 棉秆刨花板单层热压机生产线上，以麦秆为原料，聚异氰酸酯（PMDI）为胶黏剂进行麦秆刨花板工业化试生产。第一次试生产出的麦秆刨花板各项指标，经检验均达到了 GB/T 4897 – 1992《刨花板》标准 A 类优等品的要求，成为中国麦秆刨花板由实验室研究转向工业化生产的转折点。1999 年 3 月 18 日，麦秆刨花板项目通过了河北省科委组织的鉴定，并申报了国家重点新产品，同年年底获得国家重点新产品证书。同时，根据麦秆刨花板生产必须脱模的特点，采用了砂光粉隔离脱模，为了使砂光粉铺撒更均匀，开发了回转式铺粉机。

1999 年，山东汶上、山东章丘、四川国栋、武汉荣德、伊春光明、西安精高、北大荒集团等地区和大公司都跃跃欲试，打算投资生产秸秆板。

山东汶上年产 3 万 m³ 秸秆板多层热压机生产线，由哈尔滨东大林业技术装备有限公司、上海人造板机器厂有限公司等提供设备，2000 年建成调试时，由于 MDI 没有初黏性，板坯运输强度不够，过衔接缝散坯进不了压机等诸多原因未能投产。汶上没能顺利投产，镇静了想以麦秆为原料生产人造板的投资者。2001 年春节后，四川国栋将已签约的年产 10 万 m³ 麦秆刨花板供货合同改签为年产 5 万 m³，生产线设备是芬兰美卓（Metso）公司提供的，热压机为单层 8′ × 72′。经过一番努力之后，在 2002 年 11 月初生产出第一块板，到 2003 年 3 月设备仍未通过验收，约 2008 年改为使用木材原料。

中国林科院木材工业研究所，在继承非木质纤维原料人造板研发取得成果基础上，集中力量进行以麦秆为主要原料的技术研发工作。在与英国 ICI 聚氨酯有限公司、德国拜尔集团和烟台万华聚氨酯股份有限公司等树脂供应公司进行了充分技术交流的基础上，1998 年引进了北京鑫源宏业投资管理有限公司风险投资，成立了麦秆开发中心。嗣后又分别与北京华祥房地产公司、山东同森木业有限公司等单位进行合作，自 2000 年起连续 3 年在北京市木材厂引进的联邦德国比松公司 3 万 m³ 刨花板生产线上，进行麦秆均质板生产性试验。

东北林业大学在亚麻屑板、玉米秆板、蔗渣板和稻壳板的研发上取得了显著成果。在 20 世纪 90 年代中期，根据麦秆和稻秸自身的结构特点，应用异氰酸酯胶黏剂对制板工艺技术开发进行了研究。经过 3 年的研发，麦秆中密度纤维板制造技术于 1999 年 5 月通过了黑龙江省科技厅组织的成果鉴定，评定该技术达到了国际先进水平。

2000 年，吉林造纸总厂用冷磨制浆法，制造出麦秆/稻秸纤维浆料，进行制造纤维板工艺研发，并于 2001 年和四川东华机械厂合作，在四川省洪雅县中密度纤维板厂进行了麦秆中密度纤维板的生产试验，生产出中国第一批麦秆中密度纤维板，为中国后期麦秆中密度纤维板生产工艺和设备研发奠定了科学基础。

2003 年初，由美籍华人斥资与英国康拜（Compak）公司合作，建立上海康拜环保科技有限公司，利用英国康拜（Compak）公司技术，在英国康拜（Compak）公司专家的监制下，绝大部分设备在国内以 OEM 方式制造，核心设备和控制系统仍靠进口，在上海浦东建年产 1.5 万 m³ 秸秆板生产线，热压机 5 层 4′ × 8′，年内投产。

2004 年 4 月 3 日，江苏大盛板业有限公司在江苏省灌南县灌南经济开发区破土动工。采用上海康拜环保科技有限公司设备，热压机 5 层 4′ × 8′，建设两条年产 1.5 万 m³ 秸秆板生产线。江苏大盛板业有限公司由南京水运实业股份有限公司、上海康拜环保科技有限公司和江苏灌南国有资产经营公司共同投资组建,利用灌南丰富的麦秆资源,生产环保的秸秆均质板,2004年底投产。此后,又陆续分别向山东菏泽、安徽合肥各提供2套年产1.5万m^3的秸秆板生产线。

2004年,沈重集团公司与中国林科院木材工业研究所合作,联合开发设计秸秆板生产线设备,当年沈重集团公司开发出年产1.5万m^3麦秆板生产线成套设备。2005年7月,国产化秸秆板工业化生产示范线在山东淄博周村同森木业有限公司试运行;12月18日,竣工投产;此前一天,作为国家"863"计划项目通过国家林业局组织的成果鉴定;2006年7月29日,中国机械工业联合会组织并通过了生产线成套设备鉴定;2007年11月,该生产线通过了国家科技项目成果项目验收。该试验线产品经国家人造板质量监督检验中心检测,主要性能指标达到GB/T 11718-1999《中密度纤维板》优等品标准。该生产线成套设备获3项发明及实用新型专利。

2009年10月17日,位于陕西省杨凌农业高新技术产业示范区的荷兰独资的陕西环球嘉禾板业有限公司(诺菲博尔板业(杨凌)有限公司前身),年产6万m^3麦秸定向结构板(OSSB)生产线出板。采用上海人造板机器厂有限公司制造的双钢带连续压机,宽4′、热压板长度32m,最大运行速度速度300mm/s,该生产线生产的板厚规格为6~19mm,板材的幅面为1220mm×2440mm。

2001年,湖北公安租赁神农架刨花板厂的信阳木工机械厂制造的年产8000m^3单层热压机普通刨花板生产线,以稻秸为原料,脲醛树脂为胶黏剂生产刨花板,成立荆州基立新型复合材料有限公司。后该公司与南京林业大学合作,通过设备改造与工艺调整,以PMDI为胶黏剂进行稻秸刨花板工业试验生产,开发"中密度稻草板生产方法"并获发明专利(专利号:ZL01137361.X),根据该专利技术建成了年产8000m^3中密度稻草板工业化示范生产线,产品性能符合木质中密度纤维板的要求,被国家经贸委评为2002年国家级新产品,推荐为2008年北京奥运会选用材料。2002年11月由湖北省科技厅鉴定的"国产化异氰酸酯中密度稻草板制造技术"成果获湖北省科技厅2003年科技进步一等奖。2003年1月,引进香港港柏投资发展有限公司入股,成立湖北基立环保板材股份有限公司,2003年3月,与信阳木工机械股份有限公司签订合同,由信阳木工机械股份有限公司提供10层4′×16′热压机年产5万m^3稻草板生产线,2003年5月投产。2004年12月12日,河南省科技厅组织有关专家对信阳木工机械股份有限公司研制的"年产5万m^3中密度稻草板生产线成套设备"进行了产品鉴定。2006年1月,南京林业大学主持完成的国家"863"计划项目(2002AA245181)研究成果"国产化年产5万m^3中密度稻草板工业化生产线成套技术"通过了由江苏省科技厅组织的成果鉴定。2006年12月,由烟台万华集团、红塔创新等5个股东投资8000万元,创建了万华生态板业股份有限公司,2007年1月收购了湖北基立环保板材股份有限公司(更名为万华生态板业(荆州)有限公司)、信阳木工机械有限责任公司;并于当年投资7000万元在河南信阳成立了万华生态板业(信阳)有限公司。2009年,由南京林业大学、中国林科院木材工业研究所、万华生态板业(荆州)有限公司等单位共同完成的"稻/麦秸秆人造板制造技术与产业化"项目获得国家科学技术进步二等奖。

2010年7月，中国首条连续辊压年产15000m³秸秆薄板生产线在万华生态板业（信阳）有限公司投产；接着，收购江苏淮安鼎元年产5万m³稻草板生产线，拆迁至信阳建厂，2011年投产；因产业发展需要，万华生态板业股份有限公司出资1亿元在山东省烟台栖霞市成立万华生态板业（栖霞）有限公司，采用热压机12层，幅面4′×16′，日产秸秆板180m³，年产能可达6万m³。2015年2月27日在北京人民大会堂，万华板业与德国迪芬巴赫（Dieffenbacher）公司、道生国际租赁公司联合签约农作物秸秆板产业推广全球合作协议，利用德国迪芬巴赫公司的全球顶级连续压机设备，结合万华板业成熟秸秆板生产工艺技术，利用万华的专用改性水溶性异氰酸酯生态黏合剂，聘用全球顶级的人造板生产管理人员在全球范围内快速进行秸秆板产业发展推广复制。

六、横向联合和学术会议

1987年10月20日，由东北林业大学、林业部林产工业设计院、上海市木材工业研究所、哈尔滨林业机械厂及中国新型建材公司江西建筑人造板研究所等5单位组成的"中联非木质人造板工业技术开发集团"在哈尔滨成立，经哈尔滨市政府科研生产联合体办公室批准注册。这是全国第一家集非木质人造板科研、设计、生产于一体的跨省区横向联合的全能开发集团。该集团的成立是集中全国的人造板技术力量、研究开发各种非木质原料制作人造板的新技术、新胶种、新产品和新设备。集团成立的宗旨是：开展横向联合，建立科研设计生产联合体，提供各种非木质板材的先进生产工艺技术和成套生产设备，进一步发展非木质人造板工业，开拓国内外非木质板材市场。该集团的成立受到了上级领导部门和新闻媒体的重视和肯定。成立大会结束后，举行了第一届学术讨论会，宣读论文19篇。

由中国林学会木材工业分会，中联非木质人造板工业技术开发集团和中国林业机械公司联合组织的全国非木材人造板学术研讨会于1991年8月29日至31日在哈尔滨市召开，到会代表110人，宣读论文30余篇。会议聚集了林业、轻工业及建筑部门的高等院校、科研单位及生产厂家、学会组织和新闻界的代表，交流了科研生产、设备制造的学术研究论文和生产、开发方面的经验。从研讨会所提供的论文和国内已出现并形成生产力的亚麻屑碎料板（黑龙江海伦市亚麻屑板厂），稻壳板（湖北蒲圻市米面加工厂），蔗渣刨花板厂（广东三水人造板厂），棉秆刨花板（河南汲县人造板厂），竹材胶合板厂（江西宜丰竹胶合板厂），稻草板厂（中国新型建材公司大洼稻草板厂），花生壳板（江苏南通人造板厂），玉米秸碎料板（天津市建筑材料科学研究所），都说明生产非木材原料人造板工艺和技术是可行、可靠的，并且中国非木材原料人造板的开发技术，还受到了国外业界的青睐与瞩目，仅就建材系统的中国新型建筑材料公司江西建筑人造板研究所就曾接待了丹麦威卢克斯公司对重组竹的考察，接待了菲律宾议会代表团对稻壳板的考察和印度尼西亚对棕榈制板的考察。东北林业大学、中国林科院木材工业研究所、南京林业大学，对采用亚麻、豆秸、芦苇、竹材为原料制造的人造板的研究都有建树和独到的见解，充分说明采用非木材原料生产人造板是可行的。在生产非木材原料人造板的设备方面，哈尔滨林业机械厂成功地提供了亚麻屑碎料板无垫板的成套设备，稻壳板生产的成套设备，棉秆刨花板生产的成套设备；昆明人造板机器厂提供了蔗渣碎粒板的成套设备；镇江林业机械厂提供的竹材碎料板设备和苏州林业机械厂提供的气流分选设备都享有盛誉。此时中国以非木材为原料的人造板，其原料、工艺、设备的研究与生产都形成了统一的系统。

2001年10月31日~11月3日，在南京林业大学召开了由南京林业大学木材工业学院、加拿大福林泰克研究所、加拿大阿尔伯塔国家研究院和日本京都大学木材研究所共同主办的"农业及林业剩余物加工利用国际研讨会"。来自美国、加拿大、日本、澳大利亚、德国、新加坡、马来西亚、印度尼西亚以及中国科研院所和企业界的专家学者共120位代表参加了此次会议。与会代表们就如何合理利用农业和林业剩余物资源以及人造板工业的可持续发展问题进行了广泛研讨。研讨会共发表论文65篇，出版中英文论文集各一册。各国专家学者在各自科研领域的最新研究成果，为农业及林业剩余物资源合理利用和人造板工业的可持续发展提供了科学依据。

第三节 秸秆人造板的生产工艺与设备

秸秆人造板生产的原料，由于来源、收割季节、运输及其物理化学性能等方面具有自身的特性，其生产工艺和设备也有别于木质人造板。

秸秆人造板生产发展初期，生产方式基本是半机械半手工作坊式生产，生产规模很小，技术含量低，产品单一。进入发展时期，尤其是进入20世纪70~80代，秸秆人造板生产规模开始扩大。此时期秸秆人造板生产工艺和设备，基本是套用木质人造板的生产工艺和设备。只是根据原料性能及其形态的差异，对部分工艺及设备作了一些相应的改进和调整，其中较为明显的是备料工段上相关设备的改进。

20世纪90年代后，中国农作物秸秆人造板进入了高速发展时期，由于秸秆原料和产品品种的不断增加，生产规模也开始扩大，造成生产工艺和设备的不协调也越来越明显。为了解决不利因素的影响，投入大量的人力和物力从事科研开发，并取得了可喜的成果：

1) 为不同秸秆原料，不同类型的产品生产，制定了较为完整的最佳生产工艺控制技术和设备选型。

2) 设计秸秆收集、打包运输及贮存的设备和设备改造。

3) 成功地研发设计出适于秸秆切断、除皮和除髓筛选的设备，以及完善相关部件的改造。

4) 秸秆单元材料如碎料化、纤维化、粉状化等的设备及其筛选运输装置的定型设计和制造。

5) 异氰酸酯胶黏剂的应用和研发，以及脱膜剂和脱膜技术的研发取得了可喜的进步。

6) 除了提高利用秸秆的自身结合强度外，研发利用其他辅助剂和常用胶黏剂的改性技术。

7) 根据各种秸秆原料的结构、形态的特点，设计和改造了干燥、施胶等设备。

特别是进入21世纪前后，中国秸秆人造板产业化发展更为明显。尤其是麦秆/稻秸人造板生产工艺技术和设备出现了较为新的突破。根据各地区农作物种植种类和产量及其经济基础，研发出大中小3种生产规模的各种类型产品的生产工艺技术和设备供其选用。此外,出现了南京林业大学研发的挤压式、上海人造板机器厂有限公司开发的平压式以及四川省成都市星河建材有限公司开发的模压成型技术,分别生产了轻质热绝缘秸秆板、模压成型秸秆隔墙板的成套技术装备。中国林科院木材工业研究所与沈重集团公司在山东淄博建成了国内首条有自主知识产权的年生产线为1.5万m^3麦秆板生产线。

第四节 秸秆人造板产业化发展中的问题

影响一种产品或一种产业能否稳定占据市场和可持续发展的关键,在于该产品或该产业是否被社会和人们认可,在商品市场中是否有竞争力,无疑秸秆人造板产业的生存和发展同样也遵循这一原则。

中国秸秆人造板产业化发展历经了几十年的辛勤努力,生产技术装备及产业化方面均已取得了显著成果,并在发展过程中不断完善提高,基本形成了一个较为完整的产业链。但就"十二五"期间的形势来看,是什么原因影响了被人们认可有前景的秸秆人造板产业的发展步伐,这是人们应关注和反思的问题。

一、生产成本问题

2010年代,秸秆人造板产业发展不景气已是世界性的问题。由于各国情况不一,其原因各有差异。欧美国家由于秸秆收集储存成本极高,加上劳动力昂贵以及企业投资高等因素,导致生产成本高于木质人造板,造成在市场上没有竞争力,出现了企业财务危机,促使工厂倒闭或转产。

中国情况并非完全如此,中国的劳力、投资等不可与外国相比。中国劳力廉价比国外占很大优势,但秸秆原料价格发生了很大变化,自秸秆被作为工业原料广泛利用以来,其价格出现了惊人猛涨。"十二五"期间,麦秆/稻秸及蔗渣的价格比10年前增加了近10倍。由于秸秆的结构形态及化学组分原因,必须使用异氰酸酯作为胶黏剂,其价格又比其他胶黏剂高出数倍。原材料及辅助材料价格猛涨,以及储存损失等造成综合成本提高。在秸秆作为工业化原料的利用中,造纸、能化均系高产值的产品,但是人造板远不能与造纸、能化相比,在市场竞争中明显处于劣势。可见保持廉价稳定的原料供应和生产质高廉价的产品,才能保证秸秆人造板产业发展和在市场竞争中占据优势。

二、生产技术问题

秸秆人造板生产工艺和设备技术问题,在发展过程中虽然还存在某些不足之处,但是均可以通过继续努力和改进得到解决。因此,生产技术和产品质量不是影响和阻碍秸秆人造板继续发展的主要原因。

三、统筹管理问题

中国秸秆人造板生产涉及的部门很多,国家应有一个归口单位加强领导,统筹规划,调动和协调各方面的力量,有计划有步骤地发展,切不可一哄而上。鉴于秸秆人造板生产与木质人造板相近，而且产品又可代替天然实木木材，因此建议由国家林业和草原局统一归口管理为宜。

四、产品质量问题

除了加强宣传教育和积极引导消费外，还要根据不同用途和不同要求，制定出新的产品标准。有关主管部门应加强秸秆人造板的产品质量监督工作。

五、生产规模问题

根据不同原料、不同产品制定最佳生产工艺和选用合理的生产设备；秸秆人造板的生产规模不宜过大或过小，应建立适度的生产规模，以求得较好的经济效益和社会效益。

六、政策和资金问题

为了秸秆人造板产业能够持续稳定发展，应该在已取得成果的基础上，加强技术投入，不断完善生产工艺和设备，继续开发新产品，加强与建筑、交通、包装等行业合作，扩大应用领域。对秸秆人造板产业化发展，国家在政策和资金上应给予优惠和积极扶持，这是加快秸秆人造板稳定持续发展的有力保障。

参考文献：

[1] 国家发展改革委，农业部，财政部. 关于印发"十二五"农作物秸秆综合利用实施方案的通知[Z]. 2011.
[2] 丁炳寅. 农作物秸秆人造板工业发展概述[J]. 中国人造板，2016(11)：1-9.

第二十七章作者简介：

于文吉，男，博士，二级研究员，博士生导师；中国林科院木材工业研究所享受国务院政府特殊津贴首席专家，国家林业和草原局重组材料工程技术中心主任，中国林产工业协会竹木重组材料与制品分会理事长，重组材产业国家创新联盟理事长，国家十三五重点项目负责人、首席科学家。中国林产工业协会标准化委员会副主任委员，《林业科学》、《林业工程学报》、《木材工业》、《国际木业》、《世界竹藤通讯》等杂志编委。

近10年来在竹材加工、速生林木材高效高附加值利用以及农作物秸秆高值化利用领域获得国家科技进步一等奖1项、二等奖2项，北京市、河北省等省部级奖5项。多次获得中央国家机关优秀共产党员、全国生态建设突出贡献奖先进个人、全国优秀林业科技工作者和全国林业先进工作者、中国林业科学研究院建院六十周年卓越贡献奖项和荣誉称号；所率领团队2017年被全国总工会授予"工人先锋号"荣誉称号，2016年被山东省政府特聘为泰山产业领军人才，被福建省南平市、湖南省益阳市、山东省寿光市等多地政府聘为竹木产业发展顾问。

长期从事竹木重组材料与复合材料的科研工作，近10年来主持科技部重大科技支撑、"863"重点项目、"973"重大基础研究项目和行业重大专项近20余项，在各种核心期刊发表论文100余篇，获国家发明专利30余项，国际专利1项；主持制定了国家和行业标准5项；获得省部级成果鉴定和认定的成果15项；技术成果转让30余项，技术成果转化收入超千万元，企业实现收入数十亿元。在竹(木)基纤维重组材料、无醛人造板、秸秆人造板和厚芯实木复合材料等4个方面，形成涵盖产品、工艺、设备和组成单元的4套技术体系，特别是在木质重组材料领域的研究成果处于国际领先水平。

丁炳寅，略，详见第十章作者简介。

第二十八章 沙生灌木人造板

张 恭

生长在毛乌素沙地和库布齐沙漠地区的沙生灌木种类较多，有沙柳、柠条、沙棘、杨柴、花棒、红柳、乌柳等。20 世纪 80 年代到 21 世纪 10 年代，仅开发了利用沙柳生产沙柳人造板，其他沙生灌木有待继续开发。

沙柳别名西北沙柳、北沙柳，是毛乌素沙地和库布齐沙漠地区的天然乡土树种。与鄂尔多斯地区的其他乡土树种相比，沙柳具有种源丰富、造林技术简单、成活率高、造林成本低、防护效益好等优势，因而多年来一直大面积推广种植沙柳林。采用沙柳作为防风固沙的第一树种，主要是利用其抗风蚀沙埋能力，在流动沙丘营造的防风固沙林，2 年内可形成地上枝叶茂盛，地下根系发达，纵横交错的防护林带。固定流沙，降低风速，防风固沙，防止水土流失，沙柳发挥了很大的生态效益。

第一节 沙柳人造板的研发

一、沙柳刨花板

沙柳生长 3~4 年后必须平茬抚育，经过平茬后生长加快，萌发力加强，具有复壮作用。如不按时平茬复壮，沙柳生长缓慢，并逐渐枯萎死亡。沙柳在未开发前，平茬后的沙柳枝条只能用作烧火柴或少量用作柳编材料。

经检索，之前没有沙生灌木的研究资料，更没有沙生灌木生产人造板的产品。于是在 20 世纪 80 年代，原内蒙古林学院木材加工教研室部分教师开始对沙柳进行系统研究，寻找开发利用的途经。经过研究、试验，证实利用沙柳枝条生产刨花板是可行的。在 20 世纪 80 年代末，开始在鄂尔多斯市筹建沙柳刨花板生产线，年设计能力为 5000m³，为靠近沙柳原料基地，厂址选在东胜市漫赖乡，选用昆明人造板机器厂的成套设备。漫赖乡经济很落后，与外界联系只有一条土公路，距东胜市 50 多公里，买一个小螺丝钉也必须到东胜市。在有专家和领导参加的前期建厂论证会上，存在两种不同意见：一种意见是"我们在中华人民共和国成立以后辛辛苦苦种植了大量的沙柳林，流动和半流动沙丘被绿化，风沙危害基本上解决，现在建沙柳刨花板厂，需要大量的沙柳原料，这样把当地的沙柳林剔光砍完，破坏了生态环境，万万不可建厂"；另一种意见是"建厂使用大量平茬沙柳枝条，使没有多大用途的平茬沙柳枝条得到工业化利用，进而使沙柳变成现金使农民脱贫致富"。最后论证会勉强通过建厂，为了保护现有沙柳林地，政府出面限制剔光头模式的沙柳林采伐行为。

20 世纪 80 年代，东胜市的财政很困难，甚至"勒紧裤腰带"筹措建厂资金也很费劲，所以必须采取非常规的建厂方式。建厂开始就提前招收漫赖乡的青年农民进厂当工人，这些青年农民自己动手烧砖、自己建筑厂房；设备到厂后，在技术人员的指导下自己动手安装设备和调试。试车投产后没有足够的流动资金，收购沙柳时没有现金支付给农民，只能给农民打白条子，有钱后再兑付现金。当时拖欠农民的沙柳白条子很多，乃至于沙柳的白条子可在漫赖乡流通。如果遇到婚丧嫁娶没有现金，可用沙柳的白条子当礼金支付。就这样，我国第一家沙柳刨花板企业于 1992 年建成投产，填补了国内空白。1996 年产品经国家人造板质量监督检验中心检验，各项指标均达到和超过国家标准 GB/T 4897-1992《刨花板》规定值，详见表 1。

表 1 沙柳刨花板的性能指标

项 目	GB/T 4897-1992 指标	实测值
密度/(g/cm^3)	0.5~0.85	0.74
厚度/mm	13~20	16
含水率/%	5.0~11.0	5.4
静曲强度/MPa	≥15	16.5~21.9
内结合强度/MPa	≥0.35	0.99~1.27
吸水厚度膨胀率/%	≤8.0	5.2~6.7
垂直板面握螺钉力/N	≥1100	1873
甲醛释放量/(mg/100g)	≤30	23

沙柳刨花板投放市场后，供不应求，抢购一空，1992 年投产当年企业实现利税 300 多万元。由于漫赖刨花板厂投产后取得了很好的经济效益、社会效益和生态效益，在此后几年内，在鄂尔多斯及周边地区，很快形成了沙柳刨花板生产线的建设热潮，到 2014 年，在鄂尔多斯和周边地区先后建成沙柳刨花板企业 11 家，设计总生产能力为 28.0 万 m^3/a，详见表 2。其中包括一家年产 1.5 万 m^3 的沙柳石膏刨花板企业。鄂尔多斯的杭锦旗境内有储量丰富的石膏矿，并且品位很好，虽然多年来就想开发石膏矿，但因为没有好的石膏产品，所以没有大量开采。东胜市距杭锦旗石膏矿在 100 公里的运距范围内，东胜市又有丰富的沙柳资源，因此，在东胜市筹建石膏刨花板生产企业是有利的选择。石膏刨花板生产线主设计人是北京林学院（北京林业大学前身）的刘正添教授，选用镇江林业机械厂的石膏

表 2 沙柳刨花板厂名录

内容项目 \ 厂家	漫赖刨花板厂	东胜市刨花板厂	亿利公司刨花板厂	新街刨花板厂	图克刨花板厂	宏业人造板有限责任公司刨花板厂	临河市刨花板厂	马文清刨花板厂	苏布尔乡刨花板厂	东达蒙古王集团公司刨花板厂	东胜市石膏刨花板厂
设计年产量/m³	5000	30000	30000	30000	30000	20000	30000	5000	5000	80000	15000
设备厂家	昆明人造板机器厂	昆明人造板机器厂	昆明人造板机器厂	昆明人造板机器厂	昆明人造板机器厂	拼配设备	昆明人造板机器厂	主设备外购其他自制	主设备外购其他自制	德国迪芬巴赫公司	镇江林业机械厂
设计单位（人）	原内蒙古林学院	原内蒙古林学院	原内蒙古林学院	伊旗煤炭公司	原内蒙古林学院	厂家自行设计	原内蒙古林学院	厂家自行设计	厂家自行设计	原内蒙古林学院	原北京林学院刘正添
投资单位（个人）	东胜市政府	东胜市政府	亿利公司	伊旗煤炭公司	乌审旗政府	股份制投资	临河市政府	私人投资	私人投资	东达蒙古王集团公司	东胜市政府
建厂地址	东胜市漫赖乡	东胜市	东胜市	伊旗新街镇	乌审旗图克镇	东胜市漫赖乡	临河市	东胜市	伊旗苏布尔乡	达旗风水梁乡	东胜市
投产年代（备注）							原为蓁花杆，后改沙柳				1999年

刨花板成套设备。该设备机械化自动化程度较高，生产线布置合理流畅。投产后产品经质量检验单位参照刨花板的相关内容检测（因为当时国家没有石膏刨花板的国家标准），产品质量符合国家有关标准要求。产品投放市场效益很好，这些产品全部销售在西北地区，极大地缓解了西北地区木材供需紧张局面。

二、沙柳中/高密度纤维板

沙柳刨花板开发以后，为了开辟高附加值的新产品，充分发挥沙柳资源的生态效益、社会效益和经济效益，原内蒙古林学院木材加工教研室教师着手研究开发沙柳中/高密度纤维板，并于1996年试制成功。20世纪90年代，鄂尔多斯地区相继建起了多家沙柳刨花板企业，效益较好，因此，伊金霍洛旗政府也想投资建设刨花板企业。鉴于沙柳中密度纤维板技术成熟可靠，承担该项工程设计的原内蒙古林学院木材加工教研室教师建议伊金霍洛旗政府筹建档次更高、效益更好的沙柳中密纤维板厂，但是伊金霍洛旗政府领导对此建议犹豫不决。为了更好地开发利用本地沙柳资源，基于对其开发的沙柳中密度纤维板技术的把握和承担的社会责任，工程设计师给伊金霍洛旗政府领导立下军令状和保证书，伊金霍洛旗政府领导勉强同意筹建沙柳中密度纤维板厂。20世纪90年代末，伊金霍洛旗政府投资建设了鄂尔多斯地区第一家沙柳中密度纤维板企业——天骄人造板有限责任公司。伊金霍洛旗政府资金雄厚，本想筹建规模更大的企业，但是受限于当时国产中密度纤维板设备最大能力，天骄人造板有限责任公司中/高密度纤维板生产线成套设备规模是3万 m^3/a。经过考察，原计划采用镇江林业机械厂的成套设备，后由于种种原因改用西北人造板机器厂的设备。

天骄人造板有限责任公司沙柳中密纤维板生产线于1998年10月建成投产，填补了国内空白。沙柳中密度纤维板技术于1999年8月申请了国家发明专利，发明专利名称为"以沙柳为原料干法生产中密度纤维板"，专利号：ZL 99115071.6，专利权人为张恭、天骄人造板有限责任公司、张东翔，该专利2002年荣获国家专利局第八届中国专利优秀奖。天骄人造板有限责任公司建成投产后，产品质量达到国家标准的各项要求，产品投放市场效益很好。因此，天骄人造板有限责任公司经国家中小企业创新基金会评定审核，被评为国家中小企业创新基金支助企业。

天骄人造板有限责任公司沙柳中密度纤维板生产线投产取得了良好的经济效益、社会效益和生态效益后，在鄂尔多斯和周边地区又掀起了中/高密度纤维板生产线的建设高潮。到2010年为止，在鄂尔多斯和周边地区已建成中/高密度纤维板企业9家，年总设计生产能力为32万 m^3，详见表3。这些企业除生产厚板外还生产薄型中密度纤维板，其产品全部销售在西北地区的银川、兰州、西宁、乌鲁木齐、包头、呼和浩特等地，解决了西北地区人造板品种不全，缓解了这一地区木材供需矛盾。

表 3 沙柳中密度纤维板厂名录

内容项目\厂家	天骄人造板有限责任公司中密度纤维板厂	碧海木业有限责任公司中密度纤维板厂	乾源木业有限责任公司中密度纤维板厂	新街中密度纤维板厂	杭后中密度纤维板厂	民悦有限责任公司中密度纤维板厂	凯兴人造板有限责任公司中密度纤维板厂	新发木业有限责任公司中密度纤维板厂	宏业有限责任公司中密度纤维板厂
设计年产量/m³	30000	50000	50000	50000	30000	20000	30000	30000	30000
设备厂家	西北人造板机器厂	山东省二手设备	常熟林业机械厂	上海人造板机器厂	西北人造板机器厂	昆明人造板机器厂	上海人造板机器厂	哈尔滨市私人公司	四川东华机械厂
设计单位	原内蒙古林学院	原内蒙古林学院	原内蒙古林学院	伊旗煤炭公司	西北人造板机器厂	厂家自行设计	厂家自行设计	原内蒙古林学院	厂家自行设计
投资单位（个人）	伊旗政府	上海市私人老板投资	神木县私人老板投资	伊旗煤炭公司	股份投资	私人投资	股份投资	股份投资	股份投资
建厂地址	伊旗阿勒腾席热镇	伊旗车家渠村	乌审旗图克镇	伊旗新街镇	杭锦后旗陕坝镇	准格尔旗布尔陶亥乡	呼和浩特市郊区	乌拉特前旗西山明镇	东胜市漫赖乡
投产年代（备注）	1998 年	原设备上海捷成白鹤木工机械公司				原以木材为原料，后改沙柳		湿法纤维板改造干法中密度纤维板	

沙柳中密度纤维板于1998年经内蒙古自治区产品质量监督检验所检测，各项指标均达到或超过 GB/T 11718-1989《中密度纤维板》的指标，详见表4。该标准最新修订版为 GB/T 11718-2009。

表4 沙柳中密度纤维板性能指标

项　目	GB/T 11718-1989 指标(70型特级)	实测值
密度/(kg/m^3)	700	700
厚度/mm	≥6	8.3
含水率/%	4~13	7.0
静曲强度/MPa	≥19.6	45.4
内结合强度/MPa	≥0.49	0.68
吸水厚度膨胀率/%	≤12	5.5
甲醛释放量/(mg/100g)	≤70	39.5

第二节　沙柳人造板生产工艺

一、沙柳刨花板生产工艺

(一) 沙柳刨花板生产工艺流程

沙柳刨花板生产工艺流程见图1。

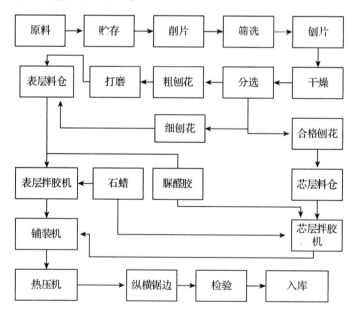

图1　沙柳刨花板生产工艺流程

(二)沙柳刨花板生产工艺的改进

由于沙柳与一般木材原料不同,沙柳刨花板生产工艺和工艺参数也随之改变。

1)原料贮存。沙柳径级小、枝杈多、枝条细、形体蓬松、可压缩性大、堆积容重小,半干沙柳削片容重为 200kg/m³ 左右。由于沙柳的特性与木材不同,贮存同样数量的木材和沙柳,沙柳所占贮存面积大。为此,沙柳贮存场大而不易集中,宜分散贮存,其优点是:

(1)原料场可设在农牧民的家门口,农牧民出卖沙柳方便,能多收购沙柳。

(2)分散贮存堆垛体积和高度比集中贮存小,因而可防止其腐烂和霉变。

(3)可方便沙柳削片经销商营运。鄂尔多斯地区由于人造板企业增多,出现了专门运卖沙柳的商人队伍,经销商自设削片场,收购沙柳,自行削片,自己组织运输车辆向人造板企业出售木片,这样可减轻企业原料贮存的流动资金,商人又可赢利,实现双赢。

(4)分散贮存便于管理,便于防火,即便发生火灾损失也小。

2)削片。沙柳枝杈多、蓬松,沙柳削片机的进料量小于木材,为了提高削片机生产率应加大进料量,削片机选型时其生产能力应比切削木质原料相应增大。2年生的沙柳均为未木质化的嫩枝条,对板材质量有影响,因此,禁止收购和使用2年生的沙柳。为了削片时彻底切断枝条,须减小切削刀具的刃磨角。削片时,沙柳含水率控制在30%以下,含水率高的沙柳不易切断,特别是梢部的嫩枝条。

3)筛选。沙柳生长在沙漠地区,其根部、枝条之间夹带着很多泥沙;未木质化的梢部嫩枝条多,树皮含量大,削片后这些东西形成粉末状物质,不利于提高板材质量,因此要设木片筛选工序。外购木片含沙土杂质更多,更应该筛分除去,对于筛选出的树皮连挂的"沙柳串"和不合格的大片,返回削片机重新切削。

4)木片贮存。沙柳木片由于含皮量大,削片容重又轻,再加上树皮没有完全切断,木片连挂结团,所以沙柳木片贮存时很容易"架桥","架桥"后影响生产正常运行,因此,对沙柳木片的贮存料仓形式要特别重视。鄂尔多斯地区的沙柳刨花板企业,均采用圆形直筒料仓,底部设有螺旋出料装置,不易"架桥",很适合贮存沙柳木片。

5)控制木片含水率。制备刨花的木片含水率要控制在40%~60%范围内,以保证刨片后刨花的形态尺寸。当含水率过低时可在木片料仓中洒水或喷水,以提高其含水率。木片过干,刚性大发脆,刨片时容易产生碎屑,刨花形态降低,影响刨花板质量。

6)刨花干燥。刨花体积小,又呈疏散状态,可采用高温快速干燥,温度一般在180℃左右。当木片含水率低时刨花形态差,粉末状的刨花增多,在干燥过程中容易过干,易引起火灾,也影响到板材的胶合质量。因此,可适当提高干刨花的含水率,将其控制在6%左右。同时,在干燥过程中要注意控制好温度、刨花停留的时间和进料量。

7)刨花分选。为了方便表、芯层刨花施加不同的施胶量,采用表、芯层刨花分别拌胶。干刨花经筛选后,分成表层料和芯层料;对于不合格的大刨花,通过再碎机打成表层刨花,提高板材表层料的厚度。

8)施胶施蜡。沙柳的pH值较大,碱性缓冲容量也较大,凝胶时间较长。在生产中为了缩短热压周期,应适当提高酸性固化剂的加入量,可选择1%的加入量,并提高热压温度，使胶层固化加快，缩短热压周期，保证胶合质量。沙柳树皮含量大，灰分含量高，影响脲醛树脂胶的胶合，应适当增加施胶量，一般表层施胶量为13%，芯层施胶量为10%。石蜡施加量为1%~1.5%。随着防水剂施加量增加，吸水厚度膨胀率随之降低，但防水剂的施加量增加而影响板材的强度，因此，防水剂不能施加太多。

9）铺装热压。沙柳经刨片后，中、碎刨花较多，影响刨花板的静曲强度，因此，宜生产厚板，不宜生产薄板。刨花板在断面结构上刨花的尺寸由内向外逐渐变小，没有明显的分层界限。再加上施胶的不同和热压的作用，板材的容重也是渐变的，表层容重大，芯层容重小，故静曲强度大。

热压参数对刨花板性能有很大影响。使用单层热压机时，为了缩短热压时间，必须采用较高温度和压力。板厚为12mm时热压工艺条件为：密度$0.7g/cm^3$；施胶量表层12%，芯层10%；防水剂施加量1%；热压温度185℃，热压时间3min，热压压力2.5MPa。

10）刨花板的半成品加工。沙柳刨花板的半成品加工与一般刨花板基本相同。鄂尔多斯地区的沙柳刨花板企业均未设砂光工序，经纵横锯边后素板直接投放市场出售。不过，为了提高产品档次，应增加砂光工序，使板面更加光滑平整、厚度公差减小，可提高售价，取得更好的经济效益。

二、沙柳中/高密度纤维板生产工艺

（一）沙柳中/高密度纤维板生产工艺流程

沙柳中/高密度纤维板的生产工艺流程见图2。

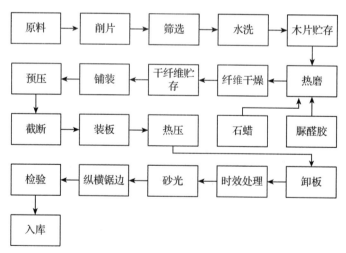

图2 沙柳中/高密度纤维板的生产工艺流程

（二）沙柳中/高密度纤维板生产工艺的改进

沙柳中/高密度纤维板生产工艺及参数具体改进如下：

1）原料贮存和削片。沙柳中/高密度纤维板的原料贮存和削片生产工艺改进与沙柳刨花板相同。

2）水洗。新采伐的沙柳含水率在40%~60%，贮存两个月左右后，含水率降到15%~

20%。热磨时要求木片的含水率在45%~50%。水洗既可提高木片的含水率，又可除去木片中的泥沙和金属物，可提高板材的质量，还可延长磨盘的使用寿命。但是，水洗工序产生大量污水，这些污水必须经治理达标后方可排放，同时还要征收排污税费。污水治理需投入大量资金，日常运行也需要费用，还要征收排污费。为此，鄂尔多斯地区中密度纤维板企业为了降低成本，均未设水洗工序。为提高木片含水率，在木片进入木片料仓前对木片洒水或喷水。在料仓中木片水分由外表逐渐渗透到内部，使含水率分布均匀，可降低热磨时的动力消耗，又可提高纤维质量。

3) 木片筛选。沙柳木片的筛选与沙柳刨花板相同。

4) 木片贮存。沙柳木片的贮存与沙柳刨花板相同。生产中从大料仓出料后到热磨机进料螺旋，有些企业中间还设有小料仓，这样更容易结团架桥，为此不再设中间料仓。为了防止供料中断引起反喷，在热磨机的进料螺旋入料口处，应专门设一个岗位，进行人工捅料，使供料均匀不中断，防止反喷。

5) 热磨。应增大热磨机进料螺旋的压缩比。蒸煮温度125~130℃，蒸汽压力为0.5~0.6MPa，蒸煮时间为4~6min。蒸煮温度过高，蒸煮时间过长，使纤维降解严重，得率降低，降低产品产量。

6) 施胶和施蜡。沙柳中密度纤维板一般施胶量为175~180kg/m³。施蜡量每立方米板材施加固体石蜡6kg。沙柳树皮含量大，冷热水抽出物含量和灰分含量也高，为了保证板材的强度和耐水性，施胶量和防水剂施加量应适当提高。

7) 纤维干燥。干燥前纤维含水率一般为65%左右，干燥后纤维含水率控制在8%~10%。在生产中，干纤维的含水率始终应控制在一定范围内，不得忽高忽低，否则工艺和产品质量很难掌控。生产中要时刻观测干燥机出口温度，控制在90~95℃。出口温度低纤维含水率高；出口温度高干燥机易着火。

8) 热压。由于沙柳材冷热水抽出物和1% NaOH抽出物含量较高，使中密度纤维板的抗水性能变差，吸水厚度膨胀率增加。沙柳材显弱酸性，为了减少板材表面预固化层厚度，需在热压操作时尽量缩短闭合时间和升压时间，控制在13~20s为宜。

9) 纵横锯边。纵横锯边工序设在砂光前还是砂光后，各企业有所不同。常规是把纵横锯边工序设在砂光机前，这样成品板有时产生倒棱的现象，板边倒棱后贴面时边部贴合不严，造成废品。为此有的企业把纵横锯边工序设在砂光机后，也有企业把横向锯边机设在砂光机后，纵向锯边机设在砂光机前，可杜绝倒棱现象。

第三节 沙柳人造板的生产设备

沙柳人造板所采用的设备，基本同一般木质人造板的设备。但是由于材料的特性，沙柳人造板的生产设备必须作如下改进。

一、沙柳刨花板的生产设备

1) 拆垛运输机。沙柳枝条细小，枝杈多，堆积密度小。沙柳堆垛后枝条挤压相互勾连缠绕，人工从垛中取出几枝是非常困难的。为了提高生产率，减轻劳动强度，需增设折垛运输机。折垛、场内运输、在削片机旁堆放，均由折垛运输机完成。

2）削片机。沙柳削片只能使用鼓式削片机，盘式削片机或切草机均不适合沙柳削片。为了适应沙柳特性，鼓式削片机应作如下改进：

(1) 增大削片机进料口。沙柳枝条细小，体积蓬松，堆积容积小，不增大进料口，削片机的生产率不能满足生产需要，相同规模的生产线，沙柳配备的削片机生产能力应比木质原料大。

(2) 更换削片机的筛网板。将筛网板的孔径适当缩小，使未彻底切断的枝条不易通过，打回去继续切削，减少连挂的木片串。

(3) 沙柳枝条细小稍部柔软，为切削彻底应减小刀具刃磨角，使刀具始终保持锋利。

3）筛选机。沙柳经削片后产生许多碎小树皮和碎小木屑，沙柳中还夹带大量的泥沙，这些东西对刨片机的刀具磨损严重，降低其使用寿命，所以要设木片筛选机。适合沙柳木片特性的筛选机是滚筒式筛选机，摇摆筛易堵塞不适合沙柳木片筛选。

4）木片贮存设备。沙柳木片的贮存应引起足够的重视，沙柳木片易架桥。上大下小的圆形或方形的斗式料仓均不适合贮存沙柳木片，应选用圆形或方形的直筒料仓，料仓底部设置 1~2 根螺旋运输机，均匀定量地供料。

其他设备同木质刨花板。

二、沙柳中/高密度纤维板的生产设备

1）拆垛运输机、削片机、筛选机。对沙柳中/高密度纤维板的拆垛运输机、削片机、筛选机的改进要求同沙柳刨花板。

2）水洗机。鄂尔多斯地区所有中密度纤维板企业均未设水洗工序，其主要原因是从经济角度考虑的。设水洗工序投资大，日常运行费用又高，产生的污水多，需经过污水治理达到国家污水排放标准方可外排，同时还要交纳排污税费，这样使生产成本增加，企业为降低成本，干脆不设水洗工序，当然这样会降低产品质量。如设水洗工序，洗鼓式的水洗机适合沙柳木片特性要求。

3）木片贮存设备。沙柳中/高密度纤维板木片的贮存必须引起足够的重视。一般以木材为原料的中/高密度纤维板生产线的料仓均是上大下小的方形斗式，这种料仓贮存沙柳木片易架桥影响生产。沙柳适合直筒的圆形或方形料仓，底部设数根螺旋运输机出料均匀，直接供给热磨机，中间不再设小料仓，避免再架桥。如不设水洗工序，在木片进入料仓时增设洒水或喷水设施，以提高木片含水率。

4）木片运输设备。削片机、筛选机、水洗机和木片料仓之间木片运输可采用风送，但风送耗能大，日常运行费用高；同时树皮连挂的木片易缠绕风机和堵塞管道，影响生产线正常运行。为此有些企业不采用风送系统，采用皮带运输机和斗式提升机完成木片运输作业。

5）热磨机。由于沙柳木片蓬松，容积重小，为了防止反喷，热磨机的进料螺旋轴的压缩比应增大，以适应材料特性要求。

其他设备同一般木质中密度纤维板。

第四节　沙柳人造板的发展方向

一、沙柳人造板的用途

沙柳人造板的用途与一般木质人造板的用途相同，凡使用一般木质人造板的地方均可用沙柳人造板代替。沙柳人造板可以广泛地用于家具制造、建筑及车船内部装修、模压制品、音响设备及乐器和各种工艺品制作等。

二、发展沙生灌木人造板的有利条件

现已开发的产品有沙柳刨花板、沙柳中/高密度纤维板、沙柳薄型中密度纤维板、沙柳石膏刨花板、三聚氰胺贴面沙柳中密度板和沙柳高密度强化木地板等。

沙生灌木人造板的发展空间很大，有许多有利条件适合发展沙生灌木人造板。

1）资源优势。沙生灌木主要分布在西北地区，该地区土地资源丰富，发展沙生灌木人造板具有得天独厚的土地资源。如鄂尔多斯地区沙柳林保存面积为46.67万hm^2，仅占该地区风沙面积的8%，扩大再造林土地资源非常丰富。据报道，陕西省榆林地区现在保存沙柳林面积121万亩(约807km^2)，这些沙柳林到"十二五"期间还没有开发利用。

每亩沙柳林平茬一次产沙柳枝条按500kg计算，生产1m^3人造板需湿沙柳1.4t，如3年平茬一次，则生产1m^3人造板需8.4亩沙柳林提供原料。如鄂尔多斯地区现有风沙面积全部种植沙柳林，就可以满足年产1000万m^3人造板生产的原料需求，而在"十二五"期间鄂尔多斯地区沙柳人造板企业的总设计产量为60万m^3，这仅是以沙柳为原料，鄂尔多斯地区其他可利用的沙生灌木还没有计入。如果计入全国其他地区种植的沙生灌木，则发展沙生灌木人造板的资源非常丰富。

2）市场广阔。中国西北地区是缺林少木地区。由于西部大开发和人民生活水平的提高，对木材的需求量逐年增加。现在鄂尔多斯地区人造板企业，全部产品销售在西北地区的包头、银川、兰州、西宁、乌鲁木齐等城市，还满足不了市场需求，尚需从内地长途调运，这说明西北地区人造板市场广阔，发展空间很大。

3）国家政策的支持。自从国家天然林保护工程实施以来，全国许多人造板企业由于原料短缺，造成企业停产或转产。沙生灌木人造板以沙生灌木平茬的枝条为原料，不砍伐森林，不但解决了人造板的原料需求，而且通过平茬复壮，使沙生灌木生长更加旺盛；农牧民通过出卖沙生灌木枝条，得到很大的经济实惠，刺激了农牧民自觉种植沙生灌木的积极性，使沙生灌木种植面积进一步扩大。为此，当地政府放宽政策，鼓励发展沙生灌木人造板事业，带动生态环境建设的发展。

三、沙生灌木人造板的发展方向

到"十一五"期间仅开发出沙柳人造板，西北地区还有许多沙生灌木亟待开发。如开发

柠条人造板、花棒人造板、杨柴人造板等。西北地区石膏产量很大，可开发石膏人造板，沙生灌木水泥板等。

到 2012 年，鄂尔多斯地区沙生灌木人造板企业生产规模都比较小，均采用国产人造板设备，最大生产规模为年产 5 万 m^3，企业获得经济效益也不大。今后采用进口人造板设备，扩大生产规模，发挥规模效应，进一步提高产品质量，企业和国家可收到更可观的经济效益。

第五节　开发沙柳人造板的意义

鄂尔多斯第一个沙柳刨花板企业筹建时，许多专家和领导担心刨花板厂建成后会砍光多年种植的沙柳，破坏生态环境；事实上，第一家漫赖刨花板厂建成投产后，沙柳不仅没有被砍光，沙柳种植面积反而成倍增加。沙柳枝条工业化利用之后，极大地调动了农牧民自觉种植沙柳的积极性，不用政府号召，也不要政府补贴，农牧民自觉地在承包的荒山荒地上大量种植沙柳，并且想方设法种植好，养护好，种一片，成一片，鄂尔多斯地区沙柳造林的速度加快。在"十二五"期间，鄂尔多斯地区有沙柳人造板企业 20 多家，人造板企业每年消耗沙柳 84 万吨之多。另外，沙柳削片不但供应本地区的人造板企业，同时还远销到呼和浩特、巴彦淖尔盟、北京、山西、河北等地，沙柳产业已成为该地区的支柱产业之一。

一、促进了广大农牧民增收致富

沙柳人造板的开发，促进了广大农牧民增收致富。农牧民已经亲身体验到种植沙柳的好处，他们出售沙柳增加了收入，并认识到有些坡耕地种植沙柳不比种植农作物收入少。如伊金霍洛旗天骄人造板有限责任公司中密度纤维板厂，每年收购沙柳付给农牧民的现金达 1000 多万元，农户最多收入一万多元，少者也有几千元。沙柳种植区的农牧民生活比较贫穷，日常生活开支主要靠出售羊毛、生猪、鸡蛋等农副产品来解决。沙柳人造板建成后，他们出售的沙柳收入很大，娶媳聘女，起房盖屋，成家立业等都靠出售沙柳来解决。沙柳产业已成为鄂尔多斯地区的支柱产业之一，成为农牧民脱贫致富奔小康的途径。

二、缓减了西北地区木材供需矛盾

沙柳人造板的开发，缓解了西北地区木材供需矛盾。随着西部大开发步伐加快，人民生活水平的不断提高，木材的消耗量也随之增加。西北地区是一个缺林少木地区，木材的供需矛盾更为突出。人造板是木材的主要代用品之一，$1m^3$ 人造板可替代 $3m^3$ 木材使用。"十二五"期间，鄂尔多斯地区沙柳人造板的总设计产量达 60 万 m^3/a，也就是说这些人造板每年为西北地区增加木材供给 180 万 m^3。据统计，2000 年西北地区木材产量为 76.8 万 m^3，沙柳人造板代用的木材是西北地区年产木材的 2 倍还多。因此沙柳人造板的开发缓解了西北地区木材供需矛盾。

三、促进了当地生态建设的步伐

沙柳人造板的开发，促进了当地生态建设的步伐。由于沙柳得到了开发利用，广大农牧民从出售沙柳中得到实惠，极大地刺激了广大农牧民种植沙柳的积极性。据报道，鄂尔多斯全年沙柳造林占人工造林的一半以上，平均每年增加5.33万 hm^2。如乌审旗沙柳造林大户殷玉珍从1985年开始，十几年如一日，克服了常人难以想象的困难，没有向国家要一分钱，治理荒沙3133.33万 hm^2，有林面积近2万 hm^2。宝日勒岱1997年退休后，承包荒沙3333.33 hm^2，带领儿女和群众在承包的荒山上完成人工造林266.67hm^2。

20世纪60年代之前，在毛乌素沙地的乌审旗境内，到处是流动沙丘和半流动沙丘，根本看不到一点绿色迹象，风沙掩埋了农牧民的房屋，风沙掩埋了农牧民的良田。"十二五"期间，在乌审旗看不到流动沙丘和半流动沙丘，眼前是一望无际的绿色沙山，大风刮起再也没有风沙流动。鄂尔多斯地区的人造板企业80%分布在毛乌素沙地上。"十二五"期间，鄂尔多斯地区造林重点转移到库布齐沙漠。在库布齐沙漠上不但农牧民种植沙柳，同时大集团公司在政府雄厚资金的支持下也参加库布齐沙漠的绿化工作。因此库布齐沙漠的沙柳种植，沙漠治理步伐大大加快，生态建设成绩显著，出现了库布齐沙柳种植治理沙漠的样板，很多国外友人和专家到库布齐沙漠治理的样板学习考察。

2015年7月下旬，在内蒙古自治区库布齐沙漠七星湖国际会议中心举行的2015第五届库布齐国际沙漠论坛，专门讨论库布齐沙漠的治理问题。沙柳种植，治理沙漠的成功经验向全世界传播，库布齐沙漠治理成为世界沙漠治理的典范。这些成绩的取得是鄂尔多斯地区广大干部群众和专家教授多年来辛苦劳动和敢于进取而创造的，这些成功的沙漠治理经验给世界沙漠治理带来福音。

参考文献：
[1] 王文才，吴兆军，白银河，等.沙柳与鄂尔多斯沙区经济发展的关系[J].内蒙古林业科技，2005(2)：37-38.
[2] 牛耕芜，冯利群，郭爱龙.柠条、沙柳制造刨花板生产工艺研究[J].内蒙古林学院学报(自然科学版)，1997(4)：4-5.
[3] 王喜明.沙生灌木人造板的生产工艺和关键技术[J].木材工业，2003，17(1)：16，12.
[4] 许凤，孙润仓，詹怀宇.防沙治沙灌木生物资源的综合利用[J].造纸科学与技术，2004，23(1)：17-18.

第二十八章作者简介:

张恭(1937年12月—),男,汉族,籍贯内蒙古包头市。1958年9月就读于内蒙古林学院(已于1999年与原内蒙古农牧学院合并为内蒙古农业大学)木材机械加工专业,1962年7月毕业并留校任教。

教学经历:1963年9月~1964年9月,在南京林学院进修1年。1964年9月,回到内蒙古林学院从事专业基础课教学工作。1970年,内蒙古林学院整体合并入内蒙古农牧学院,因木材机械加工专业停止招生,改行从事农业机械设计与制造专业教学与科研工作。1979年,经国家教委批准在原址恢复内蒙古林学院后,开始从事木材加工专业人造板方向的教学与科研工作。1997年12月,由内蒙古林学院退休。退休后继续从事人造板企业设计与建厂等科研工作,直到2008年因身体原因停止。

科研经历:1985年起开始在内蒙古西部地区主持设计并建设人造板厂,先后建设了芦苇硬质纤维板厂1个,葵花秆刨花板厂1个,沙柳刨花板厂5个,沙柳中密度纤维板厂4个。同时开发人造板国家专利2项,其中沙柳中密度纤维板专利曾获得国家专利局优秀奖。这些人造板企业的建成投产,不但使企业获得了可观的经济效益,同时当地政府也获得了巨大的生态效益和社会效益。

第二十九章　软木板/卷材

郑林义　邱增处　赵　励　王海明

　　软木俗称木栓、栓皮(图1),是由栓皮槠(图2)、栓皮栎(图3)、黄波萝3种树干枝的木栓形成层发展形成的木栓薄壁组织组成的外皮产物,或茎和根加粗生长后的表面保护组织。栓皮槠主要分布在地中海沿岸的葡萄牙、西班牙、摩洛哥、阿尔及利亚等国(图4)。20世纪末,世界软木年总产量约39万吨,其中葡萄牙年产量17.5万t,约占世界产量的45%。栓皮栎主要分布在中国、日本,朝鲜有少量分布。中国分布在北至辽宁,南至云南,西至甘肃陇南,东至安徽的20多个省区,主要分布在陕西秦巴山脉及其延伸带,中国年产量为5万多吨,占世界产量的十分之一左右。黄波萝主要分布在中国东北和俄罗斯,产量较小,利用价值不大。软木独特的蜂窝状中空充气细胞结构不同于木材,由软木酯、木质素、纤维素、蜡质组成的化学成分决定了其具有良好的低容重,可压缩弹性、减震、密封、耐磨、隔热、保温、隔音、吸音、防潮、耐液、不积露、防火B2级、绝缘、抗静电、衰减辐射、不腐、不蛀、不易老化变形等理化性能。作为天然可再生原料可生产各类软木制品:酒瓶塞、浮子、救生衣、羽毛球和垒球球芯、纯聚结软木砖、动物蛋白胶聚结软木纸/板、树脂聚结软木纸/板/卷材、软木橡胶制品、软木塑胶制品、软木装饰材料、胶粘贴软木地板、悬浮拆装软木地板、软木墙板、软木复合材料、软木拼花或打印地毯(块式和卷材)、地板、壁纸、壁布、立体吸音装饰墙板、轻纺软木复合布、栎树皮革、字画材料、高科技特殊软木材料。广泛用于机械设备、电器、建筑、铁路交通、水利工程、水电、核电站工程、室内与客用车船飞机内装饰,高档酒、化妆品、礼品包装,文体用品、鞋、帽、箱包、时装、家具、沙发座椅、日用工艺品等民用领域;航天、航海、核工业及其他军工领域。

(a) 中国检皮 (b) 葡萄牙检皮

图1　栓皮

图2　葡萄牙栓皮槠树　　　　　图3　中国栓皮栎树（宝鸡坪头森林公园）
（陕西万林有限公司提供）　　　　　　　（摘自宝鸡古树名录）

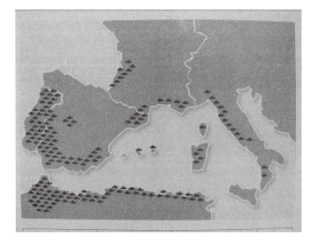

图4　栓皮槠种植分布示意图
（摘自葡萄牙阿莫林（Amorim）公司说明书）

第一节　软木板/卷材生产的发展历史

人类使用软木已有数千年的历史,在公元前 400 年古希腊和古罗马时期已有应用记载,当时人们用软木制作浮子、瓶塞和鞋底。20 世纪以来,在地中海的克里特岛上挖出大量 5000 年前罐瓶、陶制容器,其用栓皮制的软木塞还完好无损;古埃及、古罗马考古挖掘,在地下 4000 年前有类似双耳小口尖底瓶也用软木塞密封,证明了以上历史的记载。这种尖底瓶近似于中国西安半坡遗址发现的仰韶文化时期(距今约 7000~5000 年)的直口尖底瓶,但半坡遗址挖掘出的尖底瓶未见有软木塞。16 世纪,法国修道士东·佩里尼翁(Don Perignon)用麻油包裹软质木材制的木塞为最早的古代木塞,后来被软木瓶塞取代。大规模制作软木瓶塞始于 1780 年,1890 年美国的约翰·史密斯(John Smith)发明了纯聚结软木砖工艺,用做绝热软木砖始于 1892 年,纯软木地板在欧洲始于 1900 年,用于生产胶聚结软木制品始于 1910 年,软木橡胶生产在荷兰、英国、日本则始于 20 世纪 20 年代,20 世纪 70~80 年代葡萄牙开始用聚酯胶生产聚结软木制品。

中国软木工业发展的最早记录是在 19 世纪,使用欧洲栓皮制作瓶塞始于 1892 年"张裕酿酒公司"创立之后,1894 年在烟台、上海、广州、福建等地先后设立了软木瓶塞厂,上海英吉利软木厂就是其中之一。用欧洲进口的栓皮生产软木瓶塞、骨胶软木纸、纯聚结软木砖等,每年进口栓皮约千吨以上。

1914 年,福建省工艺传习所的陈春润,会同木雕师吴启棋和建筑雕花师郑立溪采用欧洲进口栓皮共同研制软木雕刻画。

中国栓皮栎用于制作软木始于 20 世纪 40 年代,西安李姓人氏发现陕西秦巴山脉栓皮也有欧洲栓皮的特性,开始用国产栓皮制作药瓶塞,为后来的抗日战争做出了一定贡献,开启了中国栓皮生产的历史。

1950 年,苏联为打破西方对其软木材料的封锁,解决软木原材料供应问题,委托中国林业部门在中国寻找软木资源。当时的西北农学院云立峰教授等经过考察,在陕西秦岭太白等地找到了可利用的软木资源,保证了苏联航天火箭事业的顺利发展。

中华人民共和国成立前,仅有上海英吉利软木厂和一些使用欧洲进口栓皮生产软木瓶塞的厂家。中国其他软木产品工业正式起步于 20 世纪 50 年代,最早在上海、西安、广州、河南建立了软木企业,如上海软木纸厂、上海软木砖厂、上海灯塔软木厂,后来上述 3 厂合并为上海前卫软木总厂。1957 年,该厂在软木主产区陕西西安援建了"西安林产化学工厂"(以下称西安林化厂)。后来相继建起了河南内乡软木厂、广州广红软木厂等。1987 年,西安林化厂成立了中国第一个国有软木制品研究所(孙淑艳任所长),软木制品质量监测站 20 世纪 90 年代并入陕西林产品质量监督检测站。1994 年,陕西万林有限公司成立,并于当年成立了中国首个企业属下自办的民营陕西万林软木应用研究所;2000 年,在西北农林科技大学赵砺教授倡导下,陕西万林有限公司与西北农林科技大学林学院合作组建了校企合作"农大万林软木应用研究所"(陕西万林有限公司属下非独立法人研究机构);2015 年 11 月,在欧阳晓平院士力促下,与湘潭大学材料科学与工程学院联合组建了"湘大万林软木功能材料研究所",为中国首个产学研紧密结合的专业生物软木功能材料研究机构。

第二节 软木板/卷材的生产工艺

在软木产业发展的不同时期,为保证产品质量,降低生产成本,对生产工艺方法和生产设备都进行了改进。主要是对原料的改性和加工,毛坯制作方法,软木纸/片/卷材的平剖、旋切、软木复合、定型、表面装饰涂装工艺等进行改进。

一、软木原料生产工艺

中国栓皮与欧洲栓皮相比,存在容重高、硬度大、夹砂多、颜色深等不足。传统软木原料加工过程,经晒干,切条,粉碎,多层筛分目,风力除杂、除尘,输送等工艺,软木出产率低,粉尘大,污染环境,有害职工健康。

原西北农学院为中国从事栓皮栎调查研究最早的高等学府,从1950年,就开始对陕西秦巴山脉的软木资源进行调查。李天笃教授采用水煮烘焙等工艺对中国栓皮栎改性处理进行了多年研究,于1966年达到了对软木初步软化、膨大的目的,其工艺方法沿用至今。

从1996年至2000年,陕西万林软木应用研究所的研究人员在陕西汉中佛坪轻工机械有限公司,完成了机械摩擦湿法膨大软化软木的试验,生产出了片状软化软木。同期,在陕西万林有限公司直属工厂采用湿热水煮高压膨碎法,完成了大块树皮的膨大和软化除杂。2005年至2006年,陕西万林有限公司在总工程师指导下,其公司的技术人员郑哲、李健等人在本公司压机上通过高压感应湿热法,完成了软木膨化、软化试验。上述几种方法综合为"膨碎软化软木制备方法"获得了国家发明专利,专利号:CN 2008 10159211.0。

2007年,西北农林科技大学与陕西万林有限公司共同承接了国家林业局"948"引进项目,名称为热化学膨化软木方法,由雷亚芳教授主持,赵泾峰副教授等参加,自制膨化设备;经过两年试验,于2009年完成了用热化学膨化软木方法,对中国栓皮进行了热膨大改性,膨大率大幅提高,进一步提高了栓皮原料的品质和利用率,并减少了污染。这种软木原料改性加工方法,解决了传统的软木原料加工方法中粉尘污染问题,保护了自然环境和职工健康,提高了软木的品质和利用率,增加了品种和附加值,为使用中国软木生产高端软木制品创造了条件。

二、纯聚结软木砖生产工艺

无须加入任何胶粘物质,靠软木本身所含树脂,在一定时间的压缩烘焙下,膨胀塑变(炭化或半炭化)相互嵌入而成的砖/板,称为纯聚结软木砖/板。中国纯聚结软木砖/板采用火炉烘焙法生产,火炉有间歇加热炉和连续加热炉两种。国外主要采用火炉烘焙法和过热蒸汽法生产纯聚结软木砖/板。

纯聚结软木砖生产流程:称重配料(软木块规格尺寸为100cm×50cm×3或5cm),装入钢模加盖、加压、锁紧,送入连续烘焙炉,煤烘炉或过热蒸汽炉加温膨大炭化聚结,出炉、出模,软木砖出模冷却,检验入库。

三、有胶聚结软木纸/板生产工艺

软木粒加入不同胶黏剂经搅拌机拌胶，装模加压锁紧，加热固化，降温取坯，毛坯经平切或旋切等5道工序加工成软木纸/板。制坯原工艺：动物蛋白胶聚结软木纸/板，采用多套内镶镀锌铁皮的木模具，而树脂聚结软木纸/板毛坯，采用多套长方形或圆柱形金属模具，经装料加盖、冷压锁紧、热烘炉固化（电热、汽热、火热3种加热方法中的一种）毛坯成型、剖切成纸/板或旋切成卷材。这种方法均需吊车吊装模具，采用固定或连续烘炉设备固化，毛坯出炉冷却、制坯时间周期长（8~12小时）；采用直导热式加热软木，耗能高；劳动力成本高，劳动强度大，生产效率低；煤火加热污染环境，有害健康。20世纪50年代至今，生产厂家均采用该制坯工艺生产软木纸/板。国外是采用机械手提坯，循环烘窑固化，连续出坯。

针对软木导热性能差及传统工艺存在的不足等问题，2005~2006年，陕西万林有限公司直属工厂技术员郑哲等人经过反复试验，发明非金属双模循环加热即时成坯工艺。该方法已申报国家专利并运用于生产多年。

四、软木橡胶及制品生产工艺

软木橡胶技术在20世纪30年代始于日本，于中华人民共和国建国前传入中国，中华人民共和国建国后软木橡胶制品大量用于机械密封。1993年杜子伟工程师的"软木橡胶轨枕垫"获得实用新型专利，专利号：CN 93 2 177522，其压缩强度远远大于传统橡胶产品，但其拉伸强度不理想。陕西万林有限公司科技人员继续攻关，于2004年研制出强化软木橡胶垫（轨枕垫、密封垫、减震垫），系软木橡胶垫的第二代产品，获国家发明专利，专利名称"强化软木橡胶垫"，专利号：CN 2004 1 00260999，并获得国家发明金奖。

传统软木橡胶生产工艺为软木橡胶混炼和直热式装模热压硫化，而强化软木橡胶垫生产工艺则采用上述专利方法，先直热硫化表面固化和后感应加热硫化相结合的方法硫化，提高了硫化效率，节省了硫化时间和能源，对较厚的软木橡胶制品节能效果更为明显。

五、软木复合材料生产工艺

复合软木是指软木中加入胶料，聚结成坯而生产的软木板/卷材。软木混复材料是指在软木中除加胶外，再根据设计要求加入不同比例材质纤维混合而成的软木材料。软木复合材料是指软木、复合软木与不同材质的布、网布、软木橡胶、塑料、塑膜、铝箔等其他材料复合而成的软木材料。

1995~1996年，陕西万林有限公司利用胶合板热压机，完成了无胶软木复合纤维板一次成型工艺。利用该方法生产出的软木复合纤维板，经测试其性能完全达到纤维板国家标准要求。

1998年，陕西万林有限公司科技人员在自己无设备条件下，转战广州复合材料厂、浙江温州黄河皮革有限公司等单位，完成了软木复合布、栎树皮革的生产试验，并获得国家专利，专利名称：软木复合材料及制品，专利号：CN 98 2 133144.4.。

自2005年起，陕西万林有限公司的科研人员郑哲和陆全济配合，先后在陕西宝鸡雷泽木业有限责任公司的多层热压机、湖北宝源木业有限公司贴面压机和陕西杨凌诺菲博尔（德国）有限公司（原陕西林德森板业有限公司）的连续平压机生产线上，采用间歇平压或连续平压法，制备出了不同幅面的高密度软木布、软木板、软木复合定向刨花板和软木复合秸秆定向结构板。该方法已获得国家发明专利，专利名称"软木混复材料和复合材料及其工艺"，专利号：CN 03 134308.2。

2008年，西北农林科技大学研究生周伟在雷亚芳教授指导下采用上述方法完成了软木与龙须草的软木混复材料生产试验，生产出了软木龙须草混复板材，经测试性能良好。

陕西万林有限公司已采用上述方法生产出软木混复地板、地毯、墙板、壁布等产品。

六、软木地板/地毯表面装饰工艺

树脂软木及软木橡胶制品技术原出自西方发达国家。1986年，西安林化厂高级工程师李大年，领导主持利用中国软木成功研发出树脂胶聚结软木纸/板，并引进联邦德国的先进平剖设备，生产出高强度耐水大幅面小厚度复合软木纸/板，为有胶聚结软木纸的第二代产品。1994年，"中国软木地板砖"获得中国软木发明专利，专利号：CN 94 1 138070，开创了用中国栓皮生产高品质软木地板砖的历史。此后，多家软木生产单位仿制，如西安静林软木地板有限公司，西安东方软木有限公司，五星软木厂，西安恒润软木有限公司等软木厂。一个新产品、新工艺带动了中国软木工业发展。

传统的软木地板自然、典雅、古朴、粗犷，但色泽单一，时代动感色彩不足。科研人员做了很多改进，例如在软木面上复合薄木皮、竹皮，同时做过不同的印刷图案，增加了品种和不同的装饰效果，但消费者担心印刷图案的耐磨性和表面耐久性，未能推广。

20世纪末至21世纪初，企业科研人员做了大量软木材料的改性，软木装饰材料装饰效果及涂装工艺的改进。

2005年，陕西万林有限公司科研人员完成了软木软化、脱色、染色专利工艺，为制造不同色泽的软木纸/板/卷材创造了条件，开始研制不同材质、色彩、图案的天然软木彩色拼花地毯、地板（墙板），于2008年完成目标。其中"天然彩色软木拼花地毯或地板及制备方法"已获得国家发明专利，专利号：CN 2008 1 10178444.1。同时实现了在软木布、软木地毯表面局部数码打印不同色彩图案，生产出宽幅面块式地毯或卷材地毯以及壁布，此前已完成了软木火绘地板、墙板。他们又创造出三合一表面涂覆工艺技术，提高了表面的耐磨寿命和舒适度。

2010年，山东乐得仕软木科技有限公司科研人员，开始试验对软木表面进行特殊处理，采用全封闭软木自然色纹数码打印的方法，在天然色全封闭软木地板砖表面打印出不同亮丽色彩的图案，有效地提高了软木地板的装饰效果，专利名称：一种数码喷墨影印软木复合地板，专利号：CN 2012 2 0586124.9。

第三节 软木板/卷材的生产设备

葡萄牙的软木工业比较发达，但软木装备多引自德国。中国软木制造设备大体经历了自制摸索、引进改造、自主创新3个阶段。

一、软木原料加工设备

(一)树皮加工设备

由于传统的刷皮机、剥皮机、磨皮机加工大块不同厚度栓皮的效率低、粉尘大,被剥皮机、软木剖切机取代。树皮加工处理设备见表1。

表1 树皮加工处理设备

名称	刷皮机(自制)	磨皮机(图5)	剥皮机	剖皮机生产线(图6)软木剖切机或鞋底剖切机
研发应用单位	西安秦泸软木厂等	长安内苑软木厂	陕西万林有限公司	扬州福达海绵机械有限公司等
研制时间	1996年应用至今	1995年	2005年,陕西万林有限公司应用至今	2004年,多厂应用至今

图5 卧式磨皮机

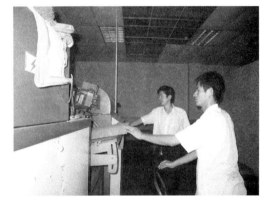

图6 剖皮机

(二)软木粒加工设备

软木粒加工设备见表2。

表2 软木粒加工设备

设备分类	第一代 20世纪50~70年代	第二代 20世纪80年代至今	第三代 21世纪10年代	备注
粉碎设备	破皮粉碎机、饲料粉碎机	软木粒子磨粉机(图7)	湿法破碎加工设备	栓皮栎破碎,磨细加工成片、粒状
筛选分目设备	钢架木质多层振动筛	软木粒筛分除尘成套设备(图8)	密封式多层振动筛湿法除尘	分出直径大小不同的颗粒
风选除杂设备	木质手摇风车、钢制吹风机	风力提升输送密封风选机	密封风选除尘机	除杂除尘得到不同目数的纯净软木粒或软木片
设备生产单位	企业自制	镇江林业机械厂、佛坪轻工机械有限公司	陕西万林有限公司	

图7 软木粒子磨粉机　　图8 软木粒筛分除尘成套设备

二、纯聚结软木砖生产工艺和设备

纯聚结软木砖生产的主要设备：破碎机、振动筛(筛网孔为 20～50mm)、钢制带轮模具(模具规格 100cm×50cm×3 或 5cm)、60t 冷压机、烘焙炉(依靠钢轨输送烘焙)。原甘肃两当县软木厂的软木砖烘焙炉出口及厂房，见图9。

(a) (b)

(a)厂房　(b)软木砖烘焙炉出口
图9　原甘肃两当县软木厂厂房及烘焙炉

三、软木瓶塞生产工艺和设备

软木瓶塞生产的主要设备：蒸煮炉、切条机、空心钻机、瓶塞磨削机、片状瓶塞冲裁机。

动物胶聚结软木塞：中华人民共和国建立初期，药瓶塞一直用动物蛋白胶聚结软木生产。其工艺为毛坯切片定厚，切条端面为大于瓶塞大头直径的正方形，定长，用手动旋塞机旋出圆柱形、圆锥形药瓶塞。所用设备有切条，截断定宽、定厚锯床，手动旋塞机。

天然软木塞：树皮蒸煮，切条，空心钻取毛坯，磨削定尺寸，脱色，印标志，天然软木塞。

聚结软木塞：软木拌胶，计量装料，加热挤出棒料，切断，磨削定尺寸，脱色，印标志，聚结软木塞。

四、有胶聚结软木纸/板/卷材生产设备

（一）有胶聚结软木制坯设备

有胶聚结软木制坯设备见表3。

表3　有胶聚结软木制坯设备

产品	模具	拌胶机	通用冷压机	固化方式与设备	使用年代	应用单位
动物胶聚结软木板	贴镀锌铁皮木复合模具、木模装料箱（950mm×320mm）（图10）	卧式拌胶机	冷压机30~60t（图11）	固定煤烧烘窑（8小时以上固化出坯）	20世纪50~80年代	陕西留坝县软木厂等40多个厂自制自用
复合软木纸/板	铸钢或焊接钢结构金属模具（长方形或圆柱形）、模具规格（950mm×640mm×300mm）（图12）	卧式拌胶机	冷压机250~300t（图13）	固定式电加热烘窑（8小时以上出坯）（图14）	20世纪80年代至今	上海前卫软木厂、西安林化厂等自制自用
复合软木及软木混复材料（新工艺加工设备）	非金属加固模具规格（1250/950mm×640mm×100~200mm）（图16）	万能立式拌胶机、滚筒式搅拌机（图15）	压力机250t（图16）	感应加热器，即时固化成坯（图16）	2005年至今	陕西万林有限公司研制并应用

国内外制坯工段装备大同小异。葡萄牙阿莫林（Amorim）公司制坯只是采用机械提装，连续循环烘炉固化。而中国这种非金属双模双压机循环感应固化即时成坯工艺，装备占地面积小，生产效率高，环保节能。同时适应复合软木、软木混复材料、软木橡胶毛坯的生产，而且可完成软木地板、墙板的复合、定型、表面涂覆多道工序，实现了一机多用。

图10　动物胶聚结软木毛坯木模装料箱　　　图11　冷压机
（西安内苑软木厂提供）

图12　长方形、圆柱形钢模具　　图13　毛坯压力机　图14　固定式电加热烘窑

（图12～14由西安林化厂提供）

图15　万能立式拌胶机　　图16　毛坯新工艺加工成套设备

（图15～16由陕西万林有限公司提供）

(二)软木纸/板/卷材平剖切旋切设备

20世纪70年代,中国国产立式剖切机(图17)只能剖切出厚度3mm、宽度320mm的软木板。20世纪80年代,广州市广红软木厂研制出卧式圆盘剖切机,可生产出规格为940mm×640mm的软木纸/板。同期,西安林化厂引进联邦德国宽幅软木平剖切设备(图18),可生产规格为940mm×640mm×0.8mm的软木纸板。20世纪末,泰兴市双羊皮革橡塑机械厂研制出中国第一台软木平剖机(4人操作)(图19)。2004年,江苏扬州福达海绵机械有限公司张福跃研制出中国第一台软木自动连续平剖机(两人操作);同年,研制出软木橡塑旋切机(图20)(专利号:CN 2004 2 00271787);2005年,又开发出单人操作往复式高精度平剖机(图21)。国产平剖机、旋切机在满足国内需求的同时,已出口印度、加拿大等国,使中国由软木精加工设备进口国一跃成为出口国。软木纸/板/卷材平剖切旋切设备见表4。

表4 软木纸/板/卷材平剖切旋切设备

年代	设备名称	研发生产单位	应用情况
1950~1970	立式剖切机(图17)	企业自制	上海软木纸厂、西安内苑软木厂等多厂应用
1970~80年代	圆盘锯式剖切机	广州广红软木厂	广州广红软木厂自用
1990~2000	软木平剖机(图19)	江苏泰兴市双羊皮革橡塑机械厂、扬州福达海绵机械有限公司及台湾有关厂	全国多个厂家应用
2000至今	软木连续平剖机,软木橡塑旋切机(图20)	扬州福达海绵机械有限公司	全国多个厂家应用,并出口印度等国家

图17 立式剖切机
(西安内苑软木厂提供)

图18 联邦德国平剖机
(西安林化厂提供)

图19 软木平剖机
（陕西万林有限公司提供）

图20 软木橡塑旋切机
（西安林化厂提供）

图21 软木平剖机

五、软木橡胶/塑料生产设备

软木橡胶及强化软木橡胶生产工艺及设备与橡胶生产工艺及设备相同，主要有炼胶机（图22）、硫化机（图23）、模切机及模具等，只是强化软木橡胶及厚度较大的软木橡胶需要采用更先进的高频加热设备做后期硫化处理。复合软木橡胶工艺设备与复合软木板/卷材相同。软木塑料产品生产工艺设备与塑料生产工艺设备相同或相似，主要设备为通用塑料机械。

图22 软木橡胶炼胶机

图23 软木橡胶硫化机

六、软木复合材料生产工艺和设备

粘贴软木地板工艺为：软木装饰面料与基材涂胶，热压复合，模切定尺，砂光定厚，表面涂装，检验包装。其设备为涂胶机、热（冷）压复合机、模切机或精截机、仿形铣、数显砂光机、数码打印机。

软木复合拆装悬浮地板（拼花地板）生产工艺为：人造板基材涂胶贴装饰面，热（冷）压复合定型，板材分切，砂光定厚，涂底漆，开榫槽或锁扣，表面涂装，检验包装。其设备与复合木/竹地板基本相同。

软木墙板生产工艺基本与粘贴软木地板相同，只是表面涂装材料不同而已。

七、软木卷材地毯/布/革生产工艺与设备

软木卷材毛坯生产工艺有两种：第一种是基材坯布涂胶，贴软木装饰面，热平压、连续平压，成坯，冷却陈放至性能稳定，所用设备为涂胶、复合一次成型涂布机；第二种是软木原料拌胶，坯布涂胶，铺装，连续平压，冷却定型成坯，陈放至性能稳定，所用设备为软木拌胶机、坯布涂胶机、铺料机、热平压机、连续平压热压机、打卷机，主机用人造板设备改造。

软木地毯/布/革等精加工工艺为：精截定宽，砂光定厚抛光（表面为自然纹或数码打印图案），表面涂装（图案、保护层），产品。其设备为截边机、真空砂光机或磨皮机、涂装生产线设备或鼓式热贴合机，以上均为通用设备。

第四节　中国软木产品的发展历程

中国软木产品的升级换代与软木工业的发展息息相关，产品工艺装备的创新推动了中国软木工业的发展。根据产品发展沿革，基本可分为3个阶段：1950年至1970年，1971年至1990年，1991年至"十三五"期间。

一、第一阶段：生产软木砖、动物胶聚结软木纸/板、软木瓶塞等产品

1950年5月，在中央林业部门的领导和支持下，原西北农学院林学系（现西北农林科技大学）李天笃、云立峰教授等一行人，在陕西、甘肃一带调查栓皮资源，发现中国栓皮栎的栓皮可以利用，且产品质量较好。接着，陕西、安徽、江西、湖北、湖南、贵州等省的林业部门都组织人员进行了调查、采剥和试验工作，发现长江、黄河流域各省都有栓皮栎林的分布。1953年，由林业部门统一布置，在合肥、武昌、西安、贵州等地，先后建立起40多家国营软木厂，仅陕西就有国营西安林化厂、留坝县软木砖厂、凤县软木砖厂、宁陕县软木砖厂、勉县软木砖厂、略阳县软木砖厂。甘肃省有两当软木厂。当时生产的主要产品有软木瓶塞（图24）、纯聚结软木砖（图25）、动物胶聚结软木瓶塞及软木板（图26）、软木橡胶制品（图27）、垒球芯、羽毛球芯、软木粉、软木管、隔热板等。据1984年统计，全国林业系统有近40家软木制品国营企业，职工人数5000人，软木砖产量达4

万~8 万 m³。从此，利用国产栓皮生产各种软木制品，开创了中国的软木工业。栓皮和软木制品由进口而变为出口，为国家赢得了外汇，支援了社会主义经济建设。

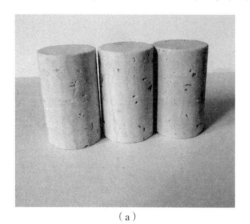
(a)

(b)

(a)天然软木塞　(b)复合软木塞

图 24　软木塞

（原甘肃两当县软木厂提供）

（西安林化厂提供）

图 25　纯聚结软木砖

图 26　动物胶聚结软木瓶塞及软木板

图 27　软木橡胶制品
(佛坪轻工机械公司提供)

二、第二阶段：生产复合软木纸/板及软木橡胶制品

(一) 树脂聚结软木纸/板及其制品

利用树脂胶生产聚结软木纸/板的方法起源于欧洲。20 世纪 90 年代，国营西安林化厂、上海前卫软木厂、广州广红软木厂，利用中国栓皮生产出了符合国际标准的树脂聚结软木（板/片/卷材）及其制品（图 28）。其后这一技术的推广，带动了一大批新产品的问世。

(a)　　　　　　　　　　　　　　(b)

(a)树脂聚结软木纸/卷材及毛坯　(b)树脂聚结软木卷材

图 28　树脂聚结软木

(二) 软木橡胶制品创新

20 世纪 20 年代，树脂软木、软木橡胶制品生产始于荷兰、英国、日本。中华人民共和国建立后，上海前卫软木厂、国营西安林化厂，采用中国软木生产出软木橡胶密封垫（图 29）等制品。1993 年国营西安林化厂杜子伟研制出软木橡胶轨枕垫（专利号：CN 93 2 177522）。为了克服现有软木橡胶制品强度低的弱点，2004 年，陕西万林有限公司研制出强化软木橡胶垫（专利号：CN 2004 1 0026099.9），可用于制造轨枕垫、密封垫、减震垫等产品。2006 年又研制出树脂聚结软木橡胶板材和地垫或地板（图 30）（专利号：CN 2006 2 0136065.X）。

图29 软木橡胶密封垫
（西安林化厂提供）

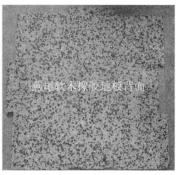
图30 软木橡胶地板
（陕西万林有限公司提供）

（三）软木装饰复合地板、墙板、地毯的创新

在欧洲，软木用于地板已有几百年历史，早在1573年，罗马圣克罗斯教堂就已采用手工制作的软木地板。中国最早采用软木地板的场所，一般文献记载多是北京大学古籍图书馆。1932年由荷兰人铺设，10mm厚，至21世纪初只磨损0.5mm。2011年清华大学百年校庆后，陆续有媒体披露，清华大学图书馆一期采用软木地板铺地，由美国建筑师亨利·墨菲（Henry Murphy）设计，1919年建设完工，比北京大学古籍图书馆（老图书馆）早13年。中国软木地板砖于1994年由西安林化厂李大年（浙江舟山人，高级工程师，享受国务院政府特殊津贴、有突出贡献的软木专家，图31）主持研制成功（专利号：CN 94 1 138070）。

图31 李大年

软木复合锁扣地板（芯材为中密度纤维板）在20世纪80年代进入中国。西安林洋软木地板公司等引进技术和部分设备生产软木复合锁扣地板（芯材为中密度纤维板）（图32），同时大量生产软木粘贴式地板（图33）、墙板。经多次改进后，利用中国软木生产出软木复合锁扣地板（芯材为中密度纤维板）。后来北京德合家木业有限公司、西安东方软木有限公司、江苏森豪仕软木有限公司、三门峡格瑞特软木制品有限公司等多家软木厂大批量投入生产，并出口国外。2002年，四川升达地板公司研制出软木静音锁扣强化木地板，并获得实用新型专利（专利号：CN 02 2 449183）。2003年，北京德合家木业有限公司研制出具有软木层的强化木地板（专利号：CN 03 2 424884）。

图32 软木复合锁扣地板
（西安静林软木地板有限公司提供）

图33 软木粘贴式地板
（西安林化厂提供）

 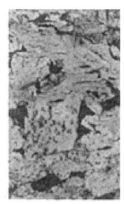  

图34 天然软木墙板、壁布
（陕西万林有限公司提供）

软木橡胶、树脂聚结软木纸/板以其高强度、无公害、高防水等良好的理化性能，取代了低强度、防水性差的动物胶聚结软木纸/板，使得软木产品的种类日益繁多，如树脂软木地板砖、软木橡胶地板、彩色软木墙板（图34）、树脂软木留言板、树脂软木餐饮具用垫。合成技术的发展使得大批传统的动物胶软木纸厂家相继倒闭，2009年10月，中国最后一个软木砖厂甘肃两当软木厂的软木砖生产线拆除。同时，拥有树脂聚结软木先进技术的厂家日益壮大，如拥有"中国软木地板砖"发明专利权的国营西安林化厂、上海前卫软木总厂、广州广红软木厂等。上述产品的创新，使树脂聚结软木纸/板/卷材及其制品（软木瓶塞、软木橡胶制品）生产厂家数量迅速增加，高端产品比例加大，中国已成为继欧洲之后第二大软木产品生产基地，由软木初级产品出国一跃成为树脂聚结软木纸/板/卷材及地板、墙板等高端产品出口基地，为中国软木产品在国际上争得一席之地（详见本章附表1：中国软木企业名录）。

三、第三阶段：生产树脂软木复合材料、软木混复材料及其制品

软木原料栓皮虽可再生，但生长期长，价格昂贵，抑制消费，有些产品功能型资源浪费，因此，必须把握产品不同功能要求，探索软木超薄化，材料替代化，在保证应用功能和品质的前提下，提高软木利用率和减少浪费，降低成本，创新出更多有自主知识产权的

高端软木产品,提高中国软木产品在国际市场的竞争力。

由于中国栓皮和欧洲栓皮的生长地理、气候、环境不同,因而在品质和性能上有差异,并且中国的科研机构团队人数水平与欧洲相比也有差距,致使有些产品的创新滞后于国外,如软木布、军工产品。为从根本上解决中国软木原料的改性,使生产高端软木产品的技术得到保证,原西北农学院李天笃教授,从20世纪60年代开始,经过20多年的研究完成了用水煮法对中国栓皮进行改性,取得了良好的效果,使软木体积增大25%以上。陕西万林有限公司从20世纪90年代开始,持续对软木进行改性研究,于2008年研制出膨碎软化软木制备方法(专利号:ZL 200810236583.2),为用国产软木生产高端软木产品创造了条件,使中国软木地毯、布、栎树皮革卷材创新的梦想得以实现。

(一)软木复合地板、地毯的创新

随着中国经济的改革和对外开放,大批国外高端软木产品进入中国市场,同时,中国软木原材料及初级产品大批出口国外,促进了中国软木工业技术的创新。2004年,陕西万林有限公司在上海安信木材公司进行中试,研制出悬浮自装复合软木地板(芯材为无醛多层实木板,专利号:ZL 2004 2 0041982.1)(图35),2006年列入国家星火计划推广。2006年,研制出树脂软木橡胶板材和地垫或地板(专利号:ZL 2006 2 0136065X),同时研制出软木橡胶复合燕尾自装地板或地垫(专利号:ZL 2006 2 00797325)。2008年,研制出天然彩色软木拼花地毯(卷、片材)、拼花地板、墙板,天然软木地毯、地板、墙板(专利号:ZL 2008 8 10017844.1),同时研制出镂空印刷、纺织、火绘图案地板与地毯卷材(图36)。2009年,上海的刘亚勋研制出PVC软木复合地板(芯材为石粉聚合板,专利号:ZL 2009 2 02864239);2012年,江苏森豪仕软木有限公司研制出模块式快速拼装软木地板(专利号:ZL 2012 1 00760176)(图37);2012年,山东乐得仕软木科技有限公司的刘宝宣等研制出了一种数码喷墨打印软木砖的生产方法(专利号:ZL 2012 1 0044942.0)和数码喷墨打印软木复合地板(专利号:ZL 2012 2 0586124.9)(图38)。

图35 悬浮自装复合软木地板

(上海安信木材公司、陕西万林有限公司提供)

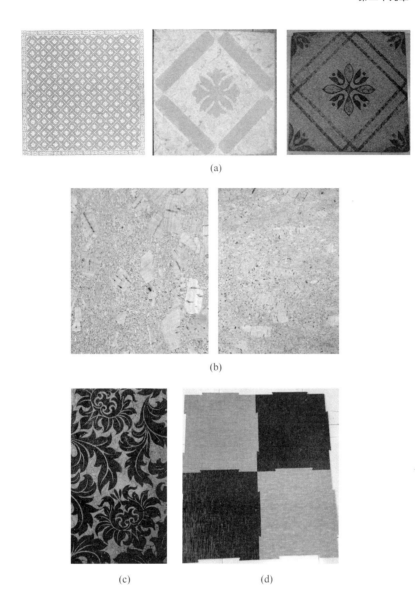

(a) 软木拼花地毯/地板 (b) 天然软木地毯/地板/软木橡胶复合地板
(c) 镂空数码打印地毯/地板 (d) 纺织软木地毯

图 36　陕西万林有限公司软木产品

图 37　模块式快速拼装软木地板　　　　**图 38　数码打印地板砖**
（江苏森豪仕软木有限公司提供）　　　　（山东乐得仕软木科技有限公司提供）

连接方式有不同形式：销扣、V 形对接、隐形燕尾连接（图39）、燕尾连接（图40）、块式平面拼接（图41）、榫槽或活榫连接，还有许多企业在材料、结构、拆装方式、面料表面装饰耐磨层等方面，如软木复合地板、墙板，进行了多项创新，各有特色。

图39　隐形燕尾连接　　　　　图40　燕尾连接　　　　　图41　块式平面拼接

（陕西万林有限公司提供）

（二）中国软木复合布、栎树皮革的问世及创新

为利用中国栓皮生产超薄、柔软、高端软木产品，陕西万林有限公司科技人员转战广州、温州，用经过改性达到柔软不裂的中国软木，在温州一家工厂生产的小型超薄剖皮机上，剖切出厚度≥0.3mm 的超薄软木纸。与不同材质的布、无纺布、网布合成革、皮革复合，研制出软木复合材料及制品（专利号：ZL 98 2 331444.4）。用中国改性软木生产出了软木布、栎树皮革，结束了中国软木原料不能生产高端产品的历史。第一批软木布卖给广东东莞优质鞋厂，用于出口女士凉鞋鞋底贴面，软木贴底女鞋高价出口国外，提高了中国鞋的竞争力，流行至今。但软木布手袋、钱包不耐污，于是陕西万林有限公司经过多次试验，在温州黄河皮革有限公司完成了贴面栎树皮革，同时，又研制出了彩色透气软木革，填补了世界软木行业继动物皮革、化学合成革之后的第三种栎树皮生物软木皮革的空白，于 2000 年 19 届中国发明展览会上获得发明专利金奖。该专利独家许可西安泽森软木科技有限公司（2017 年 6 月更名为杨凌万林新材料有限公司）生产多年，其软木布、软木革及箱包、手袋制品（图42）已通过欧盟环保认证，并出口国外。

2006 年，陕西万林有限公司研制出生物软木纱或软木编织布和革的制备方法（专利号：CN 200610042610.3）。2009 年，东莞市英富软木制品有限公司研制出一种 PVC 膜夹软木并冲孔的软木革（专利号：ZL 2009 2 0193735.5）；2012 年，广东省东莞市丁群雄研制出树脂层软木革（专利号：ZL 2012 2 0724847.0）、冲孔型夹层软木革（专利号：ZL 2012 2 0724805.7）、超纤皮软木合成革（专利号：ZL 2012 2 02512640）。上述软木革高效地利用了软木资源，减少了动物皮革、合成革的生产对环境的污染，填补了在轻纺、皮草、时尚产品领域的空白。

（三）软木混复材料和复合材料的创新

为了减少珍稀软木资源在某些产品上的功能浪费，提高软木复合材料的强度，2003 年陕西万林有限公司，在树脂聚结软木材料中，按设计要求加入不同材质的纤维，或软木橡胶加纤维、塑料加纤维，生产出软木混复材料，及其他软木材料与不同材质的布料、人造板等，采用制板复合一次成型工艺研制出软木混复材料和复合材料（专利号：ZL 03 1

图42　软木箱包、手袋制品
(陕西万林有限公司、西安泽森软木科技有限公司提供)

图43　软木地热木地板垫及软木龙骨
[安信伟光(上海)木材有限公司提供]

34308.2)。生产出新一代天然、彩色、数码打印、火绘平面或浮雕软木布、壁布、软木革、软木地毯卷材、墙壁挂毯、软木地板。木地板、竹地板铺装系统(软木龙骨、软木铝箔地热木地板垫用于高档木、竹地板悬浮铺装)见图43。利用这种工艺生产出的产品填补了行业空白,使中国软木行业真正进入自主创新时代,新产品的问世将带动软木行业企业的产品结构调整和升级换代,也将催生一批以市场为导向,以自主创新产品为核心竞争力的新兴产业入市(详见本章附表1:中国软木企业名录)。

大批自主创新产品的问世,提高了中国软木产品在国际市场的竞争能力,为中国软木在国际高端软木市场争得一席之地;同时,欧洲软木原材料及高端产品大量进入中国大中城市市场,和中国软木企业平分秋色。在软木市场和经济效益的驱动下,又有一批投资者进入高科技软木行业,创办新的软木产品生产企业;同时,一批无软木相关知识产权、技术工艺落后、产品雷同、资源浪费严重的企业正在被淘汰出局。

陕西万林有限公司与上海航天设计研究院、上海航天设备制造总厂合作,在2014年下半年完成了航天软木防护材料升级换代产品的试产,由陕西万林有限公司组织生产,于2014年10月份开始批量生产供货。该产品主要理化性能指标较原有产品提高1倍左右,装配效率更高,安全性能更好。2015年9月20日,应用陕西万林有限公司新型软木防护材料的长征六号新型运载火箭发射成功。陕西万林有限公司的新型软木复合防护材料成功用于载重量最大的长征五号运载火箭的助推火箭上,并于2016年11月3日发射升空,为复合软木生物质材料在航天领域的应用开辟了广阔的新天地。

第五节　软木艺术品及画材

一、软木雕刻画

1914年,软木雕刻画(图44)诞生于福建福州。1913年,福建省工艺传习所的陈春润,会同木雕师吴启棋和建筑雕花师郑立溪采用欧洲进口栓皮共同研制软木雕刻画,经过吴氏第二代传人吴学保、第三代传人吴传福、第四代传人吴芝生先生(图45)的继承和创新,并创办吴芝生软木画有限公司,艺术水平有了进一步提高,先后流传入天水、民乐等地,形成了各具特色的天水软木画和民乐软木画,被国内外各大博物馆收藏。为了使这一物质文化遗产代代相传,已打破传内不传外的规矩,确定了吴奕红、庄美玉、马季秋等作为第五代传人培养,这种画被作为国礼赠送给世界80多个国家的元首和贵宾。

图44　软木雕刻画

图45　吴芝生

二、软木火绘浮雕字画及画材

中国木雕艺术，火绘木板、竹板、麦秸字画，已有2600多年历史。近代有人采用火绘方法，在不同材质的织物、纸张上创作出了火绘字画，取得了理想的效果，这些艺术品遍布全国各地，有些流传国外并被收藏。但是纸质国画，木板、竹板、麦秸火绘字画存放时易霉、易蛀，收藏保存时间有限，影响了珍贵艺术品的珍藏、久远流传和欣赏。寻找新的画材，探索新的绘画手法和绘画工具及创新传承国画的责任，落在了现代人的身上。在现代科技人员和艺术家的创新和探索下，中国木雕艺术，火绘木板、竹板、麦秸字画有了进一步发展，并诞生了软木火绘字画。

郑林义1944年生于宝鸡千阳县，1970年毕业于西北农学院（现西北农林科技大学前身），高级工程师，湘潭大学材料科学与工程学院客座教授。郑林义曾考察过宝鸡市凤翔县2600多年前秦墓挖掘现场，发现耐腐的古柏表面已严重腐朽，但有一样黑色物质表面在阳光下发着点点星光完好无损，后来得知，黑色物质是木炭，发光的物质是残留的汞。联想到埃及考古出土的尖底瓶上的软木塞埋于地下4000多年完好无损，宝鸡市凤翔县秦墓挖掘现场埋于地下2600多年的木炭无虫蛀、未腐朽、不变形的情况，郑林义试图制作能够永久保存的软木画材。2002年郑林义对软木进行了改性使得软木柔软如纸，创造出一种非纸非木的新画材。然后改进了传统火绘字画的笔具，利用软木受热炭化膨胀的原理，继承木板、竹板、麦秸等烫画的传统技法，使画家就像拿上毛笔一样用火绘笔流畅地创作出更有灵气的、栩栩如生的软木火绘浮雕字画（图46），保持了中国画的特色，同时软木热膨化凸起立体感更强。

图46　软木彩色浮雕画

后来郑林义应画家之邀，对软木纸进一步改性，使其具有生宣、熟宣纸或画布的性能，用于水墨或彩色国画的创作，西方油画、西藏唐卡的创作，和中国剪纸的制作，但其表面氧化颜色变深问题仍需研究解决，才可尽善尽美。

软木画布/纸可用于水墨、国画、油画、唐卡的制作，保持了中国名古水墨字画古香古色的韵味，其立体浮雕感更强，具有高强度、防水、不霉、不蛀的特点，创画材、高雅艺术品储藏寿命之最，为复制名、古字画和修复壁画找到了一种新的画材和方法。这种软木艺术品作为国际木文化学会研讨会礼品，赠送给国际友人，已流传至世界8个国家。中国书法家金启宗先生（图47）看了软木火绘字画有感并题字：软木"火绘字画，不用笔墨，胜似笔墨，艺苑奇葩"。在第二届义乌国际林产品博览会上，国家林业局原局长贾治邦看了软木火绘字画并听取关于软木制品创新情况介绍之后，深有感触地对其他参会领导讲："将一个其貌不扬的栓皮栎树皮制作成如此精湛的艺术品就是最好的创新，应给予积极支持"。

2009年，雷亚芳教授、赵泾峰副教授和发明人郑林义一行在赴葡萄牙阿莫林（Amorim）公司技术交流时，向对方赠送了中国软木火绘浮雕画，其公司高管惊叹道："优质栓皮出自我们欧洲，但软木艺术精品均为你们中国人发明"，得到世界业内知名企业高管的肯定。

图47　金启宗先生与软木火绘画

第六节　软木产品专利及标准

一、软木专利概况

中国软木专利制度实施较晚，很长一段时间均系模仿生产。实施专利制度以来，软木产品工艺创新迅速发展。据2015年底不完全统计，中国已有软木相关专利420多项，其中发明专利授权50多项，发明专利公告80多项，实用新型180多项，外观设计近100项，原创型的发明专利比例较小。

软木企业多数规模较小，无专业研发技术人员。依靠模仿、甚至不法窃取他人知识产权。中国专利保护制度虽然健全，但是落实不力，企业管理人员保护知识产权意识薄弱，知识产权侵权现象较为普遍，劣质低价竞争损害消费者利益的问题时有发生。

二、软木标准概况

（一）国际及国外软木标准概况

软木产品的国际标准较为全面。自1967年以来，共颁布了有关软木的国际标准54项，其中双语1项；修订、改版、撤销共计43项。现行的国际标准47项，从软木及其产品的术语、分类、性质、包装、制样和测试等方面进行了规范。其中出版阶段10项，复审截止1项，修订8项，通过28项。正在制编修订的8项国际标准中，包括新的项目提案6项，国际标准草案稿1项，报批稿投票阶段1项。

与软木有关的国家标准主要有：法国标准化学会（AFNOR）标准57项，英国标准化学会（BSI）标准46项，德国标准化学会（DIN）标准24项，欧洲标准18项（部分欧洲国家标准和国际标准采用统一标准），美国材料试验协会（ASTM）标准2项。

（二）中国软木标准概况

中国现行与软木有关的主要标准，包括国家标准2项，行业标准13项，其中林业8

项，化工2项，商检3项，见表5。

表5 中国软木产品相关标准

标准代号	标准名称
GB/T 20671.9 – 2006	非金属垫片材料分类体系及试验方法 第9部分：软木垫片材料胶结物耐久性试验方法
GB/T 23778 – 2009	酒类及其他食品包装用软木塞
LY/T 1317 – 1999	栓皮
LY/T 1318 – 1999	软木砖(低温隔热用)
LY/T 1319 – 1999	软木砖试验方法
LY/T 1320 – 1999	软木纸
LY/T 1321 – 1999	软木纸试验方法
LY/T 1657 – 2015	软木类地板
LY/T 1857 – 2009	软木饰面板
LY/T 2560 – 2015	软木复合装饰卷(片)材
HG/T 2812 – 2005	软木橡胶密封制品 第一部分变压器及高压电器类用
HG/T 2813 – 2005	软木橡胶密封制品 第二部分 机动车辆用
SN/T 0970 – 2000	进口软木检验规程
SN/T 1639 – 2005	进出境软木棒检疫规程
SN/T 2278 – 2009	食品接触材料软木中五氯苯酚的测定 气相色谱 – 质谱法

中国软木产品、工艺创新的速度远远快于现行标准制定的速度。由于中国软木和欧洲软木质地有较大差别，有些国际标准无法等同应用（如软木粒标准），影响了软木行业的标准化达标，难以确保产品质量的生产，因此，应加快相关软木标准的制定速度，并提高软木标准质量，以满足软木生产、消费需要。

因中国软木企业80%以上为规模较小的个体、民营企业，无严格的质量管理体系，非标准化生产，产品质量没有保证，这种现象在软木原料生产企业普遍存在。

全国没有专门的软木人造板及制品检测机构。软木生产企业较集中的陕西、广东、江苏、浙江、山东等省，除陕西省在人造板质检中心设有软木产品检测部门服务企业外，其他省份均未设立专业软木人造板监督检测中心，因多种原因使其质量监督检验无人监管，放任自流。

三、软木行业管理

国家天然林禁伐之后，栓皮计划采剥政策未变，仍有国家知识产权局专利申请转化资金扶持政策，国家高新技术及小微企业税收减免政策，国家各级领导的关怀和支持是中国软木科技创新、产业发展的有力保证。

软木企业归口为国家林业局，国家林业政策支持了软木工业的发展。国家林业局贾治邦局长，赵树丛副局长在第二届义乌国际林产品博览会上听取郑林义介绍相关软木产品工艺创新成果(图48)。国家林业局副局长彭有冬亲自在国家林业局听取郑林义关于软木工业发展的汇报并给予具体指导。国家知识产权局副局长张勤、甘少宁,陕西省知识产权局副局长杨行云在先后两次杨凌农业高新技术博览会上听取关于软木产品知识产权申请情况介绍并给予指导,对行业技术创新,技术产业化,企业发展高度重视。

图48　郑林义在第二届义乌国际林产品博览会上介绍软木产品

截止2015年,全国软木企业已发展到100多家,但没有全国性软木专业行业协会管理机构,有些省区即使有相关协会也是有名无实,软木企业的监管一直处于真空状态,影响了企业健康有序地发展和在国际市场的公平竞争力,使国家和企业利益蒙受了不必要的损失。

第七节　软木生产的技术交流与发展建议

一、中外技术交流

中国软木工业的发展与国外的交流源远流长。优质栓皮产于欧洲,软木工业源于欧洲。19世纪西方列强侵略中国,将其栓皮及葡萄酒瓶塞的制造技术带到中国。改革开放后,中外经济贸易技术交流活跃,葡萄牙阿莫林(Amorim)公司、莫艾斯·利玛(Moeys Lima)软木公司等均在中国设立了办事处,2007年葡萄牙阿莫林(Amorim)公司在西安成立了萬美(西安)天然产品有限公司。软木资源和产品与欧洲多家公司双向往来,贸易量成倍增长,中国也少量引进了国外软木加工设备。2009年6月,陕西万林有限公司属下农大万林软木应用研究所邀请萬美(西安)天然产品有限公司中国首席代表马雷儒先生来研究所考察交流(图49)。2009年8月5号,西北农林科技大学雷亚芳教授、赵泾峰副教授、郑林义高级工程师应葡萄牙阿莫林(Amorim)公司邀请,前往葡萄牙进行考察和技术交流(图50)。2009年,陕西万林有限公司与地板知名品牌安信伟光(上海)木材有限公司,签订了软木装饰战略合作协议,由陕西万林有限公司提供地板软木铺装系统(软木龙骨、软木铝箔地热地垫、伸缩缝条、木地板软木悬浮垫),配套安信地板批量推广应用。同时,先后向陕西中兴林产科技股份有限责任公司、内蒙古牙克石市西尼气木业有限责任公司等提供软木悬浮自装地板、软木地热地板及立体墙板专利及技术、商标和软木半成品;与浙江三星特种纺织股份有限公司合作,利用双方各自资源优势,生产软木彩色纺织地板、墙布。

图49　马雷儒来研究所考察交流　　　　图50　中方科技人员去阿莫林公司考察交流

2010年，葡萄牙阿莫林(Amorim)公司在陕西杨凌示范区建立了外资独资软木工厂；2012年与广东大自然地板(中国)公司签订软木地板战略合作协议。进口原料逐年增加，以进口原料为主生产软木的企业在沿海地区迅猛发展。随着中国软木产品工艺的创新发展，中国已成为继葡萄牙之后的世界第二大软木生产加工出口基地，为中国软木企业走出去，在优质资源丰富的地中海沿岸国家发展创立了条件。鉴于中国市场对软木产品需求不断增加，而国产资源有限，进口欧洲软木和利用国产软木生产软木产品，将成为常态，中国软木企业用自主知识产权和装备在国外设厂生产销售中国软木产品指日可待。

二、对未来发展的建议

中国软木工业已进入快速发展时期，但机会及问题同时存在，针对中国软木制品工业发展的历史经验教训，对其未来健康发展提出以下建议：

可持续发展栓皮栎的人工林，保护天然林，国产与进口并举，保证资源供给。栓皮虽可再生，但毕竟珍稀，中国栓皮资源供给多为天然林。适应栓皮栎生长的土地面积广，应将其作为重要经济林种进行人工繁育和栽培；同时选育、引种推广高产树种，加大研发力度；继续做好欧洲优质栓皮槠引种培育的研究，学习葡萄牙保护发展人造栓皮槠林的政策，保护生态环境，解决栓皮资源供给。同时坚持高效超薄化利用软木资源，增加替代资源，节约现有资源，实施资源再利用和循环利用。

继续坚持以企业为主体，市场为导向，产学研紧密结合的创新战略原则。加大新产品、新工艺、新装备的创新力度。建立国家及省级软木人造板检测机构，加快标准制定，实施品牌保护战略。

加快软木研发、生产、贸易管理高水平人才的培养，提高现有企业管理水平。

加速软木企业与上下游其他人造板企业纵向联合，优势互补，资源整合，加快调整产品结构，提高中国软木企业在国际市场整体竞争力。

加快国内外软木专利申请，加速专利产业转化，保护国内外软木知识产权。严厉打击软木专利侵权、仿冒行为，净化市场环境。

建立中国软木工业协会，加强对本行业企业的监督管理，规范净化市场环境，建立合理公平的竞争秩序，维护合法经营企业的利益和国家核心利益。

鉴于中国资源有限，市场无界，乘国家"一带一路"发展的东风，从进口原料到在条件成熟时，利用自创的专利技术和装备，在资源丰富集中的地中海沿岸国家建厂，降低生产成本，提高中国软木制品企业在欧亚非市场的占有率、整体竞争力和经济效益。

国家有关部门应制定相应政策，加大对绿色低碳可持续发展的软木产业在金融融资方面的支持力度。

继续加强国际及行业的技术交流，中国在国际贸易技术交流上已有所前进。农大万林软木应用研究所和葡萄牙阿莫林(Amorim)公司建立了技术交流关系。在新产品研发、工艺、装备等方面应加强更深层次的合作交流，扩大国际交流范围。在基础研究方面更应学习国外的先进经验和技术，提高中国软木制品工业发展水平。同时加强软木人造板行业与其他人造板行业的交流融合，跨行业优势互补，进行资产整合，提高中国软木人造板企业在国际市场上的整体竞争力。

参考文献：

[1] 甘启蒙，吕宏. 我国软木工业发展概况[J]. 林业机械与木工设备，2009，37(3)：10-12.
[2] 曾新德. 我国软木工业的现状及发展策略[J]. 林业科技管理，2001(4)：46-51.
[3] 刘国信. 葡萄牙的软木加工颇具产业优势[J]. 中国包装，2008，28(5)：58-58.
[4] 邱增处，郑林义，雷亚芳. 软木产品研究，产业发展及标准化体系[J]. 木材工业，2011，25(1)：34-37.
[5] 赵泾峰. 栓皮栎软木膨化除杂工艺与机理研究[D]. 杨凌：西北农林科技大学，2012.
[6] 罗伟祥，张文辉，黄一剑，等. 中国栓皮栎[M]. 北京：中国林业出版社，2009.
[7] 杜子伟. 软木制品及应用[M]. 北京：中国林业出版社，1989.
[8] 马心. 软木橡胶[M]. 北京：中国林业出版社，1989.

附表1：中国软木企业名录

序号 公司名称	成立时间	主要产品	地址	备注
1 上海前卫软木制品厂	1950（改制时间1999-03）	软木塞，软木纸，软木橡胶纸，气筒管，煤气管，钓鱼棒，天然竹结墙纹纸，橡胶摩垫，软木摩垫，石棉衬垫，无石棉衬垫，橡胶摩擦片，软木摩擦片，纺织条，纺织片，隧道密封传力衬垫，软木记事板，软木地板，软木墙纸，软木减震砖	上海市中山北路198号1804室	
2 西安林产化学工厂	1957	软木，橡胶软木，树脂软木，软木卷材，水电站用伸缩缝垫层填料，软木地板，软木墙板，舰船用隔音保温材料，软木棒，垒球球芯，软木砖，洗衣机缝纫机软木摩擦材料，软木餐垫，软木粉（粒），剖切橡胶软木	西安市莲湖区土门坊7号	
3 广州市广红软木厂	1965	软木产品：软木粒，软木纸，软木塞，软木球，软木砖，软木布，软木地板 垫片产品：汽车类密封垫片，摩托类密封垫片，农机类密封垫片，各类材质机械器材 软木橡胶产品：软木橡胶纸，刹车块，无石棉橡胶，其他机械密封垫	广州市芳村大道西芳信路五眼桥西约349号之一	
4 广州软木贸易有限公司	1970-01-01	葡萄牙软木，唯康软木，软木地板，软木墙板	广州市白云区机场路601号8楼	
5 嘉兴市港区联宜软木制造有限公司	1970	橡胶软木纸，树脂软木纸，软木颗粒、软木卷材、软木片、软木纸、软木瓶塞、软木留言板，除此之外还有家居用品、工业应用、建筑装饰等方面产品	浙江省嘉兴市乍浦港区东西大道第六加油站旁	
6 上海裕安软木厂	1982		上海市崇明县陈家镇裕北村	
7 华葡软木制品有限公司	1989	软木塞，软木卷材，软木地板，软木墙纸等软木制品	江苏省常州市戚墅堰史家塘工业区14号	
8 陕西佛坪县轻工有限公司	1989（2004年改制）	软木橡胶密封减震制品、各种机械密封垫		
9 广东省华森软木制品厂	1990		广东省东莞市大岭镇	
10 江苏森豪仕软木有限公司	1990	软木地板，软木墙板，安装辅料（胶黏剂、防潮垫、维护产品），软木纸，软木卷材，软木塞，软木工艺品	江苏省如皋市袁桥镇园区路1号	微倒角、异形拼花、多层实木芯、超耐磨弹性面、数码仿真印刷及天然板岩软木装饰板

(续)

序号公司名称	成立时间	主要产品	地址	备注
11 平湖市益家软木制造有限公司	1990	软木背景板，软木，软木塞，软木制品，软木墙板，工艺品，缝纫机配件，地板用软木，软木橡胶，软木橡胶密封垫，软木纸，软木板	浙江省平湖市林埭镇陈匠路3号桥	
12 泰兴市双羊皮革橡塑机械厂	1992	片皮机，剖层机，橡塑切片机，软木切片机，轮胎胶分割机，轮胎胶分条机，帘子布缝合机	江苏省泰兴市古溪镇工业园区	
13 西安东方软木有限公司	1993	软木地板（锁扣式、粘贴式），软木地垫，软木卷，软木颗粒，软木墙纸，软木杯垫，软木棒，软木球，软木塞	西安市泾河工业园区泾渭5路93	
14 长安富森软木厂	1993	软木纸，软木卷，软木布，软木不干胶贴以及软木护垫	西安市吉祥路179号，雁塔世纪商务6层J坐	
15 陕西万林有限公司	1994	软木布、软木革、拼花编织软木地毯，自装悬浮地板，软木保温伸缩缝材料，软木橡胶密封垫，软木立体自装墙板、壁布，栎树皮革，鞋底及鞋帽箱包，时装皮带，礼品包装，软木火绘浮雕字画	杨凌示范区	
16 常州市华葡软木制品有限公司	1995-10-16	软木塞	江苏常州市戚墅堰东史家塘工业园区	
17 深州市方圆软木制品有限责任公司	1996-08-01	各种软木塞，乐器用软木片，羽毛球，花键等	深州市长江西路38号	
18 邗江县福达海绵机械厂	1997	研发橡塑软木旋切机/数控旋切机/数控往返式平切机	江苏省扬州市邗江区瓜洲镇建华工业园华鑫路2号	2002年更名扬州福达海绵机械有限公司
19 烟台芝利华软木制品有限公司	1998-03	软木塞	山东省烟台开发区金沙江路10号	
20 西安林洋软木地板公司	1998	软木地板，软木墙板，软木壁纸，软木卷材	办公地址：西安市高新区高新路25号瑞欣大厦12D 工厂地址：西安市长安区西沣路五星段20号	
21 陕西富森工贸有限公司	1998	软木粒，软木纸，软木卷，软木布，软木不干胶贴及软木护垫，软木墙板，软木地板，软木塞，软木橡胶	西安市吉祥路179号	
22 如皋市戴庄八里软木厂	1998-07-03	天然软木塞，软木垫片，软木球，软木纸，酒瓶木塞，果酒软木塞等各种软木塞	江苏省如皋市柴湾镇工业园区	
23 北京必达软木制品有限公司	1999-03	天然填充塞，密封塞和模具一次成型的"1+1"塞	北京市大兴区瀛海团忠路建新街甲6号	
24 福齐（漳州）体育用品有限公司	1999-08	橡胶软木体育用品（各种苞芯球、红球芯、黑球芯等）	福建省龙海市角美经济综合开发区	

(续)

序号 公司名称	成立时间	主要产品	地址	备注
25 常州市欣达软木制品有限公司	1999-08-05	软木塞，软木板，软木纸，软木工艺品	江苏省常州市戚墅堰马池沟99	
26 北京唯基软木厂	1999-11-18	软木墙板，软木地板，软木塞	北京市昌平区北七家工业园燕丹493号	
27 阿莫林软木塞公司	1999	软木塞	山东省烟台市经济技术开发区泰山路106号华河工业园办公楼	
28 常州市欣达软木制品有限公司	1999-08-05	软木塞，软木板，软木卷	江苏常州市戚墅堰马池沟	
29 北京德合家软木制品有限公司	1999	软木地板	北京市海淀区西四环中路39号万地名苑1号楼501	
30 天津市林艺木制品厂	1999		天津市西提头村村委会	
31 宝鸡森达软木制品有限公司	1999		陕西省宝鸡市凤翔县寺头镇	
32 长安五星软木厂	2000-06	软木纸，软木卷，软木板，软木锅垫、杯垫、餐垫等家居用品，软木地板，软木墙板，软木留言板，软木塞，软木块，地板衬	西安市科技路1号00	
33 常州华康软木有限公司	2000-07-07	软木制品，软木地板，软木卷，软木垫，软木复合地板，环保软木地板	江苏省常州市戚墅堰7路汽车终点站北	
34 汉诺莎(北京)软木制品有限公司	2001		北京市大兴区亦庄东工业区	
35 深圳市创胜软木制品有限公司	2001	隔音、吸声材料，木板材，其他展示用品，密封垫片	深圳市宝安区松岗镇下山门工业区	
36 如皋市晨光软木厂	2002	软木，软木板，软木纸，国产大碎花软木纸	江苏如皋市柴湾镇工业园区	
37 如皋市晨光软木厂	2002-03-26	软木墙纸，软木塞，红酒软木塞，软木垫，软木纸，软木工艺品，软木棒，软木布，羽毛球再生板，软木鞋跟	江苏省如皋市柴湾镇工业园区02	
38 东莞市卓森软木制品有限公司	2002-05-19	软木卷材，软木垫，软木塞	东莞市长安镇上沙工业区	
39 嘉兴恒利软木制造有限公司	2002-05-20	密封垫片，软木材料，工业用橡胶制品	浙江省平湖市乍浦镇外环西路(永泰汽车中心东隔壁)	
40 东莞市卓森软木制品有限公司	2002		广东省东莞市长安镇上沙工业区	

(续)

序号 公司名称	成立时间	主要产品	地址	备注
41 深圳市同发成软木制品有限公司	2001		深圳市宝安区沙井新桥洋仔西一巷古氏厂房	
42 百博软木塞加工	2003	软木塞	注册地址：河北省石家庄市 公司地址：吉林长春	
43 嘉兴市港区六洲软木有限公司	2003-03-19	软木纸，软木板，杯垫，鼠标垫	浙江平湖市乍浦镇外环西路138号	
44 深圳市同发软木制品有限公司	2003-06-10	软木墙板，软木地板，软木杯垫，软木塞	深圳市宝安区沙井新桥洋仔西一巷六号古氏厂房	
45 三门峡市格瑞特软木制品有限公司	2003-08-13	软木地板，软木墙板，软木壁纸，软木纸，软木垫，软木粒，软木粉	河南省三门峡市湖滨区交口工业园	
46 漳平市橡木林软木制品厂	2004	软木板，软木卷材，软木纸，软木墙板	福建省漳平市富山工业园区	
47 广州市花都区炭步永盛软木制品经营部	2004-03-24	复合天然软木塞，软木纸，水松片及软木制品	广州市花都区炭步镇步云村	
48 西安智邦实业有限责任公司	2004-06-28	树脂软木系列产品，软木橡胶系列产品，软木地板系列产品，新型环保材料	西安市高新路枫叶大厦C座803室	
49 西安中林软木科技发展有限公司	2004-10-14	软木颗粒，软木片材，软木卷材，玻璃垫片，软木地板，软木墙板，软木壁纸，软木背景墙，软木工艺品	西安市灞桥区田洪正街1号5-1栋	
50 东莞市松林顶软木制品有限公司	2005	水松板，软木卷材，软木墙板，软木塞	东莞市长安镇厦边江边工业区	
51 岐山县中森软木制造有限责任公司	2005-01-01	软木纸系列，软木块系列，软木垫系列，中/高档软木地板（粘贴式、锁扣式），中档软木墙板，软木块，软木纸，软木粒，软木垫	陕西省岐山县城南	
52 广州市金胜达软木制品厂	2005-06-11	软木粒，软木纸，软木布，橡胶软木纸，软木鞋垫，软木块，软木防震砖，软木地板，软木隔温板，软木隔音板，软木留言板，软木墙纸，软木杯垫，软木瓶塞，软木棒垒球芯及软木羽毛球头芯等	广州市白云区钟落潭镇工业区27	

(续)

序号公司名称	成立时间	主要产品	地址	备注
53 东莞市家兴软木制品厂	2005-09-01	软木板，软木片材，软木纸，软木卷材，水松板，水松软木卷材，软木橡胶，软木墙板，软木垫片，软木塞	东莞市长安镇厦边管理区	
54 郓城县亿昌包装有限公司	2005-10-14	软木塞	山东郓城县开发区	
55 晋江顺溢鞋塑有限公司	2005-12-29	软木橡胶鞋底，橡胶发泡鞋底，软木鞋材等	福建省晋江市陈埭镇梧埭村曾厝北区42号	
56 烟台津祥软木制品有限公司	2005	天然合成高技术软木瓶塞	山东烟台市福山区迎福路32号	
57 宝鸡市中兴软木制品有限公司	2005		陕西省宝鸡市宝鸡千河工业开发区	
58 东莞市英富软木制品有限公司	2006		广东省东莞市厚街镇陈屋东路11号	
59 绍兴市宝来软木有限公司	2006-01-19	软木塞	浙江绍兴越城区鉴湖镇坡塘村	
60 泰堡瓶塞（瑞安）有限公司	2006-01-23	瓶塞，酒塞，木塞	浙江瑞安市南滨街道宋浦东路1999号	
61 常州市当代软木有限公司	2006-02-16	软木卷纸，软木卷，软木片材	江苏省常州市武进区遥观青城工业园	
62 深圳市永城软木制品厂	2006-04-19	水松片，水松塞，天然水松软木塞，软木球，红酒瓶塞，软木杯垫	深圳市宝安区沙井镇富城工业区	
63 福州吴芝生软木画有限公司	2006-10-19	软木画及其他工艺品生产、销售		
64 广西百色市金腾软木制品有限公司	2007	软木粒，软木纸，软木鞋垫，软木跟，橡胶软木片，EVA发泡软木，PVC鞋底，TPR鞋底	广州市白云区太和镇大源村南坑西街19号	
65 西安恒泰软木有限公司	2007-09-17	软木卷，软木纸，软木地垫，软木棒，软木塞，软木地板，软木墙板，软木装饰板	西安市灞桥区洪庆工业园	
66 西安泽森软木科技有限公司	2008	软木箱包面料，栎树皮革，软木家具面料布革，软木沙发面料	广州市白云区同和5108	
67 广州SUPERCORQ公司		红酒瓶塞	广东省广州市	
68 东莞市聚森软木制品有限公司		软木塞	东莞市长安镇厦边新村江边工业区	
69 郓城县化润包装厂	2008-11-03	软木塞	山东郓城丁里长开发区	

（续）

序号 公司名称	成立时间	主要产品	地址	备注
70 山东省淄博永竞软木厂	2008		山东省淄博川东坪镇南峪村	
71 陕西省宝鸡西林软木厂	2009		陕西省宝鸡市凤翔县田家庄镇寺头工业区	
72 郓城县华信制盖厂	2009-03-02	软木塞	山东郓城县郓城镇蒋庙村	
73 郓城县千禧软木制品厂	2009-04-08	软木塞，天然软木塞	山东郓城县丁里长开发区	
74 郓城县强大包装厂	2009-04-09	软木塞	山东郓城县丁里长镇后营工业区	
75 宝鸡秦巴山软木有限公司	2009-04-23	软木粒，软木纸	陕西省凤翔县田家庄寺头工业园	
76 武汉鼎峰博晟软木有限公司	2009-07-18	软木卷，软木片	武汉市东湖开发区光谷创业步行街十栋C3座8楼	
77 福建省龙岩市强盛软木制品有限公司	2009-10-07	软木板，软木卷材，软木纸，软木墙板	福建省漳平市富山工业区	
78 如皋市姚裕软木制品厂	2009-11-27	软木塞，软木球，软木垫，葡萄酒瓶塞，工艺品上的软木塞	江苏省如皋市柴湾镇陈庄小学	
79 南通艾森软木制品有限公司	2010-01-01	软木塞，软木制品，异形软木塞	江苏省海安县城东镇葛家桥工业园	
80 义乌瑞拉博进出口有限公司	2010-01-14	软木塞	浙江义乌丹溪北路18号2407室	
81 东莞市东方软木有限公司	2010	板材，软木卷，软木垫片，软木塞，软木棒	广东省东莞市塘厦镇石潭布江源大道57号10	
82 深圳市特邦德科技有限公司	2010-05-07	木塞，酒塞	深圳市南山区侨香路恒星园2-4D	
83 深圳市利丰隆包装制品有限公司	2010-08-13	软木垫（杯垫、锅垫），软木塞，软木留言板，软木工艺品，软木布，泡棉盒，硅橡胶脚垫，垫片，包装材	深圳市宝安区沙井镇新桥芙蓉蓝天科技园A栋3楼	
84 苏州市爱罗软木制品厂	2010-10	软木塞	江苏吴江区	
85 南通软木制品有限公司	2010	软木塞	江苏省海安县城东镇葛家桥工业园	
86 东莞市伟利软木制品有限公司	2012	木塞，葡萄酒瓶塞，香槟过家家玩具，包装产品加工	东莞市高埗镇高埗北联工业区	

(续)

序号 公司名称	成立时间	主要产品	地址	备注
87 烟台瑞昌包装制品有限公司	2012-01-30	天然软木塞，1+1双圆片软木塞，复合软木塞	山东烟台市莱山区盛泉工业园盛泉西路18号	
88 郓城浩鑫包装制品厂	2012-08-03	纯天然木塞	山东郓城县东工业园	
89 嘉祥县鼎鸿软木工艺制品厂	2012-08-29	软木板，软木纸，软木棒，软木塞，软木垫	山东省嘉祥县马集镇下花林村南200米	
90 天津文鼎软木制品有限公司		软木塞	天津市南开区	
91 东莞市伟利软木制品有限公司	2012	葡萄酒软木塞	东莞市高埗镇高埗北联工业区	
92 烟台市御宝软木制品有限公司		软木塞	山东烟台市芝罘区小东夼东街48号	
93 丹徒区辛丰郝赛德木塞厂	2013-10-10	软木塞	江苏镇江市丹徒区辛丰镇星棋村西联	
94 佛坪县绿源软木橡塑制品有限责任公司	2013		陕西省汉中市佛坪县袁家庄镇新街31号	
95 嘉兴市吉瑞德软木有限公司	2014	软木制品餐垫	浙江省嘉兴市乍浦镇雅山西路65号	
96 上海阿莫索拓软木有限公司	2014-03-27	软木橡胶，软木垫片，软木芯材，软木地垫	上海市徐汇区田林路487号	
97 东莞市捷骏皮革制品有限公司	2014-06-12	软木布，软木板，软木墙板，橡胶软木	东莞市厚街镇河田大道南峰2期A1080号	
98 徐州辉恒软木制品有限公司	2015-06-09	软木塞	江苏徐州马坡镇八段玻璃工业园八段街85号	
99 安徽省六安市林华软木制品厂		软木纸，软木粒，软木砖，软木塞，软木地板，软木工艺品。软木墙纸，软木卷材，活性炭		
100 澳大利亚Amcor集团		新型PET软木塞酒瓶		
101 东莞市聚淼软木制品有限公司		软木塞，软木板，软木卷材，软木餐杯垫，软木工艺品，软木制品	东莞市长安镇厦边新村江边工业区	
102 东莞市欣博佳软木制品有限公司		软木工艺(包)，笔记本(手机)壳，软木板片材，软木纸(皮)布卷，片材，软木橡胶(垫)制品，软木墙板，软木地板，软木垫	东莞市长安镇上沙区中强路	

（续）

序号 公司名称	成立时间	主要产品	地址	备注
103 上海沪森层压木制造有限公司		航空层板，软木纸，软木板，软木粒，软木粉，软木塞，橡胶软木纸	上海普陀区金汤路155弄12号701	
104 杨凌万林新材料有限公司	2017-06-16	生物绝热防护涂料，绝热烧蚀材料，生物化工涂料，胶黏剂，软木复合革及制品	杨凌示范区神果路东段秦川楼405	

第二十九章作者简介：

郑林义（1944年9月17日—），男，汉族，中国共产党党员，籍贯陕西省千阳县，高级工程师。1970年毕业于西北农学院（西北农林科技大学前身）林学系森工机械专业。经欧阳晓平院士推荐，2015年被湘潭大学材料科学与工程学院聘为教授，现任万林软木科研中心主任，陕西万林有限公司总工程师，中国林学会生物复合材料分会第二届委员。1975年发明成功YT-150手摇玉米脱粒机和手动玉米脱粒器，经陕西省农机鉴定站鉴定，并投入批量生产，至今市场仍在销售。1987年发明成功滚珠可循环滚动的无轴万向轮和无轴动静可调万向轮，1988年带该专利项目南下广州，以专利技术入股，与香港一洲医疗器械有限公司合作生产，并投放全国市场，曾向亚运会捐赠40万轮子，用于酒店床具。

1994年在陕西西安成立陕西万林有限公司，先后研究申请专利56项，其中获得授权软木相关的专利15项（包括重要发明专利4项，列入国家星火计划专利2项，获得第十九届发明展览会发明专利金奖1项）。主持制定LY/T 2560-2015《软木复合装饰卷（片）材》，设计注册WANLIN（万林）和"桦栎舒"篆体字商标2项。

2013年陕西万林公司开发了用于运载火箭的新材料，新一代椭球曲面生物软木复合热防护材料GS1-1、GS2，先后成功用于长征六号火箭的多次发射，2016年研制成功的生物复合软木热防护材料，用于长征五号火箭四个助推火箭的热防护，2016年11月3日首发成功。2015年至2018年又研发成功新的运载火箭热防护涂料，在零壹空间航天科技有限公司X1火箭使用，并于2018年9月7日首发成功。可重复使用火箭生物复合热防护材料在北京凌空天行科技有限责任公司研制的火箭回收舱上首次应用，于2019年4月23日首发并回收成功。陕西万林公司、湘潭大学材料科学与工程学院、零壹空间航天科技有限公司就可重复使用火箭签署了战略协议，将由郑林义主持可重复使用火箭新材料的研究，以期在生物软木高科技领域再创佳绩。

陕西万林有限公司通过技术创新，产品工艺升级换代，在生物新材料领域打开了新的市场，成功应用于国家航天事业。

第三十章 木塑复合材料

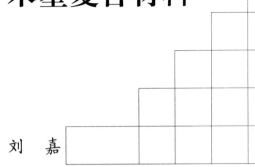

刘 嘉

第一节 木塑复合材料产业的发展历史

一、木塑复合材料的概念

木塑复合材料是以木本植物、禾本植物和藤本植物及其加工剩余物等可再生生物质资源为主要原料,配混一定比例的高分子聚合物,通过物理、化学和自动化控制等高技术手段,经专业工艺处理后加工合成的一种可逆性循环利用的多用途新材料。目前,国内外对此称谓不一,也有将其称之为塑木、保利木、科技木或合成木,其标准英文名称为Wood & Biofiber Plastic Composites,业内通称为WPC。按中国的行业习惯,以生物质材料为基添加一定比例的高分子聚合物原料制成的材料,或以高分子聚合物原料为基添加一定比例的生物质材料制成的材料,均称为木塑复合材料。但要注意,目前有一些相似材料也自名为"木塑",实际上并不具备木塑复合材料的基本特征。从木塑复合材料及其产业发展及特性来看,新型木塑复合材料更倾向为一种泛性的生物质复合材料。

从总体上分析,木塑复合材料具有5大特点:

1)原料多样化。包括农作物秸秆、壳皮,木竹加工产品废料,以及数量极大的野生植物等大量初级生物质材料均可作为木塑原料,能够充分体现其对生物质资源的有效利用和高效利用。

2)制备可塑化。木塑复合材料系典型的人工合成材料,有挤出、注塑、吹塑和模压等多种成型方式,理论上可以制作成任何形状和规格,其产品制造的自由度空间能够很大限度满足用户和市场的不同需求。

3)产品环保化。木塑复合材料制备所需的标准原辅料清洁安全,产品生产过程和实际应用中均无毒害物质产生,是人工合成材料中最接近原生态形式的绿色材料。

4)应用经济化。木塑复合材料具有成材利用率高、使用维护费用低、使用寿命长、产品应用领域广等特点,与其性能结构及价格较为接近的中等硬木相比,若以10年为一使用周期评价,其经济性占有相当大的优势。

5)再生低碳化。木塑复合材料所用植物纤维原料采集范围广泛,可以不涉及一寸木材,能够节约石油和森林资源,而其自身的固碳效益和再生利用,对减少二氧化碳排放有着良好的示范作用。

二、木塑复合材料的起源

木塑复合材料的产业化开发肇始于20世纪中期,主要诞生地在北美的美国和加拿大。开发这种新型材料的动力来源于合理利用有限的资源,直接成因则是当时北美地区面临越来越多的废弃木工下脚料和塑料需要处理。在塑料加工的传统工艺中,常常会添加一些成本低廉、能提高塑料刚性的木质材料作为填料,故在此基础上诞生了初始状态的木塑复合材料。最早的热固性复合材料可以追溯到在20世纪初期发明的酚醛塑料,其在20年代开始少量使用木粉作为填料,此类材料在中国俗称"电木"或"胶木"(图1)。可以说,热固性木质复合材料的出现为木塑复合材料的发展奠定了基础。在二战后期,木塑复合材料开始小规模试用,一直延续到20世纪60~70年代。较早探索试图将植物纤维作为热塑性树脂复合材料的增强成分是美国的Advanced Environmental Recycling Technologies(AERT)公司和后来改名为Trex公司的Mobil化学公司分公司。为了解决木塑复合材料高填充木粉时遇到的分散和塑化难题,这时期相继出现了一系列专利技术,并由此开始制造实心的木塑复合材料铺板和其他木塑复合材料制品。20世纪80年代,技术人员开始越来越多地关注改善植物纤维与塑料合成木塑复合材料的物理性能,如力学强度、弹性模量、耐候性能等,并因此对木塑复合材料加工工艺做出了许多改进,为后来木塑复合材料的产业化奠定了基础。

图1　1985年湖北枣阳县塑料厂的胶木产品　　图2　日本艾因株式会社的艾因木

木塑复合材料最近的发展热潮出现在20世纪90年代。在传统工艺原料清单中,聚乙烯以外可供选择的其他热塑性材料引起了相关人员的关注,这时候的最大创新是将热塑性聚合物、植物纤维材料及其他成分混合制成稳定的、易于传送的和不易损坏的粒料,这项革新使木塑复合材料的产业化进程大大加快；而另一个新的、具有挑战性的方向是制备更轻更经济的木塑复合材料，即后来的 PVC 基发泡型木塑材料。几乎同时，Andersen 公司开始生产 PVC 基的木塑复合材料产品，如门窗型材等。也是在这个时期，木塑复合材料产业化开发开始加速进行，并从北美地区扩张至欧亚地区，位于日本岐阜县的艾因株式会社的高品质木塑复合材料"艾因木"应运而生（图2）。该制品制作精良，表观细腻，具有清晰的木质感，且性能优良，甫一问世竟后来居上，曾一度执全球木塑制品之牛耳，使北美风格粗狂外观朴实的木塑复合材料制品黯然失色。

因为木塑复合材料的身世由来，初期的木塑复合材料一直是被当做改性塑料来对待的。但随着木塑复合材料生产技术水平的不断提高，其制成品逐渐具备了诸如塑料、木材、金属等单质材料的诸多优点，产品特色逐步凸现，渐渐成为一类自成体系的新型材料，而不再是某一类材料的延伸或附庸。木塑复合材料所具有的各种优点不仅非常符合建筑业、物流业、包装业、交通运输业等领域的使用要求，而且解决了木材、塑料行业废弃资源的再生利用，故而推动和加速了木塑复合材料的研制和开发，使其最终形成一个新的产业。

三、木塑复合材料进入中国的历史背景

1964 年，成都工学院（20 世纪 90 年代并入四川大学）塑料专业毕业生所做的毕业设计，就是和成都塑料厂的科技人员联合开发的木塑电杆横担，他们在 PVC 中加入不同配比的木粉、玻璃纤维等无机材料，进行了强度、绝缘性能的研究。1974 年，轻工部在哈尔滨召开"全国塑料科技工作会议"，会议中"人造木讨论组"讨论时，上海化工厂等企业展示了他们以简单木工工具生产的 PVC 木塑圆桌等产品，这些都可看做是中国最早的木塑产品雏形。中国完全意义上的木塑复合材料的产业化研发始于 20 世纪 90 年代中后期，比国外木塑复合材料的进程晚了 20 多年，与国外不同的是中国的木塑复合材料制品最早来源于包装行业。1998 年，美国发现光肩星天牛危害，认为从中国传入，美国农业部发布临时法令，决定对来自中国的货物木质包装采取严格的检疫措施。随后欧美各国对来自中国的木质包装相继采取了限制措施。当时国家经贸委与外经贸部联合成立了"木质包装替代工作领导小组"，指定具有央企身份的中国包装总公司具体负责该项工作。国外对产品外包装物的限制，客观上推动了中国以生产木塑包装箱和托盘为代表的初期木塑复合材料产业的萌生。在外部压力和内在利益的双重驱动下，通过政府部门和参与组织的共同努力，中国木塑复合材料的引进、研发及其技术转化由此进入了一个快速发展时期。

与此同时，国内木材科学界较早地捕捉到了有关木塑复合材料发展的信息，以中国林科院木材工业研究所为代表的中国木塑复合材料研究机构，在国内率先开始对木塑复合材料的研究工作，东北林业大学、福建农林大学等高校和研究院所也积极跟进，他们的研究方向得到国家有关部委充分肯定。1998 年，中国林科院木材工业研究所首获"木材表面的非极性化原理及木塑复合界面特征的研究"国家自然科学基金；2001 年国家林业局"948"项目中首次列入"木塑复合材料的注塑成型技术引进"课题；2002 年，科技部"863"计划中列入"木材－合成高聚物复合材料制造技术"；2003 年国家发改委批准同意将木塑复合材

料列入国家高技术产业化示范项目；2005年，国家发改委首次公布的《产业结构调整指导目录》和《"十一五"资源综合利用指导意见》中均列入了"木基复合材料"项目。自2006年起，木塑复合材料进入由国家发改委高技术产业化司主编的《高技术新材料发展报告》。

在对木塑复合材料的实际研发中，人们逐渐发现和认识到木塑复合材料的诸多优点，仅仅作为木质包装替代物已经远远不能展现其丰富的内涵，所以不断尝试将其转移、延伸到更多的应用领域，由此逐渐形成以填充聚烯烃树脂为主的非发泡型木塑复合材料和以填充聚氯乙烯为主的发泡型木塑复合材料两大制品分支。随着市场的逐渐扩大和参与者的日益增多，至21世纪初，国内木塑复合材料产业雏形渐成。

四、中国早期开发木塑复合材料的主要企业

1998年，一批有着外资背景或海外联系的华人借木质包装遭受限制之机，把木塑复合材料样品引进到中国，其中主要载体就是以后影响甚远的木塑托盘。在这之中，有4家企业曾经对中国木塑产业的初期发展进程产生过极大影响。

其时扩张最快影响最大的当数凯帝集团。加拿大凯帝集团（CANADA KIND CORPORATION）1994年注册于加拿大安大略省。自2000年起，该集团与中国石化系统、山东电力系统以及新疆生产建设兵团合资，先后在辽宁、山东、广东和新疆成立了沈阳沃而得复合材料有限公司（2001年）、山东齐星凯帝复合材料有限公司（2003年）、广东茂名众和凯帝复合材料有限公司（2002年5月）、广州赫尔普复合材料科技有限公司（2003年7月）和新疆天玖凯帝复合材料有限公司（未正式注册），形成了业内独特的"凯帝木塑企业集群"。该集团以生产聚乙烯木塑材料为主，对外宣称其木塑项目总投资接近10亿元人民币，设计生产能力3万吨/年以上。后来广东茂名众和凯帝、山东齐星凯帝和沈阳沃而得公司先后关闭，成立于2003年7月的广州赫尔普公司硕果仅存。赫尔普木塑项目首期投资3600万元，设计规模为1万吨/年，原选择采取外资方交钥匙工程方式引进成套生产技术与设备，木塑片材产品因外方技术和市场原因，一直没有推广成功；而木塑型材产品因创新开发出木塑表面拉丝和砂光处理仿木技术，切入户外园林景观建材应用领域，成功打开国内外市场，成为国内较早实现万吨级产销规模的木塑企业。

另一个产生较大影响的企业是创办于1980年，同样来自加拿大，总部设在多伦多市的欧尼克（ONYX ENVIRO—TECH · INC）公司。该公司称2000~2001年研发出中国的第一批专用于木塑型材挤出的锥形双螺杆挤出机。该公司来华后一分为二，分别注册为"北京欧尼克环保技术有限公司"（1999年9月）和"上海欧尼克机械设备有限公司"（2002年）。其中，北京欧尼克公司着重产品技术开发，后与中国包装总公司下属中包木塑材料研发推广中心合作组建中国同泰环境产业发展公司，获得国家第一笔专用于木塑项目的技改资金而名噪一时，目前该企业经过自我调整转型，运转趋于正常，正在积极筹备上市。上海欧尼克公司侧重设备研制，但进入市场不太成功，大约在2010年前后注销。同泰公司与燕郊和诚公司、北京欧尼克公司合作，原发展目标是致力于代木包装开发利用，生产基地建在北京以东河北境内的三河燕郊镇。2003年8月，国家发改委批准同意将该公司木塑项目列入"国家高技术产业化示范项目"。但由于其控股公司中国包装总公司经营体制调整等因

素，该项目最后无疾而终。

还有一家比较活跃的企业是来自加拿大的未来技术有限公司。该公司称是一家专门从事塑料新技术、新材料研发、产品生产和销售的公司，总部设在加拿大密西沙加市（Mississauga）（多伦多近郊），在美国设有分公司和销售机构，在中国亦建有公司和工厂。在中国的企业注册名称多次变换，先后与江苏联冠科技有限公司、陕西秦川机床集团合作，以"北京至柔科技发展有限公司"、"秦川未来科技发展有限公司"、"杨凌秦川未来科技发展有限公司"等名义长期活动在国内木塑领域，但因其技术、产品局限等因素，其影响逐渐消退，致完全混同于国内一般木塑企业。

第四家是由原总部设在新加坡的绿可（LESCO）（新加坡）国际投资集团，2000年登陆中国后逐渐建立的，以发泡型轻质木塑复合装饰材料为主打产品的绿可系企业。绿可系通过多年的推广，在中国逐步建立起一个新的技术、装备、应用技术流派，并整体进行技术推广和经营，逐步派生出多家合作企业，以及相应的机械模具配套厂商。目前中国发泡型轻质木塑装饰材料生产厂商中，少有与绿可技术没有亲缘关系的企业，譬如早期的上海奔奔门业有限公司、广东中山森朗环保装饰建材有限公司；稍晚一些成立，但更有作为的安徽龙格装饰材料公司、山东霞光实业有限公司，其技术渊源均出自绿可公司。可是由于绿可经营策略的缘故，导致其发展战略一直不太顺畅，真正意义上的绿可产业集群虽然一再集结，但并未真正形成合力。

上述北美系企业引入中国的无一例外都是非发泡型聚乙烯木塑复合材料挤出制品，虽然都高举国外先进技术的牌子，但鲜有成功范例。现在我们已经很难梳理当时纷乱的头绪，也很难全面评价这些行为所起到的历史作用。但是非中国原生态的木塑复合材料，就是带着这样一种比较懵懂的状态昏昏然地进入了中国。由于利益诱惑、盲目跟进，甚至产业调整等错综复杂的因素，到2004年左右，中国木塑被动地进行了第一轮洗牌。根据不完全的资料表明，这次洗牌付出的代价大概在两亿元人民币以上，但是洗牌的结果并没有在根本上改变中国木塑产业的生存能力和技术力量，至今仍有投资上千万的企业处于"休眠"状态。

五、中国木塑行业组织的组建

（一）木塑复合材料专业委员会

2004年夏秋之交，在中国包装总公司的积极要求下，中国资源综合利用协会同意组建木塑复合材料专业委员会，并于同年11月获国务院国资委行业管理办批准。12月中旬，由中国包装总公司科技部主持在山东德州召开了木塑专业委员会预备工作会；2005年1月，木塑复合材料专业委员会在国家民政部正式注册；当年4月，木塑复合材料专业委员会在北京举行了成立大会。政府有关部门负责人、北京奥组委官员、高等院校和科研机构的专家教授、新闻媒体记者与各地企业代表共50余人莅会，中国资源综合利用协会秘书处主持会议。会议选举中国包装总公司总裁助理、中国同泰环境产业发展公司董事长马力为主任委员，选举《中国包装商务》执行主编刘嘉等9人为副主任委员，选举中国同泰环境产业发展公司总经理姜作军为秘书长，专委会日常工作由副主任兼常务副秘书长刘嘉主持，秘书处设在北京。据统计，当时全国专门从事木塑复合材料生产的企业不足 30 家，产量万余吨，产值不足亿元，与严格意义上的"产业"相比，其距离之大可想而知。担任主任单位的中国同泰环境产业发展公司系中国包装总公司下属企业，经转型后成为木塑复合材料国家高技术产业化示范项目的承担单位，原拟依托于国家相关政策的支持，致力于推动中国木塑产业的发展，全力打造世界范围内种类最全、亚洲地区规模最大的木塑材料加工制造企业。但后来由于同样未解决好技术引进和消化，致使该项目未获成功。

（二）中国塑料加工工业协会塑木制品专业委员会

该专业委员会由塑料加工协会发起，按其申请报告称：塑木制品是采用塑料（PE、PP、PVC、ABS）和木粉或农业废弃物等通过科学合理的配制，通过特殊加工而成的具有特性的材料，其环保、社会意义很大。也就是说，所谓"塑木"其实就是"木塑"。该组织于 2005 年 9 月获准注册，原拟推举上海奔奔门业有限公司负责人主持工作，但后来奔奔公司不愿接手，组建遂陷于停滞状态。2007 年，该组织改由广东惠东美新塑木型材制品有限公司负责。当年 3 月，该组织在深圳召开成立会议。会议选举广东惠东美新塑木型材制品有限公司董事长林东亮为会长，选举惠东美新公司总工程师季建仁为秘书长，秘书处设在深圳。该组织活动情况较为松散，影响力比较有限。

第二节　木塑复合材料的生产工艺

一、木塑复合材料生产的工艺特点

木塑复合材料虽然脱胎于塑料行业，但作为一个具有边缘性、多学科、专业化特点的新兴产业，其工艺、技术和装备涉及到木材化学、生物技术、精细化工、精密机械、液压传动、真空技术、热力传导、流体力学、传感技术、电子自控、微机编程和物理化学等专业和学科，所以其工艺绝不仅仅是塑料加工工艺的简单复制或延伸。经过几十年的开发应用，实践证明：木塑复合材料作为具有独立特性的新型材料，不仅需要比较完整的技术体系作为产品支撑，其制成品加工成型难度也远远超出普通塑料制品。先期中国国内的木塑成型技术大多借鉴国外技术，2005 年以后，以青岛华盛高新技术发展有限公司为代表的本土企业与国内科研单位，例如中国林科院木材工业研究所等合作，在成型工艺技术上取得了突破性进展。2009 年，在科隆召开的全德第三届木塑大会上，由木塑专委会选送的华盛公司保温型木塑墙板获"产品创新奖"，这是中国木塑复合材料制品多年来首次在国外获得奖项。

木塑复合材料加工的技术特点是保证植物纤维粉料在一定填充量前提下，确保较高的流动性和渗透性，从而促使塑料熔体能充分地与木粉粘接，达到共同复合获得一致的力学性能及其他方面的应用性能，最终用较低的生产成本制造出具有较高应用性能和价值的制品。根据木塑复合材料的工艺特点，在其制品成型过程中必须重视并解决以下 3 个方面的问题：①如何提高塑料与木粉之间界面的相容性，即原料配方问题；②如何保持稳定加料、有效脱挥、提高木粉亲和性能及适当的成型压力，即设备性能问题；③成型模具的设计与冷却定型技术，即工作效率和质量稳定问题。

二、木塑复合材料生产的基本要求

与加工塑料比，木塑复合材料生产有许多新的特性和要求，譬如要求挤出型产品的螺杆要能适应更宽的加工范围，对木纤维切断要少，塑料原料处于少量时仍能使木粉均匀分散与其完全熔融；由于木质材料比重小、填充量大，加料区体积要比常规型号的大和长；若木粉加入量大，熔融树脂刚性强，要求有耐高背压齿轮箱；螺杆推动力要大，要采用压缩和熔融快、计量段短的螺杆，确保木粉停留时间短等。同时，木塑复合材料在加工过程中的纤维取向程度对制品性能有较大的影响，所以必须要合理设计流道结构，以获得合适的纤维取向来满足制品的性能要求。此外，木塑复合材料制品在相同强度要求下，厚度要比纯塑料制品大，且其多为异型材料，结构复杂，这使得其冷却较为困难，一般采用水冷，而对于截面较大或结构复杂的产品还需采用特殊的冷却装置和方法。

现在木塑复合材料工业化生产中所采用的主要成型方法有挤出成型（图3）、热压成型、注塑成型和吹塑成型等。由于挤出成型加工周期短、效率高、一般的成型工艺较易掌握，目前在工业化生产中与其他加工方法相比有着更广泛的应用。木塑复合材料的挤出成型从加工程序上分类可分为一步法和多步法；从加工形式上可分为热流道牵引法和冷流道顶出法。一步法是将木塑复合材料的配混、脱挥及挤出工序合在一个设备或一组设备内连续完成。多步法是把木塑复合材料的配混、脱挥和挤出工序分别在不同的设备中完成。可以先将原料配混制成中间木塑粒料，然后再挤出加工成制品。热流道牵引法主要用于以聚氯乙烯（PVC）为基料的木塑室内产品系列；而冷流道顶出法则多用于以聚乙烯（PE）、聚丙烯（PP）为基料的木塑户外产品系列。相比之下，其他成型方式在实际生产中采用不是很多，所以对其研究也比较有限。

图3　木塑挤出生产线

木塑复合材料挤出成型工艺流程如图4所示。

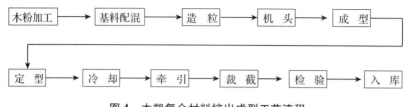

图4 木塑复合材料挤出成型工艺流程

三、木塑复合材料挤出生产设备

前述木塑复合材料的加工方式表面上与塑料加工方式基本一样，主要设备似乎也大致相同，但其专业特点已经愈加明显，非一般塑料加工设备可以替代。目前可用于木塑复合材料挤出成型的设备主要有双螺杆挤出机和单螺杆挤出机。单螺杆挤出机通常是完成物料的输送和塑化任务。但是，单螺杆挤出机在木塑复合材料挤出中受到较大的限制，木塑用单螺杆挤出机必须采用特殊设计的螺杆，使其具有较强的原料输送和混炼塑化能力，在挤出之前常常需要对物料进行混炼制粒。

双螺杆挤出机依靠正位移原理输送和加工物料，它又可分为平行同向/异向双螺杆挤出机和锥型同向/异向双螺杆挤出机。平行双螺杆挤出机可以直接加工木粉或植物纤维，可以在完成木粉干燥后再与熔融的树脂熔融分开进行。锥型双螺杆挤出机与"配混"型设备比，其锥型螺杆的加料段直径较大，可对物料连续地进行压缩，可缩短物料在机筒内的停留时间，而计量段直径小，对熔融物料的剪切小，这对于加工热塑性木塑材料而言是一大优势，故被称之为低速度、低能耗的"型材"型标准配备。

此外，挤出机头和冷却定型系统也是关系到挤出制品质量的重要部件。由于木塑复合材料的特殊性及木粉的高填充量，使挤出物料流动性差且不易冷却，常规的模具和定型设备已无法满足产品的需要，这使得机头的设计除了保证流道设计的圆滑过渡与合理的流量分配外，还需要对机头的建压能力与温度控制精度进行重点考虑，并合理布置机头的加热冷却装置，使其冷却速度快，精度高，能保证产品质量和产量（挤出速度）。

采用任何一种加工方式，模具对于木塑复合材料制品的制造来说都是不可或缺的。基于木塑复合材料的热敏感性，模具一般采用较大的结构尺寸以增加热容量，使整个机头温度稳定性得以加强；而沿挤出方向尺寸取较小值，以缩短物料在机头中的停留时间。除了模具的形状合理和参数的准确，特别是在挤出成型的加工方式中，模具表面处理工艺也至关重要。

四、木塑复合材料生产工艺的发展方向

尽管中国木塑复合材料产业取得了不俗的进步，今天已经足可令昔日同行另眼相看，但以国内相对薄弱的研究力量和产业基础来说，应该说对木塑复合材料生产工艺的真正把握还有许多工作尚未完成。根据木塑复合材料研究与应用的逐步深化，可以预计其加工工艺及其技术主要有如下发展趋势：①原料配混多样化；②木粉填充高量化；③设备工艺专

业化；④产品成型全面化；⑤使用要求高质化。简单来说，就是要求木塑复合材料在低值资源配置的状况下，通过各种新技术和新工艺的运用，使其制成品保持在一个较高的水准层面和更加广阔的应用领域，发挥其资源性、环境性和经济性优势，使其在较长时间里具备成长活力。

第三节 木塑复合材料的应用

一、木塑复合材料的基本性能

木塑复合材料的基本性能分为力学性能和实用性能两大部分，其最大特征在于它同时具备了木质材料和树脂材料两种不同材质的双重优点。木塑复合材料同普通塑料相比，无论是在硬度、刚度等力学性能方面，还是在防止老化、遇热变形等实用性方面，都有相当程度的提高。木塑复合材料也可仿木制成各种类型的型材，而且具有与木材一样的加工性能，可锯、可刨、可钉、能弯曲和粘连，表面有与天然木材一样的纹理和质感，加入着色剂、覆膜或复合表层可以制成各种色彩绚丽的仿木/代木制品。因此，木塑复合材料既克服了天然木材耐用性差、易燃、易潮、易腐、易蛀、易滋生霉菌及不耐酸碱等缺点，又避免了单纯树脂材料易变形老化、高温蠕变、低温发脆等不足，具备了水浸不涨，干燥不裂，高温不变，低温不脆，遇火不燃，虫蛀不烂，经久耐用等优点。从环境生命周期的角度评价，木塑复合材料从摇篮到坟墓都不会对周围环境安全和人类健康造成危害，它既减缓和避免了塑料废弃物的毒害，还能部分免除农业废弃物焚烧给环境带来的污染，其本身还可回收二次利用，因此，它又是一种生态自洁的环保型绿色材料。

二、木塑复合材料的产品分类

承前所述，由于木塑复合材料工艺技术的不断提高和日臻完善，其品种不断增加，早期被局限的领域已有较大突破，其分类也有不同方法。

1) 按使用塑料基料区分，可分为尼龙、聚乙烯、聚丙烯、聚苯乙烯、聚氯乙烯、ABS塑料及塑胶材料等。
2) 按使用场所区分，可分为市政工程系列、户外园林系列和室内装饰系列3大分支，以及一些特殊场合使用的制品。
3) 按实际用途区分，可分为结构类、装饰类、包装类和特型类等类型。
4) 按产品形态区分，可分为线材、片材、板材、型材和异型材等系列。
5) 按制造工艺区分，可分为低发泡、中发泡、空心结构及实心材料等。
6) 按成型方式区分，可分为挤出型、注塑型、模压型和吹塑型等。

值得注意的是，不同的分类对木塑复合材料的原料、工艺及质量性能有着极大的关联性。

三、木塑复合材料的应用领域

木塑复合材料的适用范围几乎可以涵盖所有原木、塑料、塑钢、铝合金及其他相似复合材料的使用领域，特别是建筑领域；已开始涉及到的应用制品包括墙裙、墙线、窗套、门套、楼板、连廊、隔断、天花、栅栏、栈桥、桑拿房、休息亭、汽车库、船甲板、家具饰件、水上通道、户外家具、楼梯踏步、露天平台、建筑模板、集装箱底板、运动场座椅、轻轨隔音墙、多功能墙隔板、高速公路隔音墙等；可以说木塑复合材料已开始渗入建筑、家装、家具、汽车、交通、物流、包装、园林、市政、环保、体育，甚至军事领域，辐射面和影响力正逐年扩大，应用前景十分广阔。特别应该指出的是，2006年木塑建筑材料获得参与北京奥运会场馆建设资格后(图5)，相继在上海世博会、广州亚运会和西安园博会等大型活动建设中亮相，催生了在市政工程建设上的规模化应用。目前其在城市建设中的运用正趋向常态化和规范化，木塑复合材料已经不再是遇人"一问三不知"的陌生事物。随着木塑复合材料产业工艺水平的提升和制造技术成熟，以及新技术、新工艺持续向新材料领域倾斜，应用范围势必不断扩大，最终会突破传统建筑领域而进入一个更加广阔的天地。

图5　北京奥体中心区木塑地板步道

第四节　中国木塑复合材料产业现状和发展方向

一、中国木塑复合材料产业现状

中国木塑产业在"十一五"期间的巨大进步无疑是不可思议的，它从"十五"时期一个混杂着"舶来"与草根身份、名不见经传的弱小产业，逐渐发展成为"十一五"期间国家鼓励发展的新材料产业，在"十二五"规划紧锣密鼓地催促声中，中国木塑产业翻开了自己作为战略性新兴产业项目的崭新篇章。

中国木塑复合材料企业大多系民营性质，直接受政府管理的情况并不多见。由于历史原因和规模局限，"十五"期间，木塑复合材料企业"小、散、低、乱"的状态相当普遍，很多企业处于"自由发挥，自动进出"的状态，这种状况导致了木塑复合材料行业进出的自由化和行业管理的松散化。"十五"期间，全国直接或间接从事木塑复合材料研发、生产和配套的企事业单位不到100家，包括国有、民营、独资、合资和股份制多种类型。"十一五"期间，经过行业"二次洗牌"，木塑及相关产业的企业数量猛增，截止到2011年底已突破 500 家的关口，总产值亦攀升到 100 亿元以上。从企业的地域分布看，以"珠三角"和"长三角"地区的木塑企业最为集中，并逐步形成以苏、浙、鲁、粤 4 省为代表的木塑产业集群，中、西部地区亦不甘落后，湘、鄂、川、黔等地企业都在奋力追赶；与之配套的产业链也随之开始充实完善，木塑复合材料产业以往完全松散的局面有较大改观，产业化格局开始初步形成，具体数据见表 1。

表 1　2011 年中国木塑生产企业地域分布及产能简表

地　　域	企业数量	生产线	设计能力	备　　注
华 北 地 区	20 个	160 条	8 万吨	京、津、冀、晋、蒙
东 北 地 区	10 个	60 条	3 万吨	辽、吉、黑
华 东 地 区	120 个	700 条	35 万吨	沪、苏、浙、鲁、闽
华 中 地 区	30 个	140 条	7 万吨	湘、鄂、赣、皖、豫
华 南 地 区	60 个	300 条	15 万吨	粤、桂、琼
西 南 地 区	20 个	120 条	6 万吨	渝、川、黔、滇、藏
西 北 地 区	10 个	80 条	4 万吨	陕、甘、宁、新
合　　计	270 个	1560 条	78 万吨	台湾地区尚未进行统计

注：此为大致统计数字，以 3000 吨/年企业中型生产线生产 PE 基木塑材料统一折算。

中国木塑复合材料年产量递增情况：2001 年≤1 万吨，2002 年≤2 万吨，2003 年≤3 万吨，2004 年≤4 万吨，2005 年≤5 万吨，2006 年≤8 万吨，2007 年≥15 万吨，2008 年≥20 万吨，2009 年≤30 万吨，2010 年≥50 万吨，2011 年≥80 万吨，到 2017 年接近 300 万吨。

从不足 1 万吨到超过 80 万吨，美国木塑复合材料产业走了近 50 年。当然，如果仅仅是一组数字的比较，还不足以说明中国木塑产业实质上的进步。但恰恰是自"十一五"规划开始，在经历了多次失败后，中国木塑复合材料产业瞄准国际木塑业的高端产品，开始了自己独具风格的艰难攀登。在此之中，尤以聚丙烯（PP）木塑复合材料和制品的产业化完成最为提升士气。在业界众所周知的高端 PP 木塑材料和制品中，当时已名扬四海的日本艾因株式会社的"艾因木"，其在美国市场售价高达人民币 2.6 万元/吨，而在中国提出的技术转让费亦高达 1 亿日元（当时约合人民币 1 千万元左右），足令所有的仰慕者都望而却步。从 2007 年开始，在中国林科院木材工业研究所等科研机构的支持下，土生土长的中国 PP 木塑由青涩渐至成熟；2009 年，在德国科隆举行的第三届全德木塑大会上，由中国木塑专委会选送的青岛华盛高新科技发展有限公司的 PP 木塑保温墙板经过全体参会代表投票荣膺"优秀产品创新奖"，作为本次大会上 3 个获奖产品中唯一的外国产品（图 6），中国木塑人的努力终于得到了国际业界的承认，以事实证明了"中国木塑产业是目前国内制造业中为数不多的，能够与国外发达国家同行在同一产业平台上平等对话的产业之一"。这个标志性的业绩，极大鼓舞了正在奋进中的中国木

图 6　PP 木塑保温墙板获奖现场

塑队伍。今天,"CHINA WPC"已经作为标志性品牌在世界各大展会相继亮相,中国木塑产业已经成为全球木塑复合材料产业中一匹令人刮目相看的"黑马"。

二、中国木塑复合材料产业的发展方向

从国外市场看,生物质纤维复合材料是复合材料工业中市场增长最快的部分。目前,各种类型的木塑复合材料制品除在美国、加拿大、日本等国广泛应用外,德国、法国、荷兰、奥地利、意大利、澳大利亚、韩国、台湾等国家和地区也已在积极跟进,并逐步形成了较为完整的市场体系。从国内市场看,虽然木塑复合材料市场建设已经度过幼年时期,但投入使用的产品大多为中低端产品,而且品种、数量均很有限,人数众多的消费者依然对其不很熟悉。可喜的是,随着循环经济政策和可持续发展观念的确立,以及越来越不容乐观的资源消耗,国内的多数木塑企业已经意识到自身水平与消费市场的差距,以及由此可能带来或丧失的巨大商机。所以,相当一部分企业欲奋起直追,努力改变中国木塑产品的形象,抓住机遇开拓市场,届时中国木塑材料挟其优良表现,完全有能力在国内外市场与外国企业一决高低。譬如目前以产销量 7 万吨/年居于中国第一、排名世界前五的安徽森泰木塑集团股份有限公司,以成功研制并应用高强度木塑材料的南京旭华圣洛迪新型建材有限公司,以家居整体应用木塑装饰材料闻名的杭州科居装饰材料有限公司等,不仅在国内屡有建树,在国际上也有较大的知名度,为中国木塑走向世界带了一个好头。

另一方面,中国作为世界第二大木材消费国,对木质制品的需求量在与日俱增,假以时日,一个巨大的需求终究会使中国的木塑复合材料市场大门洞开。从市场应用的刚性需求分析,中国木塑复合材料产业应该大力发展的领域:近期是室内家具,装饰材料,活动房屋,多功能板材;中期是交通设施,车船饰板,排污填料,特殊用件;远期是精细化复合型高性能多功能塑化材料。

得力于循环经济理念的支撑和国家环境保护与资源节约政策的大力推行,在科学发展观的引领和政府有关部门支持下,以木塑建筑材料参与北京奥运会和上海世博会建设为标志,中国木塑复合材料产业"十一五"期间企业和产量的平均增长率超过 30%,现年总产量超过 80 万吨(约等于 300 万 m^3 木材),一举超越美国,在世界排名第一。特别重要的是,在各方力量的共同努力下,国内木塑材料/制品的核心技术已跃居世界领先水平,出口总量接近 20 万吨,超过欧洲木塑材料生产总量,不仅完全可以与欧美发达国家进行平等对话,而且能够从容、自主地实现自己的战略目标,基本无需考虑国外技术的掣肘,并从木塑复合的初级阶段进入到技术要求更高的生物质塑化材料层面,成为全球生物质复合材料产业领域一支举足轻重的力量。

由于木塑复合材料主要采用可以大量循环再生的生物质原料制成,基本不依赖于不可再生的石化产品及矿物资源,而人工合成技术还在不断地创新进步,所以木塑复合材料及其制品尚有巨大的发展空间。以目前掌握的技术水平,从建筑材料、野外房屋、交通设施、汽车部件、电器外壳,到室内装修、儿童玩具、家庭用品、包装材料等,木塑材料和制品都在积极尝试进入并有实质性进展。"十二五"期间,木塑复合材料具有的 5 大优点,即原料多样化,制备可塑化,产品环保化,应用经济化和再生低碳化等环保性、资源性的潜在优势必将更加发扬光大,并使之向更加广阔的生物质塑化和纤维精细化材料领域发

展，真正成为一个具有战略意义的科技材料。目前，行业的"第三次洗牌"正在进行，我们完全有理由期待其在新材料领域开辟一条前所未有的资源化和高值化道路。

木塑复合材料所具有的各种优点，不仅非常符合建筑业、装修业、家具业、交通业、物流业、包装业等领域的使用要求，同时也能部分解决农林副产品和塑料制品废弃资源的再生利用问题。根据国家循环经济和产业发展政策的导向，在各类投资机构的热捧下，具有资源节约和保护环境两大优势的生物质塑化新材料在"十二五"期间必定会有更大的发展，大型产业集团或区域产业集群在国内的出现也仅仅是时间问题。如果把握调整好如下几个方面：①研发市场化；②原料通用化；③装备专业化；④产品优质化；⑤应用广泛化。如果能够充分利用现有条件，较好地借鉴国内外木塑制造新技术，未来的新型木塑复合材料完全有可能成为木材、金属、塑料、陶瓷、水泥、玻璃等传统材料的有力竞争者，进而扩展成为产值达数千亿元的新兴产业，不仅可以为国内循环经济和资源节约发展做出贡献，而且还可能为全球材料领域带来一场前所未见的绿色革命。

三、木塑复合材料进入中国的历史作用

尽管木塑复合材料是在一种混淆不清的状态下落户华夏大地的，但幸运的是它生逢其时。纵观中外木塑复合材料产业的发展历程，无不贯穿着资源和环境问题的压力与突破，在这之中，中国木塑复合材料无疑是一个幸运儿。与任何新兴产业发轫之初一样，在高速发展的背景下，彼时中国木塑复合材料行业的鱼龙混杂、泥沙俱下也几乎不可避免。客观上讲，木塑复合材料至今还是一个处于不断发展和变化，需要创新进步的新生事物。在世界范围内，不管是科研学术，还是生产实践，都还在探索木塑复合材料的生成规律和成型机理。从研发的角度上说，目前在木塑复合材料项目上的任何失败都可以令人接受，但它的成长壮大却肯定是一往无前的。

尽管存在这样或那样的问题，但是不可否认，进入中国市场不到 15 年的木塑复合材料产业的进步仍然是十分巨大的。随着其工艺技术的提升和市场逐步成熟，木塑产业的优势肯定会在其所涉及的各个领域逐渐凸显出来。在即将出台的国家《"十二五"战略性新兴产业发展规划》中，木塑复合材料项目已经在"节能环保"和"新材料"领域雄踞两席，这是一个荣誉，但它更是一份责任。我们期待将要步入中年的中国木塑复合材料产业挟"十一五"的成功风范，继续在循环经济的大舞台上金戈铁马，继续展现自己的阳刚之美。

但是各种有利条件的出现仅仅是为木塑复合材料产业的发展提供了某种可能性，一项宏大事业的完成需要所有参与者付出艰辛的劳动。中国木塑正是在这条以往鲜为人知的路上寂寞地行走了近 10 年之久。集十余年之甘苦，今天中国已经成为世界上最大的木塑复合材料产品生产国和出口国，这是多少木塑人为之奋斗的结果。我们还将继续未竟的事业，我们衷心希望有更多的有识之士加入其中，与我们一起为木塑复合材料产业、为更广阔的生物质复合材料产业发展壮大继续努力。（材料截止日期为 2011 年年末）

第三十章作者简介：

刘嘉（1955年—），籍贯四川成都；四川师范大学毕业，本科双学历；曾供职工人、教师、国企领导等多个岗位；2001年进入木塑领域，系中国木塑产业主要创建人。

现任中国林产工业协会木塑复合材料专业/专家委员会秘书长，兼任世界绿色设计组织（WGDO）绿色建材专业委员会秘书长，南京林业大学材料科学与工程学院客座教授。《中国木塑产业蓝皮书》《木塑产业应用大全》《北京奥运会木塑复合板材/型材质量检测指南》主要撰写人；《建筑领域木塑复合板材应用技术规程》及《中国生物质新材料产业规划纲要》主要起草人；2012年木塑项目国家科技进步二等奖主要完成人；2015年荣获"世界绿色设计国际贡献奖"；2018年荣获"中国木塑创业20年特殊贡献奖"。

第八篇

人　物

一、陈桂陞

陈桂陞，男，1916年7月生于河北滦县，1940年毕业于西北农学院，1945年4月前先后任原中央工业试验所、林业实验所、中大合作森林利用实验室技士、技佐研究员、研究生等职，1945年赴美国耶鲁大学研究生院进修。归国后先后任原中央林业试验所、武汉大学林学系教士、技正、教授；中华人民共和国成立后任武汉大学林学系、华中农业大学林学系、南京林学院教务处和林工系主任，1962年起任南京林学院副院长。1956年加入中国共产党。历任国家科委林业组成员、中国林学会理事和常务理事、中国林业教育研究会副会长、中国林业科学研究院学术委员会委员、林业部学位委员会委员、林业部全国木材加工专业教材委员会主任委员、江苏省林学会副理事长、全国木材加工教材委员会主任委员、南京林业大学学术委员会主任及《南京林学院学报》主编等职务。

图1 陈桂陞

陈桂陞是南京林业大学木材工业学科的创始人之一，长期在教学第一线，他亲自悉心培养的学生都已经是木材加工各专业的学术带头人。在担任南京林学院副院长期间，主管科研工作，为发展林业科学，特别是为木材科学中青年教师的成长和科技人才的培养，作出了巨大贡献。

陈桂陞于1980年参加中国林业代表团赴美国考察林业和木材工业，进一步沟通和加深了中美两国在木材科学方面的联系，为加强国际学术交流与合作奠定了基础。

陈桂陞以其学术上的卓越成就，受到国内外同行的推崇，成为国际上木材科学方面的知名专家，曾被《国际名人词典》编辑中心授予功勋荣誉证书，并列入《国际名人词典》、《世界名人录》第22卷和《中国科学家辞典》。

陈桂陞热爱祖国、热爱中国共产党、热爱社会主义，是中华人民共和国成立后入党较早的高级知识分子之一。陈桂陞认真学习马克思列宁主义、毛泽东思想，坚决拥护党的路线、方针、政策，在思想上和行动上与党中央保持高度一致。陈桂陞一生光明磊落，襟怀坦荡，团结同志，顾全大局，艰苦朴素，乐于助人。对工作始终勤勤恳恳、兢兢业业，直至生命的最后时刻仍念念不忘工作。

陈桂陞长期从事木材学与胶合板制造工艺的教学和科研工作，在国内外学术界享有盛誉。"三通道刨花干燥机及供热系统"通过林业部鉴定并于1988年获林业部科技进步二等奖，先后主持林业部攻关项目"竹材胶合板制造工艺和成套设备的研究"、"定向刨花板中试"等，并通过部级鉴定。陈桂陞编有《木材学》《胶合板制造工艺学》通用教材，发表有《竹材之物理性质及力学性质试验报告》《A Reliminary study on thd meckanical Roperties of Chinese Fir》《中南区杉木物理力学性质试验报告》《胶合板扩大树种的研究》等多篇学术论文。

二、王　恺

王恺，男，原名锡命，1917年11月14日生于湖南省湘潭县，卒于2006年11月9日，享年89岁。国家一级工程师，教授级高级工程师，著名木材工业专家，我国木材工业主要奠基人、开拓者之一。少年时在长沙岳云中学读书时，受英国留学归来的石声汉博士的影响报考了西北农林专科学校（西北农学院的前身），立志务林。1940年毕业于西北农学院森林学系。1945年获美国密歇根大学林学院木材工艺硕士学位。1946年，学成归国后，任中央工业试验所工程师兼木材工程试验室主任、上海扬子木材厂厂务主任和总工程师。中华人民共和国成立后，他作为国家一级工程师，先后任北京市光华木材厂厂长、总工程师、北京市木材工业公司总工程师、北京市木材工业研究所所长。1979年调入中国林科院，先后任中国林科院木材工业研究所所长、中国林科院副院长。1962年加入中国共产党，1964年当选第三届全国人民代表大会代表。曾任中国林学会第一至三届常务理事和第四、五届副理事长及第六届常务副理事长，国务院学位委员会第一、二届学科评议组成员，中国林学会木材工业分会第一至五届理事长、第六届名誉理事长。在他倡导下，1986年创办了《木材工业》杂志并任主编，于1988年3月退休。

图1　王恺

大学学习期间，学校与兵工当局合作，为抗日战争提供枪托用材，建立了核桃林场。在教师指导下，王恺对核桃树材的利用产生了浓厚的兴趣，并将《陕西核桃品种之初步研究》选为毕业论文，从造林选种到木材加工利用进行多品种的综合比较试验，以期选出最佳的枪托用材树种。该课题涉及的学科多、工作量大，他日以继夜，刻苦钻研，取得优异成绩，受到多方好评。毕业时，学校让他留校任教，而他想继续深入枪托等军需用材的研究以支援抗战。正巧报上刊登中央工业试验所新成立的木材试验室招聘人员，他虽学的是农科，但为了实现自己的宏愿，鼓足勇气投书自荐。后经一再努力争取，终于使聘方答应试用。试用期间，他废寝忘食，圆满完成各项任务，深得试验室主任唐耀的赞赏，被正式录用。这为他以后长期从事木材工业工作奠定了基础。

1941～1942年，王恺开始调查研究川西、西南林区的伐木工业与木业市场。他带了一名工人，徒步沿着川西岷江和大渡河上游林区对伐木工业进行调查，接着于1943年参加了重庆国民政府交通部和农林部联合组织的林木勘察团，调查了川东、贵州、广西、湖南一带的枕木资源、木材生产和销售情况，为建设湘桂、湘黔铁路的枕木供应提供了依据。在调查中，他不避高山险阻，跋山涉水，克服了种种困难，坚持实地勘察森林资源，既采集了大量树木标本，又了解了当地伐木、制材、运输等状况，撰写了中国较早的《川西、峨边伐木工业之调查》《黔、桂、湘边区之伐木工业》《西南木业之初步调查》等报告，为研究中国伐木工业和木材市场提供了有价值的历史资料。

1944年，因工作成绩优异，王恺由经济部公费选送到美国密歇根大学林学院深造，从事木材改性等方面的研究，于1945年通过《压缩木的初步研究》论文，获木材工艺硕士学位。考虑到中国木材加工技术落后，他毅然放弃了攻读博士学位的良机，广泛地参观考察了美国中部、西海岸和南方等地的制材厂、胶合板厂、门窗厂、家具厂等不同木材加工企业，以及美国林产品研究所、各林业试验站和加拿大林产品研究所等科研机构共40余处，并实地参加操作，以取得第一手数据和先进工艺。同时广泛收集木材工业及有关机械设备的技术资料，拍摄和自制了300多张介绍美国和加拿大木材工业的幻灯片。他在各地考察中择其精华，博采众长，既学到了先进的实用技术，又提高了实际操作本领。

1946年，王恺怀着一颗赤诚的爱国之心回到上海，仍在中央工业试验所工作，开始长期从事木材工业的组织领导和科学研究。他主张科研与生产相结合，逐渐成为我国木材工业界公认的权威。在与扬子木材厂合作期间，通过提高豆粉细度和加入防霉、憎水剂等措施，研制出质量超过英商的优质胶合板，且价格较低，从而变进口为出口，在香港、东南亚和美国西岸等国际市场受到好评。同时开发了压缩木梭等纺织器材，装配式房屋和跨度30英尺的胶合木梁等木材工业产品，在上海木业界、造船业、建筑业、纺织业有较大的影响。

中华人民共和国成立后，他受中央办公厅委托，带领工程技术人员从上海来到北京中央直属机关修建办事处，负责创建了中国第一代木材加工厂——光华木材厂，并担任第一任厂长兼总工程师。光华木材厂的建成，对中国木材工业向着现代化发展，起到极大的示范和推动作用。中华人民共和国成立十周年的前夕，王恺和光华木材厂的职工们大搞技术革新，精心设计，高速度、高质量地完成了人民大会堂、历史博物馆、全国农业展览馆等十大建筑所用的木构件和木制品。其中，人民大会堂内的大会厅吊顶和墙面采用了他主持研制的蓝色网纹塑料贴面板，被周总理喻为"秋水共长天一色"的好产品。此外，他还为铁道部首次试制了高级车厢装饰胶合板，为国防工程研制了跨度26米无金属胶合木桁架。

王恺对森林资源的合理和综合利用进行了深入系统的研究，提出了许多重要建议，并取得了不少成果，不断拓宽了木材工业研究领域，为开拓发展我国木材工业做出了重要贡献。"文化大革命"中，他克服重重困难，建成了北京市木材工业研究所，并先后主持北京饭店、北京图书馆等单位的家具设计。他吸收学习国外的先进经验，深入开展木材综合利用的研究，重视木材代用材料的开拓工作。他主持研制了钙塑材料，批量生产了钙塑保温装饰板，用于和平门全聚德烤鸭店宴会大厅。该产品既代替了胶合板等材料，又提高了室内装饰效果，深得各方的好评。任光华木材厂厂长期间，他与中国林科院木材工业研究所合作，在人造板胶黏剂及表面加工技术方面进行了新的探索，参与研制的脲醛树脂胶黏剂和酚醛树脂胶黏剂大大提高了胶合板质量，研发的航空胶合板和船舶胶合板填补了国内空白。其中"航空胶合板生产技术""纸质装饰塑料贴面板的研制"获1978年全国科学大会奖。

1956年，王恺随森林工业部刘达副部长去苏联、民主德国和北欧几国考察。考察团向中央提出的报告强调了木材工业应以木材的综合利用为主、综合利用以人造板为主、人造板以纤维板为主的方针，提出了工厂逐步实现无木屑、无刨花、无碎料、无树皮的"四无"设想，使木材综合利用向深层次发展。他呼吁树立木材合理利用、综合利用和节约利用三者结合的整体观念，阐明开发利用竹材和农业剩余物（包括沙生灌木等）作为木材工业的第二、第三资源的观点，对中国木材工业的发展有重要的指导意义。调任中国林科院木材工业研究所后，他致力于林业科研工作的组织领导，参与国家技术政策制定、重大科研成果审评、国务院学位委员会的学科评议，为国家林业科技方面的重大决策提供了依据。1986年撰写的《新技术革命与我国木材工业》，指出了中国木材工业的发展方向和任务，至今仍有重要的指导意义。参加制订的《国家十二个重要领域技术政策》获1988年国家科技进步一等奖，其中他主持制定的《木材综合利用技术政策》得到原国家科委、计委、经委有突出贡献的表彰。

　　王恺是一位德高望重、深受爱戴的良师，在欧美、东亚等国家和我国台湾省享有崇高的声誉。他注重培养研究生和青年人才、倾心育人，筹设木材工业青年科技奖，对后辈学者关怀有加、鼓励提携，许多青年学者得到了他学术上的帮助。他一生为振兴木材工业而呕心沥血，1988年退休后仍然笔耕不辍，多有文著发表，主持编纂了《中国农业大百科全书·森林工业卷》、《木材工业实用大全》（共12卷）两部巨著和《英汉木材工业词典》。对"中国人能否自己解决需要的木材问题"、"我国如何实现由世界人造板大国成为强国"、"木材对人体保健和危害"等重大和热点问题提出解决方案，为表彰他的功绩，1988年原林业部授予他"老有所为精英奖"。于1994年担任中国老教授协会农业专业委员会副会长，1996年担任林业专业委员会第一任主任，期间由他主编的《中国国家级自然保护区》获国家图书奖提名奖，2000年中国老教授协会授予他"科教兴国贡献奖"，王恺将奖金全部捐赠中国老教授协会林业专业委员会。

图2　王恺代表中国林学会参加中日科协大会

图3　王恺与王天佑、陈坤霖等专家在四川广汉寺合影

图4　王恺与沈国镇、吕建雄、傅峰、张宜生、李曙光、王俊先合影

图5　王恺参加博士学位论文答辩会

三、李继书

李继书，男，1918年出生，重庆江津人，教授级高级工程师。1945年国立中央大学毕业，任中央林业实验所技佐。1948年派往澳大利亚工业与科学研究所进修。1950年起，历任林业部工程师、高级工程师、教授级高级工程师。林业部科学技术委员会第一、第二届委员，第三届顾问；林业部科学技术进步奖评审委员会第一届委员；林业部第一届高级专业技术职务评审委员会委员；中国木材标准化委员会第一届委员兼锯材分会主任；中国林业科学研究院第二、三届学术委员；中国林业学会第二届理事；中国林学会木材工业分会第一、二届常务理事，第三届副理事长；退休后任中国老年科学技术工作者协会林业分会第一、二届理事。

图1　老年李继书

李继书于1951年加入九三学社，曾任九三学社北京市委员会委员、顾问和基层组织负责人。1985年加入中国共产党。

中华人民共和国成立后，木材属国家统配物资，李继书组织制订全国第一个木材标准《木材规格》，并在全国组织贯彻执行，解决了以往英、美、日标准和国内各地传统标准并行的木材市场混乱问题，为国家木材生产、分配、加工利用和市场销售（供应）提供条件。长期从事木材加工的生产技术管理，参加编制林业发展多个五年计划和长远规划，参与林产工业科学技术活动。20世纪60年代初，曾两次被评为林业部部机关先进工作者。获林业部科学技术委员会、中国林学会、中国木材标准化技术委员会颁发证书，获中国林学会第三届陈嵘学术奖。

图2　青年李继书

李继书担任《当代中国丛书》和《当代中国的林业》副主编，合著《中国林业科学技术史》，主撰1987年联合国粮农组织木质人造板专家评议会论文《中国发展木质人造板工业的实用工艺》。

李继书传略入选《中国林业名人词典》、《中国名人大词典》（当代任务卷）、《中国专家大词典》第一卷、《中国人才库》第三卷、《中华百年》（人物篇）、《国魂—中华新世纪兴国英才传略》、《世界优秀专家人才名典》（中华卷第一卷·下）、《中国风·杰出人物特辑》、《世界名人录》（新世纪卷）、《共和国专家成就博览》、《中国世纪专家传略》、《东方之光—二十世纪共和国精英全集》等。

图3　1986年林业部人事部联合举办湿法硬质纤维板技术改造高级研修班

图4　1985年4月在北京中国木材标准化技术委员会锯材标准分委会成员合影

图5　1987年林业部组织验收湖南人造板厂工程

四、孟宪树

孟宪树，男，1920 年 9 月 22 日出生于安徽省寿县，1988 年 12 月 25 日在北京不幸因病逝世，享年 68 岁。中国共产党党员，中国林业科学研究院木材工业研究所研究员。年幼时因战乱，先后辗转于北京、广州、芜湖、湖南、重庆等多地求学，1949 年 7 月毕业于南京中央大学森林系森林利用专业，同年在沈阳农学院参加工作，1949 年底调东北森工总局化工处从事研究工作，任研究组长。1958 年中国林业科学研究院成立后曾任木材工业研究所助理研究员、副研究员、研究员，人造板室主任，胶合板室主任，木材工业研究所学术委员会委员，《木材工业》编委，中国林学会木工分会分组组长，中国林学会科普工作委员会常委。1982 年 12 月 6 日加入中国共产党。

图 1　孟宪树

孟宪树是我胶合板工业著名专家，为我国胶合板科研和生产的发展，几十年如一日，呕心沥血，勤奋耕耘，贡献了毕生精力，为推动我国现代胶合板工业的发展做出了突出贡献。

20 世纪 50 年代初，为帮助北京市光华木材厂胶合板车间投产，亲赴现场讲授胶合板生产技术，并开展了血胶椴木、水曲柳胶合研究。20 世纪 50 年代中期，我国尚不能生产航空用高级胶合板，室外型、耐水性胶合板都需要从国外进口，应当时国防军工需要，他自力更生开展了航空胶合板生产技术研究，成功研制了酚醛树脂胶膜和液体酚醛树脂胶制备技术，同时系统地研究了桦木平板和胶合板的物理力学性能，于 1958 年完成了工厂性试制工作。所研发的航空蒙皮用和结构用胶合板生产技术填补了国内空白，为我国胶合板应用合成树脂生产耐水、耐候性胶合板做出了开拓性贡献。"航空胶合板生产技术的研究"于 1978 年获全国科学大会奖。

20 世纪 60 年代初，他又积极研制了胶合木质螺旋桨叶所需的室温固化酚醛胶及胶合工艺，多次主持胶合板标准修订工作，在胶合板生产实践和科研方面积累了丰富的经验，为我国针叶树材胶合板生产和应用做出了重要贡献。他多次领导人造板厂技术改造会战组工作，积极从事改造方案和工艺试验工作，后因"文革"被迫停顿。即使处于"文革"逆境中的他，仍然不忘为我国人造板工业的发展贡献自己的学识，克服各种困难，积极编写《人造板生产手册》，主编了胶合板篇。

1978 年中国林科院恢复以后，孟宪树积极领导胶合板室的恢复重建工作。20 世纪 70 年代末到 80 年代初，他根据国内胶合板工业现状和发展趋势，提出了表板改薄、速生树种开发、小径材胶合利用和人造薄木研制四大课题。针对胶合板生产用木材资源日益减少，为合理有效地利用木材资源，面对我国胶合板板坯厚度加工余量大，胶合板热压时间长、生产效率低，他提出表面改薄方法，通过降低胶合板表板的厚度，采用薄表厚芯的不等厚结构，节约了优质木材，增加了表板出板率，为多生产薄胶合板及扩大胶合板用材树种创造了条件，有效地提高胶合板工业生产效率。

20 世纪 80 年代以来,他殚精竭虑地专注于胶合类材料研究,主持了多项科研课题并取得显著成效。为利用泡桐和杨木等速生材发展胶合板产业开展一系列研究。泡桐虽然是生产单板和胶合板的优良树种,但缺点是单纯泡桐单板热压过程中易发生"鼓泡"。孟宪树等人发现通过选用泡桐和杨木单板的混合结构可以很好地改善这一现象,并提高胶合板的等级率和经济效益。在单板旋切、合板胶合及单板刨切和薄木贴面等工艺试验的基础上,于 1984 年 10 月,在洛阳人造板厂完成了兰考泡桐与法兰杨混合制造胶合板的工厂生产性试验。

为了适应人造板产业发展及家具业、建筑业装修需要,针对英国、意大利以普通树种单板染色重组设计仿珍贵树种纹理和色泽的新材料——人造薄木,孟宪树等人从 1985 年下半年开始调研染料、胶黏剂、设计实验设备,于 1986 年开发黏性胶黏剂及胶压工艺,1988 年将原料扩展到速生材。以胶合板常用树种柳桉、杨木、桦木等为原料制造人造薄木,经过对单板进行漂白脱色、染色以及木方的湿润层积组合,孟宪树等人研发的人造薄木的各项性能指标达到同期国外同类产品性能,为人造薄木生产技术的进一步提高提供了初步经验。他所研制的人造柚木和人造花梨薄木色泽和纹理与天然柚木、花梨木的径切纹理相似,具有良好的装饰效果;研究开发了染色单板用双组分湿固胶黏剂和胶合工艺,人造薄木粘接质量和耐水性优良,达到国标及日本 JAS 有关标准的要求,且研发的异氰酸酯双组分湿固型胶黏剂可大大简化人造薄木的生产工艺和设备,提高生产工效,同时还有利于人造薄木生产向薄型化发展,提高原材料的利用率;涂饰后的薄木经日光晒基本不褪色,耐光性与国外同类产品相近,可以作为家具、门板、墙裙等室内装修装饰材料,特别是作为一种具有天然木质感的中、高档装饰装修材料,从而提高企业的经济效益。

此外,他甘于奉献,指导了小径材制造单板层积材(LVL)等研究工作,协助研制的胶合板单板封边用湿粘性胶纸带填补了国内空白,荣获原林业部科技进步二等奖和国家科技进步三等奖;协助研制的薄木拼缝机用热熔胶和胶线、薄木贴面改性乳胶、单板内贴式有孔胶纸带等都获得了生产应用。孟宪树以他的丰富经验和渊博学识,曾多次为我国发展木材综合利用献计献策,参加制订的"木材综合利用技术政策"荣获国家科技进步一等奖。

图 2　孟宪树与叶克林、陆丛进、
姜征合影

图 3　1987 年 9 月速生丰产林和间伐材
综合利用学术讨论会合影

五、王凤翔

王凤翔，男，中国共产党党员，上海木材工业研究所教授级高级工程师。1921 年 9 月出生于江苏省武进县朝东村，1947 年 3 月毕业于厦门大学机械系，1957 年 7 月毕业于东北林学院研究生班。1947 年 4 月起参加工作，1951 年起曾先后在上海市公用局第二处、交通部南京电信总局、上海扬子木材厂、上海人造板厂、上海市轻工业研究所、上海木材工业研究所等单位任职。

自参加工作以来，王凤翔主要从事并领导木材工业机械及生产工艺的研究工作。他曾先后担任上海扬子木材厂厂长、上海人造板厂厂长、上海轻工业研究所木材室工程师、上海木材工业研究所总工程师、所长等职务，并于 1981 年受聘中南林学院任研究生硕士学位考试委员会主席、1986 年受聘于南京林业大学任兼职教授，曾任国家科委林业组成员，中国林学会理事，中国木材工业学会常务理事及联合国工业发展组织研讨会顾问。王凤翔也是上海木材工业研究所的创始人之一，为上海木材工业研究所的发展作出了重要贡献，于 1989 年 10 月光荣退休。

王凤翔对木材工业机械及生产工艺有较深的造诣，在他担任上海木材工业研究所所长期间，指导开展了多项课题研究，使当时比较落后的上海木材工业面貌有了很大的改变，对提高整个木材行业的技术水平、缩短与国外的差距起到了重要的作用。

王凤翔一生致力于木材工业技术研究，他撰写发表的许多专业论著受到同行专家、高等院校和其他研究单位的重视，并作为教材编写及科研之用。木材加工方面的主要著作有：《30 年来中国人造板生产技术发展》（中国林业出版社）；《中国人造板工业科学研究的展望》（林业部科技情报中心）；《Technology of plywood processing》（在联合国工发组织讲习班上讲稿，后由工发组织 UNIDO 出版）；《中国大百科全书·林业卷》木材工业部分，撰写条目及学科主编。1997 年 10 月，经刘业经奖励基金会评委会评审获得该项奖金，评委会一致认为：他是我国老一辈著名木材工业专家，对中国木材工业的现代化做出了重要贡献。王凤翔为我国木材工业科技进步起到了推动作用，在全国木材工业界享有权威性的影响。

王凤翔对党忠诚，胸怀坦荡，学识渊博，为人谦和，对待工作热诚负责，赢得了木材行业广大科技工作者的尊敬，享有崇高的威望。

图 1　王凤翔

图 2　工作中的王凤翔

六、刘茂泰

刘茂泰，男，中国共产党党员，1932年4月7日，出生于江西省赣州市。1952年9月16日毕业于浙江大学森林系，1952年9月16日被分配到北京华北行政委员会农林局工作。1954年9月1992年先后在林业部林产工业司、森林工业部林产工业司、农林部林业局、国家林业局林产工业公司工作。历任工程师、高级工程师、处长、中国林产工业协会常务副秘书长（主持工作），1992年4月，退休后继续兼任中国林产工业协会常务副秘书长至1996年3月。

在1954年林业部林产工业司工作期间，分管胶合板工业，中国当时只有白俄遗留下来的哈尔滨松江胶合板厂、日伪留下的的长春胶合板厂、英商的上海木材一厂、私人企业祥泰胶合板厂等为数不多的企业，1954年的胶合板产量只有46542m^3。在该阶段，主抓各厂的正常生产和质量保证工作。

图1 刘茂泰

1956年中央和地方挂钩，随荀昌五副部长出差上海，在他抗日战争时期的老战友上海市委书记处书记马天水和副市长牛树才的组织协调下，林业部正式接管上海市的木材工业行业管理。

1957年林业部委派前往上海，负责组织技术力量开始纤维板生产线的研发和试制。经过各方努力，成功试制出年产2000t纤维板的生产线。时任林业部部长雍文涛为此在上海锦江饭店召开了鉴定推广会，这标志着我国土洋结合的湿法纤维板的诞生。同时，雍部长在大会上正式提出"大搞木材综合利用"的发展方针。

随后，先后到天津和西安主持推广湿法纤维板生产线。1957年底，雍部长又在天津召开了"天津型"的湿法纤维板生产线的鉴定会，并命名为"跃进号"。

从1962年起，分别组织工厂、科研单位人员进行了多品种的研究、试验、生产和鉴定工作，重点项目如塑料贴面板、二次加工多个品种、军工产品（低播焰防火板、飞机螺旋桨叶、舰船螺旋桨轴承、集装箱底板、舰船用刨花板、空军专机的内饰材料）等。

1968年部里指派去浙江湖州，正式建立年产2000t湿法纤维板厂。这是当时第一套66型注法硬质纤维板生产线，组织领导从上海调用生产、制造的相关工艺技术和操作人员，与当地工作人员共同奋战9个月，完成了生产线的安装调试、最终投产及正式鉴定。从此，全国各地大力推广发展这套生产线，到1977年全国纤维板产量达到22万多立方米。

经过这一阶段大约15年的发展，我国从人造板生产单一品种逐步发展到了多品种，人造板工业开始形成。

在中国共产党十一届三中全会的方针政策指导下，人造板工业得以蓬勃发展。与此同时引进国外先进技术和设备，国际合作与交流也积极开展起来。

1979年5月率团赴联邦德国引进联邦德国比松（BISON）公司第一套刨花板成套设备，期间参与了订购、驻厂监督制造和验收工作。1981年这套设备在北京木材厂正式投产，年产 3 万 m³ 刨花板。1987 年引进联邦德国年产 79 万 m² 复合板和 6 万件家具的"复合板生产线"。随后向联邦德国又陆续订购了"微薄木生产线"、"直接印刷生产线"、"中密度纤维板生产线"等多种成套设备，丰富了国内人造板行业的生产品种。同时还负责组织生产和科研人员，解决了配合引进设备生产中产生的技术问题（如低游离甲醛、粉尘等），为人造板工业多品种生产做出了重要贡献。

为了解决胶合板生产中原料不足问题，1987 年 9 月率团赴意大利考察杨木胶合板生产的技术问题。回国后立刻在湖北嘉鱼胶合板厂进行了中国杨木的生产试验并获成功，由此提出林业部门要对杨木进行定向培育、增加杨木为胶合板原木品种的建议。

为了解决人造板生产用胶料（尿素），代表我国人造板行业向国家计委、国家经委多次汇报说明，积极争取到了外汇指标购买进口尿素。由每年 20 万美元增加到 300 万美元以上，并列为年度用汇指标。

同时，经过与化工部争取到将尿素列为国内化工发展的长远计划，从而保证了人造板生产用胶原料的需要。同时还将豆胶用量列入计划内供应，保证了当时豆粉胶合板生产的需求。

积极开展人造板行业国际合作与交流，多次接待了来自瑞典、日本、德国等国的代表团，就人造板、二次加工的发展方向、工艺技术和设备制造等相关方面交流合作。

1993 年率团组织全国木材工业、林业机械厂等 20 个企业的厂长赴日考察学习和交流，为正值蓬勃发展的人造板行业起了积极的推动作用。

在"七五"期间，每年组织全国人造板厂的厂际竞赛，对整体人造板工业和企业生产发展很大促进。全国人造板工业发展迅猛，产品种类和质量大幅提高，产品广泛用于民用，如活动房屋、各类家具、计算机房、火车和轮船等内饰。组织评选全国国优、部优产品和优秀企业；北京木材厂生产的"劲松"牌高档家具获国家银质奖章，布置在人民大会堂接见厅，上海扬子木材厂的塑料贴面板被评为全国银质奖章，江西赣州木材厂马尾松胶合板为部优产品，北京市木材厂为国家优秀企业等。

为了解决林产工业发展问题，组织撰写的"林业部关于林产工业发展若干问题"经国务院批准下发各地执行，为发展人造板工业起到极大推动作用。随后，在湖南召开的"全国林产工业工作会议"上，徐有芳部长对人造板工业的阶段性发展予以肯定，也为 1988 年中国林产工业协会成立奠定了坚实的基础。

图2　1985年12月中国船舶总公司召开船用刨花板技术座谈会

图3　1985年12月上海轻工业局召开浮雕装饰板鉴定会

图4　1987年4月10日，低播焰技术测试装置技术鉴定会（上海）

图5　1991年12月在中国林产工业协会成立大会上选举投票

七、陆仁书

陆仁书，1934年2月16日（正月初三）出生于江苏省镇江市，卒于2016年9月，享年82年，男，浙江省镇海县人。东北林业大学教授、国务院学位委员会聘任的博士生导师，九三学社社员。木材加工专业著名教育家、我国人造板工业的奠基人之一、先进技术研发推广应用的开拓者。

图1　陆仁书

1951年9月考入浙江大学农学院森林系学习，1952年秋响应国家在全国范围内进行高等学校的院系调整工作要求来到哈尔滨，转入东北林学院森林工业系木材工业专业学习，1955年毕业留校任教。

1955至1960年任助教，期间参加俄语速成班学习毕业，担任东北林学院成立的国内首期木材加工研究班苏联列宁格勒林学院B.A库里可夫博士的助教，协助教学。这个研究班是我国最早培养木材加工行业专门高级人才的摇篮，研究班毕业生有原北京林学院的赵立、原中南林学院的郑睿贤、原福建林学院的罗凤伟、上海市木材工业公司的王凤翔工程师、东北制材局的王凤鬵工程师，以及原南京林学院来进修的华毓坤、张贵麟等，这期毕业生后来都成为我国木材加工专业著名的教授和专家。

1960至1980年任讲师，期间重视科研与生产的结合，深入生产一线参加实际生产技术管理工作。1962年9月至1963年1月在长春胶合板厂任技术员，1963年2至8月在北京光华木材厂任车间主任，1965年3月至1966年6在内蒙古自治区乌尔其汗林业局参加"四清"运动，积累了丰富的生产实践经验，养成理论与实际相结合、科研为生产服务的优良工作作风。1968年10月至1973年7月随学校迁往黑龙江省带岭上山锻炼，1973年7月以后学校迁回哈尔滨市，期间陆仁书参加了恢复办学和恢复高考后的教学工作。

1980至1985年任副教授，期间专心致力于"文革"恢复后人造板教材的编写工作，组织北京林学院、南京林学院、中南林学院和东北林学院等学院教师30多人，排除阻力、克服困难，经过2年左右的时间，深入调查了国内许多大、中型木材加工和人造板企业，编写出第一套适合中国木材加工专业和人造板工业应用现状的教材：《胶合板制造学》、《刨花板制造学》、《纤维板制造学》等，为人造板工业科学发展和人才培养奠定了良好基础。

1985至2004年任教授，期间注重科学研究，以科学家敏锐的视野关注人造板甲醛释放污染、短周期工业材刨花板制造技术和农作物剩余物替代木材的利用问题，率先开展了DN系列低毒脲醛胶、耐水性刨花板钢框模板专利技术和农作物剩余物制造刨花板和纤维板的研究；1990年在陆仁书的发起下，组织了由东北林业大学、林业部林产工业设计院、上海市木材工业研究所、哈尔滨林业机械厂及江西建筑人造板研究所等5家单位组成的"中联非木质人造板工业技术开发集团"，他被推举为该集团的理事长；同时，主持召开了全国第一届非木质人造板学术研讨会议，推动了国内低甲醛胶黏剂和非木材人造板的研究与开发，为人造板绿色生产的发展做出了开创性的贡献。

陆仁书历任教研室主任、林产工业系主任、木材加工与人造板工艺博士点学科带头人、林业部重点开放性实验室——木材科学与工程实验室学术委员会主任、东北林业大学人造板研究所所长、东北林业大学工程勘察设计院副院长兼总工程师；中国林学会木材工业分会副理事长兼东北大区理事长、中国林业科学研究院客座研究员等职。曾受聘担任林业部第二届、第三届科学技术委员会委员、全国高等林业院校木材机械加工专业教材编审委员会副主任委员，被聘为第三届黑龙江省科学技术顾问委员会农林组委员兼副组长，被授予国务院政府特殊津贴专家。1992年11月加入九三学社，曾任九三学社黑龙江省委直属东北林业大学支社主委。

陆仁书留校任教直至退休，忠诚党的教育事业，呕心沥血、甘于奉献，为我国木材加工和人造板行业培养出本科毕业生千余人、硕士研究生25人、博士研究生10人，学生遍及全国各地和许多国家。他的学生不仅成为我国木材加工和人造板行业的中坚力量，而且活跃在国际木材科学与技术研究前沿领域，成为具有国际影响的教学、科研领军人才，知名教授、优秀企业家和专家学者。

陆仁书编写出版《胶合板制造学》、《纤维板制造学》、《刨花板制造学》、《人造板科学与技术——陆仁书文集》、《碎料板》等教材、专著和译著20余部，《胶合板制造学》获林业部优秀教材二等奖；主审专著《短周期工业材酚醛胶刨花板制造技术及其应用》(濮安彬博士著)、《麦秸刨花板加工工艺理论的研究》(花军博士著)、《麦秸纤维特性及脲醛树脂麦秸纤维板工艺的研究》(艾军博士著)等10余部，无不凝聚着他的心血；发表科技学术论文100余篇，获得科研成果10多项，发明专利及实用新型专利10多项，主持设计人造板工厂20多家；获得黑龙江省科技进步二等奖、三等奖、星火计划二等奖等多项奖励。1999年获得第四届刘业经教授基金奖。

陆仁书一生致力于我国人造板工业和木材加工专业的发展建设，注重先进教育理念、创新思维，吸收国内外先进科学技术，理论与实践相结合，知识渊博、治学严谨、开拓进取、勇于创新，平易近人、德高望重，是人造板工业的重要奠基人和科研领域的开拓者、我国木材加工专业著名的教育家，为我国人造板工业的发展做出了杰出贡献。

图2 第三届黑龙江省科学技术顾问委员会农林组委员合影

图3 陆仁书在刨花板技术训练班学员结业留念

八、王培元

王培元，男，中国共产党党员，中国林业科学院木材工业研究所研究员，1934年2月出生于浙江镇海，卒于1992年11月30日，享年68岁。1957年9月毕业于天津大学化工系，精通英、德、俄等多国专业外语。一生致力于纤维板、纸板、刨花板工艺及木材流变力学研究，是中国纤维板技术科研奠基人之一，在木材综合利用方面取得了一系列重大成就。首度提出以资源为主线，"木材高效利用"为关键的观点，为国家林业科学决策提供了重要依据。在木材流变性能方面的开拓性研究，填补了国内木材流变技术的空白；在国内首先提出引进瓦楞纸板制作和应用理念，并开展相关研发工作，最终将此技术推向市场，使我国在木材资源高效利用方面取得了长足进步。

图1 王培元

王培元曾主持一系列国家攻关与国际合作项目，获多项国家级、省部级科技进步奖。其中，"林区小规格材制瓦楞纸板的研究"获1978年全国科学大会奖；"湿法纤维板浆料浓度、浆池液位、浆料PH值自动检测和调节系统"获1982年林业部科技成果三等奖；"中长期林业发展纲要研究"获1992年林业部科技进步一等奖；"刨花流变性能与刨花板比重尺寸稳定性的关系研究"获中国林学会第二届梁希奖等。曾多次被国家科委聘为国家发明奖励评审委员会林业组委员，担任《林业科学》、《木材工业》编委。发表研究论文50多篇，主编了《中国农业百科全书·木材工业分卷》、《化工百科全书》，参加编审《德汉林业词汇》一书，著有《人造板产品简介》和《人造板在建筑上应用技术》两部专著。

1958年，王培元在我国提出了木材综合利用的概念，并明确指出要以发展纤维板工业为主要方向。主要负责湿法纤维板系统的工艺研究，创新性的工作主要包括：中国纤维板生产设备工艺参数之间关系以及若干数学模式的研究，其结果对于援阿尔巴尼亚纤维板工程项目的顺利建成并取得优良结果起到了关键性的作用，以及小型纤维板企业新型制浆方法、纤维板生产流水线的过程控制技术等。其中难度很大的研究内容是，根据检测对象性质设计及改造某些敏感控制元件，以及确定各自控回路的数学模式等。该项研究工作历时5年，取得了多项喜人成果。其中4项成果获得林业部1982年科技进步三等奖。随后，专题组加快推广步伐，于1984年荣获国家经委、计委的全国科研成果推广奖。

1960年，王培元经多番论证，首先提出并建议国家充分利用林区小规格材，以此作为原料发展包装纸板产业以替代实木包装箱，是木材资源高效利用的极佳途径。1963年，由国家以重点研究课题正式下达研究任务。该项研究内容包括林区小规格材制造强力包装纸板的研究，关键技术采用新的制浆方法（高得率冷碱法）解决树皮及混合材种所带来的质量下降及波动的问题。经过大量分析实验发现，用新的方法完全可以使产品质量达到日本和芬兰同种产品水平，可以替代国外进口产品。继而研究工作转入建厂系统工程的研究，包括林区小规格材削片工艺及集中方法的研究，运输经济问题的研究，纸板包装方法及包装质量的研究等。以上研究工作及成果均属国内首创，系列成果用于黑龙江柴河纸板厂（2.1万吨/年）的建厂设计，并荣获1978年国家科学大会奖。而该理念、研究和实践在当时太过超前，直至20世纪90年代，随着改革开放不断深入，对外贸易迅速发展，由于进口大宗包装纸板外汇压力较大，国家提出"林纸结合"的发展策略，包装纸板、包装工程等成为热议话题，在20年后该技术成果才逐渐为有关部门和人士所认识。同时，由于柴河纸板厂经济效益显著，各地均纷纷仿效。

图2　1967年王培元在阿尔尼亚爱尔巴桑

图3　1967年5月27日欢送援阿尔巴尼亚纤维板工程项目工作组回国

图4　1965年8月在上海中国林学会木材加工学术讨论会议代表合影

1982年，王培元开始专注于木材、刨片、刨花横纹压缩流变性能的研究。这项课题针对木材在经过"分"与"合"加工成产品的过程中，以及产品在使用过程中受气候影响而产生的力学变化，揭示木材加工过程的内在物理力学变化规律，继而发展成更高一级的产品质量控制方法，可有助于木材产品在不同使用场合下，对其质量要求进行科学的判定。前人虽然有不少设想，均因过分繁复而一直未能从定量研究的结果中看出明显的规律。该项研究首先发现，前人所得出的非常复杂的表现力学结果是由于各种变形-弹性、塑性变形相互重叠交叉的结果。在此基础上，研究出一种能使各种不同性质变形分离的方法，从而获得了一种可靠的定量分析方法。杨木和柞木横压缩流变性能，对木材干燥机理、刨花板热压机理均具有高度指导作用。刨片及刨花流变性能，揭示了刨花的厚度以及在切削及热压过程中，如何对刨花板质量产生影响。利用流变性能以降低刨花板的密度、降低消耗及提高其尺寸稳定性也成为主要研究的重点之一。王培元遂进一步对木材加工中很多工艺控制及质量控制进行了研究，对不少现象进行了科学的解释。在之后的研究中，完成了刨花板厚度控制的机理及方法，刨花板贴纸表面装饰加工的厚度控制机理，这种厚度控制关系到刨花板产品是否能够适合于机械化流水线的方法加工成板式家具。当时民主德国、联邦德国早已在工艺中掌握了厚度控制的方法，但并无任何机理解释。我国木材原料复杂，当时德国的工艺用于中国常常失灵，就是因为无法从机理出发对引进工艺进行修改所致。该研究成果在国内学术界引起很大的关注，有关论文也相继获奖。

图5　1982年7月31日在北京举办刨花板技术讨论会

图6　1985年3月8日中国林科院木材所木材及人造板质量控制与测试技术讨论会合影

1989年后，王培元致力于刨花板质量控制及应用技术的研究，包括刨花板在不同应用场合下的质量需要；稳定质量的方法；刨花板在家具、建筑中应用时与实木应用之间的差异以及解决方法，如阻燃、强度安全、连接方法等；刨花板与其他材料复合使用时的力学分析等。在此期间，王培元大力推动中国刨花板在建筑中应用技术研究，领导团队并联合北京建筑木材厂、长沙木材厂，首度在国内以国产刨花板材料建立了两处现代轻型木结构示范房屋。

王培元负责的《中长期林业科学技术发展纲要之十三——林业》（以下简称《纲要》）专题，为领导部门进行重大决策提供科学依据，是一个具有高水平的林业科技发展的指导性文件，在高层次上从大的历史跨度分析和研究林业科技发展问题尚属首次。《纲要》在同类纲要中达到领先水平，作为重大软科学成果荣获原林业部科技进步奖一等奖。由于其突出贡献，获得原国家科委的表彰。

王培元以其对党的无限忠诚，饱满的爱国情怀，卓越的前瞻性，超前的洞察力，严谨的科学态度以及突出的专业能力，将其一生奉献于中国林业和人造板的科研事业，在纤维板、纸板、人造板工艺研究领域为国家做出杰出贡献。

九、郑睿贤

郑睿贤，男，生于 1934 年 6 月，卒于 2011 年 6 月，享年 77 岁，曾任中南林业科技大学教授、博士生导师，中国林学会木材工业学会常务理事、副理事长，中国木材工业学会中南地区委员会理事长等职务，享受国务院政府特殊津贴。我国著名林业教育家、木材工业与人造板工艺学专家，我国现代木材工业和人造板研究领域的开拓者和奠基人之一，为木材工业和人造板事业的发展做出了创造性的贡献。

图 1　郑睿贤

郑睿贤 1934 年 6 月出生在四川荣昌县一个官宦之家，其父郑献徵曾任民国三台县长、自贡市长及四川水利厅长；郑睿贤 1948 年 9 月至 1952 年 7 月，在四川荣昌中学学习；1952 年 9 月以优异成绩考入东北林学院（现东北林业大学）木材加工专业学习，1956 年 7 月毕业；1956 年 9 月，进入由林业部委托东北林学院举办的中国木材机械加工第一个研究班学习，师从我国著名木材学家葛明裕教授和苏联专家、列宁格勒林学院 B. A. 库里科夫博士，1958 年 6 月毕业。

1958 年 7 月至 1978 年 9 月，先后在中南林业科技大学前身广东林学院、中南林学院、广东农林学院、湖南林学院工作，担任助教和教研室主任职务。

1978 年 10 月至 2005 年 10 月，在中南林学院工作，先后担任讲师、副教授、教授、博士生导师，同时兼任教研室主任、林产工业研究所所长、中国林学会木材工业学会常务理事、副理事长，中国木材工业学会中南地区委员会理事长等职务；

1982 年 3 月至 1997 年 3 月，担任湖南省株洲市政协副主席；

2005 年 11 月，从中南林业科技大学退休。

郑睿贤一生热爱祖国，拥护中国共产党的领导，忠诚于党和人民的教育事业，教书育人，为人师表，在工作中兢兢业业，不计个人得失，治学严谨，具有精深的学术造诣、高尚的情操和崇高的人格魅力。1958 年研究生毕业后一直奋斗在高等教育第一线，为我国林业及木材工业的人才培养倾注了大量心血。1963 至 1969 年，为中南林学院及其前身广东林学院培养第一批木材加工专业本科生，其间因师资短缺，除教授《胶合板制造学》专业课程外，还担任多门基础课程的教学任务。1978 年开始招收研究生，是"文革"以后我国恢复研究生招生的首批硕士研究生导师，郑睿贤先后培养和指导博士、硕士研究生 50 余人。他对学生要求严格，除了精心地进行"授业"外，同时十分注意"传道"，指导他们正确地选择人生道路。要求学生不仅要掌握科技知识，更重要的是做情操高尚的爱国者。从教 47 年来，为国家培养了大批高层次专业人才，他们分别在国家林业与草原局、林业高校和科研单位担任院长、所长、学科带头人、首席专家等重要职务，另有一些学生在国外知名大学与企业任教授、高管等职务。他也十分关心同行后辈学者的成长、鼓励提携，许多青年学者得到了他在学术上的帮助。他是一位德高望重、深受爱戴的良师，在我国林业教育界享有崇高的声誉。

郑睿贤是中南林业科技大学木材科学与技术学科和木材科学与工程专业的主要创始人之一。尤其是在国家恢复高考制度以后，作为学科带头人和专业负责人，在全国范围内广纳人才，组建了理论基础扎实、实践经验丰富和工程实践能力强的教学与科研团队，注重加强与社会及行业的产学研合作交流与服务，经林业部批准，首先建立林产工业研究所并担任所长，配备了专职的科研人员，为中南林业科技大学以后的科研工作起了很大的推动作用。郑睿贤为木材科学与技术国家重点学科的建设呕心沥血，孜孜以求，做了大量开创性工作，为成功申报木材科学与技术学科博士点和国家重点学科奠定了坚实的基础。

郑睿贤一生笔耕不辍，先后为木材科学与工程专业编写、翻译了几百万字的教材、资料，独立及与他人合作出版了《人造板换热分析》、《木材工业的污染与控制》、《人造板现代应用技术》、《无胶人造板研究与实践》等多部科技专著，发表学术论文近百篇。在我国恢复高考后，改革开放初期，根据我国行业技术落后，专业资料匮乏的状况，翻译了大量外国专业文献资料，满足了专业教学与行业急需。他是我国木材加工专业人造板方向第一套统编教材《纤维板制造学》、《刨花板制造学》、《胶合板制造学》的副主编。他主编的《纤维板技术问答》几乎是人造板行业数万人"人手一册"的实用性教材，对我国人造板工业发展起到了巨大的指导和推动作用。郑睿贤是我国重要的林业学术期刊《林产工业》、《木材工业》、《中南林学院学报》的编委。郑睿贤一生热爱科学，献身林业，孜孜勤勉，奋斗不息，贡献卓著，深受业界人士敬仰与爱戴。

郑睿贤长期致力于木材加工领域的科学研究和生产实践，在科研工作中坚持求是创新，主张教学、科研与生产相结合，始终把目光瞄准国际前沿，他主持和参与了国家"七五"、"八五"、"九五"科技攻关项目和多项省部级科研课题，取得了一批在国内外有深远影响的研究成果。其中由他主持完成的"红外线单板干燥机"、"真空伏辊长网成型机"等获得了省、部级科技进步奖并推广应用。

郑睿贤长期聚焦于我国纤维板工业，致力推动我国纤维板工业的可持续发展，在理论和实践上都做出了重要贡献。他的科研方向根据纤维板工业不同阶段发展的特点而进行调整，针对当时国内外纤维板生产是以湿法工艺为主，他前期撰写的大量论文和科研成果都是关于湿法生产理论及改造湿法生产工艺和设备方面的内容。先后在《林产工业》1979年第2期发表"纤维板结合原理的讨论"和1982年第5期发表"湿法纤维板结合机理－木素的热塑融合作用"，首次提出了纤维板生产的木素结合理论，明确了木素在纤维板热压过程中作用，丰富和完善了纤维板热压机理和成板理论，对于指导当时湿法纤维板生产、提高纤维板质量具有重大促进作用，对于现在的干法纤维板生产也具有重要的指导意义。20世纪80年代，湿法工艺只能生产薄型硬质板，品种单调，郑睿贤一直在思考如何进行改造使之成为多功能纤维板生产线。他通过研究指出："全国已建成的湿法（硬质）纤维板厂340多家，投资额为6亿~7亿元。这些厂家存在的主要问题是品种单一（基本上只生产硬质板），产品质量低，设备性能差和污染严重。为了改变这种状况，在不改变湿法纤维板现有作业线，增加或不增加设备的条件下，改单品种为多品种，即一线多用。根据市场动态或者用户指定品种，可随意组织生产硬质纤维板、中密度纤维板、湿法中密度纤维板断面结构对称均匀，无预固化层和分层现象，用胶量很少，成本低于干法工艺，性能可与刨花板竞争。"采用湿法生产中密度纤维板，必须进一步降低板坯成型后的含水率，为此，他以顽强的毅力及对科技事业的执着追求，攻克难关，研制成功真空伏辊长网成型机，对湿法生产线进行改造，使之同时能生产中密度纤维板，并减少废水污染程度。该设备通过伏辊形成的真空，强化长网脱水，使板坯含水率降低到60%以下，还减少了热压过程中高浓度热压废水的产生，有利于生产中废水的循环处理，促进了湿法纤维板废水处理问题的解决，同时也减少了热压脱水时间，提高了热压机生产效率。在此基础上，再通过高浓度制浆、排汽垫板等制浆与热压工艺及设备改进，研发了湿法中密度纤维板生产技术，1991年在陕西省石泉纤维板厂投入生产。先后在四川梓潼纤维板厂、剑阁纤维板厂、浙江开化纤维板厂、湖北省嘉鱼县牌洲纤维板厂等多个生产线推广应用。湿法中密度纤维板生产的关键设备－真空伏辊长网成型机，是根据郑睿贤等专家提出的工艺要求，与四川东华机械厂共同研制的，1990至1992年上半年短短两年时间内，共生产17台套。"真空伏辊长网成型机的研制"项目，1992获林业部科技进步奖。

随着干法生产纤维板工艺的出现，20世纪80年代中期，郑睿贤指导和参与了株洲市木材公司木材厂我国第一套干法纤维板生产线的改造，并通过鉴定。他分别是国产第一套干法中密度纤维板设备生产厂家——四川东华机械厂与上海人造板机器厂的生产技术顾问，是我国干法纤维板生产的开拓者之一。

进入20世纪90年代，此时国内外开始流行干法工艺生产纤维板，湿法生产工艺逐步被淘汰，针对干法工艺由于使用醛类胶黏剂带来的游离甲醛污染问题，郑睿贤适时转入对无胶人造板理论和工艺技术的长期研究与工业试验，指导和参与了1992年深圳蛇口招商无胶人造板新技术有限公司无胶纤维板生产线的中试与建设。针对国内外无胶纤维板生产技术尚未实现产业化生产的现状，他坚持理论与生产实践相结合，经过长期的努力，终于在2006年研制成功了适合无胶纤维板生产、性能优良的多种催化剂，并在山西运城骏达木业公司完成了中试；合作研究成功了适合国内现有中密度纤维板生产线，且可操作性强的两种无胶纤维板生产新工艺，即热压机内水解法无胶纤维板制造工艺及密闭式热压法无胶纤维板制造工艺。除无胶纤维板的生产外，郑睿贤还将无胶技术应用于生产其他人造板，他以杨木、桉木单板为原料，在不改动原生产设备的生产线上通过添加多种催化剂研发了无胶胶合板生产技术，其产品可用于室内装饰材及装饰制品，在广西推广应用。此外，还在广东增城胶合板厂进行了无胶细木工板的中试。

郑睿贤是我国秸秆人造板生产的先行者和开拓者之一，他针对我国木材资源相对匮乏，农作物秸秆资源丰富的特点，大力开发研制非木材植物人造板。早在1974年始，在吉林省农安县，尝试采用葵花籽壳生产纤维板，获得成功，1976年建成年产2000t的葵花籽壳湿法纤维板厂，是我国最早利用非木材植物纤维生产人造板的厂家之一。此后，研究采用剑麻头、麻秆生产纤维板，并通过中试。1989年10月参加第一届国际苎麻学术讨论会并在会上宣读论文"苎麻骨纤维板的研制"。参与的"苎麻综合利用"科研项目获1995年湖南省科技进步三等奖。20世纪80年代末，在四川宜宾采用慈竹为原料，通过对削片机与热磨机进行改造，研制出竹材纤维板。1987年前后，在海南省琼海市大路镇，利用当地资源丰富的椰柄，开发出纤维板产品，并通过中试。非木材植物人造板的开发利用研究对我国发展资源节约、环保友好型人造板起到了重要作用，得到了国内外同行的高度赞誉，给企业和社会带来了巨大的经济效益、社会效益和生态效益。

郑睿贤的其他研究成果还有"长波红外辐射单板干燥机的研制"、"人工径向薄木制造工艺"、"湿法纤维板工艺废水的利用"、"UF 树脂在湿法纤维板中的应用"等，可谓硕果累累。

郑睿贤长期担任中国林学会木材工业学会常务理事、副理事长，中国木材工业学会中南地区委员会理事长等职务，是我国著名人造板工业专家，在行业内享有崇高的声誉。担任中国木材工业学会中南地区委员会理事长期间，每年组织召开年会，并根据当年木材加工行业生产中的热点问题，设立一个主题，进行讨论，对中南地区木材工业的发展起到了重要的促进作用。他注重教学科研为社会生产服务。1984 年参与组织了"人造板生产技术培训班"，学员来自全国各地，推动了行业发展。自 20 世纪 80 年代开始受聘于国内几十家大、中型企业和研究机构的技术顾问，坚持深入基层、深入企业，为企业生产提供技术服务，得到了企业和社会的广泛认可和高度好评。

郑睿贤一生刚正不阿、两袖清风、正直和蔼、乐于助人，深受大家信任和爱戴。他热爱科学、献身木材工业、治学态度严谨、注重实践与应用，为我国人造板行业的发展和人才培养作出了卓越的贡献。

十、华毓坤

华毓坤，男，1935年10月生于江苏省无锡县（现锡山市），于2019年1月14日23时36分因病医治无效，在江苏常州逝世，享年84岁。我国木材科学与技术领域知名专家、原国务院学位委员会学科评议组成员、木材科学与技术国家重点学科带头人、南京林业大学教授。

华毓坤1950年参加中国新民主主义青年团。1953年以优异成绩考入南京林学院森林工程系，1956年毕业后到东北林学院木材加工研究班进修两年，1958年服从学校安排回到南京林学院任教，1981年受国家教委公派到芬兰赫尔辛基大学进修两年，1988年晋升为教授，1989年到澳大利亚合作科研半年，1990年起任博士生导师，1992年享受国务院政府特殊津贴，1994年加入中国民主同盟。先后担任教研室主任、人造板研究所所长和南京林业大学学术委员会副主任等职。历任国际林联

图1　华毓坤

杨树分会副主席、国务院学位委员会第三届学科评议组成员、全国人造板标准化委员会副主任、中国木材加工学会理事、全国木材加工教材编审委员会编委、林业部第四届科技委委员、林业部国家一级科技咨询专家、江苏省木材加工学会副理事长等职。

华毓坤长期从事木材加工与人造板工艺的教学和科研工作，在国内外学术界享有盛誉。他治学严谨、敏于思考、敢于创新、勇于实践，始终站在学术前沿。20世纪70年代杨树新品种在黄淮海平原推广获得成功，他敏锐地意识到美洲南方黑杨的综合加工利用研究将大有可为，并创造性地提出了通过人造板加工方法进行全树利用的方案，攻克了杨木干燥、胶合等关键技术，开发了杨木胶合板、刨花板、纤维板、细木工板、单板层积材等系列产品。为节省木材资源，他还提出了"小材大用"的观点，主张充分利用小径级材、枝丫材等通过先进的加工方法制备高品质人造板产品。按照这个思路，他带领团队研发成功了定向刨花板生产成套技术，成为了中国最早从事定向刨花板研究并使其产业化的开拓者之一，为我国杨木加工产业的形成做出了巨大贡献。华毓坤一生研究成果丰硕，先后荣获国家"八五"科技攻关重大成果奖、国家科技进步二等奖、国家林业局科技进步奖以及江苏省科技进步奖等10余项，发表学术论文100余篇，出版专著和教材7部。

华毓坤一生为人师表，诲人不倦，先后培养了30余名博士、硕士研究生，学生遍布世界各地，多数已成为国内外知名学者和业务骨干。作为学科带头人，他尤其注重青年教师的培养，多次捐资购买仪器设备，努力为他们创造良好的工作条件，想方设法为他们留学深造创造机会。工作中，他身体力行，率先垂范。在推广定向刨花板生产技术时，已逾六旬的他坚持同年轻人一起，多次到生产一线开展技术服务，一住就是几个星期。他以渊博的学识、儒雅的风范、敬业的精神，赢得了广大师生的爱戴。先后荣获全国优秀教师、全国优秀教育工作者、江苏省普通高校"红杉树"园丁、江苏省普通高校优秀学科带头人、南京林业大学"十大师表"等称号。

十一、张齐生

张齐生，男，1939年1月18日出于生浙江省淳安县，2017年9月25日因病医治无效在南京逝世，享年78岁。汉族，中国共产党党员，世界著名的木材加工与人造板工艺学专家、竹材加工利用领域的开拓者，我国杰出的林业教育家(图1)。

张齐生1961年毕业于南京林学院林工系并留校任教。历任南京林学院科研处副处长、处长，南京林业大学竹材工程技术研究开发中心主任(图2)。1997年当选中国工程院院士。曾任中国竹产业协会副会长、中国工程院农业学部副主任、中国工程院科学道德委员会委员。2000年担任浙江林学院院长，2008年受聘浙江农林大学名誉校长。

张齐生长期从事木材加工与人造板工艺以及生物质能源多联产技术的研究工作。他治学严谨，敏于思考，勤于实践，善于创新。他所倡导的"以竹代木"、"以竹胜木"、"竹木复合"、"生物质气电炭液多联产"等科学思想在国内外学术界产生深远影响，极大地推动了林木加工产业的发展。发表学术论文370余篇，专著、译著9部。研究成果多次获奖，"铅笔板新工艺的研究"获1982年天津市优秀成果一等奖、1984年获国家发明三等奖；"竹材胶合板的研究与推广"获1992年林业部科技进步一等奖、1995年获国家科技进步二等奖；"改进的竹材胶合板制造方法"发明专利，1995年获中国发明专利创造金奖；"落叶松单宁树脂胶粘剂研究与应用"获2005年度国家科技发明二等奖。"南方型杨树(意杨)木材加工技术研究与推广"获2005年度国家科技进步二等奖；"竹质工程材料制造关键技术研究与示范"获2006年国家科技进步一等奖。"竹炭生产关键技术、作用机理及系列产品研制与应用"获2007年浙江省科技进步一等奖、2009年国家科技进步二等奖；"竹木复合结构理论的创新与应用"获2012年国家科技进步二等奖。发明专利"竹重组型材及其制造方法"和"一种竹木复合集装箱底板的制造方法"分别获2012年和2013年中国专利优秀奖。

张齐生的一生如竹子一般，谦虚谨慎，坚韧不拔，无私奉献，高风亮节。他的一生不负党和人民重托，以严谨的科学精神和忘我的工作态度，为我国林业科教事业和经济社会的发展作出了卓越贡献。他先后获得"国家级有突出贡献的优秀中青年科技专家""全国杰出专业技术人才""全国优秀科技工作者""江苏省师德标兵""江苏省先进工作者""江苏省优秀共产党员""江苏省高等学校优秀共产党员标兵"等荣誉称号。

图1 张齐生

图2 张齐生与南京林业大学木材工业学院教师合影

附录 国家级林业获奖项目

表1 国家科技进步奖林业项目（节选）

序号	项目名称	主人完成单位	主要完成人	获奖等级	获奖时间
1	白林1号杨与白林2号杨的选育	吉林省白城地区林业科学研究所	金志明、王佐发	二等	1985
2	杨树速生丰产栽培技术研究与大面积推广应用	山东省临沂地区林业局、山东省林业科学研究所、莒县林业局、郯城县林业局、费县祊河林场		二等	1985
3	低播焰柔光塑料贴面板	上海扬子木材厂	赵培德、蔡宏树、薛彩凤	二等	1985
4	氢化松香及其连续化生产工艺的研究	中国林业科学研究院林产化学工业研究所、湖南株州林化厂	赵守普、陈原勋、宋湛谦、刘汉超、杨国雄	二等	1985
5	人造板工业中压机同时闭合装置的理论与设计及其应用	中南林学院、西北人造板机器厂	许芳亭、杨一飞、全培烈	三等	1985
6	硬质纤维板废水封闭循环中间试验	中国林业科学研究院木材工业研究所、苏州人造板厂	袁东岩、王维新、范汝松、曹永泰	三等	1985
7	胶粘剂检验方法 LY224~238-83	中国林业科学研究院木材工业研究所、北京光华木材厂、北京木材厂、上海扬子木材厂	夏志远、关美云、李玉敏、卢传珍	三等	1985
8	自身交联型的醋酸乙烯共聚及丙烯酸酯共聚乳液的研究	中国林业科学研究院林产化学工业研究所、中国林业科学研究院木材工业研究所	吕时铎、郑国荣、赵临五、裘梅琴、朱家琪	三等	1985
9	松香胺中间试验	南京林业大学、广西桂林化工厂	彭淑静、曾韬、钟志君、阳家骏、赵贵选	三等	1985

(续)

序号	项目名称	主人完成单位	主要完成人	获奖等级	获奖时间
10	利用重松节油研究异长叶酮	中南林学院、湖南省邵阳林化厂	黄克瀛、王介乎、王美其、刘松青、张新生	三等	1985
11	马来松香的制备及其用作造纸施胶剂的研究	南京林业大学、广西玉林松脂厂、镇江大东造纸厂	黄希坝等	三等	1985
12	旋风燃烧法干燥木材的研究	南京林业大学	顾炼白、廖元强、金咸璋	二等	1987
13	氯化锌法木质活性炭生产废水净化处理及回收利用的研究和推广应用	中国林业科学研究院林产化学工业研究所	刘光良、杨殿隆、王静霞	三等	1987
14	橡椀杆栲胶生产新工艺的研究	中国林业科学研究院林产化学工业研究所、山东省台儿庄栲胶厂	张宗和、徐进、陈笛鸿、孙先玉、刘同年	三等	1987
15	SD-1湿粘性胶纸带研制	中国林业科学研究院木材工业研究所	董景华、孟宪树	三等	1987
16	苏脲1号中间试验	林业部安阳林药厂、吉林省农药研究所、苏州大学、河南省林业科学研究所、北京林业大学	谢刚清、唐雪保、张仁荣、陈克潜、孙金钟	三等	1987
17	毛竹林丰产结构理论和技术的研究	南京林业大学、江苏省宜兴县林场、浙江省莫干山管理局、贵州农学院、四川省长宁县万岭楠竹场、广西柳州地区林业科学研究所、湖南省东安县大庙口林场	周芳纯、易世基、毛高喜、蒋元生、陈恩贵、吴炳生、黄文培、刘甲楷、楼崇	二等	1988
18	带锯条加热适张度及其热张机的研究与推广	吉林省图们制材厂	孙德民、罗宇、陈孟岩、王雅东、顾殿生	三等	1988
19	河南省毛白杨优良类型推广	河南省林业厅、河南省林业技术推广站、新乡市林业技术推广站、舞阳县林业局、许昌市林业技术推广站	关耀信、赵子彩、张雪梅、傅兆祥、周瑞峰	三等	1988
20	杉木地理变异和种源区划分	中国林业科学研究院林业研究所、福建省林业科学研究所、广东省林业科学研究所、江苏省林业科学研究所、江西省林业科学研究所、贵州省林业科学研究所、云南省林业科学研究所、安徽省林业科学研究所、陕西省汉中地区林业科学研究所、湖南省林业科学研究所	洪菊生、杨宗武、陈建新、李晓储、吴士侠、曾志光、程政红、刘立德、谭忠良、林协、章敬人、管经粟、赵世远、王泽有、彭振华	一等	1989
21	干旱地区杨树深栽造林技术的研究与推广	中国林业科学研究院林业研究所、宁夏回族自治区林业技术推广总站、宁夏回族自治区银西防护林建设工程办公室、甘肃省林业科学技术推广站、内蒙古自治区赤峰市城郊林场	郑世锴、陈兰岭、刘奉觉、韩泽民、辛忠智	三等	1989

（续）

序号	项目名称	主人完成单位	主要完成人	获奖等级	获奖时间
22	马尾松种源变异及种源区划分的研究	中国林业科学研究院亚热带林业研究所、江西省林业科学研究所、中国林业科学研究院大岗山实验局、四川省林业科学研究院、江苏省林业科学研究所、湖北省林业科学研究所、陕西省汉中地区林业科学研究所	陈建仁、伍家荣、傅玉狮、孙光新、朱德俊、张广炎、王泽有、邓法殷、韦元荣	二等	1990
23	BQ1813无卡轴旋切机的研究	林业部北京林业机械研究所、国营江西第三机床厂	路健、龚莉莉、朱宁武、况振中、吴名、龚水泉	二等	1990
24	快速装卸贴面压机机组的研制	中国林业科学研究院木材工业研究所、林业部苏州林业机械厂	吴树栋、余丽慈、饶福先、秦少芳、徐树荣	三等	1990
25	木质湿法超薄型硬质纤维板生产技术研究	天津市木材工业研究所、天津市木材五厂	贾广盈、胡新龙、王春生、刘毅、刘宝平	三等	1991
26	木材间歇真空干燥技术研究	南京林业大学木工系、西安市化工通用机械厂	梁世镇、赵寿岳、庄寿增、冯军洲、刘纪洪	三等	1991
27	年产3万立方米刨花板成套设备主机引进与研制	中国林业机械公司、林业部林产工业设计院、林业部北京林业机械研究所、林业部信阳木工机械厂、林业部镇江林业机械厂	金钰民、马铨瑛、韩师休、仲斯选、史可政	三等	1991
28	杉木持续速生丰产原理及应用的系列研究	福建林学院杉木研究所	俞新妥、何智英、林思祖、范少辉、叶再春	三等	1992
29	柽柳属植物综合研究及大面积推广应用	中国科学院新疆生物土壤沙漠研究所、新疆维吾尔自治区伽师县林业局、新疆维吾尔自治区策勒县林业局、新疆维吾尔自治区于田县林业局、新疆维吾尔自治区民丰县林业局	刘名廷、高海峰、翟诗虹、席以珍、张鹤年	三等	1992
30	南方型杨树速生丰产技术研究	南京林业大学	吕士行、徐锡增、黄敏仁、王明庥、曹福亮	三等	1992
31	杨树肿茎溃疡病综合管理技术的研究	东北林业大学、黑龙江省肇东市森林病虫害防治检疫站、黑龙江省森林植物园	项存悌、韩维新、原树忠、蒋龙、徐伯荣	三等	1992
32	马尾松用材林速生丰产适用技术体系的研究	贵州农学院、福建省明溪县林委、广西壮族自治区派阳山林场、华中农业大学、华南农业大学	周政贤、杨世逸、朱守谦、张明、徐英宝	三等	1993
33	杉木人工林生态系统结构、功能及生物生产力的研究	中南林学院	潘维俦、田大伦、康文星、文仕知、谌小勇	三等	1993

(续)

序号	项目名称	主人完成单位	主要完成人	获奖等级	获奖时间
34	加勒比松、马占相思等8个外来树种引种研究	中国林业科学研究院林业研究所、林业部林木种苗管理站、中国林业科学研究院亚热带林业研究所、中国林业科学研究院热带林业研究所、江苏省林业科学研究所	潘志刚、游应天、刘昭息、傅紫芰、张谨扬	三等	1993
35	杉木林抚育间伐体系研究	南京林业大学、洋口林场	姜志林、阮益初、叶镜中、叶长青、周本琳	三等	1993
36	BSG2713、BSG2613 双面定厚宽带砂光机的研制	林业部苏州林业机械厂	李道埔、徐载慈、陈玉墩、刘加俭、阮金明	三等	1993
37	E1级刨花板用 DN—6 号低毒性脲醛树脂胶的研制	东北林业大学、林业部林产工业设计院	包学耕、张双保、李庆章、孙柏青、顾继友	三等	1993
38	竹材胶合板的研究与推广	南京林业大学、苏州林业机械厂、西北人造板机械、溧阳林达机械厂	陈桂升、张齐生、郝庆恺、黄河浪、陈国仁、解兆骅、陈健生、邢坤、姜德峰	二等	1995
39	用材林基地立地分类、评价及适地适树的研究	中国林业科学研究院林业研究所、贵州农学院林学系、黑龙江省林业科学研究所、林业部调查规划设计院造林经营室	张万儒、刘寿坡、杨世逸、仲崇淇、徐孝庆、盛炜彤、周政贤、蒋有绪、骆期邦	二等	1995
40	杨树丰产栽培生理研究	中国林业科学研究院林业研究所、北京林业大学、河北林学院	王沙生、王世绩、裴保华、刘奉觉、尹伟伦	三等	1995
41	泡桐良种 C202、C125 和毛×白33号选育的研究	中国林业科学研究院、河南农业大学林学系、四川省资中县林场、山东省兖州市林业科学研究所、河南省林业科学研究所	熊耀国、竺肇华、李荣幸、曾宗泽、张维栋	三等	1995
42	中林46等12个杨树新品种杂交育种	中国林业科学研究院林业研究所	黄东森、朱湘渝、王瑞玲、向玉英、李淑梅	三等	1995
43	杉木生长与材性联合遗传改良研究	南京林业大学森林资源与环境学院、福建省林业厅洋口林场、福建省林业厅种苗总站	施季森、叶志宏、翁玉榛、余荣卓、李寿茂	三等	1995
44	水曲柳、黄波罗、胡桃楸、紫椴人工营造技术	东北林业大学、东北林业大学帽儿山实验林场、黑龙江省依兰县先锋林场、吉林省敦化市寒葱岭林场、辽宁省湾甸子实验林场	陈乃全、鞠永贵、张世英、王政权、王庆成	三等	1995
45	紫胶生产技术的研究与推广	中国林业科学研究院资源昆虫研究所、云南省紫胶工作站、云南省思茅地区林业局、云南省临沧地区林业局、云南省保山地区林业局	侯开卫、段学荣、欧炳荣、杨纲廉、资云祯	三等	1995

(续)

序号	项目名称	主人完成单位	主要完成人	获奖等级	获奖时间
46	氢化松香酯类系列产品研制和应用研究	中国林业科学研究院林产化学工业研究所	宋湛谦、唐元达、李云霄、唐孝华、王振洪	三等	1995
47	中国竹子主要害虫的研究	中国林业科学研究院亚热带林业研究所	徐天森、吕若清、王浩杰、胡正坚、刘有洪	三等	1995
48	棕榈藤的研究	中国林业科学研究院、中国林业科学研究院热带林业实验中心、广东省高州市林业局、广东省国营南华农场、广东省国营西江林业局、福建省云霄县林业局、海南省国营西联农场	许煌灿、尹光天、蔡则谟、张伟良、范晋渝、弓明钦、陈青度、傅精钢、曾炳山、周再知、张方秋、张国、李意德、陈康泰、刘元福	一等	1996
49	桉树树种引种栽培的研究	中国林业科学研究院、中国林业科学研究院林业研究所、海南省国营上涌林场、福建省漳州林业局、广东省阳西县林业局、云南省林科院、广东省江门市林业局	白嘉雨、王豁然、梁坤南、张荣贵、吴坤明、王维辉、吴菊英、陈美龙、徐建民	二等	1996
50	毛竹林养分循环规律及其应用的研究	中国林业科学研究院、中国林科亚热带林业试验中心、浙江省安吉县灵峰寺林场、福建省林业厅营林处	傅懋毅、方敏瑜、谢锦忠、刘仲君、李岱一、李龙有、曹群根、胡正坚、李旭明	二等	1996
51	提高红松更新和培育质量的研究	东北林业大学	李景文、葛剑平、陈动、刘传照、刘吉春	三等	1996
52	马尾松造林区优良种源选择	中国林业科学研究院、安徽省林科所、云南省河州林科所、福建省林科所、江西省林科院	荣文琛、王泽有、韦元荣、汪企明、刘立德	三等	1996
53	中国油桐种质资源研究	广西壮族自治区林业科学研究院、中南林学院、中国林科院亚热带林研所、四川林科院、贵州林科院	凌麓山、何方、方嘉兴、朱积余、王承南	三等	1996
54	国外杨树引种及区域化试验研究	中国林业科学研究院、山东省临沂市兰山区林业局、河南省洛阳地区林科所、安徽省淮北矿务局、山东省林业厅种苗站	张绮纹、苏晓华、白阳明、周树理、陈一山	三等	1996
55	杉木无性系选育和繁殖技术研究	中南林学院、湖南省林业科学研究所、中国林科院亚热带林业研究所、华中农业大学	张全仁、陈佛寿、李恭学、许忠坤、方程	三等	1996
56	聚合松香的研制	广西壮族自治区桂林化工厂、四川省林业科学研究院	钟志君、王清泉、黎彦才、尹全德、朱红斌	三等	1996

(续)

序号	项目名称	主人完成单位	主要完成人	获奖等级	获奖时间
57	我国南方人工用材林林业局(场)森林资源现代化经营管理技术	中国林科院资源信息研究所、中国林科院热带林业实验中心、中国林科院林业研究所	唐守正、韦扬宣、杨继镐、乔彦友、李希菲、杨民胜、洪玲霞、刘继宏、张会儒	二等	1997
58	中国木材流体渗透性及其可控制原理和控制途径的研究	中国林业科学研究院	鲍甫成、胡荣、吕建雄	三等	1997
59	五个相思树种纸浆材种源和家系选择研究	中国林业科学研究院热带林业研究所、广东省国营龙眼洞林场、中国林业科学研究院亚热带林业研究所、广东省林业厅种苗站、广州市林业局、福建省南平市林业委员会	杨民权、张方秋、陈青度、孙冰、曾育田、李伟雄、李纪元、林新、陈祖旭	二等	1998
60	浅色松香松节油增粘树脂系列产品开发研究	中国林业科学研究院	宋湛谦、王振洪、唐孝华、王延、王文龙、李云霄、周永红、唐元达、梁志勤	二等	1998
61	短周期工业材木材干燥技术	南京林业大学木材工业学院、中国林业科学研究院木材工业研究所、北京林业大学森林工业学院	顾炼百、滕通濂、张壁光、庄寿增、杜国兴	三等	1998
62	纸浆竹林集约栽培模式研究	中国林业科学研究院亚热带林业研究所、四川农业大学、浙江林学院、江西省林业科学研究所、广西区林业科学研究院	马乃训、江心、石全太、马灵飞、顾小平	三等	1998
63	马尾松材性遗传变异与制浆造纸材优良种源选择	南京林业大学、中国林科院亚林所、南平造纸营林总公司、福建省林木种苗站、广东省韶关市林科所、四川省林科院、湖南省林科院	王章荣、秦国峰、陈天华、李光荣、徐立安、周志春、李建民、黄光霖、张大同	二等	1999
64	中国主要人工林树种木材性质研究	中国林业科学研究院木材工业研究所、安徽农业大学、东北林业大学、中南林学院、南京林业大学、北京林业大学、中国林业科学研究院林产化学工业研究所	鲍甫成、江泽慧、管宁、姜笑梅、陆熙娴、方文彬、李坚、彭镇华、秦特夫	二等	1999
65	五倍子单宁深加工技术	中国林业科学研究院林产化学工业研究所、重庆丰都康乐化工有限公司、四川省彭州天龙化工有限公司、老河口市林产化工总厂	张宗和、黄嘉玲、秦清、王琰、李丙菊、徐浩、王连珠、陈文文、李东兴、郝援朝	二等	2000
66	杉木建筑材优化栽培模式研究	中国林业科学研究院林业研究所、福建林学院福建杉木研究中心、湖南省林业科学院、江西省林业科学研究院、贵州大学、南京林业大学、福建省林科院	盛炜彤、惠刚盈、何智英、张守攻、陈长发、贺果山、童书振、马蔷、丁贵杰、叶镜中	二等	2000

(续)

序号	项目名称	主人完成单位	主要完成人	获奖等级	获奖时间
67	刺槐建筑与矿柱材林优化栽培模式研究	山东农业大学	梁玉堂、龙庄如、邢黎峰、张光灿、丁修堂、王哲理、李宏开、刘财富、左永忠、丰震	二等	2000
68	三倍体毛白杨新品种选育	北京林业大学、山东省国营冠县苗圃、威县林业局苗圃场、河北省晋州市苗圃场、邯郸市峰峰矿区苗圃场	朱之悌、张志毅、康向阳、林惠斌、李云、李新国、赵勇刚、段安安、张金凤、李金忠	二等	2003
69	人工林木材性质及其生物形成与功能性改良的研究	中国林业科学研究院木材工业研究所、中国林业科学研究院林业研究所、南京林业大学、安徽农业大学、华中农业大学、上海市计算技术研究所	江泽慧、鲍甫成、姜笑梅、吕建雄、傅峰、秦特夫、叶克林、彭镇华、阮锡根、张守攻	二等	2004
70	杉木林生态系统的功能与过程研究	中南林学院	田大伦、康文星、刘煊章、文仕知、项文化、张合平、赵坤、闫文德、方晰、余济云	二等	2004
71	南方型杨树（意杨）木材加工技术研究与推广	南京林业大学、沭阳新概念木业有限公司、苏福马股份有限公司、盐城轻通机械有限公司、江苏胜阳实业股份有限公司	周定国、张齐生、华毓坤、徐咏兰、朱典想、李大纲、张洋、徐永吉、叶敬言、王新男	二等	2005
72	竹质工程材料制造关键技术研究与示范	国际竹藤网络中心、中国林业科学研究院木材工业研究所、南京林业大学、中国林科院林产化学工业研究所	江泽慧、费本华、张齐生、王正、蒋剑春、于文吉、刘君良、任海青、王戈、覃道春、周建斌、蒋明亮、孙正军、邓先伦、余雁	一等	2006
73	杨树工业用材林高产新品种定向选育和推广	中国林业科学研究院林业研究所、北京市林业种子苗木管理总站、山东省林木种苗站、黑龙江省森林与环境科学研究院、安徽农业大学、河南省林业技术推广总站、河北省林业技术推广总站	张绮纹，苏晓华、李金花，解荷锋、李占民，卢宝明、王福森，姜英淑、张玉洁，刘长敏	二等	2007
74	松香松节油结构稳定化及深加工利用技术	中国林业科学研究院林产化学工业研究所、株洲松本林化有限公司	宋湛谦，赵振东，孔振武，商士斌，陈玉湘，高宏，王占军，李冬梅，王振洪，毕良武	二等	2008

(续)

序号	项目名称	主人完成单位	主要完成人	获奖等级	获奖时间
75	马尾松良种选育及高产高效配套培育技术研究及应用	贵州大学，广西壮族自治区林业科学研究院，南京林业大学，中国林业科学研究院亚热带林业研究所，中国林业科学研究院热带林业实验中心，华中农业大学	丁贵杰，杨章旗，周志春，季孔庶，周运超，谌红辉，王鹏程，夏玉芳，谢双喜，洪永辉	二等	2009
76	活性炭微结构及其表面基团定向制备应用技术	中国林业科学研究院林产化学工业研究所，江西怀玉山三达活性炭有限公司	蒋剑春，邓先伦，刘石彩，刘军利，戴伟娣，孙康，郑晓红，张天健，应浩，龚建平	二等	2009
77	稻/麦秸秆人造板制造技术与产业化	南京林业大学，中国林科院木材工业研究所，万华生态板业(荆州)有限公司，山东淄博同森木业有限公司，江苏鼎元科技发展有限公司，常州洛基木业集团公司，苏州苏福马机械有限公司	周定国，于文吉，于文杰，张洋，梅长彤，周月，徐咏兰，周晓燕，任丁华，徐信武	二等	2009
78	竹炭生产关键技术、应用机理及系列产品开发	浙江林学院，南京林业大学，遂昌县文照竹炭有限公司，衢州民心炭业有限公司，福建农林大学，浙江富来森中竹科技股份有限公司，浙江建中竹业科技有限公司	张齐生，周建斌，张文标，马灵飞，鲍滨福，陈文照，陆继圣，邵千钧，叶良明，钱俊	二等	2009
79	无烟不燃木基复合材料制造关键技术与应用	中南林业科技大学，广州市木易木制品有限公司，华南农业大学	吴义强，彭万喜，杨光伟，刘元，周先雁，李凯夫，刘君昂，胡云楚，吴志平，李新功	二等	2010
80	防潮型刨花板研发及工业化生产技术	西南林业大学，昆明新飞林人造板有限公司，昆明人造板机器厂，昆明美林科技有限公司，河北金赛博板业有限公司，唐山福春林木业有限公司，中国林业科学研究院木材工业研究所	杜官本，张建军，储键基，李学新，廖兆明，李宁，李君，张国华，雷洪，龙玲	二等	2011
81	木塑复合材料挤出成型制造技术及应用	东北林业大学，中国林业科学研究院木材工业研究所，南京林业大学，中国资源综合利用协会，南京赛旺科技发展有限公司，湖北普辉塑料科技发展有限公司，青岛华盛高新科技发展有限公司	王清文，秦特夫，李大纲，刘嘉，李坚，王伟宏，宋永明，许民，郭垂根，谢延军	二等	2012
82	竹木复合结构理论的创新与应用	南京林业大学，新会中集木业有限公司，国际竹藤中心，南通新洋环保板业有限公司，湖南中集竹业发展有限公司，嘉善新华昌有限公司，诸暨市光裕竹业有限公司	张齐生，陶仁中，孙丰文，刘金蕾，蒋身学，费本华，吴植泉，朱一辛，许斌，关明杰	二等	2012

(续)

序号	项目名称	主人完成单位	主要完成人	获奖等级	获奖时间
83	超低甲醛释放农林剩余物人造板制造关键技术与应用	北华大学,吉林辰龙生物质材料有限责任公司,吉林森林工业股份有限公司,湖北福汉木业有限公司,敦化市亚联机械制造有限公司,东北林业大学	时君友,顾继友,郭西强,李成元,朱丽滨,陈召应,张士成,郭立志,安秉华,南明寿	二等	2012
84	紫胶资源高效培育与精加工技术体系创新集成	中国林业科学研究院资源昆虫研究所,昆明西莱克生物科技有限公司	陈晓鸣,李昆,陈又清,陈智勇,张弘,石雷,陈航,甘瑾,冯颖,王绍云	二等	2013
85	农林剩余物多途径热解气化联产炭材料关键技术开发	中国林业科学研究院林产化学工业研究所,华北电力大学,福建农林大学,合肥天焱绿色能源开发有限公司,福建元力活性炭股份有限公司	蒋剑春,应浩,张锴,黄彪,邓先伦,刘勇,卢元健,许玉,孙康,孙云娟	二等	2013
86	杨树高产优质高效工业资源材新品种培育与应用	中国林业科学研究院林业研究所,南京林业大学,北京林业大学,山东省林业科学研究院,辽宁省杨树研究所,安徽省林业科学研究院,黑龙江省森林与环境科学研究院	苏晓华,潘惠新,黄秦军,沈应柏,姜岳忠,王胜东,于一苏,赵自成,王福森,付贵生	二等	2014
87	竹纤维制备关键技术及功能化应用	福建农林大学,陕西科技大学,福建宏远集团有限公司,四川永丰纸业股份有限公司,福建省晋江优兰发纸业有限公司,贵州赤天化纸业股份有限公司,湖南拓普竹麻产业开发有限公司	陈礼辉,黄六莲,刘必前,张美云,叶敏,徐永建,赵琳,柯吉熊,张鼎军,郑勇	二等	2014
88	高性能竹基纤维复合材料制造关键技术与应用	中国林业科学研究院木材工业研究所,南京林业大学,安徽宏宇竹木制品有限公司,浙江大庄实业集团有限公司,青岛国森机械有限公司,太尔胶粘剂(广东)有限公司	于文吉,李延军,余养伦,祝荣先,刘红征,张亚慧,任丁华,许斌,苏志英,宁其斌	二等	2015
89	异形承载木梁拼板制造技术与应用	大兴安岭神州北极木业有限公司	白伟东	二等	2015
90	木质纤维生物质多级资源化利用关键技术及应用	北京林业大学等材料科学与技术学院	孙润仓	二等	2016
91	基于木材细胞修饰的材质改良与功能化关键技术	东北林业大学	李坚	二等	2017
92	农林剩余物功能人造板低碳制造关键技术与产业化	中南林业科技大学、大亚人造板集团有限公司、广西丰林木业集团股份有限公司、连云港保丽森实业有限公司、河南恒顺植物纤维板有限公司	吴义强、李新功、李贤军、卿彦、胡云楚、刘元、陈秀兰、詹满军、陈文鑫、段家宝	二等	2018

注:以上内容由国家林业和草原局科技司提供。

表2 国家技术发明奖林业项目（节选）

序号	项目名称	主人完成单位	主要完成人	获奖等级	获奖时间
1	铅笔板 XB 生产法	南京林学院、天津铅笔厂	张齐生、陆肖宝、孙乐然、李学义	三等	1984
2	新杂交种——群众杨	中国林业科学研究院林业研究所	徐纬英、马常耕、佟永昌、林静芳、胡长龄、梁彦	二等	1990
3	柳树无性系——苏柳172和苏柳194	江苏省林业科学研究所	涂忠虞、潘明建	二等	1990
4	新杂交种北京杨	中国林业科学研究院林业研究所	徐纬英、马常耕、佟永昌、林静芳、梁彦、胡长龄	三等	1991
5	泡桐新品种豫杂1号选育	河南农业大学、河南省林业科学研究所、中国林业科学研究院林业研究所、河南省许昌地区林业科学研究所	蒋建平、李荣幸、刘廷志、陶栋伟、熊耀国、王槐堂	三等	1991
6	柳窿杂种桉的培育技术	广西壮族自治区林业科学研究所	苏兴仁、吴世明、韦民	四等	1991
7	木工平刨安全防护新技术	黑龙江省林业科学院	程克义、周勇、王凤山	四等	1992
8	白杨派新无性系—窄冠白杨1号、3号、6号	山东省林业学校	庞金宣	三等	1992
9	马尾松花粉的采集及储存技术	中国林业科学研究院亚热带林业研究所	陈炳章、朱德俊、顾培英	四等	1993
10	杨树新品种 NL—80105、NL—80106、NL—80121	南京林业大学	王明麻、吕士仁、徐锡增、邹荣领、许农	四等	1993
11	油松飞播造林应用 HL 粉剂拌种防止鼠害的技术	辽宁省朝阳县林业局、朝阳市林业局	姚显明、刘天斌、白日、常兴秋	四等	1993
12	筒式蜂窝育苗纸容器制作机和纸筒制造方法	广西壮族自治区林业科学研究所	邹诚、李勇江、覃文能、蒙祥隆、张世富、甘福丁	四等	1993
13	湿法两面光中密度纤维板生产工艺技术	北京林业大学	李光沛、孙立谔、李孔钦、贾荣发、撒潮、王天龙	三等	1995
14	一种铅笔杆材料（纸卷铅笔）	贵州省林业科学研究院	雍朝柱、李云连	四等	1996
15	新型磷氮硼复合木材阻燃剂的合成方法	东北林业大学	李坚、王清文、张世润、刘一星、李淑君、钱学仁	二等	2002
16	落叶松单宁酚醛树脂胶粘剂的研究与应用	南京林业大学	张齐生、孙达旺、孙丰文、赵海峰、宋建军、杨文章	二等	2005

（续）

序号	项目名称	主人完成单位	主要完成人	获奖等级	获奖时间
17	农林废弃物生物降解制备低聚木糖技术	南京林业大学	余世袁、勇强、徐勇、陈牧、朱汉静、宋向阳	二等	2006
18	刨切微薄竹生产技术与应用	浙江林学院	李延军、杜春贵、刘志坤、林海，林勇、庄启程	二等	2007
19	人造板优质高效胶粘剂制造及应用关键技术	北京林业大学	李建章、雷得定、于志明、陈红兵、李黎、周文瑞	二等	2009
20	人造板及其制品环境指标的检测技术体系	中国林科院	周玉成、程放、井元伟、安源、张星梅、侯晓鹏	二等	2010

注：以上内容由国家林业和草原局科技司提供。

后 记

忆事建史、盛世修志，是中华民族悠久的历史文化传统，《中国人造板发展史》的编纂是行业兴旺发达的标志。中国人造板工业如今的成就，是几代人共同奋斗的结晶。编纂《中国人造板发展史》遵循唯物史观、略古详今、古为今用的原则，实事求是记述发生在我国人造板行业中的人、事、物，为后人提供客观依据和史实，传承老一辈专家、教授、企业家和广大从业者的德道修行和丰功伟绩，给后人以启示和借鉴，不需要重复前辈走过的和做过的工作，而将前人的得失成败作为后人接力的起点。承前旨在启后，继往更为开来，这是编纂《中国人造板发展史》的目的和初衷。

笔者从事人造板行业工作35年，特别是在近十多年从事国际贸易壁垒诉讼准备应诉材料时，笔者参加各种鉴定会定论属世界领先、国内首创、国内领先等确定时，深感从业者对人造板发展历史认知的不足和有关完整史料的稀缺，于是萌生了编纂人造板工业发展史的想法。当然，作为这个行业的晚辈，笔者深知没有这个资格和能力，于是向老前辈们请教。2005年，笔者曾经向著名木材工业专家，我国木材工业主要奠基人、开拓者王恺老先生请教，老先生对这一动议给予充分肯定，非常支持，提出了编纂本书的设想和前瞻性要求，并考虑具体筹备事宜。2006年底，非常不幸，王恺老先生仙逝，刚要起步的编纂筹备工作戛然骤止，筹备之事夭折。转年，在我国著名木材加工和人造板工艺学专家、国际竹材加工利用领域开拓者、中国工程院院士张齐生教授支持和组织下，《中国人造板发展史》编纂工作重新启动运行，成立了编写委员会，连续两次开会落实编纂人员和分工。本书历经多年，苦于没有立项也得不到人力和物力的支持，笔者从北京绿奥诺技术服务有限公司经营活动中抽取部分资金用于前期工作。期间，由于客观原因，部分篇章编纂者有所变动，延误了编纂进度。在2014年11月，国家林业局（原）科技司了解到《中国人造板发展史》的编纂情况，得到了国家林业局（原）领导的肯定和支持，将其列入林业软科学课题计划，大大加快了编纂进度。在2016年底基本完成了全部书稿的审改，并送张齐生院士做最后审定，然后交由笔者继续整理。不幸再次发生，《中国人造板发展史》主编张齐生院

后 记

士2017年9月25日因突发心肌梗塞医治无效,于南京逝世。笔者作为张齐生院士的学生忍痛节哀继续完成张老师未竟事业。

本书编纂汇集了我国人造板行业专家的集体智慧,在成书过程中,笔者忙于公司经营和协会工作,不能聚精会神,致使书稿顶层策划不周,不仅在章节设计、编纂规范等方面存在诸多问题,而且在内容上缺乏甚至没有档案摘引和历史人物口述,有的章节缺少应有的图表和照片,等等。由于笔者精力不济,不能及时上禀吾师,下达专家,时光飞逝,转眼木渐成舟,如今书稿推倒重来已不可能,只能修补调整,将这壮观而不完美的中国第一艘人造板发展史之舟推送入海,去经受风浪。笔者在此怀着感恩并愧疚之心诚邀有志研究中国人造板历史的同业朋友,让笔者携您之手共赴本书的修订再版,请把您的宝贵建议和发现的史料发至E-mail:shengfuw@163.com,用于本书再版。

2018年12月8日,国家林业和草原局科技司组织专家组对《中国人造板发展史》进行验收;验收专家组通过了《中国人造板发展史》的验收,并提出建议增加人造板行业历史人物的介绍内容,同时增加每章作者的介绍。

遵循历史人物的丰功伟绩,经过三个月对我国人造板行业老前辈资料的一一搜寻,在尊重前辈本人或其继承人意愿的基础上,最终确定了科研、教学、管理岗位的诸位人造板行业历史人物,包括陈桂陞先生、王恺先生、李继书先生、孟宪树先生、王凤翔先生、刘茂泰先生、陆仁书先生、王培元先生、郑睿贤先生、华毓坤先生、张齐生先生。更多前辈及作者的巨大贡献和功绩,期待本书再版时的更多呈现。

《中国人造板发展史》的出版问世,特别感谢丁炳寅先生的大力付出,他秉着严谨治学精神对本书所有书稿进行字斟句酌的审改,并对有关篇章进行的大量补充和完善,使书稿内容更加充实圆满;特别感谢国家林业和草原局科技司为本书的出版给予的大力支持;特别感谢我国木材工业的主要奠基人王恺先生和中国工程院院士张齐生教授对本书的耐心指导及辛苦付出;特别感谢南京林业大学周捍东教授和人文社科处在承接国家林业和草原局的林业软科学课题期间为课题联络、审结、验收所做的大量工作;特别感谢王天佑、李远宁、华毓坤、张勤丽、王金林、陈士英等前辈和全体参编专家、教授、企业家为编纂本书付出的辛勤劳动;感谢傅峰研究员、金菊婉教授对书稿的完善与补充;特别感谢天津福津木业有限公司原职工王伯智先生提供关于福津木业的相关史实资源,特别感谢深圳光大木业有限公司原职工周清华先生提供关于光大林业的相关史实资料;最后但同样重要的,感谢所有为本书编纂工作做出贡献的同志们!

《中国人造板发展史》付梓前张齐生院士离我们而去,没有看到这本书问世,现本书付梓可告慰张齐生院士于在天之灵。

二〇一九年三月三十一日